ULRICH WILCKEN

GRIECHISCHE GESCHICHTE

ULRICH WILCKEN

GRIECHISCHE GESCHICHTE

IM RAHMEN DER ALTERTUMSGESCHICHTE

Mit 32 Bildtafeln und zwei Karten

R. OLDENBOURG VERLAG
MÜNCHEN WIEN 1973

10. Auflage 1973 (unveränderter Nachdruck der 9.
von Günther Klaffenbach neu durchgesehenen Auflage, München 1962)

Druck: Wissenschaftliche Buchgesellschaft, Darmstadt
Einband: Dingeldein, Darmstadt-Arheilgen
Printed in Germany

ISBN 3-486-47690-4

VORBEMERKUNG ZUR 7. AUFLAGE

Das Wagnis, diese neue Auflage zu betreuen, entspringt einmal dem ehrenden Vertrauen des Verfassers, der noch kurz vor seinem am 10. 12. 1944 erfolgten Tode eingehend mit mir über etwaige weitere Auflagen seiner Griechischen Geschichte gesprochen hat, sodann aber dem verpflichtenden Gefühl der tiefen Dankbarkeit gegenüber dem Verstorbenen, der mir nicht nur zu seinen Lebzeiten vielfache Förderung zuteil werden ließ, sondern auch durch eine letztwillige Bestimmung mir nach dem Verlust des größten Teiles meiner Bibliothek die wesentlichste Grundlage zum Aufbau einer neuen und damit erst wieder die Möglichkeit zu wissenschaftlicher Arbeit verschafft hat. Auch war es der eigene dringende Wunsch, diesem Buche, über dessen Wert nichts gesagt zu werden braucht und das mir ein unentbehrlicher Begleiter geworden ist, den Dank für die ständigen Dienste dadurch abzustatten, daß ich es versuchte, es auf dem Stande der Wissenschaft zu halten.

Die unbedingte Absicht, nur Diener am Werke Wilckens zu sein, hat das Verfahren meiner Arbeit bestimmt. Dem darstellenden Texte gegenüber habe ich mich der größten Zurückhaltung befleißigt und nur dort geändert, wo sachliche Irrtümer vorlagen oder neuere gesicherte oder wenigstens mir gesichert erscheinende Forschung zu anderen Ergebnissen gelangt ist; erschien mir diese Sicherheit nicht gegeben, habe ich meine abweichende Auffassung in die Anmerkungen verwiesen. Um die Lesbarkeit des Buches nicht zu beeinträchtigen, sind die Änderungen, die bezeichnenderweise, im ganzen gesehen, gering sind, als solche nicht gekennzeichnet, was höchstes Verantwortungsbewußtsein bedingte. Die sprachliche Fassung hat nur gelegentlich, wo es wünschenswert erschien, eine leichte Änderung erfahren, häufiger dagegen sind Fremdwörter, für deren Verwendung der Verfasser eine starke Vorliebe hegte, beseitigt worden. Die „Quellen und Literatur" sowie die „Anmerkungen" verlangten naturgemäß eine stärkere Überarbeitung; auch hier sind die Zusätze meist nicht kenntlich gemacht, sondern nur dort, wo ich es für angebracht hielt (durch die Sigle: Kla.). Entsprechend der ausdrücklichen Billigung Wilckens hat das „Register" eine erhebliche Erweiterung erfahren. Die beiden Karten sind unverändert geblieben.

Noch zu Lebzeiten des Verfassers hatte der Herr Verleger diesem eine Bebilderung künftiger Auflagen in Vorschlag gebracht, was die lebhafte Zustimmung Wilckens fand. Sie erfolgt in dieser Auflage mit einer Großzügigkeit, über die er selbst die größte Freude empfunden hätte, und für die auch jeder Benutzer Dank wissen wird. Das Verdienst der Auswahl der Abbildungen gebührt in der Hauptsache der Umsicht von Dr. *Hans Allendorf* (München), dem auch die Fassung der Erläuterungen dazu verdankt wird. Er hat sich bemüht, nicht einen „angehängten" Bildteil der ins Landläufige der Betrachtung gezogenen Funde zu geben, sondern eine gewisse Einheit aus frisch Ansprechendem des weithin Unbekannten und doch auch einiger „traditionsreicher" Stücke zu erreichen, in dem Bestreben, so zu wählen, daß sich die Beziehungen zum Text durch knappe Erläuterung in klarer, von der Lektüre des Buches her bestimmter Art herstellen lassen.

Möge also das Buch auch in seiner neuen Gestalt nichts eingebüßt haben von seinem bisherigen Wert und Nutzen, und möge es weiter dem Zwecke dienen, den der Verfasser ihm in seinem letzten Vorwort, dem zur 4. Auflage (1939), gesetzt hat: „Verständnis und Liebe für die alten Griechen zu verbreiten, denen unsere deutsche Kultur so viel zu verdanken hat." Mit warmem Herzen ist es geschrieben; bewahren wir uns die Empfänglichkeit dafür in aller Schwere der Zeit!

Zu danken bleibt vor allem der treuen Fürsorge des Herrn Verlegers und Herrn Dr. *Allendorf*, aber auch manchen anderen freundlichen Helfern, nicht zuletzt Frl. *Ellen und Margret Wilcken*, den Töchtern des verstorbenen Verfassers, die mir jede mögliche Erleichterung meiner Arbeit aus dem Nachlaß ihres Vaters gewährt haben. In allen bibliographischen Fragen habe ich mich der unermüdlichen Hilfsbereitschaft von Herrn Prof. *Rudolf Keydell* (Berlin) erfreuen dürfen.

Berlin-Weißensee, im März 1951 Günther Klaffenbach

VORBEMERKUNG ZUR 8. AUFLAGE

Als mir der Herr Verleger im Dezember 1956 mitteilte, daß die Vorräte der 7. Auflage (die Bezeichnung als 6. in der Überschrift der Vorbemerkung war ein bedauerliches Versehen des Setzers) in absehbarer Zeit zu Ende gingen und er daher eine Neuauflage vorbereiten möchte, war mir das eine sehr erfreuliche Nachricht; denn ich durfte ihr die Erfüllung meiner Hoffnung entnehmen, daß das Werk von Wilcken auch in seiner neuen Gestalt nichts eingebüßt haben möge von seinem bisherigen Wert und Nutzen. Die Nachricht war aber zugleich Verpflichtung, auf eine weitere Neuauflage mindestens das gleiche Maß an Sorgfalt zu verwenden wie für die zu Ende gehende. Und dazu sah ich mich im Zeitpunkt der Anfrage mit Rücksicht auf andere Arbeiten und dienstliche Verpflichtungen nicht in der Lage und konnte mich auch nicht für einen baldigen Termin festlegen. Zugleich war es aber auch ein anderer sehr gewichtiger sachlicher Grund, der mir damals eine Neuauflage alles andere als geraten erscheinen ließ. War die revolutionierende Feststellung zutreffend, daß das eine der beiden kursiven kretischen Schriftsysteme (vergleiche S. 49) sowohl in Griechenland wie in Kreta die griechische Sprache wiedergibt, war unsere Kenntnis der griechischen Frühgeschichte auf eine ganz neue Grundlage gestellt. Die Entzifferung der entsprechenden Schriftdenkmäler stand aber erst in ihren Anfängen, und vieles, sehr vieles war noch problematisch, ja es regte sich schon Einspruch gegen die Richtigkeit der Entzifferung überhaupt, so daß wir hier noch weit von gesicherten Erkenntnissen und damit auch solchen auf dem Gebiete der Geschichte entfernt waren. Hier galt es also noch zu warten, wenn man die so bedachtsam abgewogene Darstellung Wilckens nicht mit noch ungenügend fundierten Hypothesen belasten wollte. Damit standen Verlag und Herausgeber vor der Frage, ob sie das Werk von Wilcken für einen gewissen Zeitraum vergriffen sein oder in einem unveränderten Abdruck der letzten Auflage erscheinen lassen wollten. Sie haben sich nach reiflicher Überlegung für das letztere entschieden in Rücksicht auf die steigende Nachfrage nach dem Buche und die Tatsache, daß außer etwa einigen Partien der Frühgeschichte die Darstellung auch heute noch keiner bedeutenderen Änderung bedarf, solche vielmehr die Anmerkungen betrifft. Verlag und Herausgeber hoffen, bereits die nächste Auflage in neubearbeiteter Form vorlegen zu können.

Berlin, Dezember 1957 Günther Klaffenbach

VORBEMERKUNG ZUR 9. AUFLAGE

Wenn auch die in der Vorbemerkung zur 8. Auflage geäußerte Hoffnung, in der Zwischenzeit zu einer größeren Sicherheit in der Frage der Entzifferung der sogenannten kretischen Linear-B-Schrift zu kommen, m. E. enttäuscht worden ist (vgl. dazu unten S. 332 f.), so war es doch geboten, nachdem nun nach der Mitteilung des Herrn Verlegers auch die 8. Auflage, die ein unveränderter Abdruck der 7. Auflage vom Jahre 1951 war, vergriffen ist, die 9. Auflage in Neubearbeitung vorzulegen. Für diese ist dieselbe Verfahrensweise maßgebend geblieben, wie sie in der Vorbemerkung zur 7. Auflage dargelegt ist. Wiederum waren es natürlich die „Quellen und Literatur“ und die „Anmerkungen“, die stärker überarbeitet werden mußten. Galt es doch, den wichtigsten Erscheinungen 10jähriger Forschungsarbeit nach Möglichkeit Rechnung zu tragen. Dabei war es notwendig, daß veraltete Literatur neuer Platz machen mußte, um bloße Anhäufung, mit der dem Benutzer nicht gedient ist, zu vermeiden. Andererseits mußten natürlich Angaben solcher Literatur, die durch die nachdrückliche Bezugnahme von Wilcken zum Verständnis seiner Darstellung notwendig ist, erhalten bleiben. Möchte ich da mit der richtigen Pietät verfahren sein! Diese mehr oder weniger starken Eingriffe in die „Anmerkungen“ ließen es nun auch geraten erscheinen, die bisherige Ich-Form Wilckens, die nur zur noch größeren Kennzeichnung meiner eigenen Zusätze gezwungen hätte, im Interesse der Einheitlichkeit aufzugeben und das im Text der Darstellung angewandte Verfahren auch auf die „Anmerkungen“ auszudehnen. Eine weitere Neuerung, die sich hoffentlich bewährt, sind die durch das Zeichen □ am Rande des Textes der Darstellung beigefügten Verweisungen auf die „Anmerkungen“. Das „Sachregister“ hat nur geringfügige Erweiterungen erfahren. Die Bebilderung und die Karten sind unverändert geblieben und so gut wie ganz auch die „Erläuterungen zu den Bildtafeln“. Ihr Verfasser, Dr. *Hans Allendorf*, ist inzwischen der Wissenschaft durch den Tod entrissen, ein Verlust, den auch die Benutzer dieser neuen Auflage mit dem Herausgeber schmerzlich bedauern werden.

Wiederum habe ich dem Herrn Verleger für alles Verständnis und Entgegenkommen aufrichtig zu danken, auch *F. Dollnig* (Klagenfurt) für den Hinweis auf ein paar frühere sprachliche und orthographische Versehen.

Berlin-Weißensee, im Juni 1961 Günther Klaffenbach

INHALTSVERZEICHNIS

I. DIE URZEIT

Die Griechen und der Orient

Die einzigartige Bedeutung, die das griechische Volk des Altertums für die Weltgeschichte besitzt, liegt in der Kultur, die es geschaffen hat. Diese griechische Kultur, die eine der Grundlagen der abendländischen geworden ist, ist langsam und verhältnismäßig spät erblüht, nachdem schon lange vorher im Orient, im besonderen in Ägypten und Babylonien, hohe Kulturen entstanden waren. Diese hatten sogar schon den Höhepunkt ihrer Entwicklung überschritten, als zu Beginn des zweiten Jahrtausends v. Chr. die Vorfahren der Griechen in noch primitivem Kulturzustand von Norden her in die Balkanhalbinsel einwanderten. Während früher die einen jeden Einfluß fremder Kulturen auf die griechische leugneten, die anderen ihm eine übertriebene Bedeutung zuschrieben, ist ein Einblick in die wahren Beziehungen erst ermöglicht worden, seitdem im Laufe des 19. Jahrhunderts durch die Entzifferung der Hieroglyphen und der Keilschriften die Geschichte des alten Orients mehr und mehr erschlossen und anderseits durch systematische Ausgrabungen die Urgeschichte Griechenlands aufgehellt worden ist. Dadurch hat sich herausgestellt, daß die Griechen, *wiewohl sie ihr Bestes und Höchstes aus sich selbst geschaffen haben,* doch auch manche fremde Kulturelemente übernommen und sich angepaßt haben. So sind die Kulturen Ägyptens und Vorderasiens, namentlich auch Kleinasiens, in gewissen Perioden der griechischen Geschichte, besonders auf künstlerischem und technischem Gebiet, nicht ohne Einfluß auf die griechische Kultur gewesen, während umgekehrt die griechische Kultur, vor allem nach Alexander dem Großen, auf den Orient stark eingewirkt hat. Zumal auch die Außenpolitik Griechenlands in gewissen Jahrhunderten sich eng mit dem Orient berührt hat, ist daher ein Einblick in die orientalische Geschichte zum Verständnis der griechischen ebenso notwendig, wie für den Ausgang der griechischen Geschichte die Kenntnis der römischen unerläßlich ist. Nur durch eine *universalhistorische* Betrachtung kann man daher zu einer vollen Würdigung der einzigartigen Leistungen des griechischen Volkes zu kommen hoffen. Es hat sich denn auch immer mehr die Einsicht durchgesetzt, *daß die „Alte Geschichte" die gesamte Mittelmeerwelt einschließlich des alten Orients zusammenfassen muß.* So soll hier zunächst die älteste Geschichte des Orients bis zur Wende zum zweiten Jahrtausend, also etwa bis zur Zeit der Einwanderung der Griechen in Hellas, kurz umrissen werden.

Ägypten bis zur Wende zum zweiten Jahrtausend

□ Die wissenschaftliche Erforschung der ägyptischen Geschichte ist erst dadurch ermöglicht worden, daß im Jahre 1822 *François Champollion* den Grund zur Entzifferung der Hieroglyphen gelegt hat, wodurch die unzähligen Schriftdenkmäler des Niltals erst zum Reden gebracht werden konnten. Die dadurch bekanntgewordene Sprache der Ägypter, die zu den nordafrikanischen Hamiten gehören, zeigt enge Verwandtschaft mit den semitischen Sprachen. Das für das Leben des Volkes wichtigste Naturereignis, die jährliche Nilüberschwemmung, die ohne einheitliche Regulierung statt Segen Verderben bringen kann, hat hier so früh wie nirgends auf der Erde zu größeren staatlichen Bildungen geführt. Nachdem sich aus den Kleinstaaten der Urzeit das Reich von Unterägypten und das von Oberägypten gebildet hatte, war es König *Menes* (um 2850), der Begründer der I. Dynastie, der die beiden Reiche zu einem Einheitsstaat vom Mittelmeer bis zum 1. Katarakt (bei Elephantine) zusammenschloß. Im sogenannten „Alten Reich" von Memphis (III. bis VI. Dynastie, etwa 2650 bis 2190) stand dieser Staat auf seiner Höhe. Es war ein straff zentralisierter Beamtenstaat, an dessen Spitze der absolute König stand, der als Inkarnation der Gottheit göttliche Verehrung genoß. Als gegen Ende des Alten Reiches die hohen Gaubeamten, die durch Belehnungen vom König zu mächtigen Grundbesitzern geworden waren, sich zu lokalen Feudalherren entwickelten, zerfiel das Reich und sank unter den folgenden unbedeutenderen Dynastien immer mehr, bis um 2050 vom oberägyptischen Theben aus durch die XI. Dynastie ein neuer Einheitsstaat entstand, der dann unter der XII. Dynastie seinen Höhepunkt erreichte. Doch dieses „Mittlere Reich", wie diese Neuschöpfung genannt wird, fällt mit der XII. Dynastie schon in das zweite Jahrtausend hinein (s. S. 28).

□ Eine der ältesten Kulturleistungen der Ägypter ist ihr *Kalender.* Sie rechneten ursprünglich das Jahr vom ersten Ansteigen des Nils, das an den noch erhaltenen Nilmessern festgestellt wurde, bis zum nächsten, was eine durchschnittliche Länge von 365 Tagen ergab. Da dieses Jahr aber hinter dem Sonnenjahr jährlich um $^1/_4$ Tag zurückblieb, fiel bald der Beginn der Nilschwelle nicht mehr mit dem Neujahrstag zusammen. Die Beobachtung daß der Frühaufgang (der erste sichtbare Aufgang in der Morgendämmerung) des Sothissternes, des Sirius, annähernd mit dem Beginn der Nilschwelle zusammenfiel, führte dann dazu, neben dem bürgerlichen Wandeljahr von 365 Tagen das Sothisjahr als Normaljahr, freilich nicht in der Praxis sondern nur in der Theorie, einzuführen, um nunmehr den Beginn der Nilschwelle, den bürgerlichen Neujahrstag, ansagen zu können. Die astronomische Beobachtung des Frühaufganges des Sirius ist also nicht das Ursprüngliche, sondern erst als ein sekundäres Hilfsmittel eingeführt. Da das Sothisjahr $365^1/_4$ Tag betrug, so fiel der Frühaufgang des Sirius erst in $4 \times 365 = 1460$ Jahren (die sog. Sothisperiode) wieder auf den offiziellen, bürgerlichen Neujahrstag, d.h. 1460 Sothisjahre entsprachen 1461 bürgerlichen Jahren. Es ist klar, daß diese beiden Jahre nur in einem Jahre in Verbindung gebracht werden konnten, wo der bürgerliche Neujahrstag wirklich auf den Tag des Siriusaufganges (19. Juli jul.) fiel. Für diesen Schritt hat von den astronomisch berechneten Daten des Zusammenfalles der 19. Juli 2776 v. Chr. die größte Wahrscheinlichkeit. Dieses ägyptische Jahr von 365 Tagen ist später durch den Diktator Cäsar durch Schaltung fixiert und zur Grundlage seines „julianischen" Kalenders gemacht worden, den wir mit der vom Papst Gregor XIII. 1582 eingeführten Modifikation als „gregorianischen" Kalender noch heute führen.

Neben dem Kalender steht als große Kulturtat die Erfindung der *Schrift*, deren allmähliche Entstehung aus symbolischen Zeichnungen wir jetzt an den ältesten Denkmälern verfolgen können. In ihrer Vollendung war dies eine Bilderschrift (Hieroglyphen), die Begriffsbilder (Ideogramme), Zweikonsonantenzeichen (früher Silbenzeichen genannt) und rein alphabetische Lautzeichen (Einkonsonantenzeichen, 24 an der Zahl) sowie Deutezeichen (Determinativa) nebeneinander verwendete. Ob und wie weit sie später als Vorbild gedient hat bei der Entstehung anderer Bilderschriften, wie der der Hethiter und Kreter, ist noch ein Problem. Umstritten ist auch noch, ob sie von irgendwelchem Einfluß auf die Erfindung der phönikischen Buchstabenschrift gewesen ist, die dann die Griechen übernahmen und durch Schaffung von Vokalzeichen erst für sich verwendbar machten (S. 66) und auf die in letzter Instanz (durch Vermittlung der lateinischen) auch unsere „deutsche" Schrift zurückgeht. Auch die kunstvolle Herstellung des vortrefflichen Schreibmaterials, des *Papyrus*, aus dem Mark der Papyrusstengel ist schon in sehr frühen

Zeiten geübt worden. Mit Tinte und Rohrfedern beschriebene Papyri sind uns im Original schon aus dem dritten Jahrtausend erhalten. Später, wohl seit dem 6. Jahrhundert v. Chr., ist dieser Papyrus dann auch den Griechen bekanntgeworden, und in der hellenistischen Zeit ist er das verbreitetste Schreibmaterial der antiken Kulturwelt geworden. So waren in Ägypten schon in sehr früher Zeit die äußeren Bedingungen zur Entwicklung eines Schrifttums gewonnen.

Was wir an *Literatur* aus dem dritten Jahrtausend kennen, hat vorwiegend religiösen Charakter. Das Wichtigste sind die Pyramidentexte der V. und VI. Dynastie; das sind für den Totenkult bestimmte Texte, die, in ihren ältesten Bestandteilen wohl noch aus einer Zeit lange vor Menes stammend, seit König Onnos (um 2350) in die Wände der Grabkammern der Könige eingemeißelt waren. Dazu kommt eine sehr reiche religiöse Tradition (Texte und Bilder) in den Gräbern der Magnaten, so daß ein großes Material zur Erforschung der ägyptischen *Religion* vorliegt, die im Leben dieses Bauernvolkes eine außerordentlich große Rolle gespielt hat. Von den fetischistischen Vorstellungen der Urzeit haben die Ägypter neben dem Baum- und Steinkult (Obelisken) vor allem den Tierkult festgehalten. Während die meisten Tiere nur lokale Verehrung genossen, wurden der Apisstier von Memphis und der Mnevisstier von Heliopolis im ganzen Lande verehrt. Wie in der Urzeit jeder Kleinstaat neben zahlreichen Göttern und Dämonen einen Hauptgott gehabt hatte, so hatte in der historischen Zeit jeder Gau seinen Gaugott, der sein „Herr" war und für die Verehrer seines Gebietes wohl eine universale Bedeutung hatte. Erst die Gründung des Einheitsstaates brachte den Polytheismus zur vollen Blüte, indem nun alle diese Lokalgötter nebeneinander traten, was zur Aufstellung genealogischer Systeme führte. Seit der V. Dynastie trat an Stelle des falkengestaltigen Horos der Sonnengott Rē als Herr der Welt an die Spitze, der weder in Tier- noch Menschengestalt verehrt wurde und daher auch keinen Tempel als Wohnhaus hatte, sondern unter freiem Himmel in einem gewaltigen Obelisken in jenen eigenartigen Rē-Heiligtümern verehrt wurde, deren eines 1898/99 durch eine deutsche Expedition bei Abusir freigelegt wurde. Dieser Rē-Kult ist ausgegangen von den Priestern von Heliopolis, die ihren Lokalgott Atum als Erscheinungsform des Rē erklärten und als Atum-Rē bezeichneten. Dieser Vorgang sowie die sich daran anschließende Geheimlehre sollte später für die Weiterentwicklung der ägyptischen Religion zum solaren Monotheismus hin von großer Bedeutung werden (S. 29 und 34 f.).

Neben dem Kult der Götter tritt uns der *Totenkult* stark entwickelt entgegen. Der Ägypter glaubte an ein Weiterleben der Seele im Jenseits, das er sich sehr verschieden, aber immer sehr realistisch ausmalte. Damit die Seele bzw. der Ka (die von Geburt an den Menschen als Doppelgänger begleitende Lebenskraft) nicht hungere oder dürste, mußten Speise und Trank als Totenopfer dargebracht werden. Allmählich wurden in den Gräbern die realen Gaben ersetzt durch ihre bildliche Darstellung, die durch Zauberformeln für den Toten genießbar gemacht werden konnten, was sehr zur Ausbreitung des Totenkultes auch auf das niedere Volk beigetragen hat. Während die zusammengezogenen Hockerleichen der Urzeit noch keine Spuren künstlicher Erhaltung zeigen, ist in historischer Zeit die Balsamierung der ausgestreckten Leichen üblich geworden, wodurch der Leib für das Weiterleben im Jenseits erhalten werden sollte. Die Vorstellung, daß der Tote eins werde mit Osiris, der vom Lokalgott von Busiris im Delta allmählich zum Herrn und Richter der Unterwelt wurde, ist zur Zeit der Pyramidentexte noch auf die Könige beschränkt. Erst später geht sie auch auf die Magnaten über und zuletzt (im zweiten Jahrtausend) auch auf das Volk.

Außer der religiösen Literatur hat es im dritten Jahrtausend auch eine profane Literatur gegeben. Die *mathematischen* und *medizinischen* Schriften, die uns erhalten sind – sie verfolgen alle nur praktische Zwecke –, gehören zwar erst dem zweiten Jahrtausend an, gehen aber inhaltlich z.T. schon auf das dritte zurück. Ebenso stammt von der sehr bemerkenswerten *Unterhaltungsliteratur*, die aus dem Mittleren Reich erhalten ist (S. 29 f.), einzelnes, wie manche Weisheitssprüche, die auch Weisen des Alten Reiches zugeschrieben wurden, wohl schon aus dieser frühen Zeit. Listen der Könige und gleichzeitige Aufzeichnungen ihrer Taten, namentlich ihrer Kriege, sind schon früh angelegt worden. Der Stein von Palermo aus der V. Dynastie gewährt uns einen Einblick in die Entstehung von Reichsannalen.

Höher aber als alles, was die Ägypter in Wissen und Literatur geleistet haben, steht ihre *Kunst*, die auch eine viel bedeutendere Wirkung auf die Griechen ausgeübt hat; denn die Ägypter waren unter den orientalischen Völkern zweifellos das künstlerisch begabteste Volk. Dank den Funden der letzten Zeit können wir jetzt die ganze Entwicklung ihrer Kunst von der Steinzeit an überblicken. Schon die Waffen und Werkzeuge aus Stein sowie die buntfarbigen Steingefäße zeigen eine meisterhafte Technik. Sehr primitiv sind noch die Bemalungen der Tongefäße und ein Wandgemälde (aus Hierakonpolis) aus der Urzeit, die uns Szenen aus dem damaligen Leben (Schiffsverkehr und Jagden) vor Augen führen und u. a. noch Tiere darstellen, die es in historischer Zeit dort nicht mehr gegeben hat, wie Elefanten, Giraffen und Strauße. Dem Ende der ältesten Periode gehören die zum Anreiben der Schminke bestimmten Schiefertafeln an, deren Reliefschmuck bei den für Könige bestimmten Stücken (Siegesdarstellungen usw.) eine hochentwickelte, ja, schon manirierte Kunst zeigen, wie wir sie niemals vor der Pyramidenzeit erwartet hätten. Erst in der II. Dynastie haben sich die Ägypter von diesem Stil allmählich losgemacht und unter Rückkehr zur Natur den besonderen „ägyptischen" Stil geschaffen, dessen Geschichte wir dann durch die Jahrtausende verfolgen können.

Die gewaltigsten Bauwerke des Alten Reiches sind die *Pyramiden*, die Königsgräber, deren Entwicklung von dem rechteckigen Lehmziegelbau (Mastaba) des Menesgrabes von Nagāda über die gleichfalls noch rechteckige, aber schon steinerne Stufenpyramide des Zoser (bei Sakkāra) bis zu den aus mächtigen Steinblöcken errichteten, vom Quadrat aufsteigenden Pyramiden des Cheops, Chephren und Mykerinos bei Gizeh jetzt deutlich vor uns steht. Zu jeder Pyramide gehörte ein östlich vorgelagerter Totentempel des betreffenden Königs, von dem ein verdeckter Gang zu einem Torbau am Wüstenrande hinabführte. Die ältere rechteckige Mastabaform wurde nunmehr für die Gräber der Magnaten angewendet. Während in der IV. Dynastie, wie beim Torbau des Chephren (sog. Sphinxtempel), der Künstler noch auf äußeren Schmuck der Wände verzichtete und nur durch die massive Wucht des mit wunderbarer Präzision behandelten vornehmen Materials (roten Granits) einen tiefen Eindruck erzielte, tritt uns seit der V. Dynastie die Freude an reichstem bildnerischem Schmuck entgegen, wie denn die bemalten Reliefs der Grabkammern dieser Zeit eine Fundgrube für die Anschauung vom damaligen Leben sind. Auch die für die ägyptische Architektur so charakteristischen Pflanzensäulen (mit Papyrus-, Lotos- oder Palmenkapitellen) sind schon in der V. Dynastie verwendet worden. Ja, eine Vorstufe zu den Papyrus- □ bündelsäulen kann man schon in den Dreiviertelsäulen der prächtigen Empfangshalle aus der Zeit des Zoser (III. Dynastie) sehen, die bei seiner Stufenpyramide freigelegt wurde. Große Aufgaben fanden die Künstler in diesem mächtigen Kulturstaat zur Genüge; denn jeder neue König baute sich eine neue Residenz und daneben seine Pyramide, in der V. Dynastie auch noch ein Rē-Heiligtum der obenerwähnten Art. – Auch die *Rundplastik* können wir von den primitivsten Versuchen der Urzeit bis zu ihrem Gipfel im Alten Reich verfolgen. Statuen wie die des Königs Chephren (IV. Dynastie), des

Prinzen Rahotep und seiner Gemahlin Nofret, die Holzstatue des sog. Dorfschulzen und manche andere gehören zu den größten Meisterwerken aller Zeiten. Die eingesetzten Augen erhöhen den Eindruck vollsten Lebens. Technisch sehr bemerkenswert sind die Kupferstatuen eines Königs der VI. Dynastie und seines Sohnes, die aus dünnen Kupferplatten zusammengenagelt sind. Gerade auf dem Gebiet der Skulptur hat Ägypten später Einfluß auf *die Anfänge der griechischen Kunst* gewonnen. Freilich, diese Meisterwerke der alten Zeit haben die Griechen kaum geschaut, da die meisten, in einer abgeschlossenen Grabkammer (dem Serdāb) im Interesse des Totenkultes eingemauert, jeglicher Betrachtung entzogen waren. – Auf bewunderungswürdiger Höhe stand auch das *Kunsthandwerk*. Gerade hier tritt uns entgegen, wie in Ägypten die Kunst immer mehr das ganze Leben durchdrang.

Während man früher annahm, daß Ägypten in diesen alten Zeiten völlig isoliert gewesen sei, ist jetzt bekannt, daß es schon damals Handelsverkehr nach allen Seiten gehabt hat. Fahrten nach dem Lande Punt an der Somaliküste sind ebenso bezeugt wie solche nach dem Norden. Schon König Snofru (IV. Dynastie) ließ auf vierzig Schiffen Zedern vom Libanon für seine Bauten kommen. Uralt sind die Beziehungen zu Byblos (Phönikien), dessen Göttin als „Hathor von Byblos" früh ägyptisiert worden ist. Die ägyptischen Funde aus Byblos reichen bis zur I. Dynastie hinauf. Wahrscheinlich hat Palästina und die phönikische Küste schon im Alten Reich zu Ägypten gehört. So wird es schon im dritten Jahrtausend begonnen haben, daß Ägypten auf die Kultur des südlichen Syriens einwirkte wie Babylonien (s. unten) auf die des nördlichen. Im Rahmen der griechischen Geschichte sind aber von noch höherem Interesse die uralten ägyptischen Beziehungen zu *Kreta*, die durch beiderseitige Funde sichergestellt sind (S. 21f.). Doch läßt sich ein bedeutenderer Einfluß auf die Kultur nach der einen oder anderen Seite für das dritte Jahrtausend noch nicht erkennen. Aber die Wege waren schon geebnet, auf denen im zweiten Jahrtausend in stärkerem Maße die ägyptische und kretische Kultur aufeinander einwirken sollten.

Babylonien bis auf die Dynastie Hammurabis

Auch für Babylonien ist eine tiefere Forschung, die über die Erzählungen der Bibel vom Lande Sinear und der griechischen Autoren hinausgehen konnte, erst durch die Entzifferung der einheimischen Schrift ermöglicht worden. Den ersten Grund zu dieser hat ein deutscher Gymnasiallehrer gelegt, *Georg Friedrich Grotefend*, dem 1802 durch eine geniale Kombination die Entzifferung der persischen Keilschrift gelang. Hieran hat sich später die Entzifferung der babylonisch-assyrischen und der elamitischen (susischen) Keilschrift durch *Henry Rawlinson* und andere hochverdiente Gelehrte angeschlossen. Zu der sprachlichen Erforschung der Texte kam die Erschließung der monumentalen Tradition durch die epochemachenden englischen und französischen Ausgrabungen in Babylonien und Assyrien, denen erst in neuerer Zeit deutsche und amerikanische Ausgrabungen in erfolgreichster Weise sich angeschlossen haben. So sind uns im Verlauf der letzten hundert Jahre die unter gewaltigen Schutthügeln versteckten wichtigsten Städte Babyloniens – wie Babylon, Sippar, Kutha, Nippur, Uruk, Ur, Lagasch u. a. – sowie Assyriens – Ninive, Kalach, Assur – mit ihren Tempeln und Palästen bekanntgeworden. Die ältesten datierbaren Funde reichten bis vor kurzem bis in das vierte Jahrtausend hinein, aber die deutschen Ausgrabungen in Uruk-Warka haben uns jetzt in noch frühere Zeiten hinaufgeführt, so daß man nicht mehr sagen kann, daß sich eine höhere Kultur in Babylonien erst später als in Ägypten entwickelt habe. Trotzdem ist nicht daran zu denken, wie man gelegentlich vermutet hat, daß die ägyptische Kultur von der babylonischen abzuleiten sei, ganz abgesehen davon, daß das Gesamtniveau der ägyptischen ein höheres ist. *In Wirklichkeit sind beide Kulturen durchaus bodenständig.* Gewisse Übereinstimmungen mögen durch frühe, für uns noch nicht erkennbare Beziehungen zueinander ihre Erklärung finden.

Sehen wir von der prähistorischen Urbevölkerung ab, deren Spuren u. a. in einer primitiven Keramik entdeckt wurden, so sind das älteste Kulturvolk Babyloniens die *Sumerer*, ein Volk von unbekannter Herkunft, dessen Sprache wir jetzt verstehen, aber keiner der bekannten Sprachfamilien mit Sicherheit zuweisen können. Wenn gelegentlich die Ansicht vertreten wurde, daß die Sumerer Indogermanen gewesen seien, so scheitert dies u. a. schon an den plastischen Menschendarstellungen der alten sumerischen Kunst, die eine durchaus andere Rasse zeigen. Zu der Zeit, wo unsere Kunde beginnt, finden wir sie nur noch im südlichen Babylonien an den damals und noch lange getrennten Mündungen des Euphrat und des Tigris, während sie aus der Herrschaft über das nördliche Babylonien bereits von semitischen Stämmen, den *Akkadern*, verdrängt waren. Die plastischen Darstellungen lassen darüber keinen Zweifel, daß es sich hier um zwei völlig verschiedene Rassen handelt.

Diese nordbabylonischen Semiten waren aus dem Inneren Arabiens, der Urheimat aller Semiten, hervorgedrungen, aus der im Laufe der Jahrtausende in mehreren großen Völkerwanderungen immer neue Massen semitischer Beduinenstämme in die lockenden Kulturgebiete sowohl Syriens wie Mesopotamiens und Babyloniens vorgestoßen sind. So sind diesen Akkadern, die schon vor Beginn unserer Kunde eingewandert waren, im dritten Jahrtausend die *kanaanäischen* Stämme gefolgt, die sich teils in Syrien, teils in Babylonien niederließen, unter ihnen die *Amoriter*, denen die Hammurabi-Dynastie von Babylonien angehört. Dann folgten dieser Schicht im zweiten Jahrtausend die *Aramäer*, die eine ungeheure Ausbreitung gewannen. Die letzte derartige Völkerwanderung stellt das Hervorbrechen der *Araber* mit dem Islam im 7. Jahrhundert n. Chr. dar. Doch mit Sumerern und Akkadern sind die Rassen des Zweistromlandes noch nicht erschöpft; denn im nördlichen Mesopotamien, auch in Assyrien, scheinen ursprünglich „Kleinasiaten" (S. 19) gesessen zu haben.

Im Gegensatz zu Ägypten ist Babylonien mit seinen verschiedenartigen miteinander ringenden Völkerstämmen erst spät zu einem einheitlichen Staatswesen von größerer Dauer gekommen, wiewohl auch hier die Sorge um die Regulierung der Überschwemmung und die Kanalisation des Landes an sich eine einheitliche Regierung erforderte. Der Kampf der Kleinstaaten untereinander, den wir in Ägypten für die Urzeit nur vermuten können, spielt sich in Babylonien durch das dritte Jahrtausend hindurch vor unseren Augen ab. Gelang es einem dieser Stadtkönigreiche, zur Oberherrschaft zu gelangen, so bestand sie doch meist nur kurze Zeit.

Von allgemeinerem Interesse ist, daß hier zuerst die Idee der *Weltherrschaft* aufgetaucht ist. Nachdem schon ein sumerischer König (Lugalzaggisi von Uruk) bis zum Mittelländischen Meer vorgedrungen war, hat sein Besieger, *Sargon I.*, der König des semitischen Akkad, um 2350 ein großes Reich von längerer Dauer begründet, indem er nach Unterwerfung des Südens, Nordmesopotamiens (Subartu) und Elams auch Nordsyrien bis an den Libanon sowie das östliche Kleinasien und Cypern eroberte. Dieser Sargon ist der erste, von dem es heißt, daß er „die vier Erdteile" unterworfen habe. Sein Ruhm tritt uns darin entgegen, daß die Sage von ihm zuerst jene Aussetzungsgeschichte erzählte, die wir auch von den großen Reichsgründern Kyros, Romulus und Remus u. a. (auch von Mose) kennen. Titular aber wurde „der König der vier Erdteile" erst bei *Naramsin* von Akkad (um 2270), dessen Zeit einen Höhepunkt der babylonischen Kultur bedeutet (S. 18). Er zog die letzte Konsequenz aus dem Weltherrschertum, indem er sich als den „Gott von Akkad" verehren ließ. So ist in diesen frühen Tagen die Idee der Weltherrschaft entstanden, die hier im Orient von einem Eroberervolk auf das andere übergegangen ist und später auch im Abendlande Wurzel gefaßt hat und bis auf den heutigen Tag noch ihren für die Welt verderblichen Zauber ausübt. Freilich im Vergleich zu den modernen Weltherrschaftsaspiranten erscheinen die alten orientalischen Weltherrscher als sehr bescheiden, da sie sich mit der Beherrschung des vorderasiatischen Kontinents (in verschiedener Ausdehnung, gegebenenfalls auch einschließlich Ägyptens) immer begnügt haben, indem die Welt, die jenseits lag, stillschweigend als untertänig betrachtet wurde, ohne daß sie jemals über das Meer hinüber – etwa nach Griechenland hin – praktische Forderungen aus ihrem stolzen Titel abgeleitet hätten (S. 86 f.). Auf die glänzende Zeit der Sargon-Dynastie mit ihrer fast zweihundertjährigen Regierung und auf die Fremdherrschaft der Gutäer aus dem Zagrosgebirge, die etwa 100 Jahre arg im Lande gehaust hatten, folgte das Reich von „*Sumer und Akkad*" unter der III. Dynastie von Ur (etwa 2050), in der noch einmal die Sumerer zur Herrschaft über ganz Sinear und Elam, wahrscheinlich auch Nordsyrien, kamen. Auch diese Herrscher von Ur führten den Titel „König der vier Erdteile". In die Zeit des Anfangs der III. Dynastie von Ur fällt die zeitweilige Unabhängigkeit von Lagasch unter seinem bedeutenden Priesterkönig *Gudea*, dem uns am besten bekannten sumerischen Herrscher. Als sich dann um 1950 das Reich von „*Sumer und Akkad*" auflöste und wieder sumerischen Kleinstaaten Platz machte, benutzte auch der alte elamitische Feind die Wirrnis, um sich in Südbabylonien festzusetzen. Sagenhafte Erinnerungen an diese Elamitenherrschaft spiegeln sich im Gilgamesch-Epos in der Erzählung vom furchtbaren Chumbaba und vielleicht auch in der Legende vom König Kedorlaomer von Elam im 1. Buch Mose 14 wieder. Dieser Fremdherrschaft hat dann der zur amoritischen I. Dynastie von Babylon (seit 1830) gehörige König *Hammurabi* (1728 – 1686) ein Ende gemacht, der einen semitischen Einheitsstaat begründete. Von da an haben die Sumerer politisch keine Rolle mehr gespielt, wie dies Volk von den Semiten überhaupt völlig aufgesogen worden ist. Durch Hammurabi hat Babylon, das in früheren Zeiten noch keine Bedeutung gehabt hatte, die zentrale Stellung in Asien erhalten, die es bis auf Alexander den Großen bewahrt hat. Von nun an war es Marduk, der Stadtgott von Babylon, der die Weltherrschaft über „die vier Erdteile" verlieh. Aber die göttliche Verehrung, die seit Naramsin mit ihr verbunden gewesen war, wurde bald nach dieser I. Dynastie von Babylon allmählich aufgegeben. So ist von da an dem orientalischen Großkönigtum, bis zu den Persern einschließlich, im Gegensatz zu den Pharaonen die Apotheose fremd gewesen. Der Ruhm, den der Name Hammurabi heute genießt, ist begründet durch sein großes Gesetzbuch, den „*Kodex Hammurabi*", der 1901 in Susa auf einem schwarzen Stein (mit fast 3000 Zeilen) gefunden wurde – das bei weitem älteste Gesetzbuch der Welt, das uns nicht nur einen tiefen Einblick in die babylonischen Rechts- und Kulturzustände gewährt, sondern vor allem für die Rechtsvergleichung, für die Würdigung anderer Kodifikationen des Altertums ein Dokument von ganz unschätzbarem Wert ist. Inzwischen hat die juristische Forschung ergeben, daß dieser Kodex nicht eine Neuschöpfung des Königs war, sondern eine Kompilation älterer, namentlich auch sumerischer Gesetze, mit manchen humanen Milderungen des älteren Rechts, die z.T. wie bei Justinian in Form von Interpolationen gegeben sind. Trotz solcher Milderungen erscheint uns das Strafrecht, das durchaus noch den Charakter des Vergeltungsrechtes trägt (Auge um Auge, Zahn um Zahn begegnet in § 196 und 200 des Kodex wie im Mosaischen Gesetz), in manchen Bestimmungen, so bei der Haftung unschuldiger Kinder für den Vater (Familienhaftung § 230), als furchtbar streng. Anderseits ist es etwas Großes, daß überhaupt schon ein staatliches Strafrecht bestand und von der Blutrache keine Spur mehr vorhanden ist, wie übrigens auch in Ägypten, an beiden Stellen offenbar, weil dank der frühen Seßhaftigkeit die Blutsverbände, Stämme und Geschlechter schon längst keine Rolle mehr spielten und sich schon sehr früh eine staatliche Gewalt entwickelt hatte. Mit welcher Gewissenhaftigkeit und Genauigkeit Hammurabi in seinem Kabinett in persönlicher Arbeit die Verwaltung des Reiches leitete, zeigt uns seine *Korrespondenz mit seinem Beamten Siniddinam*, die ein interessantes Gegenstück zu der Korrespondenz des Kaisers Trajan mit dem Jüngeren Plinius darstellt. Auch in das *wirtschaftliche Leben* lassen der Kodex wie diese Korrespondenz tiefe Einblicke tun, und Tausende von Kontrakten auf Tontafeln über die verschiedensten Rechtsgeschäfte kommen als wertvolles Material hinzu. Im Gegensatz zu dem damals noch tief in Naturalwirtschaft steckenden Ägypten sehen wir in Babylonien neben ihr die *Geldwirtschaft* schon stark entwickelt. Hier ist bereits der entscheidende Schritt getan, die Edelmetalle Gold und Silber als Wertmesser zu nehmen, und nicht nur dies, sondern sogar schon als Zahlungsmittel, indem man sich nach einem feststehenden Gewichtssystem – 1 Talent = 60 Minen, 1 Mine = 60 Sekel – das Edelmetall, sei es in Barren oder Ringform, auch im Kleinhandel auf der Waage zuwog. Hierin ist

Babylonien der übrigen Welt weit vorangegangen und ihre Lehrmeisterin geworden, bis durch die Erfindung der Münze von anderer Seite (S. 96) auch dieses Stadium überholt wurde.

Die *babylonische Kultur*, wie sie sich im Laufe des dritten Jahrtausends herausgebildet hat, ist eine Mischkultur aus sumerischen und semitischen Elementen. Die Grundlagen sind zum größten Teil von den Sumerern gelegt, von den Semiten dann übernommen worden, die sie nach ihren besonderen Anlagen umgebildet haben; anderes wieder haben die Semiten den Sumerern gebracht. Im allgemeinen wird in den Anfängen der sumerische Einfluß stärker gewesen sein, nachher wächst der semitische. Die gegenseitige Einwirkung ist so stark, daß es auf manchen Gebieten schwer ist, die sumerischen und die semitischen Fäden des Gewebes auseinanderzulegen. Jeder Zweifel über den sumerischen Ursprung ist, wie bei dem obenerwähnten Sexagesimalsystem, bei der *Schrift*, dem wichtigsten Faktor der höheren Kultur, ausgeschlossen. Schon daß diese Schrift zur Bezeichnung gerade der für das Semitische eigentümlichen Laute schlecht paßt, zeigt, daß sie nicht von Semiten erfunden sein kann. Die Sumerer haben diese Schrift zu einer Zeit, als ihre Kultur noch in den Anfängen war, erfunden. Wie wir bei den Ägyptern jetzt die Vorstufen kennengelernt haben, so führen uns die Funde der deutschen Ausgrabungen von Uruk in die Anfänge der sumerischen Schriftentstehung hinein. Die ursprünglichen Bilder vereinfachten sich mit der Zeit und lösten sich allmählich in Strichfiguren auf, und als man anfing, auf weichen Ton mit dreikantigem Griffel zu schreiben, nahmen die Striche von selbst Keilform an. Die Bilderschrift haben die Sumerer, nachdem sie sie überwunden hatten, ganz aufgegeben, während die Ägypter neben der auf Papyrus entwickelten Kursive (dem Hieratischen und dann dem Demotischen) auf Stein ihre Hieroglyphen immer weiter geschrieben haben. Das sumerische Schriftsystem ist über Begriffsbilder (Ideogramme) und Silbenzeichen nicht hinausgekommen. Den bewunderungswürdigen Schritt der Ägypter zu den reinen Lautzeichen haben sie nicht getan. Durch die Übernahme dieser Schrift seitens der Semiten ist sie noch komplizierter, die Polyphonie der Zeichen noch größer geworden, da zu den sumerischen Lautwerten nun auch noch die semitischen hinzukamen. Für die Sprachforschung aber ist es von unschätzbarem Wert, daß in dieser babylonischen Schrift die Vokale mitgeschrieben werden, während uns durch die phönikische Schrift (wie durch die ägyptische) sonst nur die Konsonanten der semitischen Sprachen überliefert sind. Diese Keilschrift, die zu den Nachbarvölkern, wie den Assyrern und Elamiten, schon früh übergegangen ist, hat sich im zweiten Jahrtausend allmählich, im besonderen im diplomatischen Verkehr, fast über den ganzen Orient ausgebreitet (S. 34).

Sehr schwierig ist die Trennung des sumerischen und des semitischen Gutes □ in der *Religion.* Hier ist noch sehr vieles dunkel, denn die gegenseitige Beeinflussung ist auf diesem Gebiet sehr stark gewesen. Die Durchführung dieser Trennung ist noch ein großes Problem der Forschung. Die Vorstellung, daß die ganze Natur angefüllt sei mit freundlichen und besonders mit bösen Geistern oder Dämonen, die das Menschenschicksal beeinflussen, ist nicht nur den Sumerern eigen gewesen, denn wir kennen sie auch in der Religion der semitischen Völker. Aber die besonderen Formen, in denen man sich diese Dämonen vorstellte, diese furchtbaren Mischgestalten, die aus Menschen und Tieren oder aus verschiedenartigen Tieren zusammengesetzt sind, wie sie uns schon in den ältesten Darstellungen begegnen, scheinen der Phantasie der Sumerer entsprungen zu sein. Gerade diese mischgestaltigen Fabelwesen haben sich später weithin über Vorderasien ausgebreitet und *sind auch den Griechen nicht unbekannt geblieben.* Von diesen Dämonen unterscheiden sich die Götter, die sich in den großen Naturerscheinungen in Luft (Himmel), Erde und Wasser offenbaren. Schon in den ältesten Darstellungen erscheinen sie in Menschengestalt, doch erinnern uns die heiligen Tiere, die ihnen vielfach eigen sind und die sie symbolisch vertreten können, und auch die heiligen Bäume und Pflanzen, mit denen sie in Verbindung stehen, an den ursprünglichen Fetischismus der Urzeit. Gemeinsam scheint beiden Völkern gewesen zu sein, daß jede Stadt ihren besonderen Stadtgott gehabt hat, der als ihr „Herr" verehrt wurde, so der Sonnengott Schamasch in Sippar, der „Prophet" Nebo in Borsippa, der Marduk in Babylon, die Nanai, die Göttin des Liebeslebens, in Uruk, der Ea, der Herr der Wassertiefe, in Eridu usw. Trat eine Stadt an die Spitze eines größeren Reiches, so wuchs auch die Bedeutung ihres Gottes. Nur durch den politischen Aufschwung von Babylon am Anfang des zweiten Jahrtausends ist Marduk zu seiner überragenden Machtstellung gekommen. Wenn daher zu Beginn der historischen Kunde der sumerische Gott Ellil von Nippur, „der Herr des Sturmes", als der, der das Oberkönigtum verleiht, eine dominierende Rolle spielt, so daß auch die semitischen Herrscher, wie Sargon I., ihm huldigen, so hat Nippur in den Urzeiten vielleicht doch einmal, wenn es auch nicht bezeugt ist, im Staatsleben Sinears eine besondere Rolle gespielt. Die Bildung größerer Reiche hat auch hier wie in Ägypten zur Systematisierung der Götterwelt geführt, wie die Trias von Anu, Ellil und Ea erst im sumerischen Reich von „Sumer und Akkad" gebildet zu sein scheint. Ein lehrreiches Beispiel für die Übernahme sumerischer Gedanken durch die Semiten bietet die Geschichte der babylonischen *Tempeltürme* (Zikkurrat). Sie stammen im ganz besonderen aus dem Kult des Ellil. Da die Sumerer ihn, den „König der Berglande", den sie einst in ihrer offenbar gebirgigen Urheimat auf Bergeshöhen angebetet hatten, auch in der babylonischen Tiefebene in derselben Weise verehren wollten, errichteten sie ihm in Nippur einen künstlichen Berg in Gestalt eines sich verjüngenden Turmes mit einem Tempel auf der Spitze (Gipfeltempel), zu dem Rampen hinaufführten. Später dann sind solche Türme, deren Konstruktion erst durch die Ausgrabungen in Babylon, Ur und Uruk geklärt worden ist – an sie denkt die Legende vom Turmbau zu Babel! –, auch neben die Tempel anderer Götter und so auch der semitischen Götter gesetzt worden.

Zu den großen Naturmächten, in denen sich die Babylonier ihre Götter wirkend dachten, gehören u.a., wie bei allen Völkern, auch die Himmelskörper, Sonne, Mond und Sterne, aber die weitverbreitete Ansicht, daß der □ *Sternkult* die Grundlage der babylonischen Religion gewesen sei und daß schon in den Urzeiten Astronomie und Astrologie dort geblüht hätten, ist durchaus abzulehnen mit allen weitgreifenden Konsequenzen dieser „Astrallehre", da sie in der Tradition keine Stütze findet. Im dritten Jahrtausend ist nur eine der Gottheiten mit einem Stern in Verbindung gesetzt, die Nanai von Uruk mit dem Venusstern. Im übrigen ist die Verbindung der einzelnen großen Götter mit den anderen Planeten erst das Ergebnis einer sehr viel jüngeren Spekulation, und der Tierkreis ist erst im ersten Jahrtausend v. Chr. ausgebildet worden. Die Astronomie und die Astrologie sind erst damals durch die semitischen Chaldäer (etwa seit dem 7. Jahrhundert) allmählich zu größerer Vertiefung gekommen.

Im Gegensatz zu Ägypten spielt der *Totenkult* in Babylonien keine große Rolle. Wohl werden den Toten, die man vielfach in den Häusern bestattete, auch hier Speise und Trank gebracht, aber der Glaube an ein glückliches Weiterleben im Jenseits fehlt hier ganz. Darum tritt in den Mythen und Epen immer wieder der schmerzliche Gedanke auf, daß der Mensch sterben muß, und trüb und pessimistisch sind die Vorstellungen von der Unterwelt mit ihrer Finsternis und ihrem Staub, wie der Dichter der „Höllenfahrt der Istar" sie packend zur Darstellung bringt. Ein schöner Zug ist es, der uns fast an gewisse spartanische Auffassungen erinnert, daß nur dem Helden, der im Kampf gefallen ist, ein besseres Los im Jenseits winkt. Von ihm heißt es am Schluß des Gilgamesch-Epos: „Er ruht im Schlafgemach und trinkt reines Wasser". Wie irrig war es doch, wenn man gelegentlich die Babylonier zu Pazifisten machte, die nur dem Ausbau der Kultur gelebt hätten!

Einen trüben Eindruck macht auch der starke Fatalismus, der aus dem Glauben an die beständige Beeinflussung des Menschenlebens durch die Götter entsprang. Der König wie der Mann aus dem Volke befragen bei jedem Unternehmen, oft dem geringfügigsten, den Willen der Götter, den diese in *Orakeln und Vorzeichen* der verschiedensten Art kundtun. Ungeheuer ist die Literatur über diese dunklen Künste. Unter ihnen hat die *Leberschau*, die aus den Besonderheiten der Leber der Opfertiere den Willen der Götter zu erforschen suchte und an Tonmodellen solcher Lebern gelehrt wurde, ein besonderes historisches Interesse, da sie später über Kleinasien, wo gleichfalls solche Modelle gefunden sind (in Boğazköy), zu den Tyrsenern kam und von diesen dann in Etrurien an ganz ähnlichen Modellen gelehrt wurde (Haruspizin) (S. 59), in noch späterer Zeit aber von Kleinasien aus auch zu den Griechen gelangt ist (Hieroskopie). Es versteht sich, daß durch die Ausübung dieser Künste die Priesterschaft einen ungeheuren Einfluß im Staat und Volksleben Babyloniens gehabt hat.

Sehen wir ab von den öden Orakel- und Ominatexten, von den Beschwörungen und Zaubertexten, so bietet die *Literatur* der Babylonier viel Erfreuliches, ja auch Großes. Zwar haben sie eine profane Unterhaltungsliteratur, wie die Ägypter, nicht entwickelt, aber ihre religiöse Lyrik bietet namentlich in den Hymnen und den sog. Bußpsalmen manches Schöne und tief Empfundene; vor allem aber haben sie in ihren großen *Epen* etwas geschaffen, dem die Ägypter Gleichartiges nicht an die Seite zu setzen haben. Wir kennen die ältere Literatur meist nur aus Abschriften aus der Bibliothek des Assurbanipal aus dem 7. Jahrhundert (S. 83), aber hie und da sind auch schon Fragmente aus dem dritten Jahrtausend bekanntgeworden, die dann zeigen, wie stark die ursprünglichen Formen im Laufe der Jahrhunderte überarbeitet worden sind. Alle Wahrscheinlichkeit spricht dafür, daß die Grundlagen der großen Epen schon von den Sumerern geschaffen sind, und daß die Semiten sie übernommen und in ihrem Sinne überarbeitet haben. Mehrfach läßt sich erkennen, daß die sumerischen Götter, die ursprünglich im Mittelpunkt der Mythen standen, später von dem semitischen Marduk verdrängt worden sind, was besonders auf Verarbeitung in Babylon hinweist. Als Beispiele dieser Epen seien hier nur das Weltschöpfungsepos, die Sintfluterzählung und das Gilgameschepos genannt.

Der *Weltschöpfungsmythus* ist ursprünglich in verschiedenen Städten in verschiedener Weise besungen worden, wobei jede Stadt sich selbst in naiver Weise an den Anfang der Dinge stellte (wie Eridu in einer erhaltenen Version). Das große Siebentafelwerk aus der Bibliothek Assurbanipals ist im besonderen die Version von Babylon; denn Marduk ist es hier, der, nachdem die Götter aus dem Chaos geschaffen sind und die alten Götter die Vernichtung der neuen Götter beschließen, den Kampf gegen die furchtbare Tihamat aufnimmt, unter der Bedingung, daß die anderen Götter ihm die Weltherrschaft und die Schicksalsbestimmung zuerkennen. Nachdem er die Tihamat gespalten hat, schafft er aus ihren beiden Teilen Himmel und Erde und darauf die Menschen aus Blut und Lehm. Hier liegt die semitische Überarbeitung, die den Anspruch Babylons auf die Weltherrschaft durch die Göttergeschichte legitimieren will, auf der Hand; denn die Zahl 50, die zum Schluß eine Rolle spielt, zeigt, daß ursprünglich der sumerische Ellil von Nippur, dem die 50 heilig war, im Mittelpunkt dieses Epos gestanden hat, und merkwürdigerweise hat noch ein griechischer Autor des 6. Jahrh. n. Chr. (Damascius) eine Tradition gekannt, in der statt Bel (= Marduk) vielmehr Ellil (Ἴλλινος) stand.

Auch der *Sintflutmythus* ist ursprünglich, gewiß auch zuerst von Sumerern, in sehr verschiedenen Formen erzählt worden. Am eingehendsten ist die Darstellung in der XI. Tafel des Gilgameschepos, hier übrigens in manchem Detail so übereinstimmend mit der Erzählung im Alten Testament, daß diese als eine israelitische Umgestaltung der babylonischen Dichtung erscheint.

Aber diese Sintfluterzählung hat ursprünglich mit dem *Gilgameschepos* nichts zu tun. Dies ist das große Nationalepos der Babylonier, in dem die Abenteuer des mythischen Helden Gilgamesch von Uruk nebst seinem urwüchsigen Freunde Engidu, seine Kämpfe gegen schreckliche Ungeheuer und gegen den furchtbaren Chumbaba (s. S. 10), seine Abweisung der Liebe der Göttin Istar und ihre Feindschaft und sein vergebliches Suchen nach dem Lebenskraut, das ihm das ewige Leben bringen soll, mit großer dichterischer Kraft dargestellt sind. Das große Zwölftafelwerk, das wir aus der Bibliothek des Assurbanipal in großen Fragmenten besitzen, dessen zwölf Teile zu den zwölf Sternbildern des Tierkreises in Beziehung stehen, ist in dieser Form wiederum nur eine junge semitische Überarbeitung; ist doch der Tierkreis, wie oben bemerkt wurde, erst im ersten Jahrtausend gebildet worden. In der Tat läßt sich noch erkennen, daß erst, um diese Beziehungen zum Tierkreis zu ermöglichen, manche fremde Epen hineingezogen sind – so die Sintfluterzählung (für den Wassermann und die Fische) – und daß, wie ein Fragment des dritten Jahrtausends zeigt, die ursprüngliche Dichtung sehr stark verändert ist (wie z.B. die Skorpionmenschen nachträglich hineingebracht sind wegen des Sternbildes des Skorpion). Auch von diesem Epos wird der ursprüngliche Kern schon von den Sumerern geschaffen sein. Wenn, wie hier für das Gilgameschepos, so für die uns nur in ihrer endgültigen jüngsten Gestalt vorliegenden homerischen Epen ältere Fassungen gefunden würden, was leider ausgeschlossen ist, so würde die „homerische Frage" wohl keine Frage mehr sein.

Wohl auf keinem Gebiet läßt sich das sumerische und das semitische Gut so sicher trennen wie auf dem der *Kunst;* denn hier kommt zu der leicht erkennbaren Verschiedenartigkeit der dargestellten Rassen noch die des Geschmacks und des Stils hinzu. Im allgemeinen ist die Entwicklung, soweit wir nach unserem noch sehr lückenhaften Material urteilen können, wohl die gewesen, daß in den ersten Anfängen die Semiten von den Sumerern manches gelernt haben, daß sie bald aber jene weit überflügelt haben, um nunmehr ihrerseits auf sie zu wirken. An *Bauwerken* sind uns in Babylonien nur Trümmer von Tempeln, seltener von Palästen, erhalten, die in dem steinarmen Lande aus Luftziegeln (zur Bekleidung auch aus gebrannten Ziegeln) erbaut wurden. Das eigenartigste architektonische Gebilde sind jene Tempeltürme, über deren sumerischen Ursprung schon oben (S. 14) gesprochen ist.

Die ältesten *plastischen Arbeiten*, um die Wende des vierten und dritten Jahrtausends, zeigen das primitive Stadium der damaligen sumerischen Kunst, wie die rohen Götteridole aus Nippur und auch die plumpen Darstellungen von Sumerern, deren Köpfe, fast ohne Hals, tief zwischen den Schultern stecken. Unter den Reliefs ragt die „Geierstele" des Königs *Eannatum* von Lagasch (etwa 2500) nicht nur künstlerisch wegen ihrer großzügigen Komposition hervor, sie ist auch von historischem Interesse durch die Darstellung einer mit Schild und Lanze über Leichen vorrückenden geschlossenen Phalanx, die uns durch die mit beiden Händen (wie die Sarisse!) gefaßte Lanze fast an die makedonische Phalanx erinnert und ein ganz überraschendes Licht auf die Kriegführung wirft. Einen gewaltigen Fortschritt zeigt die prächtige Silbervase des *Entemena* (um 2450), des Neffen des Eannatum, auf der schon jenes Motiv der Löwen, die Hirsche oder Steinböcke anpacken, begegnet, das sich weithin verbreitet hat und auch im „orientalisierenden" Stil der Griechen (S. 74) erscheint. In derselben Zeit tritt auf einem Relief (des Dudu) als raumfüllendes Ornament schon jenes Flechtband auf, das in der griechischen Kunst später viel angewendet und wohl durch die hethitische Kunst vermittelt ist. Nicht allzu weit vor Entemena (nicht ins vierte Jahrtausend) gehören wahrscheinlich auch die bewunderungswürdigen Arbeiten des Kunstgewerbes, im besonderen der Goldschmiedekunst, die die Engländer □ in den Königsgräbern von Ur gefunden haben und die zusammen mit jener ihnen verwandten Silbervase den Gipfel der alten sumerischen Kunst bedeuten.

Einen neuen Höhepunkt erreicht dann die babylonische Kunst in der *semitischen Kunst* des akkadischen Reiches. Im besonderen ist die Siegesstele des Naramsin (um 2270), die seinen Sieg über ein Bergvolk verherrlicht, ein Meisterwerk, das jedem Zeitalter und jedem Volke Ehre machen würde. Wie hier der König, in überragender Größe, schlank aufgerichtet, auf der Paßhöhe des Berges vor dem überwundenen Feind zum Zeichen der Begnadigung den Speer senkt, während aller Augen auf ihn gerichtet sind, das kann nur ein ganz genialer Künstler geschaffen haben. Unter dem Einfluß dieser semitischen Kunst hat auch die sumerische wieder Fortschritte gemacht und in den Statuen aus der Zeit des Gudea (um 2050) einen neuen Höhepunkt erreicht. Die semitische Kunst aber zeigt dann in den Reliefs des klugen, etwas verschmitzten Beduinenkopfes des Hammurabi noch einmal ihr Können. Danach kommt ein starker Rückschritt. Und das gilt von allen Gebieten der babylonischen Kultur, die sich im dritten Jahrtausend völlig erschöpft zu haben scheint, so daß sie später nichts Neues mehr zu sagen hatte – ganz anders als die ägyptische, die auch im zweiten Jahrtausend noch zu neuen Höhepunkten gekommen ist (s. S. 35). Hierdurch wird es, von anderem abgesehen, begreiflich, daß die lebendige ägyptische Kunst auf die kretische Kunst des zweiten Jahrtausends viel stärker eingewirkt hat als die damals abgestorbene Kunst Babyloniens.

Dagegen hat die alte große Kultur Babyloniens auf die Nachbarländer schon in der Frühzeit einen großen Einfluß ausgeübt. Das gilt von *Elam* im dritten Jahrtausend, wo neben vielem Eigenen (so der bemalten Keramik, dem Dezimalsystem usw.) auch babylonische Einwirkungen erkennbar sind (so in der Schrift usw.), vor allem aber von *Assyrien*. Politisch scheint Assyrien in dieser Frühzeit keine selbständige Rolle gespielt, sondern sich meist in Abhängigkeit von den jeweiligen größeren Reichen Sinears befunden zu haben. Um so begreiflicher ist der starke von dort ausgehende Kultureinfluß. □ Die deutschen Ausgrabungen von Assur, die einen uralten Istartempel und plastische Werke aus dem Ende des vierten Jahrtausends zutage gefördert haben, zeigten zu unserer Überraschung, daß die sumerische Kunst dieser Frühzeit aufs stärkste hier gewirkt hat. Manche der dort gefundenen Statuen sind von den sumerischen nicht zu unterscheiden. Auch im nördlichen *Mesopotamien* lassen sich früh babylonische Einflüsse erkennen, ebenso auch schon in *Kleinasien* im Verfolg des Vordringens Sargons (S. 9). Hier hat es dann nach Ausweis der bei Kayseri (Kappadokien) und jetzt auch in Bogazköy gefundenen Tontafeln im 19. und 18. Jahrhundert assyrische Handelskolonien gegeben – eine Tatsache von großer Bedeutung für die Ausbreitung der mesopotamischen Kultur nach dem Westen! Über das östliche Kleinasien wird sie aber zunächst kaum hinausgegangen sein. Auch auf das *nördliche Syrien*, das ja lange Zeit unter babylonischer Herrschaft gestanden hat, wie auch auf Cypern, wird schon damals die babylonische Kultur gewirkt haben, wie die ägyptische auf das südliche Syrien, so daß sich die spätere Mischung der beiden auf syrischem Boden schon damals vorbereitet haben wird. Anderseits haben neuere englische Ausgrabungen im Industal es wahrscheinlich gemacht, □ daß im dritten Jahrtausend ein Handelsverkehr zwischen dem *Industal* und Babylonien bestanden hat.

Kleinasien und die „Kleinasiaten"

Die kleinasiatische Halbinsel nimmt eine ganz besondere Stellung in der □ orientalischen Welt ein, schon insofern, als hier keine semitischen Völker gesessen haben. Die Sprachforschung hat gelehrt, daß, wenn man von den nachweislich später eingewanderten indogermanischen Völkern absieht, die übrigen Bewohner trotz aller lokaler Verschiedenheiten eine eigene Sprachfamilie bilden, die weder mit der indogermanischen noch der semitischen irgend etwas zu schaffen hat, sondern völlig selbständig neben sie tritt. In Ermangelung eines besseren Namens nennt man sie „*Kleinasiaten*" im prägnanten Sinne. In den Texten von Boğazköy (S. 32) finden sich jedoch auch □ Sprachen, die nicht zu diesen „kleinasiatischen" gehören, sondern indogermanischer Herkunft sind (die hethitisch-luwische Sprachgruppe). Während die Luwier (im Süden und Südwesten Kleinasiens) zu unbekannter, jedenfalls sehr früher Zeit eingedrungen sind, kamen im 19. Jahrhundert (wohl über den □ Kaukasus) die indogermanischen Scharen, die man heute (recht ungeschickt) „Hethiter" nennt, weil sie sich dann die kleinasiatischen Chatti (= Hethiter) im Norden und Osten der Halbinsel unterworfen haben. Auch Thraker, gleichfalls Indogermanen, sind wohl schon früh über die Dardanellen in die Troas eingerückt. Im 13. Jahrhundert folgte dann der große Einbruch der Phryger (gleichfalls aus Thrakien), später kamen die Bithyner, denen weitere Indogermanen folgten (vorübergehend Kimmerier und Skythen im 7. Jahrhundert, dauernd Kelten seit dem 3. Jahrhundert). Der Name „Kleinasiaten" für die Urbevölkerung paßt um so schlechter, als Teile dieser Völkerfamilie weit über die Grenzen Kleinasiens hinaus gesessen haben. Wie schon oben (S. 9) erwähnt wurde, haben „Kleinasiaten" wahrscheinlich die Urbevölkerung von Syrien, Nordmesopotamien und Assyrien gebildet, wohl auch von Cypern. Anderseits haben sie sich in frühen Zeiten nach Westen über die Inseln des Ägäischen Meeres bis nach Griechenland ausgedehnt, eine neuere Erkenntnis, durch die sie ein ganz außerordentliches Interesse für die griechische Geschichte gewonnen haben.

Von der Kultur Kleinasiens im dritten Jahrtausend ist für die östliche Hälfte wenig bekannt. Eine Einzelheit ist, daß, wie schon erwähnt wurde, wohl seit dem 19. Jahrhundert die assyrischen Kolonien in Kappadokien mesopotamische Kultureinflüsse (u. a. die Keilschrift) vermittelt haben. Mehr wissen wir von der damaligen Kultur im westlichen Kleinasien. Wir verdanken das *Heinrich Schliemann*, diesem Mann von vorbildlichem Idealismus, der durch seine Ausgrabungen in Troja, Mykene, Tiryns, Orchomenos (seit Anfang der 70er Jahre des 19. Jahrhunderts) zwar nicht, wie er als Nichtfachmann glaubte, die Realität der homerischen Schilderungen erwiesen, wohl aber die vorhomerische Welt, das griechische „Altertum" erschlossen hat. In dem Schutthügel von Hissarlik, südlich von der Mündung des Simoeis in den Skamander, deckte er die Reste von neun Stadtanlagen auf, die im Laufe von Jahrtausenden hier übereinandergeschichtet waren, von denen die VI. Stadt (von unten gezählt) *Wilhelm Dörpfeld* nach Schliemanns Tode als die von Homer besungene Burg aus der Mitte des zweiten Jahrtausends bezeichnet hat; nach den jüngsten Ausgrabungen müßte aber vielmehr die Stadt VII a dafür gelten. Während die I. Stadt, nach ihren Funden noch der Stein-Bronzezeit angehörig, mindestens bis 2600 zurückgeht, wird die II. Stadt, eine kleine Burg, etwa der Zeit von 2400 bis 2200 angehören. Welches Volk damals dort gewohnt hat, ist strittig. Aber manches, wie namentlich der Hausbau (Vorhalle, langgestreckter Saal mit Herd in der Mitte), der mit dem griechischen (nordischen) Hause durchaus übereinstimmt, macht es wahrscheinlich, daß es Indogermanen aus Thrakien gewesen sind. Während die Funde der I. Stadt noch die primitive Kultur der Stein-Bronzezeit zeigen, sind in der II. Stadt Waffen und Hausrat (abgesehen von einigen steinernen Prunkstücken) bereits aus Bronze hergestellt. Gold und Silber sind zu kunstvollem Schmuck wie auch zu Bechern verarbeitet. Als keramische Formen sind die Schnabelkanne, die verkoppelten Gefäße und namentlich die Gesichtsurnen charakteristisch. Die Ornamente sind meist noch eingeritzt und oft mit weißer Masse ausgefüllt (inkrustiert). Überseeischer Verkehr ist für diese am Eingang der Dardanellen gelegene Stadt zweifellos anzunehmen, wie denn die Kultur auf den Inseln des Ägäischen Meeres der ihrigen verwandt ist. Einzelne Funde (Fayencen usw.) weisen auf Beziehungen zu Ägypten hin, anderes, wie ein Bleiidol der nackten Göttin, in letzter Instanz auf Sinear, aber ob das auf dem Seeweg über Cypern oder auf dem Landweg quer durch Kleinasien (vgl. Kayseri!) dorthin gelangt ist, läßt sich nicht sagen. Anderseits liegen Beziehungen zu den Funden in thrakischen Tumuli und im Donaugebiet vor, was zu der Annahme einer thrakischen Bevölkerung gut paßt.

Unter den Inseln, die seit den ältesten Zeiten von Kleinasiaten bewohnt wurden – noch Thukyd. I, 8, 1 weiß davon, daß einst Karer auf den Inseln gesessen haben –, spielt *Kreta* für uns die wichtigste Rolle wegen der überragenden Bedeutung, die es im zweiten Jahrtausend für die griechische Kultur gewonnen hat. Die epochemachenden Ausgrabungen von *Arthur Evans* in Knossos im Norden und von italienischen Gelehrten in Phaistos und Hagia Triada im Süden sowie von den Franzosen in Mallia (östlich von Knossos) haben uns eine neue Welt erschlossen. Vieles spricht dafür, daß die Kreter, die bis zur Besetzung der Insel durch die Griechen (um 1400) die kretische Kultur geschaffen haben, „Kleinasiaten" waren. In wie frühe Zeiten die über sechs Meter dicke steinzeitliche (neolithische) Schicht, die unter dem alten Palast von Knossos gefunden ist, hinaufreicht, läßt sich auch nur annähernd nicht bestimmen. Jedenfalls beginnt mindestens um 2600 auf Kreta die Kupferzeit. Schon damals sind die Häuser rechteckig, während die runde Form sich nur in den von Lehmkuppeln auf Steinringen überwölbten Gräbern findet. Die Gräber enthielten z. T. reichen Goldschmuck, Elfenbeinarbeiten und herrliche bunte Steingefäße. Die Herstellung der letzteren hörte erst auf, als man dann lernte, durch Zusatz von Zinn Bronze aus Kupfer herzustellen und hieraus kostbare Gefäße zu bilden. Die Tongefäße zeigen bereits eine ständig fortschreitende Bemalung. Auf Verkehr mit den Inseln weisen die sogenannten Inselidole. Wichtig ist, daß jene bunten Steingefäße, ferner Fayenceperlen und Skarabäen u. a. einen Verkehr mit Ägypten schon für diese „frühminoische“ Zeit bezeugen (S. 7). Wer die auf Sinear hinweisenden Siegelzylinder vermittelt hat, wissen wir nicht. Eng ist allezeit der Verkehr mit der kleinasiatischen Urheimat gewesen.

Die Einwanderung der Griechen

Die Vorfahren der Griechen, die wohl zu Beginn des zweiten Jahrtausends (um 1900) von Norden her in den Südzipfel der Balkanhalbinsel eingewandert sind, gehörten zur indogermanischen Sprachfamilie, waren also Verwandte der Italiker, Kelten, Germanen und Slawen, wie anderseits der Iranier und Inder. Ihnen sind noch andere indogermanische Stämme gefolgt, zunächst die *Thraker*, die die Griechen weiter nach Süden drängten und sich quer über den Balkanrumpf, vom Ionischen (Adriatischen) Meer bis zum Schwarzen Meer, ausbreiteten. Diesen folgten spätestens im 13. Jahrhundert die *Illyrier*, die Vorfahren der heutigen Albanesen, die dann die Thraker aus dem westlichen Balkangebiet am Ionischen Meer verdrängten (S. 52). Inwieweit diese verschiedenen indogermanischen Völker von Hause aus verschieden veranlagt waren, wissen wir nicht. Doch können die natürlichen Lebensbedingungen der von ihnen besetzten Gebiete und deren Lage im Verhältnis zu den Ländern älterer Kulturen nicht ohne Einfluß auf ihre Entwicklung gewesen sein. Jedenfalls sind die Thraker und die Illyrier, die im rauhen Norden zurückblieben und von der Berührung mit den Kulturvölkern des Südens abgeschnitten waren, keine Kulturschöpfer und keine Staatenbildner geworden, wenn auch die Thraker auf religiösem Gebiet später den Griechen manches geben konnten. Für die Entwicklung der Griechen ist es anderseits von größter Bedeutung geworden, daß sie bei ihrem Einbrechen in die Balkanhalbinsel hier auf ein Volk stießen, das ihnen, die damals noch auf primitiver Kulturstufe standen, kulturell überlegen war.

Dies Urvolk Griechenlands waren nicht, wie sie selbst später erzählten, die Pelasger, denn diese sind erst spät von der historischen Spekulation (Logographen) zum Urvolk gemacht worden, während es echte Pelasger nur im südlichen Thessalien gab; vielmehr waren es, wie oben (S. 20) schon erwähnt wurde, Stämme der „Kleinasiaten“, im besonderen vielleicht *Karer*, die auf den Inseln ja sicher gesessen haben, und *Leleger*, von deren einstigem Aufenthalt in Mittel- und Südgriechenland noch die Sagen künden. Diese ungeheuer wichtige Erkenntnis ist durch den Nachweis gewonnen worden, daß die zahlreichen ungriechischen Orts-, Berg- und Flußnamen von Hellas, namentlich die Bildungen auf -nth und -nthos (wie Tiryns, Korinthos usw.) sowie auf -assos und -essos (Parnassos, Brilessos usw.) in Kleinasien ihre Analogien haben. Nach historischen Parallelen ist anzunehmen, daß die einbrechenden Indogermanen dieses Urvolk, das sie wohl erst in langwierigen Kämpfen besiegt haben werden, nicht völlig ausgerottet oder vertrieben, sondern zum Teil auch als Unterworfene in ihren Wohnsitzen belassen haben. Schon die Übernahme der Ortsnamen durch die Griechen macht einen längeren friedlichen Verkehr wahrscheinlich. So wird sich mit der Zeit hie und da auch eine *rassische Vermischung* der Sieger und der Besiegten vollzogen haben, und um so mehr werden die Griechen sich manches von der Kultur ihrer Vorgänger angeeignet haben, und so vollzog sich, zugleich unter dem Einfluß des südlichen Klimas, ihr Übergang von der nordischen Kultur zur Mittelmeerkultur.

Diese „*Karer*", wie wir sie der Kürze wegen nennen wollen, werden den vorher auf der Wanderung begriffenen Indogermanen schon deswegen überlegen gewesen sein, weil sie seit Jahrhunderten ansässig waren, Seßhaftigkeit aber kulturfördernd wirkt. So hatten sie schon Städte oder doch stadtähnliche Niederlassungen und Burgen gegründet, deren kleinasiatische Namen die Griechen nun von ihnen ebenso übernahmen wie die Namen von sehr vielen Bergen und Flüssen. Aber auch sonst sind viele kleinasiatische Lehnwörter in die griechische Sprache eingedrungen, wie bei Annahme einer Mischung und eines friedlichen Verkehrs begreiflich ist. Nicht nur für Pflanzen und Tiere, die ihnen hier zuerst begegneten, haben sie die Namen entlehnt, sondern namentlich auch für die Erzeugnisse höherer Kultur haben sie zugleich mit diesen selbst die Namen übernommen. Von den zahlreichen kleinasiatischen Lehnwörtern, die man neuerdings im Griechischen nachzuweisen versucht hat, werden manche freilich nicht sogleich von diesen „Karern" übernommen worden, sondern erst im Laufe der Zeit von Kreta aus nach Hellas gedrungen sein, als dieses unter dem Einfluß der hohen kretischen Kultur stand (wie etwa ἀσάμινθος die Badewanne); andere haben vielleicht auch erst später die griechischen Kolonisten in Kleinasien übernommen.

Das Kulturniveau, das die Griechen vorfanden, wird aus den oben angedeuteten Gründen im Norden und im Süden verschiedenen gewesen sein. Die Ausgrabungen haben als älteste Hausform die kreisrunde oder ovale Hütte mit dem Herd in der Mitte ergeben, von einer Lehmkuppel auf einem Steinring überwölbt, daneben aber auch sehr unregelmäßig angelegte recht-

□ eckige Häuser. Die Griechen haben schon *aus ihrer nordischen Urheimat* das den Herd umschließende rechteckige Haus mit schmaler Front und mit der auf einfachen Holzstützen ruhenden Vorhalle sowie mit dem schrägen Giebel mitgebracht, wie es im nördlichen Europa verbreitet war, diesen Typus, den sie später kunstvoll zum Megaronstil entwickelt haben (S. 43). Der Rundstil tritt uns u. a. noch in dem mächtigen kreisrunden Herrscherhaus aus dem dritten Jahrtausend auf der Burg von Tiryns entgegen, von dem unter dem späteren griechischen Palast einige Reste freigelegt sind. Die Griechen haben ihn nur noch bei den Kuppelgräbern des zweiten Jahrtausends und den späteren Tholoi angewendet. An ihrem rechteckigen Haustypus mit dem wärmenden Herd haben sie auch dann festgehalten, als sie im Verlaufe des zweiten Jahrtausends das ganz andersartige kretische Haus kennenlernten (S. 39), soviel sie damals auch sonst von den Kretern übernommen haben; denn ihr eigenes nordisches Haus entsprach viel besser den Anforderungen des kühleren Klimas von Hellas. Die Verschiedenheit der Kulturbedingungen in Nord und Süd hat dann natürlich auch auf die griechische Entwicklung eingewirkt, und dazu kam weiter die in Ost und West. Während die Ost- und Südküste Griechenlands eine außerordentlich reich gegliederte Küste mit trefflichen Häfen aufweist, die selbst diese Hirten und Bauern zur Seefahrt und zum Verkehr mit der ägäischen Inselwelt verlocken mußte, fehlt eine derartige Küstenbildung vielfach auf der Westseite, die zudem den höheren Kulturgebieten abgewandt liegt. So verkehrt es auch ist, die Leistungen eines Volkes lediglich aus den äußeren Lebensbedingungen ableiten zu wollen, wird es doch hierauf zurückzuführen sein, daß die Weststämme, wie die Akarnanen und Ätoler, ebenso wie auch die im höchsten Norden zurückgebliebenen Stämme, wie die Makedonen, in der Kultur hinter den Stämmen der Ostseite weit zurückgestanden und im Staatsleben wie in der Kultur viel Primitives bewahrt haben (S. 213). So wird man auch sagen dürfen, daß erst die besonders günstigen Lebensbedingungen, die die einwandernden Indogermanen namentlich in Ost und Süd vorfanden, ihnen die Anregung und die Möglichkeit gegeben haben, die in ihnen schlummernden Keime voll zu entfalten. Erst auf griechischem Boden sind sie zu den „Griechen" geworden, die dann später die Schöpfer der höchsten Kultur des Altertums werden sollten.

Die griechischen Stämme

Von den drei großen Stämmen, die wir später nebeneinander finden, den *Ioniern, Äolern* und *Doriern* (Ἴωνες, Αἰολεῖς, Δωριεῖς), sind in der hier betrachteten Urzeit nur die beiden erstgenannten bis nach Süden vorgerückt, während die Dorier noch bis zum Ausgang des zweiten Jahrtausends im Norden verweilten. Die Namen der Ionier und Äoler sind erst sehr viel später, drüben im kleinasiatischen Kolonialland, zu umfassenden Völkerbezeichnungen geworden (S. 55). So kann man für diese Urzeit, genau genommen, nur von den Vorfahren der späteren Ionier und Äoler reden. Statt von Äolern spricht man heute fürs Mutterland im Anschluß an Homer gern von *Achäern.* Die Verteilung der griechischen Dialekte über das Griechenland der historischen Zeit macht es wahrscheinlich, daß zuerst nur die Vorfahren der Ionier von Norden eingebrochen und in langsamem, stoßweisem Vorrücken allmählich bis nach Süden vorgedrungen sind und daß erst nach ihnen die Vorfahren der Achäer nachgerückt sind, um sich gleichfalls bis zum Süden auszudehnen, wobei sie die Ionier vielfach aus ihren neuen Wohnsitzen verdrängten. Die Achäer finden wir auch in historischer Zeit noch über die ganze Halbinsel verteilt, namentlich in Thessalien und im Peloponnes, während die Ionier sich, abgesehen vom Peloponnes, vor allem in Attika und auf Euböa rein erhalten haben. Diese Wanderungen und die Kämpfe mit der kleinasiatischen Urbevölkerung und untereinander bis zur endlichen Verteilung des Bodens mögen mehrere Jahrhunderte gedauert haben.

Die einwandernden Völker waren in *Stämme* (φυλαί) gegliedert, die anfangs meist größer als später gewesen sein werden. Die Zersplitterung in die vielen kleinen Stämme der historischen Zeit ist auf die geographischen Verhältnisse, im besonderen auf die durch die vielen Gebirgszüge verursachte Gliederung des Landes in die vielen kleinen Täler und Kantone zurückzuführen. Diese lokalen Spaltungen sind ein Hauptgrund für die politische Zersplitterung und für jenen *verhängnisvollen Partikularismus* gewesen, der wie ein Erbübel die ganze Geschichte des griechischen Volkes durchzieht. Anderseits ist nicht zu verkennen, daß diese Zersplitterung auf den Reichtum und die Mannigfaltigkeit der kulturellen Entwicklung außerordentlich fördernd eingewirkt hat. *Nach beiden Seiten eine Parallele zu unserer deutschen Geschichte*!

Von einem „Staat“ kann für die Urzeit natürlich noch nicht gesprochen werden. Es gab nur eine primitive Organisation der Stammesverbände. Der

Stamm, der durch gemeinsame Stammeskulte zu einer religiösen Kultgenossenschaft zusammengeschlossen war, wurde politisch vertreten durch die Gesamtheit seiner waffenfähigen freien Männer, die, rechtlich einander gleichstehend, in der Heeresversammlung zusammentraten und über wichtige Stammesfragen beraten und entscheiden konnten. Waren die Stammesgenossen auch prinzipiell einander gleichberechtigt, so mußten sie sich doch im Kriegsfall einer einheitlichen Führung unterstellen, da die Masse ohne Führung nichts vermag. Für den von ihnen erwählten Häuptling, den „König" oder „Oberführer" (*βασιλεύς*, *ἀρχαγέτας*), wurde nach siegreichem Kampf aus dem eroberten Gebiet, ebenso wie für die Götter, ein besonders bevorzugtes Stück Land „herausgeschnitten" (*τέμενος*), während die Stammesgenossen alle gleiches Anrecht auf die Beute hatten, unbeschadet besonderer Belohnung für besondere Tapferkeit. Dieser Heerkönig oder Volkskönig, der nur ein primus inter pares, ein Beauftragter, ein Beamter war, ordnete dann auch im Frieden zusammen mit den Ältesten des Stammes die gemeinsamen Angelegenheiten, soweit sie nicht vor die Stammesversammlung gehörten, und schlichtete als Schiedsrichter auch Streitigkeiten, aber nur soweit sie vor ihn gebracht wurden; denn das Aufspüren des Unrechts lag jener Zeit noch völlig fern. Um so mehr bestand für die Stammesgenossen die Nötigung, sich untereinander zu schützen. Dies geschah durch die „Bruderschaften" (die Phratrien, *φρατρίαι*), eine uralte Vereinigung, die, wie der Name zeigt, noch aus der Zeit vor der Einwanderung stammte (vgl. lat. frater). Aus diesen Bruderschaften setzten sich die Einzelphylen des Stammes zusammen. Innerhalb dieser Verbände wurde der Verbandsgenosse, zunächst von den nächsten Blutsverwandten, durch die Blutrache geschützt, die den Totschläger wie den Mörder bedrohte. Diese Blutrache, die noch heute bei primitiven Völkern geübt wird – in Babylonien und Ägypten war sie damals längst überwunden (s. S. 11) –, war wohl entstanden durch die Vorstellung, daß die Seele des Erschlagenen keine Ruhe finde und sich gegen die in ihr verletzte Gemeinschaft wende, wenn nicht auch der Mörder wieder erschlagen wurde. Da auch dessen Tod Blutrache erforderte, so führte dies zu einer endlosen Kette von Morden, bis der Gedanke der Blutbuße oder des Wergeldes, einer Ablösung durch materielle Entschädigung (wie bei Homer), Platz griff. Ganz überwunden konnte diese primitive Selbsthilfe erst im Rechtsstaat der späteren Zeit werden.

□ Über die *religiösen Vorstellungen* der griechischen Urzeit ist wenig bekannt. Die olympischen Götter muß man aus dieser Frühzeit natürlich durchaus fernhalten; denn sie haben erst viele Jahrhunderte später in den homerischen Gesängen ihre Gestalt gewonnen. Sicherlich haben die einwandernden Griechen aus der indogermanischen Vorzeit schon religiöse Grundvorstellungen mitgebracht, wie die Verehrung des Wettergottes und der Erdmutter und der Göttin, die den Herd beschützt, aber greifbar wird die griechische Religion doch erst auf griechischem Boden, und dieser lehrt uns durch die archäologischen Funde, daß die Griechen, wie heute noch manche Naturvölker, auch Fetischisten gewesen sind, die in Steinen und Bäumen und Tieren Göttliches verehrten. Noch Jahrhunderte nach ihrer Einwanderung sind diese primitiven Vorstellungen lebendig gewesen, und Spuren davon lassen sich bis in die historische Zeit hinein erkennen.

Alles, was wir über diese Vorzeit der Griechen aussagen können, mag es sich auf archäologische Fundtatsachen stützen oder auf Rückschlüssen aus Rudimenten, die die historische Zeit bewahrt hat, oder auf historischen Parallelen beruhen, hat einen durchaus *hypothetischen* Charakter; denn irgendwelche glaubwürdigen direkten Nachrichten liegen für diese Zeit nicht vor. Auf etwas festeren Boden führt uns erst der weitere Verlauf der Geschichte des zweiten Jahrtausends.

II. DIE MYKENISCHE ZEIT GRIECHENLANDS

Ägypten und Vorderasien im zweiten Jahrtausend bis zur Zeit der nördlichen Völkerwanderungen

Die Schicksale Ägyptens und Vorderasiens verflechten sich im zweiten Jahrtausend so eng, daß sie hier in einem gemeinsamen Überblick zusammengefaßt werden können. Für die Geschichte Griechenlands wächst im Laufe dieses Jahrtausends die Bedeutung des Orients durch dessen viel intimer werdende Beziehungen zu Kreta, das seinerseits wieder auf Griechenland wirkt. Die Wichtigkeit der orientalischen Geschichte für die griechische dieser Zeit tritt auch darin hervor, daß für die kretischen *und auch die mykenischen Funde* absolute Daten, die die Beobachtung der Fundschichten niemals ergeben würde, nur durch die seit etwa 2000 durch Sothisdaten feststehende Chronologie der Pharaonen gewonnen werden konnten.

□ Bald nach 2000 erhob sich Ägypten unter der thebanischen XII. Dynastie im sogenannten ‚Mittleren Reich", das schon mit der XI. Dynastie begonnen hatte (S. 2), zu einer neuen Periode hoher Macht und Kultur. Die tatkräftigen Herrscher, die bald *Sesostris*, bald *Amenemēs* hießen, unterwarfen den Feudaladel, der den Niedergang des Alten Reiches herbeigeführt hatte (S. 2), unter die königliche Autorität, schoben nach Süden die Grenzen bis über Wadi Halfa hinaus vor, wodurch die nubischen Goldgruben zu Ägypten kamen, nahmen auch die Handelsbeziehungen mit der Somaliküste (Punt) wieder auf und machten nach Norden gelegentlich Vorstöße nach Palästina hinein. War die Wirtschaft auch im wesentlichen naturalwirtschaftlich – z.B. wurden die vom Hof gezahlten Gehälter in Broten, Bier und Gemüse geliefert –, so war doch der reine Tauschhandel, wohl namentlich der mit dem Auslande, schon seit dem Alten Reich durch gelegentliche Verwendung von Goldringen (in bestimmtem Gewicht) durchbrochen. Der Name *Sesostris* ist später zum Inbegriff des ägyptischen Welteroberers geworden, dem die Sage – vergleichbar der Alexandersage – mit der Ausdehnung des geographischen Horizontes bis in die Ptolemäerzeit hinein immer neue Eroberungen zugeschrieben hat. Aber auch kulturell stand Ägypten wieder auf der Höhe, wenn auch die grundlegenden Gedanken schon das Alte Reich gedacht hatte. Es ist dies für die griechische Geschichte um so wichtiger, als durch kretische Funde in Ägypten und ägyptische in Kreta *ein lebhafter Handelsverkehr zwischen diesen beiden Ländern* für diese Zeit außer Frage steht. Seit der XII. Dynastie sind künstlerische Einwirkungen zwischen Ägypten und Kreta hin- und hergegangen.

In der *Religion* sehen wir in dieser Zeit ein Weiterschreiten auf dem von den Priestern von Heliopolis schon früher betretenen Wege, indem jetzt ebenso, wie diese ihren Gott Atum dem Rē gleichgesetzt hatten (S. 4), nunmehr auch die anderen Gaugötter nacheinander mit Rē verbunden wurden, wie Amūn-Rē, Chnum-Rē usw.; nur Ptah lehnte es ab. Damit war schon der Gedanke der Identität und der Einheit der Gottheit nahegelegt, wenn auch die letzte Konsequenz noch nicht gezogen wurde. Der *Totenkult* dehnt sich jetzt auf immer weitere Kreise aus. Die ursprünglich für den König ersonnenen und auf die Magnaten übertragenen Formen wurden nun auch von dem jetzt stärker hervortretenden Mittelstand, wenn auch in schlichterer Weise, übernommen: er baut sich winzige Ziegelpyramiden oder ersetzt die Scheintür der Grabkammer der Reichen durch eine sie nachahmende Grabstele. An Stelle der alten Totentexte, die einst die Grabkammern der Könige schmückten, sind jetzt neue, umfangreichere Texte entstanden, die auch weiteren Kreisen ein glückliches Leben im Jenseits vermitteln sollen. Sehr bedeutsam ist, daß jetzt als Voraussetzung für dieses ein gerechter und sittlicher Lebenswandel auf Erden gefordert wird – ähnlich wie später in Griechenland von den Orphikern. So wird die Moral, die sich bis dahin unabhängig von der Religion entwickelt hatte, erst jetzt mit dieser verknüpft. Das Urteil über den Lebenswandel fällt nun Osiris als Richter der Unterwelt. Diese Texte, die auf Särge und Grabwände geschrieben wurden, haben sich dann zu dem sogenannten *Totenbuch* entwickelt, das in einer Papyrusrolle schließlich jedermann in den Sarg gelegt wurde.

Außer der religiösen Literatur hat sich im Mittleren Reich, z. T. im Anschluß an uns verlorengegangene Vorläufer aus dem Alten Reich (S. 5), zum erstenmal in der Welt eine *profane Unterhaltungsliteratur* entwickelt, deren meist etwas preziöser Stil von den späteren Generationen sehr bewundert worden ist. Die Literatur dieser Zeit galt diesen als ihre klassische Literatur. Wir kennen davon jene schon oben (S. 5) erwähnten Weisheitssprüche, die freilich mehr praktische Lebensklugheit als Weisheit predigen, ferner epische Erzählungen voll Abenteurerpoesie, wie die auch historisch interessante Geschichte vom *Sinuhe.* Als rhetorisches Meisterwerk galt die *Geschichte vom Bauer,* die uns die Freude dieser Zeit an „schönen" Reden veranschaulicht. □ Das Tiefste ist das wohl schon kurz vor dem Mittleren Reich gedichtete *Gespräch eines Lebensmüden mit seiner Seele,* in dem uns zum erstenmal ein über „Sein oder Nichtsein" grübelndes Individuum entgegentritt. Sehr bemerkenswert sind auch die ägyptischen *Prophetien,* die, seit dem Alten Reich nachweisbar, sich in ihrem Schema (Ausmalung furchtbaren Unglücks, Verkündung eines Retters, eines Messias, der glückliche Zeiten heraufführt) mit den israelitischen Prophetien berühren und vielleicht nicht ohne Einfluß auf sie gewesen sind.

Auch die *bildende Kunst* dieser Zeit hat einen neuen Höhepunkt erstiegen, wenn sie auch von den Vorbildern des Alten Reiches abhängig ist. Am lebendigsten tritt sie uns in den wundervollen Felsengräbern der Gaufürsten von Beni-Hassan mit ihren sogenannten protodorischen Säulen entgegen, während die Bauten der Könige – und sie haben sehr viel gebaut – meist verschwunden sind. Ihre Tempel sind von den Späteren überbaut, und ihre Pyramiden waren nur aus vergänglichen Ziegeln errichtet. Das sogenannte „Labyrinth", das für Herodot (II, 148f.) das größte Wunderwerk Ägyptens war, ist völlig verschwunden; wir wissen jetzt, daß es der Totentempel des Amenemēs III. war, den er bei Hawāra am Eingang des Faijûm, für dessen Urbarmachung er durch Regulierung des Moeris-Sees viel getan hatte, neben seiner Pyramide errichtet hatte. Auch die Plastik zeigt wieder Meisterwerke, die den Vergleich mit denen des Alten Reiches aufnehmen können. Am erstaunlichsten aber sind vielleicht die Goldschmiedearbeiten, die uns in den Prinzessinnen-Diademen aus Gold und Edelsteinen aus Daschūr erhalten sind.

Nachdem dieser Glanz Ägyptens schon unter den nächsten Dynastien □ verblichen war, drangen um 1670 die *Hyksos* ins Land, ein semitisches Volk, das, wohl zur kanaanäischen Welle gehörig (S. 9), aus Arabien hervorgebrochen war und nicht nur Ägypten, sondern auch Syrien eroberte. Es entstand ein großes Reich, dessen Herrscher sogar den Anspruch auf Weltherrschaft erhoben. Nachdem die Hyksos anfangs in Ägypten arg gehaust hatten, beugten sie sich der überlegenen ägyptischen Kultur, so daß ihre nur hundertjährige Fremdherrschaft keinen nachhaltigen Schaden angerichtet hat. Manche wichtige Handschrift, wie das mathematische Handbuch, stammt gerade aus dieser Zeit. Die Handelsbeziehungen zu Kreta blieben auch jetzt lebendig, wie ein Alabasterfragment mit dem Namen eines dieser Hyksoskönige (Chian) in Hieroglyphen, das in Knossos gefunden ist, zeigt.

Inzwischen war auch *Babylon* von der stolzen Höhe der Hammurabizeit herabgesunken. Die Eroberung Babylons 1531 durch die *Hethiter* aus Kleinasien (s. unten) führte zum Sturz der Hammurabidynastie und ebnete den Weg der Herrschaft der *Kossäer* (oder *Kassiten*), eines weder semitischen noch indogermanischen Volkes, das, wohl von Medien her über den Zagros vorbrechend, seinerseits Babylon erobert und bis etwa 1160 dort regiert hat. Auch sie haben den Titel „König der vier Erdteile" übernommen (S. 10). Wie die Hyksos in Ägypten, haben auch die Kossäer in Babylon sich der Kultur der Unterworfenen angepaßt, aber sie zu fördern haben sie wenig verstanden. Während dieser langen Zeit finden wir nur selten einen neuen Gedanken; es ist im ganzen eine Zeit der Stagnation. Erst gegen Ende tritt uns in den Reliefs der Belehnungsurkunden wieder ein regeres künstlerisches Leben entgegen. Trotzdem hat sich in dieser Zeit die babylonische Kultur immer weiter über Vorderasien ausgedehnt. *Assyrien*, das wohl die kossäische Eroberung Babylons zur Befreiung benutzte, hat keine größere Macht gewonnen, im 15. Jahrhundert unterstand es dem Mitannikönig (S. 32).

Die Vertreibung der Hyksos aus Ägypten, die durch *Ahmosis* I., mit dem etwa 1570 die XVIII. Dynastie und damit das „*Neue Reich*" begann, ihren Abschluß fand, führte ein kriegerisches Zeitalter herauf, das an Eroberungen und Beute Freude hatte und schließlich auch mit dem Gedanken der Weltherrschaft gespielt hat, wenn er hier auch nicht so feste Formen angenommen hat wie in Babylonien. Ägypten wurde jetzt ein Militärstaat. Eine neue Kriegswaffe wurde der Streitwagen: das Pferd war erst durch die Hyksos bekanntgeworden, nachdem es in Babylonien seit kurzem vom Iran her eingeführt war; die Wagen aber stammten, wie ihr Name zeigt, aus Syrien. Neu war auch, wie das stehende Heer, so das Söldnertum, das im Laufe der Jahrhunderte eine immer größere und schließlich eine gefährliche Rolle gespielt hat. Die Schätze, die infolge der glücklichen Kriege nach Ägypten flossen, wurden vor allem verwendet, um den Göttern zu danken, die den Sieg verliehen hatten, im besonderen dem Reichsgott Amūn-Rē von Theben, dessen Tempel (in Karnak und Luksor) von Generation zu Generation sich zu Riesenbauten auswuchsen. Infolgedessen spielten die Priesterschaften jetzt eine ganz andere Rolle als im Alten und Mittleren Reich. Auch in dieser Entwicklung lag wie im Söldnertum eine Gefahr für den Staat.

Nach Süden drangen diese Pharaonen, die *Amenophis* und *Thutmosis*, bis tief in den Sudān hinein vor; nach Norden eroberten sie ganz Syrien bis an den mittleren Euphrat bei Karkemisch. Hier stießen sie auf das Reich von *Mitanni* (semitisch *Naharin*, „Stromland", genannt), das ein „kleinasiatisches" Volk (Churriter, aus den armenischen Bergen eingewandert) umfaßte, bald aber eine arische Dynastie (um 1500) erhielt. Der mächtigste Eroberer war *Thutmosis* III. (1502–1448), der nach langwierigen Kämpfen jenseits des Euphrat seine Siegesstele errichtete. Von seinen Taten künden seine Annalen, die im Reichstempel von Karnak aufgezeichnet wurden. Unter den zahlreichen Völkern, die ihm huldigten, befinden sich auch die *Keftiu*, die, wie die im Grabe des Rechmerē dargestellten Personen und Geschenke zeigen, niemand anders sind als die Kreter.

Aber bald verschob sich die politische Lage in Vorderasien dadurch, daß die indogermanischen *Hethiter* (s. S. 19) im Laufe des 15. Jahrhunderts unter einer neuen Dynastie einen großen Aufschwung nahmen und ein Reich begründeten, das sich nicht nur über Kleinasien ausdehnte, sondern bald auch nach Nordmesopotamien (Mitanni) und nach Syrien übergriff. Die Hauptstadt Chattusas ist durch deutsche Ausgrabungen in Boğazköy (östlich vom Halys) wiedergefunden worden. Hier fand man im Palast das Reichsarchiv von vielen tausend Tontafeln, die teils in der babylonischen Diplomatenschrift und -sprache jener Tage beschrieben sind, teils verschiedene einheimische Dialekte sowie die indogermanische Sprache der Herrenschicht in Keilschrift wiedergeben. Es ist noch gar nicht abzusehen, welche ungeheure Bereicherung unseres Wissens von der orientalischen Geschichte die Entzifferung dieser Tontafeln, die noch im Gange ist, uns bringen wird. Eines ist aber schon heute sichtbar, daß diese ursprünglich noch in primitivem Zustande eingewanderten „Hethiter" sich schon früh und immer mehr der überlegenen orientalischen Kultur Vorderasiens angeschlossen haben. Gleichwohl sind noch ausgesprochen indogermanische Züge in ihrem Staats- und Kulturleben zu erkennen.

Für die griechische Geschichte ist die *kleinasiatische Kultur* von großem Interesse, weil manches von ihr über Kreta, das ja selbst diesem Kulturkreis angehörte, zu den Griechen gekommen, anderes später zu den griechischen Kolonisten an der Westküste direkt gegangen ist. Im ganzen hat die kleinasiatische Kultur ihren ganz eigenartigen Charakter gehabt und sich bewahrt, wiewohl sie von Ägypten und namentlich von Babylonien viel übernommen hat. Anderseits hat später die hethitische Kultur, namentlich von Nordsyrien aus, wo noch bis 717 der Hethiterstaat von Karkemisch bestanden hat, nicht unbedeutenden Einfluß auf Mesopotamien und Assyrien gehabt. Eigenartig ist ihre *Götterwelt* und deren künstlerische Darstellung. Der eigentliche Nationalgott der Kleinasiaten ist der Wettergott, bei den östlichen

Völkern *Teschub*, bei den westlichen *Tarku* genannt, der das Doppelbeil (die Labrys) in der Rechten schwingt und den Blitz in der Linken hält. Nicht der Gott, aber sein Symbol, das Doppelbeil, spielt auch auf Kreta eine große Rolle (S. 41 f.) und ist von dort auch den Griechen der mykenischen Zeit bekanntgeworden. Außer ihm tritt vor allem die *Göttermutter* hervor (von den Phrygern später Kybele, Agdistis usw. genannt), als „Bergmutter" auf einem Berg dargestellt oder auch, wie oft kleinasiatische Götter, auf Tieren stehend, und neben ihr ihr Geliebter, der *Attis*, dessen Wiedererscheinen im Frühling in rauschenden Freudenfesten gefeiert wird, beide in orgiastischem Kult verehrt, der bis zur Selbstentmannung führte. Auch deren Mythen sind über Kreta zu den Griechen gedrungen. Direkt übernommen aber ist die Göttermutter in Ephesos, wo die Griechen sie ihrer Artemis gleichgesetzt haben. Zu diesen eigenen Vorstellungen der Kleinasiaten kommen dann Entlehnungen von Ägypten und Babylonien, die sie künstlerisch in ihren Stil umsetzten, so aus Ägypten die geflügelte Sonnenscheibe und „die" Sphinx, die schon in Syrien aus dem ägyptischen männlichen Sphinx zur weiblichen, geflügelten Sphinx geworden war, wie sie dann auch die Griechen kennen, aus Babylonien aber manche der dort entstandenen dämonischen Fabelwesen. Die in Boğazköy gefundenen Tonmodelle von Opferlebern (S. 15) zeigen, daß auch babylonische Priesterweisheit dorthin gelangt ist. So sind viele fremde Typen in die kleinasiatische Kunst eingedrungen, die im übrigen aber durchaus ihren eigenen Stil hat. – Aus der Architektur sei der *Palast von Boğazköy* erwähnt, der wegen seiner Verwandtschaft mit den ▫ kretischen Palästen für uns von besonderem Interesse ist. Die Abhängigkeit von den beiden führenden Kulturmächten tritt uns auch im Schriftwesen entgegen. Wie die Keilschrift aus Babylonien stammt, so wird bei der Erfindung der hethitischen Hieroglyphenschrift, die sie auf Stein und Siegeln verwendeten (in größerem Umfange erst nach Aufhören des Großreiches), die ägyptische Schrift als Vorbild irgendwie mitgewirkt haben. Von allgemeinem Interesse ist, daß sich in Boğazköy das Gilgameschepos in babylonischer und hethitischer und noch einer dritten (churritischen) Version gefunden hat! Die Höhe dieser eigenartigen Mischkultur, deren indogermanische Elemente immer deutlicher werden, tritt uns jetzt in einem wohl aus dem 15. Jahrhundert stammenden *Gesetzbuch* entgegen, das auch für die vergleichende Rechts- ▫ wissenschaft von außerordentlichem Wert ist.

Diese neue hethitische Großmacht wurde für den ägyptischen Besitz von Syrien wie für das mit Ägypten befreundete Mitanni eine Gefahr, sobald sie über den Tauros nach Süden hinüber zu greifen anfing. Mitanni ist ihr denn auch bald erlegen, das noch um 1400 bis nach Ninive geherrscht hatte. Von dieser Hethiternot meldet uns der *Tontafelfund von Tell-Amarna* (gefunden 1887/88), der bedeutende Reste der diplomatischen Korrespondenzen enthält, die Amenophis III. und IV. im 14. Jahrhundert in Keilschrift (!) mit den Königen von Babylon und Assyrien, Mitanni und Cypern, sowie mit ihren Vasallen und Statthaltern in Syrien (Tyros, Sidon, Byblos, Jerusalem u. a.) geführt haben – ein Fund von ganz ungeheurer Bedeutung, durch den uns die damalige politische Lage im Orient blitzartig erleuchtet wird. Wir blicken hinein in die Bündnispolitik der Potentaten, die durch Goldgeschenke aus Ägypten und durch Verschwägerungen gestützt wird. Der ganze diplomatische Verkehr dieser fernen Tage tritt uns auf das anschaulichste entgegen. Von besonderem historischen Wert sind neben den Nachrichten über das Vorrücken der Hethiter die über die *Chabiri*, d.h. die *Hebräer*, die damals (14. Jahrhundert) als kriegerische Beduinen von Osten her das Kulturland bedrängten. Wahrscheinlich waren sie trotz ihrer kanaanäischen Sprache nicht die Letzten der kanaanäischen, sondern die Ersten der damals vorstoßenden aramäischen Völkerwelle (S. 9) und haben erst später in Kanaan den Landesdialekt übernommen.

Für die Großmachtstellung Ägyptens war es verhängnisvoll, daß, nachdem schon Amenophis III. keine Kriegszüge nach Syrien unternommen hatte, sein Sohn *Amenophis IV.* (1377–1358) die Hilferufe von dort völlig überhörte, so daß die ägyptische Machtstellung daselbst zusammenbrechen mußte. Aber in die Weltgeschichte ist trotzdem sein Name als der der eigenartigsten Persönlichkeit der altorientalischen Geschichte eingeschrieben; denn er ist der religiöse Reformator, der nicht nur – was gelegentlich schon vor ihm gedacht worden war – aus jener heliopolitanischen Lehre, die schon im Mittleren Reich zur Gleichsetzung der großen Götter mit Rē geführt hatte, die logische Konsequenz zog, daß es nur *einen* Gott gebe, sondern auch den Mut gehabt hat, unter Beseitigung der alten Götter und, was gefährlicher war, der alten Priesterschaften diesen *solaren Monotheismus* praktisch durchzusetzen. In seinem sechsten Regierungsjahre hat Amenophis Theben verlassen, nachdem er sich im heutigen Tell-Amarna eine neue Residenz erbaut hatte, in der er nun ganz der neuen Religion lebte, die nach seinem Willen nicht nur Ägypten, sondern die ganze Welt umfassen sollte. Die alten Tempel wurden geschlossen, der Name der alten Götter, im besonderen des Amūn, aus den Denkmälern entfernt: nur der neue Gott Atōn (als Sonnenscheibe mit Strahlen, die in Hände endigen, dargestellt) sollte herrschen. Auch aus seinem eigenen Namen beseitigte er den Amūn und nannte sich Echn-Atōn. In dem wundervollen Hymnus, der wohl von ihm selbst gedichtet ist, wird der neue Gott u. a. gepriesen mit den Worten: „Du einziger Gott, außer dem es keinen anderen gibt."

Dasselbe unerbittliche Streben des Königs nach Wahrheit, das zu seiner religiösen Reform geführt hatte und in seiner häufigen Bezeichnung als „der von der Wahrheit lebt" mit Recht als Kern seines Wesens hervorgehoben wird, hat aber auch auf dem Gebiete der *Kunst* zu einer Revolution geführt. Seit dem Beginn der XVIII. Dynastie hatte die Kunst einen neuen Aufschwung genommen, wohl nicht zuletzt, weil seit dieser Zeit sich ein Einfluß der damals auf ihrer Höhe stehenden kretischen Kunst hie und da beobachten läßt. Ihn zeigen z.B. die köstlichen Waffen des Reichsgründers Ahmosis I. (der Greif auf dem Beil ist rein kretisch), ferner die aus Spiralen und ägyptischen Pflanzen zusammengesetzten Deckenmuster, die wir ganz ähnlich auch in Tiryns und Orchomenos wiederfinden, u. a. Unter den gewaltigen Werken der Baukunst ragt der in Terrassen aufsteigende wundervolle Totentempel von Dêr el-Bahri (Westufer von Theben) mit seinen schönen Pfeilerhallen hervor. Wohl zeigten die Werke der Plastik wie des Reliefs und der Malerei schon eine größere Freiheit, aber die Kunst, die Amenophis IV. von seinen Künstlern in Tell-Amarna ausüben ließ, steht doch durch den Versuch, die Natur ungehemmt durch die alten Traditionen wiederzugeben, als etwas ganz Neues vor uns. Neu war es vor allem, daß diese moderne veristische Kunst nicht nur, wie gelegentlich schon früher, auf die Darstellung niederen Volkes, sondern auch auf die des Königs und seiner Familie und seiner Hofleute angewandt wurde. So sind die intimsten Szenen des königlichen Familienlebens mit verblüffender Offenheit zur Darstellung gekommen. Die volle Freiheit, die der König seinen Hofkünstlern gab, hat, wie begreiflich, auch zu Übertreibungen geführt, so daß neben dem vielen Schönen doch auch manches schwer Genießbare steht. Jedenfalls gehören aber die Bildhauerarbeiten (auch Modelle und Abgüsse), die die deutschen Ausgrabungen in Tell-Amarna zutage gefördert haben, dazu die schönen Fußbodenmalereien zu dem Bedeutsamsten, was die ägyptische Kunst hervorgebracht hat.

Es war verhängnisvoll für die weitere Entwicklung Ägyptens, daß diese neuen freien Gedanken des Königs nur zu vorübergehender Auswirkung kamen. Mit wütendem Fanatismus haben die alten Priester bald nach seinem Tode, unter seinem Schwiegersohn Tut-anch-Amūn, dessen Grab mit herrlichen Kunstschätzen wiedergefunden wurde, den Kult des Atōn beseitigt und die alten Götter wieder eingeführt. Seitdem war in Ägypten für freie Gedanken kein Platz mehr, und so war das Ende ein vollständiger geistiger Stillstand. Die moderne Kunst hat wohl auf einzelne Werke der nächsten Generationen noch Einfluß gehabt, aber im ganzen ist man auch hier zum Alten zurückgekehrt. Wohl haben Sethos I. und Ramses II. noch bewunderungswürdige Werke geschaffen, die, wie die Basilika von Karnak und die Felsentempel von Abu Ṣimbel (Nubien), freilich mehr durch ihre Kühnheit und riesigen Ausmaße als durch Feinheit der Gestaltung, gewaltigen Eindruck machen. Aber dann folgt auch für die Kunst der Stillstand. Auch die *literarische* Schaffenskraft hörte auf, nachdem vorher im Neuen Reich außer manchen hübschen Märchenerzählungen vor allem jene z. T. dem liebenden Mädchen in den Mund gelegten Liebeslieder geschaffen worden waren, für die wir in der Weltliteratur dieser frühen Zeit keine Parallele finden.

Die Vernachlässigung der äußeren Politik durch Amenophis IV. hatte den Verlust Syriens zur Folge. Nachdem der tüchtige *Haremheb*, der Begründer der XIX. Dynastie (um 1345), das durch die inneren Kämpfe geschwächte Ägypten wieder reorganisiert hatte, haben *Sethos I.* und sein Sohn *Ramses II.* von neuem energische Kriege um Syrien geführt. Die Erfolge waren in Wirklichkeit nicht so glänzend, wie die ägyptischen Siegesberichte sie darstellen. Hat doch Ramses im Jahre 1280 einen Friedens- und Bündnisvertrag mit den Hethitern geschlossen, durch den freilich ihr weiteres Vorrücken nach Süden verhindert, das nördliche Syrien aber endgültig preisgegeben wurde. Wenn anderseits der Hethiter das Bündnis mit Ägypten trotz des Verzichtes auf das südliche Syrien für vorteilhaft hielt, so mag das mit der damaligen Machtstellung *Assyriens* zusammenhängen, das, schon seit dem 14. Jahrhundert nach der Unterwerfung von Mitanni durch die Hethiter im Kampf mit den Kossäern von Babylon wie mit den in Mesopotamien eindringenden aramäischen Beduinen erstarkt, sich zu einem gefährlichen Nachbarn entwickelt hatte, der im besonderen die Hoffnungen der Hethiter auf Ausdehnung in Mesopotamien durchkreuzte; seit 1273 stand es unter *Salmanassar I.*, dem Schöpfer der Residenz von Kalach (heute Nimrud).

Unter Ramses' Sohn *Merenptah* beginnen dann die Angriffe nördlicher Völker auf Ägypten, das nunmehr in die Verteidigung gedrängt wurde. Nachdem der König das aufständische Palästina wieder zum Gehorsam gebracht hatte – in seinem Siegeslied erscheint zum erstenmal der Name „Israel" –, mußte er 1230 Ägypten verteidigen gegen einen Einbruch der Libyer, die, verbündet mit *Seevölkern* („von den Ländern des Meeres"), von Westen her in das Delta einfielen. Der König rettete sein Land durch einen vollen Sieg über die Verbündeten. Die Deutung der Namen dieser Seevölker ist z.T. noch umstritten. Sicher ist, daß die Luka die Lykier sind, so gut wie sicher, daß die Turscha die Tyrsener sind (*Τυρσ-ηνοί*), die damals an der kleinasiatischen Küste gesessen haben werden. Ungewiß bleiben die Aqaiwascha und Schardana und Schakalscha (wohl Kleinasiaten, s. S. 19). Einige Zeit später wurde Ägypten von neuem von nördlichen Völkern bedroht, diesmal von Osten her. Auf diesen Vorstoß kleinasiatischer Stämme, der um 1190 von *Ramses III.* im südlichen Syrien zu Lande und an einer Nilmündung zu Wasser zurückgeschlagen wurde, soll unten (auf S. 53) eingegangen werden. Es erinnert an die Germanenkämpfe des ausgehenden Römerreiches, daß die Pharaonen im Kampfe gegen diese Schardana und andere Seevölker sich vor allem auf die schon lange in ihren Diensten stehenden und immer mehr angewachsenen Schardanasöldner gestützt haben.

Die kretische Kultur im zweiten Jahrtausend

Die äußere Geschichte Kretas in dieser Zeit läßt sich nur in ganz großen Zügen erkennen. Marksteine der Geschichte sind uns die Schicksale der Paläste von Knossos und Mallia im Norden und von Phaistos im Süden. Nachdem schon um 1750 der Palast von Knossos durch Erdbeben vernichtet, aber sogleich wieder aufgebaut war, hat Knossos um 1700 die Paläste von Mallia und Phaistos zerstört, die aber nach kurzer Zeit ebenfalls wieder aufgebaut wurden. Von da an kann man wohl von einer einheitlichen knossischen Oberherrschaft auf Kreta sprechen. Zumal diese Städte, die mit Ausnahme von Mallia landeinwärts liegen, keinerlei Befestigungen zeigen, ist anzunehmen, daß man auf den Schutz einer starken Kriegsflotte gegen auswärtige Feinde oder Seeräuber rechnete. Eine dunkle Kunde von dieser einstigen Macht Kretas liegt in der späteren griechischen Sage von der „Meeresherrschaft" (*θαλασσοκρατία*) des Königs Minos vor. Als um 1600 die Paläste durch Erdbeben zerstört wurden, bauten die Kreter über den Trümmern der alten Paläste neue, noch größere und glänzendere auf, bauten auch in Hagia Triada noch einen neuen, kleineren Palast und erreichten gerade in diesem 16. Jahrhundert den Höhepunkt ihrer Kultur. Die Denkmäler zeugen von dem Reichtum und dem festlichen Leben und Treiben, das hier am Königshofe herrschte. *Kreta war damals das kulturelle Zentrum der ägäischen Welt.*

Mit dem 16. Jahrhundert begannen die kretischen Künste auf das griechische Festland zu wirken (s. unten). Die Beziehungen zum Orient, im besonderen zu Ägypten, waren, wie oben (S. 29) dargelegt, schon seit Beginn des zweiten Jahrtausends immer enger geworden. Wie sich seitdem fast durch das ganze Jahrtausend hindurch kretische Kunsterzeugnisse in Ägypten nachweisen lassen, so sind auch ägyptische in Kreta gefunden worden, so eine ägyptische Statuette aus dem Mittleren Reich in Knossos, ein Alabasterfragment mit dem Namen des Hyksoskönigs Chian (S. 30), Skarabäen u. a. Die Kreter müssen damals ein großes Handelsvolk gewesen sein; denn weithin an den Küsten des östlichen Meeres finden sich Scherben kretischer Gefäße, in denen sie ihre Landesprodukte Öl, Getreide usw. versandten, oder sonstige Erzeugnisse ihrer Kunst, und zwar sind es nicht, wie manche früher vermuteten, die Phöniker gewesen, die ihre Waren vermittelten – diese haben erst sehr viel später, etwas vor 1000, ihre Bedeutung als Vermittler zwischen Orient und Okzident gewonnen (s. S. 76) –, sondern die Kreter selbst. Das zeigen uns die Darstellungen der Keftiu (Kreter) auf ägyptischen Denkmälern (S. 32). Kretische Schiffe mit besonders hohem Bug erscheinen auf manchen kretischen Bildwerken. Als Tauschmittel begegnen Gold- und Kupferbarren, die letzteren in Form von ausgespreizten Tierfellen, woraus für ältere Zeiten zu schließen ist, daß einst wirklich Tierfelle als Wertmesser und wohl auch als Zahlungsmittel verwertet wurden.

Doch diese Blüte Kretas fand ihr Ende um 1500, wo in Nachwirkung des großen Ausbruchs des Vulkans der benachbarten Insel Thera (Santorin) eine furchtbare Erdbebenkatastrophe über Kreta hereinbrach, der nicht nur die drei Paläste wie auch Hagia Triada, sondern auch viele Städte und Siedlungen der Insel zum Opfer fielen. Nur der knossische Palast ist noch einmal aufgebaut worden. Wenn auch er dann um 1400 für immer verschwindet, so ist es sehr wahrscheinlich, daß damals die *Achäer* des Peloponnes, auf der Höhe ihrer Macht stehend, sich zu Herren der Insel gemacht haben.

Diese Schicksale Kretas interessieren uns für die griechische Geschichte vor allem wegen der Rückwirkungen der außerordentlich hohen kretischen Kultur auf Hellas. Als Schliemanns Funde in Mykene und Tiryns bekannt wurden, glaubte man rein griechische Kunst vor sich zu haben und hielt die Argolis für den Mutterboden dieser Kultur. Erst die späteren Ausgrabungen auf Kreta haben gelehrt, daß vielmehr dieses von größtem Einfluß auf sie gewesen ist, daß der Charakter dieser kretischen Kultur durchaus ungriechisch ist und in manchem in schroffem Gegensatz zum Griechischen steht. Das gilt im besonderen von den *Palastbauten*, die einen völlig anderen Typus als die unten zu behandelnden griechischen Paläste zeigen. In der Mitte liegt der große freie Lichthof, um den sich die verschiedensten Räumlichkeiten in mehreren Stockwerken erhoben, von denen uns leider meist nur die untersten bekannt sind. Da sind Repräsentationsräume, wie in Knossos ein Thronsaal, dessen Thron noch heute aufrecht steht, Wohnräume, Badezimmer, ein Wasserklosett, wie überhaupt durch Kanalisation für hygienische Zustände gesorgt war, große Schautreppen, auf deren Stufen die Zuschauer der Festspiele saßen (Vorläufer des Theaters), in Knossos kunstvoll gebaute Treppenhäuser mit Lichtschächten zur Verbindung der Stockwerke, die sich zum Tal hin in Veranden öffnen, ferner zahlreiche auf einen langen Korridor mündende langgestreckte Magazinräume, deren riesige Pithoi zum Teil noch heute an Ort und Stelle stehen, dann Wirtschaftsräume, eine Ölmühle, Werkstätten der für den König arbeitenden Handwerker u. a. Ein wichtiges Bauglied ist die nach unten sich verjüngende *Holzsäule*, für deren Form es auswärts kein Vorbild gab, die vielmehr in Kreta selbst ersonnen ist (wohl aus dem zum Einstecken zugespitzten Baumstamm entstanden), wenn auch die Idee der Säule an sich durch Ägypten nahegebracht sein konnte. Wie die ganze Anlage dieser Paläste sich völlig von der griechischen unterscheidet, so fehlt auch das, was praktisch für letztere eine Hauptsache war: der wärmende Herd. Das führt auf das für den Unterschied entscheidende Moment, das verschiedene Klima: die kretische Anlage soll Kühlung, Luft und Licht bringen, die griechische Anlage Wärme.

Ein Hauptschmuck der Palasträume waren die *Wandgemälde*. Wir haben zu wenig Reste von diesen, um daraus die ganze Entwicklung der Malerei ableiten zu können. Wir müssen die vielen Tausende von bemalten Vasen dazunehmen, die uns die kontinuierliche Entwicklung der Vasenmalerei vom dritten Jahrtausend her durch das ganze zweite Jahrtausend hindurch erkennen lassen. Doch sind die neuen Gedanken gewiß von den großen Meistern gekommen, die die Wandgemälde geschaffen haben, während auf die Vasen das dort Gewonnene übertragen wurde. Während in der mittelminoischen Zeit (etwa 2000–1600) im sogenannten „Kamaresstil" die Freude an der Vielfarbigkeit das Charakteristische war, wurde in dem neuen Stil des 16. Jahrhunderts, in dem die kretische Kunst ihren Höhepunkt erreichte, mit schwarzer Glasurfarbe (auch Urfirnis genannt) auf den Ton gemalt. Eigentümlich für diese Zeit ist eine wundervolle Naturbeobachtung, die nicht auf peinlich genaue Wiedergabe der Wirklichkeit ausging, sondern den Eindruck, den der Künstler von dem Gegenstand hatte, impressionistisch wiedergeben wollte. Das gilt im besonderen von der Darstellung der Pflanzen, für die die bezaubernde Blumenpracht des kretischen Frühlings die Vorbilder bot, sowie von der Lebewelt des Meeres, die von genialen Künstlern als Gegenstand der Kunst zuerst für die Wandgemälde entdeckt wurde. In bewunderungswürdiger Weise ist es ihnen gelungen, diese Seetiere (Tintenfische, springende Delphine u. a.) in ihrer lebendigen Bewegung im Wasser darzustellen. An Stelle dieser lebensvollen Kunst, die uns am packendsten in den wenigen Resten von Wandgemälden entgegentritt, entwickelt sich im 15. Jahrhundert im sogenannten „Palaststil" eine Stilisierung und Schematisierung, durch die sich die Auflösung der Naturbilder in lineare Zeichnungen anbahnt, die dann im 14. und 13. Jahrhundert immer weitere Fortschritte macht.

Bewunderungswürdig sind auch die Arbeiten in glasierter *Fayence*, deren Technik die Kreter gewiß aus Ägypten gelernt haben. Das Fayencerelief mit der säugenden Ziege zeugt wieder von feinster Naturbeobachtung. Für die Art, wie sie auswärtige Vorlagen verarbeiteten, ist lehrreich die Dolchklinge, auf der eine zweifellos ägyptische Landschaft, ein Papyrusdickicht am Ufer des Nils, mit Katzen, die Enten jagen, dargestellt ist, aber unendlich viel freier und natürlicher, als es auf einer ägyptischen Vorlage denkbar wäre. Es gilt ganz allgemein, daß Ägypten wohl Vorlagen und technische Fertigkeiten vermittelt hat, daß aber die gestaltende künstlerische Kraft der Kreter durchaus selbständig diese Anregungen verarbeitet hat. Daß anderseits auf diesem Gebiet auch die Ägypter von den Kretern gelernt haben, zeigt schon der Dolch aus dem Grabe der Aahotep aus dem 16. Jahrhundert, dessen Darstellung (Löwe auf Stierjagd) zweifellos eine Nachahmung eines kretischen Kunstwerkes ist, und tritt im 15. und 14. Jahrhundert immer deutlicher hervor (s. auch S. 35).

Bemerkenswert ist, daß diese hochentwickelte kretische Kunst keine *Rundplastik* großen Stils hervorgebracht hat. Bemalte Stuckreliefs von monumentaler Wirkung sind gefunden, aber keine Statuen in Lebensgröße. Diese kretische Kunst hat eben einen durchaus malerischen Charakter.

Für das geistige Niveau der Kreter ist von großer Bedeutung, daß sie sich am Beginn des zweiten Jahrtausends eine *Schrift* geschaffen haben. Anfangs war es eine Bilderschrift, die wahrscheinlich unter ägyptischem Einfluß ersonnen worden war; allmählich entwickelte sich daraus eine mehr kursive Schriftart oder vielmehr deren zwei, da im Laufe der Zeit dann der knossische Hof seine eigene Schrift hatte. In Knossos ist ein Archiv von über 3000 Urkunden gefunden worden, die auf Tontafeln geschrieben sind, deren Gebrauch in letzter Instanz auf Babylon zurückgeht, nach den obigen Bemerkungen über die Ausbreitung der babylonischen Schrift aber aus Kleinasien oder Syrien übernommen sein wird. Wenn diese Schriftsysteme auch noch nicht mit absoluter Sicherheit entziffert sind, läßt sich doch erkennen, daß viele der Urkunden Rechnungen sind, die übrigens nach dem Dezimalsystem rechnen wie die Ägypter, nicht nach dem Sexagesimalsystem wie die Babylonier. Die Schrift stand hier also auch schon im Dienst einer geordneten Verwaltung.

Von der kretischen *Religion* können wir noch kein klares Bild gewinnen trotz vieler Einzelfunde. Einerseits sieht man noch fetischistische Vorstellungen lebendig, Baumkult, Steinkult und Tierkult. Eine Erinnerung an den Stierkult, mit dem die mehrfach dargestellten Stierspiele zusammenhängen, findet sich noch in den späteren Sagen der Griechen, so von dem Stier des Zeus von Kreta und von dem schrecklichen Ungeheuer, dem Minotauros von Knossos, den sie sich als Menschen mit Stierkopf vorstellten. Anderseits finden wir auch schon menschengestaltige Götter dargestellt, aber diese scheinen sie zum Teil nicht selbst in Kreta erdacht, sondern aus der Urheimat Kleinasien entlehnt zu haben. Es sind meistens weibliche Gottheiten, manche von ihnen, wie die Göttin zwischen den Löwen, wohl niemand anders als die kleinasiatische Göttermutter. Eigenartig sind die Palastgöttinnen, die, in dem koketten Kostüm der Hofdamen, Schlangen in den Händen halten. Von besonderem Interesse ist eine Schildgöttin; denn in ihr hat man das Urbild der griechischen Athena, deren Namen ja ungriechisch ist, erkannt. Entsprechend diesem Überwiegen der weiblichen Gottheiten treten auch die Priesterinnen sehr stark hervor, wie überhaupt die Frauen in Kreta in der Öffentlichkeit, bei Spielen und Festlichkeiten, eine große Rolle spielten und sich sehr frei bewegten. Dies alles entspricht der mutterrechtlichen Lebensführung, die für die vorgriechische Bevölkerung im Gegensatz zu den vaterrechtlichen Indogermanen als typisch erkannt ist. So findet man das Zuschauen der Frauen bei den Agonen der Männer, das durchaus ungriechisch ist, wie in Kreta auch bei den Etruskern, die aus demselben Kulturkreis stammten (S. 59). Zahlreich sind auf Kreta die Darstellungen der Labrys, des heiligen Doppelbeils, was wiederum auf Kleinasien hinweist; nur kennen wir sie dort in der Hand des Wettergottes (S. 33), während sie in Kreta meist allein, höchstens in der Hand einer weiblichen Gottheit erscheint. Nach dieser

Labrys hat das *Labyrinth von Knossos* seinen Namen, das ursprünglich wohl den Kultort bezeichnet, an dem dies heilige Symbol verehrt wurde. Menschengestaltige Votivbilder gab es bereits, auch Erscheinungen (Epiphanien) menschengestaltiger Gottheiten sind gelegentlich dargestellt, die in ekstatischen Tänzen herbeigerufen wurden; aber es gab noch keine menschengestaltigen *Kultbilder* und darum auch noch keine Tempel als Wohnhäuser der Götter, sondern man verehrte die Gottheiten unter freiem Himmel oder in den Höhlen der Gebirge oder in kleinen Kapellen oder Kulträumen, auch innerhalb des Palastes. Unter den Kultgaben an die weiblichen Gottheiten finden sich in Fayence gearbeitete Kleider, was an den Peplos in Ilias 6,302f. und den beim Panathenäenfest dargebrachten Peplos erinnert. Heilgöttern brachte man schon seit Anfang des zweiten Jahrtausends Nachbildungen der kranken Glieder dar (zum Teil mit Löchern zum Aufhängen), ganz wie noch heute im katholischen Kult. Als Diener der Götter wurden auch zahlreiche Dämonen in den verschiedensten Mischgestalten aus Mensch und Tier verehrt, wie sie ähnlich auch im Orient sich finden, nur daß in Kreta nicht nur die Köpfe, sondern der ganze Rumpf tierisch dargestellt wurde. Nach dem Gesagten tritt die Zugehörigkeit der Kreter zum kleinasiatischen Kulturkreis auf dem Gebiet der Religion ganz besonders stark hervor. Daß der ägyptische Kult auf Kreta nicht ganz unbekannt blieb, dafür spricht z.B. die Darstellung eines Mannes, der in einer Prozession das dem Isiskult angehörige Sistrum schwingt.

Die Griechen in der mykenischen Zeit

Die ersten Jahrhunderte werden für die eingewanderten Griechen noch Zeiten des Streites gewesen sein. Hat es zunächst langwierige Kämpfe mit den eingeborenen „Karern“ gegeben, so werden bald Streitigkeiten unter den Griechen selbst gefolgt sein, als neue Stämme (Achäer bzw. Äoler) den ersten Einwanderern (den Ioniern) gefolgt waren. Auf kriegerische Gefahren weist auch hin, daß sie gern Bergkuppen zu Burgen ausbauten. Die archäologischen, meist keramischen Funde aus dieser frühen Zeit (minysche Grauware) zeigen im Vergleich zu dem damals in der „Kamareszeit“ aufsteigenden Kreta noch eine sehr niedrige Kulturstufe, wiewohl die Griechen, wie wir annahmen, durch die „Karer“ schon in manchem gehoben waren. Erst Ende des 17. Jahrhunderts oder rund um 1600 haben die engeren Beziehungen zu Kreta eingesetzt, die nun für die nächsten Jahrhunderte von entscheidender Bedeutung werden sollten. Etwa um diese Zeit, bald nachdem auf Kreta die jüngeren Paläste von Knossos und Phaistos errichtet waren, sind in Mykene und Tiryns die älteren Paläste erbaut worden, deren Reste in Mykene (hier freilich nur in geringen Mauerresten bestehend) und in Tiryns unter den jüngeren Palästen gefunden wurden. Wenn auch die äußere Ausschmückung der achäischen Paläste mit Wandgemälden usw. durchaus nach kretischem Muster erfolgte, ja, wohl von kretischen Künstlern ausgeführt worden ist, ist doch die architektonische Form des Palastes selbst völlig unabhängig von der ganz andersartigen kretischen Bauweise geblieben. Dieses griechische *Anaktenhaus*, das Megaron, aus dem Hauptraum mit dem kreisrunden Herd in der Mitte und einem oder zwei Vorräumen bestehend, ist ein rechteckiges, rings von Korridoren umgebenes, also freistehendes Einzelhaus, dessen Eingang an der schmalen Front, an der zwei Säulen das Dach stützen, liegt. Das steht in allem und jedem im Gegensatz zum kretischen Palast mit seinen um den Lichthof gruppierten, meist unmittelbar aneinander anschließenden breitfrontigen Zimmern ohne Herd (S 39). Dieser rechteckige Haustypus, den wir schon in Troja II ausgebildet fanden (S. 20), entspricht den Bedürfnissen des kälteren Nordens, und darum haben auch die Griechen, die ihn gewiß schon aus dem Norden mitgebracht hatten (s. S. 24), trotz aller kretischen Moden unverrückt an ihm festgehalten, wobei auch ein nationales Empfinden mitgewirkt haben mag. Ebenso haben die Griechen auch ihre wärmere Tracht beibehalten: während die Kreter nur einen Schurz trugen, haben die Griechen am Chiton festgehalten, auch die Frauen, wenn auch die Hofdamen (wie z. B. in den jüngeren Fresken von Tiryns) die koketten Trachten der Kreterinnen allmählich übernahmen.

Daß schon die alten Paläste von kretischen Künstlern ausgeschmückt wurden, dafür spricht auch, daß die einheimische Kunst damals noch sehr rückständig war. Das zeigen u. a. die außerordentlich rohen Reliefs der *Leichensteine*, die die Mykenier im 16. Jahrhundert ihren alten Königen, die sie oben auf dem Burgberg in Schachtgräbern begruben, gesetzt haben. Diese Versuche, die Könige auf dem Wagen im Kampfe gegen Feinde im Relief darzustellen, muten uns sehr unbeholfen an neben den Wunderwerken der damaligen kretischen Kunst, zeigen aber doch auch schon die Selbständigkeit der griechischen Künstler, insofern es derartige monumentale Grabsteine in Kreta überhaupt nicht gegeben hat. Charakteristisch ist auch die größere Sorgfalt, mit der hier die Spiralmuster behandelt sind, wie auch nachher der

Stil der Ornamentik sich durch sein Streben nach Genauigkeit von der freieren, beweglichen Art der kretischen Ornamentik deutlich abhebt. Die herrlichen Goldarbeiten, die Schliemann in diesen Schachtgräbern entdeckte, werden zum großen Teil von kretischen Künstlern geschaffen sein. Vielleicht ist manches davon durch glückliche Raubzüge heimgebracht worden; denn die primitive argolische Wirtschaft wird damals kaum genügende Tauschwerte zum käuflichen Erwerb solcher Schätze geboten haben. Manches mag aber auch in Mykene von kretischen Künstlern für den König gearbeitet worden sein, anderes spricht für einheimische Herkunft.

Aber allmählich nahm das Können der griechischen Künstler zu, gerade im Verkehr mit den kretischen, die drüben in Hellas ihre Werkstätten errichtet hatten, auch wuchsen Macht und Reichtum der Herrscher, wie aus der bedeutenden Steigerung der Aufgaben, die sie den Künstlern stellten, zu ersehen ist. Diese Steigerung des Wollens und Könnens beobachten wir mit Staunen durch das 15. Jahrhundert hindurch bis tief in das 14. Jahrhundert hinein. Sie tritt uns entgegen in den unterirdischen *Kuppelgräbern* dieser Zeit, von denen einzelne, wie das sogenannte „Schatzhaus des Atreus" bei Mykene und das Kuppelgrab von Orchomenos in Böotien, zu den eindrucksvollsten Bauten aller Zeiten gehören, ferner in dem gewaltigen *Plattenring*, durch den jetzt, in der zweiten Hälfte des 14. Jahrhunderts, die Schachtgräber des 16. Jahrhunderts auf der Burg von Mykene zusammengefaßt wurden, und in den riesigen Burgmauern von Mykene, durch die diese Begräbnisstätte jetzt in die Burg einbezogen wurde, Mauern, die die Griechen später für Werke der „Kyklopen" hielten, weil sie nicht glauben wollten, daß Menschen diese Massen getürmt hätten, sowie in dem majestätischen *Löwentor*, das, gleichfalls in der zweiten Hälfte des 14. Jahrhunderts errichtet, den Zugang zur Burg von Mykene beherrschte, die nunmehr mit einem neuen, größeren Palast geschmückt wurde. So ist es ein erstaunlicher Aufstieg, den wir hier in Griechenland, am deutlichsten in der Argolis, dank den neuesten Ausgrabungsergebnissen von dem primitiven Stand im 16. Jahrhundert bis in das 14. Jahrhundert verfolgen können, und dieser Aufstieg steht in diametralem Gegensatz zu dem allmählichen Abstieg, den wir in Kreta von der Höhe des 16. Jahrhunderts bis zu dem niedrigeren Niveau in den folgenden Jahrhunderten feststellen konnten (s. S. 40). Die Beobachtung dieser auseinandergehenden Linien muß uns davor bewahren, in den Griechen dieser Zeit etwa nur Nachahmer der Kreter zu sehen, mögen sie in der äußeren Ausschmükkung ihrer Paläste der kretischen Mode noch so sehr gefolgt sein und vielleicht manche ihrer Kunstwerke mit Hilfe kretischer Meister geschaffen haben. *Der Sinn für das Monumentale hebt die damaligen Griechen hoch über die Kreter*, die jenen Riesenbauten, die zugleich das den Griechen schon damals eigene Gefühl für die *Harmonie der Verhältnisse* offenbaren, nichts Ähnliches entgegenzusetzen haben. Gegenüber dem „Schatzhaus des Atreus", mit dessen Kuppel sich bis zum Hadrianischen Pantheon von Rom hin nichts messen kann, verschwinden die Kuppelgräber von Kreta, die auch sicher nicht das Vorbild abgegeben haben. Vielmehr konnte an einheimische Bauten angeschlossen werden, wie der oben erwähnte uralte Rundbau von Tiryns nahelegt, in dem in letzter Instanz die kreisrunde Hütte der Urzeit weiterlebte. Für die gewaltigen Festungsbauten bietet Kreta, wie wir sahen, überhaupt keine Analogien. Charakteristisch ist auch, daß die Wandgemälde von Mykene und Tiryns Kriegs- und Jagdszenen darstellen, während die kretischen nur idyllische Friedensszenen vorführen. So atmen die griechischen Bauten dieser Zeit *einen ganz anderen Geist* als die gleichzeitigen kretischen, und deutlich treten uns in ihren Werken zwei völlig verschiedene Völker entgegen: *die Griechen mehr stark und wuchtig, die Kreter mehr fein und zierlich, oft spielerisch.* Man hat die Kultur der letzteren nicht mit Unrecht in mancher Hinsicht mit der japanischen verglichen.

Wie wir im allgemeinen für diese Frühzeit mit größeren Reichen als in der späteren historischen Zeit zu rechnen haben, so wird im besonderen für die Argolis ein einheitliches *achäisches Reich* anzunehmen sein. Dafür sprechen die zum Teil auf „kyklopischen" Mauern gestützten imposanten Heerstraßen, die von Mykene als dem Mittelpunkt des Reiches nach Norden hin auf den Isthmos zu geführt worden sind, während nach Süden hin Straßen nach Tiryns, Argos und zum Heraion von dort ausliefen. Dies achäische Reich mag einen größeren Teil des Peloponnes beherrscht haben, aber die auf Texten von Boğazköy aufgebaute Hypothese von einem Großreich *Achchijava-Achaia*, das, den größten Teil Griechenlands umfassend, mit dem Hethiterreich in engeren Beziehungen gestanden hätte, hat sich nicht bewährt. Ein *Königtum*, wie das über die Argolis, muß sich von dem oben geschilderten Volkskönigtum der Urzeit (S. 26) wesentlich unterschieden haben. Die Könige, die jene gewaltigen Bauten aufführen ließen, konnten nicht mehr wie die Könige der Urzeit primi inter pares sein, sondern müssen als absolute Herren mehr nach Art der orientalischen Despoten über ihr Volk geherrscht haben; denn jene Riesenbauten können, ähnlich wie die Pyramiden Ägyptens, nur von Herrschern gebaut sein, die über die Arbeitskräfte ihres Volkes frei verfügten. Diese

Machtstellung fand in dem Glanz ihrer Paläste, zu denen jüngst der beim messenischen Pylos aufgedeckte (aus dem 13. Jahrhundert) hinzugekommen ist, und der Wucht ihrer Burgen und Kuppelgräber ihren Ausdruck. Wahrscheinlich wird sich aus der Zahl der Tapfersten, die bei der Verteilung des eroberten Landes und der Beute besonders reich bedacht worden waren, allmählich ein bevorrechteter Stand von *Adligen* gebildet haben, wie ihn die Urzeit nicht gekannt hatte. Das beherrschte *Volk* wohnte, abgesehen von den verstreuten Dörfern, auch am Fuß der Burgen in Ansiedlungen, die hie und da, wie bei Mykene, schon einen mehr städtischen Charakter hatten, insofern hier ein Mauerring diese Siedlungen umschloß; doch waren sie von den späteren griechischen Städten (πόλεις) noch weit entfernt und waren höchstens ihre Vorläufer.

Von der Kampfesweise dieser Zeiten geben uns die im Original oder in Abbildungen erhaltenen *Waffen* eine ungefähre Vorstellung. Als Schutzwaffe diente hier, ebenso wie in Kreta, der mächtige *Turm-* oder *Buckelschild*, der, aus mehreren Rindsfellen zusammengefügt, im Kampf den ganzen Mann vom Scheitel bis zur Sohle deckte und dadurch jeden anderen Schutz unnötig machte; nur trug man am unteren Bein Gamaschen oder Riemenwerk zum Schutz gegen das Anschlagen des schweren Schildes gegen das Schienbein. Hinter diesem Turmschild, den er vor sich hinstellte, focht der Krieger mit der langen Stoßlanze, neben der er auch über das zweischneidige mykenische Schwert, das übrigens diesem ägäischen Kreise im Gegensatz zum Orient eigentümlich ist, zum Nahkampf verfügte. Außerhalb des Kampfes wurde der Schild an einem Schulterriemen (τελαμών) auf dem Rücken getragen. Erst gegen Ende des zweiten Jahrtausends ist der Turmschild durch den kleinen, über den linken Arm gestreiften *Rundschild* ersetzt worden, was zur Folge hatte, daß nunmehr eine völlige Panzerung (Panhoplie) nötig wurde: Helm, Brustpanzer und Beinschienen. Man hat vermutet, daß dieser Umschwung durch das Aufkommen eiserner Waffen herbeigeführt worden ist. Spätestens im 16. Jahrhundert ist der aus Syrien stammende, von Pferden gezogene *Streitwagen* eingeführt worden. So begegnet er uns schon auf den oben erwähnten Leichensteinen der mykenischen Könige des 16. Jahrhunderts, aber in dem meist gebirgigen Griechenland wird er kaum die Rolle gespielt haben wie im Orient. Wenn bei Homer die Helden im Streitwagen auf das Schlachtfeld fahren, um dann zu Fuß zu kämpfen, so wird sich dieser Brauch im zweiten Jahrtausend allmählich entwickelt haben. Das Pferd mögen die Griechen schon aus ihrer nordischen Urheimat mitgebracht haben.

Für das Bild, das wir uns von der Kultur Griechenlands in dieser Zeit zu machen haben, ist nun die Frage von hervorragender Wichtigkeit, ob die Griechen bei ihren engen Beziehungen zu Kreta nicht den Versuch gemacht haben, die kretische *Schrift* auf ihre eigene Sprache anzuwenden. Die wenigen kretischen Aufschriften auf Vasen, die bisher in Griechenland gefunden waren, konnten nichts beweisen; denn diese Vasen sind wohl entweder kretischer Import oder von Kretern in Griechenland gearbeitet worden, wie wahrscheinlich die großen Bügelkannen, die auf der mykenischen Burg von Theben (im sogenannten „Hause des Kadmos") gefunden wurden. Nun aber haben überraschende Funde der jüngsten Zeit die Frage in ein neues Stadium gebracht. Bei den Ausgrabungen nämlich des obengenannten Palastes in Pylos (S. 46), die noch andauern, sind bereits etwa 1400 beschriftete Tontäfelchen gefunden worden und ebenso etwa 100 in Mykene. Die Schrift dieser Täfelchen ist dieselbe wie die in Knossos verwendete jüngere Schriftart (Linear B), und auch die Sprache ist nach Ausweis der weitgehenden Identität der Zeichengruppen dieselbe. Haben also die mykenischen Griechen die kretische Schrift und Sprache als Handels- oder Verkehrssprache übernommen, oder liegt in Linear B die für die Verwendung der griechischen Sprache vollzogene Abwandlung der älteren Schreibart (Linear A) vor? Die allgemeinen Gründe scheinen für das letztere zu sprechen, und in der Tat glaubt der jüngste, freilich keineswegs wirklich gesicherte Entzifferungsversuch von Linear B durch den Engländer M. Ventris die Frage in diesem Sinne entschieden zu haben.

Ins zweite Jahrtausend fallen auch schon die ersten Vorläufer des späteren *Heldensanges;* denn die Analyse des Homer hat es sehr wahrscheinlich gemacht, daß dem breiten homerischen Epos kleinere Lieder vorangegangen sind, und der Inhalt läßt vermuten, daß solche Lieder schon gesungen worden sind, als die mykenische Kultur, von der sich stellenweise im Homer noch eine klare Anschauung findet, in Blüte stand. Unter dieser Annahme versteht man z.B., daß die homerischen Sänger noch Kunde hatten von dem Aussehen und dem Gebrauch jenes Turmschildes, der zur Zeit des homerischen Epos längst verschwunden war. Im besonderen werden jene Beiwörter, mit denen dieser Schild so anschaulich beschrieben wird als „bis zu den Füßen reichend" (*ποδηνεκής*), „den Mann umschließend" (*ἀμφιβρότη*), „aus 7 Rindsfellen zusammengefügt" (*ἑπταβόειος*), aus älteren Liedern herübergenommen sein, deren Sänger noch eine klare Anschauung von den Waffen hatten. Zum gleichen Ergebnis führt die Beobachtung, daß die homerischen

Waffen meist als Bronzewaffen bezeichnet werden, wiewohl das Epos der Eisenzeit angehört: die stehenden Formeln, in denen diese Bronzewaffen auftreten, werden aus Liedern der mykenischen Bronzezeit herübergenommen sein. Nach diesen und anderen Proben wird man ferner annehmen dürfen, daß diese älteren Lieder bereits in einem daktylischen Versmaß gedichtet waren, wenn auch in kleineren metrischen Formen. Ebenso hat man neuerdings □ aus dem Umstand, daß die großen Sagenkreise, die Homer besungen hat, alle an Zentren der mykenischen Kultur anknüpfen, den Schluß gezogen, daß die griechische *Heldensage* ihren Hauptzügen nach schon in der mykenischen Zeit entstanden sei.

In der *Musik* sind die Griechen von den Kleinasiaten gefördert worden, wie z.B. der kleinasiatische Name der Kithara zeigt, wobei zweifelhaft bleibt, ob sie sie von der Urbevölkerung oder den Kretern übernommen haben. Auf dem Sarg von Hagia Triada, der schon der Zeit der kretisch-mykenischen Koinē (nach 1400) angehört, ist die siebensaitige Kithara dargestellt sowie die Doppelflöte (Oboe), beide im Dienst des Kultus.

□ Über die *griechische Religion* dieser Zeit ist schwer zu urteilen, da die in Griechenland gefundenen religiösen Denkmäler kretischen Ursprungs oder Nachahmungen kretischer Kunstwerke sind, also für die kretische, nicht für die griechische Religion Zeugnis ablegen. Jedenfalls wird man davon auszugehen haben, daß die Griechen aus der nordischen Urheimat bereits religiöse Anschauungen mitgebracht haben, die sie auch weiter gepflegt haben müssen, da manche von ihnen uns noch in der späteren Zeit begegnen (s. S. 27). Strittig ist nur die Frage nach dem Maß des Einflusses der kretischen Religion. Während auf der einen Seite mit einer starken religiösen Welle gerechnet wird, die um 1600 zugleich mit der Kunst aus Kreta herübergekommen sei, wird auf der anderen Seite angenommen, daß jene zahlreichen Denkmäler des kretischen Kultus in Hellas nur auf künstlerisches, nicht auf religiöses Interesse zurückzuführen seien. Beides sind Extreme, zwischen denen das Wahre zu suchen sein wird. Die erste Ansicht kann sich nur auf die Tatsache stützen, daß bisher keine Denkmäler eines rein griechischen Kultus gefunden sind. Gegen die zweite Ansicht spricht z.B. der Umstand, daß der achäische Fürst, der im 14. Jahrhundert das Löwentor errichten ließ, als Wappenschmuck eine religiöse Darstellung wählte, die ganz spezifisch kretisch ist: die kretische Säule mit dem daraufliegenden Gebälk, auf zwei Altären stehend, ist ebenso wie auf kretischen Siegeln als Gegenstand der Verehrung, als Fetisch aufzufassen, und die Löwen rechts und links sind uns ebenso

Bild 1: König Mykerînos zwischen Göttern

Bild 2: Terrassentempel von Dêr el-Bahri

aus kretischen religiösen Darstellungen bekannt und weisen, wie wir sahen, auf Kleinasien hin. Wenn also das Wappen des Burgtores von Mykene kretische religiöse Symbole wiedergibt, so müssen sich die beiden Religionen damals genähert haben; denn hier kann doch nicht nur ein künstlerisches Interesse vorgelegen haben, vielmehr stellte der Fürst mit diesem Symbol seine Burg unter den Schutz dieser göttlichen Mächte. Blickt man aber auf die spätere Entwicklung der griechischen Religion, so gewinnt man den Eindruck, daß der kretische Einfluß auf diesem Gebiet nicht stark und meist nur vorübergehend gewesen sein kann. Wohl hat man Beziehungen der Athena zu einer kretischen Schildgöttin feststellen können (S. 41), aber selbst hierfür nimmt man jetzt an, daß ähnliche Vorstellungen bei den Griechen diese Übernahme erleichtert haben. *Immerhin zeigt dies Beispiel, daß Beeinflussungen von kretischer Seite stattgefunden haben.* Möglich ist, daß auch schon das Zusammenleben mit der „karischen" Urbevölkerung die griechische Religion beeinflußt hatte. So viel ist noch zu erkennen, daß in der mykenischen Zeit der Fetischismus der griechischen Urzeit immer noch lebendig war, bei hoch und niedrig. Menschengestaltige Kultbilder gab es noch nicht und darum auch noch keine Tempel, mag man sich die in den Fetischen und Symbolen wirkende Gottheit auch schon menschengestaltig *gedacht* haben. Neben diesem Fetischismus tritt der *Ahnen- und Seelenkult,* namentlich vom Hof und vom Adel gepflegt, jetzt besonders stark hervor; sind doch die gewaltigen Kuppelgräber eben zum Zweck des Seelenkultes errichtet worden. Der Kuppelraum selbst ist für den Totenkult bestimmt, während der Tote gelegentlich (im Atreusgrab und in Orchomenos) in einer daneben befindlichen Grabkammer bestattet ist. Die goldenen Gesichtsmasken der Schachtgräber, die die Gesichtszüge der alten Könige des 16. Jahrhunderts z.T. individuell wiedergeben, finden zwar auch in Ägypten ihre Parallelen (vgl. das Grab des Tutanch-Amūn), aber sie sind vielmehr mit den entsprechenden Goldmasken in Verbindung zu setzen, die in Trebenischte am Ochridasee (Illyrien) in Gräbern aus dem 6. Jahrhundert v. Chr. gefunden worden sind, wo einst die aus dem Norden vorrückenden Griechen diese Sitte der Totenmaske (ursprünglich natürlich nicht aus Gold) zurückgelassen haben werden. Diese Bestattungssitte, für die es auf Kreta keine Parallele gibt, ist also urhellenisch. □

Was das Verhältnis zum *Orient* betrifft, so sind zwar, wie auf Kreta, so auch auf dem griechischen Festland hie und da Werke ägyptischer Kleinkunst gefunden worden, meist aus dem 15. und 14. Jahrhundert. Hieraus wird aber kaum auf *direkten* Verkehr mit Ägypten zu schließen sein, vielmehr wird Kreta sie vermittelt haben. Soweit Ägypten und Vorderasien auf die ägäische Welt im zweiten Jahrtausend überhaupt Einfluß gehabt haben, haben sie auf Kreta eingewirkt, das mit großer Selbständigkeit ihre Anregungen verarbeitet hat, und nur insofern diese kretische Kultur dann seit 1600 die Kultur in Hellas beeinflußt hat, sind Ausstrahlungen der ägyptischen und vorderasiatischen Kultur bis dorthin gedrungen, bei denen wir übrigens, wie auch später, vielleicht nicht nur an Kunst und Technik, sondern auch an Mythen und Sagen zu denken haben. Im ganzen ist aber daran festzuhalten, daß, so stark auch die kretischen Einflüsse gewesen sind, die Griechen doch in den Grundformen ihrer Paläste und Häuser wie in ihrer Tracht am eigenen festgehalten haben (S. 43). Die kretische Mode hat in Griechenland einige Jahrhunderte geherrscht, bis sie in den Stürmen der Wanderungszeit verschwand, und da auch auf Kreta die alte Kultur zerstört worden war, ist diese wunderbar hoch entwickelte Zivilisation den Griechen der späteren Zeit nicht mehr bewußt gewesen. Nur im Homer finden sich vereinzelte Anspielungen, die wir erst jetzt als solche begreifen. So waren auch wir völlig überrascht, als in der Neuzeit die Zeugen dieser alten Kultur aus dem Boden wieder hervorkamen. Eine versunkene Welt war damit aus dem Nebel der Vergessenheit emporgetaucht. Erst jetzt können wir erkennen, daß die Griechen aus jener Frühzeit nur das in die spätere historische Zeit hinübergenommen haben, was sich von *griechischer* Art bewährt hatte, während sie im übrigen sich von jener kretischen Mode völlig frei machten. So sollte aus dem griechischen Megaron, das im Fürstenhaus der mykenischen Zeit seine kunstvollste Ausbildung erfahren hatte, nach Jahrhunderten der klassische Tempel der Griechen sich entwickeln, diese schönste Bauform aller Zeiten. Das einzige, was an kretischer Kunst mit hinübergenommen wurde, war die kretische Säule, aber gerade ihre Umgestaltung zur dorischen Säule zeigt uns den griechischen Genius in seiner ganzen Größe (S. 126).

III. AUSGANG DER MYKENISCHEN ZEIT. DIE GRIECHISCHE KOLONISATION UND DIE VÖLKERWANDERUNGEN

Anfänge der griechischen Expansion und die phrygische Wanderung

Während man früher annahm, daß dem Höhepunkt der mykenischen Macht, der uns im 14. Jahrhundert entgegentrat, schon im 13. Jahrhundert eine Zeit des Verfalls gefolgt sei, haben uns die jüngsten Untersuchungen in Tiryns belehrt, daß gerade die gewaltigsten Bauanlagen dieser Burg erst dem Ende des 13. Jahrhunderts angehören: der riesige Mauerring, der auch die Unterburg mit einschloß, die viel bewunderten spitzbogig gewölbten Magazinräume (die sogenannten „Galerien"), ebenso der jüngere Palast sowie die beiden Propyläen – das alles ist erst in jener späten Zeit gebaut worden! Dadurch bekommen wir ein ganz neues Bild von der Lebenskraft des mykenischen Reiches. Um so mehr begreifen wir aber auch, daß um 1400 die Achäer des Peloponnes begannen, sich über das Meer auszudehnen und für die überschüssigen Kräfte des Volkes, die in der Heimat nicht Raum genug fanden, jenseits des Meeres neues Land zu erobern. Damit stehen wir vor der *ersten griechischen Kolonisationsperiode.*

Um 1400 haben sich die peloponnesischen Achäer zunächst auf Kreta festgesetzt, nachdem durch die vorhergehenden Erdbebenkatastrophen die Macht Kretas zusammengebrochen war (S. 38). Diese Umwälzungen hatten zur Folge, daß einzelne kretische Stämme die Heimat verließen und anderweitig Land suchten. So sind damals, wie es scheint, die *Lykier,* die ursprünglich auf Kreta gesessen haben, nach Kleinasien hinübergefahren, um sich schließlich – vielleicht nach manchen Irrfahrten – in dem nach ihnen benannten Lykien niederzulassen. Versprengte Teile von ihnen fanden wir bei dem Angriff der Seevölker auf Ägypten (1230) beteiligt (S. 37). Ebenso haben damals wohl auch die *Philister,* als deren Heimat schon das Alte Testament Kreta (Kaphthor) kennt, ihre kretischen Wohnsitze verlassen und sind zunächst wohl gleichfalls nach Kleinasien hinübergefahren. Wir werden ihnen sogleich wieder begegnen. Wenn auf Kreta in der nächsten Zeit rein achäische Spuren nur selten erkennbar sind, so liegt das vor allem wohl daran, daß die mykenische Kunst sich immer mehr mit der kretischen vermischt hatte, so daß in dieser Spätzeit eine Art „Koinē" entstanden war.

Über Kreta hinaus nach Osten hin sind im 14. Jahrhundert bald weitere Scharen peloponnesischer Achäer über Rhodos an die Südküste Kleinasiens vorgedrungen und haben sich hier in *Pamphylien* festgesetzt, von wo aus nachher auch die Nordküste *Cyperns*, die noch in später Zeit „die Küste der Achäer" heißt, besiedelt worden ist. Die Herkunft dieser Kolonisten aus dem Peloponnes ergibt sich in Übereinstimmung mit der alten Tradition aus der engen Verwandtschaft des pamphylischen und namentlich des cyprischen Dialektes mit dem Arkadischen, also dem Achäischen (S. 58). Daher müssen diese Gebiete besiedelt worden sein, als die Küsten des Peloponnes noch nicht von den Doriern besetzt waren, da die Auswanderung nur von der Küste, nicht vom arkadischen Binnenlande ausgegangen sein kann. Während die pamphylischen Griechen, rings von Kleinasiaten umgeben, im Laufe der Jahrhunderte ihre Sprache stark mit deren Sprache vermischten und auch kulturell allmählich barbarisiert wurden, haben die cyprischen Griechen, die hier neben der kleinasiatischen Urbevölkerung und später auch neben den Phönikern saßen, sich viel reiner erhalten. Sie haben – jedenfalls noch vor der Übernahme des phönikischen Alphabets durch die Griechen – eine eigenartige (glücklich entzifferte) Silbenschrift für ihre Sprache verwendet, die uns noch Inschriften aus jüngerer Zeit vor Augen führen.

Während dies Vordringen der Achäer nach Osten offenbar eine Wirkung ihrer großen Machtentwicklung im Peloponnes war, sind die weiteren Völkerverschiebungen, die Vorderasien, Griechenland und Italien betroffen haben, alle auf einen und denselben Vorgang im hohen Norden zurückzuführen, nämlich auf den *Vorstoß der Illyrier*, der spätestens im 13. Jahrhundert erfolgte. Aus der ungarischen Tiefebene sind sie, wahrscheinlich einem Stoß nachgebend, in den bis dahin von den Thrakern bewohnten westlichen Teil des Balkanrumpfes, das später nach ihnen benannte Illyrien, eingefallen (S. 22) und haben hier die Thraker vertrieben oder unterworfen. Dieses Vorrücken der Illyrier, das aus der Beobachtung zahlreicher thrakischer Ortsnamen in Illyrien erschlossen ist, hat einen Stoß nach Osten auf die Thraker und einen nach Süden auf die Griechen ausgeübt, und so können wir die Wanderung der thrakischen Phryger nach Kleinasien, die wiederum den Raum schuf für die Besiedlung der Westküste Kleinasiens durch die Griechen (s. unten), und die sogenannte Thessalische und Dorische Wanderung in Griechenland auf dieselbe Ursache zurückführen.

Der Einbruch der Thraker in Kleinasien, den wir wohl etwas vor 1200 anzusetzen haben, hat hier zu gewaltigen Veränderungen geführt. Wenn etwa um 1190 die Nachrichten über das hethitische Großreich in Kleinasien aufhören und später nie wieder von ihm die Rede ist, so ist es sehr wahrscheinlich, daß eben dieser thrakische Vorstoß das Reich über den Haufen geworfen hat, mögen nun die Phryger den Todesstreich geführt haben oder andere Stämme, die durch sie in Bewegung gesetzt worden waren. Das Schlußergebnis war, daß die Phryger sich im westlichen Hochland Kleinasiens festsetzten. Wenn die Ausgrabungen in Hissarlik gelehrt haben, daß die Stadt Troja VIIa (S. 20) am Ende des 13. Jahrhunderts zerstört worden ist, so ist nicht unwahrscheinlich, daß Thraker es gewesen sind, die bei ihrem Übergang nach Asien diese später von der griechischen Sage umwobene Zerstörung vollbracht haben. Mehrere Jahrhunderte hindurch haben dann nur ärmliche, nach Ausweis der Keramik (Buckelkeramik) wohl thrakische Siedlungen hier bestanden, auch noch zu der Zeit, als das homerische Epos entstand.

Eine Folge dieser großen Umwälzungen war jener Zug kleinasiatischer Völker nach dem Süden, der, wie oben (S. 37) erwähnt, um 1190 von Ramses III. in Syrien aufgehalten wurde. Es war eine richtige Völkerwanderung, die sich mit der Absicht, Wohnsitze zu gewinnen, von Kleinasien aus gegen das ägyptische Reich heranwälzte. In langen Zügen von Ochsenwagen, wie die Reliefs Ramses' III. im Tempel von Medinet Habu sie uns zeigen, führten sie ihre Frauen und Kinder mit sich. Eine Flotte schützte den Zug von der Seeseite her. Unter den hier beteiligten Völkern sind die Philister (S. 51) am sichersten erkennbar; unbekannt sind sonst die Zakar, die wohl auch zu den Kleinasiaten gehörten, wie die schon von den „Seevölkern" des Merenptah her uns bekannten Turscha, Schardana und Schakalscha; unbestimmbar sind die Dnjn, die auf keinen Fall, wie versucht wurde, den Danaern gleichgesetzt werden dürfen (beachte die zwei n!), und die Waschesch. Tracht und Bewaffnung (manche mit dem zweischneidigen mykenischen Schwert) machen es wahrscheinlich, daß sie alle zum ägäisch-kleinasiatischen Kulturkreis gehörten, wie sie ja auch aus Kleinasien damals hervorbrachen. Wenn sie auch von Ramses geschlagen wurden, haben manche von ihnen doch ihr Ziel, Wohnsitze zu gewinnen, erreicht. So haben sich die *Philister* schließlich an der nach ihnen benannten philistäischen Küste niedergelassen, und auch die *Zakar* werden später als seßhaft in Syrien (beim Karmel) erwähnt. So können wir die Wirkung jenes Stoßes, der in der Donauebene die Illyrier zur Auswanderung trieb, nach dieser Seite hin bis an die Grenze Ägyptens verfolgen.

Die Kolonisierung der Westküste Kleinasiens

Solange das große Hethiterreich bestand, wird es den Griechen nur ganz vereinzelt möglich gewesen sein, auch wenn die wirtschaftlichen Verhältnisse dazu drängen mochten, sich an der Westküste Kleinasiens festzusetzen, da diese bis zuletzt vom Hethiterreich beansprucht zu sein scheint. Jedenfalls ist bisher nur in Milet eine mykenische Siedlung aus früher Zeit (schon um 1550 v. Chr.) festgestellt worden, der eine ältere kretische Besiedlung (um 1600) vorangegangen war. Manches spricht aber dafür, daß, *sobald* das Hethiterreich um 1190 zusammenbrach, die Griechen die Festsetzung an der Küste in größerem Umfange unternahmen. Aber da die Besiedlung der Küste sich durch mehrere Generationen hindurch vollzogen hat, haben sich nachher an der Kolonisation auch jene Griechen des Mutterlandes beteiligt, die durch den Einbruch der nordischen Stämme (s. unten) genötigt waren, die Heimat zu verlassen. *So verliert jetzt die alte Streitfrage, ob Kleinasien vor oder nach der Dorischen Wanderung besiedelt worden sei, ihre Spitze: beides ist richtig.*

Man wird annehmen dürfen, daß die Griechen schon vor der Besiedlung der Küste die vorgelagerten großen Inseln besetzt haben werden. Im besonderen ist ersichtlich, daß die Nordachäer (namentlich aus Thessalien) zuerst die Insel Lesbos, auch das kleine Tenedos in Besitz genommen haben und erst später nach der gegenüberliegenden Küste vorgedrungen sind. Südlich der Troas, die erst im 7. Jahrhundert von den Griechen gewonnen wurde, besetzten sie die Küste, das Mündungsgebiet des Kaikos und Hermos bis nach Smyrna und auch noch darüber hinaus die Mimashalbinsel, doch diese südlichsten Gebiete haben sie, ebenso wie die wohl gleichfalls schon früher besetzte Insel Chios, später an die Ionier abgeben müssen. Hier wie sonst beschränkten sich die Griechen auf die Küste und gingen nur selten tiefer ins Land, wie mit der Gründung von Magnesia am Sipylos und Magnesia am Mäander. Diese nordachäischen Kolonisten, denen sich auch versprengte Teile aus anderen Gebieten des Mutterlandes angeschlossen hatten, haben sich mit diesen erst drüben im Kolonialland durch den dauernden Gegensatz zu der kleinasiatischen Urbevölkerung zu einem einheitlichen Volkstum zusammengeschlossen, das den Namen der *Äoler* (*Αἰολεῖς*) geführt hat. Der Ursprung dieses Namens ist unklar; jedenfalls hat er, wenn er wohl auch vorher schon als Einzelbezeichnung bestanden hat, erst im Kolonialland seine Kollektivbedeutung erhalten. Diese äolischen Kolonien trugen den Charakter von Ackerbaukolonien.

Einen zweiten Strom von Kolonisten stellten vorwiegend *ionisch* redende Volksteile des Mutterlandes, namentlich aus Attika und Euböa, aber auch aus dem Peloponnes und anderen Teilen des Mutterlandes. Die antike Tradition, nach der die ionischen Kolonien im besonderen von Athen aus begründet sein sollten, ist erst unter dem Einfluß des Attischen Reiches des 5. Jahrhunderts entstanden, doch sind die Beziehungen zu Attika tatsächlich besonders enge. Die Kolonisten besetzten zunächst die Kykladen des Ägäischen Meeres und die beiden großen Inseln Chios, die sie den Äolern abnahmen, und Samos, gingen dann an die Küste hinüber und besiedelten sie nach Süden bis über Milet hinaus. Im Norden haben sie den Äolern später außer Chios auch die Mimashalbinsel und Smyrna sowie das weiter nördlich liegende Phokaia abgerungen. Auch diese bunten Kolonistenscharen haben sich im gemeinsamen Gegensatz zu der kleinasiatischen Urbevölkerung zu einem einheitlichen Volkstum mit ganz bestimmtem Volkstypus zusammengeschlossen – ähnlich wie die deutschen Kolonisten von Kurland, Livland und Estland sich gerade durch den Gegensatz zu der kulturell tief unter ihnen stehenden einheimischen Bevölkerung zu dem echt deutschen, aber in Sprache und Sitte eigenartigen Volkstum der Balten entwickelt haben. Auch der Name *Ionier* (*Ἴωνες*, älter *ἸάϜονες*, bei den Semiten Jawani) hat sich als Kollektivbezeichnung wie der Name der Äoler erst drüben im Kolonialland gebildet. Auch sein Ursprung ist dunkel. Anders als die äolischen Kolonien haben sich die meisten dieser ionischen Niederlassungen, die anfangs gewiß gleichfalls Ackerbaukolonien waren, allmählich zu bedeutenden Handelskolonien entwickelt. Wichtige alte Handelsstraßen, die weither aus dem inneren Asien kamen, führten durch Kleinasien an die Hermos- und Mäandermündung. Die Ionier, die von besonderer Beweglichkeit und Regsamkeit waren, haben nicht nur im Kolonialland die Führung in die Hand bekommen, sondern sind auch Jahrhunderte hindurch, bis ins 5. Jahrhundert hinein, *die Führer der griechischen Kultur überhaupt gewesen.* Dazu hat beigetragen, daß die mykenische Kultur noch von den ersten Kolonisten hinübergeführt worden war (S. 92), während sie im Mutterlande durch den Einbruch der

Dorier zugrunde ging, ferner auch, daß im Kolonialland die Verbindung mit den orientalischen Kulturvölkern nie ganz abbrach und die mit dem kleinasiatischen Hinterlande naturgemäß noch enger wurde, während das Mutterland die nächsten Jahrhunderte hindurch ziemlich isoliert war.

Die Dorische Wanderung und andere Bewegungen im Mutterlande

Der Vorstoß der Illyrier hat auch die nordwestgriechischen Gebirgsstämme in Bewegung gesetzt. Zunächst wurden durch ihn die *Epiroten*, ein indogermanisches, aber nicht griechisches Volk, das vielleicht erst damals zugleich mit den Illyriern nach Süden vorgedrungen war, in das später nach ihnen benannte Epirus gedrängt. Hier stießen sie auf griechische Stämme; denn daß Griechen ursprünglich in Epirus gesessen, zeigen vor allem die Traditionen über Dodona mit seinem uralten Zeuskult. Durch den Einbruch der Epiroten wurde nun der nordwestgriechische Stamm der *Thessaler* aus dem Lande hinausgedrängt. Sie brachen nach Osten in die damals von Achäern bewohnte Peneiosebene ein, eroberten, vielleicht in längeren Kämpfen, das dann nach ihnen Thessalien genannte Land und machten die alte achäische Bevölkerung zu Penesten (Hörigen). An Kultur tiefer stehend, haben sie es nicht vermocht, ihnen ihre Sprache aufzuzwingen, vielmehr haben sie selbst die Sprache der unterworfenen Achäer angenommen (vgl. das oben S. 34 über die Hebräer Gesagte).

Das folgenreichste Ereignis aber ist die *Dorische Wanderung*, an deren Geschichtlichkeit mit Unrecht gezweifelt ist. Daß Homer von ihr nicht spricht, hat mit dieser Frage ebensowenig zu tun wie der Umstand, daß er die Thessalische Wanderung und die äolische und ionische Kolonisation nicht erwähnt. Alle diese Vorgänge waren zu jung und modern, um in einer Dichtung, die ein Bild der alten Heroenzeit geben wollte, nicht zu stören. Wie die Dorische Wanderung im einzelnen verlief, ist uns nicht überliefert. Wohl gibt es eine Sage von der „Rückkehr der Herakliden", die uns aufs genaueste zu erzählen weiß, wie Hyllos, der Sohn des Herakles, und Dymas und Pamphylos, die Söhne des Dorierkönigs Aigimios im nordwestlichen Thessalien, an den Oeta gezogen seien in die Landschaft Doris, wie dann nach mehreren vergeblichen Versuchen, den Peloponnes zu erobern, erst die Urenkel des Hyllos es vermocht hätten, von hier aus über Naupaktos nach dem Peloponnes überzusetzen und Tisamenos, den König von Argos und Sparta, zu schlagen und seine Achäer an die Nordküste (in Achaia) zu verdrängen, im übrigen die ganze Halbinsel außer Arkadien und außer Elis, das dem Ätoler Oxylos zum Lohn für seine Führung gegeben wurde, mit ihren Doriern zu besetzen, und wie dann durchs Los entschieden worden sei, daß Argos dem Temenos, Messenien dem Kresphontes, Lakonien den Zwillingssöhnen des Aristodemos, dem Eurysthenes und Prokles, zufalle. Aber in dieser Sage steckt keine lebendige historische Erinnerung, abgesehen von dem Grundgedanken, daß die Dorier einmal den Peloponnes von den Achäern gewonnen haben. Das ganze Detail ist nur eine mühselig auf genealogische Betrachtungen gestützte Konstruktion, die bezweckt, die Entstehung der verschiedenen Königshäuser im Peloponnes zu erklären. Ebenso wertlos wie die naive Erfindung der Verlosung des Landes ist der Versuch, nebenbei schwierige Probleme, wie die Namen der drei dorischen Phylen der Hylleer, Dymanen und Pamphyler und das spartanische Doppelkönigtum zu erklären. Unmöglich ist auch die Vorstellung, daß die nur etwa 185 Quadratkilometer große Landschaft Doris am Oeta die Heimat der den Peloponnes erobernden Dorier gewesen sei. Für die Geschichte hat das alles keine Bedeutung. Historisch steht nur fest, daß die Dorier, wie ihr der nordwestgriechischen Gruppe verwandter Dialekt zeigt, einst im Norden (etwa im Pindosgebiet) gesessen haben, und sehr wahrscheinlich ist, daß die kleine Landschaft Doris eine Etappe auf dem Zuge nach Süden gewesen ist, wo manche Wanderer sitzengeblieben sind. Auf welchem Wege sie aber von dort nach dem Peloponnes gekommen sind, das wissen wir nicht, und darum werden die verschiedensten Hypothesen darüber aufgestellt. Der natürlichste Weg würde von der Doris aus durch die Kephissosebene nach Böotien und an Attika vorbei – das ja tatsächlich unbehelligt blieb – über den Isthmus geführt haben. Aber daß sie diesen Weg gezogen sind, läßt sich mit Sicherheit nicht erweisen.

Auch in Mittelgriechenland hat der Vorstoß der Nordwestgriechen seine Spuren hinterlassen. So zeigt der Dialekt der Böoter, daß hier zu den alten Achäern ein nordwestgriechischer Stamm hinzugekommen ist. Auch die Lokrer und Phoker gehören zu dieser Gruppe.

Die Eroberung des Peloponnes werden wir nicht als einen einmaligen Akt aufzufassen haben, sondern sie wird sich durch längere Zeit hindurch vollzogen haben. Wahrscheinlich ist auch, daß mehrere Schübe von Doriern nacheinander gekommen sind und Nachschübe noch lange angedauert haben. Die Dorier drangen ein mit der ungebrochenen Naturkraft eines unkultivierten

Volkes in das Gebiet eines Volkes von höchster Zivilisation, etwa wie die Germanen in das Römerreich. So erlagen ihnen die Achäer, und überall brach die alte Kultur zusammen. Nur in dem schwer zugänglichen, rauhen Hochland von Arkadien im Herzen des Peloponnes blieb die alte Bevölkerung unbehelligt und bewahrte sich ihre alte Sprache. Falls die Dorier nicht schon in verschiedenen Zügen eingerückt waren, haben sie sich im Peloponnes in mehrere Gruppen geteilt. So eroberten die einen die Argolis einschließlich der von Ioniern bewohnten Kynuria (östlich vom Parnōn), andere brachen in das Eurotastal zwischen Taygetos und Parnōn ein. Daß diese von Norden kamen, dafür spricht die Lage von Sparta nördlich von Amyklai, dem Vorort der Achäer: wahrscheinlich waren die Dorier auf ihrem Vormarsch hier haltzumachen gezwungen, und so mag Sparta aus einem gegen Amyklai gerichteten militärischen Standlager hervorgegangen sein. Elis ist nicht von den Doriern erobert, sondern, wie die Sage richtig andeutet, von Ätolien aus von stammverwandten Stämmen besetzt worden. Ob Messenien, wie die Sage annimmt, von vornherein von dorischen Stämmen erobert worden ist, bedarf noch weiterer Klärung.

Die Dorier sind in so starker Übermacht eingerückt, daß sie trotz ihres kulturellen Tiefstandes überall, wo sie die alte Bevölkerung unterwarfen, ihre dorische Sprache zur Herrschaft gebracht haben. Nur hie und da hat man noch Spuren des achäischen Dialektes beobachtet. Die Behandlung der Besiegten ist verschieden gewesen. Im spartanischen Staat ist die alte achäische Bauernschaft zu Hörigen (Heloten) herabgedrückt worden (S. 100). Dagegen findet sich später in einzelnen peloponnesischen Städten, wie in Argos und Sikyon, neben den drei dorischen Phylen noch eine vierte für die alte einheimische Bevölkerung, die hier also im Laufe der Zeit die Aufnahme in den dorischen Staatsverband, wenn auch mit geringerem Recht, sich erkämpft hat.

Als durch das ständige Nachrücken neuer Volksgenossen die besetzten Gebiete den Eroberern zu eng wurden, sind auch sie zum Kolonisieren übergegangen. So haben *Dorier* die Inseln Kythera und Kreta, Thera und Melos, Rhodos und Kos besetzt und dann südlich von den ionischen Kolonien die Rhodos gegenüberliegende kleinasiatische Küste besiedelt. Vereinzelt sind sie auch als späte Nachzügler den Kolonisten von Pamphylien und Cypern gefolgt, wie gewisse Dorismen in deren Sprache zeigen. Im übrigen haben sie stark dorisiert, so besonders auf Kreta, wenn hier auch die früher (1400) eingewanderten Achäer sowie die alten einheimischen Stämme der Eteokreter im Osten und der Kydonen im Westen neben ihnen weiter lebten (Odyssee 19,175 ff.). Die dorische Staatsordnung auf Kreta zeigt die engste Verwandtschaft mit der spartanischen.

So entspricht die Abfolge der Äoler, Ionier und Dorier an der kleinasiatischen Küste von Norden nach Süden der geographischen Lage der Hauptauswanderungsgebiete des Mutterlandes: Thessalien, Attika-Euböa und Peloponnes. Das Ägäische Meer, einst von den Kleinasiaten beherrscht, war nun ein griechisches Meer geworden, dessen Inseln und Küsten im Westen und Osten von griechischen Stämmen bewohnt wurden.

Aber auch hiermit sind die Nachwirkungen der großen Völkerwanderung noch nicht erschöpft. Eine letzte Konsequenz war, daß einzelne kleinasiatische Stämme, denen es jetzt durch das Vordringen der Griechen hier zu eng geworden war, schließlich die Heimat verließen, um im fernen Westen neue Wohnsitze zu suchen. So sind sehr wahrscheinlich die *Tyrsener*, die uns als Seefahrer wohl schon unter den „Seevölkern" des Merenptah begegneten (S. 37), etwa um 1000 herum oder etwas früher nach und nach in mehreren Schüben nach Italien gefahren und haben sich an der toskanischen Küste, hier als Tusci (aus Turs-ci) oder Etrusci bezeichnet, niedergelassen, während zurückgebliebene Teile von ihnen als „Tyrsener" uns auch später noch in der ägäischen Welt begegnen. Daß die bei den Etruskern eine so große Rolle spielende Leberschau (Haruspizin) für ihre Herkunft aus dem kleinasiatischen Kreise zeugt, wurde schon oben (S. 15) erwähnt. Zu wichtigen anderen Argumenten ist noch der Fund eines Doppelbeiles (S. 41) im Grabe eines etruskischen Liktors hinzugekommen. Auch die sprachlichen Zusammenhänge treten immer deutlicher hervor. Erwogen worden ist, ob auch jene Schardana, die wir als Söldner der Pharaonen und unter den „Seevölkern" antrafen, ebenso wie die Tyrsener nach dem Westen abgedrängt worden sind und dort die Insel *Sardinien* besiedelt haben. Als Argument wird u.a. auf die eigenartigen Helme der Schardana (mit Hörnern) hingewiesen, die sich ganz ähnlich auf späteren sardinischen Bronzen finden. Manche Funde mykenischer Kunst, die in Sizilien und Unteritalien und über Sardinien hinaus bis nach Spanien zutage gekommen sind, zeigen, daß die Tyrsener nicht die ersten Repräsentanten östlicher Kultur im Westen gewesen sind, sondern daß schon vor ihnen, zur Zeit der höchsten Machtentwicklung der Achäer, der mykenische Handel nach dem Westen vorgedrungen war und somit eine größere Ausdehnung gewonnen hatte als der kretische Handel der vorhergehenden Periode.

IV. DAS GRIECHISCHE MITTELALTER

Wirkungen der Wanderungen

Die eben geschilderten Wanderungen der Griechen haben sich durch mehrere Generationen hindurch erstreckt. Erst allmählich kamen die Völker nach diesen gewaltigen Umwälzungen wieder zur Ruhe und zur Seßhaftigkeit, und unter deren Einfluß erwuchs dann ein neues, andersartiges Leben, im Mutterland auf den Trümmern der mykenischen Welt, im Kolonialland im Anschluß an die mykenische Kultur. Man hat diese Jahrhunderte, die dem Abschluß der Wanderungen folgten, nicht unpassend mit dem germanisch-romanischen *Mittelalter* verglichen. Wie hier nach der ,,Völkerwanderung" neue Staaten auf dem alten Kulturboden sich bildeten und später das Rittertum und der Heldensang erblühten, so finden wir auch in der giechischen Welt dieser Zeit ähnliche Erscheinungen. Nach bestimmten Jahren läßt sich eine solche Periode nicht chronologisch umgrenzen. Seit der zweiten großen Kolonisation, die um die Mitte des 8. Jahrhunderts beginnt und die man in gewisser Weise mit den Entdeckungsfahrten am Ausgang unseres Mittelalters in Parallele stellen könnte, regen sich namentlich auf wirtschaftlichem, politischem und sozialem Gebiet so viele neue Kräfte, daß wir die damit eingeleitete Zeit bis zum 5. Jahrhundert als ,,Übergangszeit" abgesondert haben, wiewohl z.B. für die Geschichte des Epos hier kein Einschnitt zu machen ist. Alle derartigen Periodisierungen haben ihre Mängel und dienen auch nur einem praktischen Bedürfnis; denn ununterbrochen fließt der Strom des historischen Lebens.

Jene Parallele mit dem germanisch-romanischen Mittelalter trifft auch darin zu, daß, wie die Germanen ins Römerreich, so auch die neuen griechischen Stämme, im besonderen die Dorier, in die hochzivilisierte mykenische Welt als Völker primitiverer Kultur einbrachen. Sie werden damals auf nicht viel höherem Kulturniveau gestanden haben als die Vorfahren der Ionier und Achäer, als diese in die Balkanhalbinsel einrückten. So ist in den Ländern, in denen sie sich als Eroberer niederließen, die Kultur um Jahrhunderte zurückgeworfen worden, und verschwunden ist die glänzende mykenische Kultur, so daß die Späteren nur noch sagenhafte Erinnerungen an sie hatten. Das kann nicht durch die Annahme erklärt werden, daß diese Kultur, die doch noch am Ende des 13. Jahrhunderts die gewaltigen Umbauten der Burg von Tiryns hervorgebracht hatte (S. 51), sich etwa von innen heraus ausgelebt und aufgelöst hätte. Daß vielmehr der Einbruch der Eroberer es gewesen ist, der diese Kultur zerstört hat, dafür spricht auch die Tatsache, daß dort, wohin keine Eroberer gekommen sind, wie in Attika und im kleinasiatischen Kolonialland, sich eine Weiterentwicklung mykenischer Kulturelemente erkennen läßt. Wohl haben die Griechen auch in den neubesetzten Gebieten des Mutterlandes manches aus der alten Zeit in die neue mit hinübergenommen, aber das Wesentliche ist doch, daß die Kultur, die jetzt nach den Wanderungen von unten auf neu erwächst, eine durch und durch *nationalgriechische* ist, im Gegensatz zu der mykenischen Kultur, die doch stark von Kreta und damit indirekt auch vom Orient beeinflußt gewesen war, so daß sie in manchem, wie in dem äußeren Schmuck ihrer Paläste, einen geradezu ungriechischen Eindruck macht. Wenn auch später noch mehrfach orientalische Kulturelemente übernommen worden sind, so haben diese doch nicht den inneren Kern des Volkstums berührt und haben daher auch nichts daran geändert, daß diese neue Kultur *im Geist und in der Form rein hellenisch* war, zumal die Griechen sich von außen immer nur das anpaßten, was ihrem eigenen Geschmack entsprach, und im übrigen es sich vorwiegend um *technische Fertigkeiten* handelte. – So führt denn von der jetzt entstehenden Kultur eine gerade Linie hinauf zu den Höhen der „klassischen" Kultur. Welche gewaltigen Fortschritte sie aber schon während des Mittelalters gemacht hat, zeigt vor allem die im Kolonialland entstandene Schöpfung des *homerischen Epos*, dieser urgriechischen Dichtung, mit der der griechische Genius bereits alles weit hinter sich läßt, was je die orientalischen Kulturvölker auf diesem Gebiet geschaffen hatten, und die auch innerhalb der Weltliteratur aller Zeiten und Völker unübertroffen dasteht.

Zunächst aber setzte nach den Stürmen der Völkerwanderung auf allen Gebieten ein starker Rückgang, ja, vielfach eine Rückkehr zum Primitiven ein, was im besonderen auch vom *wirtschaftlichen Leben* gilt. Zwar im Kolonialland wird man in den neuen Seestädten von vornherein im Verkehr mit dem Orient und besonders auch mit dem kleinasiatischen Hinterland gestanden haben, aber bei den Griechen im Mutterland trat zunächst der Handel mit dem Ausland, der in der mykenischen Zeit geblüht hatte, völlig zurück, und erst etwa seit dem 9./8. Jahrhundert begannen die phönikischen Kaufleute ihre orientalischen Erzeugnisse bei ihnen abzusetzen, und bald danach brachte dann die neue Kolonisation einen neuen Aufschwung der überseeischen Handelsbeziehungen. In den vorhergehenden Jahrhunderten aber hatte im Mutterlande durchaus die Landwirtschaft einseitig dominiert. Das hatte zur notwendigen Folge, daß man von den vorgeschrittenen Formen des wirtschaftlichen Lebens, die die hochentwickelte mykenische Zeit bereits gezeitigt hatte, wieder zurückkehrte zu der *autonomen Hauswirtschaft der Urzeit*, die sich möglichst selbst versorgt – wie sie auf dem Lande hie und da sogar noch bei uns vorkommt, wenn im Hause gesponnen und gewebt, gebakken und geschlachtet wird. War solche Hauswirtschaft vorherrschend, so war kein Raum für die Entwicklung des Handwerks, und so blieben nur solche Handwerke bestehen, für die eine besondere Ausbildung gehörte, wie der Metallarbeiter, den man noch von der mykenischen Zeit her den Kupfer- oder Bronzearbeiter nannte (χαλκεύς), wiewohl Griechenland seit der Dorischen Wanderung sich in der Eisenzeit befand, ferner der Zimmermann (τέκτων) und der Töpfer (κεραμεύς). Als sich dann allmählich wieder ein Tauschhandel entwickelte, gebrauchte man nicht die vorgeschrittenen Formen der mykenischen Zeit, die schon vom Orient die Verwendung der Edelmetalle gelernt hatte (S. 38), sondern verwendete, entsprechend dem landwirtschaftlichen Charakter der Zeit, das Rind oder auch Tierfelle als Wertmesser, wie einst in der Urzeit (S. 38). So wird in Ilias 6, 236 die Rüstung des Glaukos auf 100 Rinder, die des Diomedes auf 9 Rinder geschätzt. Allmählich griff man daneben wieder zu den Metallen auch als Zahlungsmittel, wie in Ilias 7, 473ff., wo die Achäer Wein kaufen um Kupfer oder Eisen oder Rindsfelle oder um Rinder oder Sklaven. Doch ist an manchen Orten selbst noch nach Erfindung der Münze das Rind in dieser Weise gebraucht worden, wie z.B. noch Drakon Bußen nach Rindern bemessen hat.

Die politische Entwicklung

Auch die politischen Zustände der neuen Staaten ähnelten zunächst wieder denen der Urzeit. Verschwunden war der Absolutismus der mächtigen Herrscher der mykenischen Periode (S. 45). An seine Stelle trat wieder das schlichte Volkskönigtum des primus inter pares, der im Kriege der Heerführer war und im Frieden mit den Ältesten beriet, neben dem die Heeresversammlung aller wehrfähigen Stammesgenossen im Sinne der Urzeit als der eigentliche Souverän stand (S. 26). Diese Ordnung brachten die Eroberer mit, und sie ward die Basis für die weitere Entwicklung.

Die wichtigste politische Neuerung des Mittelalters ist die Polis, die *Stadt*, die für das ganze politische Leben der Griechen für alle Zeiten von grundlegender Bedeutung geworden ist. Ansätze zu einem städtischen Leben hatte schon die mykenische Zeit hie und da hervorgebracht (S. 46), aber doch nur Ansätze. Wirkliche Städte im späteren Sinne sind wohl zuerst im *kleinasiatischen Koloniallande* gebildet worden. Zwei Momente haben dabei mitgewirkt: einmal daß nicht geschlossene Stämme hinübergegangen waren, sondern Angehörige der verschiedensten Stämme, so daß hier kein Raum für jene alte Stammesverfassung war, und ferner, daß sie hier zum Teil feste Städte eroberten, in die sie sich als die Herren hineinsetzten; haben diese doch vielfach ihre alten kleinasiatischen Namen bewahrt. Indem sie von diesen Städten aus das dazugehörige Landgebiet beherrschten, war das für den Polisbegriff Charakteristische gegeben. Später haben sich die ionischen Städte zu dem Zwölfstädtebund zusammengeschlossen, der in dem Panionion auf der Mykale in dem Kult des helikonischen Poseidon seinen religiösen Mittelpunkt hatte, ebenso wie die sechs dorischen Städte sich im Kult des Apollon am triopischen Vorgebirge vereinigten.

Anders war der Ursprung der *mutterländischen Städte*, die erst später entstanden sind. Möglich ist, daß hier jene mykenischen Ansätze städtischen Lebens irgendwie mitgewirkt haben, mochten auch manche der Burgen und Ansiedlungen in den Wanderungsstürmen zerstört worden sein. Doch wesentlicher war, daß ein gewisser Drang zur Verselbständigung der einzelnen Gaue, deren Bedeutung gegenüber den großen Stammverbänden immer mehr wuchs, und ein Bedürfnis nach stärkerer Ausbildung der Staatsgewalt dazu geführt hat, daß man innerhalb des Gaues gern einen einzelnen Ort zum Mittelpunkt machte, von dem aus der Gau regiert wurde. Ragte eine Burg in ihm empor, so lag es am nächsten, am Fuß der Burg in ihrem Schutze den städtischen Mittelpunkt anzulegen, und dies mag oft geschehen sein; denn ihren Namen hat diese Neuschöpfung von der Burg bekommen, die „Polis" hieß. In anderen Fällen wurden eng benachbarte Dörfer mit einem Mauerring zu einer Einheit zusammengeschlossen, oder es wurden aus verschiedenen weit voneinander abliegenden Dörfern Teile der Bevölkerungen an einen einzigen Ort zusammengesiedelt. Beide Vorgänge, so verschieden sie waren, nannte man „Zusammensiedlung" (*συνοικισμός*), und auch diese

Vororte nannte man „Polis". Diese von einem Mauerring umgebene Polis regierte dann das Landgebiet. Nur diejenigen, die in der Stadt wohnten (πολῖται oder ἀστοί) – mochten ihre Äcker auch draußen liegen –, konnten an der Regierung teilnehmen. Charakteristisch für die Polis, wie sie uns später voll entwickelt entgegentritt, ist ihre völkerrechtliche und staatsrechtliche Selbständigkeit oder Souveränität, jene verkörpert in der *„Freiheit"* nach außen (ἐλευθερία), diese in der *„Autonomie"* (αὐτονομία), d.h. dem Recht, nach eigenen Gesetzen zu leben. Dazu kommt als weiteres Ideal der Polis die wirtschaftliche *„Autarkie"* (αὐτάρκεια, das Sichselbstgenügen), d.h. die Fähigkeit, unabhängig von fremder Zufuhr sich selbst zu ernähren, ein Ideal, das freilich nicht immer erreichbar war. So bildete jede Polis mit ihrem dazugehörigen Gebiet einen selbständigen Staat, den man heute als „Stadtstaat" oder besser *„Gemeindestaat"* zu bezeichnen pflegt; denn nach antiker Auffassung machten nicht die Mauern und Häuser, sondern die Gemeinde der Bürger die Polis aus. Diese hier durchgeführte Konzentrierung ermöglichte eine viel stetigere und durchgreifendere Regierung als der frühere Stammstaat. Während in diesem die großen Stammesversammlungen nur selten und mit großen Schwierigkeiten durchzuführen waren, konnte in der Stadt die Bürgerschaft, sooft es nötig erschien, mit Leichtigkeit zur Versammlung „herausgerufen" werden (daher ἐκκλησία von ἐκκαλεῖν). So trat hier die städtische Volksversammlung an die Stelle der alten Wehrversammlung des Stammes. Vor allem aber konnten hier der König und seine Ältesten viel intensiver ihren Geschäften obliegen.

Da hierdurch die Bedürfnisse eines regeren politischen und kulturellen Lebens befriedigt wurden, finden wir diese städtische Entwicklung in den von jeher höher entwickelten östlichen Teilen des Mutterlandes, während im Westen, bei den Akarnanen, Ätolern usw., die alten Stammesverfassungen und das Wohnen in Burgen und Dörfern weiterbestanden hat. Sonst haben sich die alten Stammeseinheiten meist in mehrere selbständige Gemeindestaaten aufgelöst. Daß in Attika und Lakonien große Landschaften unter *einer* Stadt geeint erscheinen, ist etwas ganz Besonderes (vgl. zu Athen und Sparta S. 99ff. und 109ff.).

Diese städtische Entwicklung ist namentlich dem *Adel* zugute gekommen, der sich im Mittelalter – nicht überall, sondern namentlich wieder in den östlichen Staaten des Mutterlandes – neu gebildet hatte, während er im Kolonialland von vornherein bestanden haben wird, da Adlige vielfach die Führer der Kolonisten und die Heerführer bei Eroberung des Koloniallan-

Bild 3: Siegesstele des Eannatum von Lagasch

Bild 4: Akkadischer Herrscher

des gewesen sein werden. Sobald die Regierung sich in der Stadt konzentrierte, zogen auch die Adligen dorthin, um an der Regierung teilzunehmen. Die gesteigerten Anforderungen des öffentlichen Lebens machten es nun bald notwendig, dem König zu seiner Entlastung weitere Beamte an die Seite zu stellen. Es verstand sich von selbst, daß diese Beamten nur aus dem Adel genommen wurden, ebenso wie auch der Rat der Alten. So war die Bedeutung des Adels neben dem König in beständigem Wachsen, und diese Entwicklung hat schließlich (in Hellas etwa im 8./7. Jahrhundert, im Kolonialland wohl schon früher) bei den meisten Stämmen zur Verdrängung des Königtums durch die *Adelsherrschaft* (ἀριστοκρατία) geführt. Einen interessanten Einblick in diese Übergänge zeigt uns z.B. die Schilderung der Odyssee von dem Staatswesen der Phäaken, in dem neben dem Alkinoos noch zahlreiche andere *βασιλεῖς* stehen. Das entspricht im Grundgedanken ganz den Zuständen, wie sie die Dichter in ihrer Heimat vor Augen hatten, wo uns mehrfach Kollegien von „Königen" begegnen (über die weitere Entwicklung s. S. 95).

Die Kultur des Mittelalters

Unter allem, was die Griechen von den Orientalen gelernt haben, ist für ihre geistige Kultur nichts so wichtig geworden wie die *Buchstabenschrift*, und □ doch gilt auch hier wieder, daß es nur eine technische Fertigkeit war, die sie übernahmen, die sie aber in genialer Weise ihren eigenen Bedürfnissen angepaßt haben. Daß die Griechen ihre uns geläufige Schrift von den Phönikern erhalten haben, kann nicht bezweifelt werden; das beweisen sowohl die Formen als auch im besonderen die Namen der Buchstaben. Es war wohlbegründet, daß die Ionier ihre Schrift als *φοινικήια γράμματα* bezeichneten, wie Herodot 5, 58 sagt und eine Inschrift aus Teos bestätigt. Es mag vielleicht bald nach Beginn des 9. Jahrhunderts gewesen sein, daß die Griechen (wahrscheinlich drüben im Kolonialland) die Schrift übernahmen; die ältesten erhaltenen Proben reichen bis in die erste Hälfte des 8. Jahrhunderts zurück. Bis zum 5. Jahrhundert hinab ist die Zahl der erhaltenen Inschriften leider noch gering. Die phönikische Schrift, die schon für das 14. Jahrhundert, vielleicht noch früher bezeugt ist, überragt alle älteren Schriftsysteme dadurch, daß sie eine reine Buchstabenschrift ist (vgl. oben S. 3 und 12 über die ägyptische und babylonische Schrift). Wenn den Phönikern und den anderen semitischen Völkern, die sich dieses Alphabets bedient haben, die Wiedergabe der Konsonanten genügte, so erklärt sich dies daraus, daß im Semitischen die Bedeutung der Wortstämme an ihren Konsonanten haftet, die Vokale aber nur zur Unterscheidung der Wortformen dienen. Da im Griechischen aber gerade die Vokale entscheidend für die Bedeutung sind (vgl. z.B. *σῶμα* und *σῆμα*), so konnten die Griechen das phönikische Alphabet nur benutzen, wenn sie Vokalzeichen hinzufügten. Sie haben hierzu solche Konsonantenzeichen genommen, für die sie in ihrer Sprache keine Verwendung hatten. So haben sie den schwachen Hauchlaut Aleph als A verwertet, das He als E (*ε*, *η*, *ει*), das halbvokalische Jod als I, das 'Ajin als O (*o*, *ω*, *ου*). Das Y (ursprünglich u) ist wohl aus Vau, das sie damals noch sprachen, abgeleitet worden. Diese Vokalzeichen müssen von vornherein am Ort der Übernahme geschaffen worden sein, wohl von *einer* genialen Persönlichkeit; denn wir finden sie bei *allen* Griechen. Dagegen tritt uns der griechische Partikularismus in der sehr verschiedenartigen Verwendung der Zischlaute entgegen, von denen die Semiten mehr hatten als die Griechen (Dsajin, Samech, Ssade, Schin). Ebenso gingen die Griechen auseinander in der Bewertung der von ihnen selbst hinzugefügten sogenannten konsonantischen Zusatzbuchstaben *Φ X Ψ*. Doch kann hier auf die sehr verwickelte und zum Teil noch dunkle Frage der Entwicklung der verschiedenen Lokalalphabete nicht eingegangen werden. Erwähnt sei nur, daß die neuen Kolonien (seit Mitte des 8. Jahrhunderts) bereits die Lokalalphabete ihrer Mutterstädte mitgenommen haben. Gesiegt hat schließlich das ionische Alphabet; in Athen erfolgte seine offizielle amtliche Übernahme erst im Jahre 403 v. Chr., nachdem es vereinzelt schon seit mehreren Jahrzehnten in Gebrauch war. Auf das griechische Alphabet gehen nicht nur die italischen Alphabete, sondern auch die der kleinasiatischen Nachbarn (Lyder, Karer, Lykier usw.) zurück.

Zunächst unabhängig von der Schreibkunst hat sich das *Epos* entwickelt; denn Jahrhunderte hindurch ist es nur mündlich vorgetragen und überliefert worden, ehe es (wohl im 8. Jahrhundert) zu schriftlichen Aufzeichnungen kam. Während kleine Heldenlieder einst schon in mykenischer Zeit im Mutterland gesungen waren (S. 47), ist das homerische Epos, das an jene anknüpft, drüben im Kolonialland gedichtet worden. Da der epische Dialekt vorwiegend ionisch ist, aber doch auch manche Äolismen aufweist, so ist das Epos vielleicht dort entstanden, wo tatsächlich beide Dialekte sich ähnlich mischten, nämlich in dem äolisch-ionischen Grenzgebiet um *Smyrna*, aus dem die Ionier die Äoler verdrängt hatten (S. 55). Gegen die Schlußfolgerung, daß das Epos zuerst äolisch gedichtet und dann von den Ioniern in ihre Sprache umgedichtet sei, spricht allein schon die Regel der griechischen Literatur, daß der Dialekt, in dem eine neue literarische Kunstform zuerst auftritt, für diese auch dauernd in Gebrauch bleibt (vgl. die dorischen Chorlieder in der attischen Tragödie).

Die Frage nach der Entstehung des Epos, die schon die Kritiker des Altertums und in der Neuzeit seit dem 17. Jahrhundert schon einzelne erlesene Geister beschäftigt hatte, ist seit den Prolegomena ad Homerum von *Friedr. Aug. Wolf* (1795) ein Hauptproblem der Philologie und Geschichte bis auf den heutigen Tag. Unsere Jugend in die Tiefen dieser ungeheuer verwickelten Untersuchungen einzuführen, ist nicht Aufgabe der Schule. Unsere Jugend soll vor allem den Dichter lesen und in sich aufnehmen und immer wieder lesen und mit wachsendem Verständnis den ganzen Zauber der unvergleichlichen Schönheit dieser Poesie auf sich wirken lassen und damit sich einen Schatz fürs ganze Leben gewinnen. In diesem Genuß wird es sie aber nicht stören, wenn sie von einigen allgemeinen Ergebnissen jener Forschungen erfährt und damit zum Nachdenken angeregt wird. Zu den wenigen fast allgemein anerkannten Ergebnissen gehört die Einsicht, daß das Epos in seiner uns jetzt vorliegenden Gestalt der Abschluß einer jahrhundertelangen Entwicklung ist. Anfangs wurden die epischen Stoffe von fahrenden Sängern in Stegreifliedern unter Begleitung der Phorminx an den Fürstenhöfen besungen. Dann erfolgte, etwa im 8. Jahrhundert, der Umschwung, daß an die Stelle der Sänger (*ἀοιδοί*) die Rhapsoden (*ῥαψῳδοί*) traten, die nicht sangen, sondern deklamierten, statt des Musikinstruments einen Stab in der Hand haltend. Erst diese Rhapsoden, die dann im Verfolg der politischen Umwälzungen nicht an Fürstenhöfen, sondern an den großen religiösen Feiern vor dem festlich versammelten Volk auftraten, haben den epischen Hexameter mit seiner für den Deklamator so notwendigen Atempause, der Cäsur, voll entwickelt. Wie vorher die Sänger, haben auch sie noch beim Vortrag weiter an der Dichtung gearbeitet und durch Improvisation das Überlieferte hie und da umgestaltet und ergänzt, und so ist noch bis ins 7. und 6. Jahrhundert hinein am „Homer“ gearbeitet worden, zuletzt noch in Athen.

Aus der großen Fülle von epischen Dichtungen, in denen einst die verschiedensten Mythen und Sagen besungen worden sind, sind uns nur zwei ganz erhalten, die *Ilias* und die etwa 100 Jahre jüngere *Odyssee*. Aber sie enthalten noch manche Reste von verschollenen Dichtungen oder Anspielungen auf solche, in denen andere Sagenkreise oder andere Episoden desselben Sagenkreises besungen waren. In der *Ilias* ist vor allem die Sage vom thessalischen Helden Achilleus, dem Sohn des Peleus (vom Pelion), die die äolischen Kolonisten aus der thessalischen Heimat mitgebracht und drüben weiter ausgebildet hatten, verbunden worden mit der Sage vom Trojanischen Kriege und dem Helenamythos. Außerdem sind aber auch ionische Sagen, auch lykische u. a., hineingearbeitet worden, und als dann etwa im 7. Jahrhundert die epische Kunst ins Mutterland hinüberging, womit für dieses eine neue Periode geistigen Lebens begann, sind auch dort noch manche Stammessagen hineinverwoben worden. Wenn wir trotz dieser Fülle verschiedensten Materials und trotz aller Widersprüche und Unstimmigkeiten die Ilias als *eine künstlerische Einheit* genießen können, so ist dies das Verdienst des großen Dichters (wohl noch aus dem 8. Jahrhundert), der den Sang vom *Zorn des Achilleus* geschaffen und in den Mittelpunkt gerückt, alles andere um ihn gruppiert und damit eine planmäßige Komposition geschaffen hat, mag auch durch Nachdichtungen anderer noch manches davon wieder verdeckt worden sein. Von einer bestimmten Dichterpersönlichkeit dürfen wir hier sprechen; denn dieser Gedanke kann nur *einmal* und in *einem* Kopf entstanden sein, und in ihm dürfen wir den großen genialen Schöpfer unserer Ilias verehren. Dasselbe gilt von der *Odyssee;* denn der wundervolle Gedanke, den Hörer dicht vor den spannenden Endpunkt der zehnjährigen Irrfahrten zu führen und über die früheren Erlebnisse den Helden selbst in einer unerhört wirksamen Icherzählung berichten zu lassen, führt uns gleichfalls zu der Annahme *einer* großen Dichterpersönlichkeit.

Aufgabe der Forschung ist es, neben dem Nachweis der Einheit die Vielheit der Bestandteile zu erkennen und besonders die älteren und die jüngeren Schichten der beiden Epen nach Möglichkeit auseinanderzulegen. Im besonderen aber begehrt nach dieser Analyse die historische Forschung; denn wiewohl die Dichter die heroische Zeit, d.h. für uns jetzt die mykenische Zeit, besingen wollten, hatten sie doch so wenige lebendige Erinnerungen an diese Vorzeit, daß sie vielfach genötigt waren, die Farben ihrer eigenen Zeit zu entnehmen, was von der Odyssee in noch höherem Maße gilt als von der Ilias, und eben dadurch ist Homer für uns eine Hauptquelle für die politischen, sozialen und wirtschaftlichen Zustände des Mittelalters geworden. Für deren Erforschung ist daher die Zerlegung des Homer in seine Schichten ebenso notwendig wie die des Alten Testaments zu seiner Verwendbarkeit für die orientalische Geschichte.

Die Wirkung des Homer auf die Griechen ist eine ungeheure gewesen, namentlich nachdem er seit dem 5. Jahrhundert zum Schulbuch geworden war, aus dem immer wieder neue Generationen zu freidenkenden und schönheitsempfänglichen Griechen erzogen wurden. Es gibt kaum eine treffendere Charakteristik des Unterschieds des griechischen und des römischen Wesens, als daß für den jungen Griechen Homer, für den jungen Römer das Zwölftafelgesetz im Mittelpunkt des Unterrichts stand. *Darum haben auch die Griechen die Seelen gewonnen, während die Römer nur die Welt erobert haben.* Noch in der hellenistischen Zeit und der Kaiserzeit ist kein Buch so verbreitet gewesen wie Homer, wie u. a. die Papyrusfunde in Ägypten zeigen. Anderseits hat Homer dadurch, daß er die Sagen der verschiedensten Stämme in sich vereinte, stark eingewirkt auf den ganz allmählich den Partikularismus überwindenden Gedanken der nationalen Zusammengehörigkeit, der in dem Namen „*Hellenen*" seinen Ausdruck gefunden hat (S. 90f.).

Den stärksten Einfluß hat Homer auf die *griechische Religion* ausgeübt. ▫ Es ist viel Wahres an dem Wort des Herodot (II, 53), daß Hesiod und Homer es waren, die den Griechen ihre Theogonie geschaffen und den Göttern die Beinamen gegeben und Ämter und Betätigungen unter sie verteilt und ihre Gestalten bezeichnet haben. In der Tat haben die olympischen Götter, wie die Dichter sie schildern, sich nicht organisch aus den Gottesvorstellungen der vorhergehenden Zeit entwickelt, sondern sind zum großen Teil Schöpfungen der dichterischen Phantasie. Da die Dichter die ferne Heroenzeit besingen wollten, in der noch die Götter mit den Helden verkehrt hatten, brauchten sie eine vermenschlichte Götterwelt, die sie der Menschenwelt gegenüberstellen konnten. Gewiß konnten sie hierfür anknüpfen an die anthropomorphen Gottesvorstellungen, wie sie schon seit der mykenischen Zeit, wie wir sahen (S. 49), sich zu regen begonnen hatten. Aber der Dichter Werk ist es, daß diese Götter nun zu reinen Menschen wurden, die nur durch die Unsterblichkeit und durch den Genuß von Nektar und Ambrosia sich von ihnen schieden, bewegt von allen menschlichen Regungen und Leidenschaften. *Ihr* Werk ist es auch, daß aus der Fülle der lebendigen Götter des Volksglaubens ein kleiner Kreis von Göttern genealogisch fest zusammengeschlossen wurde, der nach dem Vorbild der Adelsgesellschaft ihrer Tage sich um den König Zeus gruppierte. *Ihr* Werk ist es ebenso, daß jedem dieser olympischen Götter ein bestimmtes begrenztes Betätigungsfeld zugewiesen wurde, wenn sie auch bei einzelnen an ältere Vorstellungen anknüpfen konnten. So waren diese olympischen Götter, die durch die Epen zunächst an den Fürstenhöfen und in den Ritterkreisen Aufnahme fanden und erst allmählich zu offizieller Anerkennung kamen, durch eine tiefe Kluft getrennt von den Göttern, die in dem lebendigen

Kult des *Volksglaubens* Verehrung genossen. Das waren *Lokalgötter*, wie wir sie wohl schon für die mykenische Zeit voraussetzen dürfen, die an jedem Ort in anderer Gestalt, oft noch in den Formen der alten Fetische verehrt wurden, während hie und da die Fetische sich schon zu Symbolen oder zu heiligen Tieren der betreffenden Ortsgottheit umgewandelt hatten, wie die Kuh im Kult der Hera von Argos oder die Eule im Kult der Athena – woran noch die dichterischen Beiwörter *βοῶπις* und *γλαυκῶπις* erinnern. Im Gegensatz zu den olympischen Göttern, die durch die Epen zu allgemein-griechischen Göttern geworden sind, blieben diese Götter des Volksglaubens reine Lokalgötter, die – wiederum im Gegensatz zu jenen – nicht nur auf besonderen Betätigungsgebieten sich wirksam zeigten, sondern – ähnlich wie wir es für die Gaugötter der ägyptischen Urzeit annahmen (S. 4) – für den Ortsgläubigen von *allseitiger* Bedeutung waren und in allen Notlagen oder Höhepunkten des Lebens für ihn *der* Gott (ὁ θεός) waren, an den er sich vertrauensvoll wendete, wie der gläubige Katholik an seinen Ortsheiligen. Von diesen Lokalgöttern haben wir nur geringe Kunde; denn die meisten von ihnen sind in die Literatur gar nicht eingedrungen, doch durch glückliche Inschriftenfunde (wie auf Thera) lernen wir gelegentlich neue Namen kennen.

Neben dem Kult dieser Lokalgötter trat im Mittelalter der *Seelen-* und *Totenkult*, der einst in der mykenischen Zeit eine so große Rolle gespielt hatte (S. 49), fast ganz zurück. Die Freude am Leben und Genießen im Diesseits, wie sie für das ionische Leben charakteristisch ist, scheint zu einer gewissen Abwendung von den Gedanken über das Jenseits geführt zu haben. Damit mag zusammenhängen, daß in Ionien statt der Beerdigung der alten Zeiten, die das Weiterleben der Seele hatte fördern sollen, sich die *Leichenverbrennung* durchgesetzt hat. Im Mutterland freilich blieb die alte Sitte der Beerdigung meist erhalten, und hier hören wir auch von regelmäßigen Totenopfern.

Vielleicht seit dem 8. Jahrhundert drang der Anthropomorphismus auch in die Lokalkulte ein. Sobald aber menschengestaltige Kultbilder geschaffen wurden, die einer geschützten Aufstellung bedurften, führte dies auf den Gedanken, dem vermenschlichten Gott ein Wohnhaus neben dem Altar zu bauen, und so entstand – erst jetzt! – der griechische *Tempel*. Zu seinem Hüter wurde ein Beamter der Gemeinde eingesetzt, der *Priester* (ἱερεύς). Es gehört zu den Charakteristika griechischer Denkweise gegenüber der orientalischen, daß der griechische Priester nicht, wie vielfach der orientalische, eine über den Laien stehende, der Gottheit näher gerückte oder gar geweihte Persönlichkeit war, sondern der Inhaber eines Gemeindeamtes, das jeder Bürger, der überhaupt den Zugang zu den Gemeindeämtern hatte, bekleiden konnte (Isocrates ad Nicocl. 6). Es gab in Hellas überhaupt keinen Priester*stand*, und so hat hier nicht, wie oft im Orient, die Gefahr bestanden, daß die Priesterschaft einen Staat im Staate bildete. Entsprechend hat es auch in Griechenland nicht eine vorgeschriebene Lehre oder ein theologisches Dogma gegeben, sondern jeder hatte volle Freiheit, die religiöse Tradition nach seiner Weltanschauung aufzufassen, und weil jeder Dichter die Mythen auf seine Weise deuten und auch umgestalten konnte, sind sie ewig jung geblieben. So sind denn hier auch die religiösen Ideen nicht durch Priester, sondern durch Dichter und Denker weiterentwickelt worden. Aus allem diesem ergibt sich zugleich die Achtung vor der Überzeugung Andersdenkender, wie sie ganz allgemein in dem „alten Spruche": „Jenes möge deine Meinung sein und dies die meinige" (*Σοὶ μὲν ταῦτα δοκοῦντ' ἔστω, ἐμοὶ δὲ τάδε*, Athenaeus IX, p. 367e) zum Ausdruck kommt, im besonderen auch die schöne Toleranz, die die Griechen zu allen Zeiten gegenüber den Religionen anderer Völker geübt haben, die im Grunde nichts anderes ist als die „Erkenntnis, daß die Namen und die Formen der Verehrung Nebensache sind, die Gottheit aber, die so oder so angerufen wird, in den Herzen der Gläubigen dieselbe ist" (v. Wilamowitz).

Hatte der Priester auch neben dem Hüten des Tempels die Aufgabe, dem Gott zu opfern, so blieb doch auch jetzt dem König und den anderen Beamten das Recht, Opfer für die Gemeinde darzubringen, wie auch der Hausvater für sich und seine Familie opfern konnte. Besonderes Ansehen genossen die *Seher* (*μάντεις*), denen die Götter es gegeben hatten, die Zukunft zu schauen. Schon in homerischer Zeit kannte man verschiedene Methoden, den Willen der Götter aus der Beobachtung von Zeichen zu erkennen, so namentlich aus der des Vogelfluges; dagegen war die Eingeweideschau, die, auf Babylonien zurückgehend, wahrscheinlich durch Kleinasien vermittelt worden ist (S. 15), der homerischen Zeit noch fremd. Überhaupt ist der auf diesem Gebiet waltende Aberglaube mit der Zeit stärker geworden, wenn er auch die allbeherrschende Bedeutung, die er in Babylonien gehabt hat, nicht gewinnen konnte. Im Homer sprechen einzelne Stellen dafür, daß Aufgeklärtere mit Zweifeln den Zeichen und ihren Deutungen gegenüberstanden (vgl. z.B. Odyss. 1, 415f.). Den hinreißenden Ausspruch des Hektor: „*Ein* Wahrzeichen ist das beste: zu kämpfen für das Vaterland" (*εἷς* οἰωνὸς ἄριστος ἀμύνεσθαι περὶ πάτρης, Il. 12, 243) konnte nur ein *griechischer* Dichter tun; im Orient wäre er geradezu undenkbar. Der Glaube an die besondere Orakelkraft bestimmter Götter und bestimmter Stätten war schon in homerischer Zeit lebendig, wie namentlich das Orakel von Dodona, wo Zeus im Rauschen der Eichen seinen Willen kundgab, in großem Ansehen stand. Das Orakel des Apollon in Delphi ist etwa seit dem 7. Jahrhundert zu allgemeinerer Bedeutung gekommen.

Wagenkämpfe und *gymnastische Wettkämpfe* werden schon in dieser Blütezeit des Rittertums eine große Rolle gespielt haben, vergleichbar den Turnieren des Mittelalters. Die gymnastische Ausbildung des Körpers und der Wettkampf der freien Männer ist wieder ein Kulturelement, das für die Griechen charakteristisch ist im Gegensatz zu den Orientalen. Turnerische Spiele werden zwar auch auf kretischen Denkmälern des zweiten Jahrtausends dargestellt, und jugendliche Turnspiele treffen wir auch gelegentlich in Ägypten, aber diese zielbewußte Ausbildung des Körpers, wie die Griechen sie im Laufe der Zeit immer intensiver durchgeführt haben, und dieses Ringen um den Preis als höchste Ehre des Mannes, das ist dem Orient völlig fremd. Im besonderen widerstrebt auch die Nacktheit der griechischen Kämpfer dem orientalischen Empfinden (Herodot I, 10). In der Ilias werden Wettkämpfe nur bei der Leichenfeier erwähnt, doch ist die Agonistik nicht etwa aus den Leichenspielen abzuleiten. Die Agone zu Ehren der Götter haben jetzt ihren Anfang genommen; nach unserer Tradition sind die Sieger der in *Olympia* zu Ehren des Zeus gefeierten Wettspiele im Jahre 776 zum ersten Male aufgezeichnet worden. Erst allmählich haben diese olympischen Spiele mehr als lokale Bedeutung gewonnen, zunächst für den Peloponnes und später für ganz Hellas. Die *pythischen Spiele* zu Ehren des Apollon von Delphi, die ebenso wie die olympischen alle vier Jahre stattfanden, sind erst im 6. Jahrhundert hinzugekommen und ebenso die *isthmischen* und die *nemeischen*, die alle zwei Jahre gefeiert wurden. Alle diese vier großen Agone, neben denen es noch viele lokale Veranstaltungen gab, sind zu panhellenischen Nationalfesten geworden und haben als solche zur Belebung des *Nationalbewußtseins* außerordentlich viel beigetragen.

Zu Beginn des Mittelalters ist der gewaltige Kultursturz, den die Völkerwanderung verursacht hatte, kaum auf einem anderen Gebiet für uns so mit Händen zu greifen wie auf dem der *bildenden Künste*. Nichts von großen monumentalen Leistungen, wie sie einst die mykenische Zeit hervorgebracht hatte! Die ganze Armseligkeit dieser Zeit tritt uns in diesem Vakuum entgegen. Als dann die Städte eine Ummauerung verlangten, wurden nicht „kyklopische" Mauern getürmt, sondern schlichte Erdwälle mit Palisaden mußten den Zweck erfüllen. Wohl hat die Entwicklung der Religion am Ausgang dieser Periode der *Architektur* wie der *Plastik* neue große Aufgaben gestellt, den Tempel und das Götterbild, aber die Ausführung erfolgte in so vergänglichem Material, daß nichts davon erhalten ist. Die *Tempel* wurden im alten Megaronstil in schlichtester Weise in Holz und Lehmziegeln aufgeführt und sind erst seit dem 7./6. Jahrhundert allmählich in Stein umgesetzt worden. Die *Kultbilder* waren aus Holz geschnitzt (ξόανα). Wie auch in der *Malerei* die Kunst wieder sozusagen von vorn anfing, zeigen die dem wirtschaftlichen Tiefstand entsprechenden ärmlichen *protogeometrischen Vasen* (bis zum Ende des 10. Jahrhunderts), die zwar die mykenische Technik der Glasurfarbe mit herübernahmen und auch an die letzten linearen Ausläufer des mykenischen Dekorationsstils anknüpften, aber doch durch ihre rohe Ausführung fast mehr an die geometrische Ornamentik der primitiven Zeit erinnern. Freilich, die nicht von der Eroberung betroffenen Gebiete zeigen ein höheres Können, so Attika, wo der *geometrische* Stil denn auch in der Folgezeit seine höchste mögliche Entwicklung in dem sogenannten *Dipylonstil* (nach dem athenischen Dipylon-Tor, dem Hauptfundort, genannt) erreicht hat. Hier ist die Dekoration über die rein geometrischen Ornamente (Zickzacklinien, Schachbrettmuster, Hakenkreuze, Mäander usw.) hinausgegangen, indem nicht nur Streifen mit Reihen von Tieren (und zwar Haus- und Jagdtieren der Heimat) dem geometrischen Schmuck der Vasen eingefügt sind, sondern sogar Szenen des menschlichen Lebens in bedeutenderen Kompositionen, wie Leichenbegängnissen, Seeschlachten, Kampfszenen, darzustellen versucht sind, deren ungemein eckige und steife, stark stilisierte Figuren an die figürlichen Darstellungen der letzten Ausläufer der mykenischen Vasenmalerei erinnern. Später dringen auch wieder Pflanzenmotive und Spiralen ein. Im ganzen kann man sich kaum einen größeren Gegensatz denken als diesen nüchternen und prosaischen geometrischen Stil des Mittelalters und die phantasievolle naturalistische Malerei der blühenden mykenischen Zeit, wie es uns anderseits auch nicht leicht wird, diesen geometrischen Stil uns als Ausdruck des Kunstempfindens der Zeit des homerischen Epos vorzustellen. Und doch läßt sich in der Klarheit und Straffheit der Gruppierung der Ornamente sowie in der Sauberkeit der Technik ein bedeutendes künstlerisches Können nicht verkennen. Wir stehen hier vor den Anfängen einer rein hellenischen Kunst.

Dieser geometrische Stil, der sich durch Jahrhunderte hindurch entwickelt hatte, ist schließlich verdrängt worden durch die Einwirkungen der *orientalischen Kunst*, die frühestens seit dem 10. Jahrhundert den Griechen durch die Phöniker vermittelt worden ist. Vereinzelte orientalische Motive hat man neuerdings schon in sonst rein geometrischen Werken beobachtet. Dann kommen orientalisierende Darstellungen, die noch mit Elementen der geometrischen Kunst gemischt sind, bis dann um 700 der *orientalisierende Stil* voll entwickelt ist. Charakteristisch ist für ihn namentlich, daß an die Stelle der heimischen Haus- und Jagdtiere die wilden Tiere (Löwen, Panther usw.) sowie die Mischgestalten und Fabeltiere der orientalischen Phantasie (Sphinxe, Greifen usw.) treten. Nicht nur in Ionien, wo die Beziehungen zum Orient ja nie ganz gefehlt hatten, sondern auch im Mutterlande hat der Orient in dieser Zeit einen starken Einfluß auf die Kunst ausgeübt. Aber auch hier ist wieder zu sehen, wie die Griechen die fremden Motive in durchaus selbständiger Weise verwerteten und ihrem eigenen künstlerischen Geschmack anpaßten, so daß die von ihnen geschaffenen Kunstwerke trotz allen orientalischen Beiwerkes den Stempel griechischer Kunst tragen und meist hoch über den phönikischen Vorlagen stehen. Nicht zu Unrecht hat der Verfasser der pseudoplatonischen Epinomis (987 d) gesagt, daß *die Griechen veredeln, was auch immer sie von Barbaren übernommen haben*[1]).

[1]) *Λάβωμεν δὲ ὡς ὅτιπερ ἂν Ἕλληνες βαρβάρων παραλάβωσι, κάλλιον τοῦτο εἰς τέλος ἀπεργάζονται.*

V. DIE ÜBERGANGSZEIT

Der Orient vom Ende des zweiten Jahrtausends bis auf Darius

Das eben erwähnte Auftreten der Phöniker als Vermittler zwischen Orient und Okzident hängt mit den großen politischen Veränderungen zusammen, die sich im Orient seit Ende des zweiten Jahrtausends abgespielt haben. Der Verfall der alten Großmächte, die Syrien beherrscht hatten, hat zur Folge gehabt, daß die Völker Syriens freie Luft zu eigenem Aufschwung bekamen. Das große *Hethiterreich* war völlig verschwunden, so daß nur noch im nördlichen Syrien hethitische Kleinstaaten zurückblieben (S. 53). Anderseits hat auch *Ägypten*, bald nachdem Ramses III. um 1190 die kleinasiatische Völkerwanderung zurückgeschlagen hatte (S. 53), seine Besitzungen im südlichen Syrien verloren und war mehr und mehr ein machtloser Staat geworden. Die Schuld daran trugen vor allem die beiden Machtgruppen, die schon gegen Ende des Neuen Reiches zu übermäßigem und staatsgefährlichem Einfluß gekommen waren, die *Priester* und die *Söldner* (S. 31). Namentlich nach den verschwenderischen Schenkungen Ramses' III. an den Ammon von Theben war diese thebanische Priesterschaft geradezu ein Staat im Staate geworden. Das Endergebnis war, daß der Oberpriester *Hrihōr* um 1085 – natürlich auf Geheiß eines göttlichen Orakels! – selbst den Thron der Pharaonen bestieg und ein rein theokratisches Regiment begründete, in dem das Ammonsorakel alle wichtigeren Entscheidungen traf. Die Reichseinheit ging verloren, indem etwa gleichzeitig ein Stadtfürst von Tanis im östlichen Delta sich die Krone aufsetzte (XXI. Dynastie). Nachdem die libyschen Söldnerführer immer mächtiger im Lande geworden waren, bestieg um 950 einer von ihnen, *Scheschonk* – der Sisak der Bibel, der später Jerusalem eroberte –, den Thron der Pharaonen und begründete die XXII. Dynastie, die wieder die staatliche Einigung Ägyptens herstellte und der noch zwei weitere libysche Söldnerdynastien gefolgt sind (Libyer: 950–715). Da die Ägypter die Waffen aus der Hand gelegt hatten, mußten sie nun den fremden Herren gehorchen. Kulturell befand sich Ägypten in allen diesen Jahrhunderten in einem Tiefstand. –

Machtlos war auch *Babylonien*, das nach dem Ende der lähmenden Kossäerherrschaft (S. 31) von unbedeutenden Dynastien regiert wurde. Wohl hat *Assyrien* gegen Ende des zweiten Jahrtausends unter tatkräftigen Herrschern einen großen Aufschwung erlebt, namentlich unter dem großen Eroberer *Tiglatpilesar I.* (um 1100), der auch bis nach Nordsyrien vorgedrungen ist; aber dies große Reich ist nur von kurzer Dauer gewesen. Die Kämpfe der Assyrer galten, abgesehen von Babylonien und Armenien, namentlich auch den *Aramäern*, die schon seit längerer Zeit (S. 9) in großen Massen aus Arabien hervordrangen und sich in Syrien, Mesopotamien und Babylonien anzusiedeln suchten. Diese letzte semitische Völkerwanderung der vorchristlichen Zeit hat, wenn es auch nirgends zu einem aramäischen Großstaat gekommen ist, doch für die orientalische Geschichte eine große Bedeutung gehabt, da sie die Bevölkerungsverhältnisse weiter Gebiete wesentlich umgestaltet und die aramäische Sprache schließlich zur herrschenden Allgemeinsprache des Orients gemacht hat, ohne freilich an den Kulturverhältnissen etwas zu ändern.

Das Zurücktreten der Großmächte begünstigte, wie gesagt, das Aufkommen kleinerer selbständiger Staaten auf syrischem Boden. So bildete sich im Süden die Herrschaft der *Philister* (S. 51. 53f.), ferner das Königtum *Sauls* (etwa 1010), der im Kampf mit den Philistern hochkam, und darauf die Vereinigung von Juda und Israel im Königreich *Davids* mit der Hauptstadt Jerusalem, das dann nach der Regierung *Salomos* in die Reiche Juda und Israel auseinanderfiel. Fernerhin hat *Damaskus* als Haupt eines aramäischen Staates eine bedeutende politische Rolle gespielt, und endlich haben auch die Städte der *Phöniker*, die zu der kanaanäischen Einwanderungsschicht gehören (S. 9), unter diesen Verhältnissen einen großen wirtschaftlichen und politischen Aufschwung genommen.

Nach Ausweis der Tell-Amarna-Tafeln, in denen die phönikischen Stadtkönige als Vasallen des Pharao auftreten, spielten ihre Städte damals (14. Jahrhundert) noch keine bedeutende Rolle. Keine Spur findet sich hier von einer weitausgedehnten Seeherrschaft, wie man sie früher den Phönikern oft schon für die Mitte des zweiten Jahrtausends zugeschrieben hat. Vielmehr beginnt erst gegen Ende dieses Jahrtausends ihre Ausbreitung nach Westen, wenn auch der Seeverkehr mit dem benachbarten Ägypten schon weit zurückreicht. Außer dem Zurücktreten der obengenannten Großmächte wird für sie auch das Aufhören der kretischen Seemacht von Bedeutung gewesen sein. Wenn die Phöniker sich als Volk als „Sidonier" bezeichnen (so auch bei

Homer), so wird Sidon ursprünglich einmal die Führung gehabt haben; dann aber hat meist Tyros, im Wettkampf mit Sidon, die führende Stellung innegehabt und zeitweise auch über Sidon geherrscht. Die Geschichte dieser beiden Städte hängt aufs engste zusammen, während die nördlichen Städte (Berut, Byblos, Arvad) mehr ihre eigenen Wege gehen. Ein einheitliches phönikisches Reich hat es niemals gegeben. Sie alle waren Seestädte ohne Hinterland, die also ganz auf den Seehandel angewiesen waren. Tyros aber wurde die alleinige Mutter der phönikischen Kolonien und Faktoreien. Die ihrer Küste vorgelagerte Insel Cypern wird das erste Ziel ihrer Ausbreitung nach dem Westen gewesen sein. Hier wurden die Phöniker Nachbarn und Konkurrenten der griechischen Kolonisten. Darüber hinaus lassen sich phönikische Kolonien im *östlichen Mittelmeerbecken*, im besonderen an den Küsten und auf den Inseln des Ägäischen Meeres mit Sicherheit *nicht* nachweisen, wiewohl die ältere Forschung hiermit in weitem Umfange gerechnet hat. Wenn hier anfangs einzelne phönikische Faktoreien bestanden haben, sind sie von den Griechen verdrängt worden; denn bezeugt sind die Phöniker hier nur als Handelsleute, die ihre Waren verkauften und dann wieder abfuhren. So kennt sie auch Homer, übrigens erst in jüngeren Schichten (7. Jahrhundert), nach dessen Schilderungen die Griechen diesen fremden Händlern nicht ohne Mißtrauen gegenüberstanden (vgl. Od. 13, 277). Daß die Phöniker erst verhältnismäßig spät ins Ägäische Meer gefahren und nicht etwa die Lehrmeister der Griechen in der Seefahrt geworden sind, dafür spricht der Umstand, daß die reichentwickelte nautische Terminologie bei Homer nicht ein einziges phönikisches Lehnwort enthält. Während hier im Osten offenbar die starke Expansion der Griechen phönikische Niederlassungen verhindert hat, hatten die Phöniker sich an den Küsten des *westlichen Mittelmeeres* bereits ausgebreitet, noch ehe die Griechen ihnen dort Konkurrenz machten. Am frühesten sind ihre Niederlassungen an der nordafrikanischen und spanischen Küste bezeugt. So wird die Gründung von *Utica* von der tyrischen Chronik um 1100 angesetzt, während *Karthago* erst 814 nachfolgte. Auch die Fahrten nach dem silberreichen Tarschisch in Südspanien gehören in diese Frühzeit. Hier wurde *Gades* (*Γάδειρα*), jenseits der Straße von Gibraltar, um 1100 begründet, später der Ausgangspunkt für Fahrten nach dem zinnreichen Britannien. Die weiteren Niederlassungen an der nordafrikanischen Küste sowie auf Malta und auf Sizilien folgten erst später als Zwischenstationen für die Fernfahrten nach Spanien. Die meisten ihrer Niederlassungen sind nur Faktoreien gewesen, die ihrem Handel dienten. Nur wenige von ihnen haben sich zu Städten entwickelt, wie z.B. die eben genannten. Die große Entwicklung von Karthago, die erst mit dem 6. Jahrhundert einsetzt (S. 143), ist eine singuläre Erscheinung. Während in den Städten Phönikiens das Königtum sich gehalten hat, finden wir in den großen Kolonialstädten aristokratische Verfassungen mit zwei „Richtern" an der Spitze (vgl. die Schofeten von Karthago und die duumviri von Gades), die gewisse Analogien zu den griechischen Stadtverfassungen zeigen. Darum hat auch Aristoteles die Verfassung von Karthago in seine staatswissenschaftlichen Studien einbezogen und sie mit denen der Griechenstädte verglichen (vgl. Politika II, p. 1272bff.).

Wenn auch phönikische Kolonien im Umkreis des Ägäischen Meeres nicht nachweisbar sind, haben doch die phönikischen Seefahrer (wohl schon vom 10. Jahrhundert an) durch ihren Handel die Griechen mit den orientalischen Kulturerzeugnissen bekannt gemacht. Sie sind die Hauptvermittler zwischen Orient und Okzident gewesen, doch ist nicht außer acht zu lassen, daß die Ionier auch auf dem Landwege vom kleinasiatischen Hinterland aus in direkten Beziehungen zum Orient gestanden haben. Die hethitischen Einflüsse, die z.B. bei den unter dem alten Artemistempel von Ephesos gefundenen Elfenbeinfigürchen des 8. Jahrhunderts zu erkennen sind, mögen eher auf diesem Wege als aus Nordsyrien durch die Phöniker zu ihnen gekommen sein.

□ Die *Kultur der Phöniker* ist durchaus unselbständig. In einem Lande lebend, in dem schon seit dem dritten Jahrtausend die babylonische und die ägyptische Kultur Eingang gefunden hatten (S. 19), zu denen im zweiten Jahrtausend noch die kleinasiatische Kultur durch die Hethiter hinzugekommen war, sind die Phöniker immer abhängig gewesen von den Mustern der großen Kulturen. Doch haben wir nach den neuen Funden von Ras Schamra und Byblos für das 15. und 14. Jahrhundert eine höhere Stufe der phönikischen Kultur anzunehmen als bisher. Aus dem 10. Jahrhundert hören wir, daß die Werkleute des *Hiram von Tyros* den Salomonischen Tempel gebaut haben, der aber in Anlage und Ausstattung nicht ein Werk gerade phönikischer Kunst war, sondern aus der vorderasiatischen Kunst zu erklären ist. Das wenige, was wir an phönikischen Bauresten kennen, zeigt ägyptische oder assyrische Einflüsse. Dieselbe Unselbständigkeit zeigen die Werke der Kleinkunst, so die zahlreichen *Metallschalen*, die, gefunden in Nimrud, Cypern, Kreta, Olympia und in Italien, meist eine hervorragende Technik aufweisen, aber entweder einen ägyptisierenden oder assyrisierenden oder nordsyrisch-hethitischen Stil zeigen. In manchen sind die Motive aus diesen verschiedenen Kulturkreisen auf das plumpste unverbunden nebeneinander gestellt. Denselben Charakter haben die Elfenbeinarbeiten. Hiernach wird man vielleicht annehmen dürfen, daß die Phöniker auch in der Weberei und Purpurfärberei, die ihnen nachgerühmt werden, nicht original schöpferisch gewesen sind. Die Glasfabrikation haben sie aus Ägypten übernommen. Neben den selbstgearbeiteten Werken des phönikischen Mischstils haben sie auch fremde orientalische Kunsterzeugnisse in Menge ausgeführt. So gering man hiernach ihr eigenes Schaffen schätzen wird, haben sie doch als Vermittler der orientalischen Kunst auf den Westen und so auch auf die Griechen einen großen Einfluß ausgeübt. Ihre höchste und für die Welt bedeutsamste Leistung bleibt immer die Schaffung ihrer Buchstabenschrift (S. 65).

Inzwischen war *Assyrien* nach einer Zeit der Schwäche zu neuer Macht erhoben worden durch *Assurnasirpal II.* (883–859), einen großen Kriegsherrn, aber einen Mann von bestialischer Grausamkeit, der in seinen Siegesinschriften sich mit zynischer Offenheit der Qualen der Besiegten rühmt. Nachdem schon er bis zum Libanongebiet vorgedrungen war, hat sein Sohn *Salmanassar III.* (858–824) gegen die unter Damaskus' Führung stehende Koalition der syrischen Kleinkönige erfolgreich gekämpft. Dagegen widerstand ihm das armenische Reich von Urartu (= Ararat, *'Αλαρόδιοι* bei Herodot), das in der Folgezeit eine große Gefahr für Assyrien wurde. Im Süden aber erreichte er das alte Hauptziel der assyrischen Politik, in Babylon als König zu opfern. Mit *Tiglatpilesar III.* (745–727) beginnt dann die Reihe der großen Eroberer, die das *assyrische Weltreich* ausgebaut haben. Gegen Urartu hat er glücklich gekämpft, das Reich von Damaskus zur Provinz gemacht und in Babylon unter dem Namen *Pulu* (Phul der Bibel) den Thron bestiegen. Dem Usurpator *Sargon II.* (721–705) fiel sogleich zu Anfang die Kapitulation von Samaria in den Schoß, das sein Vorgänger Salmanassar V. drei Jahre belagert hatte. So wurde auch das Reich Israel zur Provinz gemacht und über 27000 Menschen nach Mesopotamien und Medien deportiert. Die völlige Schwächung von Urartu sollte sich bald als verhängnisvoll erweisen, insofern es dem Ansturm der Kimmerier (s. unten) nicht standhielt, so daß diese Assyrien selbst angreifen konnten. Dem letzten Rest der alten Hethiterherrschaft, dem Reich von Karkemisch (am Euphrat), hat Sargon 717 ein Ende gemacht. In Babylon ist er nach Überwindung des Merodachbaladan eingezogen, doch hat er, da er es immer mit der Priesterschaft hielt, dort nur den Titel eines Statthalters geführt. Hier in Babylon empfing er kostbare Geschenke von 7 *griechischen Stadtkönigen Cyperns* (709): so ist Sargon der erste orientalische König, mit dem die Griechenwelt in Berührung kam. Nach dem Höhepunkt, den Sargons Regierung bedeutet, zeigten sich unter seinem Sohn *Sanherib* (705–681) schon die ersten Anzeichen des Rückganges. Abgesehen von der Eroberung von Babylon (689), das er als Vertreter der Militärpartei aus Haß gegen die Priesterschaft gründlich zerstörte, hat er dauernde Erfolge kaum errungen. Weder Tyros noch Jerusalem hat er nehmen können. Von besonderem Interesse ist die Notiz des Berossos, daß die Ionier an der kilikischen Küste gelandet und von Sanherib zurückgeschlagen worden seien. Man sieht hier, wie die Griechen in ihrer Kolonisation durch das assyrische Weltreich eingeengt wurden (S. 92).

In *Ägypten* war der Söldnerherrschaft im 8. Jahrhundert ein Ende gemacht worden durch die *Äthiopen* von Napata, die sich zu Herren des Landes gemacht hatten (XXV. Dynastie). Da schon seit längerer Zeit die syrischen Kleinstaaten in ihrem Widerstand gegen Assyrien durch das Vertrauen auf Ägypten gestärkt worden waren, zog *Assarhaddon* (680–669), der Nachfolger des Sanherib, im Jahre 670 gegen Taharka, den Äthiopen, vertrieb ihn und machte Ägypten zur assyrischen Provinz. So war zum erstenmal auch Ägypten dem vorderasiatischen Weltreich angegliedert worden. Aber schon nach wenigen Jahren, unter der Regierung des *Assurbanipal* (668 bis 626), befreite *Psammetich I.*, der Sohn des Necho aus libyschem Söldnergeschlecht, einer der assyrischen Vasallen im Delta, Ägypten von dem assyrischen Joch. Das hängt zusammen mit den Wirren, die der Einfall der *Kimmerier* hervorgerufen hatte. Dieses indogermanische Volk war infolge von Völkerverschiebungen im Norden schon zu Sargons Zeiten von der Krim her über den Kaukasus in Kleinasien eingebrochen, hatte erfolgreich gegen das geschwächte Urartu gekämpft, war dann aber von Assarhaddon mit Mühe nach Westen abgedrängt worden. So hatten sie das phrygische Reich des *Midas* überrannt (etwa 675), das nun aus der Geschichte verschwindet, und sich auf das von *Gyges*, dem Stifter der Mermnadendynastie (erste Hälfte des 7. Jahrhunderts), gegründete lydische Reich geworfen, wodurch dieser zur Huldigung vor dem Assyrer genötigt worden war. Als Gyges sich nun aber wieder selbständig machen wollte, verbündete er sich mit jenem Psammetich, der gleichfalls sich von dem assyrischen Oberherrn befreien wollte, und schickte ihm ionische und karische Söldner; mit deren Hilfe führte Psammetich unter Ausnutzung der damaligen Notlage Assyriens die Befreiung Ägyptens durch und einigte das in Teilfürstentümer zerrissene Land (um 655). Es ist für die Griechen von großer Bedeutung geworden, daß ionische Söldner dieser XXVI. *Dynastie von Sais* den Thron mit erkämpft hatten;

Bild 5: Spätminoische Kanne

Bild 6: Der jüngere Plattenring von Mykene

denn Psammetich hat nicht nur diese Söldner reich belohnt im Delta angesiedelt, von wo sie später Amasis nach Memphis überführt hat (Ἑλληνομεμφῖται), sondern hat im Zusammenhang mit seiner großzügigen Handelspolitik, durch die er das erschöpfte Land wirtschaftlich zu heben suchte, auch den griechischen Kaufleuten, die den Söldnern folgten, Faktoreien erlaubt und hat im besonderen ihnen die Niederlassung am Kanobischen Nilarm gestattet, aus der *Naukratis* erwachsen ist (S. 92). *So ist Ägypten damals den Griechen erschlossen worden.* Während Psammetich in der auswärtigen Politik neue Wege betrat, hat er, um das Volk und die Priesterschaft zu gewinnen, im Inneren eine Regierung der Restauration durchgeführt. Das „Alte Reich", in dem das Volk die gute alte Zeit sah, wurde in vieler Hinsicht zum Muster genommen. In den amtlichen Veröffentlichungen suchte man Sprache, Schrift und Orthographie dieser alten Zeit nachzuahmen. Dem Menes, dem Snofru und den großen Pyramidenerbauern wurde göttlicher Kult zuteil, und die Grabkammern der Pyramiden wurden wiederhergestellt. Dagegen der Gott Seth, der nun als Gott des Auslandes galt, wurde überall getilgt. Manche der Wunderlichkeiten, die dem Herodot nachher auffielen, wie die extremen Formen des Tierdienstes, haben sich erst jetzt entwickelt. Die alten Hoftitulaturen der Pyramidenzeit wurden soweit möglich wieder eingeführt. Wertvoller waren die schönen alten Vorbilder des „Alten Reiches" für die *Kunst*, und auf diesem Gebiet hat das ägyptische Volk trotz des künstlichen Archaismus noch einmal seine große Begabung gezeigt und hat nicht nur technisch Hervorragendes geleistet, sondern auch noch Werke von großer Anmut geschaffen. *Es war nicht ohne Bedeutung auch für die griechische Kunst, daß die Griechen Ägypten gerade in dieser Zeit kennenlernten.*

Die *Kimmerier*, gegen die Gyges im Kampf gefallen war (652) und durch die auch die kleinasiatischen Küstenstädte ebenso wie durch die mit Thynern und Bithynern aus Thrakien eingebrochenen Treren schwer gelitten hatten, sind von den Nachfolgern des Gyges niedergekämpft worden. Auch der *Skythensturm*, der dann einige Zeit Vorderasien in Schrecken gehalten hatte, hat sich verlaufen, ohne dauernde Spuren zu hinterlassen. Aber in den *Medern*, einem ◻ iranischen Volk, das seit dem 9. Jahrhundert in den Keilschriften als gefährlicher Nachbar im Osten Assyriens erscheint, ist ein Volk aufgetreten, das eine große Rolle spielen sollte, da es anders als jene beiden Stammverwandten es verstand, ein geordnetes Staatswesen zu schaffen. *Kyaxares* war es, der Sohn des Phraortes, der gegen Ende des 7. Jahrhunderts die medische Großmacht begründet hat. An Stelle Elams, das von Assurbanipal vernichtet worden war, waren diese Meder die natürlichen Verbündeten der südbabylonischen (semitischen) *Chaldäer* im Kampf gegen Assyrien geworden, und so war es dem Chaldäerfürsten *Nabopolassar* (626) gelungen, das chaldäische *Neubabylonische Reich* zu begründen. Im Bunde mit diesem hat dann Kyaxares den letzten Entscheidungskampf gegen Assyrien, das unter Assurbanipal auch durch schwere innere Kämpfe geschwächt war, aufgenommen und hat nach einer unlängst bekanntgewordenen Chronik 614 Assur und 612 Ninive erobert. Alle vier Residenzen, Dûr-Scharrukîn, Ninive, Kalach und Assur, wurden so gründlich zerstört, daß sie bis zum vorigen Jahrhundert im Schutt begraben geblieben sind und ihre Stätte erst wieder entdeckt werden mußte.

Die Vernichtung des assyrischen Weltreiches wurde von den unterdrückten Völkern mit einem Jubel ohnegleichen begrüßt; denn die Assyrer hatten durch Härte und Grausamkeit einen glühenden Haß wie kaum ein anderes Volk gesät. Die seit Tiglatpilesar III. immer mehr durchgeführte Deportationspraxis, die diejenigen Völker, die in ihrer Verzweiflung den Freiheitskampf gewagt hatten, als Rebellen aus dem heimatlichen Boden herausriß und in fremdes Land verpflanzte, zeigt die ganze Verachtung des auf *Nivellierung* der Untertanen hinwirkenden Weltreiches gegenüber dem nationalen Empfinden der nur mit eiserner Gewalt zusammengehaltenen Völkermassen. Aber so schwer auch das Joch der Assyrer gedrückt hat, haben sie doch der vorderasiatischen *Kultur* manche neue Züge einzufügen vermocht. Die frühere Annahme, daß sie ausschließlich die babylonische Kultur nachgeahmt hätten, hat der Erkenntnis weichen müssen, daß, so abhängig sie auch in der Hauptsache von dieser babylonischen Kultur waren (über ihre sumerischen Anfänge s. oben S. 19) und soviel sie auch anderseits von der kleinasiatisch-hethitischen Kultur übernommen haben, sich doch auch Eigenes nachweisen läßt. Das gilt im besonderen von der *Kunst*, für die unsere Hauptquelle die gewaltigen Paläste und Tempel sind, die sie in den obengenannten Residenzen errichtet haben, so Assurnasirpal und Assarhaddon in Kalach, Sargon in Dûr-Scharrukîn, Sanherib und Assurbanipal in Ninive. Die Reliefs auf den Alabasterplatten, mit denen sie die Ziegelwände ihrer Paläste verkleideten und die eine Bilderchronik der Taten dieser Könige darstellen, lassen uns eine fortschreitende Entwicklung ihres künstlerischen Könnens und ihres Stils erkennen. So ist z.B. für Sanheribs Zeit die liebevolle Behandlung des landschaftlichen Hintergrundes charakteristisch, so hat die Zeit Assurbanipals, in der die assyrische Kunst auf ihrer Höhe stand, einige Tierdarstellungen geschaffen – wie die berühmte Löwin, die, im Kreuz getroffen, die gelähmten Hinterbeine nachschleift –, die Meisterwerke ersten Ranges sind. Daß die Inschriften oft quer über die Reliefs laufen, ist freilich eine assyrische Roheit. Daß diese assyrische Kunst stark auf die phönikische und durch deren Vermittlung auch auf die griechische Kunst gewirkt hat, ist schon oben bemerkt worden. In der *Literatur* haben die Assyrer nichts Eigenes geschaffen, wenn man nicht die besondere Entwicklung der Königsannalen hierher rechnen will, aber eine große Kulturtat war es, daß *Assurbanipal*, der in der „Weisheit des Nebo" erzogen war – er ist das Prototyp der griechischen Sagengestalt des Sardanapal –, die alte babylonische Literatur hat abschreiben lassen und zu einer sorgsam katalogisierten Bibliothek in seinem Palast zusammengestellt hat (S. 15) – „damit ich sie anschauen und lesen könne", wie es in einer Unterschrift heißt. Also eine Art „Schloßbibliothek"!

Die assyrische Beute wurde unter die beiden Sieger aufgeteilt: Nabopolassar erhielt Mesopotamien und Syrien, das er sich freilich erst von *Necho II.*, dem Sohn des Psammetich, der es vorher mit Ägypten vereint hatte, durch den Sieg bei Karkemisch (605) zurückerobern mußte, Kyaxares erhielt das Land östlich und nördlich vom Tigris, und indem er vom Norden weiter nach Westen vordrang, wurde er Nachbar des lydischen Reiches, dem nach der Besiegung der Kimmerier auch das frühere phrygische Reich zugefallen war. So kam es zwischen Kyaxares und Alyattes zu jener *Schlacht am Halys*, die durch die Voraussage der totalen Sonnenfinsternis durch *Thales von Milet* (vom 28. Mai 585) auch für die Geschichte der Wissenschaft denkwürdig geworden ist. Sehr wahrscheinlich hat Thales hierbei astronomische Arbeiten aus Babylon benutzt, wo seit der Chaldäerzeit die Astronomie große Fortschritte gemacht hatte (S. 14). Das Ergebnis der Schlacht war, daß der Halys als Grenzfluß der beiden Reiche festgesetzt wurde und die Dynastien sich verschwägerten. So bildete sich nach dem Ausscheiden des überragenden Assyrerreiches ein System von Großstaaten, die sich das Gleichgewicht hielten.

Hiernach konnte Alyattes sich dem weiteren Ausbau seines Reiches nach Westen hin widmen. Seitdem die Kimmerier den Lydern freie Hand ließen, war das Ziel des Gyges, die Meeresküste mit den Griechenstädten zu gewinnen, wieder in Angriff genommen worden, ein Ziel, das nicht irgendwie aus einer Feindschaft gegen die Griechen entsprang, sondern vom lydischen Standpunkt aus eine Lebensnotwendigkeit war. Die kleineren Griechenstädte mußten sich fügen, die großen haben sich tapfer gewehrt, sind aber eine nach der anderen erobert worden, so Smyrna von Alyattes, der es zerstörte, und Ephesos von seinem Sohn Kroisos; nur das unbezwingliche Milet wehrte sich unter seinem Tyrannen Thrasybul so erfolgreich, daß es sich ein Bündnis erkämpfte. Thales' Rat, einen Einheitsstaat zu gründen, war praktisch nicht durchführbar, zeigt aber richtiges Verständnis dafür, worin die Schwäche der Griechen bestand. So war unter *Kroisos* (560–547) die ganze griechische Küste mit Ausnahme Milets tributpflichtig gemacht und dem lydischen Reiche einverleibt. Die Inseln blieben frei, da die Lyder über keine Flotte verfügten. Wiewohl der Verlust der politischen Selbständigkeit für die Griechen ein schweres Unglück war, hat sich doch das Verhältnis zu den Lydern recht freundlich gestaltet, und Kultureinflüsse gingen wie früher herüber und hinüber. Die Griechenfreundlichkeit des Kroisos, die sich u.a. in reichen Stiftungen an die griechischen Tempel äußerte, ist bekannt genug. Für den griechischen Handel aber war die Wiedereröffnung des Hinterlandes, das ihm seit Gyges versperrt war, von größtem Wert. Tontafeln aus Uruk, die für 551/0 Kupfer und Eisen aus dem Lande Jawana (Ionien) erwähnen, bezeugen damit, daß die alten Handelswege nach Babylonien wieder offen waren.

Diese lydische Oberhoheit sollte aber nur von kurzer Dauer sein, denn das lydische Reich erlag bald der jungen Persermacht des *Kyros II.* (559–529). Dieser Kyros (Kurusch), Sohn des Kambyses, Fürst des persischen Stammes der Pasargaden und Herr von Anschan (in Elam), empörte sich 553 gegen seinen Oberherrn *Astyages*, den Sohn des Kyaxares, dessen Vasall er war, und gewann nach einer siegreichen Entscheidungsschlacht, durch die Astyages und die Hauptstadt Ekbatana in seine Hand fiel, die Herrschaft über das medische Reich (550). Nach Vereinigung der persischen Stämme nahm er den Titel eines „Königs von Persien" an. So wurde durch Kyros das jugendfrische, noch kulturlose arische Jäger- und Bauernvolk der Perser als Herrenvolk in die Geschichte eingeführt. Die alten Großmächte, Lydien, Babylonien und Ägypten, schlossen sich in gemeinsamer Sorge vor der neuen Macht zusammen. Als Kroisos gegen Kyros rüstete, zeigte sich die Sympathie der Griechen für ihn nicht nur in ihren siegverheißenden Orakeln, sondern auch in dem Versprechen Spartas, ein Hilfskorps zu schicken (S. 108). Kroisos wartete aber die Hilfe seiner Verbündeten nicht ab, zog dem Kyros über den Halys entgegen und wurde hier durch eine Niederlage zum Rückzug gezwungen. Nochmals in der Hermosebene geschlagen, mußte er dem Sieger seine Hauptstadt Sardes übergeben (Spätherbst 547). Der gefangene König wurde, ebenso wie vorher auch Astyages, mit einer Humanität behandelt, die von den assyrischen Maximen stark abstach. Der ungeheure Eindruck, den der Sturz des für unüberwindlich gehaltenen Lyderreiches auf die Griechenwelt machte, spiegelt sich in den sagenhaften Erzählungen über Kroisos wider (zu Herodot kommt nun Bakchylides hinzu). Nach dem Siege des Kyros rächte es sich, daß die kleinasiatischen Griechen außer Milet das von Kyros ihnen anfangs angebotene Bündnis abgelehnt hatten. So wurden sie eine nach der anderen von Mazares und dann von Harpagos unterworfen und tribut- und heerespflichtig gemacht. Sparta beschränkte sich auf einen natürlich nutzlosen Protest. Die kleinasiatischen Griechen sollten bald merken, daß die persische Herrschaft viel drückender war als das milde Regiment der Lyder.

Auf die Eroberung Lydiens folgte 539 die *Besetzung Babylons*, das dem Kyros nach seinem Siege bei Opis kampflos die Tore öffnete, nachdem der letzte König *Nabonid*, der mit der Priesterschaft in Konflikt lebte, geflüchtet war. Kyros ward von der Priesterschaft als Liebling des Marduk gefeiert, da er für die alten Kulte und Traditionen Babylons eintrat. Am Neujahrsfest 538 ergriff er die Hände des Marduk, und als „König von Babylon, König von Sumer und Akkad, König der vier Erdteile" (Zylinderinschrift des Kyros) hat er das babylonische Königtum mit dem persischen durch Personalunion vereinigt. So ist Babylon, das unter der Chaldäerherrschaft, im besonderen unter dem großen Bauherrn *Nebukadnezar* (605–562), noch einmal zu großer Blüte gekommen war, neben Susa und Ekbatana Residenz des Perserkönigs geworden. Die Rücksendung der seit Nebukadnezar (586) hier gefangengehaltenen Judäer in ihre Heimat, die zur Begründung der jüdischen Theokratie und zur Entstehung des Judentums führte, ist ein Ereignis von welthistorischer Bedeutung, dessen Nachwirkungen bis auf den heutigen Tag gehen. Durch die Eroberung Babyloniens war dem Kyros ganz Syrien bis an die ägyptische Grenze zugefallen. Die nächsten 10 Jahre scheint Kyros mit der Unterwerfung des östlichen Irans bis an die indische Grenze und bis an die turanische Steppe hin beschäftigt gewesen zu sein. Als er hier im Kampf mit den Saken 529 gefallen war, folgte ihm sein Sohn *Kambyses*, der 525 *Psammetich III.*, den Sohn des Amasis, vom Thron stieß und Ägypten dem Weltreich einverleibte. Formell blieb das Sonderkönigtum von Ägypten bestehen – wie das von Babylon –, indem Kambyses die Königstitel und die göttlichen Ehren des Pharao übernahm (XXVII. Dynastie). Im übrigen hat Kambyses, im Gegensatz zum Vater ein brutaler Despot, durch sein Vorgehen gegen die ägyptischen Kulte hier ein böses Andenken hinterlassen.

Als er durch den Aufstand des Magiers *Gaumata*, der sich 522 für den früher von Kambyses ermordeten Bruder Bardija (Smerdis) ausgab, zurückgerufen wurde und auf dem Rückmarsch in Syrien 522 eines natürlichen Todes (nicht durch Selbstmord) gestorben war, hat *Darius* , der Sohn des Hystaspes, ein Sproß einer Seitenlinie der Achämeniden, mit sechs anderen vornehmen Persern den Gaumata erschlagen und so den Thron gewonnen (521). Doch durch zahlreiche Aufstände in den östlichen Teilen drohte das Reich fast auseinanderzufallen. Nur in schwierigen Kämpfen ist es Darius gelungen, die Prätendenten niederzuwerfen und die Reichseinheit wieder herzustellen (519).

Das Weltreich, das Darius nun organisiert hat, zeichnet sich vor den früheren Weltreichen nicht nur durch seinen Umfang aus (vom Nilkatarakt bis zum Indus), sondern vor allem durch den Adel der Gesinnung, in der Darius, anschließend an Kyros, die Grundlagen der neuen Ordnung geschaffen hat. Diese Gesinnung war die Frucht der dualistischen Religion des *Zarathustra*, deren glühender Verehrer Darius war, die ethisch hoch über allen den Polytheismen der früheren Weltreiche stand, deren höchstes Gebot der Kampf gegen die „Lüge" war, und die gegenüber ihrem höchsten Gotte Ahuramazda, neben dem „die anderen Götter, die es gibt", völlig zurücktraten, nur schlichte Kultformen ohne Gottesbild und Tempel kannte. Die ganze Tiefe und Reinheit dieser Religion tritt uns in der großen Denkschrift von *Behistun*, in der Darius über seine Taten berichtet hat, einem Denkmal hohen sittlichen Ernstes, auf das lebendigste entgegen. Der Glaube an die besondere Gnade, mit der Ahuramazda ihn zum König gemacht hatte, hat ihm die Kraft für sein großes Werk gegeben. Stolz und selbstbewußt mögen auch seine Perser, die an Feueraltären auf Bergeshöhen ihrem Gotte dienten, auf die anderen Völker hingeblickt haben, deren Götter in Menschen- oder gar Tiergestalt in Häusern wohnten. Gleichwohl ist Darius den anderen Religionen mit großer Toleranz gegenübergetreten und hat im besonderen auch der griechischen gegenüber Achtung gezeigt, wofür wir in seinem inschriftlich erhaltenen Erlaß an Gadatas eine interessante neue Probe kennengelernt haben, in dem er für den Schutz des Kultes des Apollon um seiner untrüglichen Orakel willen eintritt. Auf die humanere Kriegführung der Perser im Gegensatz namentlich zu der der Assyrer ist schon oben hingewiesen worden.

Das *Weltreich*, das Darius beherrschte, war ein saturiertes Reich, für das wohl gewisse Abrundungen erwünscht sein konnten, das aber nicht nach weiteren Eroberungen strebte. Was jenseits der tatsächlichen Grenzen lag, wurde stillschweigend auch als zum Weltreich gehörig betrachtet. *Danach sind auch die Zusammenstöße mit den Griechen zu beurteilen* (S. 10. 133). Als Weltherrscher führte Darius den Titel „König der Länder" oder auch „König der Könige". Wohl war er der bevorzugte Liebling des Ahuramazda, aber göttliche Ehren hat er ebensowenig wie seine Vorgänger seit der Hammurabidynastie genossen. Seinen Persern gegenüber war der König ein Volkskönig, der in einem patriarchalischen Verhältnis zu ihnen stand. Nächst ihnen hatten die Meder und die anderen Iranier eine bevorzugte Stellung. Die Perser und Meder stellten die Kerntruppen des Reichsheeres, doch wurden auch die anderen Völker, die dazu tauglich waren, zum Kriegsdienst eingezogen. Die Hauptwaffe war für Reiter und Fußtruppen der Bogen, neben dem die Lanze zurücktrat. Herodots Ausspruch (I, 136), daß die persische Jugend reiten, Bogen schießen und die Wahrheit sagen gelernt habe, gibt ein richtiges Bild. Der Wille des Königs war absolutes Gesetz, aber die höchsten Beamten bildeten einen Reichsrat, den der König zu seiner Beratung heranzog. Das ganze Reich wurde in 20 Provinzen geteilt, die von Satrapen („Landpflegern") □ verwaltet wurden, die auch Militärgewalt hatten, da ihnen der Schutz ihrer Provinz oblag. So haben auch die *Griechenstädte* an der Küste mit Karern, Lykiern usw. zusammen eine Satrapie (die ionische) gebildet. Für jede Satrapie wurde der aufzubringende Tribut festgesetzt, während die Perser abgabenfrei waren. Der Tribut bestand nicht nur, wie früher, in Naturalleistungen, sondern auch in Geldzahlungen; denn Darius hatte die in Lydien erfundene Münze (S. 96) in sein Reich eingeführt. Die Grundlage seines Münzsystems bildete der schöngeprägte goldene Dareikos, der gleich 20 Silberschekeln galt (Gold zu Silber wie $13^{1}/_{3}$ zu 1). So finden wir im Perserreich eine Mischung von Natural- und Geldwirtschaft. Bewunderungswürdig sind seine Bestrebungen, Handel und Verkehr in seinem Reiche zu heben. So hat auf seinen Befehl *Skylax von Karyanda* vom Indus aus eine Entdeckungsfahrt gemacht, die ihn um Arabien herum zur Nordspitze des Roten Meeres (Suez) führte, und im Anschluß hieran hat Darius den von Necho II. unvollendet hinterlassenen Kanal ausbauen lassen, der das Rote Meer durch die Bitterseen und einen Nilarm mit dem Mittelländischen Meer verband, einen Vorläufer des Suezkanals. Der auf seinen Befehl unternommene Versuch, Afrika von West nach Ost zu umsegeln, wie es Necho von Ost nach West ausgeführt hatte, ist in den Anfängen steckengeblieben. Innerhalb des Riesenreiches diente eine vortrefflich organisierte Reichspost mit Poststraßen und Stationen zu Pferdewechsel und Unterkunft – vielleicht im Anschluß an ältere babylonische Einrichtungen – den Interessen der königlichen Regierung. Alles in allem gehört Darius, eine der markantesten Persönlichkeiten des Alten Orients, zu den bedeutendsten Reichsgründern der Geschichte.

□ Die imposante Größe des Reiches spiegelt sich auch in den *königlichen Bauten* wider. Von einer nationalen Volkskunst kann man hier nicht sprechen, waren doch die Perser bis auf Kyros schlichte Bauern und Jäger gewesen. Aber auch die Reichskunst im höfischen Dienst war darauf angewiesen, von den Vorbildern der älteren Kulturstaaten zu lernen. So finden wir in ihr Anregungen vor allem von der babylonischen und assyrischen Kunst, aber auch von der kleinasiatischen, phönikischen und ägyptischen Kunst. Von besonderem Interesse ist aber, daß sich auch Einwirkungen der *griechischen* Kunst erkennen lassen, wie denn auch überliefert ist, daß ein Bildhauer *Telephanes von Phokaia* für Darius und Xerxes gearbeitet hat. Doch fehlt es auch nicht an eigenen persischen Motiven, wie namentlich auf religiösem Gebiet. Trotz ihrer Unselbständigkeit hat diese persische Mischkunst ganz Hervorragendes geleistet, vor allem deswegen, weil sie nicht wie die phönikische Kunst die verschiedenen Elemente verständnislos nebeneinander setzte, sondern etwas Einheitliches, Neues daraus zu machen wußte und einen eigenen Stil entwickelt hat. So sind denn die säulenreichen Paläste und Audienzhallen, die Darius und seine Nachfolger in Persepolis gebaut haben, Werke von eigener Schönheit, denen die ältere orientalische Kunst nichts Gleichwertiges entgegenzustellen hat.

Die griechische Kolonisation des 8. bis 6. Jahrhunderts

□ Die Ausbreitung der Griechen über die Küsten des Mittelmeeres und des Schwarzen Meeres, die sich von der Mitte des 8. Jahrhunderts bis in die Mitte des 6. Jahrhunderts vollzogen hat, gehört zu den glänzendsten Kapiteln der Kolonisationsgeschichte der Welt überhaupt. Die Gründe, die zu dieser Expansion geführt haben, sind verschiedener Art. Sie sind in der wirtschaftlichen Entwicklung zu suchen, zu der die politisch meist ruhigen Jahrhunderte der Seßhaftigkeit nach den Stürmen der Völkerwanderungen allmählich geführt hatten. Während in Ionien sich neben dem Ackerbau der Handel schon früh entwickelt hatte, war im Mutterland in diesen Zeiten des Mittelalters durchaus die Landwirtschaft vorherrschend gewesen; erst seit dem 8./7. Jahrhundert fingen auch hier, namentlich in den Seestädten, Handel und Gewerbe sich zu regen an. Das Mutterland aber ist es gewesen, das mit der Kolonisation begonnen hat. Voran gingen die ionischen Seestädte Chalkis und Eretria am Euripos, und es folgten die dorischen Seestädte Megara und Korinth am Isthmos; die großartige Kolonisation Milets setzt dagegen erst mit dem 7. Jahrhundert ein. Wegen des vorwiegend agrarischen Charakters der mutterländischen Wirtschaft sollten die älteren von hier ausgehenden Kolonien – wie einst bei der ersten Kolonisation in der zweiten Hälfte des 2. Jahrtausends – vor allem das Bedürfnis befriedigen, für die überschüssigen Volkskräfte, für die der Boden der Heimat bei dem Anwachsen der Bevölkerung nicht mehr ausreichte, jenseits des Meeres neues Siedlungsland zu gewinnen, während bei den milesischen Kolonien, wie wir sehen werden, die Handelsinteressen stark mitsprachen. Aber man darf sich diesen Gegensatz nicht zu schroff vorstellen; denn vielfach waren beide Tendenzen miteinander verbunden, nur daß die eine die andere überwog. Auch die mutterländischen Kolonien, mindestens der jüngeren Zeit, haben oft, entsprechend dem allmählichen Aufschwung von Handel und Gewerbe, zugleich diesen Interessen gedient, und manche ursprüngliche Ackerbaukolonie hat sich allmählich zur Handelsstadt entwickelt. Zunächst sind oft nur *Emporien* (ἐμπόρια) angelegt worden, d.h. Handels- oder Umschlageplätze, an denen man mit den Eingeborenen seinen Handel trieb. Wenn sich dann der Platz als günstig erwies, so wurde gegebenenfalls neben dem Emporion eine Kolonie (ἀποικία) als Stadt angelegt. Diejenigen Emporien, die sich nicht bewährten, werden wieder eingegangen sein. Um die Mitte des 6. Jahrhunderts hat die Kolonisation dann aufgehört, weil im Osten die Ausbildung des Perserreiches auf den griechischen Handel drückte und eine weitere Ausdehnung verhinderte, im Westen aber Karthago im Bunde mit den Etruskern sich den Griechen feindlich entgegenstellte.

Dadurch, daß die Kolonien dieser Zeit von *einzelnen Städten* angelegt wurden, unterscheiden sie sich von den Siedlungen des zweiten Jahrtausends. Jetzt ging die Kolonisation, unter Führung eines Oikisten, der nach seinem Tode meist heroische Ehren erhielt, von einer „Mutterstadt" aus, zu der die Neugründung im Verhältnis der Tochterstadt stand. Das neue Gemeinwesen war eine Polis ebenso wie die Mutterstadt und stand durch religiöse Bande, durch das vom heiligen Herd der Mutterstadt mitgebrachte Feuer, durch die von dort übernommenen Kulte und Feste, oft auch den Kalender oder auch durch die Übernahme des Stadtrechts und der Phylenordnung der Mutterstadt zu dieser in einem Pietätsverhältnis, aber als politische Gemeinde, als Polis, war sie in der Regel unabhängig von ihr. Wenn Korinth jährlich einen Aufsichtsbeamten (den ἐπιδαμιουργός) nach Potidäa schickte, so war das etwas Besonderes. Der Bürger der Kolonie gehörte nicht mehr dem Bürgerverband der Mutterstadt an, und dadurch unterscheidet sich die *Kolonie* grundsätzlich von den später entsendeten *Kleruchien;* denn die Kleruchen blieben Bürger der alten Gemeinden. Gerade dies Moment erklärt uns die großartigen Erfolge der griechischen Kolonisation im Gegensatz zu der der Phöniker. Wenn die Griechen überall, wo sie auf phönikische Ansiedlungen stießen – abgesehen von den Punkten, wo diese von Karthago gedeckt wurden, wie im westlichen Sizilien –, die Phöniker verdrängt haben, so ist das nicht zuletzt auch darauf zurückzuführen, daß es sich in diesen Fällen nur um nichtständige Faktoreien der Phöniker handelte, die, im Handelsinteresse der Mutterstadt Tyros errichtet, im Konfliktsfalle leichten Herzens aufgegeben wurden, während die griechischen Kolonisten sich eine neue *Heimat* (πατρίς) schufen, für die sie Gut und Blut einzusetzen ebenso bereit waren wie vorher für die alte Mutterstadt. Um die Verdrängung der phönikischen Konkurrenz zu erklären, kommen freilich auch noch andere Gesichtspunkte in Betracht, so vor allem die höhere Qualität des griechischen Importes, wie man denn mit Recht gesagt hat, daß dem Konkurrenten, der die Françoisvase (S. 130) nach Italien brachte, Phönikien dort erlegen ist. Für die weitere Entwicklung der Kolonien hat es gut gewirkt, daß sie nicht von der Mutterstadt, vom grünen Tisch aus regiert wurden, sondern von der eigenen ortsansässigen Bürgerschaft, die die beste Kenntnis von den Bedürfnissen des Platzes und das größte Interesse an seiner Blüte hatte. Durch die Begründung der neuen Bürgerschaften war zugleich auch gegeben, daß die Kolonisten mit einer gesunden Eingeborenenpolitik sich in der Regel von der Vermischung mit den Eingeborenen fernhielten und ihr Griechentum auch in der Fremde nach Möglichkeit rein hielten. Indem sie alles, was sie arbeiteten, im Interesse der eigenen Gemeinde taten, wurden sie davor bewahrt, „Kulturdünger" für andere Völker zu werden. Die Berührung mit sovielen andersartigen Fremdvölkern hat anderseits den wichtigen Erfolg gehabt, daß die Griechen über alle Stammeszersplitterung hinweg sich dessen bewußt wurden, was ihnen im Gegensatz zu diesen Fremden gemeinsam war: ihres Griechentums, wie es in ihrer Poesie und Religion, in ihren Sitten und Anschauungen zum Ausdruck kam, und so hat diese Kolonisation starken Einfluß gehabt auf das Erwachen eines *griechischen Nationalgefühls,* das uns im 7. Jahrhundert, zuerst bezeichnenderweise bei den Dichtern, in dem Wort „Panhellenen"

(Πανέλληνες) entgegentritt, wofür dann „Hellenen" zu sagen üblich wurde. Schon vorher hatten sie die anderen Völker, die nicht griechisch redeten, sondern „unverständlich plapperten", onomatopoietisch mit dem Worte „Barbaren" bezeichnet. Diese Charakterisierung beruhte also auf sprachlichen, nicht auf rassischen Beobachtungen.

Die Kolonien dieser Periode erstreckten sich *von der Krim bis nach Spanien.* Nur in kurzen Umrissen können hier die Siedlungsgebiete, die den Griechen damit erschlossen wurden, vorgeführt werden. Um mit dem Nordosten zu beginnen, so ist die Besiedlung der Küsten des *Schwarzen Meeres* fast ausschließlich die Tat der Milesier gewesen, neben denen hier nur die Megarer (z.B. mit Byzanz, Chalkedōn am Bosporus und Heraclea Pontica) aufgetreten sind. Später als andere im Westen, erst im 7. Jahrhundert, sind die Milesier vorgegangen, wohl um sich Ersatz dafür zu schaffen, daß ihnen durch die imperialistische Politik des Gyges (S. 80) das lydische Hinterland und damit die Verbindung mit Babylonien gesperrt war. Hier liegen die handelspolitischen Ziele auf der Hand. Nachdem sie zunächst den Südrand des Hellesponts (z.B. mit Abydos und Kyzikos) besiedelt hatten, drangen sie (um 650) kühn in das gefürchtete „Ungastliche Meer" ein, das erst sie zu dem „Gastlichen Meer" (Πόντος Εὔξεινος) gemacht haben. Gerade hier werden sie es zunächst mit Emporien versucht haben. Bald aber umgab das Meer ein Kranz milesischer Pflanzstädte. Am Südrande besetzten sie zunächst Sinope (von dort aus wurde Trapezūs angelegt) und gingen dann auch zu den anderen Küsten hinüber. So entstanden im Westen Tomoi u.a., im Norden vor allem Tyras an der Dnjestrmündung und Olbia am Bug, gegenüber der Dnjeprmündung, auf der Krim Theodosia und Pantikapaion (Kertsch), im Osten Dioskurias. Damit hatten sie in Gebieten Fuß gefaßt, in die wichtige alte *Welthandelsstraßen* mündeten. So hatten sie von Sinope und Trapezūs aus die Verbindung mit Babylonien und dem Inneren Asiens; in die nördlichen Kolonien aber führten die großen Ströme aus dem russischen Tiefland ihnen Getreide, Holz, Wolle, Felle, Sklaven u.a. zu, und in der Krim besaßen sie ein ungeheuer fruchtbares Getreideland. Die ionischen Tauschwaren sind weit hinauf nach Norden gegangen, wie denn altionische Tonwaren bis nach Kiew hinauf gefunden sind. Manche wollen durch diese Wege sogar den Fund von Vettersfelde (Lausitz) erklären. Für die Getreideversorgung Griechenlands sind diese Verbindungen mit der Kornkammer Rußlands und der Krim von ausschlaggebender Bedeutung geworden. Sind auch die Wirkungen dieser pontischen Kolonien auf Griechenland rein materieller Art gewesen und geistige Anregungen von dort kaum ausgegangen, so haben doch diese milesischen Kaufherren, wie namentlich die glänzenden russischen Ausgrabungen von Kertsch gezeigt haben, die griechische Kunst dorthin verbreitet, die dann auch auf die skythische Kunst großen Einfluß gewonnen hat. Von besonderem Interesse ist, daß die Kolonisten von Kertsch, in der Fremde beharrlich am Alten festhaltend, noch im 5./4. Jahrhundert Kuppelgräber angelegt haben! Diese sowie Goldbleche mit Spiralen und Schmetterlingen im mykenischen Stil bestätigen aufs beste, daß einst bei der Besetzung der kleinasiatischen Küste die mykenische Kultur mit hinübergewandert war (S. 55). An der *thrakischen Küste* haben Chalkis und Eretria Ackerbaukolonien angelegt. Die Chalkidike ist ganz ionisch geworden bis auf das korinthische Potidäa. Auch die *makedonische Küste* wurde von Euböa aus besiedelt, die goldreiche Insel *Thasos* von Paros aus (vgl. Archilochos). Auch die *Troas* wurde jetzt von Lesbos besiedelt. Nach Osten hin haben die Ionier versucht, sich in *Kilikien* festzusetzen, wohl um von hier aus die Verbindung mit Babylonien zu gewinnen, wurden aber von Sanherib zurückgewiesen (S. 80); doch haben sie später einzelne Punkte besetzt. An der *syrischen* Küste finden wir nicht eine einzige griechische Kolonie, was sich durch die assyrische Herrschaft erklärt, doch haben die griechischen Kaufleute natürlich in den phönikischen Städten Handel getrieben (vgl. Ezechiel 27, 13 und 15). Wohl aber hat der politische Umschwung, den die Herrschaft des Psammetich I. herbeiführte (S. 80), ihnen ermöglicht, in *Ägypten* Fuß zu fassen. Nachdem die Milesier zunächst an der Bolbitinischen Mündung eine Faktorei angelegt hatten (*τὸ Μιλησίων τεῖχος*), wurde mit Erlaubnis des Psammetich im Anschluß an einen ägyptischen Ort am Kanobischen Nilarm beim heutigen Nebîra, wo man jetzt die Ruinen wiedergefunden hat, *Naukratis* begründet (S. 81), das dann durch Amasis seine endgültige Organisation als Stadt erhalten hat (vgl. Herodot II, 178f.). Während Naukratis selbst eine vollausgebildete Polis wurde, bis auf Alexandriens Gründung die einzige Griechenstadt in Ägypten, hatten diejenigen Griechen, die nicht das Bürgerrecht erwarben, sondern nur vorübergehend zu Handelszwecken sich dort aufhalten wollten, draußen vor der Stadt ihre Emporien. Die großen Handelsmächte Milet, Samos und Ägina (die einzige aus dem Mutterlande!) hatten jede ihr eigenes Emporion mit dem entsprechenden Schutzheiligtum (Apollon, Hera und Zeus), die übrigen, zu denen ionische, äolische und dorische Städte gehörten, hatten ihr gemeinsames Emporion mit dem „Hellenion", in dem „die Götter der Hellenen" (!) verehrt wurden. Diese starke Beteiligung der Griechenwelt zeigt, welchen

Wert man der Erschließung des ägyptischen und innerafrikanischen Handels beilegte. Westlich von Ägypten an der afrikanischen Küste wurde *Kyrene* vom dorischen Thera aus im 7. Jahrhundert gegründet, die einzige Kolonie, deren Mutterstadt noch unter Königen stand und die daher auch das Königtum beibehalten hat (die Battiaden). Kyrene, zwei Meilen landeinwärts gelegen, kam durch Ackerbau und Viehzucht sowie durch die Ausfuhr des vom König monopolisierten Silphion zu Reichtum. In der Blütezeit im 6. Jahrhundert sind weitere Plätze von hier aus besiedelt worden. Der Name des Berberstammes der *Libyer*, in deren Gebiet die Kolonie angelegt war, ist später auf den ganzen Kontinent übertragen worden. Durch Kyrene sind die Griechen mit dem Orakel der Oase Siwa, dessen Gott Ammon die Kyrenäer ihrem Zeus gleichsetzten, bekanntgeworden, das bald auch in der Griechenwelt zu großem Ansehen kam.

Wenden wir uns nach dem *westlichen Mittelmeerbecken*. Als die Griechen um die Mitte des 8. Jahrhunderts nach Unteritalien und Sizilien kamen, bedeutete das nicht, wie man früher glaubte, eine erste Entdeckung dieser Länder für die ägäische Welt; denn durch neuere Ausgrabungen wissen wir, daß, wenn nicht gar schon im dritten, so doch sicher im zweiten Jahrtausend ein See- und Handelsverkehr mit diesen Westländern bestanden hat. Sind doch an verschiedenen Stellen Unteritaliens und Siziliens mykenische Kunsterzeugnisse zutage gekommen. Um 1000 herum waren dann Tyrsener aus dem ägäischen Kulturkreis gekommen und hatten sich im Norden Italiens niedergelassen (S. 59). Und doch bedeutete die Ankunft der Griechen mit ihrer neuen hellenischen Kultur das Morgenrot einer neuen Zeit; denn erst sie haben durch fortdauernden und sich steigernden Einfluß diesen italischen und sizilischen „Barbaren“ zu einer höheren Kultur verholfen. In *Sizilien* erschienen als die ersten Pioniere (schon Mitte des 8. Jahrhunderts) die Chalkidier, die an der Ostküste mehrere Kolonien begründeten, wie Naxos, Katana, und auch die Insel Ortygia besetzten. Schon vorher (etwa 750) hatten sie ihre früheste Kolonie Kyme an der kampanischen Küste angelegt, zugleich die nördlichste Kolonie, die daher auch auf die Kultur Mittelitaliens, im besonderen auf die Latiner und Etrusker, den stärksten Einfluß ausgeübt hat. Den Chalkidiern folgten nach Sizilien die Korinther, die Syrakus begründeten, nachdem sie die Chalkidier aus Ortygia (wie vorher die Eretrier aus Korkyra) vertrieben hatten. Das Ergebnis der regen Beteiligung verschiedener Städte (auch Megarer und Rhodier) an der Besiedlung Siziliens war, daß die Ostküste (außer Syrakus und Megara Hyblaea) und zum Teil die

Nordküste ionisch wurden, die Südküste (mit Gela, später Akragas) dorisch, die Westspitze aber (mit Motye, Panormos, Soloeis), die durch die Nähe Karthagos gedeckt wurde, phönikisch blieb. Die anderen Faktoreien, die die Phöniker vorher rings um die Insel besessen hatten, sind kampflos von ihnen aufgegeben worden (Thukydides VI, 2, 6). Die eingeborenen Sikeler und Sikaner haben sich in das Innere der Insel zurückgezogen. Während die Städte auf Sizilien meist bald Handelsplätze wurden, sind die von den Achäern (vom Nordrande des Peloponnes) und Kolonisten aus Mittelgriechenland angelegten Städte am *Tarentinischen Meerbusen* Ackerbaukolonien gewesen, wie Kroton, Sybaris, Metapont. Diese haben ihr Gebiet weit hinein ins Binnenland ausgedehnt und sind bis an die Westküste Italiens, bis ans Tyrrhenische Meer mit ihren Gründungen vorgegangen (vgl. Terina und Poseidonia-Pästum). So haben sich Kroton und Sybaris zu mächtigen Staaten entwickelt, die über viele Völker und Städte herrschten. Das von Sparta gegründete Tarent hat sich aus einer Ackerbaukolonie zu einer bedeutenden Handelsstadt entwickelt. Über Sizilien und Italien hinaus sind die kühnen Phokäer aus Kleinasien gefahren und haben um 600 unweit der Rhonemündung *Massalia* (Marseille) gegründet. Von hier aus haben sie dann auch an der spanischen Ostküste an einigen Punkten Fuß gefaßt, wie in Emporiai, und sind mit Mainake (bei Malaga) bis ins tartēssische Gebiet vorgerückt. Der in neuerer □ Zeit gemachte Fund eines korinthischen Helmes im südlichen Spanien aus der zweiten Hälfte des 7. Jahrhunderts spricht wohl dafür, daß schon damals Griechen Handelsfahrten nach Tartēssos gemacht haben. So saßen die Griechen denn rings um die Küsten – wie die Frösche um den Teich, nach einem Worte Platons.

Diese ungeheure Ausdehnung der Griechen über die Küsten des Mittelmeeres und des Schwarzen Meeres ist zwar, wie wir sahen, durch wirtschaftliche Gründe veranlaßt worden, aber ihre Wirkungen sind nicht bloß wirtschaftlicher Art gewesen. Sie ist vielmehr für die ganze weitere Weltgeschichte bis auf den heutigen Tag dadurch von grundlegender Bedeutung geworden, daß der Same griechischer Kultur über alle diese Länder ausgestreut worden ist. Sie hat aber auch auf die Entwicklung dieser Kultur selbst einen tiefen Einfluß ausgeübt, indem sie eine außerordentliche Erweiterung des geistigen Horizontes gebracht hat. In einer Stadt wie Milet, die nicht nur in der Osthälfte überall Handel trieb, sondern auch mit dem unteritalischen Sybaris in engste Handelsbeziehungen trat, und deren Schiffe das ganze Mittelmeer durchkreuzten, mußten sich Kenntnisse über Länder und Völker der ganzen

Kulturwelt sammeln, die zum Vergleichen und Nachdenken zwangen. So ist auch hierdurch der Boden bereitet worden, auf dem dann im 6. Jahrhundert die ionische Naturphilosophie und die ionische Wissenschaft erwachsen sind, indem das „Erkunden" (ἱστορεῖν), das schon bei diesen Fahrten als Triebfeder mitgewirkt hatte, sich wissenschaftlichen Problemen zuwendete.

Aristokratie und Tyrannis

Als diese Kolonien entsendet wurden, hatte in den Mutterstädten das Königtum bereits der Aristokratie Platz gemacht, weshalb in den Kolonien – abgesehen von Kyrene (siehe oben) – keine Könige mehr zu finden sind. Die Gründe, die zu diesem Umschwung geführt haben, sind schon oben (S. 64f.) berührt worden: sie liegen in der Einwirkung der Polis auf das Wachsen der Bedeutung des Adels und in der praktischen Notwendigkeit, dem König weitere Beamte an die Seite zu stellen. Darum blieb das Königtum dort bestehen, wo keine Polis war, wie in Sparta, Makedonien, Epirus. Der Übergang der Herrschaft auf den Adel mag sich hie und da im Wege der Revolution vollzogen haben, ist meist aber durch friedliche Evolution erfolgt, indem der König als Jahresbeamter in die Reihe der Beamten zurücktrat, wie in Athen, wo der Basileus der Zweite im Archontenkollegium wurde, oder in Korinth, wo (seit 747) die Mitglieder des Königsgeschlechts der Bakchiaden als jährlich wechselnde „Prytanen" an die Spitze traten. Die Formen sind sehr mannigfaltig gewesen. Am frühesten trat dieser Umschwung im kleinasiatischen Kolonialland ein, wo ja überhaupt die Entwicklung am schnellsten verlief. Auch hier haben die alten Königsgeschlechter zum Teil noch lange eine bevorzugte Adelsstellung eingenommen, wie die Basiliden in Ephesos und Erythrä. Die neue Adelsherrschaft wurde vom Volk bald als drückend empfunden, da der Adel als eine geschlossene Klasse seine eigenen Interessen voranstellte – genau so, wie es später der Demos machte, als er zur Herrschaft kam –, während der König, *über* den Parteien stehend, den Ausgleich der beiderseitigen Interessen erstrebt hatte und zumal in der letzten Zeit, in der Abwehr gegen das Vordringen des Adels, wohl gerade dem Volk oft entgegengekommen war.

Der wachsende Gegensatz des Volkes gegen die Adelsherrschaft fand seine Verschärfung und Erweiterung durch die wirtschaftliche Entwicklung, im besonderen durch das allmähliche Emporblühen von Handel und Gewerbe.

Diese schon oben berührte Entwicklung wurde beschleunigt und verstärkt, nachdem in der zweiten Hälfte des 7. Jahrhunderts in Lydien (Herodot I, 94) die *Münzprägung* erfunden worden war. Diese geniale Erfindung, unter deren Nachwirkung die Welt bis auf den heutigen Tag steht, vereinigte gegenüber den älteren primitiveren Zahlungsmitteln in sich die Vorzüge, daß sie ein rundliches handliches Kleingeld bot, das auf ein bestimmtes Gewicht und Feingehalt ausgebracht war und durch den vom Staat aufgeprägten Stempel die Garantie gewährte, daß der Staat es jederzeit ohne Nachprüfung zur Zahlung annahm. In Ionien, wo diese lydische Erfindung zuerst Eingang fand, hat man zunächst nur Großgeld in Elektron geprägt, während eine Silberprägung auch in kleinen, für den Marktverkehr geeigneten Werten zuerst im Mutterlande auftritt, und zwar seit etwa dem letzten Viertel des 7. Jahrhunderts in der Handelsstadt Ägina, der sich bald, wohl noch im 7. Jahrhundert, Athen und Korinth angeschlossen haben. Für dieses Gebiet kann man also schon für den Ausgang des 7. Jahrhunderts von einer *Geldwirtschaft* sprechen. Allgemeiner ist die Geldwirtschaft erst seit etwa 560 – unter dem Einfluß von Kroisos und Peisistratos – in der griechischen Welt durchgeführt worden, und zwar am intensivsten in den Handelsstädten, während in den Gebieten mit überwiegend agrarischen Interessen die Naturalwirtschaft daneben fortbestand.

Das Aufblühen von Handel und Gewerbe sowie die Aufschließung sovieler neuer Absatzgebiete durch die Kolonisation, die eine Steigerung der Erzeugung förderte, führte ferner im 7. Jahrhundert zur Einführung der *Sklaverei*. Wohl waren kriegsgefangene oder geraubte Sklaven und namentlich Sklavinnen im Dienst des Hauses auch schon in homerischer Zeit vorgekommen, aber die *Kaufsklaven im Dienst der Industrie* begegnen doch erst jetzt als eine neue Erscheinung der griechischen Wirtschaft. Diese Einrichtung, die gegenüber den größeren finanziellen und persönlichen Ansprüchen der freien Arbeiter nur die Beschaffung billigerer und leichter verfügbarer Arbeitskräfte bezweckte, hat nur ganz allmählich und auch nur in den Industriegebieten wie in Kleinasien, wo sie zuerst aufkam (Chios), und in den Isthmosstaaten größere Verbreitung gefunden, *ohne jemals selbst in diesen die freie Arbeit etwa zu verdrängen*, während sie im agrarischen Binnenlande noch lange ganz unbekannt geblieben ist. Daß nur Barbaren oder, wenn Griechen, doch nur Stammfremde, die als solche rechtlos waren, in Sklavendienst genommen wurden und Bürger der eigenen Gemeinde nur ins Ausland als Sklaven verkauft werden durften, galt als allgemeiner Grundsatz. Auch ist das Verhalten der Herren zu ihren Sklaven, die rechtlich ihr Eigentum

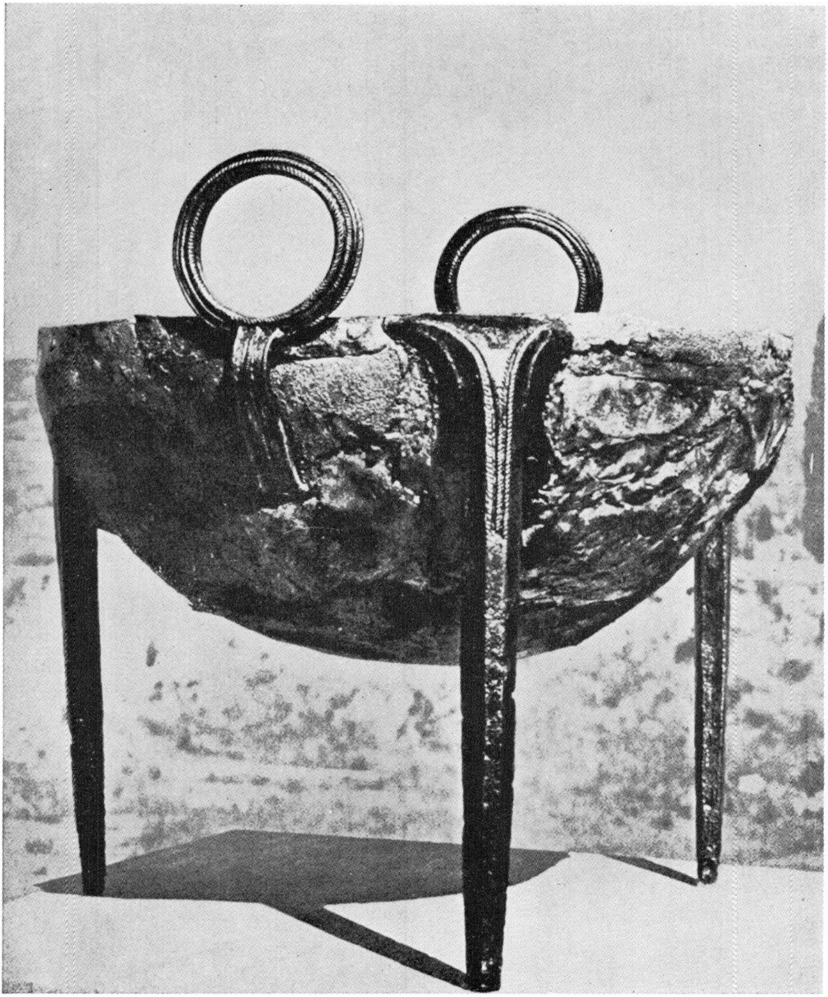

Bild 7: Dreifuß aus Olympia

Bild 8: Spätgeometrischer Spendekrater

waren, im allgemeinen human gewesen, wie denn die Sklaven als Mitglieder der Hausgenossenschaft (*οἰκέται*) auch am Familienkult teilnahmen.

Der Beginn der Geldwirtschaft wie der der Sklaverei sind beides Symptome der wachsenden Bedeutung von Handel und Gewerbe im 7. Jahrhundert. Diese Entwicklung führte allmählich zur Bildung eines aus diesen Berufen zu Wohlstand und Reichtum kommenden *Mittelstandes* von Kaufleuten und Gewerbetreibenden, der dann gegenüber der herrschenden Aristokratie, die sich übrigens in einzelnen Mitgliedern gleichfalls an diesen modernen Geldgeschäften (Reedereien usw.) beteiligte, den Anspruch auf eine seiner wirtschaftlichen Kraft entsprechende Beteiligung an der Regierung erhob. So begann der Kampf der unteren und mittleren Schichten gegen die Aristokratie.

Die erste Forderung ging – wie in Rom im Kampf der Plebejer – im Interesse des Rechtsschutzes auf *Kodifikation des geltenden Gewohnheitsrechtes*, dessen Handhabung bisher ohne Kontrolle in der Hand des Adels lag. Die Erfüllung dieser Forderung wurde – oft erst durch Aufstände (*στάσεις*) – im Laufe des 7. und 6. Jahrhunderts erreicht, indem einzelnen Persönlichkeiten (als *αἰσυμνῆται* in Ionien oder *νομοθέται*) besondere, oft diktatorische Vollmachten übertragen wurden. Berühmte Gesetzgeber waren *Zaleukos* im unteritalischen Lokroi, *Charondas* in Katana, *Pittakos* in Mytilene, *Drakon* und *Solon* in Athen. Eine Vorstellung von diesen alten Kodifikationen gibt uns das inschriftlich erhaltene *Zwölftafelrecht von Gortyn* auf Kreta (Aufzeichnung erst um 480–460) sowie Fragmente einer älteren Aufzeichnung von ebendort, unsere wichtigsten Quellen für das alte griechische Recht.

Nachdem dies Ziel früher oder später erreicht war, begann – ähnlich wie in Rom – der Kampf des Demos um die *politischen Rechte*. Diese Forderung wurde z.T. durch die Einführung *timokratischer Verfassungen* gewährt, wonach die Beteiligung an der Regierung nicht mehr von der Geburt (Adel) abhing, sondern nach dem Einkommen abgestuft wurde, so in mehreren Städten Kleinasiens, in Chalkis, Eretria und seit Solon in Athen. An anderen Orten führten die mit großer Leidenschaft ausgefochtenen Parteikämpfe schließlich zu Beschränkungen des aristokratischen Regiments oder seltener auch schon zu den Anfängen demokratischer Ordnungen.

Vielfach, namentlich in den geistig und wirtschaftlich vorgeschrittensten Plätzen, wie in Ionien und Lesbos und den Isthmosstädten (Korinth, Megara, Sikyon) sowie in Sizilien, wurde dies Ziel erst nach dem Übergangsstadium der *Tyrannis* erkämpft. Als „Tyrannen“ (wohl ein „kleinasiatisches“ Wort, zuerst bei Archilochos überliefert) bezeichnete man (nicht titular) die großen, starken Persönlichkeiten, die, meist dem Adel angehörig, aber mit ihren Sippen zerfallen, als Vertrauensmänner des Demos, der sich nach einem starken Mann sehnte, den Staatsstreich wagten und eine volkstümliche Alleinherrschaft begründeten. Von den alten Königen unterschieden sich diese Tyrannen vor allem durch den *Mangel der Legitimität*. Sie waren und blieben Usurpatoren, mochten sie noch so erfolgreich regieren. Besonders scharf tritt diese Auffassung nach dem Sturz ihrer Herrschaft, die nur ausnahmsweise die zweite Generation, oft nicht die erste, überdauerte, in den gegen die Tyrannis erlassenen Gesetzen hervor, indem sie hierin für vogelfrei erklärt wurden. Der Tyrannenmord wurde als größte Heldentat des Bürgers gefeiert. Diese Auffassung galt allgemein, so verschieden auch die Anlässe und der Verlauf der Herrschaften waren.

Die Namen und Taten dieser Tyrannen, die *die ältesten politischen Individualitäten* der griechischen Geschichte für uns sind, sind vielfach verschollen. Nur in Anekdoten lebte die Erinnerung an die berühmtesten fort. In *Ionien*, wo auch diese Erscheinung wieder zuerst auftritt, scheint mehr die äußere Not, die durch die Kämpfe mit den lydischen Mermnaden über die Städte gekommen war, dazu geführt zu haben, *einer* Person das Regiment zu übertragen, um die durch die ewigen Parteikämpfe herbeigeführte Schwächung zu überwinden. So hat *Thrasybulos* (Ende des 7. Jahrhunderts), der den Späteren als das Musterbild eines Tyrannen galt, Milet erfolgreich gegen die Lyder verteidigt (S. 84). In *Polykrates* von Samos, dem mächtigsten, aber auch brutalsten Herrscher seiner Zeit, der mit seiner Flotte das Ägäische Meer beherrschte, findet die ionische Tyrannis ihren glänzenden Abschluß. Nicht durch innere Kämpfe ist er gefallen, sondern im Verfolg seiner auswärtigen Politik von einem ehrgeizigen Satrapen (Oroites) beseitigt worden (um 522). Wie die Perser nachher seinen Bruder *Syloson* als Tyrannen in Samos einsetzten, so haben sie auch sonst gern das Aufkommen von Tyrannen in den Griechenstädten begünstigt, die als Vertrauensmänner der persischen Regierung benutzt wurden, um die den Persern unheimlichen Bürgergemeinden zu kontrollieren und niederzuhalten.

Im *Mutterlande* wurde in Korinth 657 die Oligarchie der Bakchiaden (S. 95) durch *Kypselos*, der selbst mit ihnen verwandt war, gestürzt, indem er als Vertreter des Demos mit dem Titel „Basileus" die Tyrannis begründete, die er, wie dann sein Sohn *Periander*, in glänzendster Weise geführt hat. Durch zielbewußte Kolonialpolitik und durch innere Reformen ist

Korinth von ihnen auf den Gipfel seiner Macht geführt worden. In Megara waren es die Kämpfe der Bauernschaft gegen die Grundherren, die zur Tyrannis des *Theagenes* (um 650) geführt haben. In Sikyon dagegen waren es die in einer 4. Phyle hier vertretenen vordorischen Ionier, in deren Interesse die Orthagoriden, unter ihnen *Kleisthenes* (6. Jahrhundert), die Tyrannis ausgeübt haben. Athen hat nach dem mißglückten Versuch des Kylon (im 7. Jahrhundert) erst im 6. Jahrhundert in *Peisistratos* seinen großen Tyrannen bekommen (S. 114f.). In *Sizilien* ist die Tyrannis etwas später als im Osten aufgetreten (Ende des 7. Jahrhunderts). Berüchtigt wegen seiner Grausamkeit war bei den Späteren *Phalaris von Akragas* (frühes 6. Jahrhundert). Erst gegen Ende des 6. Jahrhunderts findet sich hier die Tyrannis öfter. Ähnlich wie in Ionien scheinen auch in Sizilien die äußeren Gefahren, die hier von den Karthagern und Etruskern drohten, den Anlaß gegeben zu haben, weshalb denn vielfach das Amt des „bevollmächtigten Feldherrn“ (*στρατηγὸς αὐτοκράτωρ*) die Vorstufe zum Tyrannen gebildet hat.

Viele dieser Tyrannen sind große und weise Herrscher gewesen, die, wenn sie natürlich auch immer auf die Sicherung ihrer persönlichen Macht bedacht sein mußten, ihr Land nach außen und innen mächtig aufblühen ließen, ihre Städte – z.T. um die Arbeitslosen zu beschäftigen – mit den herrlichsten Bauten schmückten, die wirtschaftlichen Kräfte zur Entfaltung brachten und die geistige und künstlerische Kultur förderten, indem sie in der Berufung von Dichtern und Künstlern an ihren Hof miteinander wetteiferten. So bezeichnet für viele Städte die Zeit der Tyrannis einen Höhepunkt ihrer Entwicklung.

Sparta bis zu den Perserkriegen

Unter den dorischen Stämmen, die am Ausgang des zweiten Jahrtausends nach Süden vorgebrochen waren, hat keiner in der griechischen Geschichte eine so überragende Rolle gespielt wie derjenige, der die lakonische Eurotasebene zwischen dem Taygetos im Westen und dem Parnōn im Osten erobert und in Sparta seinen Mittelpunkt gefunden hat. Die auffallenden Eigentümlichkeiten seiner staatlichen und sozialen Einrichtungen, die nur in dem dorisierten Kreta Analogien finden, haben schon im Altertum zum Nachdenken über deren Ursprung angeregt, zumal als die spartanische Entwicklung immer mehr erstarrte und sich daher von dem freier und schneller pulsierenden Leben der ionisch-attischen Kulturwelt immer schärfer unterschied. Da hat man denn, wie so häufig, das, was historisch im Lauf von Jahrhunderten geworden war, auf die Initiative einer bestimmten Persönlichkeit zurückgeführt. Gleichviel, ob man in *Lykurg* eine historische Persönlichkeit sieht oder nicht, was immer noch eine umstrittene Frage ist, jedenfalls ist die Überlieferung über die sogenannte „lykurgische Verfassung" etwas Sekundäres. So müssen wir von der Lykurglegende, die in ihren Einzelheiten erst seit dem 4. Jahrhundert ihre volle Ausbildung gefunden hat, ganz abgesehen, wenn wir die Entstehung des spartanischen Staates und Lebens verstehen wollen.

Der spartanische Staat war durch Eroberung begründet, und nur durch die militärische Überlegenheit der Eroberer über die alte Bevölkerung konnte er zusammengehalten werden. Das eroberte Land wurde unter die neuen Herren in Landlose (*κλᾶροι*) aufgeteilt. Diejenigen Teile der dorischen Eroberer, die nicht in Sparta wohnten, sondern meist als kleine Grundbesitzer rings in dem gebirgigen Rande der Ebene in den Landstädten lebten und daher als *Periöken* bezeichnet wurden, waren frei und wehrpflichtig, da auch sie zu den „Lakedämoniern" gehörten, hatten aber innerhalb des spartanischen Staates keine politischen Rechte. Dagegen wurde die zurückgebliebene achäische Bevölkerung zu Hörigen des Staates herabgedrückt *(Heloten)*, die, als Halbfreie an die Scholle gebunden, mit Frauen und Kindern die Landlose der Eroberer zu bebauen und einen bestimmten Teil vom Ertrage an ihre Grundherren, denen sie zugewiesen waren, abzuliefern hatten (S. 58). Das Entscheidende für die Entwicklung des spartanischen Staates war dieses Verhältnis von *Grundherrschaft und Hörigkeit* zwischen den Spartanern und ihren Heloten. Dadurch, daß die Spartaner von den Heloten mit Nahrung versorgt wurden, war es ihnen möglich, ohne Arbeit in jener bürgerlichen Muße, die überhaupt griechisches Ideal war, in Sparta beieinander zu leben. Auf dieser wirtschaftlichen Unabhängigkeit beruhte die Zugehörigkeit des Spartiaten zur Gemeinde. Eine Gefahr lag in der ungeheuren zahlenmäßigen Überlegenheit der Heloten über die Spartaner, die, nur mehrere tausend Mann umfassend, lediglich eine dünne Erobererschicht darstellten und mit der Zeit immer mehr zusammengeschmolzen sind. Ständiges Mißtrauen und Furcht vor Aufständen waren die natürliche Folge. Hierdurch sowie durch das Bedürfnis nach weiterem Landbesitz und damit den Drang zu weiteren Eroberungen wurde eine dauernde Kriegsbereitschaft nach innen und außen notwendig, und eben diese *chronische militärische Zwangslage* bildet das Moment, von dem aus die Eigentümlichkeiten der staatlichen und sozialen

Einrichtungen Spartas ihre Erklärung finden. Was man später auf die „lykurgische" Ordnung zurückführte, waren zum großen Teil uralte primitive Einrichtungen und Gebräuche, mit denen die Dorier im kulturlosen Zustand eingewandert waren, wie sie ähnlich einst in Urzeiten auch bei den anderen griechischen Stämmen bestanden hatten und hie und da noch heute bei primitiven Naturvölkern zu finden sind. Daß sie in Sparta so lange lebendig blieben, erklärt sich aus jener militärischen Zwangslage, wie ja ein langwieriger Kriegszustand von selbst, wie auch wir es erlebt haben, zu einfacheren, primitiveren Lebensformen zurückführt. Diese Erklärung aus den primitiven Zuständen gilt besonders von den eigenartigen Formen der spartanischen Lebensführung; aber auch in der ursprünglichen staatlichen Organisation spiegeln sich zum Teil noch Zustände der Urzeit wider.

So hat sich in Sparta der alte *König* der Urzeit erhalten, der im Kriege der oberste Führer (ἀρχαγέτας), im Frieden der Priester (Opferer) und Gerichtsherr war, der mit den „Ältesten" des Volkes über die Gemeindeangelegenheiten beriet und der Versammlung aller waffenfähigen Männer Vorschläge zur Abstimmung (durch Zuruf) vorlegen konnte (S. 26). Von sekundärer Bedeutung ist demgegenüber, daß es in Sparta *zwei* königliche Familien gab, die *Agiaden* und die *Eurypontiden*, daß also immer zwei Könige kraft Erbrechts an der Spitze standen. Dies Doppelkönigtum, das auch bei den Molossern in Epirus bestand (hier freilich beide aus demselben Herrscherhaus), kann nichts Ursprüngliches sein, sondern muß aus besonderen historischen Anlässen, über die man nur Hypothesen aufstellen kann, einmal entstanden sein. Später sind die Könige unter Wahrung ihrer Ehrenrechte und ihres Titels mehr und mehr zu reinen Beamten geworden. Jene „*Ältesten*" der Urzeit haben sich in Sparta in der *Gerusia* erhalten, die in älteren Zeiten, als der Adel noch seine Bedeutung hatte, von 28 Geschlechtshäuptern zusammen mit den zwei Königen gebildet wurde, während später die gleiche Zahl von Männern, die über 60 Jahre alt sein mußten, dazu erwählt wurde. Die alte Wehrgemeinde lebte in der *Heeresversammlung*, der Apella, fort, die den Damos repräsentierte. Eine Polis im engeren Sinne des Wortes ist Sparta insofern nicht gewesen, als ihm der Mauerring (bis auf die hellenistische Zeit) gefehlt hat. War es doch nur eine Vereinigung von fünf beieinanderliegenden offenen *Dörfern* zu einer Gesamtgemeinde; aber im tieferen Sinne bildete es eine Polisgemeinschaft wie nur je eine Polis. Diese Fünfzahl wurde erst erreicht, als etwa zu Beginn des 8. Jahrhunderts das südlich angrenzende *Amyklai*, der alte Vorort der Achäer (S. 58), einverleibt und mitsamt seiner freien Bevölkerung und seinen Kulten (wie Hyakinthos) dem spartanischen Siedlungsverbande als Dorf eingefügt wurde. Jetzt erst konnte die spartanische Herrschaft auch auf das südliche Lakonien bis zum Meere hin ausgedehnt werden. Diese Aufnahme von (achäischen) Neubürgern, die durch die Eingemeindung von Amyklai erfolgte, scheint nun den Anlaß dazu gegeben zu haben, daß um diese Zeit eine Neuordnung des Staates durchgeführt wurde. Kunde davon gibt uns die vielumstrittene „große Rhetra" (ein delphischer „Spruch"), dessen Kenntnis wir Plutarch (Lycurg 6) verdanken. Es galt, die alten drei dorischen Phylen der Hylleer, Dymanen und Pamphyler, in die nun die Amykläer aufgenommen wurden, neu zu konstituieren; zugleich wurde die Gesamtheit der Bürger nach ihrer Zugehörigkeit zu den 5 Dörfern in 5 lokale Verbände, die Oben (ὠβαί), gegliedert (φυλὰς φυλάξαντα καὶ ὠβὰς ὠβάξαντα). Dieselbe Rhetra bestimmte, daß die Abstimmungen des neuorganisierten Damos in der Apella rechtsgültige Kraft haben sollten. Wenn im späteren Verlauf dieses 8. Jahrhunderts die Könige Polydoros und Theopompos durchsetzten, daß die Geronten und die Könige diese Abstimmungsergebnisse unter Umständen ablehnen konnten (Plut.), so zeigt dies, daß in diesem Jahrhundert bereits der Damos gegenüber den Königen und dem Adelsrat um die Volksrechte gestritten hat. In diesem Streben nach größerer Macht hat der Damos erst später (s. unten) in den *5 Ephoren* Helfer gefunden. Im 8. Jahrhundert waren diese noch nicht Beamte (die Rhetra erwähnt sie nicht), sondern Priester, die, von den 5 Oben erwählt, den Himmel zu beobachten hatten und bei Feststellung ungewöhnlicher Erscheinungen die Könige suspendieren konnten, bis der Gott in Delphi oder Olympia eine Sühnung verordnet hatte. Wie auch anderwärts vielfach Priester eponym wurden, hat man auch in Sparta seit 754/3, wo die Ephorenlisten begannen, diese Priester zu Eponymen gemacht. Zu größerer politischer Bedeutung sind sie erst am Ausgang des 7. Jahrhunderts gekommen (s. S. 106).

Nicht minder eigenartig als die Staatsordnung war die *Lebensordnung* der spartanischen Vollbürger, wie jene nicht durch schriftliche Gesetze, die man hier grundsätzlich ablehnte, sondern durch das Herkommen, den Nomos, geregelt. Gerade in der Lebensführung hat sich viel Primitives aus der Urzeit erhalten, vor allem das, was im Interesse der ständigen Kriegsbereitschaft lag; aber streng durchgeführt und gesteigert ist manches davon erst im 6. Jahrhundert unter dem Einfluß der politischen Wandlungen dieser Periode. Beherrschend war der *Staatsgedanke*, der das ganze Leben der Bürger erfüllte. Schon bei der Geburt entschied das Staatsinteresse, ob das Kind aufgezogen oder (wegen körperlicher Mängel) ausgesetzt werden sollte. Mit dem vollendeten 7. Jahr wurde das Kind der Mutter genommen und der staatlichen Erziehung überwiesen. In Altersklassen geteilt, wurden die Knaben in „Herden“ (ἀγέλαι) unter der Leitung älterer Kameraden nicht zu virtuosenhaftem Sport, sondern zur Kriegstüchtigkeit erzogen, indem ihr Körper und ihr Charakter durch Turnen und Exerzieren, auch in Wettkämpfen gestählt wurde. Auch zum Ertragen von Mühen und Schmerzen (vgl. die Geißelung am Altar der Artemis Orthia) wurden sie abgehärtet und in Gehorsam und Ehrgefühl, im besonderen auch in Ehrfurcht vor den Älteren erzogen, um dann mit vollendetem 20. Lebensjahr in die Reihe der jungen Krieger einzutreten. Aber auch die erwachsenen Männer lebten noch unter beständiger staatlicher Kontrolle. Das schon ursprünglich ausgebildete Zusammenleben der Männer wurde später noch straffer organisiert in den Zeltgenossenschaften mit gemeinsamen Mahlzeiten (φιδίτια, συσσίτια), zu denen jeder von den Erträgnissen seines Landbesitzes beizusteuern hatte. Wer diesen Beitrag nicht mehr leisten konnte, wurde aus der Zahl der Vollbürger ausgeschlossen. Aus diesem Zusammenleben der Männerwelt, der jungen wie der alten, ergaben sich gewisse eigenartige Folgen für das Liebes- und Eheleben der Spartaner. Wenn nach dieser Seite hin die Einseitigkeit der kriegerischen Interessen zu Sitten geführt hat, die uns abstoßen, ist anderseits nicht genug zu rühmen, wie stark in dieser Bürgerschaft der Staatsgedanke entwickelt war, wie lebendig das Pflicht- und Ehrgefühl war, das in der selbstverständlichen Hingabe des Lebens für das Vaterland seine höchste Erfüllung fand, während die tiefste Schmach und Verachtung dem folgte, der in der Schlacht seinen Posten verlassen („gezittert“) hatte. So wuchs in dieser Lagerstadt von Sparta eine Elite von stahlharten Edelleuten heran (καλοὶ κἀγαθοί), die trotz ihrer zahlenmäßigen Kleinheit bis zu den Perserkriegen hin allmählich die politische Führerschaft von Hellas an sich reißen sollte.

Auch die Nachrichten über die *äußere Geschichte Spartas* setzen erst für das 8. Jahrhundert ein. Die Spartaner kämpften damals nach mehreren Seiten hin um die Vorschiebung ihrer Grenzen, nach Osten hin gegen *Argos* um die jenseits des Parnōn liegende Landschaft Kynuria und nach Norden hin gegen die *Arkader*, im besonderen gegen *Tegea*. Es war in der zweiten Hälfte dieses Jahrhunderts, daß die Spartaner aus Landhunger, um neue Landhufen für die wachsende Bevölkerung zu gewinnen, die Hand nach Westen nach der fruchtbaren Ebene *Messeniens* ausstreckten. Wir wissen von diesem sogenannten *1. Messenischen Kriege* nur, was wir dem zuverlässigen Zeugnis des *Tyrtaios* (Fragment 4 Diehl) entnehmen können, daß der Spartanerkönig *Theopompos* im 20. Kriegsjahr durch Gewinnung der Bergfeste Ithome den Krieg siegreich beendet hat. Hierauf wurde der Siegespreis, die fruchtbare Pamisosebene, in Ackerlose zerschlagen und unter die Spartiaten aufgeteilt; die Messenier aber wurden zu „Heloten" gemacht, die als Hörige die Hufen ihrer Grundherren zu bebauen und, wie Tyrtaios für sie bezeugt, die Hälfte des Ertrages abzuliefern hatten – ein entsetzliches Los für das unglückliche Volk, das sich 20 Jahre hindurch tapfer geschlagen hatte! Durch die Eroberung Messeniens wurden die Spartaner Nachbarn der *Eleier*, die damals schon die Pisatische Landschaft mit Olympia gewonnen hatten, und da die beiden Erobererstaaten in ein freundliches Verhältnis traten, nahmen die Spartaner nunmehr an den von den Eleiern geleiteten Festspielen teil (zum erstenmal 720). Etwa in die Zeit um 700 gehört die Gründung der einzigen spartanischen Kolonie *Tarent* durch die sogenannten Parthenier. Wie Sparta sich hierdurch an der hellenischen Kolonisation dieser Zeit beteiligte, so zeigt das Auftreten auswärtiger Dichter in Sparta im 7. Jahrhundert, wie des Terpander und des Alkman, daß es in dieser frühen Zeit in lebendigen Beziehungen zu der außerpeloponnesischen Welt gestanden hat, und die neueren Ausgrabungen in Sparta haben diesen schon früher gezogenen Schluß glänzend bestätigt. Im 8. und 7. Jahrhundert hat Sparta stark unter dem Einfluß der ionischen Kultur gestanden.

Doch um die Mitte des 7. Jahrhunderts erhoben sich die Enkel der auf Ithome unterlegenen Messenier, um das verhaßte spartanische Joch abzuwerfen. Dieser sogenannte *2. Messenische Krieg* zog weitere Kreise, da die Messenier bei den Feinden Spartas, den Argeiern und Arkadern, Unterstützung fanden, außerdem auch wohl Rückhalt bei den Pisaten hatten, die sich gleichzeitig gegen die Eleier empörten. So war fast der ganze Peloponnes in zwei Lager gespalten. Damals regierte König *Pheidon von Argos*. Er war ein großer Herrscher, der Argos zur ersten Macht im Peloponnes erhoben und einen Staatenbund geschaffen hat, dem auch Korinth und Ägina angehört haben. Die Richtigkeit freilich der Tradition über das von ihm eingeführte Münz- und Gewichtssystem ist neuerdings stark eingeschränkt worden. Er wird der Organisator des peloponnesischen Widerstandes gegen die beiden Erobererstaaten Sparta und Elis gewesen sein. In Sparta wirkte zur Zeit dieses Krieges der Spartaner *Tyrtaios*. Wir haben noch Fragmente von den schönen Liedern, in denen er seine Landsleute zum Kampf anfeuerte und zum Durchhalten ermahnte (S. 119). Dieser langwierige und blutige

Krieg, in dem Sparta auch manche Niederlagen erlitten zu haben scheint, endete mit dem vollen Siege der Spartaner. Gewiß haben die Messenier wie einst ihre Großväter einen heldenhaften Widerstand geleistet, aber alle Einzelheiten, die uns die Tradition berichtet, beruhen auf späterer legendarischer Ausschmückung und z.T. einer Verquickung mit späteren Ereignissen. Von neuem mußten die Messenier das Joch der Hörigkeit auf sich nehmen, und wiederum wurden die Landhufen unter die spartanischen Grundherren aufgeteilt.

Die Nöte dieses Krieges haben in Sparta zu großen Erschütterungen des Staates und zu Veränderungen der Verfassung und auch der Politik geführt, und so bedeutet er einen wichtigen Wendepunkt in der spartanischen Geschichte. Die Alten erzählen nach Tyrtaios' Liedern, daß während dieses Krieges, als durch den Aufstand der Messenier lange Jahre hindurch die Erträgnisse der spartanischen Landhufen den Spartanern verlorengegangen waren, von seiten der Geschädigten der revolutionäre Ruf nach Neuaufteilung des Bodens erschollen sei (*ἀναδασμὸς γῆς*), und daß Tyrtaios beruhigend und versöhnend gewirkt habe, wie aus seiner „Eunomia" genannten Dichtung hervorgehe. Obgleich zu dieser Forderung der Neuaufteilung im besonderen die Notlage des Krieges den äußeren Anlaß gegeben hatte, so kommt hierin doch auch schon jener allgemeine Ruf nach *Gleichheit* zum Ausdruck, der dann die ganze innere Politik beherrschte und im 6. Jahrhundert sein Ziel voll erreicht hat. Wie jene neue Landaufteilung dann tatsächlich durchgeführt wurde, so ist auch die persönliche Gleichheit aller Spartiaten in vollstem Maße erreicht worden. Es bedeutet den vollen Sieg jener Bestrebungen des Damos, deren Anfänge uns schon im 8. Jahrhundert begegneten, wenn seit dem 6. Jahrhundert die Spartiaten als die „Gleichen" (*ὅμοιοι*) bezeichnet wurden.

Am greifbarsten tritt uns diese Gleichheit in dem neuen spartanischen Heerwesen entgegen. Während um die Mitte des 6. Jahrhunderts die spartanische Phalanx voll entwickelt vor uns steht, war man im 2. Messenischen Kriege davon noch weit entfernt, wie die Gedichte des Tyrtaios lehren; denn er ermahnt noch die Jungmannschaft, ihren Platz in der Schlacht unter den Vorkämpfern (*πρόμαχοι*) in der ersten Reihe zu suchen, was an die alten Einzelkämpfe erinnert, in der Phalanx aber, in der jeder seinen festen Platz angewiesen bekam, ganz ausgeschlossen war. Auch erwähnt er noch Leichtbewaffnete (*γυμνῆτες*). Immerhin werden seine Marschlieder mit ihrer Flötenmusik schon den festeren Zusammenschluß der Linien und damit den

Übergang zur Phalanx angebahnt haben. Wenn also die Phalanx sich erst in den nächsten Dezennien nach dem Kriege unter Beseitigung der Reiterei, soweit sie dagewesen war, entwickelt hat, so ist klar, daß auch hierauf das Prinzip der Gleichheit, das durch jene revolutionäre Bewegung zum Siege gekommen war, von Einfluß gewesen ist; denn das Charakteristische der Phalanx ist ja gerade die gleichmäßige Unterordnung aller Phalangiten unter die Erfordernisse der als einheitlicher Körper wirkenden Phalanx.

Von entscheidender Bedeutung für die Zukunft wurde es, daß in diesen inneren Kämpfen die *Ephoren* sich zu Vertretern der Forderungen des Volkes machten und selbst aus priesterlichen „Himmelsbeobachtern" sich zu politischen Beamten entwickelten, die zu immer größerer Bedeutung kommen sollten. Diese Entwicklung wird sich ganz allmählich im Laufe des 8. und 7. Jahrhunderts angebahnt haben. Ein Symptom für diese allmähliche Umwandlung ist es, daß die Könige, wenn sie, wie häufig, im Felde standen, ihnen die Zivilrechtsprechung übertragen hatten. Aber erst nach dem 2. Messenischen Kriege, rund um 600, stehen sie als Staatsbeamte deutlich vor uns. Erst damals werden sie den Titel Ephoroi = „Aufseher" erhalten haben, und Aufseherrechte über das öffentliche Leben, im besonderen auch gegenüber den Königen, haben sie tatsächlich in steigendem Maße ausgeübt. Als Anwälte des Volkes haben sie von nun an den allmonatlichen Eidesaustausch mit den Königen vollzogen. Die Ephoren sind dann auch im 6. Jahrhundert für die strengere Ausbildung der spartanischen Lebensordnung (des „Kosmos") eingetreten.

Die nachhaltigste und zugleich die verderblichste Nachwirkung der äußeren und inneren Schrecken des 2. Messenischen Krieges war aber eine geradezu krankhafte Steigerung der Furcht der Spartaner vor weiteren Unruhen ihrer lakonischen und messenischen *Heloten.* In dieser ständigen Angst lag die Vergeltung für die Unnatur, daß hier ein Staat von ein paar tausend Eroberern auf der brutalen Knechtung und Ausnutzung von zahlenmäßig weit überlegenen Völkerschaften aufgebaut war. So schleicht die Helotenfrage wie ein ständig drohendes Gespenst durch die weitere spartanische Geschichte – ähnlich wie die irische Frage durch die englische Geschichte. Die einzige radikale Hilfe wäre die Aufhebung der Hörigkeit, also eine Bauernbefreiung gewesen, wie Solon sie bald danach in Athen angebahnt hat. Das hätte freilich eine völlige Beseitigung der Fundamente des spartanischen Staates bedeutet. Statt dessen begann Sparta einerseits die Überwachung der Heloten immer raffinierter und grausamer durchzuführen (vgl. die *κρυπτεία*) und, wie es scheint, die Hörigkeit zur Leibeigenschaft zu steigern, anderseits sich immer mehr von dem Verkehr mit dem Auslande abzuschließen, in der Furcht, daß von dort, wo damals so vielfach Bürgerkrieg und Unruhen herrschten, der revolutionäre Funke überspringen könnte. Dasselbe Sparta, das noch im 7. Jahrhundert bis zum 2. Messenischen Kriege in lebhaften Beziehungen zum Auslande gestanden hatte (S. 104) – wahrscheinlich mehr, als wir erkennen können –, schneidet nun auf wirtschaftlichem und kulturellem Gebiet die verbindenden Fäden ab. Die Geldwirtschaft, in der man die Wurzel der auswärtigen Unruhen (nicht ganz ohne Grund) sehen mochte, wird nicht ins Land gelassen, Gold- und Silbermünzen dürfen weder hereinkommen noch im Umlauf sein; für den einheimischen Handel wird nur eiserne Scheidemünze zugelassen; Fremde werden möglichst ferngehalten (ξενηλασίαι). Erst jetzt nimmt Sparta das Gesicht eines reaktionären Militär- und Polizeistaates an. Wie die materiellen Beziehungen zum Ausland, so hören auch die kulturellen auf: im Gegensatz zum 7. Jahrhundert erfahren wir vom 6. Jahrhundert an, wo diese Abschließung sich vollendet, von keinem auswärtigen Dichter oder Künstler mehr, der in Sparta gewirkt hätte. Erst jetzt scheidet Sparta, das vorher auch auf künstlerischem Gebiet, namentlich in Malerei und Keramik, leistungsfähig gewesen war, aus der Reihe der kulturfördernden Staaten aus.

Und doch hat dieser so einseitig militärisch ausgebaute spartanische Staat in der entscheidenden Stunde des griechischen Volkes, als der Perser zur Unterwerfung ausholte, die griechische Kultur gerettet; denn ohne sein gutes Schwert hätten die Athener und die anderen Griechen nicht widerstehen können. Um deswillen sollen wir die Einseitigkeit der spartanischen Entwicklung nicht schmähen; denn sie hat sich im allgemeinen nationalen Interesse als notwendig erwiesen, wenn sie auch dem eigenen Interesse entsprungen war. Die Götter haben es doch gut gemeint mit ihren Griechen, als sie die Spartaner und die Athener so verschiedene Wege gehen hießen und jeden auf seiner Bahn zum höchsten Ziel kommen ließen. Welch ein Reichtum ist damit der griechischen Geschichte gegeben! Wie wunderbar ergänzen sich diese beiden Gegensätze in ihren Licht- und Schattenseiten!

Doch ehe jene Schicksalsstunde herankam, bedurfte es nach den Erschütterungen des 7. Jahrhunderts noch großer Machtentwicklung, bis Sparta an die verantwortliche Spitze gelangte. Die Kämpfe mit *Argos*, das unter Pheidons Nachkommen von der Höhe heruntersteig, sind lange hin und her gegangen, bis endlich um die Mitte des 6. Jahrhunderts Sparta siegte und das Küstengebiet östlich des Parnōn, die Kynuria und die Thyreatis, sowie die Insel Kythera eroberte. Anders war der Ausgang des Kampfes mit *Tegea.* Als die Spartaner hier endlich die Oberhand gewannen, verließen sie die bisherige Eroberungspolitik und schlossen mit Tegea vielmehr einen Bundesvertrag, durch den die Tegeaten sich zur Heeresfolge verpflichteten. Diesem Vertrage folgten bald ähnliche mit anderen Staaten des Peloponnes, und so fallen in die zweite Hälfte des 6. Jahrhunderts die ersten Ansätze des *Peloponnesischen Bundes,* der bald, von Argos und Achaia abgesehen, den ganzen Peloponnes umfaßte. Auch die Eleier, die früher auf gleichem Fuß mit Sparta verkehrt hatten, haben sich ihrer Hegemonie gefügt.

Dieser zielbewußte Übergang von der *Annexionspolitik zur Föderationspolitik* bedeutet einen wichtigen Umschwung in der Außenpolitik. Durch die Hegemonie dieses Bundes, in dem die Bündner, nicht untereinander, sondern jeder nur mit Sparta verbunden, ihre Autonomie behielten, aber ihre Kontingente im Kriegsfall unter Spartas Führung zu stellen hatten, wurde Sparta zur ersten Militärmacht in Griechenland, und bald drang die Kunde davon auch zu den Herrschern des Orients. Kroisos von Lydien wie Amasis von Ägypten haben sich durch die Übersendung prächtiger Geschenke um die Freundschaft dieser neuen Großmacht bemüht, und als Kyros gegen Kroisos zog, bat letzterer um ein Bündnis, auf das Sparta wohl im Vertrauen auf die Unbesiegbarkeit des Lyders auch einging. Als es dann anders kam und Kyros siegte und Sparta von den kleinasiatischen Griechen angerufen wurde, beschränkte es sich auf eine wirkungslose diplomatische Intervention (S. 84f.). Man sieht, wie Sparta, sobald es nicht mehr allein, sondern an der Spitze des Peloponnesischen Bundes stand, unwillkürlich in die große internationale Politik hineingezogen wurde, zu der es früher keine Beziehungen gehabt hatte. So waren es auch im besonderen die Interessen der großen mit ihm verbündeten Handelsstädte Korinth und Ägina, die Sparta um 524 zu dem erfolglosen Zuge übers Meer gegen Polykrates von Samos bewogen, denn jene Staaten drängten auf Niederwerfung der großen samischen Seeherrschaft (S. 98). Während hier die Handelsinteressen der Bündner den Ausschlag gegeben hatten und nicht der Tyrannenhaß, hat Sparta im übrigen gern, wo sich Gelegenheit bot, die Tyrannenherrschaften, die ihm wegen ihrer demokratischen Grundlage unsympathisch waren, beseitigen helfen. Ein kürzlich gefundenes Papyrusfragment nennt den auch sonst in der Tradition als bedeutenden Staatsmann mehrfach hervortretenden Cheilon (Ephor 556) und den König Anaxandridas als diejenigen, die die Tyrannenherrschaften unter den Hellenen gestürzt hätten. So haben die Spartaner auch im Jahre 510 unter König *Kleomenes* im Bunde mit den Alkmeoniden den Peisistratiden Hippias aus Athen vertrieben.

So tritt uns Sparta an der Spitze des Peloponnesischen Bundes in diesen Jahren, in denen sich drüben in Ionien das Gewitter zusammenzog, das sich in dem Ionischen Aufstand entladen hat, als die gebietende Großmacht in Hellas entgegen. Aber zur selben Zeit regten sich in Athen schon die Kräfte, die dann Athen neben Sparta stellen sollten.

Athen bis zu den Perserkriegen

Die mykenischen Funde in Attika, wie die großen Kuppelgräber in Acharnä und Thorikos, bestätigen die Überlieferung, daß es einst außer dem Palast auf der Akropolis in Athen noch mehrere von Athen unabhängige Herrschersitze in Attika gegeben hat. Spuren einstiger Selbständigkeit lassen sich für Eleusis und die marathonische Tetrapolis und sonst nachweisen. Erst nach Jahrhunderten, frühestens im 8. Jahrhundert, hat Athen die Einigung Attikas unter seiner Herrschaft vollendet, die später von der Sage auf den Synoikismos des Theseus zurückgeführt worden ist. Die Königszeit Athens liegt für uns in völligem Dunkel. Auch für den Übergang zur Adelsherrschaft haben wir nur Sagen oder junge Konstruktionen. Gehören zu den letzteren, wie wahrscheinlich, die lebenslänglichen und die zehnjährigen Archonten, so sind auf die Königsherrschaft vielmehr sofort die jährlich wechselnden Archonten gefolgt. Beginnt deren Liste, die den Späteren vorlag, auch erst mit 683/2, so mag der Umschwung selbst wohl schon im 8. Jahrhundert stattgefunden haben. Auf friedliche Entwicklung weist die Tatsache, daß hinter dem neuen adligen Staatsleiter, dem Archon (d.h. dem „Herrscher"), der alte „König", der Basileus, bestehen blieb, wenn auch auf die sakralen Funktionen beschränkt, wie in Rom der rex sacrorum. Nachdem der Polemarch (für den Krieg) und die sechs Thesmotheten (für das Gerichtswesen) hinzugetreten waren, bildete dies neunköpfige Archontenkollegium das Regierungsorgan dieses neuen Adelsstaates. Daneben stand der Areopag, wahrscheinlich der alte Adelsrat der Königszeit.

Auch für das 7. und 6. Jahrhundert sind unsere Nachrichten noch sehr dürftig und unzuverlässig, da es gleichzeitig geführte Chroniken damals noch nicht gab. So hat sich eine Kunde von dem mißglückten Putsch des

Kylon (in den dreißiger Jahren des 7. Jahrhunderts) auch nur deswegen erhalten, weil der sich daran anschließende Alkmeonidenfrevel später noch zweimal, am Ausgange des 6. Jahrhunderts und vor dem Peloponnesischen Kriege, die Gemüter bewegt hat. Dieser Versuch des Kylon (Olympiasieger von 640), des Schwiegersohnes des Theagenes von Megara, die Tyrannis in Athen zu errichten, scheiterte daran, daß die Bauern von Attika damals noch treulich dem Rufe des Adels folgten, woraus sich für die Naturgeschichte der Tyrannis ergibt, daß sie nur dort eintrat, wo die politischen und wirtschaftlichen Verhältnisse für sie reif waren. Der Archon, der Alkmeonide *Megakles*, der eine Blutschuld auf die Stadt lud, indem er die Kyloneer gegen das gegebene Versprechen an den Altären töten ließ, wurde mit seinem Geschlecht verbannt, doch durch Solons Amnestiegesetz ist der Bann aufgehoben worden, und die Alkmeoniden sollten noch eine große Rolle in der athenischen Geschichte spielen.

Etwa ins Jahr 624 fällt die Kodifikation des Rechts durch *Drakon*. Einen wesentlichen Fortschritt zum Rechtsstaat hin bedeutete seine Regelung der Blutrache, die er zwar im Prinzip nicht aufhob, aber doch in ihrer furchtbaren Wirkung stark einschränkte, indem er den Staat (vertreten im Areopag) zwischen den Bluträcher und den Schuldigen stellte und zudem die Unterscheidung zwischen dem vorsätzlichen Mord und dem unfreiwilligen und dem berechtigten Totschlag einführte. Doch abgesehen von diesem Blutrecht wurde Drakons Kodifikation, die im wesentlichen das Recht des Adelsstaates wiedergab, bald als so reaktionär empfunden, daß die Forderung nach neuen Gesetzen auftrat, zumal in den nächsten Dezennien nunmehr auch in Attika die Geldwirtschaft mit den oben geschilderten Wirkungen sich allmählich durchzusetzen anfing (S. 96f.). Der Kampf des Demos gegen die Adligen (*στάσις*) verfolgte sowohl politische wie wirtschaftliche Ziele. Einerseits forderte der nun auch hier hochkommende handel- und gewerbetreibende Mittelstand Teilnahme an der Regierung, anderseits erheischte die materielle Notlage der durch das Eindringen der Geldwirtschaft unter dem Druck des furchtbaren attischen Schuldrechts leidenden Freibauern sowie die drückende Lage der halbfreien Hörigen eine Abhilfe. Mußten doch die verschuldeten Freibauern im Falle der Zahlungsunfähigkeit als Schuldknechte im Lande ihre Schuld abarbeiten, falls sie nicht als Sklaven mit ihrer Familie ins Ausland verkauft wurden. Die Hörigen aber, die auf den Gütern ihrer Grundherren arbeiteten, brauchten diesen zwar nur ein Sechstel ihres Ertrages abzutragen (daher die „Sechstler", *ἑκτημόριοι*, genannt), waren aber an die Scholle gebunden und entbehrten daher der völligen bürgerlichen Freiheit.

Im Jahre 594 einigten sich die Parteien auf die Wahl des *Solon* zum Archon und gaben ihm als „Versöhner" (διαλλακτής) außerordentliche diktatorische Vollmachten, um durch Änderungen der Verfassung (πολιτεία) und der Gesetze (θεσμοί) die Übelstände zu beseitigen. Solon, der durch seine Verdienste um die Rückgewinnung der Insel Salamis im Kampf mit Megara sich die Volksgunst erworben hatte, erschien hierfür besonders geeignet, da er, einerseits mit dem alten Königshause verwandt, anderseits als Handelsherr sozial dem Mittelstande angehörig, politisch der Mann der mittleren Linie war. Vor allem war er ein *Staatsmann*, der daher über den Parteien stand und nur das allgemeine Wohl der Gesamtheit im Auge hatte. Darum lag ihm auch der Gedanke an die Tyrannis fern. Zur Linderung der *wirtschaftlichen und sozialen Not* hat Solon zunächst das drückende Schuldrecht gemildert, indem er die persönliche Schuldhaft (δανείζειν ἐπὶ τοῖς σώμασιν) für alle Zukunft abschaffte. Indem er diesem Gesetz rückwirkende Kraft verlieh, befreite er die damaligen Schuldknechte in Attika, kaufte die ins Ausland verkauften Schuldner, soweit möglich, zurück und erklärte die damals schwebenden Schulden durch die sogenannte „Lastenabschüttelung" (σεισάχθεια) für null und nichtig (χρεῶν ἀποκοπή) – ein gewaltsamer Eingriff in die Rechte der Gläubiger! Den Klagen der Hörigen scheint er anderseits dadurch gerecht geworden zu sein, daß er die ganze Einrichtung der Hörigkeit grundsätzlich durch Verordnung oder Gesetz abschaffte, also eine *Bauernbefreiung* verkündete. Jedenfalls gab es später in Attika keine „Sechstelmänner" mehr, und die Späteren verstehen daher diese Einrichtung nicht mehr. Die praktische Durchführung, die Einsetzung der neuen Freibauern auf ihre Hufen, bedurfte natürlich längerer Zeit (vgl. die Geschichte der modernen Bauernbefreiung) und ist vielleicht erst von Peisistratos, dem Bauernfreund, zu Ende geführt worden. Das nötige Land mag dadurch gewonnen worden sein, daß Solon für den Grundbesitzerwerb eine Maximalgrenze zog und auch diesem Gesetz rückwirkende Kraft gab, so daß das darüber Hinausgehende wahrscheinlich konfisziert wurde. Wenn Solon hierdurch den übermäßigen und für die Gesamtheit schädlichen Großgrundbesitz (Latifundien) einschränkte, so hat er anderseits diesen Grundbesitzern bis zu jener Maximalgrenze ihren Besitz garantiert, was um so wichtiger war, als von den radikalen Elementen die kommunistische Forderung der Aufteilung des attischen Landes zu gleichen Teilen erhoben wurde (ἀναδασμὸς γῆς, und zwar ἰσομοιρία).

Indem er diese energisch abwies, der Entwicklung der Latifundien aber eine Grenze setzte und dazu die Bauernbefreiung einführte, hat er dem Agrarproblem gegenüber eine gesunde Mittelstandspolitik getrieben.

Wie Solon durch diese Reformen die Landwirtschaft Attikas hob und durch das Ausfuhrverbot für Getreide die Ernährung dieser zum Teil unfruchtbaren Landschaft zu sichern suchte, so hat er auch *Handel und Gewerbe* gefördert. Diesen Zweck verfolgte die Loslösung Athens von dem äginetischen Münz- und Maßsystem und sein Anschluß an das euböische System. Dadurch wurde Athen unabhängiger von dem Einfluß der übermächtigen Nachbarstadt Ägina und schloß sich enger an Korinth und Chalkis und den ionischen Wirtschaftskreis an.

Die *politischen* Forderungen des Volkes befriedigte er durch Einführung einer *timokratischen Ordnung* der Bürgerschaft, indem er je nach dem Einkommen vier Klassen bildete: zur 1. Klasse gehörten die, die 500 Scheffel Getreide oder 500 Maß Öl oder Wein auf eigenem Grund und Boden erzeugten, zur 2. Klasse die, die 300, und zur 3. Klasse die, die 150 (später 200) ernteten, zur 4. Klasse die, die unter diesem Maß blieben. Auch die Nichtgrundbesitzer, die Händler und Gewerbetreibenden, wurden nach Maßgabe ihres Einkommens auf die 4 Klassen verteilt, wobei 1 Drachme gleich 1 Scheffel gerechnet wurde. Nicht mehr nach der Geburt, sondern nach der Zugehörigkeit zu diesen Klassen wurden nun die Pflichten und Rechte der Bürger festgelegt. Da die Soldaten sich selbst auszurüsten hatten, galt die *Wehrpflicht* nur für die ersten drei Klassen, von denen die 1. und 2. zu Pferde, die 3. als Hopliten dienten, während die Angehörigen der 4. höchstens als Leichtbewaffnete oder Matrosen herangezogen wurden. Darum hieß die 2. Klasse, während man die 1. nach dem Klassenmaß „die 500-Scheffel-Männer" (πεντακοσιομέδιμνοι) nannte, „die Ritter" (ἱππεῖς), die 3. Klasse „die Zeugiten" (militärischer Terminus für Hopliten), während man die 4. Klasse „die Lohnarbeiter" (Theten) nannte. Wie der Militärdienst wurden auch die *Abgaben* nach den Klassen abgestuft. Von direkten Steuern waren zwar die Bürger frei, da diese in Hellas (wie in Rom) als eines freien Bürgers unwürdig galten (anders als im Orient und in der modernen Welt), aber im Falle der Not des Vaterlandes konnten außerordentliche Vermögenssteuern auferlegt werden (εἰσφοραί). Dies gelinde Steuersystem fand seine Ergänzung darin, daß seit alten Zeiten die Ämter ehrenamtlich geführt wurden. Ob außerdem die Wohlhabenden gewisse unentgeltliche Leistungen (Liturgien) für den Staat zu tragen hatten, wie später in der Demokratie die Trierarchie

Bild 9: Kephallenia

Bild 10: Apollontempel von Korinth

(Ausrüstung von Kriegsschiffen), die Choregie (Stellung von Chören zu den Festen), die Gymnasiarchie u.a., steht für Solons Zeit nicht fest. Jedenfalls ist der schöne Grundgedanke, daß es eine Ehrenpflicht ist, der Allgemeinheit mit Gut und Blut unentgeltlich zu dienen, von der Demokratie aus dem Adelsstaat übernommen worden.

Auch für die *Verteilung der politischen Rechte* wurde die Klassenordnung grundlegend. Die sämtlichen Staatsämter waren den ersten drei Klassen vorbehalten, das Archontat und das Schatzmeisteramt (ταμίαι) nur der 1. Klasse. In den Volksversammlungen, zu denen auch die Theten Zutritt hatten, wurden die Beamten gewählt, auch die Archonten, die bis dahin vom Areopag ernannt waren, und wurde nach Beendigung ihres Amtes ihre Rechenschaftsablegung entgegengenommen. Daß die Theten außerdem auch Zutritt zu den neugegründeten Geschworenengerichten (δικαστήρια) erhielten, war ein um so wichtigerer Fortschritt für sie, als Solon die Appellation (ἔφεσις) vom Beamtenspruch an das Volksgericht einführte, dessen Spruch endgültig war. Neben dem Areopag, der mit seinen großen politischen Rechten als konservatives Element fortbestand, hat Solon einen Rat der Vierhundert gebildet, über den nur wenig bekannt ist. Ähnlich wie seine soziale und wirtschaftliche Neuordnung zeigt auch diese neue Verfassung, wie sehr Solon sich bemühte, zwischen den Ansprüchen von rechts und links einen Mittelweg zu finden. Immerhin war das Vorrecht der aristokratischen Geburt grundsätzlich abgeschafft und dem niederen Volk namentlich durch die Beteiligung an dem Geschworenengericht eine neue Bahn eröffnet, aber zum Begründer der Demokratie haben ihn irrigerweise doch erst spätere Jahrhunderte gemacht.

Abgesehen von dieser Verfassung hat Solon unter Aufhebung der Drakontischen Gesetze, von denen er nur die Mordgesetze (φονικά) übernahm, eine zeitgemäße Neuordnung des *Privat- und Strafrechts* durchgeführt. Wichtig ist sein zum Schutze der Bürgerehre erlassenes Gesetz, wonach zum Schutze jedes an seiner Ehre oder Leib und Gut gekränkten Bürgers jeder Dritte als Schützer die Klage erheben konnte. Diese Solonischen Gesetze (θεσμοί, später νόμοι genannt), die im vollständigen Wortlaut auf geweißten drehbaren Holztafeln (ἄξονες) im Prytaneion, im Auszug auf Steinkegeln (κύρβεις) vor der Königshalle veröffentlicht wurden, haben durch die Jahrhunderte, nach dem Urteil unserer Juristen mit Recht, unter den verschiedenen griechischen Stadtrechten besonderen Ruhm und weite Verbreitung genossen: nicht nur, daß sie unter dem uniformierenden Einfluß des I. Attischen Seebundes im Bundesgebiet weithin Eingang fanden, auch im römischen Zwölftafelrecht sind ihre Spuren zu erkennen, und noch in hellenistischer Zeit sind sie z. B. für die Stadtgesetze von Alexandrien mit zugrunde gelegt worden, wie ein Halenser Papyrus gelehrt hat.

Wenn Solon auch die Anlässe zu dem alten Bürgerzwist durch Entgegenkommen nach beiden Seiten zu entfernen gesucht hatte, sind doch bald nach Beendigung seines Amtes *neue Bürgerkämpfe* entstanden und so gewaltsam geführt worden, daß in einigen Jahren die Archontenwahlen nicht durchgeführt werden konnten (ἀναρχία). Offenbar war es eben diese neue Archontenwahl, um die jetzt der Streit der Parteien ging. Gegen die Mitte des 6. Jahrhunderts standen drei große Parteien gegeneinander: die nach der Adelsherrschaft sich zurücksehnenden Großgrundbesitzer aus dem Binnenlande (πεδιακοί), die handel- und gewerbetreibende Bevölkerung der Küste (παράλιοι), die die Mittelstandspolitik Solons betrieb, und das radikal gesonnene arme Volk in dem nordöstlichen Gebirgsland (διάκριοι), alle drei unter der Leitung von Adligen.

Als Führer der letzteren gelang es einem Adligen aus Brauron, *Peisistratos*, nach der Überlieferung im Jahre 561, eine dauernde Tyrannis zu begründen, nachdem vorher schon ein *Damasias* vorübergehend (582/0) einen Versuch gemacht hatte. Die äußere Geschichte des Peisistratos, im besonderen ihre Chronologie, ist bei dem Mangel gleichzeitiger Aufzeichnungen von den späteren Autoren derartig widerspruchsvoll überliefert, daß ein klarer Einblick uns verschlossen ist. Fest steht nur, daß er mindestens einmal (sehr wahrscheinlich *nur* einmal) durch die Koalition der anderen Parteien vertrieben worden ist und nach längeren Jahren, nachdem er durch Gewinnung der thrakischen Goldbergwerke die Mittel für ein Söldnerheer gewonnen hatte, mit Unterstützung auswärtiger Mächte durch seinen *Sieg bei Pallene* die Rückkehr erzwingen konnte, worauf er bis an sein Lebensende (528) regiert hat. Seine Tyrannis gehört zu den glänzendsten Epochen der attischen Geschichte. Wenn er auch in der inneren Politik vor allem ein Förderer der Bauern war, hat doch Athen unter seinem weisen Regiment, das die unglückseligen Parteikämpfe (mit der erwähnten Ausnahme) niederhielt, als Handels- und Industriestaat einen großen Aufschwung genommen, wie wir an dem Vordringen des attischen Exports in Naukratis wie am Nordrande des Schwarzen Meeres und in Italien dank den archäologischen Funden beobachten können. Wie Peisistratos eine Expansion Athens über See erstrebte, zeigt seine Wiedereroberung und Neukolonisation von *Sigeion* vor dem Eingang der wichtigen Handelsstraße der Dardanellen, das Athen schon um die Wende des 7./6. Jahrhunderts durch den als Oikisten entsandten Olympioniken Phrynon hatte kolonisieren lassen, das später aber an die Mytilenäer zurückgefallen war. Schon am Anfang seiner Tyrannis hatte er auch den Philaiden *Miltiades*, den Sohn des Kypselos, unterstützt, als dieser, von den Dolonkern herbeigerufen, als Oikist eine attische Kolonie auf dem thrakischen Chersonnes gründete, wo er dann weitere Plätze gewonnen und sich eine fürstliche Machtstellung erkämpft hat. Die von Solon gegebene Staatsordnung sowie seine Gesetze ließ Peisistratos nach Möglichkeit bestehen, nur sorgte er dafür, daß die leitenden Stellen von seinen Verwandten und Freunden besetzt wurden. Dagegen war ein Ausfluß der Tyrannis die Einführung einer direkten Grundsteuer von zehn oder fünf Prozent. Außerordentliches hat Peisistratos für die Ausschmückung Athens mit herrlichen Bauten getan (vgl. das Olympieion, die Enneakrunos, den neuen Markt, den Umbau des Athenatempels auf der Burg, das Telesterion in Eleusis u.a.). Wie unter ihm ionische Künstler und die ionische Kunst in Athen eindrangen, hat auch die Dichtkunst, nicht nur durch die Einführung der musischen Agone in das im Jahre 566/5 gestiftete Panathenäenfest, unter ihm geblüht, worauf später bei der Behandlung der Kultur zurückzukommen ist.

Dem Peisistratos folgte wahrscheinlich (?) sein Sohn *Hipparchos*, der als Schützer der Musen Dichter und Künstler an seinen Hof berief. Unter ihm zeitigte aber bereits der Druck, der von dem persischen Weltreich ausging, einen ungünstigen Einfluß auf die Machtstellung Athens. Im Jahre 514 ereilte den Hipparchos das Tyrannenlos, daß er einer politischen Verschwörung zum Opfer fiel; seine Mörder *Harmodios* und *Aristogeiton* haben später, nach Beseitigung der Tyrannis, Heroenkult erhalten. Dies Attentat hatte zur Folge, daß der ihm folgende Bruder *Hippias*, der vielleicht schon vorher mit Hipparchos mitregiert hatte, mit der volksfreundlichen Tradition des Hauses brach und ein Tyrann im schlimmen Sinne wurde. Das Mißtrauen und die Unsicherheit, die der entstehende Haß schuf, führten ihn auf den Gedanken, sich in dem Hafenort Munichia zu verschanzen und anderseits durch Beziehungen zum persischen Reich sich zu sichern. Die Folge war, daß er und seine Familie im Jahre 510 unter Führung der Alkmeoniden von den Athenern vertrieben wurde, aber nicht aus eigener Kraft, sondern mit Hilfe Delphis und einer spartanischen bewaffneten Intervention unter König Kleomenes.

Kaum war die Alleinherrschaft beseitigt, da brachen die alten Parteikämpfe wieder aus. Nachdem *Kleisthenes*, ein Alkmeonide, als Sieger gegen Isagoras aus ihnen hervorgegangen war, schuf dieser Adlige, der, um seine

Führerstelle zu sichern, an die Spitze des besitzenden Bürgertums (δῆμος) getreten war, durch seine neue *Phylenordnung* die demokratische Grundlage, auf der Athen sich weiter entwickelt hat. Um den trotz Solon immer noch mächtigen Einfluß des Adels zu brechen, ließ er den alten gentilizischen vier Phylen nur noch ihre sakrale Bedeutung und schuf die ganz andersartigen, rein territorialen neuen zehn Phylen (etwa 508/7), die nur den Namen „Phylen" mit den alten gemeinsam hatten und nur fiktiv eine Blutsverwandtschaft vorspiegelten. Unter Beseitigung des Vorrechtes der Stadt Athen gegenüber dem flachen Lande wurde ganz Attika in drei Teile (Stadt, Küste, Binnenland = ἄστυ, παραλία, μεσόγειος) und jeder Teil wieder in zehn Drittel (τριττύες) geteilt. Aus diesen dreißig Dritteln wurden je drei Drittel, eines aus jedem Landesteil, die oft weit auseinander lagen, wie es das Los gerade fügte, zu einer Phyle zusammengeschlossen, so daß jede die verschiedensten landschaftlichen und politisch-sozialen Gegensätze in sich vereinigte. Innerhalb der Phylen waren die politischen Einheiten die im Anschluß an die vorhandenen Ortschaften neugebildeten Gemeinden oder Demen (δῆμος im lokalen Sinne), deren es anfangs im ganzen etwas über hundert gab, deren Zahl aber allmählich durch Abzweigungen wuchs (Strabon nennt 174). Jede Gemeinde war eine selbständige Kommune, die ihren eigenen Grundbesitz, Kassen und Gottesdienst hatte und unter Leitung eines Gemeindevorstehers (δήμαρχος) die Bürgerlisten führte. Auf dem Bürgerrecht in dieser Gemeinde beruhte das athenische Bürgerrecht, weshalb der Bürger fortan nicht nach dem Vater, sondern nach seinem Demos benannt wurde. Freilich haben namentlich die Adligen sich gern auch weiterhin nach dem Vater benannt. Als Gemeindebürger (δημόται) standen alle Bürger sich grundsätzlich gleich, und doch bestand die Abstufung nach den vier Solonischen Klassen noch weiter fort. Für ein rechtliches Vorrecht des Adels war in dieser Ordnung kein Platz. Trotzdem sind es faktisch durch die ganze große Zeit Athens hindurch bis auf Perikles immer Adlige gewesen, die den Staat geleitet haben. Es ist ein Ruhmesblatt der Demokratie dieser Periode, daß sie ohne doktrinäre Befangenheit ihre Staatsleiter aus *den* Kreisen genommen hat, in denen damals dank alter Kultur und Bildung die starken Persönlichkeiten zu finden waren. Erst mit Kleon, dem Gerbereibesitzer, beginnt in verhängnisvoller Weise die Reihe der prinzipiell, d.h. nach Parteigesichtspunkten, den unteren Schichten entnommenen Führer.

Die Kleisthenische Phylenordnung war die Grundordnung der neuen Organisation des Staates. Den zehn Phylen entsprachen die zehn Infanterieregimenter (τάξεις), an deren Spitze die zehn aus den Phylen erwählten Strategen standen. Auf der Phylenordnung beruhte auch die Organisation des neuen Rates der Fünfhundert (ἡ βουλὴ οἱ πεντακόσιοι), zu dem jede Phyle fünfzig Ratsherren stellte, die aus einer im Verhältnis zu der Einwohnerzahl der Demen stehenden Kandidatenliste hervorgingen. Die Ratsherren der einzelnen Phyle (je fünfzig) bildeten Ausschüsse (Prytanien), die nacheinander die Geschäfte führten, jeder ein Zehntel des Jahres. Dieser Rat, zu dem die ersten drei Klassen Zutritt hatten, war somit eine Repräsentation der gesamten Bürgerschaft, die nun, anfangs vielleicht nur kontrollierend, neben den Archon trat, der nach wie vor der Präsident der Republik blieb. Dieser neue Rat bereitete auch die Vorlagen für die Volksversammlung vor, die er durch seinen täglich wechselnden Ausschußvorsitzenden (ἐπιστάτης) leitete. Aber der unverantwortliche *Souverän* im Staate war das Volk, das in der Volksversammlung nach außen über Krieg, Frieden und Bündnisse, nach innen über Wahl und Kontrolle der Beamten, Gesetzgebung, Bürgerrechtsverleihung u. a. entschied, außerdem in den Geschworenengerichten seine unanfechtbaren Urteile fällte. Wenn Kleisthenes neben dem Rat der Fünfhundert den Areopag als retardierendes Moment bestehen ließ, so zeigt dies sowie auch die Beibehaltung der Solonischen Schätzungsklassen, daß er ähnlich wie Solon kein extremer Neuerer war, sondern zwischen den alten und neuen Ideen zu vermitteln suchte. Die athenische Demokratie ist nicht durch ungesunde Aufpfropfung fremder Muster oder durch das Bestreben, doktrinäre Theorien zu verwirklichen, begründet worden, sondern hat sich organisch aus den älteren Ordnungen entwickelt. Zum Schutze der jungen Demokratie führte Kleisthenes den *Ostrakismos* ein, der nach seiner Bestimmung ausschließlich gegen die Peisistratiden und gegen die Tyrannenfreunde gerichtet war. Erst später haben die Athener dieser Einrichtung eine andere Spitze gegeben.

Noch ehe das 6. Jahrhundert zu Ende ging, sollte der neue Staat sich in einer gefährlichen äußeren Krisis bewähren (506). Gleichzeitig von den Lakedämoniern, Böotern und Chalkidiern angegriffen, schlugen die Athener, nachdem der peloponnesische Angriff durch den Zwist der Könige mißglückt war, die anderen beiden Feinde zurück und gewannen in dem reichen chalkidischen Gebiet mehrere tausend Ackerlose für athenische Kleruchen. Daß die Athener in dieser Notlage einen Versuch gemacht hatten, persische Hilfe zu gewinnen, zeigt, welche Bedeutung das persische Weltreich damals auch für Hellas gewonnen hatte. Der Versuch scheiterte freilich an der von Persien gestellten Bedingung der Anerkennung der persischen Oberhoheit, die das Volk unter Mißbilligung der Gesandten schroff ablehnte. So ist diese durch die Notlage erzwungene perserfreundliche Politik nur eine kurze Episode geblieben.

Die Kultur der Übergangszeit

Das 7. und 6. Jahrhundert bilden den Kern der Übergangszeit, die von der mittelalterlichen Welt hinüberführt zu den Höhen der „klassischen“ Zeit des 5. Jahrhunderts. Wie für das politische, soziale und wirtschaftliche Leben, so ist sie auch für das geistige und künstlerische Leben eine Zeit von außerordentlich starker Bewegung. Der Geist, der uns auf jenen Gebieten entgegentrat, herrscht auch hier. Im Gegensatz zu der ritterlichen und höfischen Dichtung und Kunst des Mittelalters sehen wir jetzt die Kultur immer mehr in weitere Kreise des Volkes eindringen, entsprechend der politischen Entwicklung, während anderseits die Einzelpersönlichkeit sich immer stärker hervordrängt, bereit, sich über die Normen der Tradition hinwegzusetzen. Führer ist auch jetzt noch Ionien, aber auch das Mutterland nimmt einen gesteigerten Anteil, und im Gegensatz zu der mehr gleichförmigen Kultur des Mittelalters treten jetzt die lokalen Entwicklungen stärker hervor, und so bahnt sich die einzigartige Vielseitigkeit der griechischen Kultur an.

In der *Dichtung* wird einerseits das homerische *Epos* weiter gepflegt, Ilias und Odyssee finden jetzt ihre letzte Gestalt; andere Sagenstoffe, namentlich auch des Mutterlandes, werden in den sogenannten kyklischen Epen in homerischer Weise behandelt, und die Rhapsoden, die jetzt nicht nur an den Fürstenhöfen, sondern auch an den großen religiösen Volksfesten vortragen, dichten den betreffenden Gott ehrende Einleitungen (Proömien), von denen uns mehrere als „Homerische Hymnen“ erhalten sind. Aber eine völlig neue Wendung nimmt das Epos am Beginn unserer Periode durch *Hesiod*, den Bauernsohn aus Askra in Böotien, der im Gegensatz zu dem hinter der Dichtung völlig zurücktretenden Homer als Vertreter des neuen Subjektivismus ein Vorläufer der Lyriker, aber in den alten epischen Formen, mit seinem Namen und seinen persönlichen Erlebnissen hervortritt und so die älteste europäische Dichtergestalt ist – auch der erste Grieche, der in Fleisch und Blut vor uns steht. In seine und seines Bruders Lebensschicksale führt er uns in seiner Dichtung „die Arbeit“ (Erga), in der er im Gegensatz zu den aristokratischen Anschauungen den sittlichen Adel der Arbeit in schönen Worten besungen hat. Als ein eigener Grübler und Denker steht er in seiner „Theogonie“ vor uns, in der er, angeregt durch die Disharmonie zwischen seinen heimischen Göttern Böotiens und den olympischen Göttern Homers, die gesamte Götterwelt zu systematisieren versucht hat, in der er aber auch zum erstenmal die Ethik in die Götterwelt hineingetragen hat, indem er die Gerechtigkeit (Dike) zur untrennbaren Begleiterin des Zeus machte. Diese Form der lehrhaften Dichtung hat dann viele Nachahmung gefunden in den *genealogischen Epen*, in denen die verschiedenen Lokalsagen, namentlich des Mutterlandes, behandelt wurden.

Als etwas völlig Neues tritt zu Beginn unserer Periode die *Lyrik* hervor, die die verschiedensten neuen Formen schuf, in engem Zusammenhang mit dem großen Aufschwung, den damals die *Musik* nahm, die, von Lydien und Phrygien beeinflußt (vgl. die lydischen und phrygischen Tonweisen), von Kleinasien her über Griechenland sich verbreitete und in den Jugendunterricht aufgenommen wurde. Die ältesten uns bekannten Vertreter dieser neuen dichterischen Kunst, in der der Individualismus dieser Zeit hervorbricht, stehen schon als vollendete Meister, wie vom Himmel gefallen, vor uns: die Vorläufer sind uns verloren. Als größter Meister galt den Griechen *Archilochos von Paros* (Mitte des 7. Jahrhunderts), den sie wie Homer als Archegeten seiner Kunst verehrten. Als Landsknecht weit umhergetrieben in Not und Kampf, hat er, was ihn in Liebe und Haß bewegte, in den verschiedensten Formen, namentlich in Elegien (Hexameter + Pentameter) und Iamben, in leidenschaftlichster Weise zum Ausdruck gebracht. Nicht das Menschenlos im allgemeinen, sondern nur, was er selbst empfand und litt, bewegte ihn. Hoch ragt er über den jüngeren Zeitgenossen *Semonides von Amorgos* und gar den Spötter *Hipponax* (6. Jahrhundert) hervor. Weniger persönlich, seine Kunst in den Dienst des Vaterlandes stellend, tritt uns ein älterer Zeitgenosse des Archilochos, *Kallinos von Ephesos*, in den uns erhaltenen Elegien entgegen, in denen er den Tod fürs Vaterland als höchste Ehre preist und zum Kampf gegen die Kimmerier anfeuert. Ihm verwandt ist der Spartaner *Tyrtaios*, der im Zweiten Messenischen Kriege durch seine begeisternden Kriegslieder, in denen auch er den Heldentod fürs Vaterland in ergreifenden Worten pries, praktisch wirkte – der erste mutterländische Dichter dieser Art (s. S. 104). Bald danach hat auch der athenische Staatsmann *Solon* Elegie und Iambos benutzt, um politisch auf seine Mitbürger einzuwirken und namentlich sein eigenes großes Reformwerk zu rechtfertigen, der *älteste Publizist* der Griechen, der aber auch als ernster Attiker dem zum Lebensgenuß auffordernden Ionier *Mimnermos* entgegentrat. Als Vertreter praktischer Staatsweisheit, wie sie in seinen Gedichten und seinen Taten uns entgegentritt, ist Solon später zusammen mit anderen hervorragenden Staatsmännern seiner Zeit, wie Periander von Korinth, Pittakos von Mytilene, Thales, Bias u.a., zu dem Kreis der „Sieben Weisen“ zusammengeschlossen worden. Ähnlich wie Solons Gedichte die heftigen sozialen Kämpfe Athens beleuchten, so lassen uns die etwas jüngeren Elegien des *Theognis von Megara* in die dortigen leidenschaftlichen Parteikämpfe zwischen Adel und Volk hineinblicken. Zeitgenossen des Solon waren die lesbischen Meister des lyrischen Einzelliedes, *Alkaios* und *Sappho*, jener ein stolzer Adliger, der den Kampf gegen die Tyrannen pries, aber auch die Freuden des Lebens besang, Sappho, ihn hoch überragend, die größte Dichterin nicht nur der Griechen, die ihrer Liebe zu den ihrer Erziehung anvertrauten jungen Freundinnen leidenschaftlichen Ausdruck gab. Gegenüber den schmählichen Versuchen späterer Jahrhunderte, Unsittliches in diesem Verhältnis zu wittern, steht das Münchener Vasenbild des 6. Jahrhunderts, das den Alkaios, gesenkten Hauptes vor der hohen Frau stehend, darstellt. Platon hat sie als zehnte den Musen hinzugefügt. Am Ende des 6. Jahrhunderts ward das Einzellied zu neuer Blüte durch *Anakreon* gebracht, der, ewig jung, an den Tyrannenhöfen seine lebensfrohen Lieder sang. Auch die Chorlieder, die in schlichten Formen gewiß von jeher namentlich im religiösen Kult zum rhythmischen Tanz gesungen waren, fanden im 7. und 6. Jahrhundert ihre festen Kunstformen. Wir kennen etwas von den reizvollen Chorliedern, die gegen Ende des 7. Jahrhunderts *Alkman* für die spartanischen Jungfrauenchöre gedichtet hat. Dem nächsten Jahrhundert gehören als Führer der Chorlyrik *Stesichoros* und *Ibykos* an, beide aus dem Westen und leider beide uns wenig bekannt.

Dieses unerschöpfliche 6. Jahrhundert sollte auch noch die Vorläufer der attischen *Tragödie* bringen. Sie ist hervorgegangen aus der auf attischem Boden vollzogenen Vereinigung zweier ganz disparater Kunstformen, der Chorlyrik, wie sie der Lesbier *Arion* in Korinth anfangs des 6. Jahrhunderts im Dionysoskult entwickelt hatte, und des erzählenden ionischen Iambos. Vielleicht hatte schon Arion die Sänger der Dionysoslieder im Anschluß an den dionysischen Mummenschanz als Chöre von Böcken oder Satyrn auftreten lassen. Der originelle Gedanke aber, diesen „Bockschören“ (*τραγικοὶ χοροί*) als „Antworter“ (*ὑποκριτής*) in Iamben gegenüberzutreten, ist die Tat des *Thespis* aus Ikaria in Attika, der an den von Peisistratos begründeten

Dionysien des Jahres 534 zum erstenmal mit dieser Erfindung hervortrat. Ihre Weiterentwicklung kennen wir erst aus dem 5. Jahrhundert.

Auch auf *religiösem* Gebiet sehen wir im 7. und 6. Jahrhundert ein bewegtes Leben vor uns. Das immer weitere Vordringen der homerischen Dichtungen in die breiteren Volksschichten führte auch zu einem stärkeren Hervortreten der nun staatlich anerkannten homerischen Götter gegenüber den seit alters fortbestehenden lokalen Kulten. Es fanden manche gegenseitige Beeinflussungen statt, indem einerseits der Anthropomorphismus der olympischen Götter vielfach auch auf die lokalen Götter überging und die alten Fetische verdrängte, anderseits von den lokalen Kulten doch auch manches auf den Kult der olympischen Götter übertragen wurde. Daneben ist es charakteristisch, daß entsprechend der politischen Entwicklung gerade die Bauernkulte es waren, die sich zu besonderer Bedeutung entwickelten, namentlich der der Demeter (Landbau) und des aus Thrakien stammenden Dionysos (Weinbau). Im Zusammenhang mit der fortschreitenden Vermenschlichung der Götter führte aber der allgemeine Fortschritt der geistigen Kultur immer mehr zur Anschauung von den Göttern als sittlichen Mächten, in denen man die Quelle des Rechts und die Schützer der Gerechtigkeit sah (wie in Zeus schon bei Hesiod). So schwand, wie die Vorstellung von den rohen, in den Fetischen wohnenden Naturmächten wich, auch das Rohe im Kult, wie die Menschenopfer, die durch symbolische Handlungen abgelöst wurden. Diese Ethisierung der Götter hatte zur Folge, daß die Menschen den Abstand von der Gottheit desto lebhafter empfanden. Wer sich überhebt (*ὕβρις*) und nach Gottähnlichkeit strebt, den trifft der „Neid der Götter". Das war der Grundgedanke der Religiosität im Zeitalter der Sieben Weisen. Ihnen schrieb man jene Sprüche zu, wie „Erkenne dich selbst" (*γνῶθι σεαυτόν*), „Nichts im Übermaß" (*μηδὲν ἄγαν*), „Maßhalten ist das Beste" (*μέτρον ἄριστον*) u. a., von denen manche in der Vorhalle des Apollontempels in Delphi eingemeißelt waren.

Mit der Frömmigkeit wuchs auch der Glaube an die *Orakelkraft* der Götter. Zu den alten, schon im Mittelalter verehrten Orakelstätten kamen neue hinzu. Das bedeutendste von allen wurde das Orakel des *Apollon von Delphi*, das unter dem Einfluß des Dionysos von der Los-Mantik zur Inspirations-Mantik überging. Der Ruhm dieses Orakels und seines Gottes, der erst jetzt und hier in Delphi zu dem reinigenden Gott wurde, der die Sünden sühnte und den Menschen das Heil offenbarte, ging bald über die Grenzen der Griechenwelt hinaus: schon im 7. Jahrhundert hatte es Gyges von Lydien befragt,

Kroisos im 6. Jahrhundert. Und so wuchs durch die von den dankbaren Fragern gestifteten Weihgeschenke der Reichtum des Tempels (S. 127). Im ganzen hat diese Entwicklung, die schließlich zu einer an den Orient erinnernden Machtstellung der delphischen Priesterschaft führte, keine erfreulichen Wirkungen gehabt, zumal auch politische Entscheidungen in ihre Hand gelegt wurden, was sich dann zur Zeit der Perserkriege als verhängnisvoll erweisen sollte. Aber auch die gewöhnlichen privaten Anfragen, die sich auf praktische Alltagsfragen bezogen, mußten zu einem Sinken der selbständigen Entschlußfähigkeit führen. Entsprechend der gesteigerten Religiosität und anderseits dem wirtschaftlichen Aufschwung wuchs die Pracht der Tempel, die man den menschengestaltigen Göttern als Wohnhäuser baute, sowie der Glanz der *Götterfeste*. Zu den penteterischen olympischen Spielen der alten Zeit kamen die gleichfalls penteterischen pythischen und die trieterischen isthmischen und nemeischen Spiele hinzu (s. S. 72). Im Jahre 566/5 wurden die Großen Panathenäen gegründet, für die Peisistratos einen musischen Agon einführte.

Ein vertieftes Interesse für den *Totenkult* trat in dem steigenden Luxus der Leichenbegängnisse hervor, gegen den gelegentlich die Gesetzgebungen, wie die des Solon, auftraten. Lakonische Grabsteine zeigen den Toten vor reichbestellten Opfertischen. Die Namen der Toten wurden auf die Grabsteine geschrieben – in Sparta freilich nur von denen, die für das Vaterland gefallen waren! Die homerische Vorstellung von den schattenhaften Abbildern (εἴδωλα), die nach dem Tode ohne Bewußtsein ein freudloses Dasein führten, konnte diese Zeit des Individualismus nicht befriedigen. Der erwachende Wunsch nach bewußtem Weiterleben im glückseligen Jenseits, zu dem die olympischen Götter nicht verhelfen konnten, fand besondere Pflege in jenen Bauernkulten der Demeter und des Dionysos. Hier bildeten sich *Geheimkulte* (Mysterien), die dem Eingeweihten die Gewißheit des ewigen Lebens im Jenseits gewährten. Dies war der leitende Gedanke in den eleusinischen Mysterien, in denen der trostreiche Mythos von dem Raub der Persephone und ihrer Wiederauffindung durch Demeter, der in heiligen Passionsspielen den Geweihten vorgeführt wurde, den Mittelpunkt bildete. Wie hier der Geweihte durch ein Sakrament zum Kind der „Mutter Erde" wurde, so strebte auch der Dionysoskult im Gegensatz zu der herrschenden alten griechischen Frömmigkeit nach Gottähnlichkeit der Gläubigen. In diesem orgiastischen Kult wurde sie durch die Ekstase erreicht, in der der Mensch zur Gottheit aus sich heraustrat (ἐξίστασθαι), oder durch das Sakrament des Essens von heiligen Tieren, wodurch man den Gott selbst in sich aufnahm (ἔνθεος, ἐνθουσιασμός).

Aus allen diesen Zeitströmungen heraus ist die Entstehung der *orphischen Religion* zu verstehen, die, seit dem 7. Jahrhundert sich entwickelnd, im 6. Jahrhundert in Attika ihre feste Form fand. Sie trat mit dem Anspruch einer geoffenbarten Religion auf; denn sie kündete ihre Lehre in Gedichten, die dem uralten Heros der Kitharoden *Orpheus* als Religionsstifter zugeschrieben wurden. Durch diese dogmatische Festlegung eines theologischen Systems widerspricht diese Orphik den sonst in diesem Punkt so freien griechischen Anschauungen und erinnert mehr an die offenbarten Religionen des Orients. Daß wirklich orientalische Einwirkungen anzunehmen sind, wofür außer dem Dogmatischen auch manches in dem Ideeninhalt spricht sowie die Leichtigkeit, mit der gerade fremde Kulte, wie der der phrygischen Göttermutter, des Sabazios u.a., hineingezogen wurden, wird immer mehr anerkannt. Das Ziel der Orphik, in dem ihre große Anziehungskraft lag, war, dem Menschen ein seliges Leben nach dem Tode im Jenseits zu sichern, und zwar *allen* ohne Unterschied, auch den Sklaven. Die Seele des Menschen, die nach ihrer Lehre ein Teil des Göttlichen und daher unsterblich war, die im Diesseits im Körper nur wie in einem Grabe ruhte (*σῶμα σῆμα*), mußte zu ihrer Läuterung durch Tier- oder Menschenleben hindurchwandern, bis sie nicht nur durch die Weihe, sondern auch durch ein mehrmaliges sündloses Leben erlöst wurde und Eingang fand zu den Inseln der Seligen in Kronos' Reich, während die Nichtgeweihten und die Sünder zu den Qualen der Hölle verurteilt waren. Diese orphische Religion ist namentlich von Peisistratos gefördert, aber niemals zur Staatsreligion erhoben worden. Wohl haben einzelne Gedanken auf die Philosophen Einfluß gewonnen, wie auf Pythagoras und durch die pythagoreische Schule auf Platon, aber im ganzen hat die Orphik nur in einer Unterströmung, einer Sekte, namentlich in den unteren Volksschichten, weitergelebt, ist jedoch in ihren Einwirkungen noch bis ins Christentum hinein zu verfolgen.

Daß dieses orphische Evangelium trotz aller Propaganda seiner Wanderpropheten nicht zur Herrschaft gekommen ist, ist ein Glück für Griechenland gewesen; denn trotz mancher tiefer und schöner Gedanken barg es doch durch die dogmatische Festlegung seiner Lehrsätze, die dem Denken Schranken setzte, manche Gefahren für die freie Entwicklung des griechischen Genius in sich und konnte leicht zu Hierarchie und Gedankenzwang nach orientalischer Weise führen. Daß die Freiheit bewahrt wurde, ist das Verdienst der *großen geistigen Gegenströmung*, die in demselben 6. Jahrhundert, in dem in Attika die Orphik feste Gestalt annahm, von Ionien ausging. Wie für die

Orphik war auch für sie das Unbefriedigtsein mit der offiziellen olympischen Götterwelt die Voraussetzung, aber sie suchte die Lösung in entgegengesetzter Richtung, indem sie, unter Ablehnung von Offenbarung und Tradition, volle Gedankenfreiheit beanspruchte. Das war die große Tat jener *ionischen Naturphilosophen,* die damit überhaupt erst ein wissenschaftliches Denken ermöglicht haben. Während auch die Griechen bis dahin, wie der Orient, die Naturvorgänge nur mythologisch aus Betätigungen ihrer Götter zu erklären gewußt hatten, traten hier jetzt Männer auf, die die Gesetzmäßigkeit der Natur zu ahnen und ihren Gesetzen nachzugehen begannen, und zwar sind es im Gegensatz zu der anonymen oder pseudonymen Orphik starke selbstbewußte *Individuen,* die mit ihrem Namen für ihre Ansichten eintraten und, soweit sie überhaupt schriftliche Aufzeichnungen machten, sich meist der jetzt durch sie sich bildenden ionischen Kunstprosa bedienten. Sie gingen dabei nicht induktiv, sondern rein spekulativ vor und griffen in naivem Selbstvertrauen sogleich zu den letzten Fragen, wie nach dem Urstoff der Welt (ἀρχή). Gewiß konnten sie die Welträtsel so nicht lösen, sondern kamen zu den widersprechendsten Ansichten – so fand der eine jenen Urstoff im Wasser (Thales), ein anderer (Anaximander) in dem Unbegrenzten (ἄπειρον), wieder ein anderer in der Luft (Anaximenes) –, aber das Große und Epochemachende ist, daß sie überhaupt das Problem gestellt haben. Vor allem aber haben sie den ersten Grund gelegt zu dem Begriff der *Wissenschaft als eines um die praktische Nutzanwendung unbekümmerten Strebens nach der Wahrheit um ihrer selbst willen,* zu dem wir uns noch heute bekennen.

Das bedeutet einen Wendepunkt in der Geschichte der Menschheit; denn noch niemals und nirgends war dieser Begriff erfaßt worden. Es ist ein weitverbreiteter Mißbrauch, wenn von der *„Wissenschaft" der alten Ägypter und Babylonier* gesprochen wird. Reiches *Wissen* haben diese gewonnen auf vielen Gebieten, empirische Einzelbeobachtungen oft von erstaunlicher Feinheit haben sie zur Befriedigung praktischer Zwecke angestellt, und von ihrem Wissen ist manches übergegangen auf die griechischen Forscher. Aber von den Einzelbeobachtungen haben diese Orientalen sich nie durch Abstraktion zu allgemeinen Erkenntnissen erhoben; denn das Aufstellen und Verfolgen rein theoretischer Probleme und das Gewinnen von Lehrsätzen lag ihnen gänzlich fern. Das gilt von allen Gebieten. Wie das philosophische Nachdenken im Orient sich von den mythologischen und religiösen Voraussetzungen nicht loslösen konnte, so ist die *Astronomie* von den Babyloniern im Dienste der *Astrologie* betrieben worden, die auf ihrer religiösen Vorstellung beruhte, daß die Götter von den Sternen aus das Menschenschicksal bestimmten. Zur reinen Wissenschaft ward die Astronomie erst durch die Griechen. Die *mathematischen* Handbücher der Ägypter behandeln meist geometrische und arithmetische Aufgaben, wie das Alltagsleben sie ihnen stellte. Sie müssen freilich noch viel mehr gekonnt haben, wie die wunderbare Genauigkeit ihrer Bauten zeigt, aber zur Wissenschaft ward die Mathematik doch erst durch die Griechen, die Lehrsätze aufstellten. Die *medizinischen* Handbücher der Ägypter (vor allem ein in Amerika aufgetauchtes) zeigen zum Teil sehr beachtenswerte praktische Kenntnisse in der Behandlung von Krankheiten und in dem Verordnen von Rezepten, woneben freilich die Zaubermittel mit der Zeit eine immer größere Rolle spielten; aber zur Wissenschaft wurde die Medizin doch erst im 5. Jahrhundert durch *Hippokrates*, der als erster lehrte, daß alle Krankheiten ihre *natürliche* Ursache haben, und im Studium des menschlichen Körpers den Ausgangspunkt der Medizin sah. Wir lesen mit reicher Belehrung die ihrem Ruhme dienenden Aufzeichnungen der ägyptischen und babylonischen und assyrischen Könige über ihre Kriegszüge und Bauten, aber Darstellungen, die irgendwelche Ansätze zu einer historischen Betrachtung, zu einer Erhebung über die gleichzeitigen Tatsachen hinaus oder gar zu einer Kritik böten, suchen wir vergeblich. Ein großes historisches Problem (Orient und Okzident) hat doch erst *Herodot* behandelt, der auch zuerst nach den Gründen des Geschehens fragt und daher mit Recht der „Vater der Geschichte" heißt, und die historische Kritik hat *Thukydides* begründet. Aber auch schon ihr Vorläufer im 6. Jahrhundert, *Hekataios von Milet*, der die Welt durchwanderte und mit hellem Blick die Eigenarten der Völker, ihre Sitten und Gebräuche beobachtete und dann in seiner Periegese beschrieb, zeigt eine Betrachtungsweise, die wir in Ägypten und Babylonien nirgends finden. Hekataios hat sich zuerst klar zu der Erforschung der Wahrheit bekannt mit den bedeutsamen Worten seiner Vorrede, mit der er seine „Genealogien" eröffnet hat: „Hekataios, der Milesier, spricht folgendermaßen: dies schreibe ich *so, wie es mir wahr zu sein scheint;* denn die Erzählungen der Hellenen sind vielgestaltig und, wie sie mir vorkommen, lächerlich." So bleibt es der Ruhm der ionischen Forscher des 6. Jahrhunderts, daß sie der Wissenschaft, so wie wir sie verstehen, Bahn gebrochen haben. Diese ungeheure geistige Bewegung blieb aber nicht auf Ionien beschränkt. Wenn auch das Mutterland damals mit seiner Orphik keinen Boden für sie bot, so wurde sie doch nach Unteritalien verpflanzt. Dies geschah durch *Pythagoras*, den großen Mathematiker, der in Kroton eine Schule begründete, für deren Ordensregeln anderseits manche orphische Gedanken maßgebend wurden, sowie durch *Xenophanes*, der die olympischen Götter spottend ablehnte, aber zu einem wirklichen Monotheismus kam und in Elea in Unteritalien eine Schule stiftete.

Die bildende Kunst dieser Übergangszeit, die man einst, als man noch nichts Älteres kannte, die „archaische" getauft hat, bildet die direkte Fortsetzung der Kunst des Mittelalters, wie überhaupt nach dem tiefen Einschnitt, den die Völkerwanderungen verursacht hatten, die griechische Kunst von der „geometrischen" an durchaus stetig zur Höhe der „klassischen" Kunst des 5. Jahrhunderts hinaufsteigt. Jede Teilung, wie sie hier die Darstellung verlangt, zerreißt die gegebenen Zusammenhänge. Für die *Architektur* ist die wichtigste Neuerung, daß seit dem 7./6. Jahrhundert allmählich an die Stelle der Holz- und Lehmbauten der vorhergehenden Periode (S. 73) der *Steinbau* tritt. Wenn auch die Konstruktion des Tempels der früheren Zeit beibehalten wurde und im besonderen auch die durch die Holzkonstruktion gegebenen Formen einfach in Stein umgesetzt wurden (besonders kenntlich an der Gebälk- und Dachkonstruktion), so hat der Steinbau doch auch neue Formen geschaffen, und er erst hat zu der reichen Entwicklung des Tempelbaues geführt. Während im 7. Jahrhundert noch eine größere Mannigfaltigkeit der Formen bestanden zu haben scheint (vgl. das „äolische" Kapitell), treten etwa seit dem Anfang des 6. Jahrhunderts der *dorische* und der *ionische Stil* als die beherrschenden Stilgattungen hervor. Der dorische Stil, im Peloponnes geschaffen, versinnbildlicht mit seiner Wucht und Schwere den dorischen Charakter, während der ionische Stil mit seinen leichteren und schlankeren Formen der größeren Beweglichkeit des ionischen Geistes entspricht. Für Athen aber und seine Stellung in der Kunstwelt ist es charakteristisch, daß hier später eine Verbindung beider Kunststile erfolgte. Typisch für die beiden Stile sind ihre verschiedenartigen Säulenformen. Die dorische Säule ist, wie namentlich die ältesten Kapitelle zeigen, eine Umbildung der kretischen Holzsäule der mykenischen Zeit, nur verlangte beim Umsetzen in Stein das Gefühl für die statischen Gesetze, daß der Schaft nach unten statt nach oben breiter werden mußte, wodurch zugleich die mykenische Basis überflüssig wurde (S. 50). Charakteristisch für das Gebälk des dorischen Tempels ist der Wechsel der Triglyphen und Metopen über dem Architrav, die im ionischen Stile fehlen. Die ionische Säule dagegen, die drüben in Ionien geschaffen wurde, zeigt in dem Volutenkapitell die Nachahmung orientalischer Vorbilder. Während die älteren Tempel, in Nachbildung des Anaktenhauses hinten geschlossen, aus Cella und Pronaos mit Säulen zwischen den

Seitenpfeilern (in antis) bestehen, tritt dann, indem der Tempel auch hinten geöffnet wird, der Opisthodomos als Gegenstück zum Pronaos hinzu, und bald wird das Ganze von einem Säulenring (Peripteros) umschlossen, wofür man in Ionien wohl zum Ersatz für die dorische Wucht gern einen doppelten Säulenring (Dipteros) setzte. Der dorische Stil hat sich außerhalb des Peloponnes im Mutterlande sowie in Sizilien und Unteritalien ausgebreitet. So waren dorisch z.B. die Tempel des 6. Jahrhunderts auf der Akropolis von Athen, dorisch natürlich auch das Heraion in Olympia, an dem wir dank der Verschiedenartigkeit der Säulen die hier ganz allmählich durchgeführte Ersetzung der alten Holzsäulen durch Steinsäulen verfolgen können; dagegen der dorische Tempel von Assos in Kleinasien erscheint dort wie eine Ausnahme. Der ionische Stil beherrschte Kleinasien und die Inseln, nach Süden hin bis nach Lykien, ja, die Königsbauten von Persepolis und Susa zeigen Einflüsse ionischer Kunst (S. 88). In Ionien fand man bald, vielleicht nicht ganz ohne orientalischen Einfluß, Geschmack an ungeheuren Ausmaßen, wie sie der Heratempel von Samos und der Artemistempel von Ephesos zeigten. Beide Stile nebeneinander finden sich in Delphi, wo ja Staaten aus allen Teilen der Griechenwelt von Ost und West ihre Schatzhäuser (*ϑησαυροί*) zur Bergung ihrer Weihgeschenke, jeder in seinem Stil, errichteten. Hier finden sich bereits im 6. Jahrhundert an den Schatzhäusern der Siphnier und Knidier stützende Frauengestalten (Karyatiden) statt der ionischen Säulen, frühe Vorläufer der Koren des Erechtheions.

Die Ausschmückung der Tempel mit Giebelgruppen, Friesen, Metopen und Akroterien, dazu die Schaffung der Kultbilder, die nun in Stein oder Bronze gearbeitet wurden, stellten der *Plastik* große neue Aufgaben. Die statuarische Kunst der Griechen ist im 7. Jahrhundert vom Orient, besonders von Ägypten, in Ionien auch von der assyrischen und namentlich der hethitischen Kunst beeinflußt worden. Die ägyptische Statue des stehenden Mannes mit vorgesetztem linken Bein und herabgestreckten Armen ist das deutliche Vorbild der zahlreichen nackten Jünglingsstatuen, die irrig als „Apollon" bezeichnet zu werden pflegen. In der Entwicklung des Typus treten dann die verschiedenen lokalen Schulen hervor. Besonders breitschultrig und vierschrötig sind die Gestalten des Kleobis und Biton (vgl. Herodot I, 31), die in Delphi gefunden wurden, Werke des Polymedes von Argos, der sie offenbar unter kretischem Einfluß gearbeitet hat; zierlich und schlanker sind meist die Figuren ionischer Arbeit. Historisch interessante Proben sitzender Männerfiguren sind die Branchidenstatuen (6. Jahrhundert), die die Heilige

Straße zum Didymaion bei Milet nach ägyptischer Weise flankierten, wuchtige Gestalten, die in der hethitischen Kunst ihre Vorbilder haben. Eine reiche Entwicklung zeigen die bekleideten Frauengestalten, bei denen auch wieder die Unterschiede der Schulen in Ionien, auf den Inseln, im Peloponnes, in Athen usw. stark hervortreten. Während die ältesten, etwa eine samische Frauengestalt (7. Jahrhundert), wie aus einem Balken herausgeschnitten erscheinen, wetteifern später die ionischen Frauenfiguren in der raffiniertesten Wiedergabe der faltenreichen Gewänder. Diese ionische Kunst, die namentlich auch auf Chios geblüht hat, hat im 6. Jahrhundert mehr und mehr befruchtend auf die des Mutterlandes gewirkt. Im besonderen hat *Peisistratos* ionische Künstler, die zum Teil wegen der Perser die Heimat verließen, nach Athen gezogen, wo die attischen Künstler, die vorher schon ihren eigenen Stil entwickelt hatten, viel von ihnen gelernt haben; doch haben sie sich dann (Ende des Jahrhunderts) wieder von ihnen freigemacht. Die altattische Plastik tritt uns in Marmorwerken wie der Stehenden Göttin des Berliner Museums (um 600) und dem sogenannten Kalbträger sowie in Arbeiten aus dem weicheren Poros wie den Giebelfiguren der Akropolis entgegen. Jene ionisch-attische Plastik des 6. und beginnenden 5. Jahrhunderts ist uns erst durch die systematischen Ausgrabungen auf der Akropolis von Athen bekanntgeworden, die in den achtziger Jahren des vorigen Jahrhunderts im besonderen jene große Reihe von reizvollen Mädchengestalten hervorzauberten, die als Votivfiguren auf der Burg auf hohen Pfeilern aufgestellt gewesen waren. Auch in der Verwendung des Marmors ist der Osten vorangegangen. Anfangs (nicht vor 600) verarbeitete man dort den naxischen, dann den viel schöneren parischen Marmor. Im Mutterlande wie im Westen hat diese neue Technik erst ganz allmählich Eingang gefunden. Zur vollen Herrschaft ist der Marmorbau überhaupt erst im perikleischen Athen gekommen. Im 6. Jahrhundert wurde es noch sehr bewundert, als die Alkmeoniden dem gewaltigen neuen Apollontempel von Delphi, der statt des 548 abgebrannten kleineren errichtet wurde, wenigstens eine marmorne Fassade gaben. Im übrigen fanden sich im 6. Jahrhundert in Delphi schon genug Marmorarbeiten, da ja auch von Osten her viel dorthin gestiftet wurde. Aber auch die Athener haben am Ende des Jahrhunderts dort ihr schmuckes Schatzhaus, das aus den Trümmern wieder errichtet werden konnte, vollständig aus Marmor erbaut. Wie die Marmortechnik ist auch der *Bronzehohlguß*, der nach neuesten technischen Untersuchungen auch der ägyptischen Kunst gegenüber ein völlig neues Verfahren darstellt, von Ionien aus dem Mutterland zugeführt worden. Die samischen

Bild 11: Lakonische Schale

Bild 12: Lakonische Schale

Meister Theodoros und Rhoikos (im 6. Jahrhundert) werden als Erfinder dieser Kunst genannt. Die Bronzeplastik ist dann namentlich im Peloponnes, besonders in Argos, zu großer Bedeutung gekommen. Zu den ältesten bronzenen Kultbildern gehörte der Apollonkoloß von Amyklai, für den Bathykles von Magnesia den berühmten „Thron" geschaffen hat.

Die *Malerei* diente in dieser Zeit einmal der Vervollständigung des Eindruckes der Bauten und der Skulpturen. Nicht der ganze Baukörper war bunt bemalt, wie man eine Zeitlang annahm, sondern nur gewisse Teile des Gebälks und des Giebels des Tempels waren zur schärferen Hervorhebung der Bauglieder bemalt, während er bis zum Kapitell hinan in völliger Weiße dastand. Ebenso beschränkte sich die Bemalung der Statuen, abgesehen von einzelnen Gewandteilen, auf gewisse Linien des Gesichts; vor allem gab die malerische Behandlung der Augen den Statuen den lebensvollen Ausdruck, den wir bei unseren heutigen schneeweißen toten Marmorbüsten vermissen. Die Malerei war Ende des 6. Jahrhunderts in Ionien aber auch schon zu selbständigen größeren Kompositionen vorgeschritten. Wohl nicht unbeeinflußt von der Historienmalerei des Orients hat Mandrokles, der die Bosporus- ▫ brücke für Darius' Skythenfeldzug (etwa 513) gearbeitet hatte, ein großes *Tafelbild* mit der Darstellung des persischen Brückenüberganges in den Heratempel seiner Vaterstadt Samos gestiftet (Herodot IV, 88). Wir können heute neben jener hilfsweisen Verwertung der Malerei in Architektur und Plastik nur noch die Tonmalerei studieren, diese allerdings an vielen Tausenden von bemalten Vasen aus Griechenland und dem gesamten griechischen Kolonial- und Handelsgebiet, besonders aus Italien (Etrurien!), dazu an bemalten Tonplatten und den schönen Tonsarkophagen von Klazomenä. Da es sich zum großen Teil um Exportwaren handelt, läßt sich an diesen Funden in Italien, ebenso wie in Naukratis und in Südrußland, feststellen, daß die Ausfuhr der ionischen Vasen, die zunächst auf dem Markt vorgeherrscht hatte, etwa seit der Mitte des 6. Jahrhunderts, wo die persische Besetzung begann und anderseits Athen unter Peisistratos einen großen wirtschaftlichen und künstlerischen Aufschwung nahm, vom attischen Export mehr und mehr zurückgeschlagen wurde. Während der orientalisierende Dekorationsstil, der schon im 8. Jahrhundert eingesetzt hatte (S. 74), auch weiterhin noch geübt wurde, begann man im Laufe des 7. Jahrhunderts von der bisher wesentlich ornamentalen Dekoration der Vasen zu *figürlichen* Darstellungen überzugehen, indem man den Stoff gern den unerschöpflichen Götter- und Heldensagen entnahm. Der beispiellose Reichtum des griechischen Lebens tritt uns auch hier wieder in den großen lokalen Unterschieden bezüglich der Stoffwahl wie der stilistischen Ausführung, auch der Gefäßformen, entgegen. Als Beispiel für solche lokalen Sonderheiten sei hier nur auf die früher für kyrenäisch gehaltenen, jetzt als spartanisch erkannten Schalen hingewiesen, auf denen historische Szenen dargestellt sind, z. B. wie Arkesilaos von Kyrene (6. Jahrhundert) dem Verladen von Silphion (S. 93) beiwohnt, oder wie junge Krieger auf ihren Schultern die Leichen gefallener Männer vom Schlachtfeld forttragen – ein ergreifendes Bild von echt spartanischem Ethos. Attika, das einst in der geometrischen Zeit im Dipylonstil die Höhe erreicht hatte, ragte auch jetzt neben Ionien, Korinth u. a. hervor. Ein attisches Meisterwerk aus der Zeit um 560 ist die in Chiusi (in Etrurien) gefundene sogenannte *François-Vase* mit ihren reichen mythischen Darstellungen (S. 90). Es kommt hier die neue Technik der *schwarzfigurigen Silhouettenmalerei* mit eingeritzter Innenzeichnung zur höchsten Vollendung. Erst durch die Funde der achtziger Jahre im „Perserschutt" der Akropolis haben wir gelernt, daß die *rotfigurigen Vasen* nicht erst im 5. Jahrhundert, sondern schon in der zweiten Hälfte des 6. Jahrhunderts (um 530) neben diesen schwarzfigurigen aufgetreten sind, die sie dann schließlich abgelöst haben.

Eine Neuerung an den Kunstwerken dieser Periode ist die Beschriftung. Aber nicht die Beischriften zu den mythologischen Darstellungen der Vasen sind das Interessanteste, sondern die *Künstlerinschriften*, die mit dem 7. Jahrhundert beginnen und künden, daß der und der das Kunstwerk gemacht hat (*ἐποίησε* o. ä.). Diese Inschriften bezeugen uns, wie völlig anders die Stellung des griechischen Künstlers zu seinem Werk war als die des orientalischen. Der Orient nennt niemals den Künstler als den Schöpfer seines Werkes: dort ist es mehr die Zunft, die als Schöpfer gilt, wenn man das Werk nicht gar einem Gotte zuschreibt. Mit Unrecht sieht man eine Analogie in gewissen seltenen Werken des Alten Reiches, in denen der ägyptische Künstler sich selbst im Kreise der Familie des Auftraggebers mit dargestellt hat; denn es fehlt hier trotz des Namens die Hauptsache, nämlich die Angabe, daß er das Werk *geschaffen* hat! In Griechenland dagegen bekennt sich, sobald die Schreibkunst sich weiter verbreitet hat, der Künstler stolz zu seinem Werk. Es ist derselbe Individualismus, der uns bei Hesiod und den Lyrikern wie bei den ionischen Naturphilosophen entgegentrat. Mag auch der Orient zu Beginn dieser Periode noch manches die Griechen in Kunst und Technik gelehrt haben, es ist doch eine tiefe Kluft zwischen diesen beiden Welten – und sie wird immer größer.

VI. DIE FREIHEITSKRIEGE

Der Ionische Aufstand

Nachdem die kleinasiatischen Griechen dem Perserreich einverleibt waren und, zugehörig zu der ionischen Satrapie, die dem Satrapen von Sardes unterstellt war, als Untertanen Tribut zu zahlen und Heeresfolge zu leisten hatten, erweckte der zunehmende Druck mehr und mehr die Sehnsucht nach der alten Freiheit. Hatten sie doch nicht nur die politische Selbständigkeit nach außen hin, sondern auch die Souveränität in der inneren Politik, das „Recht, nach eigenen Gesetzen zu leben", die „Autonomie", verloren, da die Perser überall das Aufkommen von Tyrannen förderten, die wie persische Vögte ihnen auf dem Nacken saßen. Aber auch wirtschaftlich fühlten sie sich allmählich durch die persische Weltmacht eingeschnürt und hatten manchen Außenposten, wie Naukratis, für ihren Handel verloren. Der Skythenfeldzug des Darius (513?) und die daran sich anschließende Unterwerfung der thrakischen Südküste bis zum Strymon, durch die auch die Nordufer des Hellesponts und der Propontis sowie das Westufer des Schwarzen Meeres persisch wurden, führte zu einer weiteren Beschränkung des ionischen Einflusses. Die Versuche einzelner Städte, wie Byzanz, Chalkedōn, Perinth u. a., sich der Perserherrschaft zu entziehen, hatten damals zu keinem Erfolg führen können. Aus diesen politisch-nationalen und wirtschaftlichen Gründen gärte es seit Jahren im stillen in der kleinasiatischen Kolonialwelt, als im Jahre 500 die persönlichen Motive des *Aristagoras* den äußeren Anlaß zum Ausbruch des Aufstandes gegen die Perserherrschaft gaben. Dieser ehrgeizige Mann, der in Vertretung des nach Susa berufenen Histiaios die Tyrannis in Milet führte, hatte den Artaphernes, den Satrapen von Sardes, zu einer persisch-ionischen Expedition gegen Naxos veranlaßt. Als diese scheiterte und dadurch seine Stellung bei den Persern erschüttert war, rief er, der die Stimmung der Ionier kannte, diese zum Kampf gegen Persien auf, um so bei den Griechen als Führer und Retter die erste Rolle zu spielen. Trotz der Warnungen des Hekataios von Milet, der die unerschöpflichen Hilfskräfte des Perserreiches kannte, fand er begeisterte Zustimmung, und schnell pflanzte sich von Milet aus der Aufstand an der Küste fort. An ein Gelingen war nur zu denken, wenn das Mutterland die Sache seiner Söhne zu der seinigen machte. Aber als Aristagoras im Winter 500/499 zu diesem Zweck in Hellas verhandelte, wurde er von Sparta abgewiesen; nur Athen schickte 20 Schiffe und Eretria 5. Das war alles, was das Mutterland tat, und damit war das Schicksal der Ionier besiegelt, ähnlich wie das der Buren in ihrem Kampf gegen die englische Weltmacht, als sie sich in ihrer Hoffnung auf die Intervention der europäischen Kontinentalmächte getäuscht sahen. Die Entsendung eines spartanischen Hoplitenheeres nach Asien war freilich nicht zu verlangen, stand aber auch nicht in Frage. Hätten dagegen die großen Seemächte des Peloponnesischen Bundes, Korinth und Ägina, ihre Flotten gesandt und durch dies Beispiel die übrigen Griechen mit fortgerissen, so hätte wohl schon damals ein Erfolg errungen werden können, wie 20 Jahre später gegen Xerxes, um so mehr, als jetzt die kleinasiatischen Griechen mit den Hellenen zusammengestanden hätten, die später gegen sie fechten mußten. Aber Sparta fühlte sich, abgesehen von seiner historisch begründeten Abneigung gegen auswärtige und nun gar überseeische Unternehmungen, durch seine Feindschaft gegen Argos gebunden und hat auch in der nächsten Zeit einen blutigen Bruderkrieg gegen Argos geführt. So ist denn Athen, damals noch unter der Leitung der Alkmeoniden, durch seine Stammesverwandtschaft mit den Ioniern und seine Furcht vor der Rückkehr des Hippias zu einer Politik, wie sie der große Augenblick verlangte, bestimmt worden, freilich nur vorübergehend, da sehr bald die Tyrannenfreunde ans Ruder kamen und für strikte Neutralität eintraten.

Für die Aufständischen war es ein Glück, daß in dem Riesenreich der Perser Rüstungen sehr langsam vonstatten gingen. So gelang es ihnen (499), im ersten Ansturm – man denkt auch hier an die Anfangserfolge der Buren – die Stadt Sardes zu nehmen, die in Flammen aufging. Wiewohl sie vor dem herannahenden Entsatzheer sich an die Küste nach Ephesos zurückziehen mußten, bewirkte jener glänzende Erfolg doch den Anschluß von Karien, Lykien und Cypern. Daß die Athener von Ephesos aus ihre Schiffe zurückzogen, wird mit jenen innerpolitischen Wandlungen zusammenhängen. Dann aber erfolgte der Umschwung! Trotz eines Sieges der ionischen Flotte über die phönikische auf der Höhe von Salamis auf Cypern wurde diese Insel von den Persern zurückerobert. Hierauf konnten die Perser ihre gewaltigen Streitkräfte zur Niederwerfung der griechischen Städte verteilen, so daß diese den Zusammenhang verloren und jede für sich zu kämpfen hatte. Heldenmütig haben die Aufständischen noch einige Jahre gegen die Übermacht durchgehalten, dann brach ihre moralische Energie in der Seeschlacht bei Lade (495?) zusammen: Meuterei gegen den erwählten Führer und innerer Zwist und endlich offener Verrat in der Schlacht führten eine vollständige Niederlage herbei. Da Milet hiernach von der Seeseite blockiert werden konnte, war es trotz seiner Mauern nicht mehr uneinnehmbar. Im Jahre 494, dem sechsten Jahre des Aufstandes, wurde diese Königin unter den Griechenstädten gestürmt und völlig zerstört mitsamt dem Apollontempel von Didyma, dessen Schätze der aufgeklärte Hekataios einst für die Kriegführung hatte verwenden wollen, die nun aber dem Perser in die Hände fielen. Die Bevölkerung wurde zum Großkönig nach Susa deportiert und an der Tigrismündung angesiedelt. Die später wiederaufgebaute Stadt ist, wie unsere deutschen Ausgrabungen gelehrt haben, um ein Beträchtliches zurückgeblieben hinter dem Umfang von Altmilet. Im nächsten Jahre (493) wurden dann die letzten Städte, die sich noch gehalten hatten, niedergeworfen und die alte Satrapienordnung, übrigens ohne Steigerung der Tributsätze, wieder eingeführt.

Nachdem 493 Kleinasien wieder zum Gehorsam zurückgebracht war, wurde 492 *Mardonios* nach Thrakien entsendet, um auch hier Ruhe zu stiften. Er erfüllte seinen Auftrag durch Besetzung von Thasos und Niederwerfung der aufrührerischen Bryger, hatte aber das Unglück, daß auf dem Rückweg seine Flotte am Athos scheiterte. Der griechische Chauvinismus hat später aus dieser erfolgreichen Expedition des Mardonios einen mißglückten Heereszug gegen Hellas nach dem Muster des Xerxeszuges gemacht.

Marathon

So war denn die durch den Ionischen Aufstand gestörte Ruhe im Perserreich wiederhergestellt. Nunmehr konnte der Großkönig daran denken, Athen und Eretria für ihre Unterstützung der Ionier zu bestrafen. Mit dieser Strafexpedition, der aber der Gedanke an eine Unterwerfung Griechenlands durchaus fernlag, wurde der Meder *Datis* und der junge *Artaphernes*, der Sohn des gleichnamigen Satrapen von Sardes, beauftragt.

In Athen waren inzwischen die Alkmeoniden, die die Hilfssendung der 20 Schiffe durchgesetzt hatten, von den Peisistratosfreunden zurückgedrängt worden: Hipparchos, der Führer der letzteren, war 496/5 Archon geworden, die Majorität des Volkes war also unter dem Eindruck des hoffnungslosen Ringens der Ionier für Neutralität. Aber die Zerstörung des engbefreundeten Milet (494) rief einen neuen Umschwung in Athen hervor, da hierdurch die sie selbst bedrohende Gefahr in nächste Nähe rückte. Der Mann, der es verstanden hat, das athenische Volk aus der Gefolgschaft der Tyrannenfreunde zu einer Politik der nationalen Verteidigung hinüberzuführen, war *Themistokles*, des Neokles Sohn, aus dem Adelshause der Lykomiden, der genialste Staatsmann, den Athen gehabt hat. Innenpolitisch auf dem Boden der Demokratie stehend, aber nicht ein Parteiführer, sondern eben ein *Staatsmann*, der über den Parteien stand, ist er gerade darum später von den Nur-Partei-Leuten gehaßt und verleumdet worden wie kein anderer. Vom Volk, das durch die Aufführung des zeitgenössischen Dramas „Die Eroberung Milets" von Phrynichos (*Μιλήτου ἅλωσις*) aufs tiefste erschüttert war, zum Archon 493/2 erwählt, trat er sofort mit seinem *Flottenprogramm* hervor; „denn er war der erste, der es wagte, den Athenern zu sagen, daß sie sich an das Meer halten müßten" (Thukydid. I, 93, 4). Er erkannte, daß in dem bevorstehenden Kampf mit Persien eine endgültige Entscheidung nur durch die Entwicklung Athens zu einer großen Seemacht zu erringen war. Er riß das Volk mit sich fort, so daß man schon begann, den Piräus als Festung und Flottenstützpunkt zu befestigen. Aber das Auftreten des *Miltiades* – des Neffen jenes Miltiades, der auf dem thrakischen Chersonnes sich eine fürstliche Machtstellung erkämpft hatte (S. 115) –, der jetzt (493) flüchtend vor dem Perser mit seinen Schätzen und großem Gefolge nach Athen zurückkehrte, drängte zunächst den Themistokles und seine Politik zurück, wenn beide auch in dem festen Willen, den Kampf gegen Persien im nationalen Interesse aufzunehmen, eins waren. Miltiades vertraute aber auf Grund seiner asiatischen Erfahrungen vielmehr auf die Kraft des lanzenführenden Bürgerheeres gegenüber den Bognern des Königs. So erwartete Athen kampfbereit unter Miltiades' Führung den Angriff der Perser. Freilich bildete eine Gefahr die nicht unbedeutende Gruppe der auf Persien hoffenden Tyrannenfreunde, zumal aus Haß gegen Miltiades auch die Alkmeoniden sich diesen ihren alten Feinden angeschlossen hatten.

Die persische Strafexpedition war so angelegt, daß die nötigen Truppen auf Transportschiffen über das Ägäische Meer hinübergebracht werden sollten. Die Fahrt ging Anfang des Sommers 490 von Kilikien aus über Rhodos zunächst gegen Naxos, das für seinen Widerstand im Jahre 500 bestraft wurde, dann über Delos, wo Datis dem Apollon huldigte (vgl. S. 86), gegen

Eretria, das unter Mithilfe von Verrätern überwältigt und zerstört wurde. Die Bevölkerung ist vom Großkönig in Arderikka im kissischen Lande angesiedelt worden. Hiernach landete die Flotte auf Rat des sie begleitenden Hippias am Ostufer Attikas bei der marathonischen Ebene.

Darauf beschloß das athenische Volk auf Antrag des Miltiades, auszurücken und dem Feind entgegenzuziehen. Der Gedanke, sich etwa hinter den Mauern Athens belagern zu lassen, mußte um so mehr ausgeschaltet werden, als dann jene tyrannenfreundliche Gruppe sehr gefährlich hätte werden können. Sofort wurde durch einen Schnelläufer Sparta um Entsendung eines Hilfskorps gebeten. Sparta hat, wiewohl es formell in keiner Weise verpflichtet war, in richtiger Würdigung des großen Augenblicks nicht gezögert, die Hilfe zu versprechen, war aber aus religiösen Gründen verhindert, vor dem Vollmond auszurücken. Inzwischen war Miltiades, dem wahrscheinlich schon in der Stadt durch jenen Volksbeschluß zugleich das Oberkommando übertragen war, mit dem attischen Aufgebot der zehn Phylen nach der marathonischen Ebene ausgerückt, wo dann noch ein platäisches Hilfskorps zu ihnen stieß, und hatte an der Südseite der Ebene, an den Abhängen des Pentelikon (Agrieliki), dort, wo er die Straße nach Athen am besten deckte, sein Lager aufgeschlagen. Über die Stärke der Feinde gibt Herodot keine Auskunft. Die Zahlen der Späteren über das Perserheer (200000 bis 600000) sind, wie gewöhnlich, ganz wertlos, zumal hierbei ganz vergessen ist, daß es mit Transportschiffen hinübergeschafft war, also nur verhältnismäßig klein sein konnte. Immerhin waren die Perser in der Übermacht. Es mögen vielleicht 15000 Perser etwa 10000 Griechen gegenübergestanden haben, doch sichere Zahlen lassen sich nicht gewinnen. Die strategische Lage war von der Erwartung des spartanischen Hilfskorps beherrscht: die Perser mußten noch vorher die Entscheidung herbeizuführen trachten, während die Griechen sie hinauszuschieben suchen mußten. So sind die Perser die Angreifer gewesen, nicht Miltiades, wie Herodot erzählt, dessen Bericht außer der späteren landläufigen Überlieferung hier im besonderen noch von dem Gemälde der Marathonschlacht beeinflußt ist, das um 460 in der „bunten Halle“ in Athen aufgestellt wurde, dem er mehrere Züge entnommen hat. Als die Perser, nach Süden vorgerückt, etwa beim Soros, der sich als das Massengrab der Marathonkämpfer durch Ausgrabung erwiesen hat, in Schlachtreihe den Feind erwarteten, stellte Miltiades sein Heer in gleicher Breite (mit schwächerem Zentrum) auf, zog dem Feind entgegen, und, indem er durch den Pfeilregen sein Heer im Sturmlauf vorgehen ließ, löste er glänzend seine Hauptaufgabe, die Phalanx in voller Ordnung an den für den Nahkampf nicht ausgerüsteten Feind heranzubringen. Wohl wurde das athenische Zentrum eingedrückt, aber die Flügel siegten, schwenkten ein und warfen den Feind in die Flucht. In zähem Kampf zog sich die Schlacht bis zum persischen Schiffslager hin, wo erbittert um die Schiffe gekämpft wurde. Wenn die Athener nur sieben Schiffe erobert haben, so hat die persische Heeresleitung, die auch den Angriffstermin richtig gewählt hatte, offenbar den Rückzug und die Wiedereinschiffung umsichtig geleitet. Mit dem wieder eingeschifften Rest seiner Truppen fuhr Datis um Sunion herum in der Absicht, einen Handstreich auf Athen zu versuchen. Da Miltiades aber rechtzeitig mit seinem siegreichen Heer vor Athen anlangte, blieb ihm nichts übrig, als nach Asien zurückzufahren. Kurz danach trafen die Spartaner ein, zogen auf das Schlachtfeld, belobten die Athener und kehrten wieder heim. So hatten die Athener aus eigener Kraft einen herrlichen Sieg errungen, der in ganz Griechenland bejubelt wurde. Die schönen Worte von den Marathonkämpfern als „den Vorkämpfern der Hellenen“, die unter dem Namen des Simonides überliefert sind[1]), zeigen, daß man richtig verstand, daß dieser Sieg nicht nur von lokaler Bedeutung für Athen war, sondern daß er für die ganze Nation gewonnen war.

Der Feldzug des Xerxes

Die Niederlage von Marathon konnte vom Großkönig nicht ungerächt hingenommen werden; man konnte sie wohl offiziös ignorieren gegenüber den Erfolgen von Naxos und Eretria, wie denn am Grabe des Darius unter seinen Untertanen außer den kleinasiatischen Ioniern auch „die schildtragenden Ionier“, d.h. die Griechen von den Inseln und Hellas, erscheinen, aber der Rachezug des Xerxes straft diese offiziöse Darstellung Lüge. Die Vorstellung der Griechen, daß die Perserkönige in den zehn Jahren zwischen Marathon und Salamis nichts weiter als Rüstungen gegen Hellas betrieben hätten, ist freilich nur dem griechischen Chauvinismus entsprungen; in Wirklichkeit haben dringendere Aufgaben ihres Riesenreiches sie jahrelang in Anspruch genommen. So brach 486 in Ägypten ein Aufstand aus, den nach dem Tode des Darius (486) erst *Xerxes*, sein Sohn von der Atossa, nieder-

[1]) Simonides Fr. 88a Diehl:

Ἑλλήνων προμαχοῦντες Ἀθηναῖοι Μαραθῶνι
χρυσοφόρων Μήδων ἐστόρεσαν δύναμιν.

„Als Vorkämpfer der Hellenen haben die Athener bei Marathon/der goldtragenden Meder Macht niedergestreckt.“

werfen konnte. Daran schloß sich ein Aufstand der Babylonier an (484), der gleichfalls blutig niedergeschlagen wurde. Nun erst hatte Xerxes die Hände frei, um gegen Griechenland zu rüsten. Diesmal konnte es sich nicht nur um eine Strafexpedition gegen Athen handeln, wie 490, sondern die Niederlage von Marathon, im besonderen die in der versprochenen Hilfssendung Spartas zutage getretene Solidarität von Athen und Sparta, verlangte eine Unterwerfung von ganz Griechenland. Jetzt, wo Hellas eine Satrapie des Perserreiches werden sollte, handelte es sich um das Höchste und Letzte, um die Frage, ob das griechische Volk seine Kräfte in voller Freiheit entwickeln oder unter dem Druck des orientalischen Weltreiches einer allmählichen Orientalisierung mit geistiger Unfreiheit und Priesterherrschaft entgegengehen sollte. Dadurch erhebt sich dieser Kampf gegen Xerxes zu einer weltgeschichtlichen Bedeutung von einziger Art. Denn die griechische Kultur, die dann nach dem Siege in so wunderbarer Weise sich entfaltet hat und die bis auf den heutigen Tag auf die ganze europäische Kultur befruchtend gewirkt hat, hat eben nur durch den Sieg diese Eigenart und diese Höhe erreichen können. Das Wort des Äschylos (Perser 405 Wil.): „Jetzt geht's ums Ganze" (*νῦν ὑπὲρ πάντων ἀγών*) hat bei weltgeschichtlicher Betrachtung eine noch größere Tiefe, als er ahnen konnte.

Dieser große Augenblick fand nicht überall in Griechenland ein großes Geschlecht. Der alte Partikularismus, der „volksverderbende Zwist der Hellenen", von dem ein megarischer Dichter dieser Tage singt, verhinderte die Bildung einer Einheitsfront der ganzen Nation. Manche hatte ihr Sonderinteresse auf die persische Seite geführt, wie die Aleuaden von Larissa, andere verhielten sich angesichts des drohenden Kampfes neutral, wie Argos in seinem allerdings verständlichen Haß gegen Sparta. Unheilvoll wirkte die delphische Priesterschaft, für die ein Sieg des Persers günstige Aussichten für die Zukunft bieten mochte. Ihre verzweifelten Orakelsprüche mußten die Hoffnung auch der Kampfbereiten niederdrücken, und manchen, wie Argos und Kreta, haben sie direkt vom Kampf abgeraten. Die Gesamtstimmung war eine furchtbar ernste, als die Nachrichten von den gewaltigen Rüstungen des Xerxes sich verbreiteten. Nur die Götter konnten helfen aus dieser Not!

Glücklicherweise gab dies Gottvertrauen anderen die Kraft, sich zum Kampf gegen die Perser zusammenzuschließen, voran *Sparta* und *Athen*. Sparta, das nach Überwindung mancher inneren Gefahren (Kleomenes – Messenische Bewegung) wieder kraftvoll an der Spitze des Peloponnesischen Bundes stand, hat keinen Augenblick gezaudert, den Kampf als einen unvermeidlichen aufzunehmen. In Athen war nach dem tragischen Ausgang des Miltiades, der nach einem mißglückten Vorstoß gegen Paros vom Volk (*ἀπάτης εἵνεκεν*) zu einer ungeheuren Geldstrafe verurteilt und dann an seiner Wunde gestorben war (489), *Themistokles* wieder an die Spitze getreten, der nicht nachließ, für den zu erwartenden Kampf gegen Persien sein Volk vorzubereiten. Zunächst galt es, die innere Gefahr, die von den Tyrannenfreunden drohte, zu beseitigen. So wurden von 488/7 an mehrere Jahre hindurch unter Anwendung des Kleisthenischen Gesetzes die Führer dieser Partei durch Ostrakismos außer Landes gewiesen. Gleichzeitig wurde eine durchgreifende Verfassungsänderung vorgenommen, die durch Schaffung eines *einheitlichen militärischen Oberkommandos* die Unklarheiten beseitigte, die vor Marathon nur durch besondere Übertragung des Kommandos auf Miltiades hatten überwunden werden können: während die bisher erwählten Archonten im Jahre 487/6 der Erlosung unterworfen wurden, wodurch ihr Amt, zu dem nun auch die 2. Klasse Zutritt erhielt, seine politische Bedeutung verlor und sie zu reinen Verwaltungsbeamten herabsanken, stieg hierdurch die Stellung der zehn Strategen, die nach wie vor durch Wahl zum Amte kamen; unter ihnen aber erhielt nun einer, der nicht wie die anderen aus seiner Phyle, sondern aus dem ganzen Volk gewählt war, als Oberstratege die Leitung des Strategenkollegiums. Damit war das wichtigste militärische Erfordernis, die Einheitlichkeit des Oberkommandos, gesichert. Es ergab sich ganz wie von selbst, daß dieser Oberstratege, zumal er Jahr für Jahr wiedergewählt werden konnte, als der Vertrauensmann des Volkes auch die politische Leitung des Staates übernahm und die Rolle des „Volksführers" (des *δημαγωγός* im ursprünglichen Sinne) spielte. So ist denn für alle die großen Staatsmänner Athens, von Themistokles bis Perikles, die im übrigen durchweg, wie bemerkt, dem Adel angehörten, die Oberstrategie die amtliche Stütze ihrer Machtstellung gewesen. Gewiß ist diese bedeutungsvolle Änderung unter dem Druck der außenpolitischen Lage der achtziger Jahre eingeführt worden, aber es ist doch auch wieder ein Zeichen für die Freiheit von doktrinärer Voreingenommenheit, daß die attische Demokratie an dieser Kombination von höchstem militärischem Kommando und politischer Staatsleitung, die dem modernen Demokraten unmöglich erscheinen würde, auch weiterhin festgehalten hat, weil eben die Sicherheit des Staates dadurch am besten garantiert erschien. Sollte die Persönlichkeit des Inhabers dieser Machtstellung der Demokratie gefährlich werden, so hatte man in dem Ostrakismos, der nach Beseitigung der Tyrannenfreunde eine ursprünglich nicht beabsichtigte Erweiterung der Anwendung erfuhr, ein Mittel zur Verhütung der Gefahr. Doch abgesehen von dieser grundsätzlichen Änderung der Verfassung verlangte der drohende Angriff der Perser die Durchführung des *Themistokleischen Flottenprogramms* von 493. Mit größter Zähigkeit hat Themistokles hieran gearbeitet, wobei er sich im Gegensatz zu *Aristides* befand. Als in dem erfolglosen Kampf gegen Ägina, die mächtige Handelsrivalin, die maritime Schwäche Athens darin kraß zutage trat, daß Athen sich von Korinth 20 Schiffe leihen mußte, konnte ihm dies als Agitationsmittel nur erwünscht sein. Als dann 483/2 neuentdeckte Silberminen in dem laurischen Staatsbetriebe große Überschüsse ergaben, die nach alter Weise unter die Bürger verteilt werden sollten, gelang es Themistokles, das Volk zum patriotischen Verzicht auf dieses Taschengeld zu bewegen. Es wurde vielmehr nach Ostrakisierung des Flottengegners Aristides (482) bestimmt, daß die Überschüsse unter gleichzeitiger Heranziehung der reichsten Bürger zu der nunmehr begründeten Liturgie der Trierarchie zum Bau einer Kriegsflotte verwendet werden sollten. In fieberhafter Anspannung aller Kräfte ist in etwa $1^1/_2$ Jahren, bis zum Herbst 481, eine Flotte von etwa 180 Schiffen, und zwar nach dem modernen Typ der Triere gebaut worden, wodurch Athen mit einem Schlage in die erste Reihe der griechischen Seemächte einrückte, und mit dieser Flotte haben sie dann bei Salamis gesiegt.

So war Sparta mit dem Peloponnesischen Bunde sowie Athen bereit, den Kampf aufzunehmen. Im Herbst 481 schlossen sie und mehrere Mittelgriechen und Inselgriechen einen *Hellenischen Bund*, indem sie sich durch Eid zur gemeinsamen Abwehr der Perser verpflichteten. Alle, die ohne Not sich dem Perser anschlössen, sollten nach dem Kriege bestraft werden, indem ein Zehntel ihres Besitzes dem delphischen Gott zugewiesen werden sollte (*δεκατεύειν*). Alle Fehden unter den Verbündeten sollten beigelegt werden, und ein allgemeiner Landfriede sollte herrschen. Das Kommando zu Wasser und zu Lande fiel Sparta zu. Die durch die Lage gebotene strategische Grundidee, die zu Spartas Eigenart wenig paßte, nämlich die Entscheidung auf dem Wasser zu suchen, mit dem Landheere aber sich in der Defensive zu halten, wird dem genialen Kopf des Themistokles entsprungen sein.

Im Frühjahr 480 brach Xerxes von Sardes mit seinem Heere auf, nachdem seine Boten, die Erde und Wasser forderten, der Griechenwelt sein Nahen verkündet hatten. Seit 483 hatte er den Feldzug in großzügiger Weise vorbereitet: der Hellespont war überbrückt, der Athos durchstochen, die Etappenstraßen durch Thrakien und Makedonien mit Magazinen ausgerüstet und ein gewaltiges Heer zusammengezogen. Die Millionenheere der griechischen Tradition sind zwar wieder Produkte der geängstigten Phantasie; etwa 100000 Kämpfer mag Xerxes doch gehabt haben, außer dem riesigen Troß. Die Flotte bestand nach Äschylos aus 1000 Schiffen, darunter 207 Schnellruderern. Der strategische Plan war durch das Kriegsziel, die Eroberung Griechenlands, gegeben: an ein Hinüberwerfen der Truppen auf Transportschiffen wie 490 war diesmal nicht zu denken; nur ein Einrücken von der thrakisch-makedonischen Basis aus war möglich. Flotte und Heer mußten möglichst zusammenwirken.

Die Verbündeten hatten im Frühling 480 den Tempepaß besetzt, das Einfallstor von Makedonien nach Thessalien, zumal die Thessaler für diesen Fall ihren Anschluß zugesagt hatten, doch ergaben sich bald Bedenken gegen die Haltbarkeit dieser nördlichsten Verteidigungslinie, und so zog man sich auf die nächste Linie zurück, auf den Thermopylenpaß, womit ganz Thessalien dem Xerxes als erwünschte Operationsbasis zufiel. Der Thermopylenpaß ist ein Seepaß, südlich der Spercheiosmündung, der dadurch gebildet wird, daß die Ausläufer des Öta, hier dicht an das Meer herantretend, nur eine ganz schmale Straße freilassen, die die einzige Militärstraße nach Mittelgriechenland darstellte. Hier sollte der Spartanerkönig Leonidas mit 4000 Peloponnesiern, darunter 300 Spartanern, und mittelgriechischen Kontingenten, im ganzen vielleicht 7000 Mann, versuchen, den Großkönig aufzuhalten, während die Flotte, die östlich davon an der Nordspitze Euböas beim Artemision aufgestellt wurde, den entscheidenden Sieg erfechten sollte. Aber der Plan scheiterte. Der dreitägige Kampf der Flotte □ beim Artemision brachte den Griechen nicht den erhofften Sieg, und als gleichzeitig Xerxes den Sturm auf die griechische Stellung bei dem Thermopylenpaß unternahm, wurde er zwar an den ersten beiden Tagen abgewiesen, aber als er in der Nacht zum dritten Tage den von Ephialtes gezeigten Gebirgspaß, der in den Rücken der griechischen Stellungen führte, besetzte, da die dort aufgestellten Phoker ihre Pflicht nicht taten, war der Kampf entschieden. Während ein Teil der Kontingente abzog, kämpfte Leonidas mit seinen Spartanern und den freiwillig aushaltenden Thespiern, von vorn und im Rücken gepackt, bis zum letzten Atemzug, getreu dem spartanischen Gebot, das den für ehrlos erklärte, der seinen Platz in der Schlacht verließ[1]).

---

[1]) In klassischen Worten hat dies der Dichter in der Grabschrift ausgesprochen (Herodot VII, 228):

Ὦ ξεῖν' ἀγγέλλειν Λακεδαιμονίοις ὅτι τῇδε
κείμεθα τοῖς κείνων ῥήμασι πειθόμενοι.

„Fremder, melde den Lakedämoniern, daß
wir hier/liegen, gehorsam ihren Satzungen."

Aber nicht nur als Soldat, sondern auch als Feldherr hat Leonidas seine Pflicht aufs äußerste erfüllt, indem er, als trotz seiner rechtzeitigen Anordnungen der Gebirgspaß durch das Versagen der Phoker verlorenging, dem Feind nur gegen ungeheure Menschenopfer den Paß überließ. Dies sowie der tiefe moralische Eindruck, den diese Tat auf die Perser wie auf die Griechen gemacht hat, wird von manchen modernen Kritikern, die ihm vorwerfen, daß er sich und die Seinen nicht rechtzeitig gerettet habe, völlig verkannt. Es gibt auch moralische Siege, wie dieses Beispiel höchster Pflichterfüllung, und gerade sie leuchten hell durch die Jahrtausende. Mögen unserer Jugend Leonidas und seine Getreuen immer ein Vorbild und ein Gegenstand der Verehrung bleiben!

Durch die Gewinnung des Passes fiel ganz Mittelgriechenland bis zum Isthmos den Persern zu. Auch Attika mußte dem Feind überlassen werden. Frauen und Kinder wurden nach Salamis, Ägina und Troizen geschafft, die Männer gingen unter Themistokles' Leitung kampfesmutig auf die Flotte, die nach der Rückkehr vom Artemision in dem Sund von Salamis gegenüber der attischen Küste Aufstellung genommen hatte. Sie mußten mit ansehen, daß Attika verwüstet und Athen mitsamt der Akropolis zur Rache für den Brand von Sardes vom Feinde zerstört wurde. Für Themistokles kam alles darauf an, daß die persische Flotte, die auf der Reede von Phaleron Anker geworfen hatte, in diesem engen Sund die Schlacht annahm und nicht etwa an die Küste des Peloponnes fuhr (Argos!), was sicher zur Auflösung des peloponnesischen Aufgebotes geführt hätte. Die schon von dem Mitkämpfer Aischylos bezeugte Nachricht, daß Themistokles in geheimer Sendung dem Xerxes zum Losschlagen vor Salamis geraten habe, ist daher durchaus begreiflich und sicher historisch. Nachdem die persische Flotte am Abend in den Sund eingefahren und der griechischen Flotte gegenüber mit dem Rücken gegen die attische Küste Aufstellung genommen hatte und um Mitternacht auf die Botschaft des Themistokles hin durch Manöver im Westen und Osten die griechische Flotte eingekreist hatte, um ein Entkommen (!) der Griechen zu verhindern, brach am nächsten Morgen (Ende September) die ewig denkwürdige Schlacht von Salamis an, deren wesentliche Momente □ Äschylos in dem berühmten Botenbericht (Perser 386ff. Wil.) mit größter Klarheit festgelegt hat.

Diese Niederlage des Xerxes, der er auf seinem Thron an der attischen Küste zugeschaut hatte, war eine so vollständige, daß der geschlagene Flottenrest sofort nach dem Osten zurückgezogen wurde. Wäre Themistokles' Rat befolgt worden, die griechische Flotte sogleich an die kleinasiatische Küste zu werfen, die dortigen Griechen zum Abfall aufzurufen und dadurch die Rückzugslinien des Feindes zu bedrohen, so hätte das Perserheer zurückgezogen werden müssen, und der Feldzug in Hellas wäre zu Ende gewesen. Aber Sparta, dem überseeische Expeditionen nicht lagen und das von dem Abzug der Flotte eine Bedrohung seiner Isthmosstellung befürchtete, war gegen diesen Plan, und damit trägt Sparta die Verantwortung dafür, daß im nächsten Jahre nochmals auf griechischem Boden gekämpft werden mußte. Das persische Heer, unter Mardonios' Befehl gestellt, bezog in Thessalien seine Winterquartiere; Xerxes eilte zurück und blieb den Winter in Sardes.

Im Frühsommer 479 brach Mardonios nach Süden vor, nachdem er vergeblich versucht hatte, Athen auf seine Seite zu ziehen, rückte verwüstend in Attika ein, das wiederum von den Athenern geräumt werden mußte, und zog sich nach nochmaliger gründlicher Zerstörung von Athen auf das Herannahen des Bundesheeres nach Böotien zurück, wo er östlich von *Platää* am Asopos ein für seine Reiterei geeignetes Schlachtfeld fand. Hier wurde im Sommer 479 die Entscheidungsschlacht geschlagen. Die Griechen erfochten unter der tüchtigen Führung des spartanischen Regenten *Pausanias* einen vollständigen Sieg. Der geschlagene Rest des Perserheeres, dessen Führer Mardonios im Kampf gefallen war, mußte den Rückzug nach Asien antreten. Nachdem die Griechen auf dem Schlachtfelde den Sieg gefeiert, die Beute verteilt und den Göttern, die ihnen geholfen, ihren Dank dargebracht hatten, rückten sie vor Theben, um gemäß dem auf dem Isthmos geschworenen Eide die Stadt für ihren Medismos zu bestrafen. Theben mußte kapitulieren und verlor seine Hegemonie im böotischen Bunde. Von weiteren Bestrafungen wurde Abstand genommen.

Unmittelbar nach dem Siege von Platää wurde auch der Rest der persischen Flotte vernichtet. Die griechische Flotte, die unter König Leotychidas schon seit dem Frühling bei Delos lag, fuhr, wohl auf die Siegesnachricht hin, nach Samos und ging, sobald sie gegenüber an der Küste der Mykalehalbinsel die persischen Schiffe ans Land gezogen fand, zum Sturm auf das Schiffslager vor und vernichtete den Feind. Der *Sieg von Mykale* gab das Signal zum neuen Aufstand der kleinasiatischen Griechen, und da das Mutterland diesmal deren Sache zu ihrer eigenen machte, schloß sich an die defensiv geführten Freiheitskriege unmittelbar der Offensivkrieg gegen Persien an.

Der Freiheitskampf der Westhellenen

Etwa zur Zeit der Schlacht von Salamis haben auch die Hellenen Siziliens ihr Griechentum gegen einen orientalischen Feind, gegen die semitischen *Karthager*, verteidigen müssen. Über die Anfänge der Karthager sind wir leider ganz im Dunkel (S. 77). Erst seit der Mitte des 6. Jahrhunderts scheinen sie eine feindliche Stellung gegen die Westhellenen eingenommen zu haben. Möglich ist, daß die Umwälzungen im Osten, die Gründung des persischen Weltreiches und die Unterwerfung der reichen griechischen Handelsstädte an der kleinasiatischen Küste unter die Perser, nicht ohne Einfluß auf diese neue Politik gewesen sind. Sie schlossen sich mit den *Etruskern*, die damals die bedeutendste Land- und Seemacht Italiens waren, zur Bekämpfung des griechischen Handelskonkurrenten im Westen zu einem Zweibund zusammen. Als die Phokäer, vor der Perserherrschaft flüchtend, ihre schon früher begründete Kolonie Alalia auf Korsika von neuem besiedeln wollten, traten ihnen die beiden Verbündeten entgegen und zwangen sie durch die *Seeschlacht bei Alalia* (etwa 540) zur Aufgabe ihrer Kolonie, worauf die Phokäer Elea in Unteritalien gründeten. Nach diesem Erfolg hatten die Karthager an der afrikanischen Küste, im westlichen Sizilien, auf Sardinien und im südlichen Spanien ihre Macht weiter ausgedehnt und hatten sich zur beherrschenden Großmacht im Westen entwickelt, die, zudem noch gestützt auf das Bündnis mit den Etruskern, einer weiteren kolonialen Ausdehnung der Griechen im Westen einen Riegel vorschob. Anstatt angesichts dieser Erstarkung ihrer Feinde zusammenzuhalten, haben die Griechen auch hier, wie im Osten, sich untereinander bekämpft. So wurde Siris in Unteritalien von Sybaris erobert und zerstört. Bald darauf aber wurde *Sybaris* selbst, das der mächtigste Staat dort gewesen war, dem 25 Städte gehorchten, durch Kroton im Jahre 510 dem Erdboden gleichgemacht, ein die ganze Griechenwelt erschütterndes Ereignis. Im besonderen war dies für Milet, das in engsten Handelsbeziehungen zu Sybaris gestanden hatte, ein furchtbarer Verlust, was durch die öffentliche Trauer, die die milesische Bürgerschaft anlegte, seinen Ausdruck fand. Anderseits führten die Machtbestrebungen der großen Tyrannen auf Sizilien seit dem Anfang des 5. Jahrhunderts zur Bildung größerer Reiche. So gewannen *Gelon von Syrakus* und sein Schwiegervater *Theron von Akragas* die Herrschaft über den größten Teil des griechischen Siziliens. Als letzterer den Tyrannen Terillos aus Himera vertrieb, scheute dieser in seiner Not nicht zurück vor dem hochverräterischen Gedanken, die Karthager zu seinem Schutz ins Land zu rufen. Diese folgten ihm bereitwilligst und sandten ein starkes Heer unter *Hamilkar*, Magons Sohn. Aber als Hamilkar an die Belagerung von Himera ging, zog Gelon dem Theron zu Hilfe und vernichtete bei *Himera* (um 480) das karthagische Heer. Nicht mit Unrecht hat Pindar (Pyth. Ode I, 146ff.) diesen Sieg von Himera den Siegen von Salamis und Platää an die Seite gestellt; denn auch hier ging es „ums Ganze". Auch hier stand die Zukunft des Griechentums auf dem Spiel. Die Gleichzeitigkeit der Angriffe in West und Ost hat auf die Vermutung geführt, daß die Perser und die Karthager gemeinsame Sache gemacht hätten. Tatsächlich findet sich schon im Altertum später die Ansicht (bei Ephoros, Diodor), daß die Karthager als Untertanen oder Bündner der Perser angegriffen hätten, doch ist dies nichts als eine naheliegende Kombination; denn der viel ältere Herodot, der in Unteritalien längere Zeit gelebt und geforscht hat (Thurioi), hat dort, wo man es doch hätte wissen müssen, nichts davon gehört. Nach ihm war es vielmehr, wie schon eben erzählt, der Streit der großen und kleinen Tyrannen, der die Karthager ins Land gerufen hatte. Wenige Jahre nach dem Siege von Himera hat *Hieron*, der Bruder des Gelon, der ihm in Syrakus gefolgt war, in der *Seeschlacht bei Kyme* (474) die Etrusker aufs Haupt geschlagen und ihre Seemacht für alle Zeit vernichtet. Auch die Karthager waren derartig geschwächt, daß sie erst am Ende des Jahrhunderts, nach der sizilischen Katastrophe der Athener, wieder ihre Angriffe auf die Griechen aufgenommen haben.

Die großen Militärmonarchien von Syrakus und Akragas, die den Griechen ihre Freiheit erkämpft hatten, haben ihre Siege nicht lange überlebt. Nach dem Tode Hierons (466) ist in Syrakus die Tyrannis gestürzt und die Demokratie eingeführt worden, wie vorher schon in Akragas, und bald drang überall in Sizilien und Unteritalien die demokratische Verfassung durch. Während man vor den Karthagern und Etruskern dank den großen Tyrannen nun Ruhe hatte, begann um die Mitte des Jahrhunderts *eine nationale Reaktion der Eingeborenen* gegen das Griechentum sich zu regen. Nur in schweren und langwierigen Kämpfen konnten die *Sikuler*, die unter Führung des *Duketios* einen verzweifelten Versuch machten, ihre Freiheit wiederzugewinnen, von den Demokratien niedergeworfen werden. In Unteritalien traten um diese Zeit zum erstenmal die *Lukaner* hervor, in denen den Griechen ein gefährlicher Nachbar erwachsen sollte. Das Vordringen der *Sabeller* in die kampanische Ebene führte (um 421) zur Eroberung von Kyme. In Sizilien aber

Bild 13: Amphora des Exekias

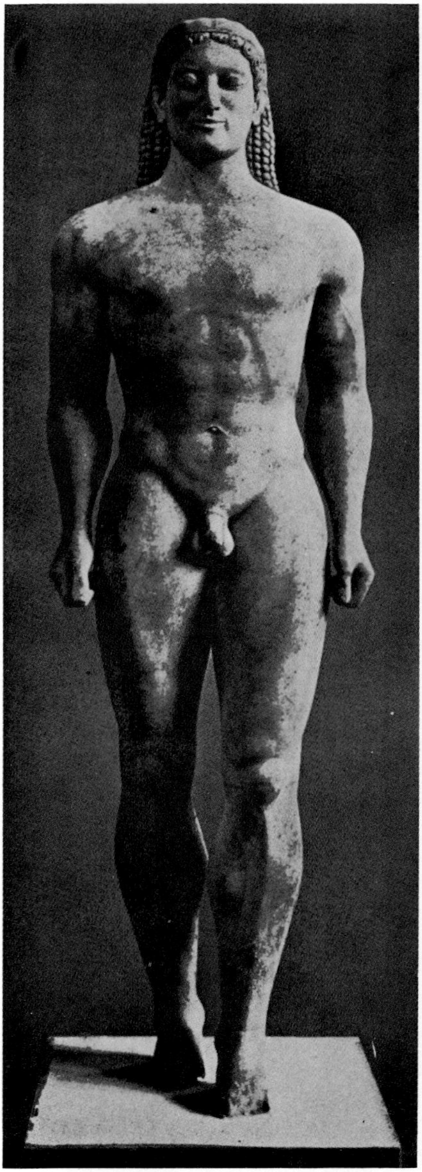

Bild 14: Attische Grabstatue

kam es nach Niederwerfung des Duketios wieder zu leidigem Streit und Kampf unter den Griechen selbst, da Syrakus, das schon unter Gelon durch weitgehende Ansiedlung von Neubürgern zur volkreichsten Griechenstadt nicht nur Siziliens geworden war, immer offensichtlicher nach der Hegemonie über die Insel strebte. Diese Streitigkeiten der rivalisierenden autonomen Gemeinden waren es, die dann am Ende des Jahrhunderts die Athener nach Sizilien geführt haben.

VII. ATHENS HEGEMONIE

Die Gründung des attisch-delischen Bundes

Der siegreiche Ausgang der Freiheitskriege hat für die nächsten Generationen in Ost und West auf allen Gebieten der Kultur einen Aufschwung sondergleichen herbeigeführt. Das Selbstbewußtsein der Nation, das stolze Gefühl der Überlegenheit über den Orient fand seinen äußeren Ausdruck in der scharfen Antithese der „Hellenen" und „Barbaren", die erst jetzt den schroffen Gegensatz gegen alles Nichthellenische ausdrückte (s. S. 91). Aber wenn auch ein starkes Nationalgefühl erwacht war, eine politische Einigung der Nation haben die Freiheitskriege doch nicht gebracht. Es war vielleicht die folgenschwerste Wirkung der Perserkriege, daß die überragenden Verdienste Athens dieses neben Sparta rückten, das bis dahin unbestritten die Vormacht gewesen war. So trat in Hellas unmittelbar nach dem siegreichen Ausgang ein Dualismus hervor, der sich in verhängnisvoller Weise immer mehr vertiefte und schließlich zum Peloponnesischen Kriege geführt hat.

Der neue Gegensatz offenbarte sich sogleich, als durch die Erhebung der Ionier nach der Schlacht von Mykale die Aufgabe ihres Schutzes an Hellas herantrat, der nur durch eine Offensive gegen Persien möglich war. Während Sparta, das durch die ganze Struktur seines Staatswesens für solche überseeischen Expeditionen nicht geeignet war, den Ioniern zumutete, sie sollten ihre Heimat verlassen und sich in Griechenland ansiedeln, gewann sich Athen, das durch seine Flotte der gegebene Helfer war, die Herzen der durch jenes Ansinnen empörten Ionier, indem es sich für die Gewährung des Schutzes einsetzte. So kam es, daß, nachdem der Spartaner Pausanias, der als Führer der Bundesflotte den größten Teil von Cypern und darauf Byzanz erobert hatte (478), durch sein herrisches Auftreten die Ionier noch weiter gereizt hatte, diese den Athenern die Hegemonie antrugen. Athen ging mit Freuden darauf ein und gründete mit den Ioniern den *attisch-delischen Seebund* (477), dessen Kriegsziel die dauernde Befreiung der kleinasiatischen Griechen vom persischen Joche war. Zugleich sollte Rache genommen werden für alle die Leiden, die die Perser über Hellas gebracht hatten. Wenn Athen auch nach wie vor (bis 461) in dem mit Sparta gegen die Perser geschlossenen Hellenenbunde verblieb, so gingen ihre Wege jetzt doch auseinander, zumal Sparta sich nunmehr völlig vom Perserkrieg zurückzog. Die von dem schon 480 zurückgekehrten *Aristides* durchgeführte *Organisation des Bundes* wurde auf dem Grundsatz der Freiheit und Autonomie der Bündner (*ξύμμαχοι*) aufgebaut. In Delos, dem alten Mittelpunkt der ionischen Amphiktionie, sollten die gemeinsamen Bundestagungen (*ξύνοδοι*) stattfinden; dort wurde auch die Bundeskasse, die unter Kontrolle der Bündner von den zehn attischen Hellenotamien verwaltet werden sollte, im Tempel des Apollon aufbewahrt. In die Bundeskasse flossen die Beiträge (*φόροι*) derjenigen Bündner, die nicht stark genug waren oder nicht Lust hatten, Schiffe und Mannschaften zur Bundesflotte zu stellen. Das Normale war also im Prinzip das Stellen von Schiffen und Mannschaften, die Geldzahlung nur eine Ablösung hiervon. Es hat sich später schwer gerächt, daß manche Städte aus Bequemlichkeit die Geldzahlung vorzogen. Der von Aristides berechnete Gesamtbetrag der Beiträge (460 Talente) hat sich als Norm bis in den Anfang des Peloponnesischen Krieges mit gewissen Schwankungen erhalten. Der Bund umschloß bald die meisten Städte an den Küsten und auf den Inseln des Ägäischen Meeres und umfaßte somit ein einheitliches großes Verkehrsgebiet.

Es hing mit den inneren Gegensätzen in Athen zusammen, daß der Krieg gegen Persien nur mit großen Unterbrechungen geführt worden ist. Für *Themistokles* war der neue Perserkrieg mehr ein Mittel, Athens Macht zu heben, während sein Hauptziel war, Athen die Stellung als leitende Großmacht in Griechenland, wenn nötig auch im Kampf mit Sparta, zu erringen. Daher baute er, trotz Spartas Einspruch, Athen zu einer großen Festung aus, neben die außerdem im Verfolg seiner schon seit 493 vertretenen Flottenpolitik die Festung des Piräus trat. Dagegen *Kimon*, der Sohn des Miltiades, war als Vertreter der Aristokraten für ein freundliches Zusammengehen mit Sparta und eine energische Kriegführung gegen Persien. Nach dem ersten, erfolgreichen Kriegszug des Kimon, der zu einer Vertreibung der Perser aus ihren europäischen Besitzungen in Thrakien und damit zu einer Erweiterung des Bundes auf diesem Gebiet führte, trat eine größere Pause ein. Erst nachdem Themistokles 470 ostrakisiert und bald danach, dank dem Zusammenwirken seiner athenischen und spartanischen Feinde, wegen angeblichen „Medismos“ angeklagt, durch einen schmählichen Justizmord vom athenischen Volk geächtet war, unternahm Kimon einen neuen Kriegszug, auf dem er an der *Eurymedonmündung* (an der pamphylischen Küste) die große Flotte, die zum erstenmal der Großkönig ihm entgegengeschickt hatte, völlig besiegte (gegen Mitte der 60er Jahre). Gewaltige Kriegsbeute sowie der Anschluß der karischen und lykischen Küstenstädte an den Bund war der Erfolg dieses Feldzuges. Eine unerwünschte Wirkung war, daß in Sparta, das bis dahin offiziell immer in freundlichen Beziehungen zu Athen gestanden hatte, nunmehr aus Sorge vor der wachsenden Macht Athens die Politik gegen Athen umschlug. Als 465 die Thasier von Athen abfielen, konnten sie es wagen, die Spartaner heimlich zu bitten, ihnen durch einen Einfall in Attika zu helfen. Diese sagten auch zu, wurden dann freilich durch ein Erdbeben und den sich daran anschließenden Aufstand der Heloten und Messenier daran verhindert (464). Als dann die Spartaner den Kimon mit 4000 Hopliten, den sie zur Hilfe gegen die in Ithome belagerten Messenier auf Grund des alten, gegen Persien geschlossenen Bundes herbeigerufen hatten, aus Mißtrauen zurückschickten, lösten die Athener, empört über diesen Schimpf, das Bündnisverhältnis zu Sparta auf (461) und schlossen mit Spartas Feinden, mit Argos und Thessalien, ein Bündnis, dem sich auch die Megarer anschlossen. So hatte sich eine völlig neue Gruppierung der Mächte vollzogen. Als 460/59 die Messenier kapitulierten, wurden sie von den Athenern in Naupaktos angesiedelt.

Der Sturz des Areopags und der Zweifrontenkrieg

Dieser Umschwung in der äußeren Politik hing aufs engste mit der inneren Umwälzung zusammen, die sich in Athen vollzogen hatte, während Kimon noch vor Ithome lagerte. Die Entwicklung Athens zur Seemacht mußte notwendig zu einem weiteren Ausbau der Demokratie führen; hatten doch auch die unteren Schichten, die Theten, auf der Flotte mitgestritten und den Sieg von Salamis miterkämpft. Bis jetzt war die in deren Wunsche liegende Radikalisierung der Demokratie noch zurückgehalten worden durch den Areopag, der, immer noch im Besitz seiner alten politischen Rechte, ein retardierendes Moment gegenüber der demokratischen Strömung darstellte. Gegen ihn richtete sich daher der Angriff der radikalen Demokratie, an deren Spitze damals *Ephialtes* getreten war. Kaum war Kimon, trotz dessen Widerspruchs, den Spartanern nach Ithome zu Hilfe gezogen (462), so machte Ephialtes den Staatsstreich, entkleidete den Areopag seiner politischen

Rechte und beließ ihm nur die Blutgerichtsbarkeit. Indem jene Rechte dann teils auf den Rat der Fünfhundert, teils auf die Ekklesie und die Geschworenengerichte übergingen, war hier Ernst gemacht mit dem Gedanken der Souveränität des Volkes. Jetzt war der letzte Damm durchbrochen, und ungehindert konnten die Wogen des Radikalismus sich über den Staat ergießen. Durch die Entpolitisierung des Areopags, der einzigen Behörde, die, wie der römische Senat, aus lebenslänglichen Mitgliedern bestand und daher, wie dieser, politische Erfahrung und Weisheit sammeln konnte, wurde um so bedeutsamer und verantwortungsvoller die Stellung des offiziell unverantwortlichen Volksführers (S. 138). Nach der baldigen Ermordung des Ephialtes (461, nach der Ostrakisierung des Kimon) ist der junge *Perikles*, der schon beim Staatsstreich jenem zur Seite gestanden hatte, der Führer der radikalen Partei geworden und ist auch die nächste Zeit hindurch – anders als Themistokles – *nur* Parteiführer gewesen; erst später sollte er sich zum Staatsmann großen Stiles entwickeln. Zum Anschluß an diese Partei war für ihn, der, durch seine Mutter Agariste mit den Alkmeoniden verwandt, in seinem äußeren Auftreten durch Erziehung und Tradition seines Hauses ein Aristokrat vom Scheitel bis zur Sohle war, das Vorbild seines Oheims Kleisthenes maßgebend gewesen. Der radikalen Partei wurde nun freie Bahn gemacht, indem Kimon nach seiner Rückkehr von Ithome ostrakisiert wurde (461). Da der von den Spartanern dem Volk angetane Schimpf von allen Parteien empfunden wurde, kam es zu jener neuen außenpolitischen Gruppierung und zu einer gewissen Fusion der früheren Programme, indem man zugleich mit der energischen Weiterführung des Perserkrieges den Kampf gegen Sparta und den Peloponnesischen Bund beschloß.

Dieser *Krieg mit den zwei Fronten* sollte sich als verhängnisvoll erweisen. Die Leistungsfähigkeit und Opferwilligkeit Athens und seines Seebundes hat sich hier zwar auf bewunderungswürdige Weise bewährt, aber dieser Doppelkrieg ging doch über seine Kräfte. Die 460/59 nach Cypern gegen Persien gesandte Hauptflotte von 200 Schiffen folgte zum größten Teil einer Aufforderung des Deltafürsten Inarōs, der Ägypten von Persien losgerissen hatte. So belagerten die Athener mit Inarōs zusammen die persische Besatzung in Memphis und waren auf Jahre hinaus hier festgelegt. Inzwischen war es auch in Griechenland (in dem sogenannten 1. Peloponnesischen Kriege) zu Zusammenstößen gekommen. Zwar wurden die Athener bei *Tanagra* 457 von den Spartanern geschlagen, aber schon zwei Monate später erfochten sie gegen die Böoter bei *Oinophyta* einen Sieg, der ihnen außer der Suprematie über Böotien auch den Anschluß der Phoker und Lokrer und damit eine Vorherrschaft in Mittelgriechenland bis zu den Thermopylen brachte. Auch *Ägina*, die alte Handelskonkurrentin, mußte 456 nach längerer Belagerung kapitulieren und erlitt ein schweres Strafgericht: die Mauern wurden niedergerissen, die Schiffe ausgeliefert, und die Stadt mußte mit einem Straftribut von 30 Talenten, wie ihn ebenso auch Thasos nach seiner Niederwerfung zahlte, dem Seebund beitreten. Inzwischen waren auch die Arbeiten an der Nordmauer und der Phalerischen Mauer zu Ende geführt, die die Stadt mit dem Piräus und Phaleron verbanden. Wie Perikles mit diesem Mauerbau das Programm des Themistokles fortführte, wiewohl sein eigenes Geschlecht, die Alkmeoniden, diesen ins Elend getrieben hatten, so hat er auch Gedanken des Themistokles verwirklicht, indem er den attischen Einfluß nach dem Westen hin auszudehnen suchte. Dies war freilich nur durch Zurückdrängung von Korinth möglich, dessen Handel nach Osten bereits durch die Besitzergreifung von Nisaia, dem Hafen Megaras, und von Troizen, namentlich aber von Ägina stark eingeengt war. So war auch der Anschluß der westlichen Inseln Zakynthos und Kephallenia sowie die Besetzung mehrerer Punkte im Korinthischen Meerbusen, die Tolmides 456/5 gelang, in erster Reihe gegen Korinth gerichtet.

Da traf im Jahre 454 das athenische Heer in *Ägypten* eine furchtbare Katastrophe, indem es von Megabyzos, den der Großkönig mit einem großen Heere entsendet hatte, vor Memphis geschlagen und nach dem Delta zurückgedrängt, hier nach eineinhalbjähriger Belagerung in einer Schlacht vollständig aufgerieben wurde. Schon fürchtete man ein Vordringen des persischen Siegers und brachte die Bundeskasse von Delos nach Athen (454), doch hat der Großkönig, abgesehen von der Besetzung von Cypern, seinen Sieg nicht ausgenutzt. Auch der hellenische Krieg flaute bei beiderseitiger Abspannung ab. Abgesehen von der Fahrt des Perikles 454, die die achäischen Städte zum Anschluß an Athen brachte, ist es zu keinen Zusammenstößen mehr gekommen. Athen benutzte diese Pause, um eine neue starke Flotte zu bauen. Als dann 451 *Kimon* nach Ablauf seiner zehnjährigen Verbannung zurückkehrte, hat er, der alte Lakonerfreund, mit den Spartanern einen *fünfjährigen Waffenstillstand* abgeschlossen, worauf (450) auch Argos einen dreißigjährigen Frieden mit Sparta schloß.

Wie sehr Kimon jetzt die Situation beherrschte, zeigt, daß sein altes Programm, der Perserkrieg, mit neuer Kraft aufgenommen wurde. Im Jahre 450 fuhr Kimon mit der neuerbauten Flotte nach Cypern, ist hier aber während der Belagerung von Kition gestorben. Durch seinen Tod kam wieder die Politik des *Perikles* ans Ruder. In der richtigen Einsicht, daß die Aufnahme des Zweifrontenkrieges ein Fehler gewesen war, brach er, um Athens Kräfte auf Griechenland zu konzentrieren, den Perserkrieg ab. Die Flotte wurde zurückgeholt, wiewohl sie bei Salamis (auf Cypern) einen glänzenden Sieg gegen die Perser errungen hatte (449). Dieser Sieg erleichterte die Führung von Friedensverhandlungen in Susa. Athen verzichtete auf jedes Eingreifen in Cypern und Ägypten, konnte aber sein eigentliches Kriegsziel, die rechtliche Anerkennung der Freiheit der kleinasiatischen Griechen, nicht erreichen. Der Großkönig versprach nur, ohne einen Quadratfuß abzutreten, auf die Ausübung seiner Rechte ihnen gegenüber zu verzichten, seine Flotte nicht nach Westen über die Chelidonischen Inseln (an der lykischen Küste) und die Kyaneen (am Bosporuseingang) hinausfahren, das Landheer sich der Küste höchstens bis auf drei Tagesmärsche oder einen Tagesritt nähern zu lassen. Diese Bedingungen des durch *Kallias* 449/8 abgeschlossenen Friedens waren für Athen gegenüber dem einstigen Kriegsziel nicht gerade glänzend, aber Perikles, der jetzt mehr und mehr den Parteiführer hinter sich ließ und sich zum Staatsmann großen Stiles entwickelte, hat sich damit zufrieden gegeben, weil durch die Wiederaufnahme der Handelsbeziehungen zu Persien ein großer Aufschwung des athenischen Wohlstandes, der durch die ungeheuren Opfer des Doppelkrieges schwer gelitten hatte, zu erhoffen war, und weil durch die Anerkennung Athens als Großmacht er seinem Ziele, die Entwicklung des Seebundes zu einem *Attischen Reich* zum Abschluß zu bringen, näherrückte.

Der Wunsch, Athen zunächst eine möglichst lange Friedenszeit zu verschaffen, um neue Kräfte zu sammeln, drängte ihn ebenso auch zum Frieden mit Sparta, doch hat er, um dies zu erreichen, vorher noch auf die meisten Eroberungen der letzten Jahre verzichten müssen. Durch die Niederlage bei Koronea (447), die zur Aufrichtung eines straffen oligarchischen böotischen Bundesstaates unter Thebens Hegemonie führte, verlor Athen seine Suprematie in Mittelgriechenland. Ein Aufstand in Euböa (446) konnte zwar niedergeschlagen werden, aber als Perikles nach dem Abzug eines nach Ablauf des Waffenstillstandes in Attika eingefallenen spartanischen Heeres die Friedensverhandlungen mit Sparta eröffnete, mußte er auf alle peloponnesischen Eroberungen (Megara, Troizen und die achäischen Besitzungen) verzichten, so daß nur Ägina und Naupaktos verblieben. Hieraufhin schloß Sparta einen Frieden auf dreißig Jahre (446) mit der Bestimmung, daß etwaige Streitigkeiten einem Schiedsgericht zu unterwerfen seien und keiner der beiden Kontrahenten ein Bundesmitglied des anderen in seinen Bund aufnehmen dürfe. Damit war der Dualismus vertraglich festgelegt und Athen als Herrin des Bundes nun auch von Sparta anerkannt.

Die Friedenszeit

Die nun folgende Friedenszeit hat, wiewohl sie statt dreißig Jahre kaum fünfzehn Jahre gewährt hat, Athen einen so glänzenden Aufschwung gebracht, daß die Friedenspolitik des Perikles ihre volle Rechtfertigung findet. Denken wir doch an diese Jahre vor allem, wenn wir von dem *Perikleischen Zeitalter* sprechen, in dem wir in kultureller Hinsicht den Höhepunkt der Antike überhaupt sehen. Daß wir den Namen des Perikles mit diesem verbinden, ist voll berechtigt; denn seine Politik hat dieser wunderbaren Entwicklung erst den Boden bereitet, und seine Persönlichkeit hat im Mittelpunkt des geistigen und künstlerischen Lebens dieser Zeit gestanden. Formell war seine Machtstellung darauf begründet, daß er nach Ostrakisierung des Aristokratenführers *Thukydides*, des Sohnes des Melesias, Jahr für Jahr zum Oberstrategen gewählt worden ist. Doch wichtiger noch war, daß er als Vertrauensmann des Volkes (*δημαγωγός*) die Volksversammlung beherrschte und durch sie seine Gedanken zur Ausführung bringen konnte. Seine Machtstellung war so außergewöhnlich, daß seine Zeitgenossen ihn mit den großen alten Tyrannen verglichen haben. Thukydides trifft den Nagel auf den Kopf, wenn er (II, 65, 9) die staatsrechtliche Lage dahin charakterisiert, daß es nur nominell eine Demokratie war, in Wirklichkeit aber die *Herrschaft des ersten Mannes* (*ἐγίγνετό τε λόγῳ μὲν δημοκρατία, ἔργῳ δὲ ὑπὸ τοῦ πρώτου ἀνδρὸς ἀρχή*). Perikles hielt, wie Thukydides vorher sagt (§ 8), das Volk fest in der Hand, ohne seine Freiheit einzuengen, und führte mehr das Volk, als daß er sich von ihm führen ließ (*κατεῖχε τὸ πλῆθος ἐλευθέρως καὶ οὐκ ἤγετο μᾶλλον ὑπ' αὐτοῦ ἢ αὐτὸς ἦγε*). *So war auch hier, auf diesem Gipfel der Entwicklung, das Entscheidende die überragende große Persönlichkeit des Führers, nicht die Form der Verfassung.*

Die Demokratie, die nach jenen Worten durch Perikles zum Schein wurde, war die radikale Demokratie, der er selbst in jüngeren Jahren nach dem Sturz des Areopags zum Siege verholfen hatte. Er war es gewesen, der auch der dritten Schätzungsklasse, den Zeugiten, den Zutritt zum Archontat eröffnet hatte (457). Er war es auch gewesen, der die Diäten für die Geschworenen und die Ratsherren und Losbeamten eingeführt hatte, eine wirtschaftlich notwendige Folgerung aus dem Grundsatz, daß auch die nichtbesitzenden Schichten am Staatsleben teilnehmen sollten, da dies ohne Ersatz für den ausfallenden Tageserwerb nicht durchführbar war. Indem diese Staatsunterstützungen, die sich an das alte System der Verteilung der Überschüsse anschlossen, sich später über Diäten, Getreideverteilungen usw. hinaus auf Nichtlebensnotwendiges erstreckten, wie die Schaugelder (*θεωρικά*), lebte sich das Volk immer mehr in die Vorstellung hinein, in dem Staat eine *Versorgungsanstalt* zu sehen, was mit der Zeit zu schweren Mißständen geführt hat. Anderseits ist hierdurch erreicht worden, daß das durch die wirtschaftliche Entwicklung angewachsene Bürgerproletariat für die bestehende demokratische Verfassung gewonnen und dadurch eine blutige Revolution ferngehalten wurde. Der Gedanke der sozialen Fürsorge für die Unbemittelten war für Perikles auch bei der Entsendung von Kolonien und Kleruchien lebendig, die zwar in erster Reihe den politischen Zielen seiner Bundespolitik dienten, aber auch Tausenden von Bürgern eine Existenz boten. Doch bezeichnend für die Enge des demokratischen Gesichtskreises ist es, daß man bei allen diesen Einrichtungen niemals über die Theten, d.h. über den Kreis der Vollbürger hinausgegangen ist. Die Tausende von Fremden, die als Metöken gegen Zahlung eines Kopfgeldes (*μετοίκιον* von 12 Drachmen) sich in Athen niederlassen durften und Außerordentliches für das kommerzielle und industrielle Leben Athens geleistet haben, auch zur Flotte und gar zum Landheer vielfach herangezogen wurden, waren wie selbstverständlich von all diesem ebenso ausgeschlossen wie die Bündner, deren Tributzahlungen dabei mehr und mehr Athen zugute kamen, von den in diesem Jahrhundert stark angewachsenen Sklavenmengen ganz zu schweigen. So kann diese „Sozialpolitik", wenn man diesen Ausdruck überhaupt für eine Politik gebrauchen darf, die im Grunde auf die Ausnutzung einer rechtlosen Mehrheit durch eine bevorrechtete Minderheit hinauslief, den Vergleich auch nur mit den Anfängen der modernen Sozialpolitik nicht im entferntesten aushalten. Je einträglicher es aber wurde, attischer Bürger zu sein, desto enger wurde im Gegensatz zu der liberalen Bürgerrechtspolitik des Solon und Kleisthenes der Kreis der Vollberechtigten gezogen, und wiederum war es Perikles gewesen, der 451 das Gesetz durchgebracht hatte, daß Vollbürger nur sein sollte, wer von Vater- und Mutterseite her von Vollbürgern abstammte (*ἐξ ἀμφοῖν ἀστοῖν*). Diese Enge der Bürgerrechtspolitik ist für die Lebensfähigkeit des Seebundes von verhängnisvollen Folgen geworden.

Die Entwicklung des Bundes zu einem *Attischen Reich* (ἀρχή) zu vollenden, war, wie schon bemerkt, eines der Hauptziele des Perikles. Schon früh hatte die politische Entwicklung von selbst dazu geführt, daß die ursprünglich vereinbarte *Autonomie* der Bündner (S. 147) gegenüber der wachsenden Macht Athens in Gefahr geriet. Das Machtstreben des Vorortes sowie anderseits die zentrifugalen Kräfte in dem schwer zu disziplinierenden freiheitsdurstigen Ioniertum mußten bald zu Konflikten führen. Der mißglückte Abfall der Naxier schon zehn Jahre nach Begründung des Bundes und der bald danach folgende Abfall der Thasier (S. 148) reden eine deutliche Sprache. Niedergeworfene Rebellen wurden Untertanen Athens, und auch schon Unregelmäßigkeiten in der Tributzahlung gaben den Anlaß, der Vormacht neue Rechte zu geben. Nur die großen Bündner, die eigene Flotten hatten, Lesbos, Chios und Samos, konnten damals noch dauernd ihre volle Autonomie wahren. Diese allein behielten auch ihre alten Verfassungen, während die kleineren Bündner mit der Zeit nach dem demokratischen Vorbilde Athens ihre Verfassung freiwillig oder gezwungen ausgestalteten. Auch sonst wurden die athenischen Einrichtungen mehr und mehr das Muster für die Bündner. Besonderes Gewicht legte Athen auf die Ausbreitung des Geltungsbereiches des □ attischen Rechts. Vorsichtig vorgehend, hat es die Bündner mehr und mehr dazu genötigt, vor den attischen Geschworenengerichten ihr Recht zu suchen. So zentralisierte sich immer mehr nach allen Seiten hin die Macht des Bundes in dem Vorort Athen. Von großer Bedeutung wurde die Verlegung des Bundesschatzes von Delos auf die Akropolis (454), wonach nicht mehr der Apollon von Delos, sondern die Athena von der Burg die Schützerin des Bundes war, die nunmehr $^1/_{60}$ der Tribute für die Aufbewahrung des Schatzes zu eigen □ erhielt. Als dann der Kalliasfriede (449/8) geschlossen war, konnte in Bündnerkreisen die Frage entstehen, ob die Tributzahlungen jetzt überhaupt noch berechtigt seien, da sie doch eigens zum Kampf gegen Persien einst eingeführt waren, also die Voraussetzung jetzt fortfiel. Aber Perikles verteidigte die moralische Berechtigung damit, daß die Athener auch weiterhin den Bündnern den Schutz garantierten, wie auch der Friede ihnen vom Großkönig nur mit Rücksicht auf Athen gewährt war, ja, er vertrat die Forderung, daß die Athener jetzt den Bündnern keine Rechenschaft über die Verwendung der Bundesgelder mehr schuldig seien. Aus diesen heftigen inneren Kämpfen ging Perikles als Sieger hervor, indem Thukydides, der Fürsprecher der Bündner, 443 durch Ostrakismos verbannt wurde (S. 152). Wie stark der Einfluß des Kalliasfriedens auf die Umgestaltung der Symmachie zum Attischen Reich (ἀρχή) gewesen ist, zeigt vielleicht am eindringlichsten die Tatsache, daß wahrscheinlich noch in demselben Jahre die Athener das in Fragmenten uns bekanntgewordene *Münzgesetz* erließen, nach dem die Bündner ihr Silberprägungsrecht verloren und nur noch das attische Silbergeld (wie auch die attischen Gewichte und Maße) gebrauchen durften. Damit war die athenische Münze zur *Reichsmünze* geworden. Im Verfolg dieser Politik sind dann in den nächsten Jahren Kleruchien in das Bundesgebiet ausgeführt worden, und athenische Aufseher (*ἐπίσκοποι*) kontrollierten hie und da die inneren Verhältnisse der Städte. Unter dem Einfluß des Kalliasfriedens sind vor allem die bisherigen Beiträge der Bündner tatsächlich zu Tributen der Untertanen (*ὑπήκοοι*) geworden, die Athen für seine eigenen Zwecke verwendete. *Das Reich* (*ἀρχή*) *war geschaffen.* Diese Einigung der ganzen ionischen Welt von zeitweise fast 200 Städten unter Athens Herrschaft ist die *größte politische Schöpfung*, die die Griechen bis dahin vollbracht hatten, und sie ist es auch geblieben bis auf die freilich ganz andersartigen Schöpfungen Philipps und Alexanders.

Doch dieses Reich ist nur von kurzer Dauer gewesen. Nachdem Samos schon mitten im Frieden (440) abgefallen war, Lesbos bald nach Beginn des Peloponnesischen Krieges sich empört hatte, ist der Bund nach der sizilischen Katastrophe völlig aus den Fugen gegangen. Dies Versagen in der Not erklärt sich daraus, daß die Bündner keinen hinreichenden Anteil an den Vorteilen des Bundes hatten und daher mit den Interessen Athens nicht genügend verknüpft waren, um nicht die Herrschaft des Vorortes immer mehr als drückende Last zu empfinden. Wohl hat die Freiheit des Meeres und der Schutz des Handels, den die Seemacht Athens garantierte, auch den Bündnern Nutzen bringen müssen, aber es wurde doch schwer empfunden, daß Athen sich auf Kosten seiner Bündner zur wirtschaftlichen Vormacht von Griechenland gemacht hatte. Die ökonomische Abhängigkeit von der Seebeherrscherin hatte für manche der Städte von vornherein als Zwang zum Eintritt in den Bund gewirkt. Je mehr dann Athens Macht gestiegen war, desto stärker war diese Abhängigkeit geworden. Athen beherrschte die Zufuhren des südrussischen Getreides und bestimmte das Maß der Verteilung an die Bündner, konnte daher jeden Ungehorsam mit der Sperre bedrohen. Die zur Kontrolle dieser Verteilungen eingesetzten Hellespontwächter (*Ἑλλησποντοφύλακες*) sind zwar erst zu Beginn des Peloponnesischen Krieges eingeführt worden, sind also eine Kriegsmaßregel, werfen aber doch ein Licht auf die ökonomische Tyrannis des Vorortes. Athen übte auch einen Stapelzwang zu seinen Gunsten aus (vgl. Pseudo-Xenoph. *Ἀϑην. πολιτ.*

II, 12), ähnlich wie es im 4. Jahrhundert z.B. die Insel Keos verpflichtete, ihren Rötel, den besten in ganz Griechenland, nur nach Athen zu liefern. Der einst dominierende ionische Handel war durch den langjährigen Perserkrieg niedergegangen, und als der Kalliasfriede wieder den Handel mit dem Orient ermöglichte, konnte er zwar wieder aufleben, aber vor allem war es Athen, das dank seiner Meerbeherrschung den Vorteil von der neuen Situation hatte und als wirtschaftliche Führerin das Erbe der Ionier übernahm. Die zielbewußte Handelspolitik des Perikles hat die für die Verpflegung Attikas notwendigen Beziehungen zum Pontos (vgl. seine Fahrt ins Schwarze Meer) ebenso gefördert wie die zum Westen. Seine weitschauende Politik tritt uns in seinen Bündnisverträgen mit Segesta (458/7?) und Leontinoi und Rhegion (433/2), die sich von der imperialistischen Politik der Syrakusier bedroht sahen, sowie in seinem Eintreten für die Gründung von Thurioi (444/3) entgegen. So strömten in dem großartig ausgebauten Handelshafen des Piräus die Güter aus der ganzen Mittelmeerwelt zusammen. Der Piräus, in dem die von *Hippodamos von Milet* erbaute Hafenstadt mit ihren rechtwinklig sich schneidenden geraden Straßen rasch aufblühte, ward zum Haupthandelsplatz nicht nur des Attischen Reiches, sondern der ganzen Welt. Die Folge war ein starkes Aufblühen der attischen Industrie, die die nötigen Tauschwaren für den Fernhandel herzustellen hatte, was wiederum ein starkes Anwachsen der Sklavenmassen zur Folge hatte.

Vielleicht noch drückender als die ökonomische Suprematie Athens wurde der immer mehr entwickelte *Gerichtszwang* empfunden, durch den die Bündner gezwungen wurden, vor den attischen Geschworenengerichten ihr Recht zu suchen. Dabei hatten diese Geschworenen nicht etwa wie unsere Geschworenen nur die Schuldfrage mit „ja" oder „nein" zu entscheiden, während ein Richter das Urteil fällt, sondern sie sprachen selbst als Richter, ohne Beratung und in geheimer Abstimmung, das Urteil und gar ein endgültiges! Indem der Demos auch dann, wenn es sich um seine eigenen Interessen handelte, der Richter war, war das „nichts anderes als die ins Demokratische übersetzte Kabinettsjustiz" (J. G. Droysen). Man begreift, wie demütigend es für die vornehmen und gebildeten Kreise der Bundesstädte sein mußte, diese zum großen Teil den unteren Schichten angehörigen attischen Geschworenen zu umschmeicheln und um ihre Stimme zu bitten (vgl. Aristophanes' Wespen und Pseudo-Xenoph. Ἀθ. πολ. I, 16ff.).

Einen dauerhaften Reichsbau, der allen Stürmen der Kriegszeiten trotzen konnte, hätten die Athener nur errichten können, wenn sie ähnlich wie die

Römer der älteren Zeit gegenüber den Italikern eine weitherzige *Bürgerrechtspolitik* betrieben und durch Erteilung politischer Rechte die Interessen der Bündner mit den ihrigen verknüpft hätten. Aber daran hat man erst gedacht, als es zu spät war. Debattiert hat man wohl darüber nach der sizilischen Katastrophe (Aristoph. Lysistrate 580ff.), und als Athen nach Aigospotamoi am Boden lag, hat man den treuen Samiern das Bürgerrecht verliehen. Freilich wäre ein rechtzeitiger allgemeiner derartiger Akt nur möglich gewesen durch Aufhebung der radikalen Demokratie, ja, durch Überwindung des Polisbegriffs, und so versteht man, daß er unterblieb.

Aber so kurzlebig auch dieses Attische Reich gewesen ist, war es doch von weittragendsten Folgen, daß, wenn auch nur durch einige Dezennien hindurch, dieses genialste Volk der Griechen, auf der Höhe seiner Entwicklung stehend, diesem Reich den Stempel seines Geistes hat aufdrücken können. Wenn später in der Weltkultur Alexanders das Attische überwiegt, in der Weltsprache wie in der sich allmählich entwickelnden Einheit des griechischen Rechts, so hat die kulturelle Vorherrschaft Athens im Attischen Reich dazu den Grund gelegt. Auch für uns haben noch bis heute die kulturellen Schöpfungen Athens, die damals zum Teil durch die Mittel des Reiches geschaffen worden sind, ihren Ewigkeitswert behalten, die uns unendlich viel wichtiger sind als die politischen und wirtschaftlichen Maßnahmen jener Tage, mögen diese richtig oder verkehrt gewesen sein. Wir danken es der Initiative des *Perikles*, daß er zielbewußt darauf losgegangen ist, in den Jahren des Friedens Athen auch zum geistigen und künstlerischen Mittelpunkt Griechenlands zu machen. Wie klar ihm sein Ziel vor Augen stand, zeigte er schon unmittelbar nach dem Kalliasfrieden, indem er die gesamte Griechenwelt zu einem *panhellenischen Kongreß* nach Athen einlud (447), auf dem über die Wiederherstellung der von den Persern zerstörten Tempel und über die Ausrichtung der einst im Perserkrieg den Göttern gelobten Opfer sowie über die Befriedung des Meeres beraten werden sollte. Die Verkündigung dieses Kultur- und Friedensprogramms sollte ein wuchtiges Zeugnis dafür sein, daß Athen sich wie das öffentliche Gewissen Griechenlands dazu berufen fühlte, im Interesse der Rechte der Götter und des hellenischen Friedens die Initiative für ein panhellenisches Zusammenwirken (*κοινοπραγία*) zu ergreifen. Als der Kongreß an der begreiflichen Ablehnung Spartas scheiterte, das die politischen Hintergründe der attischen Machtpolitik durchschaute, ging Athen auf eigene Faust an die Abtragung der Dankesschuld an die Götter und begann im Jahre 447 mit dem Bau des Parthenon. Wie diesem Bau die Propyläen und weitere

Bauten in der Unterstadt und in Eleusis folgten, ist später in größerem Zusammenhange zu betrachten (S. 197f.). Hier sei nur hervorgehoben, daß Perikles in sämtlichen Baukommissionen als Vorsteher (ἐπιστάτης) sich die größten Verdienste erworben hat. Die nötigen Mittel gewann er, indem er, da die Staatskasse (τὸ δημόσιον) nur gerade für die laufenden Ausgaben ausreichte und keine Überschüsse ansammelte, den Schatz der Göttin (für die Tempel) und die Bundesgelder für diese Bauten heranzog. Nur so konnte er diese Ausgaben verantworten, da doch die Aussicht auf einen letzten Entscheidungskampf mit Sparta im Interesse der Existenz des Staates die Ansammlung von Reserven verlangte. Die Erwartung des drohenden Kriegsgewitters spiegelt sich auch in dem Bau der mittleren Verbindungsmauer zwischen Stadt und Piräus wider, die nun mit der Nordmauer zusammen (als „die Langen Schenkel" bezeichnet) erst die endgültige Vereinigung der beiden Festungen herbeiführte, ferner auch in den großartigen Marineanlagen im Piräus. So war Athen militärisch und finanziell gerüstet, als das Gewitter früher, als man gedacht hatte, losbrach.

VIII. DER PELOPONNESISCHE KRIEG

Gründe und Anlässe

Die Gründe, die zu diesem unglückseligen Bruderkrieg geführt haben, sind schon im Altertum umstritten gewesen. Die politischen Gegner des Perikles, die er, gerade weil er als wahrer Staatsmann sich über die Parteien erhoben hatte, sowohl auf der Rechten wie auf der Linken hatte, und die in den letzten Jahren vor dem Kriege ihm nahestehende Personen (Phidias, Anaxagoras, Aspasia) in Prozessen verfolgt hatten, sind schon bald nach dem Ausbruch des Krieges mit der Beschuldigung hervorgetreten, er habe aus persönlichen Gründen, um seine angeblich wankende Stellung zu retten, diesen Krieg herbeigeführt. Dieser Behauptung, die auch in der gleichzeitigen Komödie zu Wort kam und später von Ephoros weiter ausgesponnen wurde, ist *Thukydides* entgegengetreten, nicht durch Widerlegung im einzelnen, sondern durch seine Gesamtdarstellung. In fundamentaler Weise hat er, zum ersten Male in der Menschheitsgeschichte, den Gedanken erfaßt und durchgeführt, daß zwischen den tiefliegenden *Gründen* und den äußeren *Anlässen* zu scheiden sei. Die ersteren sieht er für den Peloponnesischen Krieg in dem Anwachsen der athenischen Macht seit dem Perserkriege und der hierauf begründeten Furcht Spartas und seiner Verbündeten vor weiterem Machtzuwachs Athens, während die an den korinthisch-korkyräischen Konflikt sich anschließenden Ereignisse der letzten Jahre ihm nur die Anlässe sind. Mit dieser prinzipiellen, tiefen historischen Einsicht, die gegenüber allen Geschehnissen der Geschichte anzuwenden ist, hat er den Kern der Sache getroffen. So sind die wahren Gründe schon im vorigen Abschnitt dargelegt worden, in dem die mächtige Entwicklung des Attischen Reiches geschildert worden ist. Auch ist dort schon angedeutet, daß unter den Bündnern Spartas es vor allem *Korinth* war, das hierdurch in Gefahr kam, wirtschaftlich eingeschnürt zu werden. Zwar hatte Korinth aufatmen können, als Athen durch den Frieden von 446 genötigt worden war, die neuen Eroberungen am Saronischen und Korinthischen Golf herauszugeben, und dies war der Grund, weshalb Korinth beim Abfall von Samos (440) gegen eine Unterstützung der Samier gestimmt hatte; aber als wenige Jahre danach Athen sich an der Westküste, die Korinth als seine Interessensphäre ansah, mit den Akarnanen verbündete, verschärfte sich von neuem der Gegensatz zwischen Korinth und Athen, und so hat denn Korinth, dessen Lebensinteressen durch die Entwicklung des Attischen Reiches besonders gefährdet waren, auch in erster Reihe schließlich zum Kriege gegen Athen geschürt.

Die äußeren „Anlässe" knüpften an den Umstand an, daß die Korkyräer (auf Korfu), die seit 435 mit ihrer Mutterstadt Korinth im Kampfe waren, 433 die Athener um Aufnahme in den Bund baten. Wiewohl die Athener ihnen sehr korrekt keine Symmachie, sondern nur ein Defensivbündnis unter dem Namen einer Epimachie gewährten, und wiewohl die von Athen ihnen zum Schutz gesandten Schiffe sich in der Seeschlacht bei den *Sybotainseln* (433) von der Offensive fernhielten, kam doch die Feindschaft der Korinther gegen Athen dadurch zum vollen Ausbruch, daß durch das rechtzeitige Erscheinen einer zweiten attischen Flotille die Korinther hier um den schon sicheren Sieg gekommen waren. Zusammen mit Perdikkas von Makedonien begünstigten sie nun aus Rache den *Abfall von Potidäa* (auf der Chalkidike) von Athen und sandten der Stadt sogar ein Hilfskorps, das im Spätherbst 432 in einer Schlacht vor den Mauern Potidäas mitgekämpft hat. Wenn Potidäa auch korinthische Kolonie war, so war es doch attischer Bündner geworden. Korinth hat also durch seine Unterstützung des Abfalls in eklatanter Weise den Frieden von 446 gebrochen. Diese scharfe Herausforderung beantwortete Perikles mit einem Gegenschlag, indem er den zum Peloponnesischen Bunde gehörigen Megarern die Häfen des Attischen Reiches und den athenischen Markt sperrte. Dieses *„Megarische Psephisma"*, das später von der Komödie als der eigentliche Kriegsgrund hingestellt wurde, war nichts als eine Vergeltungsmaßregel im Interesse des athenischen Prestiges, die sogar an gewisse Grenzverletzungen der Megarer hatte anknüpfen können. Nunmehr spitzte sich der Konflikt dadurch zu, daß Korinth und andere Bundesgenossen sich offiziell an Sparta als das Haupt des Peloponnesischen Bundes wandten (etwa Oktober 432). Nachdem im besonderen Korinth in Form eines Ultimatums gedroht hatte, es werde sich einen anderen Bundesgenossen (d.h. Argos) suchen, wenn Sparta nicht den Krieg gegen Athen eröffne, gewann in der spartanischen Volksversammlung die die Jugend repräsentierende Kriegspartei die Oberhand über die Friedenspartei der Alten, und es wurde der Krieg beschlossen, da Athen den Frieden gebrochen

Bild 15: Bronzener Flötenspieler aus Samos

Bild 16: Mädchenfigur von der Akropolis

habe. Ebenso stimmten auch die peloponnesischen Bündner ab. Nachdem so der Krieg eine beschlossene Sache war, war es nur eine Farce, wenn in den folgenden Wintermonaten (432/1) eine Reihe von übertriebenen Forderungen an Athen gestellt wurde – wie die Verbannung der fluchbeladenen (!) Alkmeoniden (d.h. des Perikles) oder die Aufhebung der Belagerung von Potidäa oder des Megarischen Psephisma –, die offenkundig nur den Zweck hatten, im Falle der Annahme Athen zu demütigen oder im Falle der Ablehnung ihm die Verantwortung für den bereits beschlossenen Krieg zuzuschieben. Jetzt zeigte sich die ganze Größe des Perikles als Staatsmann, indem er sein Volk zu überzeugen wußte, daß die Ehre Athens verlange, diese Scheinforderungen abzulehnen und den unvermeidlichen Krieg erhobenen Hauptes aufzunehmen. Als dann zum Schluß noch die Forderung gestellt wurde, Athen solle seinen Bündnern die Autonomie wiedergeben (d.h. auf sein „Reich" verzichten), hat Perikles, entsprechend dem Vertrage von 446, ein Schiedsgericht angeboten, was aber von den Peloponnesiern nicht beachtet wurde. Kann hiernach nicht zweifelhaft sein, von welcher Seite der Krieg gewollt war, so haben anderseits die Spartaner zugleich mit dieser letzten Forderung als ihr Kriegsziel ausgegeben, daß sie für die *Befreiung der Hellenen von der attischen Herrschaft* den Krieg führen wollten. Mit dieser Parole, die sehr geschickt auf die unzufriedenen attischen Bündner berechnet war, sind sie in den Kampf gegangen.

Der Archidamische Krieg

Es waren zwei sehr verschiedenartige Gegner, die miteinander ringen sollten (Thuk. II, 9). Auf der einen Seite stand der Peloponnesische Bund, der den Peloponnes (außer Argos und den neutralen achäischen Städten) umfaßte, dazu Megara und in Mittelgriechenland die Phoker, Lokrer und Böoter sowie die westlichen korinthischen Kolonien (Ambrakia, Leukas, Anaktorion); auf der anderen Seite stand Athen mit seinem weiten, die Ägäis umfassenden Bundesgebiet und einigen Verbündeten, wie Platää, Naupaktos, Akarnanien, Thessalien u.a. Die Spartaner hatten die absolute Überlegenheit zu Lande, mit einer Feldarmee, die – wenn auch die genaueren Ziffern auf beiden Seiten umstritten sind – der athenischen zweifellos *weit* überlegen war. Die Athener anderseits beherrschten mit ihrer Flotte das Meer und hatten dazu die absolute Überlegenheit der finanziellen Hilfsmittel. Während die lockere Organisation des Peloponnesischen Bundes überhaupt keine Bundessteuern und daher auch keinen Bundesschatz kannte und die, abgesehen von Städten wie Korinth, meist bäuerlichen Gemeinden auf dieser Seite von einem Staatsschatz kaum etwas wußten, verfügte Athen damals, abgesehen von den jährlichen Bundeseinnahmen von 600 Talenten und anderen Einkünften, dank der Finanzpolitik des Perikles über einen auf der Burg bewahrten Reservefonds von 6000 Talenten, von denen 5000 für den Krieg sofort bereitgestellt werden konnten, während 1000 für den äußersten Notfall als eiserne Reserve zurückgehalten wurden. Ebenso sollten von den 400 Trieren alljährlich die 100 besten ausgemustert und für jenen äußersten Notfall in Reserve gehalten werden.

Aus dieser verschiedenen Verteilung der Kräfte ergaben sich mit Notwendigkeit die Verschiedenheiten der *strategischen Pläne* für beide Seiten. Während die Spartaner versuchen mußten, den Gegner zu Landschlachten zu verführen, in denen ihnen der Sieg sicher war, mußte für die Athener deren Vermeidung oberstes Gebot sein. So hat denn auch Perikles seinem Volk seinen Kriegsplan dahin entwickelt, daß die attische Landschaft der Verwüstung des Feindes preisgegeben werden müsse und die Landbevölkerung hinter den Mauern der Festung Athen Schutz suchen müsse, daß man dagegen mit der seebeherrschenden Flotte durch Plünderungen der feindlichen Küsten und Besetzungen von Küstenplätzen den Schaden heimzahlen werde. So konnte er hoffen, gestützt auf die finanzielle und maritime Überlegenheit, den Feind durch Ermattung zu einem für Athen günstigen Frieden zu zwingen. Freilich konnte man mit einer solchen Strategie keine Eroberungsziele verbinden, wie sie den Führern der radikalen Demokratie vorschwebten. Perikles hat denn auch von vornherein den Athenern vorgehalten, daß sie nicht an Eroberungen denken dürften (*μὴ ἐπικτᾶσθαι*, Thuk. I, 144, vgl. II, 65, 7), sondern daß es nur darauf ankomme, das Erbe der Väter unversehrt zu wahren. Mit Unrecht hat man ihm das Kriegsziel zugeschrieben, ein panhellenisches Reich unter Athens Herrschaft zu begründen. Sein Ziel konnte nur sein und ist nur gewesen, die *definitive Anerkennung des Attischen Reiches* durch den Gegner zu erzwingen. Allen Gewalten zum Trutz sich erhalten, daß mußte für ihn, wie für Friedrich den Großen im Siebenjährigen Kriege, die Parole sein. Daß ein solcher Krieg, der von den Bürgern so viele Opfer verlangte, ohne ihnen einen äußerlich glänzenden Sieg zu bieten, kein geeignetes Mittel war, um die erschütterte Stellung eines selbstsüchtigen Führers zu sichern, wie man es später ihm zugeschrieben hat, liegt auf der Hand. In Wirklichkeit hat Perikles sein

Volk in diesen unvermeidlichen entsagungsvollen Krieg nur führen können, weil er trotz der Anfeindungen der vorhergehenden Jahre jetzt im Augenblick der Not, vom Vertrauen des Volkes getragen, es fest in der Hand hielt.

Nachdem im Frühling 431 durch den blutigen Überfall der Thebaner auf das verhaßte Platää die Feindseligkeiten überraschend eröffnet waren, rückte der Spartanerkönig *Archidamos* in das geräumte Attika ein, verwüstete einen kleinen Teil und zog, nachdem er vergeblich auf einen Ausfall der Athener gehofft hatte, nach einem Monat wieder ab. Inzwischen war dem Programm des Perikles entsprechend die attische Flotte ausgefahren, verwüstete die Küsten von Lakonien und Elis, besetzte im Westen das korinthische Kastell Sollion (Akarnanien) und im Osten die Insel Atalante (im euböischen Sund) und vertrieb die Ägineten von ihrer Insel. Zu diesen Erfolgen kam noch der Abschluß eines Bündnisses mit dem Odrysenfürsten Sitalkes und daraufhin eines Friedens mit Perdikkas von Makedonien. Nachdem so das erste Kriegsjahr die Leistungsfähigkeit des Perikleischen Kriegsplanes erwiesen hatte, brach im zweiten Kriegsjahre (430) eine nicht vorherzusehende furchtbare Katastrophe über Athen herein, indem bald nach dem wieder erfolgten Einmarsch des Archidamos die *Pest* aus dem Orient in den Piräus eingeschleppt wurde. In der durch die geflüchteten Landleute übervölkerten Stadt fand sie einen nur zu günstigen Nährboden und verbreitete sich mit furchtbarer Gewalt. Zwei volle Jahre (430 und 429) hat sie hier hemmungslos gewütet und kehrte dann im Winter 427/6 noch einmal zurück. Im ganzen hat sie etwa ein Drittel der attischen Bevölkerung dahingerafft! Als die Seuche sich auszubreiten begann und auch auf die Flottenmannschaft übersprang, verzweifelte das Volk, und, ohne auf Perikles zu hören, bat es die Spartaner um Frieden. Diese stellten aber unerfüllbare Forderungen, so daß der Krieg weiterging. Nun suchte das Volk in Perikles den Sündenbock. Es suspendierte ihn von seinem Amt, verlangte Rechenschaftsablegung für die 14 Jahre seiner Strategie und verurteilte ihn trotz seiner Rechtfertigung zu 50 Talenten, wodurch er zugleich sein Amt verlor. Aber bald darauf erfolgte ein Umschwung in der Stimmung, zumal nachdem die Nachricht von der Kapitulation von Potidäa eingetroffen war, und bei den nächsten Strategenwahlen (429) wurde Perikles wiedergewählt. Diese Genugtuung hat er noch erlebt, dann raffte auch ihn die Pest hinweg, nachdem er auch seine Söhne hatte hinsterben sehen.

Einen solchen Staatsmann hat Athen nicht wieder gehabt. Daß er gerade damals, in der höchsten Not, sterben mußte, war ein nationales Unglück, zumal niemand da war, der ihn hätte ersetzen können. Während bisher immer Männer aus dem Adel die Führung gehabt hatten, drängten sich nun Leute aus den Erwerbskreisen nach dem Thron des Olympiers, und da ihnen militärische Fähigkeiten fehlten, so trennte sich jetzt der Posten des Volksführers von dem des Oberstrategen, und in Ermangelung der einheitlichen Leitung einer starken Persönlichkeit ging die Entscheidung auch über militärische Fragen immer mehr auf die Volksversammlung über. Es begann ein Wettlaufen um die Gunst des Volkes. Jeder wollte der Erste sein, wiewohl sie an Wert einander ziemlich gleich waren, und so bemühten sie sich, dem Volk zu Gefallen, ihm die Staatsangelegenheiten in die Hand zu geben: so charakterisiert Thuk. II, 65, 10 die Nachfolger des Perikles. Unter den Führern der radikalen Demokratie, die jetzt Oberwasser bekamen, war damals der bedeutendste *Kleon*, ein wohlhabender Gerbereibesitzer, der aber auf der Rednerbühne mit seinen Manieren gern den Proletarier spielte, ein Mann von anerkennenswerter Energie, die er aber vorwiegend im Interesse seiner Parteiprinzipien betätigte. Neben ihm trat *Hyperbolos* hervor, ein Lampenfabrikant, ein Mann derselben Richtung.

Nach Perikles' Tode ging der Krieg zunächst in alter Weise weiter. Die Spartaner machten ihre Einfälle in Attika – nur daß sie 429 statt dessen mit Rücksicht auf die Gefahren der Pest die Belagerung von Platää begannen –, und die Athener suchten außerhalb mit der Flotte Vorteile zu erringen. Der Heereszug des mit Athen verbündeten Odrysenfürsten verpuffte nutzlos durch die Unfähigkeit des Sitalkes und die diplomatischen Künste des Perdikkas (429). Militärisch war es bemerkenswert, daß ein athenisches Hoplitenkorps den Leichtbewaffneten der Chalkidier bei Spartolos unterlag (429). Eine gefährliche Wendung drohte der Krieg durch den *Abfall von Lesbos* zu nehmen, einem der wenigen noch autonomen Bündner (428); aber da die spartanische Hilfssendung nicht rechtzeitig eintraf, gelang es den Athenern, durch energische Kriegsführung im nächsten Jahre (427) die Kapitulation zu erzwingen. Mit derselben Grausamkeit, mit der Athen hier die Abtrünnigen bestrafte, ging Sparta in demselben Jahre gegen die Platäer vor, die sich zwei Jahre lang heldenhaft verteidigt hatten. Überall steigerte sich, je länger der Krieg währte, die Leidenschaft, namentlich auch im Kampf der Parteien in den einzelnen Städten untereinander, der um so heftiger entbrannte, als der Entscheidungskampf zwischen Sparta und Athen zugleich als ein solcher zwischen Aristokratie und Demokratie aufgefaßt wurde. Thukydides hat anknüpfend an den Bürgerkrieg auf Korkyra in einer großartigen psychologischen Analyse diesen Einfluß des Krieges auf die Verwilderung der Sitten dargelegt (III, 82f.).

Einen Umschwung sollte das Jahr 425 bringen. Der athenische Feldherr *Demosthenes* besetzte Pylos an der messenischen Küste, den nördlichen Vorsprung in der Bucht von Navarino, und als die beiderseitigen Flotten heraneilten und die peloponnesische in der Bucht geschlagen war, gelang es den Athenern, die auf der Insel Sphakteria gelandeten Mannschaften, 420 Hopliten, darunter 180 echte Spartiaten, einzuschließen. Das war für Sparta eine furchtbare Überraschung, nicht nur wegen des kostbaren Menschenmaterials, sondern auch, weil es mit der athenischen Festsetzung an dieser Küste, von der aus die Messenier und Heloten leicht aufgewiegelt werden konnten, in seinem wundesten Punkt getroffen war. So boten sie denn den Athenern nach Abschluß eines Waffenstillstandes einen Frieden auf Grund des status quo an und darüber hinaus sogar noch einen Symmachievertrag und Freundschaft. So hatte der geniale Schlag des Demosthenes den Athenern eine über Erwarten glückliche Lösung in den Schoß geworfen. Aber der große Augenblick fand ein kleines Geschlecht. Wäre Perikles noch am Ruder gewesen, dessen Kriegspläne hier die glänzendste Rechtfertigung erfahren hatten, so hätte er zweifellos diese außerordentlich günstigen Friedensbedingungen angenommen – und die griechische Geschichte würde einen anderen Verlauf genommen haben! Aber die radikale Kriegspartei, an ihrer Spitze *Kleon*, die die Herrschaft Athens über ganz Griechenland erstrebte, ließ sich durch unsinnige Gegenforderungen das Glück aus der Hand gleiten. Wie ernst den Spartanern ihr Anerbieten war, zeigten ihre Gesandten, indem sie Kleons Forderung, Athen müsse das zurückbekommen, was es beim Frieden von 446 ausgeliefert hatte (S. 151), nicht ohne weiteres ablehnten, sondern nur die aus Rücksicht auf ihre Bundesgenossen selbstverständliche Bitte um kommissarische Behandlung aussprachen. Aber Kleon lehnte dies in verletzender Weise ab, und so kehrten die Gesandten unverrichteter Sache heim. So hat die Unfähigkeit dieses Demagogen Athen um eine große Zukunft gebracht. Wohl hat er, als Demosthenes auf Grund seiner im vorigen Jahre in Ätolien gemachten Erfahrungen um den Nachschub leichter Truppen nach Pylos bat, in der Volksversammlung die Hilfssendung energisch durchgesetzt, er hat sogar, als der bedächtige Nikias ihm das Kommando anbot, nach anfänglichem Zögern, vom Volk gedrängt – in einer ergötzlichen Szene, bei der sogar bei dem todernsten Thukydides der Humor durchschimmert –, den Auftrag übernommen und hat die Truppen persönlich dem Demosthenes zugeführt und damit den Erfolg ermöglicht; aber die furchtbare Schuld, die er durch die Ablehnung des Friedens auf sich geladen hatte, war durch nichts gutzumachen. Demosthenes hat dann nach Ankunft des Kleon nach dem schon vorher von ihm erdachten Plane, namentlich mit Hilfe der ausschwärmenden Bogenschützen und Peltasten, den Rest der auf Sphakteria eingeschlossenen Peloponnesier – es waren noch 292 Hopliten, darunter 120 Spartiaten – umzingelt und zur Kapitulation gezwungen (August 425). Mit diesem wertvollen Pfand in der Hand konnte Athen nunmehr das Aufgeben der jährlichen Verwüstungen Attikas erzwingen, so daß der folgende Teil des Krieges ein anderes Gesicht bekam.

Nun war die Kriegspartei in Athen obenauf, nun sollte unter Beiseiteschiebung des Perikleischen Kriegsplanes die *Offensive* im großen Stil durchgeführt werden. Dazu war freilich eine Hebung der Finanzen nötig, denn die bereitgestellten Mittel waren lange aufgebraucht; schon für die kostspielige lesbische Expedition hatte man eine außerordentliche Vermögenssteuer (*εἰσφορά*) von den Besitzenden erheben müssen, die Belagerung von Potidäa hatte allein 2000 Talente gekostet. Kleon, der vom jubelnden Volk als der größte Bürger gefeiert wurde, bewies wieder seine Energie, indem □ er durch eine Erhöhung des Aristidessatzes der Bundestribute auf über 1460 Talente bedeutende neue Einnahmen schuf. Daß er hiernach in der Lage war, die Richterdiäten von 2 auf 3 Obolen zu erhöhen, befestigte die Stellung des Demagogen. Die Rückwirkung auf die Stimmung der Bündner, die sich später als unheilvoll erweisen sollte, blieb dabei freilich außer Berechnung.

Aber der Jubel verstummte bald, als nach einzelnen erfolgreichen Besetzungen auswärtiger Punkte (Methana, Kythera, Nisaia) die radikale Kriegspartei im Jahre 424 zu einem großen Schlage gegen Böotien ausholte; sie wollte nun einmal ihre große Landschlacht haben, so sehr Perikles davor gewarnt hatte. Das Unternehmen führte zu der vollständigen Niederlage □ der Athener in der Schlacht bei *Delion*. Zu einem völligen Fiasko führte auch die Eroberungspolitik gegenüber *Sizilien*. Daß man 427 den Leontinern, mit denen Perikles (wie mit Rhegion) ein Bündnis geschlossen hatte (s. S. 156), auf das von Gorgias überbrachte Hilfsgesuch gegen Syrakus, das nach der Herrschaft über ganz Sizilien strebte, 20 Schiffe geschickt hatte, war durchaus richtig gewesen, zumal Syrakus den Spartanern Hilfe versprochen hatte. Aber schon damals hatten die Radikalen im stillen Eroberungspläne damit verknüpft, ja manche, wie Hyperbolos, träumten von einer Eroberung Siziliens und womöglich Karthagos! Als nun 425 im Verfolg der Eroberungspolitik eine bedeutende Flotte von 40 Schiffen nach Sizilien geschickt wurde, hatte dies die unerwartete Wirkung, daß die sizilischen Griechen, die Eroberungsabsichten der Athener merkend, sich auf einem Friedenskongreß zu Gela (424) miteinander vertrugen, so daß den Athenern nichts übrigblieb, als heimzufahren. So war auch hier die Offensivpolitik der Radikalen gescheitert.

Um diese Zeit trat in Sparta *Brasidas*, der Sohn des Tellis, mit dem genialen Gedanken hervor, Athen in seinem thrakischen Bundesgebiet anzugreifen und Perdikkas und den aufständischen Chalkidiern die Hand zu reichen, womit er dem Krieg eine neue Wendung gab. Noch im Herbst 424 langte er nach kühnem Zuge quer durch Griechenland im Norden an und brachte bald die wichtigste Besitzung Athens, Amphipolis, dem Thukydides, der Historiker, mit seinen sieben Schiffen von Thasos aus nicht rechtzeitig hatte Hilfe bringen können, zur Kapitulation. Das war ein großer Erfolg Spartas, der um so weitere Kreise zog, als Brasidas gemäß dem offiziellen spartanischen Kriegsprogramm überall als Bringer der Freiheit von der attischen Herrschaft auftrat. Nur zu gern folgten die durch die Verdreifachung der Tribute gereizten Bündner dem Freiheitsruf, und bald hatte Athen den größten Teil seiner thrakischen Provinz verloren.

In Athen herrschte hierauf große Bestürzung. Nach der Niederlage von Delion und dem Rückzug aus Sizilien nun noch der Verlust von Thrakien! Es nutzte dem Kleon nichts, daß er, wie üblich, die Schuld auf die Feldherren abzuwälzen suchte – auch Thukydides ist damals verbannt worden, und zwar mit Unrecht, hat er doch mit der Rettung von Eïōn getan, was in seinen Kräften stand –; das Volk begann doch, an der Weisheit der radikalen Leitung zu zweifeln. Man erkannte nur zu spät den ungeheuren Fehler, den man 425 mit der Ablehnung des spartanischen Friedensangebotes begangen hatte. Es wuchs die Friedensstimmung, aber nicht nur bei den Athenern, sondern auch bei den Spartanern, die jetzt mit Thrakien gleichfalls ein wertvolles Pfand in der Hand hatten, wie die Athener mit den gefangenen Spartiaten. So wurde im Frühling 423 ein Waffenstillstand auf ein Jahr geschlossen, der dann, wie man hoffte, zum Frieden hinüberführen sollte. Aber diese Hoffnung ging nicht in Erfüllung. Der Abfall von Mende und Skione auf der Chalkidike, der unmittelbar nach dem Waffenstillstandsabschluß erfolgt war, führte zu neuen Verwicklungen, und als dann Perdikkas sich mit Brasidas überwarf und mit den Athenern Frieden und Freundschaft schloß und daraufhin die Thessaler einem spartanischen Nachschub den Durchmarsch sperrten, kam die Kriegspartei in Athen wieder ans Ruder. Kleon selbst wurde jetzt, wiewohl er keinerlei militärische oder gar strategische Fähigkeiten besaß, zum Strategen für 422/1 erwählt und ihm das Oberkommando für den thrakischen Feldzug übertragen. Hier sollte der Gerbereibesitzer zum ersten Male nun wirklich selbst kommandieren; denn auf Sphakteria hatte Demosthenes es getan. Nach anfänglichen leichten Erfolgen bot er auf einem völlig verkehrt geführten Erkundungszuge nach Amphipolis dem Brasidas die Gelegenheit, seine überlegene Kunst spielen zu lassen: das athenische Heer erlitt eine vollständige Niederlage (Oktober 422). Der Tod, den Kleon hier fand, war für Athen ein Glück, wie der Tod des Brasidas, dessen Name unter den sympathischsten spartanischen Kraftgestalten leuchtet, für Sparta einen schweren Verlust bedeutete.

Nun war die Bahn frei für den Frieden. In Athen begrub man die phantastischen Pläne der radikalen Kriegspartei und kehrte unter *Nikias'* Führung zu den politischen Grundsätzen des Perikles zurück. Auch in Sparta bekam die Friedenssehnsucht unter Führung des Königs Pleistoanax die Oberhand. Nicht nur daß man vor allem die Rückgabe der Gefangenen ersehnte, man hatte auch Veranlassung, mit Rücksicht auf die Unzufriedenheit mancher peloponnesischer Bündner, namentlich Korinths, einen baldigen Frieden zu wünschen, zumal der dreißigjährige Friede mit Argos damals seinem Ende zuging. Trotz vieler Quertreibereien der peloponnesischen Bündner wie anderseits der radikalen Demokraten wie Hyperbolos führten die Verhandlungen im Frühling 421 zu dem nach dem attischen Unterhändler genannten *Nikiasfrieden*, der auf 50 Jahre beschworen wurde. Der Grundgedanke war, daß beide Teile die während des Krieges gemachten Eroberungen mit einigen besonders bezeichneten Ausnahmen herausgeben sollten. So sollte u.a. Sparta vor allem Amphipolis zurückgeben, Athen dagegen Pylos, Kythera, Methana, Atalante. Für Platää, das den Thebanern verblieb, behielten die Athener Nisaia, den Hafen von Megara. Für die Rechtslage in der Chalkidike waren detaillierte Bestimmungen festgesetzt. Die Gefangenen sollten natürlich von beiden Seiten zurückgegeben werden.

Dieser Friede, der dem zehnjährigen *Archidamischen Kriege*, wie man ihn im Altertum genannt hat, ein Ende machte, war für Athen sehr viel vorteilhafter als für Sparta. Wo war die stolze Parole geblieben, mit der Sparta in den Kampf gezogen war, die Befreiung der Hellenen von der athenischen Vorherrschaft? Dagegen war das Kriegsziel des Perikles, die Anerkennung des Attischen Reiches durch den Gegner, trotz aller unerwarteten Rückschläge und aller Fehler, die von radikaler Seite gemacht waren, schließlich doch erreicht worden. Nur für diesen zehnjährigen Krieg aber darf man die Politik des Perikles verantwortlich machen, nicht auch für die weiteren Verwicklungen und Kämpfe, die im Jahre 404 mit dem Untergang Athens endeten; denn für diese sind ganz andere Persönlichkeiten – namentlich Alkibiades – verantwortlich. Wenigstens in dieser Hinsicht muß man sich freimachen von der im übrigen nicht unfruchtbaren Auffassung des Thukydides, daß die nun folgenden Friedensjahre nur ein latenter Krieg gewesen seien und daher die gesamten Ereignisse von 431–404 zu dem *einen* 27jährigen Kriege zusammenzuschließen seien.

Der faule Friede

In der Tat sollte der Friede bald gefährdet werden, da seiner Ausführung sich große Schwierigkeiten entgegenstellten. Es zeigte sich, daß Sparta trotz guten Willens nicht in der Lage war, Amphipolis zurückzugeben, worauf auch Athen mit der Erfüllung seiner Verpflichtungen zögerte. Anderseits hatte Sparta den Frieden in völliger Nichtachtung der Interessen seiner Bündner geschlossen – namentlich Korinths, das seine Kolonien Sollion und Anaktorion in der Hand der Akarnanen lassen sollte, auch Böotiens, das die Grenzfestung Panakton an Athen auszuliefern hatte –, so daß diese sich weigerten, den Frieden anzuerkennen. So sah sich Sparta, durch den Zusammenbruch des Peloponnesischen Bundes isoliert, kurze Zeit nach dem Frieden genötigt, zumal Argos durch den Ablauf des dreißigjährigen Friedens eine wichtige Rolle zu spielen begann, den Athenern ein *Defensivbündnis auf 50 Jahre* zur Garantie des beiderseitigen Besitzes anzubieten, das später eventuell sich zu einem Schutz- und Trutzbündnis ausbilden sollte. Welch ein glücklicher Moment der attischen Geschichte, wo der alte Rivale sich schutzsuchend an Athen wenden mußte! Auf diese Abmachung hin (Mai 421) hat denn auch Athen sofort die Gefangenen – darunter die Spartaner von Sphakteria – zurückgeschickt.

Eine verständige Politik, wie sie Nikias betrieb, mußte alles daransetzen, dieses glückliche Zusammenhalten mit Sparta nach Möglichkeit zu fördern, zumal Athen nach den ungeheuren finanziellen Opfern des Krieges zu seiner wirtschaftlichen Gesundung dringend des Friedens bedurfte. Es war ein Verhängnis für Athen, daß gerade jetzt ein Mann in die politische Arena trat, der alle seine reichen Gaben nur in den Dienst seines persönlichen Ehrgeizes statt in den des Vaterlandes stellte. Das war *Alkibiades*, der Sohn des Kleinias, der – aufgewachsen im Hause seines Verwandten und Vormundes Perikles, der mit besonderer Liebe an diesem ungewöhnlich begabten, leidenschaftlichen Knaben gehangen hatte, umsonst ein Schüler des Sokrates, vielmehr gewillt, die extreme Lehre der Sophisten von dem Naturrecht des Stärkeren in die Tat umzusetzen – mit Verachtung auf Gesetz und Herkommen herabblickte und als Herrenmensch der modernen Richtung kein anderes Ziel als die eigene Herrschaft kannte. Jetzt eben hatten die Athener, die an den tollen Streichen ihres Lieblings nur ihre Freude hatten, ihn zum Strategen gewählt (420), sobald er das gesetzmäßige Alter von 30 Jahren erreicht hatte, und nun trat er im Bunde mit den radikalen Demokraten gegen die Politik des Nikias auf, den er als seinen Nebenbuhler haßte, und führte Athen von der Seite Spartas weg auf die Seite des Sonderbundes von *Argos, Elis, Mantinea.* Noch im Jahre 420 schloß Athen mit diesem ein Defensivbündnis auf 100 Jahre, worauf Korinth sich Sparta anschloß. Diese neue Gruppierung der Mächte führte dann nach manchen militärischen und diplomatischen Schachzügen im Jahre 418 zu der großen *Schlacht bei Mantinea*, in der die verbündeten Argeier und Athener eine vollständige Niederlage durch die Spartaner erlitten. Durch diesen glänzenden Sieg, durch den die Schmach von Sphakteria getilgt war, wurde Sparta mit einem Schlag wieder der Herr des Peloponnes. Selbst Argos trat, zum erstenmal, dem Peloponnesischen Bunde bei; überall, sogar in Argos, wurden aristokratische Verfassungen eingeführt. Sparta stand wieder als die erste griechische Militärmacht da, und Athen sah sich, dank der abenteuerlichen Politik des Alkibiades, völlig isoliert. Der Gefahr der Ostrakisierung entging Alkibiades denn auch nur dadurch, daß er, den Nikias zu sich hinüberziehend, den Hyperbolos zu Fall brachte. Nach dieser sinnwidrigen Verwendung des Ostrakismos (417) hat man sich dieses Ventils künftig nicht mehr bedient. So standen denn nun Nikias und Alkibiades an der Spitze, beide für 417/6 zu Strategen erwählt. Während der Einfluß des Alkibiades einen erneuten Anschluß von Argos an Athen herbeiführte, machte Nikias (417) den Versuch, Amphipolis, das Sparta noch immer nicht ausgeliefert hatte, selbst zurückzugewinnen. Aber diese thrakische See-Expedition endete mit einem kläglichen Fiasko, nachdem Perdikkas, auf den man allzu optimistisch vertraut hatte, wieder einmal auf die Gegenseite übergesprungen war. Den ungünstigen Eindruck, den dieser Ausgang von der damaligen Machtstellung Athens machen mußte, konnte der ruhmlose Überfall auf die mit Sparta befreundete neutrale Insel *Melos* nur steigern, deren Bevölkerung nach tapferer Gegenwehr auf das brutalste vergewaltigt wurde (416). Nur dem starken Friedenswillen Spartas, das auf den Lorbeeren von Mantinea ruhte, war es zu danken, daß diese Provokation nicht zu einem neuen Kriege führte.

Die sizilische Expedition

Zur selben Zeit (416) sahen sich die Athener durch ein Hilfsgesuch der Elymer von Segesta, mit denen Perikles schon 458/7 (?) ein Bündnis geschlossen hatten, veranlaßt, sich wieder mit den sizilischen Angelegenheiten zu befassen. Als nach jenem Scheitern ihrer früheren Unternehmung vom Jahre 424 (S. 167) Syrakus das Gebiet des mit Athen verbündeten Leontinoi einzog, hatten die Athener sich mit der ergebnislosen Entsendung einer Gesandtschaft begnügen müssen (422). Jetzt baten die Segestaner (im westlichen Teil der Insel) um Hilfe gegen die Selinuntier, ihre südlichen Nachbarn. Daß man auf diese Bitte einging, war durchaus im Sinne der Perikleischen Politik: das verlangte die durch das Bündnis verpflichtete Ehre Athens wie auch die Rücksicht auf die großen Handelsinteressen im Westen. Auch daß man nun zugleich für Leontinoi gegen Syrakus eintreten wollte, war begreiflich. Aber der ungezügelte Ehrgeiz des Alkibiades glaubte nun die Stunde gekommen, um die ersehnte Herrenstellung in der Griechenwelt für sich erringen zu können. Was einst die Radikalen erträumt hatten, das meinte er jetzt ausführen zu sollen, nämlich ganz Sizilien zu erobern und womöglich den Nationalkrieg gegen Karthago aufzunehmen. Gewiß war es ein berückend schöner Gedanke, die ganze Griechenwelt in Ost und West unter Athens Führung zu einem einheitlichen Reich, zur beherrschenden Macht in der ganzen Mittelmeerwelt zusammenzuschließen, und man soll den Versuch nicht deswegen verurteilen, weil er gescheitert ist und Athens Katastrophe herbeigeführt hat, zumal auch unvorhergesehene Zwischenfälle zu diesem Ausgang beigetragen haben. Die Frage ist vielmehr, ob Athen damals befähigt war, einen solchen großen Eroberungskrieg mit der Aussicht auf einen *dauernden* Erfolg zu unternehmen. Das muß man verneinen, wenn man bedenkt, wie Athen sich noch eben als unfähig erwiesen hatte, auch nur die thrakischen Besitzungen aus eigener Kraft zurückzugewinnen, wie sehr Athen des Friedens bedurfte, um sich von den ungeheuren Menschenverlusten und den finanziellen Opfern des Archidamischen Krieges zu erholen, und wie unberechenbar und mit Explosionsstoff geladen die politische Atmosphäre in Hellas war. Wer in diesem Augenblick sein Volk in einen großen Eroberungskrieg stürzte und noch dazu wie Alkibiades aus brennendem Ehrgeiz, den wird man nur als einen imperialistischen Abenteurer bezeichnen können. Mit Recht hat Thukydides (VI, 1) auch darauf hingewiesen, daß die wenigsten in Athen eine Ahnung hatten von der Größe der Insel und der Zahl ihrer Bewohner und daher von der Größe des bevorstehenden Krieges. Auch die nach Segesta geschickte Gesandtschaft, die sich dort hatte blenden lassen und mit übertriebenen Vorstellungen von dem Reichtum der Stadt zurückkehrte, konnte zu einer richtigen Einschätzung des Gegners nicht verhelfen. Nikias war in seiner Opposition gar zu ängstlich, so daß auch seine richtigen Einwände, wie der Hinweis auf Amphipolis, überhört wurden. So war es dem Alkibiades nicht schwer, die Athener mit sich fortzureißen. Es wurde beschlossen, eine große Expedition vorzubereiten. Die Führung wurde aber nicht dem Alkibiades allein, sondern auch dem Nikias und dem Lamachos übertragen (Frühling 415).

Als dann die Flotte zur Ausfahrt bereit war, trat ein Ereignis ein, das von schwerwiegenden Folgen werden sollte: man fand eines Morgens die auf Straßen und Plätzen aufgestellten *Hermen* verstümmelt vor! Bei der damaligen Nervosität der Massen rief dieser Vorgang eine gewaltige Erregung hervor. Erst sah man eine Warnung der Götter vor der Expedition darin, dann witterte man eine oligarchische Verschwörung dahinter. Die vom Rat eingesetzte Untersuchungskommission setzte Prämien auf die Köpfe der Täter aus, und als sie ihre Tätigkeit auch auf andere Religionsfrevel ausdehnte, wurde Anzeige gegen Alkibiades erstattet, er habe einst in lustigem Kreise die Mysterien der eleusinischen Göttinnen verspottet. Alkibiades leugnete und forderte sofortige Untersuchung, doch wurde beschlossen, sie bis nach der Rückkehr zurückzustellen.

Nun konnte die Flotte auslaufen (Sommer 415). Der Empfang in Unteritalien war sehr kühl, da es ja auf der Hand lag, daß eine so starke Expedition – 134 Trieren mit über 6000 Mann Feldarmee – nicht zur Hilfe, sondern zur Eroberung kam. Alkibiades drang zwar im Strategenrat mit seinem Plan durch, nach Gewinnung möglichst vieler Verbündeter in Sizilien sofort den Angriff auf Syrakus zu eröffnen, aber die Hoffnung auf zahlreichen Anschluß schlug fehl, und nur Naxos und Katana (nördlich von Syrakus) konnten gewonnen werden. Da erschien plötzlich vor Katana das attische Staatsschiff, die Salaminia, mit dem Befehl an Alkibiades, sich dem Gericht wegen des Mysterienfrevels zu stellen. In Athen hatten nämlich, nachdem im Hermokopidenprozeß die Aussagen des Andokides wenn auch keine wirkliche Aufklärung gebracht, so doch eine formale Erledigung ermöglicht hatten, die Feinde des Alkibiades es durchgesetzt, daß die gegen ihn erhobene Anklage im Widerspruch mit dem früheren Beschluß sofort verhandelt werden sollte, und das athenische Volk hatte es wirklich fertiggebracht, seinen kommandierenden Feldherrn, der die Seele der ganzen Expedition war, vom Kriegsschauplatz mitten aus den Operationen heraus nach Hause abzuberufen! Damit trifft das Volk und seine Leiter ein großer Teil der Verantwortung für den unglücklichen Ausgang des Krieges. Aber eine noch größere Schuld hat Alkibiades auf sich geladen: als er auf der Heimfahrt die Flucht ergriffen hatte und daraufhin vom Volk in absentia zum Tode verurteilt, vor den Göttern verflucht und sein Vermögen eingezogen worden war, ging er nach Sparta und bot hier dem Landesfeind seine ganzen Kräfte gegen sein Vaterland an! Mochte er auch hoffen, wenn er seine Vaterstadt zur Strafe gedemütigt hätte, sie später als ihr Retter wieder in die Höhe zu führen, so findet sein *Hochverrat* damit doch keine Entschuldigung. Auch er hat die Geister, die er rief, nicht wieder loswerden können.

In Sizilien war das erste Kriegsjahr 415 bis auf ein erstes glückliches Treffen im Herbst gegen die unvorbereiteten Syrakusier ziemlich ergebnislos verflossen. Erst jetzt begann die Stadt, den Ernst der Lage erkennend, unter der tüchtigen Führung des *Hermokrates* energisch zu rüsten, zugleich bat sie Sparta um Hilfe. Im Frühling 414 begann der athenische Angriff mit gutem Erfolg. Es gelang, das westlich der Stadt liegende, strategisch sehr wichtige Hochplateau von Epipolai zu besetzen. Um die Stadt von ihren Hilfsquellen auf der Insel abzuschließen und die Blockade vorzubereiten, fing man an, im Westen von Süden nach Norden eine Doppelmauer zu ziehen, worauf freilich die Syrakusier eine Quermauer zu ziehen begannen. Die attische Flotte konnte in den Großen Hafen einlaufen. Die Expedition schien einen günstigen Verlauf zu nehmen. Aber das Blatt wendete sich, als die Spartaner, auf den Rat des Alkibiades, den Syrakusiern den *Gylippos*, einen ausgezeichneten Feldherrn, mit einigen Schiffen zu Hilfe schickten. Kaum war dieser in die noch nicht völlig eingeschlossene Stadt eingedrungen, so hob sich die Widerstandskraft der Belagerten durch das Bewußtsein, von der alten Heimat nicht verlassen zu sein. Unter Gylippos' Führung machten sie derartige Fortschritte, daß Nikias, der nach dem Tode des Lamachos allein kommandierte, im Herbst 414 um die Entsendung einer neuen Expedition bitten mußte.

Diese Hiobsnachricht mußte die radikalen Führer, Androkles und Peisandros u.a., ernüchtern, die inzwischen in phantastischen Hoffnungen geschwelgt hatten. Sie hatten es fertiggebracht, in diesem Jahre (414) nicht weniger als zwei Friedensverträge in frivoler Weise zu brechen, indem sie einmal einen aufständischen persischen Satrapen (Amorges) unterstützten und damit den von Darius II. 424/3 erneuerten Kalliasfrieden brachen, und indem sie ferner zum Schutze von Argos die lakonische Küste verwüsteten, wodurch sie den Frieden von 421 brachen. Ihre Hoffnung, daß Sparta auch diese Herausforderung hinnehmen würde, sollte sich nicht erfüllen: im Frühling 413 besetzte der König *Agis* von Sparta *Dekeleia* in Attika, nur 20 Kilometer von Athen entfernt. Dies geschah auf den Rat des Alkibiades, der damit seiner Vaterstadt einen tödlichen Dolchstoß versetzte; denn von Dekeleia aus beherrschten die Spartaner die ganze Landschaft und unterbanden die so notwendige euböische Einfuhr über Oropos. Bald mußte der Betrieb der Minen von Laurion geschlossen werden, was finanziell die schlimmsten Folgen hatte; Handel und Wandel stockten, viele Tausende von Industriesklaven liefen davon. Dabei sollte diese Besetzung nicht, wie im Archidamischen Kriege, eine vorübergehende, sondern eine dauernde sein. Es war ein teuflisch kluger Rat, den Alkibiades dem Landesfeind gegeben hatte.

Nach diesem völligen Umschwung wäre es das richtige gewesen, den Kampf auf Sizilien abzubrechen; aber die Herrschaft der radikalen Führer hätte dann ein Ende genommen, und so wurde denn trotz allem dem Nikias eine zweite Expedition unter Führung des *Demosthenes* zu Hilfe geschickt (Frühjahr 413). Inzwischen hatte Gylippos das von den Athenern besetzte Plemmyrion, an der Südspitze des Großen Hafens, mit den reichen Vorräten erobert. Nachdem dann Demosthenes den Kampf gegen die syrakusische Quermauer aufgenommen hatte, wurde er in einem nächtlichen Treffen vollständig geschlagen (Juli 413). Demosthenes wollte nun zurückkehren, aber Nikias war dagegen. Als er endlich nach einigen Wochen nachgab und die Truppen eingeschifft werden sollten, bewog eine gerade in der vorhergehenden Nacht (am 27. August 413) eintretende totale Mondfinsternis die abergläubischen Athener, nach dem Spruch der Wahrsager, die Abfahrt um einen Monat zu verschieben! Dies führte die Katastrophe herbei. Nachdem das Landheer in einem Treffen geschlagen war und die Flotte einen vergeblichen Durchbruch aus dem Großen Hafen heraus versucht hatte, blieb nur der verzweiflungsvolle Rückzug ins Innere der Insel übrig. Bei diesem Versuch ist das athenische Heer zum größten Teil aufgerieben worden, der Rest wurde in die Steinbrüche geworfen. Nikias und Demosthenes wurden hingerichtet.

Der Ionische Krieg

So endete die sizilische Expedition mit einer der erschütterndsten Katastrophen, die die Weltgeschichte kennt. Für Athen ist dies der Anfang vom Ende gewesen. Aber nicht nur für die athenische, sondern auch für die allgemeine griechische Geschichte bedeutet dieser Zusammenbruch einen Wendepunkt, da durch den Niedergang Athens die gesamte internationale Lage sich verschob. Von größten Folgen wurde, daß das *persische Reich*, das seit dem Kalliasfrieden sich völlig zurückgehalten hatte, nunmehr wieder in die griechische Geschichte eingriff. Damit beginnt ein unrühmlicher Abschnitt von dieser, der erst durch Alexander den Großen sein Ende gefunden hat. Athen verdankte es der unsinnigen Politik seiner radikalen Demokraten, daß Darius II. jetzt mit gutem Recht sich nicht mehr an den Kalliasfrieden gebunden fühlte, sondern seinen Satrapen Tissaphernes und Pharnabazos nunmehr den Befehl gab, von den Griechenstädten Kleinasiens die rückständigen Tribute einzuziehen. Da Sparta ohne nationale Beklemmungen bereit war, diese Griechenstädte dem Perser preiszugeben, konnte es, wiederum auf Betreiben des Alkibiades, mit Tissaphernes einen Vertrag schließen, nach dem die Spartaner ihre Flotte gegen Zahlung des Soldes durch den Großkönig zum gemeinsamen Kampf gegen Athen an die kleinasiatische Küste hinüberschickten. Der dritte Gegner waren die abtrünnigen Bündner, die, wiewohl Athen vor kurzem (414/3) den drückenden Tribut (φόρος) durch einen fünfprozentigen Wertzoll (εἰκοστή) auf Ein- und Ausfuhr ersetzt hatte, jetzt nach der sizilischen Katastrophe in wachsender Zahl von Athen abfielen. Bald waren die ionischen Bündner für Athen verloren bis auf Samos, das der Stützpunkt der athenischen Flotte in dem hier drüben sich abspielenden sogenannten *Ionischen Kriege* wurde.

Bedenkt man das furchtbare Unglück des sizilischen Zusammenbruchs und dazu die fortwährende Einschnürung durch die spartanische Besetzung von Dekeleia, so kann man die Energie nur bewundern, mit der das Volk der Athener den Kampf gegen diese gewaltige Koalition aufgenommen hat. Aus der finanziellen Notlage suchten sie sich zunächst wieder durch Ausschreibung einer Vermögenssteuer zu erheben; bald mußten sie aber doch den eisernen Reservefonds von 1000 Talenten, den sie dem Perikles verdankten, angreifen. In der inneren Politik war die Folge des Fiaskos der radikalen Demokraten eine Verfassungsänderung, die eine Wiederkehr solcher übereilten kopflosen Beschlüsse verhindern sollte: es wurde eine neue Regierungsbehörde von zehn „Vorberatern" (πρόβουλοι) geschaffen, die, aus älteren Männern gewählt und auf unbegrenzte Zeit eingesetzt, die Vorberatung für Rat und Volksversammlung haben sollten (413). Diese Reform, durch die die Macht des kleisthenischen Rates geschwächt wurde, bedeutete ein Vordringen der oligarchischen Richtung.

Bald sollte die oligarchische Partei in noch ganz anderer Weise hervortreten. Alkibiades, mit Sparta zerfallen, glaubte, nachdem er sein Vaterland in die tiefste Not gebracht hatte, die Zeit gekommen, um seine Rückberufung in die Heimat anzubahnen. Nachdem er den Tissaphernes zu überzeugen gesucht hatte, daß nicht die Vernichtung Athens, sondern ein Gleichgewicht Athens und Spartas im Interesse Persiens liege, und sein Einfluß bei Tissaphernes eine Abkühlung dieses gegenüber Sparta erzielt hatte, näherte er sich den Oligarchen, die unter den Offizieren der athenischen Flotte bei Samos zu finden waren, mit dem geheimen Vorschlag, er könne den Athenern ein Bündnis mit dem Großkönig verschaffen, wenn sie erstens ihn zurückriefen und zweitens in Athen an die Stelle der Demokratie eine Oligarchie setzten, durch die sie dem Perser gegenüber bündnisfähig würden. Da er bisher auf demokratischer Seite gestanden hatte, wird er diesen Gedanken wohl nur in der Absicht geäußert haben, daß er im Falle einer oligarchischen Revolution, die wenig Lebensdauer versprach, dann als Retter der Demokratie die ersehnte Rückkehr erzwingen könne – wie es dann auch gekommen ist. □ Die Oligarchen griffen den Gedanken mit Freuden auf und entsandten im Dezember 412 den Peisandros, der sich inzwischen vom radikalen Demokraten zum Oligarchen gewandelt hatte, nach Athen, um den Umschwung vorzubereiten. Diesem gelang es, im geheimen die verschiedenen Oligarchenklubs zu gemeinsamem Handeln zu organisieren und anderseits das Volk in sehr vorsichtig geführten Verhandlungen, unter Vorspiegelung eines Bündnisses mit dem Großkönig als der einzigen Rettung des Vaterlandes, zu einem Volksbeschluß zu bereden, wonach zehn Gesandte unter Führung des Peisandros mit Tissaphernes verhandeln sollten (Januar 411). Zwar zerschlugen sich diese Verhandlungen, da sich herausstellte, daß dem Tissaphernes die Verfassungsfrage sehr gleichgültig war und Alkibiades eine falsche Situation vorgespiegelt hatte, ja, Tissaphernes erneuerte sogar seinen Subsidienvertrag mit Sparta, aber der Stein war ins Rollen gekommen, und die Oligarchen gingen den einmal beschrittenen Weg weiter, mochte auch der Vorwand des Königsbündnisses fortgefallen sein.

Bild 17: Themistokles

Bild 18: Kopf des Poseidon vom Kap Artemision

Inzwischen waren in Athen die vereinigten Klubs immer offener und brutaler aufgetreten, hatten Parteigegner, wie Androkles, umgebracht und allmählich das ganze Volk terrorisiert, zumal keiner vom anderen wußte, ob er nicht zu den Verschwörern gehöre. Die düstere Stimmung dieser Zeit spiegelt sich in Aristophanes' Lysistrate und Thesmophoriazusen wider (vom Januar und März 411). So war der Boden für den oligarchischen Staatsstreich vorbereitet, als Peisandros zum zweitenmal in Athen eintraf (Mai 411), diesmal von bewaffneten Scharen von den Inseln begleitet. Nachdem eine Kommission von 30 Männern (als *συγγραφεῖς αὐτοκράτορες*), darunter die zehn „Vorberater", eingesetzt war, um Vorschläge zur Rettung des Vaterlandes auszuarbeiten, wurde das Volk auf den 8. Juni in ungewöhnlicher Weise auf den Kolonos draußen vor der Stadt zu einer Volksversammlung berufen. Unter dem terroristischen Druck der Oligarchen und ihrer Bewaffneten wurde hier nach Aufhebung der gesetzlichen Beschränkungen der Redefreiheit beschlossen, daß die Diäten abgeschafft würden, daß die regierende Bürgerschaft auf die persönlich und finanziell Tüchtigsten, nicht weniger als 5000, beschränkt würde, und daß zunächst ein Rat von Vierhundert mit unbeschränkter Regierungsgewalt gewählt würde, der, wie Peisandros beantragt hatte, die Fünftausend nur heranziehen solle, wann es ihm gut erschiene. Durch die erzwungene Annahme dieser Anträge war die alte Demokratie gestürzt, die etwa 100 Jahre vorher nach der Vertreibung des Hippias begründet worden war. Mag auch der Hergang in der Darstellung des Aristoteles (*'Αϑην. πολιτ.*) mit seinen Akten formal einen legalen Eindruck machen, so war diese durch die vollständige Terrorisierung des Volkes erzwungene Umwälzung doch eine gewaltsame *Revolution*, woran der das historisch Wesentliche hervorhebende Bericht des Thukydides keinen Zweifel läßt. Nachdem der neue Rat der Vierhundert sich konstituiert hatte, entlohnte und entließ er am 16. Juni den alten Rat der Fünfhundert, der bis dahin noch die Geschäfte weitergeführt hatte, und trat selbst die Regierung an. Bald entwickelte sich die Herrschaft dieser Vierhundert zu einer Gewaltherrschaft, indem sie gegen die politischen Gegner mit Hinrichtungen, Verbannungen und Gütereinziehungen vorgingen. Die Fünftausend aber wurden überhaupt nicht konstituiert. Die Versuche der Oligarchen, mit Sparta zu einem Frieden zu kommen, scheiterten.

Nachdem so der Funke der Revolution von den oligarchischen Elementen auf Samos auf die Hauptstadt übergesprungen war, kam nun alles darauf an, wie sich *die Front* zu der Umwälzung stellen würde. Das Feldheer auf

Samos und die Flottenmannschaften erwiesen sich durchaus als treue Anhänger der Demokratie, die von der Revolution nichts wissen wollten. Sie setzten ihre oligarchischen Führer ab, als diese auch hier den Staatsstreich machen wollten, und erwählten sich den *Thrasybulos* und *Thrasyllos* als gute Demokraten zu Strategen und schwuren ihnen den Eid auf die Demokratie. Ihre mißliche Lage zwischen dem Feind und der revolutionären Vaterstadt trieb sie dann dem *Alkibiades* in die Arme, der nunmehr, von ihnen zum Strategen erwählt, als Schützer der Demokratie auftrat. Als dann Gesandte der Vierhundert beim Heere erschienen, die den Umschwung als ganz harmlos hinzustellen suchten, verlangten die Truppen, gegen Athen geführt zu werden. Alkibiades, der sie verdienstlicherweise hiervon abbrachte, forderte von den Gesandten im Namen des Heeres die Absetzung der Vierhundert. Mit einer Regierung der Fünftausend seien sie einverstanden, doch solle der alte Rat der Fünfhundert dazutreten. Vor allem solle kein Friede mit Sparta geschlossen werden.

Durch diese Stellungnahme des Heeres war der Herrschaft der Vierhundert der Boden entzogen. Nun war die Zeit für die gemäßigten Oligarchen unter Führung des *Theramenes*, des Sohnes des Hagnon, gekommen, zumal inzwischen die Extremen durch ihre wachsende Schreckensherrschaft in Athen immer mehr Haß gesät hatten. Diese Extremen setzten ihre letzte Hoffnung auf Sparta und begannen, die Eetioneia, die die Einfahrt in den Piräushafen beherrschende Landzunge, zu befestigen. Als das Volk nicht mit Unrecht hierin eine Vorbereitung für die Einlassung der spartanischen Flotte witterte, riß es die Befestigungen nieder, und da Theramenes offen auf seine Seite trat, waren die Extremen zu einem Kompromiß bereit. Als aber infolge einer Niederlage der athenischen Flotte in dem Sund zwischen Euböa und Attika die für Athens Verpflegung so notwendige Insel Euböa ihnen verlorenging, was um so empfindlicher war, als auch die Besitzungen an den Dardanellen und Byzanz abgefallen waren, da brach die Herrschaft der Vierhundert zusammen. Das Volk versammelte sich wieder auf der Pnyx, setzte die Vierhundert nach viermonatiger Herrschaft ab und übergab die Regierung den (mindestens) Fünftausend, die aus denjenigen, die sich selbst ausrüsten konnten (*οἱ τὰ ὅπλα παρεχόμενοι*), nun wirklich konstituiert wurden (September 411). Sie bildeten, wie es schon ein auf dem Kolonos für die Zukunft vorgelegter Verfassungsentwurf (Aristot. *Ἀϑ. πολιτ.* c. 30) in Aussicht gestellt hatte, eine Gesamtbulē, die in vier Sektionen zerfiel, die im jährlichen Turnus nacheinander die Regierung führen sollten. Wiewohl damit der Wunsch des Alkibiades nur bezüglich der Absetzung der Vierhundert erfüllt war, erfolgte hiernach doch die Wiedervereinigung Athens mit der Front, zumal gleichzeitig das Ächtungsdekret gegen Alkibiades aufgehoben und er als Stratege anerkannt wurde.

Diese neue gemäßigte oligarchische Regierung, an deren Spitze Theramenes stand, begann unter günstigen Vorzeichen, da bald darauf die Nachricht von einem Siege der Flotte bei Kynossema (in den Dardanellen) und wenig später von einem zweiten Siege bei Abydos, der durch Alkibiades' Eingreifen erfochten war, nach Athen kam. Im Frühling 410 errang Alkibiades einen neuen glänzenden Sieg in der Schlacht bei *Kyzikos*, in der der spartanische Admiral Mindaros fiel, worauf gegenüber von Byzanz ein Kastell errichtet werden konnte, so daß der Transport des pontischen Getreides wieder gesichert war. Dieser unerwartete Aufschwung der athenischen Seemacht hatte zur Folge, daß Sparta einen Frieden auf Grund des status quo unter Austausch von Dekeleia gegen Pylos und Kythera anbot. In Athen waren aber infolge der Siege die radikalen Demokraten wieder hochgekommen, und ihren damaligen Führer, den Leierfabrikanten *Kleophon*, trifft die Schuld, das für damalige Verhältnisse sehr günstige Friedensangebot abgelehnt zu haben, wie Kleon im Jahre 425. Um diese Zeit ist denn auch die Regierung des Theramenes und der Fünftausend zu Ende gegangen und die alte radikale Demokratie wieder eingeführt worden (Sommer 410). So kehrte der erloste Rat der Fünfhundert und die Geschworenengerichte wieder, und zu den früheren Diäten fügte Kleophon noch die Diobelie hinzu, eine Art Staatspension von zwei Obolen täglich für diejenigen Bürger, die nicht sonst schon irgendwie Sold oder Diäten bezogen. Vernünftiger war, daß man bald danach, um Arbeitsverdienst zu schaffen, die Arbeiten am Erechtheion wieder aufnahm (409).

Nachdem der Friede abgelehnt war, mußte der Krieg weitergehen, der sich nun in den letzten Jahren namentlich im hellespontischen Gebiet abgespielt hat. Hier gelang es Alkibiades, die athenische Herrschaft wiederherzustellen und mit Chalkedōn und Byzanz (409) den Bosporus wiederzugewinnen. Auf Grund dieser großen Erfolge konnte Alkibiades an die ersehnte Rückkehr nach Athen denken. Als er im Sommer 408 als Sieger in den Piräus einfuhr, jubelte ihm das Volk entgegen, uneingedenk des furchtbaren Elends, das er vorher über sein Land gebracht hatte, setzte ihn in seine bürgerlichen Ehren wieder ein und übertrug ihm ein unumschränktes Oberkommando zu Wasser und zu Lande.

Während man in Athen jubelte und feierte, zogen sich im Osten neue Wolken zusammen. Schon im Jahre 409 war es einer spartanischen Gesandtschaft in Susa gelungen, den Großkönig zu überzeugen, daß nur der Sieg Spartas, das seine Herrschaft über Kleinasien anerkannte, in seinem Interesse liege, und so hatte er beschlossen, nunmehr mit ganz anderer Energie als bisher, unter Bereitstellung seines ungeheuren Goldschatzes, die Niederkämpfung Athens zu betreiben. Diese Wandlung sollte dem langen Ringen zwischen Athen und Sparta die entscheidende Wendung geben – wie das Eintreten Amerikas mit seinen unerschöpflichen Hilfsmitteln im ersten Weltkrieg. In aller Stille wurde 408 der junge Prinz *Kyros*, der Sohn der Parysatis, mit fünfhundert Talenten als Reichsfeldherr unter Beschränkung des Kommandos des Tissaphernes und Pharnabazos nach Kleinasien geschickt. Sparta, das allein von diesem Umschwung Kunde erhielt, entsendete darauf im Herbst 408 als Nauarchen den *Lysander*, einen Mann von hervorragenden strategischen und diplomatischen Fähigkeiten, der seinem Gegner Alkibiades in dem unbegrenzten Ehrgeiz nach Herrschaft, auch in der Verachtung von Gesetz und Herkommen glich, aber durch die persönliche spartanische Selbstzucht sich von ihm unterschied. Es waren zwei außergewöhnliche Persönlichkeiten, die nun miteinander ringen sollten.

Sobald diese Vorgänge in Athen bekannt wurden (Herbst 408), mußte Alkibiades seine hochfliegenden Herrschaftspläne, deren Verwirklichung nahe bevorzustehen schien, zunächst aufgeben und eilte mit einer Flotte von hundert Trieren nach Kleinasien, wo er *Notion*, den Hafen von Kolophon, zu seiner Flottenstation machte, da er von hier aus den Zugang zum Hafen von Ephesos beherrschte, in dem Lysander mit seiner dank der persischen Lohnerhöhung auf neunzig Schiffe angewachsenen Flotte ankerte. Nachdem Alkibiades Monate hindurch vergeblich sich bemüht hatte, den Lysander zu einer Seeschlacht herauszulocken, beging er im folgenden Frühling (407) den Fehler, seine Flotte zu teilen und mit dem einen Teil nach Norden zu fahren, während er den anderen unter dem Steuermann Antiochos zurückließ mit dem Befehl, sich auf keinen Kampf einzulassen. Aber dieser hatte nicht die genügende Autorität gegenüber der Lagerstimmung, die den Kampf ersehnte, und als einige Schiffe der Athener in den Hafen von Ephesos einfuhren, schlug Lysander los und errang in der sich nun entwickelnden Seeschlacht einen vollen Sieg, den er seiner dem Alkibiades überlegenen Zähigkeit verdankte. Die Folge war der Sturz des Alkibiades, der von demselben Volk, das ihn eben noch umjubelt hatte, seines Oberkommandos entsetzt wurde. Als Privatmann hat er fortan auf seinen thrakischen Burgen gelebt und ist 404 bei Pharnabazos, zu dem er sich nach dem Fall Athens geflüchtet hatte, auf Betreiben Spartas ermordet worden.

Nachdem Lysander das Amt des Nauarchen, auf dessen Verlängerung er trotz der gesetzlichen Beschränkung auf ein Jahr gehofft hatte, seinem Nachfolger *Kallikratidas* grollend übergeben hatte, gelang es diesem, die athenische Flotte, die unter Konons Führung stand, im Hafen von Mytilene einzuschließen. Als diese furchtbare Kunde im Sommer 406 nach Athen gelangte, erhob sich das ganze Volk in heroischer Begeisterung, bereit, das Letzte fürs Vaterland hinzugeben. Alle wehrhaften Männer, alt und jung, vornehm und niedrig, drängten sich zum Ruderdienst. Nur die Jünglinge und Greise blieben zum Schutze der Mauern zurück. So gelang es in fieberhafter Anspannung aller Kräfte, in einem Monat eine Flotte von 110 Trieren zur Ausfahrt bereit zu machen. Um die nötigen Geldmittel zu beschaffen, hatte man, da auch die Kassen der Götter längst erschöpft waren, die goldenen und silbernen Weihgeschenke der Tempel auf der Burg bis auf zwei Niken eingeschmolzen. Nur ein goldener Kranz blieb im Pronaos des Parthenon zurück! Es ist dies einer der erhebendsten und ergreifendsten Augenblicke in der athenischen Geschichte. Mit dieser Flotte, die durch samische und andere Schiffe auf über 150 Trieren gebracht wurde, haben sie dann im August *bei den Arginusischen Inseln*, südlich von Lesbos, einen vollständigen Sieg über die 120 Trieren zählende Flotte des Kallikratidas errungen. Die Freude über den Sieg wurde nur getrübt durch die großen Menschenverluste, da ein heftiger Sturm, der nach der Schlacht einsetzte, die von den Strategen angeordnete Rettung der Schiffbrüchigen verhindert hatte. Wiewohl nur die Elemente schuld waren, zog das Volk von Athen in seinem leidenschaftlichen Schmerz um die Toten sechs von den kommandierenden Strategen vor sein Gericht, und unter alleinigem Widerspruch des Sokrates verurteilte es in ungesetzlicher Weise die sechs Angeklagten in einer einzigen Abstimmung zum Tode. Ein furchtbarer Justizmord, bei dem das Volk, auf die Ungesetzlichkeit hingewiesen, ausdrücklich das Recht für sich in Anspruch nahm, „zu tun, was es wolle" (Xenophon, Hellen. I, 7, 12). Also der Volkswille über dem Gesetz! Das war der Gipfel der radikalen Demokratie.

Auf die schwere Niederlage bei den Arginusen hin bot Sparta nochmals Frieden an unter denselben Bedingungen wie nach der Schlacht von Kyzikos, und wiederum war es Kleophon, der durch unsinnige Gegenforderungen die Annahme hintertrieb. Es ist ergreifend, zu denken, daß Athen, wenn es einen wirklichen Staatsmann an der Spitze gehabt hätte, damals noch als anerkannte Großmacht aus dem Kriege hätte hervorgehen können. Doch nun ging es seinem Untergang rasch entgegen.

Die Entscheidung brachte Lysander, der zwar nicht formell (nicht als Nauarch, sondern nur als Epistoleus des Nauarchen Arakos), aber tatsächlich wieder an die Spitze der spartanischen Flotte gestellt war. Er ging auf den Plan des Agis ein, den dieser schon früher vertreten hatte, daß die Besetzung von Dekeleia nur unter Zusammenwirkung mit einer Sperrung der Dardanellen zur Aushungerung Athens führen könne. Nachdem Lysander, von Kyros wieder mit Subsidien unterstützt, den Rest der spartanischen Flotte durch Neubauten ergänzt hatte, verlegte er den Kriegsschauplatz in die Dardanellen und brachte hier der athenischen Flotte bei *Aigospotamoi* eine vernichtende Niederlage bei. Von 180 athenischen Schiffen fielen etwa 160 in die Hand des Siegers (Herbst 405). Eine neue Flotte konnte Athen nicht mehr aufbringen. Sein Schicksal war besiegelt. Nachdem Byzanz und Chalkedon sich dem Lysander ergeben hatten, war Athen von der pontischen Getreidezufuhr abgesperrt, und die Aushungerung konnte beginnen. Der Abfall der Bündner von Athen war allgemein, nur die Samier blieben treu und wurden nun zum Dank zu attischen Bürgern gemacht. Hätte Athen diesen Gedanken vor langen Jahren allgemein durchgeführt, würde es wohl nie in diese Not gekommen sein (S. 157).

Wie ein eiserner Ring legten sich die Feinde um die Stadt: Agis rückte von Dekeleia an, König Pausanias vom Peloponnes her, und Lysander legte sich mit 150 Schiffen vor den Piräus. Nicht durch die Waffen, sondern durch Hunger sollte Athen bezwungen werden. Die radikalen Führer in der Stadt waren für Widerstand bis aufs letzte, da bei einer Kapitulation ihre Herrschaft zusammenbrechen mußte; und doch war es klar, daß ein anderer Ausgang nicht mehr möglich war. In Verkennung der Situation stellten sie, als der Hunger um sich griff, die Forderung, daß sie den Piräus und die Mauern behalten müßten. Sparta lehnte es begreiflicherweise ab, auf solche Bedingungen hin zu verhandeln, deutete aber an, daß sie ihnen ihre auswärtigen Besitzungen Lemnos, Imbros, Skyros lassen würden, wenn sie ihre Mauern auf zehn Stadien niederlegten. Aber unter dem Druck des Kleophon verbot ein Volksbeschluß, hierüber auch nur zu reden. Bald regte sich jedoch die oligarchische Opposition, und Theramenes, der Führer des gemäßigten Flügels, wurde Anfang 404 zu Lysander als Unterhändler geschickt. Als während der langen Monate seiner Abwesenheit die Hungerblockade immer mehr Opfer verlangte und die Bevölkerung immer mürber machte, brach allmählich auch das Ansehen der radikalen Führer zusammen, die durch die Ablehnungen der günstigen Friedensbedingungen in früherer Zeit soviel Schuld an dem Elend trugen. Kleophon wurde aus einem an sich unbedeutenden Anlaß zum Tode verurteilt und hingerichtet. Es stieg das Ansehen der Oligarchen. Diese Entwicklung war dem Theramenes nicht überraschend, als er nach drei Monaten mit dem eigenartigen Bescheide zurückkehrte, Lysander verweise ihn, da er sich nicht für zuständig fühle, an die Ephoren. Jetzt wurde Theramenes mit neun anderen Gesandten nach Sparta geschickt. Hier traten nun in der Versammlung die haßerfüllten Feinde der Athener auf, vor allem die Korinther und Thebaner, und forderten die vollständige Vernichtung Athens. Dem widersetzten sich aber die Spartaner, wie Xenophon (Hellen. II, 2, 20) berichtet, mit den edlen Worten, mit denen sie sich selbst das schönste Ehrendenkmal gesetzt haben, „daß man nicht eine Griechenstadt versklaven dürfe, die einst in größter Not Hellas viel Gutes getan habe". Wohl ist diese Erinnerung an die große Zeit der Perserkriege überraschend in dem Munde eines Volkes, das seit Jahren als Bündner derselben Perser gekämpft hatte. Natürlich haben Erwägungen über das politisch Nützliche mitgespielt, aber es bleibt doch etwas Großes und Bewunderungswürdiges, daß Sparta auf dem Gipfel des Erfolges, am Ende eines so langwierigen und verlustreichen Kampfes denjenigen, die, wie Korinth, nur aus materiellen Handelsinteressen einen Vernichtungskrieg führten, in den Arm fiel und in Erinnerung an den einstigen gemeinsamen nationalen Freiheitskampf seine Hand schützend über Athen hielt. Für dieses humane Maßhalten müssen noch heute alle, die Athen lieben, Sparta dankbar sein; denn wenn jene anderen ihren Vernichtungswillen hätten durchsetzen können, so wäre von dem perikleischen Athen wohl kein Stein auf dem anderen geblieben. Die Friedensbedingungen, die Sparta gewährte, lauteten dahin, daß alle auswärtigen Besitzungen (jetzt also auch Lemnos, Imbros, Skyros) abgetreten, die Piräus- und die Langen Mauern niedergerissen, die Flotte bis auf zwölf Schiffe ausgeliefert und die Verbannten zurückgerufen werden müßten. So wurde Athen, das zugleich die spartanische Hegemonie anerkennen und als Bundesstadt sich zur Heeresfolge verpflichten mußte, auf den Besitz von Attika und Salamis beschränkt. Für die Ordnung der inneren Politik war ihm freie Hand gelassen. Nachdem die Bedingungen von der Volksversammlung angenommen waren, fuhr Lysander in den Piräus ein, und die Verbannten kehrten zurück (Ende April 404). Die Feinde aber begannen jubelnd unter

Flötenmusik die Mauern niederzureißen, „indem sie glaubten, daß hiermit der Tag der Freiheit für Hellas anbreche" (Xen. Hell. II, 2, 23). Sie sollten nur zu bald erfahren, daß dies ein Wahn war. So brach ein Staat zusammen, dessen Volk auch noch während dieses siebenundzwanzigjährigen Ringens in wunderbarer Produktivität auf allen Gebieten der Kultur, in Kunst und Dichten und Denken, das Höchste unter allen griechischen Stämmen geleistet hatte. Dem Siege Spartas aber haftete der Makel an, daß es ihn nicht aus eigener Kraft errungen hatte, sondern nur dank dem Bündnis mit dem Perser, dessen Besiegung einst sein größter Ruhmestitel gewesen war.

IX. DIE KULTUR DES 5. JAHRHUNDERTS

Religion und Wissenschaft

Auf die Kulturentwicklung des 5. Jahrhunderts haben die großen politischen Ereignisse einen ganz entscheidenden Einfluß ausgeübt. Das gilt in erster Reihe von dem Sieg über die Perser. Dieser hat nach außen und innen die freiheitliche Grundlage geschaffen, von der aus allein der griechische Genius seinen höchsten Flug nehmen konnte. Dieser Sieg hat nicht nur die politische Freiheit gegenüber dem persischen Weltreich gebracht, sondern hat die Griechen auch vor der Gefahr bewahrt, daß unter orientalischem Druck Despotismus und Hierarchie Eingang fänden (S. 137), und hat ihnen den hohen Wert ihrer freiheitlichen Einrichtungen erst zum vollen Bewußtsein gebracht. So hat der nationale Aufschwung der Perserkriege zu einer Vertiefung des nationalen Selbstgefühls geführt, die in der scharfen Kontrastierung der „Hellenen" und „Barbaren" ihren Ausdruck fand. In der nun folgenden sogenannten „klassischen" Periode hat denn auch die griechische Kultur sich völlig selbständig entwickelt, ohne irgendwelche Anleihen bei den orientalischen Kulturen zu machen, nur daß gelegentlich in der Wissenschaft auch orientalisches Wissen verarbeitet wurde. Zugleich hat diese große Zeit der Freiheitskriege, die endlich einmal die Hellenen – wenigstens den besten Teil – aus ihrer partikularistischen Enge herausgerissen hatte, zu einer solchen Anspannung aller Energien und solcher Steigerung des Lebensdranges geführt, daß nunmehr eine einzigartige Fülle von schöpferischen Talenten auf allen Gebieten sich hervordrängte, wie sie wohl erst wieder in der Renaissancezeit zu beobachten ist. Die Perserkriege haben aber auch den gewaltigen Aufschwung Athens zur Folge gehabt, der zu seiner beherrschenden Stellung an der Spitze des Attischen Reiches geführt hat. Es ist für die Entwicklung der griechischen Kultur von höchster Bedeutung geworden, daß unter der zielbewußten Leitung des *Perikles* dieses politische und wirtschaftliche Zentrum auch zum geistigen Brennpunkt der ganzen Griechenwelt wurde und Athen statt Ionien die Führung übernommen hat.

Selbst während der Nöte des Peloponnesischen Krieges hat Athen diese hohe Stellung nicht verloren, ja, am Ende des Jahrhunderts hat die attische Kultur, trotz des politischen Zusammenbruchs, geradezu panhellenische Bedeutung gewonnen.

Das 6. Jahrhundert hatte auf geistigem Gebiet mit dem Gegensatz einer tief religiösen Stimmung, die namentlich in der Orphik hervortrat, und der Aufklärung, welche die ionische Naturphilosophie brachte, geendet (S. 123 f.). Jene herrschte im Mutterlande, diese in Ionien und beide nebeneinander im Westen. Diese lokale Verteilung blieb auch noch etwa bis in die Mitte des 5. Jahrhunderts bestehen. In Hellas, im besonderen in Athen, der „gottesfürchtigsten Stadt in Hellas", führten die Perserkriege sogar noch zu einer Vertiefung des religiösen Lebens; denn die Generation der Marathon- und Salamiskämpfer war fest davon durchdrungen, daß sie nicht aus eigener Kraft, sondern nur dank dem Eingreifen der Götter den unerwarteten Sieg über die Barbarenheere errungen hatten. Es war kein künstlerischer Einfall, sondern eine Widerspiegelung des Volksglaubens, wenn auf dem marathonischen Schlachtgemälde in der „Bunten Halle" (S. 135) auch die Götter und Landesheroen als Mitkämpfer dargestellt waren. Wie in der bildenden Kunst, so war auch in der Dichtung und in den Leichenreden im Kerameikos der Preis der Macht der Götter ein Hauptmotiv. Selbst noch in den späteren Dezennien, nachdem schon die moderne Richtung eingedrungen war, hat das sonst so freie Athen Männer, die durch ihre Lehren die Existenz der Staatsgötter zu leugnen schienen, vertrieben, wie Anaxagoras, Diagoras von Melos und Protagoras.

Im Osten und Westen fanden die Naturphilosophen ihre Fortsetzer in zum Teil gewaltigen Persönlichkeiten, die aber, wie die älteren, rein spekulativ vorgingen und daher immer wieder neue Theorien aufstellten, die einander ausschlossen und meist auf kleinere Kreise beschränkt blieben, ohne Allgemeingültigkeit erringen zu können. Während *Heraklit von Ephesos* nur ein Werden, kein Sein anerkannte (*πάντα ῥεῖ*), behauptete der *Eleat Parmenides*, daß nur das Sein Realität habe. *Empedokles von Akragas* stellte die Lehre von den vier Urelementen (*ῥιζώματα*) auf (Feuer, Wasser, Luft und Erde), die von außen, durch „Liebe" und „Haß", bewegt würden, womit er zuerst zwischen Stoff und Kraft schied. *Anaxagoras von Klazomenä* dagegen, der erste, der sich in Athen niederließ und hier die Freundschaft des Perikles gewann, nahm unzählige teilbare, qualitativ verschiedene Urstoffe äußerster Kleinheit an (*σπέρματα*), die von Anfang an vom Weltgeist (*Νοῦς*) in Bewegung gesetzt würden, und schied so zwischen Materie und Geist. Im Gegensatz zu diesen beiden dualistischen Theorien haben *Leukipp* und sein Schüler *Demokrit von Abdera*, der universalste Gelehrte vor Aristoteles, eine *monistische Atomenlehre* aufgestellt, indem sie die Materie aus unendlich vielen unteilbaren (ἄτομα), raumausfüllenden, qualitativ gleichen Teilchen verschiedener Gestalt bestehen ließen, denen die Bewegung *immanent* war. So sind in diesem 5. Jahrhundert Probleme zum erstenmal aufgestellt worden, die durch die Jahrhunderte, z.T. noch bis auf den heutigen Tag, die Wissenschaft bewegen.

Neben diesen philosophischen Spekulationen machten auch die *Einzelwissenschaften* Fortschritte. Die von *Thales* und namentlich *Pythagoras* begründete *Mathematik* wurde nicht nur im Westen durch die pythagoreische Schule weiter gefördert, sondern fand auch in Ionien bedeutende Vertreter, wie *Oinopides* von Chios und *Hippokrates* von Chios, der das erste systematische Lehrbuch der Geometrie verfaßte. Derselbe Oinopides förderte auch die *astronomische* Wissenschaft, wobei er auch aus dem astronomischen Wissen der Babylonier schöpfte. Die umstürzende Lehre von der Kugelgestalt der Erde, die schon Pythagoras aufgestellt hatte, fand nur im Westen Anerkennung, während man in Ionien sie ablehnte und an der kreisförmigen Scheibe Anaximanders festhielt. Bezüglich der anderen Weltkörper kam *Anaxagoras* zu neuen Anschauungen, indem er die Sonne als glühende Metallkugel erklärte („größer als der Peloponnes"), vom Mond aber lehrte, daß er eine andere Erde sei, wie diese mit Bergen und Tälern, von lebenden Wesen bewohnt, und von der Sonne sein Licht empfange. Eben wegen dieser Lehren, die die alten Mythen zerstörten, ist er später verfolgt worden. Die Mathematik und Astronomie wurden auch zur Verbesserung des *Kalenders* verwendet, im besonderen zur Auffindung besserer Schaltmethoden, durch die das Mondjahr der Griechen mit dem Sonnenjahr auszugleichen war. Der von dem attischen Astronomen *Meton* in den dreißiger Jahren vorgeschlagene 19jährige Schaltzyklus, der praktisch jedoch nicht eingeführt wurde, ist neuerdings auch bei den Chaldäern nachgewiesen worden, bei denen er aber erst 381 v. Chr. aufkommt. Zur Wissenschaft wurde in diesem Jahrhundert auch die *Medizin* erhoben. Auch die Griechen hatten ursprünglich wie alle Naturvölker die Krankheiten als Wirkungen übernatürlicher Mächte angesehen, gegen die man sich durch Beschwörungen, Opfer, Gebete und Zauberformeln schützen könne. In den Tempeln des Heilgottes Asklepios war im besonderen die Befragung des Gottes durch Tempelschlaf (Inkubation) beliebt. Dennoch haben die Anfänge einer rationellen Behandlung der Krankheiten – ähnlich wie in Ägypten – eben an diese Asklepieen, die ja als Kurorte reiches Beobachtungsmaterial boten, angeknüpft. Neben Kos und Knidos war schon um die Wende des 6./5. Jahrhunderts Kroton in Unteritalien als Pflegestätte medizinischer Kenntnisse berühmt; ein Krotoniat war jener *Demokedes*, der am Hof des Darius den ägyptischen Spezialisten den Rang abgelaufen hatte. Aber diese Anfänge einer medizinischen Wissenschaft wurden dadurch bedroht, daß die physikalischen Spekulationen in sie eingeführt wurden, so daß die Gefahr bestand, daß die Medizin zu einer mystischen Geheimlehre werde. Da trat der große *Hippokrates von Kos* auf (geb. 460) und vertrieb diese mystischen Nebel. Indem er von dem Grundsatz ausging, daß *alle* Krankheiten ihre *natürlichen Ursachen* haben (auch die sogenannte „heilige", die Epilepsie), und forderte, daß man vom Studium der Natur des *Menschen* ausgehe und methodisch vom Erkennbaren zum Schwierigeren fortschreite, hat er den Grund gelegt zur Medizin als einer exakten Wissenschaft (S. 125).

Die Sophistik und Sokrates

Aber diese Reaktion gegen die Spekulationen der Naturphilosophen zeigte sich nicht nur in der Medizin, sondern wurde allgemeiner. Es trat das Verlangen hervor, statt der bisher einseitig betriebenen Erforschung der Natur vielmehr den *Menschen* in seinen Beziehungen zum Mitmenschen und den Göttern wie zum Staat in den Mittelpunkt zu rücken. Hieraus ergab sich als notwendigste Forderung die der Einführung einer *modernen Erziehung*, die im Gegensatz zu der bisherigen, die sich auf Lesen, Schreiben, Literatur, Turnen und Musik beschränkt hatte, das Individuum zum Kampf des Lebens, im besonderen auch für seine bürgerlichen Pflichten, mit den nötigen Mitteln ausrüsten sollte. Das wichtigste Mittel hierzu fand man in der methodischen Ausbildung des Denkens wie in der Beherrschung der Rede und der Kunst des Überredens. Mit solchen Zielen traten etwa seit der Mitte des Jahrhunderts Weisheitslehrer auf, die sogenannten *Sophisten*, die die Griechenwelt durchwanderten, überall für Honorar ihre Redekünste als Improvisatoren zeigten und der Jugend durch ihre Vorträge die für die bürgerliche Tüchtigkeit nötige Bildung zu übermitteln suchten. Der erste und der bei weitem bedeutendste von ihnen ist *Protagoras von Abdera*, bei dem die Schulung des Redens noch zurücktrat hinter der Schulung des Denkens. Neben ihn trat

Gorgias von Leontinoi, der vor allem die Redekunst lehrte; hatte in Sizilien doch die Rhetorik, im besonderen die Gerichtsrede, ihre künstlerische Ausbildung gefunden. Ebenso wirkten *Prodikos von Keos, Thrasymachos von Chalkedōn, Hippias von Elis*, um einige der berühmtesten zu nennen. Aber so verschieden auch die Heimat dieser Männer war, der geistige Mittelpunkt dieser Bewegung ward Athen. Bezeichnend ist, daß, abgesehen von Protagoras, der noch ionisch sprach, alle diese Männer, woher sie auch stammten, sich der attischen Sprache bedienten und manche von ihnen sogar zum Ausbau der attischen Kunstprosa entscheidend beigetragen haben. Diese sophistische Bewegung ist nicht von einzelnen Männern „gemacht" worden, sondern ist ein notwendiges Durchgangsstadium der griechischen Kulturentwicklung gewesen und hat ihr die stärksten Anregungen gegeben. Man darf sie nicht nur nach der Polemik Platons beurteilen. Schon weil sie einen sprühenden Geisteskampf erzeugte und ihre Bekämpfung die größten Geister auf den Plan rief, ist sie für die ganze geistige Entwicklung von größter Bedeutung geworden. Insofern sie den Individualismus zum Siege führte, ist sie der italienischen Renaissance vergleichbar. Den Grundstein der Sophistik hatte Protagoras gelegt, indem er in Weiterführung Herakliteischer Gedanken verkündete, daß der Mensch das Maß aller Dinge sei, der seienden, daß sie sind, der nichtseienden, daß sie nicht sind. Danach ist unsere Erkenntnis also nur eine subjektive, und es gibt keine absoluten, sondern nur relative Wahrheiten, die nur für die Person des Aussagenden gültig sind. Eine gefährliche Konsequenz dieser allgemeinen Relativität war es, daß hiernach wie die sittlichen Begriffe so auch die staatlichen Gesetze nur relative Gültigkeit hatten und nur auf menschlicher Konvention beruhten, ebenso auch die Götter und ihre Kulte. Von da war es nicht mehr weit bis zu *Kritias'* Behauptung, daß die Götter nur von einem klugen Politiker erfunden seien, um die Menschen durch Furcht von Verbrechen zurückzuhalten. Jene Anschauungen aber von dem konventionellen Charakter der Gesetze führten dahin, daß diesen Gesetzen, die doch nur von den Schwächlingen und von der Masse zu ihrem eigenen Schutz gemacht seien, das *Recht des Stärkeren* als das *Naturrecht* entgegengestellt wurde. Das sind die letzten extremen Lehren, die dann den *Alkibiades* als „Herrenmenschen" auf Grund dieses Naturrechts zum Verächter von Gesetz und Sitte und zum absoluten Egoisten gemacht haben (S. 170). Die Zersetzung der Staatsreligion aber förderte das weitere Eindringen *ausländischer Kulte*, die, z.T. schon vorher, im 5. Jahrhundert durch den internationalen Handel namentlich in die großen Handelsstädte eingedrungen waren. Dahin gehörten die orgiastischen kleinasiatischen Kulte der Göttermutter und des Sabazios, der thrakischen Bendis (im Piräus), des phönikischen Adonis, des libyschen Ammon (in Lakonien). *Aristophanes* hat sich in den „Horen" gegen diese Fremdgötter gewendet. Auch die Mystik der orphischen Lehre und der eleusinischen Mysterien fand unter diesen Verhältnissen weitere Verbreitung.

Diese Sophistik fand begeisterten Zulauf, vor allem von seiten der bildungsdurstigen Jugend, erweckte aber auch eine lebhafte Opposition und nicht nur in den altgläubigen Kreisen. Der Mann, der ihre Schwächen und Auswüchse überwunden hat, ist *Sokrates*, des Steinmetzen Sophroniskos Sohn (470/69–399). Auch er lehnte, wie die Sophisten, von denen er ausging und zu denen seine Zeitgenossen ihn gezählt haben, die physikalischen Spekulationen ab, wie ihm die Naturwissenschaften überhaupt fernlagen, und verfolgte wie sie das Ziel, die Menschen zur bürgerlichen Tugend zu erziehen. Auch für ihn stand das Erziehungsproblem im Mittelpunkt, und zwar wollte er starke Individuen erziehen, die auch der Masse gegenüber standhielten, wie er selbst es im Arginusenprozeß getan hat (S. 181). Aber er trat nicht mit dem Anspruch auf, die Weisheit schon zu haben, und lehrte sie auch nicht für Geld, sondern er *suchte* sie, und zwar auf induktivem Wege durch die Diskussion mit anderen und rüttelte diese dabei aus ihrem Bildungsdünkel auf, den ihnen die Sophisten beigebracht hatten, indem er ihnen zeigte, wie gering und unsicher ihr Wissen war. Indem er in der Diskussion von dem Zugestandenen zu dem Unbekannten vordrang, suchte er das Wesen der Grundbegriffe zu erfassen, wenn ihm auch eine Systematik der Begriffe völlig fernlag. Im besonderen ging er auf das *Wissen vom sittlich Guten* aus und bahnte damit den Weg zur späteren Begründung der Ethik als Wissenschaft, während er praktisch in dem Glauben, eine göttliche Mission zu erfüllen, als Erwecker seiner Mitbürger zur Sittlichkeit wirkte. Er überwand die sophistische Lehre von der Relativität unserer Urteile, indem er für die Realität der *allgemeinen* Begriffe eintrat, die unseren Werturteilen zugrunde liegen. Damit brach die sophistische Lehre zusammen, daß es über jedes Ding zwei gleichberechtigte, einander widersprechende Auffassungen und nicht eine einzige absolut gültige gebe. Diese Überwindung des Subjektivismus der Sophisten war eine große, befreiende Tat. Aber das Größte bleibt doch immer er selbst, seine Persönlichkeit, sein tapferes Leben und Sterben, durch das er seinen Jüngern und der ganzen Welt ein Muster sittlicher Größe hinterlassen hat.

Die Literatur

Die philosophischen und religiösen Strömungen und Kämpfe dieses Jahrhunderts bilden den Untergrund, auf dem die unerschöpflich reiche Literatur dieser Zeit erblüht ist. Die *epische* Form wurde nach dem Vorgang des Xenophanes auch noch von *Parmenides* und *Empedokles* für ihre philosophischen Lehrgedichte verwertet, während die übrigen Forscher sich der ionischen und später der attischen Kunstprosa bedienten. Die *Chorlyrik* fand am Anfang des Jahrhunderts ihren Höhepunkt in dem großen Thebaner *Pindar*, neben dem *Simonides* und *Bakchylides*, auch seine Landsmännin *Korinna* zurücktreten. Pindar, zu dessen Siegesliedern größere Bruchstücke von Päanen und Parthenien durch Papyrusfunde hinzugekommen sind, ist ein Repräsentant jener tiefen Religiosität, die damals im Mutterlande herrschte. Ein Hüter der alten heiligen Traditionen, kündete er, dem die Götter seine Kunst gegeben hatten, die ewigen Wahrheiten der Religion und der Sittlichkeit als ein Erzieher seines Volkes. Aber das Höchste von allem, die Krone der ganzen Literatur ist doch die *Tragödie*, wie sie sich in diesem Jahrhundert von *Aischylos* über *Sophokles* zu *Euripides* entwickelt hat, und diese ist, ebenso wie die politische Komödie, eine ganz spezifisch *attische* Schöpfung, wenn sie auch von der Vereinigung zweier fremder Stilformen, des dorischen Dithyrambos und des ionischen Iambos, ausgegangen war (S. 120). Schon um der Tragödie und der Komödie willen steht Athen an der Spitze der griechischen Kultur und damit der antiken Kultur überhaupt. Glücklich, wer so viel Griechisch gelernt hat, daß er diese Dichtungen in der Originalsprache genießen kann! So wenig wir von den Schicksalen der Erfindung des Thespis wissen (S. 120f.), so liegt doch von Aischylos an die Entwicklung klar vor uns, und wie reich ist sie äußerlich und innerlich! Während anfangs auch noch bei Aischylos die Chorlyrik vorherrscht und der Schauspieler (der „Antworter", S. 120) zurücktritt, schafft er das Drama, indem er durch Hinzunahme eines zweiten Schauspielers Dialog und Handlung möglich macht. Aber erst der junge Sophokles bringt dann durch Einführung eines dritten Schauspielers und szenischer Hilfsmittel eine lebendigere Handlung. Dies übernimmt auch noch der alte Aischylos und schafft in seiner Orestie (458) sein höchstes Kunstwerk, in dem er jedem Drama der Trilogie eine abgeschlossene Einheit zu geben weiß. Die *innere* Entwicklung aber von Aischylos bis Euripides spiegelt die ganze geistige Entwicklung des Jahrhunderts wider. Während Aischylos, der bei Marathon und Salamis fürs Vaterland mitgekämpft hatte, voll der tiefen Religiosität dieser Generation ist, repräsentiert Sophokles, der am politischen Leben bis zur Bekleidung der höchsten Staatsämter teilgenommen hat, auf seiner Höhe die freiere religiöse Weltanschauung des perikleischen Athens. Euripides dagegen, der, *nur* Dichter und Denker, ohne alle Beziehungen zum staatlichen Leben, allein seiner Kunst lebt, führt die geistigen Kämpfe der Sophistenzeit auf die Bühne, ein begeisterter Künder der modernen Probleme, in deren Mittelpunkt der Mensch steht. Aus dem gottesdienstlichen Ursprung und Charakter der Tragödie erklärt sich, daß die Götter- und Heldensage den Stoff bot. Es war nur eine scheinbare Ausnahme, wenn Aischylos in den „Persern" (wie schon *Phrynichos* in den „Phönissen") den Perserkrieg behandelte; wurde dieser damit doch auch in das Heroische erhoben. Schwieriger war es für Euripides, für seine modernen Probleme an der Heldensage festzuhalten, und doch hat er es getan; freilich mußte er dabei Charaktere und Handlungen mit größter Freiheit umdichten. Seine Themata verlangten realistische Darstellungen moderner Individuen, die daher in scharfem Gegensatz stehen zu den heroischen Gestalten des Aischylos und den Idealgestalten des Sophokles. So ist die attische Tragödie ein treues Spiegelbild der geistigen Strömungen dieses Jahrhunderts.

Wie die Tragödie ist auch die *Komödie* aus dem dionysischen Gottesdienst heraus erwachsen. Die Tiermasken des Chores, die Anrede an das Volk (Parabase), der Festzug (κῶμος), die riesigen Phalloi, das alles stammt aus dem dionysischen Fasching. Im Jahre 487/6 wurden zum erstenmal „komische" Chöre zu den staatlichen Wettspielen der Dionysien zugelassen. Von den älteren komischen Dichtern sind nur Namen bekannt. Der erste, von dem wir Genaueres wissen, ist *Kratinos*, der den Perikles so scharf angegriffen hat, daß um die Zeit des samischen Abfalls zensorische Bestimmungen erlassen wurden. Wenn auch nicht alle Komödien die Tagespolitik zum Gegenstand ihrer Kritik machten, ist doch die *politische* Komödie das für Athen Charakteristische, im Gegensatz zu der sizilischen Komödie des *Epicharm*. Wir kennen heute ein wenig von *Eupolis*, viel von *Aristophanes*, der während des Peloponnesischen Krieges oft Jahr für Jahr die großen Ereignisse der Politik mit seiner Kritik begleitete, ein Vertreter der konservativen Richtung, oder auch Stellung nahm gegen die modernen Lehren der Sophisten, daher auch scharf gegen Euripides vorgehend wie auch gegen Sokrates, in dem er irrtümlich ihren Vertreter sah (in den „Wolken", 423), überall aber und immer der große Dichter, der durch seinen sprühenden

Bild 19: Achilleus auf einem attischen Gefäß

Bild 20: Perikles

Geist und die (nach Platon) in seiner Seele ruhende Anmut auch die tollste Posse zu adeln wußte. Diese Komödie, die in der freien Luft des Attischen Reiches zur höchsten Blüte gekommen war, hat dessen Sturz nicht überlebt. Die darüber hinausreichenden Werke des Aristophanes zeigen, daß es an der nötigen Resonanz fehlte, die früher das kraftbewußte freie Herrschervolk geboten hatte.

Auf die Entwicklung der ionischen und der attischen *Prosaliteratur* ist schon oben hingewiesen worden, wo von der Philosophie und Sophistik und den Einzelwissenschaften die Rede war. Hier sind noch die beiden großen *historischen* Kunstwerke zu erwähnen, die dieses Jahrhundert uns hinterlassen hat, die Werke des Herodot und des Thukydides. *Herodot* von Halikarnaß hatte in seinen jüngeren Jahren fremde Länder bereist und ihre Völker und Bauwerke, ihre Sitten und Gebräuche erkundet (*ἱστορεῖν*), ganz nach dem Vorbilde des *Hekataios* (S. 125), nur daß er, wie vor ihm schon *Dionysios von Milet*, auch ihre Vergangenheit erforschte. Indem er die Ergebnisse dieser vorwiegend ethnographischen Erkundungen in Vorträgen (in der ionischen Sprache seiner Heimat) verbreitete, wirkte er im wesentlichen noch als Logograph. Zum Historiker hat ihn erst die Berührung mit dem perikleischen Athen gemacht. Hier, wo er in den vierziger Jahren Vorträge hielt, wo er das Glück hatte, in den perikleischen Kreis hineinzukommen, wo er zum „Wahlathener" ward, hier ist in ihm – und zwar wahrscheinlich schon damals in den vierziger Jahren – der Gedanke entstanden, die Perserkriege und die Gründe, die zu ihnen geführt haben, darzustellen, und zwar mit der Tendenz, Athens Verdienste um die Befreiung von Hellas ins Licht zu rücken. Ausgeführt hat er diesen Gedanken erst nach seiner Übersiedlung nach Thurioi (als „Thurier" hatte er sich im Proömium bezeichnet), als er beim Ausbruch des Peloponnesischen Krieges eine gewaltige Koalition sich auf Athen stürzen sah. Da hat er in seine historische Darstellung jene logographischen Jugendarbeiten zum Teil als Exkurse (*λόγοι*) hineingearbeitet. So ist dieses merkwürdig komponierte, übrigens nicht zu Ende geführte Werk entstanden, mit dem die historische Literatur beginnt (S. 125). Ihren Höhepunkt erreicht diese durch das Werk des *Thukydides*, des Sohnes des Oloros, das gleichfalls nicht in einem Zuge geschrieben ist. Einzelne Teile, wie der Archidamische Krieg, waren schon während seiner zwanzigjährigen Verbannung (S. 167) geschrieben, anderes entworfen. Erst nach der Rückkehr in die besiegte Vaterstadt (403) ging er an eine Gesamtdarstellung des nun als Einheit erkannten siebenundzwanzigjährigen Krieges. Das uns vor liegende Werk bricht mit dem Herbst 411 ab, ein majestätischer Torso. Der heiteren Anmut der novellistischen Erzählungskunst des Herodot steht hier die schwerflüssige, die Gedanken verdichtende Darstellung des tiefen Denkers und um die Erkenntnis der Wahrheit ringenden Forschers gegenüber, der nicht wie jener alles mögliche Interessante aneinanderreiht, sondern das *historisch Bedeutsame* aus der Fülle der Geschehnisse heraussucht und, während jener divergierende Quellenangaben naiv nebeneinanderzustellen liebt, vielmehr durch psychologische Analyse der Widersprüche von Augen- und Ohrenzeugen, unter Berücksichtigung von absichtlichen (εὔνοια) und unabsichtlichen (μνήμη) Fehlerquellen, die Wahrheit zu ermitteln sucht (I, 22). So ist er der Begründer der historischen Kritik geworden.

Zur Charakteristik des ungeheuren Reichtums der damaligen Literatur sei endlich eine Perle jener großen *publizistischen* Literatur hervorgehoben, die eine Frucht der Parteikämpfe in Athen am Ende des 5. Jahrhunderts ist, nämlich die fälschlich unter *Xenophons* Namen überlieferte Schrift vom „Staat der Athener", geschrieben im Anfang des Peloponnesischen Krieges und somit für uns die älteste attische Prosaschrift. Diese wenigen Seiten, auf denen ein athenischer Oligarch, ein feiner Kopf mit einer guten Portion Bosheit, die damalige athenische Demokratie unter die Lupe nimmt, stellen „eine der eigenartigsten und geistvollsten Reliquien des Altertums" dar (A. v. Gutschmid).

Die Kunst

Für die Kunst bedeuten die ersten beiden Dezennien des 5. Jahrhunderts die Vollendung der sogenannten „archaischen" Kunst (S. 126). In der *Architektur* erhielt jetzt der dorische Tempel seine kanonische Form (mit offenem Opisthodom, dreischiffiger Cella usw.), die uns dann in Hellas wie im Westen (in Poseidonia-Pästum und auf Sizilien) entgegentritt. In Athen wurde damals auf der Akropolis an der Stelle, an der später der Parthenon sich erhob, ein neuer Tempel der Athena begonnen, der aber, als die Perser die Burg verwüsteten (480), über die untersten Trommeln der marmornen Säulen noch nicht hinausgekommen war. In der *Plastik* erhielt die archaische Kunst ihre reifste Entwicklung durch die nordpeloponnesischen Erzgießer von Sikyon, Argos und Ägina, unter denen *Hageladas von Argos* und *Onatas von Ägina* hervorragten. Unter den erhaltenen Kunstwerken ist von besonderer Bedeutung der dorische Aphaiatempel auf Ägina mit seinen in der Münchner

Glyptothek bewahrten Giebelfiguren, um deren richtige Anordnung sich namentlich Adolf Furtwängler verdient gemacht hat. Etwa derselben Zeit gehört das wundervolle Sitzbild der „Göttin" an, das während des ersten Weltkrieges in das Berliner Museum gekommen ist. Diese Kunstwerke, in Ägina im besonderen die Figuren des Ostgiebels, sowie einzelne der auf der Akropolis gefundenen Mädchengestalten (S. 128), welch letztere schon statt des ägyptischen Schemas (mit vorgesetztem linken Bein) das *neue Standmotiv* des im Knie gebogenen und etwas entlasteten einen Beines zeigen und damit den Archaismus überwinden, leiten schon hinüber zu dem *Übergangsstil* der nächsten beiden Dezennien, der bereits unter dem Einfluß des großen Aufschwunges steht, den der Perserkrieg gebracht hatte. Es war eine Zeit, in der alle Künste die größten Aufgaben erhielten, da es galt, in prächtigen Weihgeschenken aus dem Zehnten der Beute den Göttern den Dank für den Sieg darzubringen und die Städte zum Teil wieder aufzubauen, zum Teil mit neuen Kunstwerken zu schmücken. Der Wiederaufbau Athens nach der Zerstörung mußte zwar unter dem Druck der politischen Lage in größter Eile (daher mit krummen, engen Straßen) vollzogen werden, und der Bericht des Thukydides (I, 93), daß zu dem Bau der themistokleischen Stadtmauer, die an Umfang über die alte Stadtmauer weit hinausgriff, auch ältere Kunstdenkmäler (wie Grabstelen) verwendet seien, ist durch glückliche Funde von archaischen Kunstwerken, die man aus der Mauer herausziehen konnte, glänzend bestätigt worden. Den Höhepunkt des Übergangsstils stellt für uns der neue *Zeustempel von Olympia* mit seinen Giebel- und Metopenfiguren dar, der spätestens um 456 vollendet war. Das gewaltige Kultbild des Zeus ist dann von *Phidias* geschaffen worden, erst nach Vollendung seiner Arbeiten □ am Parthenon, wie immer deutlicher geworden ist. Große Aufgaben erwuchsen den Erzbildnern dieser Zeit auch aus der Sitte, von den Siegern der großen Wettspiele Statuen an den Festorten aufzustellen. Ein schönes Beispiel ist uns in der Erzstatue des in Delphi gefundenen *Wagenlenkers* beschert worden (um 470), der mit seinen eingesetzten leuchtenden Augen uns so lebendig anschaut. In Athen wirkte damals neben dem jungen *Phidias*, der die zur Verherrlichung des Sieges von Marathon nach Delphi gestiftete Erzgruppe schuf, die den Miltiades neben Athena und Apollon und attischen Heroen darstellte, vor allem der große Erzbildner *Myron* von Eleutherai (an der böotischen Grenze), dessen Kühnheit in dem Festhalten momentaner Bewegungen uns namentlich in seinem Diskoswerfer entgegentritt. Seine Athena-Marsyas-Gruppe ist erst neuerdings zusammengefügt worden. Wie im Mutterland der Sieg über die Perser, so hat in Sizilien der über die Karthager einen großen Aufschwung herbeigeführt, der uns in den prächtigen Tempelbauten entgegentritt. Ein Denkmal dieses gesteigerten Hochgefühls ist der kolossale, freilich nicht vollendete *Zeustempel von Akragas*, dessen ungewöhnliche Ausmaße jedoch zu dem wenig geschmackvollen Ausweg führten, statt einer umgebenden offenen Säulenhalle die äußere Tempelwand mit Halbsäulen zu schmücken, zwischen denen Atlanten als Stützer des Epistyls in halber Höhe angebracht waren. In Hellas findet man derartige Übertreibungen nicht. In der *Malerei* wurde in dieser Zeit *Polygnot* aus dem ionischen Thasos, der in den sechziger Jahren nach Athen übersiedelte, durch die Komposition großer Wandgemälde epochemachend. Nur durch Pausanias' Beschreibung kennen wir seine Gemälde in der Lesche (Gesellschaftshalle) der Knidier in Delphi und in der „bunten Halle" in Athen. Technisch war es ein Fortschritt, daß er zu den bis dahin herrschenden drei Farben (Weiß, Rot, Schwarz) noch das Ockergelb als vierte Farbe hinzufügte und durch Mischung verschiedene Töne hervorzurufen verstand (Vierfarbenmalerei). Neben den Wandgemälden hat er auch Tafelbilder in enkaustischer Technik (mit Wachsfarben) gemalt. Freilich war die Malerei auch auf dieser Stufe im wesentlichen noch eine kolorierte Zeichnung, da von Licht- und Schattengebung in ihr sich höchstens die ersten Ansätze zeigten.

Diese Übergangskunst der ersten Hälfte des 5. Jahrhunderts, für die im allgemeinen ein strenger oder herber Stil charakteristisch ist, führte hinauf zu der Höhe der sogenannten *„klassischen" Kunst*, die ihren vollendetsten Ausdruck in den Werken des perikleischen Athen gefunden hat. Von allen Seiten strömten jetzt die Künstler in Athen zusammen, das nun der geistige Mittelpunkt der Griechenwelt geworden war – „das Hellas von Hellas", wie es in einer Grabinschrift so schön heißt (Ἑλλάδος Ἑλλὰς Ἀθῆναι). Hier lockten besonders große Aufgaben, nachdem Perikles den Frieden hergestellt hatte und, gestützt auf die nach Athen überführte Bundeskasse, an die Ausschmückung der Stadt mit den herrlichsten Bauwerken gehen konnte (S. 158). Während Themistokles beim Wiederaufbau der Stadt und dem Ausbau des Piräus vor allem an die militärische Sicherheit hatte denken müssen, war man schon in Kimons Zeit dazu übergegangen, die neue Stadt zu schmücken, wie denn die „bunte Halle" aus dieser Zeit stammt. Kimon selbst hatte aus dem Erlös der Beute vom Eurymedon die mächtige Südmauer der Akropolis aufgeführt und hatte damit die Sicherheit der Burg gesteigert, aber auch den Umfang der Burgfläche erweitert. Nachdem nun von Perikles durch die Langen Mauern Stadt und Piräus zu einer einheitlichen Festung zusammengeschlossen waren, hatte die Akropolis ihre alte Bedeutung als Burg verloren, wenn sie auch später noch gelegentlich wegen ihrer natürlichen Zitadellengestalt militärische Verwendung gefunden hat. So konnte die Burgfläche jetzt zum Festplatz zu Ehren der Götter umgestaltet werden, und so bekamen die Propyläen den Charakter eines Festtores, durch das die Prozessionen den Festplatz betraten, auf dem sich nun der Parthenon und später das Erechtheion erhoben, während der Niketempel, den deutsche Archäologen (Ludwig Roß u. a.) aus den Trümmern zuerst wiederaufgebaut haben, den südwestlichen Vorsprung schmückte. Neben zahllosen anderen Weihungen stand dort die gewaltige Athena Promachos, deren Lanzenspitze weithin dem Schiffer entgegenleuchtete, sowie die Athena Lemnia. So ist hier eine Stätte unvergleichlicher Schönheit geschaffen worden, die auch heute noch in ihren Ruinen einen überwältigenden Eindruck macht. Wer das Glück gehabt hat, dies Bild in sich aufzunehmen und von der Akropolis aus über die in wunderbaren Farben leuchtende attische Landschaft hinzublicken und nach der anderen Seite über das blaue Meer über Salamis hin zur argolischen Küste hinüberzuschauen, der trägt die Liebe zu Athen für alle Zeiten in seinem Herzen.

Zunächst wurde 447 mit dem Bau des *Parthenon* unter Leitung des *Iktinos*, neben dem auch *Kallikrates* genannt wird, begonnen, eines im wesentlichen dorischen Marmorbaues, in den aber – was für die neuattische Kunst charakteristisch ist – mehrfach ionische Einzelformen hineingezogen wurden. Im Jahre 438 war der Bau so weit fertig, daß das von *Phidias* gearbeitete feierliche, gold-elfenbeinerne Kultbild der Göttin Aufstellung finden konnte. Von dem plastischen Schmuck des Parthenon sind zuerst die Metopenreliefs gearbeitet worden, die die unter Athenas Schutz errungenen mythischen Siege darstellen, in denen man die Vorbilder für den Sieg über die Barbaren sah. Den Dank des Volkes an die Göttin stellte der der ionischen Kunst entlehnte Fries dar, der, rings um die Außenwand des Tempelhauses sich hinziehend, den panathenäischen Festzug darstellt, wie er von der Westseite kommend sich den an der Ostseite ihn erwartenden Göttern naht. Zuletzt (von 438 an, sechs Jahre hindurch) wurden die beiden Giebelgruppen gearbeitet, von denen die östliche das Erscheinen der Athena unter den Göttern, die westliche ihren Wettstreit mit Poseidon um das attische Land darstellte. Die neuen Aufschlüsse über den Stil des Phidias, die die im Piräus unlängst gefundenen römischen Kopien von Reliefs des Schildes der Athena Parthenos gebracht haben, sind von großer Bedeutung für die immer noch umstrittene Frage nach dem Verhältnis des Phidias zu den Skulpturen des Parthenon. Im Jahre 437 begann man mit dem Bau der *Propyläen* unter Leitung des *Mnesikles*, deren letzte Vollendung durch den Kriegsausbruch verhindert wurde. Auch hier liegt eine Mischung des dorischen und des ionischen Stiles vor, indem außen dorische, innen ionische Säulen gewählt wurden. Rein ionisch ist der schlanke, kleine Tempel der Athena Nike, dessen Friese u. a. einen Persersieg verherrlichen. Die Reliefs auf den etwas jüngeren, das Heiligtum umgebenden Marmorschranken, die verschiedene Niken darstellen, gehören zu dem Feinsten, was die attische Kunst geschaffen hat. Ebenso ist rein ionisch das *Erechtheion* mit seiner reizvollen Karyatidenhalle, ein Doppeltempel der Athena Polias und des Poseidon Erechtheus, der nahe dem Nordabhang der Burg im Verlauf des Peloponnesischen Krieges vollendet worden ist (vgl. S. 179). Damit fand die Neubebauung der Burg ihren Abschluß.

Aber nicht nur die Burg, sondern auch die Stadt und die Umgebung wurden mit herrlichen Bauten geschmückt. Dahin gehört z. B. das um 442 von Perikles errichtete *Odeion*, eine Musikhalle, am Südostabhang der Burg, deren Fundamente neben dem Theater gefunden sind, der wohlerhaltene dorische Tempel, der irrtümlich unter dem Namen des *Theseion* geht, ferner das jetzt neuerbaute *Telesterion* von Eleusis, das wie der von den Persern zerstörte kleinere Bau des 6. Jahrhunderts (S. 115) nicht ein Tempel, ein Wohnhaus für die Götter, sondern ein Versammlungsraum für die Mysten war. Im Piräus aber hat auf Perikles' Veranlassung für die sich hier entwickelnde Hafenstadt *Hippodamos von Milet* den Stadtplan entworfen, der ein Netz von rechtwinklig sich schneidenden geraden Straßen darstellte. Dieser „Hippodamische" Stadttypus, der, vielleicht durch orientalische Vorbilder beeinflußt, vorher schon beim Wiederaufbau von Milet angewendet worden war, ist dann auch in der Kolonie Thurioi durchgeführt worden und ist später in der hellenistischen Zeit bis in die Kaiserzeit hinein der herrschende Typus geworden.

In die zweite Hälfte dieses Jahrhunderts fallen zwei Neuerungen, die für die Folgezeit von großem Einfluß geworden sind. Die eine, aus dem Gebiet der Plastik, ist die Verwendung des *Akanthos* zum Schmuck des Säulenkapitells, die zur Entwicklung der „korinthischen" Säulenordnung geführt hat. Das älteste Beispiel, bei dem der Akanthos noch schüchtern angewendet ist, findet sich in dem von Iktinos (um 420) erbauten Tempel von *Phigaleia* in Arkadien. Die andere Neuerung, aus dem Gebiet der Malerei, ist die Überwindung der kolorierten Zeichnung alten Stils durch Licht- und Schattengebung (S. 196) sowie die Ausbildung des perspektivischen Zeichnens, zu dem sich bei den Griechen schon seit dem 6. Jahrhundert einige Ansätze zeigen, das dem alten Orient völlig unbekannt gewesen ist. Von den Griechen stammt letzten Endes die Perspektive, wo immer wir sie auf der Erde finden, nicht nur in Europa, sondern z.B. auch in China und Japan. Diese neue Malweise ist in die Tafelmalerei von *Apollodoros von Athen* eingeführt worden, und sie ist dann am Ende des 5. Jahrhunderts von den großen ionischen Meistern *Zeuxis* und *Parrhasios* weiter ausgebildet worden. Ein weiterer Fortschritt war, daß Parrhasios zuerst versuchte, seelische Vorgänge sich im Gesichtsausdruck spiegeln zu lassen. Man lese das schöne Gespräch zwischen Sokrates und Parrhasios in Xenophons Memorabilien III, 10. So hat dies unerschöpfliche Jahrhundert nach allen Seiten hin reichen Samen für die Nachwelt ausgestreut.

X. HELLAS UNTER PERSISCHEM DRUCK UND DER AUFSCHWUNG MAKEDONIENS

Die orientalischen Feinde in Ost und West

Die herkömmliche Einteilung der Periode vom Peloponnesischen Kriege bis auf Alexander den Großen in die Zeiten der Hegemonie der Spartaner, der Thebaner und der Makedonen entspricht zwar dem Wandel der äußeren Machtverhältnisse in Griechenland, bringt aber eine historische Tatsache ersten Ranges, die zum Verständnis dieser Zeit von grundlegender Bedeutung ist, nicht zum Ausdruck, nämlich das politische Übergewicht, das Persien gegenüber Hellas ausübte, seitdem es 412 in den Peloponnesischen Krieg eingegriffen und dann den Krieg zugunsten von Sparta entschieden hatte. Dieses Übergewicht Persiens, das in dem schmachvollen „Königsfrieden" von 386 seine staatsrechtliche Festlegung fand, ist erst durch die Zertrümmerung des Perserreichs durch Alexander den Großen ganz beseitigt worden, nachdem schon sein Vater Philipp am Ende seines Lebens den Königsfrieden durch seine Neuordnung von Korinth (338/7) beiseite geschoben und den Kampf gegen Persien eröffnet hatte. Diese entscheidende Rolle zu spielen war Persien nur dadurch ermöglicht worden, daß die unseligen partikularistischen Kämpfe der Griechen untereinander, ihr Streben nach Hegemonie über die anderen dem Großkönig als dem lachenden Dritten Gelegenheit bot, das Zünglein an der Waage zu sein; denn wenn die Griechen einig gewesen wären, wäre es niemals zu jenem „Königsfrieden" gekommen, zumal ein geeintes Griechenland militärisch dem Perserreich weit überlegen war. Das lehrte schon der Sieg der hellenischen Söldner bei Kunaxa (401) und ihr heldenhafter Rückzug, das zeigte ferner die Tatsache, daß die Perserkönige auf diese Erfahrung hin ihr Reich nur noch mit Hilfe griechischer Söldner schützen zu können glaubten. Dazu kam, daß das Perserreich durch den Abfall Ägyptens (404), Cyperns und anderer Teile sowie durch die ständig sich mehrenden Aufstände ehrgeiziger Satrapen auseinanderzufallen drohte, bis der tatkräftige *Artaxerxes III. Ochos* (359–338) Ägypten wieder unterwarf (343/2) und das Reich noch einmal fester zusammenschloß. Trotz alledem hat durch Dezennien hindurch die Diplomatie von Susa mit Hilfe des persischen Goldes ein leichtes Spiel gegenüber dem zerrissenen Griechenland gehabt, bis König Philipp die Einigung der Hellenen erzwang. Darum soll man bei Betrachtung der wechselnden Vorgänge in Griechenland die Tatsache der persischen Suprematie nicht aus dem Auge verlieren, die bald mehr bald weniger einen Druck ausübte, wenn sie auch greifbar für uns nur an gewissen Punkten an die Oberfläche tritt.

Wie im Osten die Perser auf Hellas, so drückten im Westen die *Karthager* auf die Westhellenen. Nach der Katastrophe der Athener hatten die Syrakusier, um Rache zu nehmen, sich mit einer Flotte unter Führung des *Hermokrates* an dem „Ionischen" Kriege beteiligt, bis diese bei Kyzikos (410) vernichtet wurde. Diese Erschütterung der Macht von Syrakus sowie die neuausgebrochenen Streitigkeiten der anderen Griechenstädte untereinander gaben darauf den Karthagern, die sich seit Gelons Sieg ruhig verhalten hatten (S. 144), den Anlaß zu neuem Angriff gegen das Hellenentum auf der Insel. Schon 409 gewannen sie Selinus und Himera, 406 wurde Akragas und 405 Gela erobert und zerstört, und unaufhaltsam drangen sie nach dem Osten vor. Aus dieser höchsten Not wurden die Griechen nur dadurch gerettet, daß ein starker Mann, ein junger Offizier Dionysios, als Tyrann von Syrakus ihre einheitliche Führung übernahm. Wohl war dieser *Dionysios* I. (405 bis 367) ein gewaltsamer Herrscher, der auch vor skrupellosen Brutalitäten nicht zurückschreckte und daher in einer haßerfüllten Tradition als der Typus des „bösen Tyrannen" geschildert wird, aber er hat doch in einer fast vierzigjährigen Regierung durch Zähigkeit und Tatkraft und durch kluge Politik das Hellenentum vor der karthagischen Knechtschaft bewahrt. Die militärischen Vorgänge waren dabei sehr wechselvoll, Sieg und Niederlage folgten einander. Einmal ist er bis in die Westspitze vorgedrungen und hat sogar durch die überlegenen Belagerungskünste seiner ausgezeichneten Ingenieure Motye (das spätere Lilybäum, das heutige Marsala) erobert. Dann ist er wieder in Syrakus selbst von den Karthagern blockiert worden. Zum Schluß konnte er aber doch einen günstigen Frieden mit ihnen schließen, durch den sie wieder auf den Westen beschränkt wurden und er als Herr des östlichen Teils der Insel anerkannt wurde. Er hat dann auch nach Unteritalien hinübergegriffen, hat die Südspitze mit Rhegion und Kroton erobert und hat sogar als Herr der größten griechischen Seemacht zur Beherrschung des Adriatischen Meeres Hadria und Ancona an der italischen Ostküste und

Lissos an der illyrischen Küste als Militärkolonien und Stützpunkte seiner Flotte begründet. So war er der Beherrscher eines großen Reiches und hat als solcher auch bei wichtigen Entscheidungen des Mutterlandes eine bedeutende Rolle gespielt, ein Freund Spartas und von Athen umworben. Aber unter seinem Sohn *Dionysios II.*, der ihm 367 wie in einer legitimen Monarchie wie selbstverständlich folgte, einer schwächlichen Persönlichkeit, auf den sein Oheim *Dion*, der Freund und Schüler Platons, und Platon selbst bei seinen Besuchen in Syrakus vergeblich veredelnd zu wirken suchten, sank die Macht des Reiches. Nach der Vertreibung des Tyrannen und der Ermordung des Dion (354) benutzten die Karthager diese Wirren, um von neuem vorzurücken und Syrakus zu bedrohen. Erst der von der Mutterstadt Korinth zu Hilfe gesandte *Timoleon* (344) vermochte es, nachdem er den zurückgekehrten Dionysios zum Verlassen der Insel gezwungen hatte, durch den glänzenden *Sieg am Krimisos* (341) die Karthager zurückzuwerfen. Die zerstörten Städte, wie Akragas und Gela, wurden wieder aufgebaut und auch durch Zuzug aus dem Mutterlande wieder bevölkert, die Demokratien wiederhergestellt und die Griechenstädte in einem Bündnis unter Leitung von Syrakus geeinigt. Aber auch hier war es wieder nur ***die hervorragende Persönlichkeit*** gewesen, der diese Erfolge zu verdanken waren. Denn nach Timoleons Rücktritt (337/6) brachen von neuem die alten unglückseligen Streitigkeiten zwischen den Griechenstädten aus, und wieder wurden im Kampf der Parteien die Karthager herbeigerufen. So zeigt uns die Geschichte Siziliens dasselbe traurige Bild wie die des Mutterlandes: auch hier war es wie dort der unausrottbare Partikularismus, der immer wieder den Feinden des Hellenentums die Gelegenheit zur Einmischung gab. Nur starke Persönlichkeiten haben den inneren Zwist wie den äußeren Feind niederhalten können.

Die Hegemonie Spartas

Nach dem Sturz Athens stand Sparta an der Spitze von Hellas. Der mächtigste Mann der Zeit war *Lysander*, dessen Verdienste um den Sieg in überschwenglicher Weise gefeiert wurden. Hat doch Sparta in der nach Delphi gestifteten Statuengruppe ihn neben den olympischen Göttern darstellen lassen, und die Oligarchen ionischer Städte, wie Ephesos und namentlich Samos, haben ihm geradezu göttliche Ehren erwiesen – ein Vorgang, der als Vorläufer des hellenistischen Herrscherkultes von großem Interesse ist.

Doch die Hoffnung auf die verheißene Freiheit wurde schnell zuschanden; denn Sparta, gestützt auf Persien und auf ein Bündnis mit Dionysios I. von Syrakus, erwies sich bald als ein strenger Herr. Hatte Athen vorher die Demokratie verfochten, so nutzte jetzt Sparta seine Machtstellung, um oligarchische Verfassungen einzuführen, die von spartanischen Harmosten mit ihren Besatzungen gestützt wurden.

Am genauesten kennen wir die Verfassungskämpfe in *Athen*. Indem die dortigen Oligarchen die vieldeutige „Verfassung der Väter" (*πάτριος πολιτεία*), deren Einführung der Friedensvertrag von 404 verlangt hatte, auf die Oligarchie bezogen, gelang es ihnen mit Unterstützung Lysanders, der im Sommer 404 mit einer Flotte vor Athen erschien, das Regiment der „Dreißig" zu begründen. Während anfangs die Gemäßigten unter Theramenes zur Geltung kamen, gingen die Extremen unter Kritias bald zu einer blutigen Schreckensherrschaft über, der das Leben zahlreicher Bürger, namentlich der Besitzenden, (angeblich 1500) zum Opfer fiel. Eine spartanische Besatzung von 700 Mann unter einem Harmosten schützte von der Akropolis aus die oligarchische Herrschaft. Als Theramenes sich diesem Terror widersetzte, ward er hingerichtet. Aber die Wendung kam durch *Thrasybul*, der an der Spitze von demokratischen Emigranten, die Theben trotz des Verbotes aufgenommen hatte, die Grenzfeste Phyle besetzte (Wintersanfang 404). Nachdem sein Heer starken Zuzug bekommen hatte, gelang es ihm, die „Dreißig" zu schlagen und den Piräus und die Munichia zu besetzen, wobei Kritias den Tod fand. Die Versammlung der Dreitausend, auf die das Bürgerrecht beschränkt worden war, stürzte nunmehr die „Dreißig", von denen die Überlebenden sich nach Eleusis zurückzogen, und setzte eine Regierung der „Zehn" ein. Die Entscheidung für den Sieg der Demokraten brachte der Gegensatz zwischen dem übermächtig gewordenen Lysander und dem Spartanerkönig Pausanias. Als letzterer, nachdem Sparta von beiden Seiten um Intervention angegangen war, mit einem Heer in Attika erschien, so daß Lysander, der den Piräus von neuem blockiert hatte, sich seinem Oberbefehl unterordnen mußte, führte er aus Opposition gegen diesen durch selbstlose Vermittlung zwischen den Parteien die Rückkehr der Demokraten herbei. Die alte Demokratie (mit dem Rat der Fünfhundert) wurde wiederhergestellt und eine Amnestie erlassen (im Archontat des Eukleides 403). Die Sonderstellung, die damals Eleusis als Gemeinde der Oligarchen erhielt, ist bald danach beseitigt worden (401/0).

Die Vormachtstellung Spartas, die in solchen Eingriffen in die inneren Angelegenheiten der Städte in die Erscheinung trat, beruhte vor allem auf seinem

Rückhalt an Persien. Aber das gute Verhältnis zwischen den Alliierten sollte nicht lange währen, trotz der Abberufung des Lysander, die auf die Klagen des Pharnabazos erfolgte, und trotz der Auflösung seiner Dekarchien. Die engen Beziehungen zu dem Prinzen Kyros, die Lysander gepflegt hatte, führten dazu, daß Sparta, wiewohl es über die wahren Absichten seiner Kriegsrüstungen, den Prätendentenkampf gegen seinen Bruder Artaxerxes Mnemon (404–359), unterrichtet war, ihn heimlich unterstützte, was in Susa nicht unbekannt blieb. So stand Sparta, als Kyros bei Kunaxa 401 gefallen war, Persien stark kompromittiert gegenüber. Als dann den Griechenstädten Asiens, die sich Kyros angeschlossen hatten, von seiten des Tissaphernes ein schweres Strafgericht drohte und ihr Hilferuf nach Sparta erging, griff dies zum Schwert. Das Motiv Spartas zur Aufnahme des Perserkrieges wird man kaum in einem Durchbruch eines nationalen, panhellenischen Gedankens sehen dürfen, hatten die Spartaner doch erst wenige Jahre vorher die persische Hilfe ohne alle nationalen Bedenken durch die Preisgabe der kleinasiatischen Griechen an den Großkönig kaltblütig erkauft, vielmehr wird die Ehrenverpflichtung, die es als Herr von Hellas fühlen mußte, und die Sorge um seinen Einfluß in Kleinasien entscheidend gewesen sein; doch hat es versucht, den panhellenischen Gedanken politisch für sich auszunutzen.

Dieser *Perserkrieg* wurde anfangs auf spartanischer Seite von *Thibron* (400), dann von *Derkylidas* (399) mit wechselndem Erfolg geführt. Erst als auf Betreiben des Lysander sein Schützling, der König *Agesilaos*, ein tüchtiger General von brennendem Ehrgeiz, das Kommando erhielt und mit theatralischer Aufmachung wie ein zweiter Agamemnon (Opfer in Aulis!) 396 mit neuen Truppen nach Kleinasien hinüberging, gewann der Krieg allmählich einen größeren Stil. Es sollte aber nicht zu entscheidenden Erfolgen kommen, da es der persischen Politik gelang, im Rücken des Agesilaos die Feinde Spartas in Hellas, die der Haß gegen Sparta zusammenführte, mit persischem Golde mobil zu machen. So war der griechische Partikularismus der beste Verbündete des Großkönigs! Außerdem hatte der athenische Admiral *Konon*, der von Aigospotamoi zum Athenerfreund *Euagoras von Cypern* geflüchtet war, inoffiziell als Privater vom Großkönig den Auftrag übernommen, eine Flotte für ihn zu bauen, und hatte nach Überwindung mancher Hindernisse, nachdem der Großkönig endlich genügend Geldmittel bewilligt hatte, eine stattliche Flotte zusammengebracht. Als nun Agesilaos nach einem glänzenden *Siege bei Sardes* (395) und erfolgreichem Einrücken in Paphlagonien sich mit größeren Plänen für 394 trug, wurde er durch den in seinem Rücken ausgebrochenen sogenannten *Korinthischen Krieg* (395 bis 386) zur Rückkehr nach Hellas gezwungen. Hier hatte inzwischen das vom Großkönig verteilte Gold gewirkt. Theben hatte bereits den Kampf gegen Sparta aufgenommen, und so war es 395 zu einer Schlacht bei *Haliartos* gekommen, in der die Spartaner geschlagen wurden und Lysander, die beste Kraft Spartas, fiel. Die Athener, die bis dahin, wenn auch mit blutendem Herzen, völlig loyal den Frieden von 404 gehalten hatten, nun aber die Stunde der Befreiung gekommen erachteten, hatten schon unmittelbar vorher ein Bündnis mit Theben geschlossen. Der Sieg führte zum Anschluß von Korinth, Argos und anderen Staaten an den Bund, der mit persischem Gold unterstützt wurde. Daraufhin wurde Agesilaos von Sparta zurückgerufen. Wohl errang er 394 bei *Koronea* einen Sieg über die Verbündeten, aber die Entscheidung brachte der Seesieg, den kurz vorher Konon an der Spitze der persischen Flotte bei *Knidos* über die spartanische Flotte errungen hatte; denn damit war die spartanische Seeherrschaft gebrochen, und die persische Flotte fuhr zum erstenmal wieder in das Ägäische Meer ein. Auch die spartanische Herrschaft an der kleinasiatischen Küste brach zusammen; denn auf die Gewährung der Autonomie hin, die Konon den kleinasiatischen Städten verschaffte, gingen die meisten von Sparta zum Perser über. Konon aber wurde vom Perser belohnt, indem er ihm fünfzig Talente spendete. So kehrte Konon 393 heim, vom Jubel des Volkes begrüßt. Er und Euagoras waren die ersten nach Harmodios und Aristogeiton, die mit ehernen Statuen auf dem Markt geehrt wurden. So konnte Athen den Wiederaufbau der „Langen Schenkel" und der Piräusmauern mit dem persischen Golde vollenden, den es nach dem Siege von Haliartos begonnen hatte. Doch vergaß man über der Freude am Wiederaufleben, daß man dies nur dem Zusammengehen mit Persien verdankte, und hatte kein Gefühl für das Schmähliche dieser Situation. Das persische Gold hat den Athenern und ihren Verbündeten ebensowenig Glück und Ehre bringen können wie die Gnadenbeweise Napoleons den Rheinbundstaaten. Im Inneren traten jetzt in Athen wieder die radikalen Elemente an die Spitze, wie Agyrrhios, der den Ekklesiastensold einführte. Nach außen hin gelang es, Bündnisse mit mancher der Inseln und Städte zu schließen, die nun die spartanische Oberherrschaft abwarfen, wie Chios, Mytilene und das 408 durch Synoikismos entstandene Rhodos. Bald regte sich im stillen die Hoffnung auf ein Wiederaufleben des attischen Seebundes. Eine Gesandtschaft an Dionysios I. von Syrakus erzielte zwar kein Bündnis, aber doch die Unterlassung der Sparta versprochenen Hilfssendung.

Militärisch ist in dem noch mehrere Jahre sich hinziehenden Kriege von Interesse die von dem Athener *Iphikrates* im Anschluß an die Erfahrungen des Peloponnesischen Krieges durchgeführte Umwandlung der Leichtbewaffneten: er gab ihnen längere Speere als Angriffswaffe und konnte ihnen daher leichtere Schutzwaffen geben, darunter den kleinen runden thrakischen Armschild, die Pelte (πέλτη), nach der sie Peltasten hießen. Der strammere Drill, den diese Peltastentaktik erforderte, brachte es mit sich, daß nur Söldner, nicht Bürger sich ihm unterwarfen. Das im Laufe der Zeit immer stärkere Hervortreten der Söldner in den Griechenheeren gehört zu den Anzeichen für das allmähliche Sinken des Bürgersinns der guten alten Zeit.

Der Aufschwung Athens, der in dem Versuch des Thrasybul (389), den alten Seebund zu erneuern, gipfelte, sowie das Zusammengehen Athens mit dem vom Großkönig abgefallenen Euagoras von Cypern und dem abtrünnigen Ägypten führte einen Umschwung in der Gruppierung der Mächte herbei. Sparta wurde vom Großkönig wieder in Gnaden angenommen und konnte sich so aus seiner Isolierung retten. Durch seinen Unterhändler *Antialkidas* hat es dann, nachdem ein erster Friedensversuch 392 am Widerspruch Athens gescheitert war, das sich weigerte, Ionien dem Perser preiszugeben, den schmachvollen „*Königsfrieden*" (ἡ βασιλέως εἰρήνη) vermittelt, durch dessen Annahme durch die Griechen (Anfang 386) die Suprematie des Großkönigs als Friedensgaranten vertraglich festgelegt wurde, der im übrigen aber auf die Interessen Spartas zugeschnitten war. Die Grundlage dieses Vertrages, der nicht wie die früheren griechischen Friedensverträge zeitlich befristet war, sondern dauernde Gültigkeit haben sollte, war das Edikt, das der Großkönig selbstherrlich von Susa aus erließ (Xenoph. Hellen. V, 1, 31), wonach die Griechenstädte Asiens einschließlich der Inseln Klazomenä und Cypern dem Großkönig gehören, alle anderen griechischen Städte aber frei und autonom sein sollten; nur Lemnos, Imbros und Skyros, die alten Kleruchеninseln, wurden Athen zugesprochen. Wer den Frieden nicht annehme, gegen den werde der Großkönig zusammen mit den Friedenswilligen zu Wasser und zu Lande zu Felde ziehen. Durch die Annahme dieser im drohenden Befehlston gestellten Bedingungen waren die griechischen Brüder in Kleinasien endgültig dem Perser ausgeliefert. Die allgemeine Autonomie, durch die nur die Entstehung größerer Staatenbildungen in Hellas neben Sparta verhindert werden sollte, erfüllte zwar das alte Polis-Ideal und wurde von den kurzsichtigen Partikularisten gewiß mit Freude aufgenommen, war jedoch für die Spartaner, die dadurch nicht beengt wurden, da ihre Bündner nominell die Autonomie besaßen, nur ein Mittel, ihre Herrschaft in Griechenland wieder aufzurichten, für die Perser aber war sie, zugleich mit der Annexion des kleinasiatischen Kolonialgebietes, eine Handhabe, um die *politische Zerstückelung Griechenlands* zu verewigen. Sparta übernahm nun die traurige Rolle, als Büttel Persiens über die strenge Durchführung dieses Friedens zu wachen, von dem Isokrates gesagt hat, daß er ein „Diktat" (πρόσταγμα) und kein Vertrag sei (Panegyr. 176). Gestützt auf Persien hat es in den nächsten Jahren vielfach wieder seine Harmosten in die widerstrebenden Städte gesetzt und seine Macht weit ausgedehnt, sogar bis zur Chalkidike hin, wo es, gegen den mächtigen olynthischen Städtebund zu Hilfe gerufen, 379 Olynth gewann und den Bund auflöste. Aber durch ihre Übergriffe haben die Spartaner viel Haß gesät, der böse Frucht tragen sollte.

Die Hegemonie Thebens und der II. Attische Seebund

Die im Jahre 382 unter brutalem Rechtsbruch mitten im Frieden erfolgte *Besetzung der Kadmea*, der Burg von Theben, durch den Spartaner Phoibidas rief allgemeine Empörung in Griechenland hervor. Die Befreiung der Burg von der spartanischen Besatzung durch Melon und Pelopidas und die Herstellung der Demokratie in Theben (379) gab das Signal zu einem kräftigen Aufschwung Thebens und einem Kampf gegen Sparta. Athen, das gleichfalls durch einen spartanischen Friedensbruch, für den es keine Sühne erhalten hatte (Versuch der Überrumpelung des Piräus durch Sphodrias), gereizt war, schloß 378 ein Bündnis mit Theben. Diese Koalition wurde um so bedeutsamer, als Athen nunmehr an die Neubegründung seines Seebundes ging. Schon 389 hatte Thrasybul einen Versuch gemacht, den alten attischen Seebund mit der fünfprozentigen Bundesabgabe (εἰκοστή) wieder aufzurichten (S. 206), und der attische Publizist *Isokrates* hatte 380 in seinem „Panegyrikos" starke Propaganda für diesen Gedanken gemacht. Im Jahre 377, also 100 Jahre nach Begründung des attisch-delischen Bundes, wurde nun der Grund zu dem neuen Bund, dem sogenannten *II. Attischen Seebund*, gelegt, über den wir vor allem durch einen inschriftlich erhaltenen attischen Volksbeschluß dieses Jahres unterrichtet sind. Dieser neue Bund, der zum Schutz gegen spartanische Übergriffe gegründet wurde, war nun freilich etwas völlig anderes als jener alte, vor allem weil Athen gemäß den ängstlich gewahrten Bestimmungen des Königsfriedens und auch mit Rücksicht auf die üblen Erfahrungen der alten Zeit und auf die jetzige politische Situation zwar die politische Führung und das militärische Kommando, aber keine Hegemonie im alten Sinne beanspruchte. Vielmehr wurden die Rechte der nicht nur gegen Athen, sondern auch gegeneinander verpflichteten Bündner, die sämtlich „frei und autonom" (*ἐλεύθεροι καὶ αὐτόνομοι*) und frei von Besatzungen und Tribut (*φόρος*) blieben, vertreten durch den aus ihnen gebildeten Bundesrat, das *Synhedrion*, in dem jedes Mitglied, ob groß oder klein, *eine* Stimme hatte, dem der Hegemon Athen aber nicht angehörte. Die Beschlüsse dieses in Athen tagenden „Synhedrion der Bundesgenossen" waren der athenischen Volksversammlung vorzulegen, der die Entscheidung zustand, in der die Bündner aber nur gehört werden konnten. Zudem verzichteten die Athener darauf, Grundbesitz im Bundesgebiet zu erwerben. Die „Beiträge" (*συντάξεις*) der Bündner sollten vom Synhedrion bestimmt werden. Nachdem vorher schon Chios u. a. entsprechende Bündnisse mit Athen geschlossen hatten, an die jener Volksbeschluß von 377 anknüpft, trat auf die günstigen Bedingungen hin bald eine große Zahl von Bündnern bei. Unter demselben Archontat des Nausinikos (378/7) wurde in Athen, um den Vermögenssteuern eine festere Grundlage zu geben, eine allgemeine Schätzung der Vermögen durchgeführt und die Steuererhebung durch Einführung neuer Steuerbezirke (der Symmorien) reorganisiert. So auch finanziell neugerüstet, hat Athen in den nächsten Jahren unter Führung tüchtiger Feldherren wie *Chabrias* und *Timotheos* sein Machtgebiet im Ägäischen wie im Ionischen Meer bedeutend erweitert.

Aber gleichzeitig erstarkte im Kampf mit Sparta auch Thebens Macht, und als das Ziel der demokratischen Partei, die Einigung Böotiens, nicht, wie früher, zu einem Bundesstaate, sondern zu einem von Theben beherrschten Einheitsstaate sich der Verwirklichung näherte und Platää, der alte Freund Athens, zerstört wurde (373), da neigte sich Athen unter Kallistratos' Einfluß wieder der anderen Seite zu. Aber Theben, gestützt auch auf seine Beziehungen zu *Iason von Pherä*, der als Tagos Thessaliens eine bedeutende Macht darstellte, war schon stark genug, um durch den Mund des Böotarchen *Epaminondas* dem Friedenskongreß zu Sparta (371) zu trotzen, als hier unter Hinweis auf den Königsfrieden Einspruch gegen den thebanischen Einheitsstaat erhoben wurde. Als darauf König Kleombrotos von Phokis her in Böotien einfiel, brachte ihm Epaminondas bei *Leuktra* (371) in offener

Bild 21: Akropolis von Athen

Bild 22: Das Erechtheion auf der Akropolis von Athen

Feldschlacht eine so vollständige Niederlage bei, daß Spartas militärische Vormachtstellung für alle Zeiten gebrochen war und der Peloponnesische Bund sich aufzulösen begann; auch politisch hat Sparta seitdem keine entscheidende Rolle mehr in der griechischen Geschichte gespielt.

Dieser Sturz Spartas ist ein Wendepunkt in der politischen Geschichte Griechenlands, aber auch *kriegsgeschichtlich* bezeichnet die Schlacht von Leuktra einen Markstein, insofern Epaminondas hier, wenn auch in Anlehnung an eine gewisse Eigentümlichkeit der böotischen Taktik (s. die Schlacht von Delion 424), doch zum erstenmal zielbewußt an die Stelle des einheitlichen Frontalangriffs der alten Parallelschlacht die Teilung der Phalanx in einen Offensiv- und einen Defensivflügel durchführte (Flügelschlacht). Die Idee dieser sogenannten „schiefen Schlachtordnung“ (λοξὴ φάλαγξ) liegt darin, daß in dem Offensivflügel die Hauptenergie des Heeres so massig zusammengefaßt wird, daß der Durchstoß durch die feindliche Linie gelingen *muß*, während der schwächere Defensivflügel möglichst so lange zurückgehalten wird, bis die Entscheidung auf dem anderen Flügel gefallen ist und nun nach Schwenkung des siegreichen Flügels und Übergang des Defensivflügels zum Angriff der Feind von beiden Seiten gepackt werden kann. Bei Leuktra ist Epaminondas, nachdem die böotischen Reiter die feindliche Reiterei auf die Phalanx zurückgeworfen hatten, mit dem linken Flügel seines Fußvolkes, den er in der ganz außerordentlichen Tiefe von 50 Mann aufgestellt hatte, auf den völlig überraschten feindlichen rechten Flügel, wo Kleombrotos kommandierte (12 Mann tief), im Sturmschritt mit solcher Wucht losgegangen, daß der Durchstoß vollkommen gelang, während er seinen rechten Flügel sogar etwas hatte zurückgehen lassen. Der Durchstoß wirkte hier so katastrophal – der König und 400 Vollspartiaten blieben auf dem Schlachtfeld! –, daß die Schwenkung des siegreichen Flügels, wie sie bei Mantinea und noch deutlicher später in den Alexanderschlachten durchgeführt wurde, nach den freilich mangelhaften Berichten hier nicht nötig gewesen zu sein scheint. Als Schöpfer dieser neuen Taktik bedeutet Epaminondas, einer der genialsten Feldherrn aller Zeiten, eine *Epoche in der Kriegskunst.* Die „schiefe Schlachtordnung“ ist dann von Philipp weiter ausgebildet worden (S. 214 f.) und hat auch noch in der Neuzeit, so bei Friedrich dem Großen (bei Leuthen), eine Rolle gespielt.

Der Sturz der spartanischen Vormacht hatte ein Erstarken des demokratischen Gedankens gegenüber den von Sparta begünstigten Oligarchien zur Folge. Dieser Umschwung führte an vielen Orten zu leidenschaftlichen

Parteikämpfen und blutigen Revolutionen, die wirtschaftlich verheerend wirkten, ganz besonders im Peloponnes. Der Sieg von Leuktra führte die mittelgriechischen Staaten außer Athen auf Thebens Seite, das einen thebanischen Bund mit ihnen begründete, dessen Bündner wie im athenischen Seebund in einem in Theben tagenden Synhedrion vertreten waren. Als die Arkader, die einen eigenen Bundesstaat bilden wollten, Theben um Hilfe angingen, zog Epaminondas (370) in den Peloponnes und verwüstete die lakonische Landschaft. Nun löste sich der spartanische Staat auf, indem die messenischen Heloten sich erhoben und unter Epaminondas' Leitung ein *messenischer Einheitsstaat* mit der bei Ithome jetzt neubegründeten Hauptstadt *Messene* gebildet wurde. Damit hatte Sparta sein fruchtbarstes Gebiet, auf dessen Einkünften seine ganze Staatsordnung beruhte, verloren. Im selben Jahre 369 kam, gleichfalls von Epaminondas gefördert, auch der *arkadische Bundesstaat* zustande, dessen Zentrum die damals durch Synoikismos zahlreicher Ortschaften begründete Stadt *Megalopolis* wurde. Auch dies war ein tödlicher Schlag gegen Sparta. Auf einem späteren Zuge des Epaminondas schlossen sich auch die achäischen Städte an Theben an. Aber auch nach Norden hin dehnte Theben seine Macht aus, indem es in die nach der Ermordung des Iason von Pherä (370) in Thessalien ausbrechenden Wirren und auch die damit verbundenen makedonischen Wirren eingriff, wobei Pelopidas 364 sein Leben verloren hat.

Immer deutlicher trat zutage, daß Epaminondas nach einer *Hegemonie über ganz Griechenland* strebte. Zu diesem Zweck mußte, nachdem Sparta niedergerungen war, Athens Seemacht, die unter Timotheos' Führung immer weitere Fortschritte machte, überwunden werden. In diesem Ziele, zu dessen Erreichung der Ackerbaustaat Böotien zu einer maritimen Macht umgewandelt werden mußte, berührte sich Epaminondas mit den Wünschen des Großkönigs, dem der Aufschwung der attischen Seemacht ein Ärgernis war, und so ist auch Epaminondas dem Fluch seiner Zeit erlegen und hat sich unter Benutzung des „Königsfriedens" nicht gescheut, ebenso wie die anderen Staaten seine Gesandten am Hofe von Susa antichambrieren zu lassen und die Unterstützung des Großkönigs zu erbetteln. Es war daher eine irrige Einschätzung, wenn man früher den Epaminondas als den Vertreter einer panhellenischen Nationalpolitik gefeiert hat. So sehr wir ihn auch als genialen Feldherrn und als edle Persönlichkeit bewundern dürfen, sein politisches Ziel war doch genau so partikularistisch, wie das von Sparta und Athen gewesen war: er erstrebte die „Hegemonie Thebens" über Griechenland, wenn nötig mit persischer Hilfe. Diese „Hegemonie" aber bedeutete nicht eine freie Vereinigung aller Griechenstämme unter einer die Gesamtinteressen aller Griechen vertretenden Führung, sondern die Herrschaft *eines* Volkes über die anderen, die man durch die politische und wirtschaftliche Schwächung oder gegebenenfalls gar Vernichtung der Hauptrivalen zu gewinnen und aufrechtzuerhalten dachte. Doch die hochfliegenden Pläne des Epaminondas haben sich nicht verwirklicht. Als er auf seinem letzten peloponnesischen Zuge 362 als nochmaliger Sieger über Sparta und seine Verbündeten in der genial von ihm angelegten Schlacht bei *Mantinea* fiel, brach die Großmachtpolitik Thebens zusammen, da sie nur von seiner überragenden Persönlichkeit getragen war, den realen Kräften des thebanischen Staates aber nicht entsprach. So hat diese Episode des thebanischen Aufschwungs keine positiven Werte von bleibender Bedeutung geschaffen, sondern nur zur Schwächung von Sparta und Athen geführt und zur ohnmächtigen Zersplitterung der Nation beigetragen.

Auch Athens Seemacht sollte sich nicht mehr lange halten. Gereizt durch das immer herrischer werdende Auftreten Athens und verlockt durch die Intrigen des persischen Satrapen *Maussollos* von Karien, fielen 357 Chios, Rhodos und Kos von Athen ab. Vergeblich hat Athen in dem sogenannten *Bundesgenossenkrieg* versucht, die Abtrünnigen in den Bund zurückzuführen. Auf persische Drohungen hin mußte es sich 355 dazu verstehen, sie aus dem Bundesverhältnis loszulösen. Das bedeutete die Abdankung Athens als souveräner Großmacht. Die allgemeine Ohnmacht und Erschöpfung der griechischen Staaten fand ihren Ausdruck in einem prinzipiellen Pazifismus, der auf alle Machtansprüche verzichtete, wenn nur die materiellen Interessen gefördert wurden. Diesem Ziel diente in Athen die an sich verdienstliche Finanzpolitik des *Eubulos* (354), während diese Ideale theoretisch in Xenophons Schrift über die Einkünfte Athens (*Πόροι*) gepriesen wurden. Ebendorthin drängte jetzt auch die bis zum äußersten Extrem radikalisierte Demokratie Athens, die vor allem den unteren Schichten ein behagliches Dasein, möglichst prächtige Feste, Schaugelder u. dgl. verschaffen wollte. Auch das schon obenerwähnte Sinken des Staatsgedankens in der Bürgerschaft, das in dem Zurücktreten des Gedankens der allgemeinen Wehrpflicht zugunsten eines immer stärker entwickelten Söldnertums in die Erscheinung trat, gehört zu den Kennzeichen der Erschlaffung und des moralischen Niederganges der Gemeindestaaten jener Zeit. Es war das Übergewicht der materiellen Interessen und der staatszersetzende Individualismus dieses Jahrhunderts, der die alte strenge Unterordnung des Individuums unter den Staat untergraben hatte.

Und doch fehlte es nicht an *panhellenisch gesonnenen Kreisen* im griechischen Volke, die die persische Suprematie als Schmach empfanden und von einem einmütigen Griechenland träumten, das in einem gemeinsamen Feldzuge den Befreiungskampf gegen Persien führen würde – ein Gedanke, dem schon *Gorgias* in einer olympischen Rede Ausdruck gegeben hatte. Das Sprachrohr dieser Kreise wurde der Athener *Isokrates*, dessen Bedeutung als Publizist erst von der neueren Forschung gewürdigt worden ist. Schon in seiner ersten großen Broschüre, dem Panegyrikos von 380 – sechs Jahre nach dem Schmachfrieden des Antialkidas –, war er für einen panhellenischen Nationalkrieg eingetreten, damals noch hoffend, daß Athen nach Wiederbelebung des Seebundes die Führerrolle übernehmen werde. Als ihn aber die politische Entwicklung der folgenden Zeit immer mehr enttäuschte und er alles Zutrauen zu den sich immer leidenschaftlicher gegenseitig zermürbenden Gemeindestaaten verlor, kam er wie viele der Besten jener Zeit immer mehr zu der Überzeugung, daß nur die starke Hand eines *Monarchen* aus diesem Jammer der Kleinstaaterei retten und jenes panhellenische Programm durchführen könne. So hat er denn zunächst von *Iason von Pherä*, von dem man hörte, daß er einen Perserkrieg plane, die Erfüllung dieses Programms erhofft, und als dieser bald danach ermordet wurde (370), hat er es dem *Dionysios I. von Syrakus* nahegelegt, als dieser sich Athen näherte, der aber auch gleich danach aus dem Leben schied (367). Doch Isokrates verstand zu warten. Wenn er auch unter dem Eindruck des unglücklichen Ausganges des Bundesgenossenkrieges in seiner Broschüre „Über den Frieden" der oben charakterisierten unbedingten Friedenspolitik Athens das Wort redete, hielt er doch fest an jenem großen panhellenischen Gedanken, und er sollte es im höchsten Greisenalter noch erleben, daß ein genialer Monarch, dem er seine Hoffnungen vorgetragen hatte, daran ging, jenen Gedanken zu verwirklichen. Dieser Mann war Philipp von Makedonien.

Philipp von Makedonien

Deutlicher als die recht dürftigen Reste der makedonischen Sprache zeigen es die Staatseinrichtungen, die Religion und Sitten der Makedonen, daß diese nicht, wie mehrfach angenommen ist, illyrische oder thrakische oder sonstige „Barbaren“ waren, sondern einen *hellenischen Stamm* darstellten. Nur haben sie, im hohen Norden abgeschnitten von dem großen Aufschwung der südlicheren Stämme, ihre ganz eigenartige Entwicklung durchgemacht, haben durch Jahrhunderte hindurch festgehalten an ihren alten, ursprünglich gemeingriechischen Einrichtungen, haben freilich auch manches von den illyrischen und thrakischen Nachbarn, auf deren Boden sie sich allmählich vorschoben, übernommen, so daß sie, als sie dann im 5. Jahrhundert in die Geschichte der anderen Griechen eingriffen, auf diese – ähnlich wie die Ätoler – vielfach einen „barbarischen“ Eindruck machten. So hat sich bei ihnen das alte *patriarchalische Königtum* der homerischen Zeit bis auf Philipp und Alexander erhalten; fehlte doch hier das zersetzende Moment der Polis (S. 95). Diesem Volkskönig, der zugleich Feldherr, Richter und Priester war, waren die großgrundbesitzenden Adligen als Reiter zur Heeresfolge verpflichtet als seine Gefolgschaft, die man noch unter Alexander mit dem alten homerischen Ausdruck „Hetären“ (ἑταῖροι) bezeichnete, wie einst die Myrmidonen des Achill. Ferner besaß die makedonische *Heeresversammlung* noch von der Urzeit her gewisse Rechte, wie sie denn beim Thronwechsel, wiewohl dieser an die Dynastie der Argeaden, die sich von Herakles ableitete, und an ein Erbfolgerecht gebunden war, den neuen König durch Akklamation bestätigte oder berief und in Fällen von Hochverrat sich als höchster Gerichtshof konstituierte. Für die Geschichte der Makedonen ist es aber von entscheidender Bedeutung geworden, daß sie den Griechen als Stammfremde erschienen sind.

Von den früheren Königen hatte nach dem Urteil des Thukydides (II, 100) *Archelaos* (413–399) durch Anlage fester Plätze und Heeresstraßen sowie durch bessere Ausrüstung des Heeres für Makedoniens Größe mehr getan als seine acht Vorgänger zusammen. Der gleichzeitige Niedergang Athens durch die sizilische Katastrophe hatte diesen Aufschwung gefördert. Derselbe König hatte auch der griechischen Kultur Eingang zu verschaffen gesucht, indem er die ersten Dichter und Künstler seiner Zeit, wie Euripides, Timotheos, Zeuxis u.a., an seinen Hof in der neuen Residenz Pella berief. In den nächsten vier Dezennien hatte Makedonien schwere Zeiten zu bestehen, Thronwirren wechselten mit äußeren Verwicklungen. Als 359 Perdikkas III. in einer unglücklichen Schlacht gegen die Illyrier fiel, schien das Reich fast auseinanderzufallen: Illyrier und Päonier bedrohten das Land, und mehrere Prätendenten erhoben sich gegen *Philipp*, den Sohn des Amyntas, der zuerst als Vormund seines Neffen Amyntas, dann bald vom Heer zum König ausgerufen, den Thron bestieg. Mit erstaunlicher Energie und Klugheit gelang es dem jungen, 24jährigen Fürsten, in kurzer Zeit Thron und Reich zu sichern. Ob damals oder schon vorher die Mediatisierung der Fürsten der obermakedonischen Stämme (Lynkesten usw.) gelang, ist strittig. Jedenfalls war jetzt der makedonische Einheitsstaat vollendet.

Es hat dem Andenken Philipps sehr geschadet, daß man ihn – namentlich in der klassizistischen Periode – vom Standpunkt der athenischen Politik oder gar von dem seines leidenschaftlichen Gegners Demosthenes aus beurteilt hat. Da war er denn der „Barbar", der nur auf die Vernichtung Athens ausgegangen sei, wie Demosthenes seinen Athenern vorredete, der Zerstörer der griechischen Freiheit. Erst allmählich ist man ihm gerecht geworden, indem man ihn, den König Makedoniens, vom *makedonischen* Standpunkt aus beurteilt. Da steht er denn freilich in anderem Licht vor uns – als der große Herrscher, der danach strebte, das überkommene Reich zu einem großen Balkanstaat auszubauen, dem dann auch Griechenland in irgendeiner Form angegliedert werden sollte, unter möglichster Schonung Athens, dessen Kultur die geistige Grundlage seines Großstaates werden sollte, und der alle diese unendlich schwierigen Probleme in glänzender Weise gelöst hat.

Die erstaunlichen Erfolge Philipps beruhen in erster Reihe auf seiner *militärischen Überlegenheit.* Es ist sein persönliches Verdienst, daß das makedonische Heer zur ersten Armee der Welt wurde. Die treffliche adlige Reiterei, die er vorfand, machte *er* erst zu einer wirklichen Kavallerie, indem er sie in Regimenter (Ilen, *ἶλαι*) teilte, taktische Körper, die die Aufgebote der Landschaften zusammenfaßten (Angriffswaffe: Stoßlanze). Vor allem aber bildete er aus den noch wenig organisierten Aufgeboten der Fußtruppen die makedonische *Phalanx*, die er in Anlehnung an die Neuerungen des Iphikrates, des Schöpfers der Peltastentruppe (S. 206), mit den mächtigen, langen, „Sarissen" genannten Speeren und dem kleinen runden Schild (*πέλτη*, am linken Arm) ausrüstete. Es war politisch von großer Bedeutung, daß jene Vorrechte der Heeresversammlung, die bisher nur von adligen Hetären ausgeübt wurden, nun auch auf diese sogenannten „Hetären zu Fuß" (*πεζέταιροι*) übergingen. Neben dieser gleichfalls in Regimentern (*τάξεις*) geordneten schwereren Infanterie standen die leichter beweglichen Hypaspisten sowie Söldnertruppen. Die Ausrüstung und Ausbildung aller dieser Truppenkörper war durch ihre *taktische* Verwendung bedingt. Philipp hat in genialer Weise die „schiefe Schlachtordnung" des Epaminondas (S. 209), die er schon in seiner Jugend als Geisel in Theben kennengelernt hatte, als König auf sein ganz anders geartetes Heer angewendet. Während Epaminondas den Offensivstoß mit seinem Fußvolk ausgeführt hatte, übertrug Philipp den Angriff seiner hierzu weit besser geeigneten Hetärenreiterei, während die Phalangiten mit ihren schweren langen Sarissen vorzüglich zum Defensivflügel geeignet waren. Je nach den besonderen Umständen (Gelände usw.) wurde die Attacke auf dem rechten oder dem linken Flügel geritten. Um die glänzenden kavalleristischen Leistungen zu würdigen, darf man nicht vergessen, daß damals Steigbügel noch nicht bekannt waren, weshalb denn auch die Stoßlanzen nicht, wie von den mittelalterlichen Rittern, unter den Arm geklemmt werden konnten, sondern aus freier Hand geführt werden mußten, wie es uns zum Beispiel das Mosaik der Alexanderschlacht veranschaulicht. Insofern uns hier zum erstenmal eine *Taktik der verbundenen Waffen* in organischer Verbindung aller Waffengattungen vorliegt, ist Philipp epochemachend für die Kriegsgeschichte geworden. Die ungeheuren Leistungen, die Philipp von seinem Heer verlangte, waren nur durch strammen Drill und ständiges Exerzieren und Marschieren und Manövrieren zu erreichen. Ob Sommer oder Winter, ob Tag oder Nacht, machte für Philipps Operationen keinen Unterschied, wie selbst Demosthenes staunend anerkennen mußte. Das Heer hing mit Begeisterung an seinem König, der alle Strapazen und Gefahren mit ihm teilte, dessen Körper mit Narben bedeckt wurde. So konnte er sich als König auf Grund der allgemeinen Wehrpflicht aus dem Adel und den freien Bauern ein Heer schaffen, dem kein anderes gleichkam. Hier tritt uns deutlich der Vorzug der Monarchie über jene griechischen Freistaaten entgegen, deren stolze Bürger fürs Exerzieren damals schwer zu haben waren (S. 206), sondern lieber Söldner warben. Für die Makedonen war ihr König eben etwas anderes als jene Kondottieri, deren Autorität von ihrer Zahlungsfähigkeit abhing, für die Griechen dieser Zeit.

Aber nicht nur für die Taktik, sondern auch für die *Strategie* bedeutete Philipp einen Markstein; denn er ist wohl der erste gewesen, der mit voller Absicht grundsätzlich die *Vernichtungs- oder Niederwerfungsstrategie* durchgeführt hat, wenn man nicht schon dem Epaminondas diese Absicht zuschreiben darf. Zu diesem Zweck setzte sich Philipp nach errungenem Siege an die Spitze seiner Kavallerie und verfolgte den Feind bis zum letzten Hauch von Mann und Roß. Diesem Prinzip zuliebe führte er auch statt der früheren zeitraubenden Aushungerung der Städte die Bezwingung durch die modernen *Belagerungsmaschinen* ein (Geschütze verschiedener Art, bewegliche Türme usw.), die Dionysios I. von Syrakus durch griechische und karthagische Ingenieure hatte konstruieren lassen (S. 201). Philipps Belagerungen von Perinth und Byzanz (340), bei denen er nach einem auf einem Berliner Papyrus bekanntgewordenen Autor schon eine Riesenmaschine, genannt „die Städtebezwingerin" (ἑλέπολις), verwendet hatte, galten als epochemachend in der Belagerungskunst. Eine Folge dieser Einführung der modernen Geschütze durch Philipp war, daß man in Athen und anderwärts daranging, die alten Lehmmauern nach und nach durch Steinmauern zu ersetzen. Eine andere Folge dieser Erfindungen, die sich aus der Bestückung der Kriegsschiffe mit den modernen Geschützen ergab, nämlich daß größere Typen von Kriegsschiffen (Tetreren und Penteren) gebaut werden mußten, hat sich in der östlichen Mittelmeerwelt erst allmählich herausgestellt.

Die *finanziellen Mittel* für diese großartige Heeresorganisation sowie für die Schöpfung einer makedonischen Flotte gewann Philipp durch die Besetzung der Goldbergwerke im Pangaiongebirge, östlich vom Strymon. Damit war ein großes politisches Programm auf eine feste Grundlage gestellt. Die von ihm geprägten Philippischen Goldstatere (im Wert von 20 attischen Silberdrachmen) gewannen in der ganzen Griechenwelt schnell anerkannten Kurs. Man hat ihn wohl öfter getadelt, daß er manche seiner Erfolge auch durch Bestechung errungen hat, sollte doch aber lieber diejenigen Griechen tadeln, die sein Gold genommen haben. Jedenfalls verdankt er seine Haupterfolge dem ehrlichen Kampf mit seinem guten Schwert.

Doch seine militärische und finanzielle Überlegenheit erklären noch nicht zur Genüge die wunderbare Sicherheit seiner Erfolge. Es kommt als Letztes noch hinzu, daß in seinem Ringen mit Griechenland, das von Demosthenes nicht mit Unrecht als ein Kampf zwischen Monarchie und Demokratie aufgefaßt wurde, die Überlegenheit der Monarchie darin hervortrat, daß nicht nur, wie schon bemerkt, die militärische, sondern auch die *politische* Leitung dauernd und ausschließlich in seiner Hand lag, während die Politik der innerlich zerrissenen griechischen Freistaaten von den wechselnden Mehrheitsbeschlüssen der Ekklesien abhängig war. Diese Überlegenheit war in diesem Fall um so größer, als Philipp nicht nur ein genialer Feldherr, sondern auch ein großer Staatsmann und dazu ein Meister der verschlagensten Diplomatie war. Der tiefe Eindruck, den diese gewaltige Persönlichkeit auf die Zeitgenossen gemacht hat, spiegelt sich in dem Ausspruch des Theopomp wider, der in seinem großen Werk über Philipp ihn als *den größten Mann* bezeichnet hat, *den Europa jemals hervorgebracht habe.*

Wollte Philipp den ihm überkommenen Binnenstaat, der durch die griechischen Kolonien an der Küste vom Meer abgesperrt war, wirtschaftlich unabhängig machen, so mußte er ihm den Zugang zum Meer erkämpfen. Das brachte ihn notwendig mit den dort interessierten Mächten, vor allem mit Athen, in Konflikt. Athen war ihm von vornherein feindlich entgegengetreten, indem es einen der Prätendenten (Argaios) unterstützt hatte, wenn auch ohne Erfolg. Philipp hatte bei der von ihm darauf herbeigeführten Verständigung mit Athen in einer geheimen Klausel die Auslieferung von Amphipolis in Aussicht gestellt, wogegen ihm Pydna zugesagt war. Als er aber 357 die Stadt eroberte, behielt er sie für sich. Die Athener erklärten ihm daraufhin den Krieg, waren aber die nächsten Jahre über durch den Bundesgenossenkrieg (S. 211) in Anspruch genommen. Inzwischen besetzte Philipp Pydna und zerstörte Potidäa (356), dessen Gebiet er den Olynthiern übergab. Glückliche Kämpfe mit den Thrakern führten zur Besetzung des Pangaiongebietes und zur Gründung von Philippoi, wie Philipp überhaupt auf Kolonisierung der eroberten Gebiete ausgegangen ist.

Während der König gegen Thrakien immer weitere Fortschritte machte, war in Griechenland wieder einer jener unseligen sogenannten „heiligen" Kriege ausgebrochen. Die *Phoker* hatten, nachdem ihren Führern auf Betreiben Thebens von den Amphiktionen eine unerschwingliche Geldbuße auferlegt war (356), unter *Philomelos'* Führung Delphi besetzt, worauf der Heilige Krieg gegen sie beschlossen wurde. Athen und Sparta standen auf seiten der Phoker; Theben, Thessalien u.a. kämpften gegen sie, ganz Griechenland war in zwei Lager gespalten. Die Phoker gewannen anfangs durch eine Anleihe beim delphischen Tempel, später durch direkte Plünderung der Tempelschätze die Mittel zur Werbung großer Söldnermassen. Es war ein furchtbarer Bruderkrieg, der Griechenland viele Jahre in Schrecken versetzt hat. Als im Verfolg dieser Ereignisse der alte Streit zwischen den Tyrannen von Pherä und von Larissa wieder entbrannte, riefen die ersteren die Phoker, die letzteren, die Aleuaden, den Philipp zur Hilfe herbei, und so war ihm durch die Zwietracht der Griechen Gelegenheit gegeben, sich in Thessalien einzumischen und Pläne aufzunehmen, die schon sein Bruder Alexander verfolgt hatte; lag doch der Anschluß Thessaliens in der Linie der natürlichen Entwicklung Makedoniens. Nachdem Philipp nach Eroberung Methones (354) nach Thessalien eingerückt war, wurde er zwar von dem Söldnerheer des Phokers *Onomarchos* in zwei Schlachten geschlagen und zum Rückzug gezwungen, aber im nächsten Jahr (353) errang er auf dem „Krokosfelde“ im südlichen Thessalien einen vollen Sieg über Onomarchos, worauf Pherä kapitulierte und die Tyrannis beseitigt wurde. So war Philipp, dem das Oberkommando über das thessalische Bundesheer gegen die Phoker verblieb, Herr in Thessalien geworden; Pagasä und die festen Plätze in Magnesia erhielten makedonische Garnisonen. Als er dann zum Kampf gegen *Phayllos*, den Bruder und Nachfolger des Onomarchos, die Thermopylen durchziehen wollte, mußte er freilich davon absehen, da er sie durch ein großes Truppenaufgebot seiner Gegner, namentlich Athens, gesperrt fand, aber diese Gewinnung Thessaliens war ein Erfolg von grundlegender Bedeutung.

Als Philipp, während der Heilige Krieg von den Thebanern weitergeführt wurde, von neuem den Kampf gegen Thrakien aufnahm und den *Kersebleptes*, der vergeblich auf athenische Unterstützung gehofft, besiegt hatte, dehnte sich sein Machtbereich von den Thermopylen bis zum Bosporus aus. Durch das Anwachsen seiner Macht beunruhigt, hatten die *Chalkidier*, in Verletzung ihres mit Philipp geschlossenen Vertrages, auf eigene Faust Frieden und Freundschaft mit Athen geschlossen, und als er nun die Auslieferung eines von ihnen beschützten Prätendenten (seines Halbbruders Arrhidaios) vergeblich forderte, rückte er 349 ins chalkidische Gebiet ein und begann den Kampf gegen *Olynth*, das von Athen durch ein Söldnerheer unterstützt wurde. Von weiterer Betätigung wußte Philipp die Athener durch den von ihm begünstigten Abfall von Euböa abzuhalten: der Feldzug des Phokion konnte die Losreißung dieser Insel nicht verhindern. In Athen trat in dieser Zeit *Demosthenes*, der sich vom Advokaten zum Politiker entwickelte, mehr und mehr als Führer der Opposition auf, die sich gegen die prinzipielle Friedenspolitik des Eubulos (S. 211) richtete. Schon in seiner ersten Philippischen Rede hatte er das Volk gegen Philipp scharf zu machen gesucht. Jetzt trat er in seinen Olynthischen Reden für rechtzeitige tatkräftige Unterstützung Olynths, und zwar mit *Bürger*truppen, ein. Aber als das entsendete Bürgerheer vor Olynth anlangte, war die Stadt eben in Philipps Hand gefallen (348) und wurde nun dem Erdboden gleichgemacht; die anderen chalkidischen Städte wurden in den makedonischen Staat aufgenommen. So war dieses reichgegliederte Küstengebiet makedonisch geworden, was auch für die Entwicklung der jungen makedonischen Seemacht von großer Bedeutung war.

Nach diesen großen Erfolgen und weiteren Fortschritten in Thrakien lag es in Philipps Interesse, durch einen Frieden mit Athen sich das Gewonnene bestätigen zu lassen und das seegewaltige Athen, das mit seinen 350 Trieren zur See ihm weit überlegen war, womöglich zu einem Bündnis zu gewinnen; denn seine ganze Politik zielte auf eine Verständigung mit Athen, nicht auf dessen Vernichtung, wie Demosthenes glaubte. Da auch die athenische Kriegspartei unter Demosthenes jetzt eine Ruhepause, schon zur Sanierung der Finanzen, wünschen mußte, ging man dort auf Philipps Anregung ein, und so kam es im Jahre 346 zu dem durch Philokrates redigierten sogenannten *Philokrateischen Frieden*, über dessen verwickelte Geschichte wir durch die Rede des Demosthenes über die Truggesandtschaft (*περὶ παραπρεσβείας*) sowie durch die Gegenrede des Äschines (II) unterrichtet werden. Die große diplomatische Überlegenheit Philipps über die athenischen Delegierten tritt uns hier aufs deutlichste entgegen, ebenso auch der tiefe Eindruck, den die Persönlichkeit Philipps selbst auf Demosthenes gemacht hat. Der Friede wurde auf Grund des *status quo* geschlossen, womit Athen auf Amphipolis endgültig verzichtete. Ein Defensivbündnis zur Garantie der beiderseitigen Gebiete wurde gleichzeitig geschlossen, das nachträglich auch auf Philipps Nachkommen ausgedehnt wurde. Die Phoker wurden, abweichend vom ursprünglichen Entwurf, nicht ausdrücklich vom Frieden ausgeschlossen, was Philipp ruhig gewähren konnte, da sie ja zu den Bündnern des Attischen Seebundes, in deren Namen Athen den Vertrag schloß, nicht gehörten. Als Philipp dann gegen sie vorrückte, brach die Macht der nun völlig isolierten Phoker zusammen; ihr Führer Phalaikos kapitulierte und übergab die festen Plätze in Phokis an Philipp, der nun, da Athen sich mißtrauisch zurückzog, auf Theben gestützt, nach Beendigung des zehnjährigen Bruderkrieges die Neuordnung Mittelgriechenlands durch die Amphiktionen vornehmen ließ. Die Phoker, durch Philipps Fürsprache vor gar zu grausamer Bestrafung bewahrt, wurden zur allmählichen Rückzahlung der geraubten Tempelschätze verurteilt und aus dem Amphiktionenrat ausgestoßen. König Philipp aber wurde mit ihren zwei Stimmen in die Amphiktionie aufgenommen (346). Der Versuch Athens, dies nicht anzuerkennen, führte nur zu einer neuen Demütigung.

So hatte Philipp Ungeheures erreicht: alle Eroberungen waren anerkannt, die Thermopylen in seiner Hand, die hellenische Amphiktionie tatsächlich unter seiner Leitung. Auch Thessalien, wo er nach Ablauf seines phokischen Oberbefehls zum Herzog des Bundes (*ἄρχων*) gewählt wurde, hatte er fest in der Hand. Welchen gewaltigen Eindruck seine Erfolge auf Griechenland machten, tritt uns wohl am stärksten darin entgegen, daß die panhellenisch Gesinnten, die von einem Nationalkrieg gegen Persien träumten, nunmehr ihre Augen auf ihn als den Retter richteten. In ihrem Namen trat 346 *Isokrates* (s. S. 212) mit der ungemein interessanten Flugschrift „Philippos" hervor, in der er dem König ans Herz legte, die Griechen miteinander zu versöhnen und das versöhnte Griechenland zum Nationalkrieg gegen Persien zu führen. Womöglich solle er die ganze Perserherrschaft beseitigen oder doch wenigstens Kleinasien bis Kilikien und Sinope erobern und hier Städte gründen und das zahlreiche in Not umherirrende Proletariat, das für die Ruhe Griechenlands eine Gefahr sei, daselbst ansiedeln. Zum mindesten aber solle er die Griechenstädte Kleinasiens von der persischen Fremdherrschaft befreien. Es ist bemerkenswert, daß Isokrates nicht nur mit nationalen, sondern auch mit wirtschaftlichen Gesichtspunkten sein Programm begründete. Diese Aufforderung durch den berühmten Rhetor, dessen Broschüren in der ganzen Griechenwelt gelesen wurden, bedeutete einen großen moralischen Erfolg für Philipp und mußte ihm von großem Wert sein. Er ist denn auch nach Chäronea an die Verwirklichung jenes Programms herangetreten, freilich in anderen Formen und mit anderen Absichten, als Isokrates es gemeint hatte; denn selbstverständlich hat er damit nicht eine panhellenische, sondern nur seine *makedonische* Politik betrieben, da auch seine imperialistische Reichspolitik ihn schließlich in Konflikt mit dem persischen Nachbar führen mußte. So berührten sich die panhellenischen und die makedonischen Interessen, und Philipp konnte als offizieller Vertreter jenes panhellenischen Programms zum Zuge gegen Persien rüsten, der in seinem Sinne nur seiner makedonischen Machtpolitik dienen sollte.

Doch ehe es dazu kam, sollte noch viel edles Blut fließen. Das war die Wirkung der Politik des *Demosthenes*, der in völliger Verkennung der wahren Ziele des Philipp in ihm den Todfeind Athens sah, der nur auf die Vernichtung Athens ausgehe. Im Gegensatz zu Isokrates stand Demosthenes nicht auf panhellenischem, sondern auf rein athenischem Standpunkt und erhoffte immer noch eine Wiederherstellung der athenischen Hegemonie. Nur vom Standpunkt dieser Lokalpolitik aus ist es zu begreifen, daß er in den nächsten Jahren sogar nicht davor zurückscheute, mit demselben Persien einen Bund zu suchen, gegen das Philipp zum panhellenischen Nationalkrieg aufrufen sollte. Trotz allem können wir die von Haß flammenden Reden des Demosthenes gegen Philipp nicht ohne Bewegung lesen, und auch heute noch können wir den tiefen Eindruck nachempfinden, den sie auf unsere Vorfahren gemacht haben, als in Napoleons Zeit *Niebuhr* die erste Philippische Rede verdeutschte. Spricht doch aus diesen gewaltigen Kundgebungen ein glühender Patriotismus und ein bis zum Letzten bereiter Opferwille fürs Vaterland, der für alle Zeiten vorbildlich ist. So wird auch der, der die Prämissen der Demosthenischen Politik für irrig hält, diesem letzten Aufbäumen Athens nur mit Ergriffenheit folgen können, und auch er wird, begreifend, daß ein Staat mit einer so stolzen Vergangenheit wie Athen nicht kampflos dem Stärkeren den Platz räumen mochte, den ruhmvollen Abschluß, den die Geschichte des freien Athens auf dem Schlachtfelde von Chäronea gefunden hat, nicht missen wollen. Mit Bewegung lesen wir noch heute die schönen Worte, die im Kerameikos zu Athen auf einem Grabe von Chäroneakämpfern geschrieben standen:

„Zeit, du überschauest alles Menschenschicksal, Freud' und Leid,
das Geschick, dem wir erlagen, künde du der Ewigkeit.
Auf Böotiens Schlachtfeld sanken wir, gefällt vom Feindesspeere:
was wir wollten, war zu wahren unsres heil'gen Hellas Ehre."

(Übersetzt von U. v. Wilamowitz.)

Während Philipp, seinem Ziel entsprechend, nur den Wunsch hatte, mit Athen auf gutem Fuß zu stehen, hat Demosthenes in den nächsten Jahren alles getan, um ein verständnisvolles Einvernehmen mit ihm zu stören. Diejenigen, die unter dem packenden Eindruck von Philipps Persönlichkeit sich diesem genähert hatten, wurden als Verräter und Bestochene gebrandmarkt. Philokrates wurde in absentia zum Tode verurteilt, Äschines, der sich in einer uns erhaltenen Rede (II) verteidigte, wurde zwar freigesprochen, aber nur mit knapper Stimmenmehrheit, und immer mehr beherrschte Demosthenes die Volksversammlung. Inzwischen machte Philipp immer weitere Fortschritte. Im geheimen bereitete er schon den Perserkrieg vor, indem er mit *Hermias*, dem Herrscher von Atarneus, dem Freunde des Aristoteles, ein Abkommen traf, wonach dieser den asiatischen Brückenkopf ausliefern sollte. Bald gelang es ihm, seinen Einfluß auch in Epirus zu festigen, indem er seinen Schwager Alexander, den Bruder der Olympias, auf den Thron setzte. Auf der anderen Seite wurde nach Entthronung des Kersebleptes das thrakische Reich seinem Balkanstaat einverleibt (341), und durch die Gründung von Philippopolis die Kolonisierung des neuen Gebietes in Angriff genommen. Damit war Philipp der unmittelbare Nachbar der athenischen Herrschaft auf dem thrakischen Chersonnes geworden, die für Athen wegen der Sicherung der pontischen Getreidezufuhr ein Lebensbedürfnis war. Nun drängte Demosthenes zum Krieg, ehe Philipps Macht noch gefährlicheren

Umfang annahm. In seiner gewaltigen III. Philippica trat er offen für den Krieg ein und warb bei den Neutralen, bei Byzanz und Abydos nicht ohne Erfolg, um ein Bündnis gegen Philipp. Aber auch er verfiel dem Fluch seiner Zeit, indem er auch den persischen Großkönig, der inzwischen Ägypten zurückerobert (Winter 343/2) und sein Reich gefestigt hatte, um Unterstützung anging. Offiziell wurde das Gesuch in Susa schroff abgewiesen, da ein Annäherungsversuch Persiens vor kurzem (344/3) vom athenischen Volk abgelehnt war. Im geheimen aber soll persisches Gold an die athenischen Staatsmänner, auch an Demosthenes, zur Unterstützung des Krieges geflossen sein. Während Demosthenes einen hellenischen Defensivbund mit Euböa, Megara, Korinth u. a. gegen Philipp zustande brachte, eröffnete dieser den Kampf gegen Byzanz und das mit diesem verbündete Perinth (340). Aber die Belagerung von Perinth mußte er aufgeben, als der persische Satrap von Kleinphrygien es mit Truppen unterstützte, und als Philipp sich dann gegen Byzanz wandte, erklärten die Athener, daß er den Frieden gebrochen habe, schlugen mit den entsendeten Schiffen seine Flotte ins Schwarze Meer zurück und zwangen ihn, auch diese Belagerung aufzugeben.

Während Philipp auch jetzt noch nicht gegen Athen vorging, sondern im Interesse seines Reiches siegreich gegen die Skythen und Triballer kämpfte (339), kam es in Griechenland durch Intrigen hüben und drüben wieder einmal zu einem „heiligen" Krieg, und zwar gegen die Lokrer von Amphissa. Auf Beschluß der Amphiktionen wurde Philipp als dem „Hegemon der Amphiktionen" die Exekution übertragen. Von einer schweren Verwundung kaum genesen, brach er nun in Eilmärschen nach Süden auf und stand zum Erstaunen der Griechen plötzlich diesseits der Thermopylen in Elatea in Phokis (November 339). In einer berühmten Stelle seiner Kranzrede (§ 169ff.) hat Demosthenes geschildert, welchen ungeheuren Eindruck diese Kunde in Athen machte. Jetzt kam alles darauf an, ob Theben sich auf Philipps oder auf Athens Seite stellen würde. Es war ein Triumph für Demosthenes, daß es ihm gelang, Theben auf seine Seite zu ziehen. Nach anfänglichen kleineren Erfolgen der Verbündeten eroberte Philipp im Frühling 338 Amphissa und bestrafte es im Sinne seines amphiktionischen Auftrages. Nach langem Hin- und Herziehen der beiden Gegner kam es dann im Hochsommer 338 zur Entscheidungsschlacht in der Kephissosebene bei *Chäronea.* Auch hier wendete Philipp die „schiefe Schlachtordnung" an. Den linken Offensivflügel überwies er diesmal seinem 18jährigen Sohne Alexander, während er selbst den rechten Flügel befehligte. So hat Alexander hier die entscheidende Attacke gegen die Heilige Schar der Thebaner geritten, während Philipp durch einen verstellten Rückzug die Athener überwand. Nach tapferster Gegenwehr waren die Verbündeten vollständig geschlagen. Wenn Philipp hier entgegen seiner sonstigen Gewohnheit keine Verfolgung ausführte, sondern sich mit der Errichtung eines Tropaion begnügte, so geschah dies, weil ihm, dem so recht, nach dem Wort des Generals *v. Clausewitz*, der Krieg nur eine Fortführung der Politik mit anderen Mitteln war, schon vor der Schlacht die Absicht feststand, sich im Falle des Sieges mit dem geschlagenen Gegner zu versöhnen. Theben freilich mußte für seinen Abfall gestraft werden, mußte eine makedonische Besatzung in die Kadmea aufnehmen und der Wiederherstellung von Platää und Orchomenos zustimmen. Die Athener dagegen, bei denen jetzt Phokion die Leitung übernahm, erhielten über alles Erwarten gnädige Friedensbedingungen: Freiheit und Autonomie wurden zugesagt, ebenso die Rückgabe der Gefangenen von Chäronea ohne Lösegeld; freilich den Seebund, soweit er noch bestand, mußten sie auflösen und den Chersonnes abtreten, wofür sie aber Oropos zurückerhielten. Die Athener waren durch diese Milde, die zu dem von Demosthenes ihnen immer vorgehaltenen Bilde des Königs so gar nicht stimmte, so freudig überrascht, daß sie eine Statue Philipps auf dem Markt errichteten und ihm und seinem Sohne Alexander, der die Asche der bei Chäronea gefallenen Athener in ihre Heimat überführte, das Bürgerrecht verliehen!

Schon bei diesem Separatfrieden hatte Philipp seine letzten Pläne zum Teil angedeutet, indem er die Athener, mit denen er „Freundschaft und Bündnis" schloß (*φιλία καὶ συμμαχία*), aufforderte, wenn sie wollten, dem gemeingriechischen Frieden und dem Synhedrion, deren Einführung er plante, beizutreten. Im Peloponnes von den meisten freudig begrüßt, stieß er allein bei Sparta auf den festen Willen, sich ihm nicht unterzuordnen. Er begnügte sich damit, die Spartaner auf die Lakonike, die er verwüstend durchzogen hatte, durch ein allgemeines griechisches Schiedsgericht beschränken zu lassen, indem ihre sonstigen Besitzungen an die feindlichen Nachbarn aufgeteilt wurden. Nun konnte er an das große Friedenswerk gehen, das die Krönung seiner Politik werden sollte. Er berief die Gesandten der sämtlichen souveränen griechischen Staaten des Festlandes (von der makedonischen Grenze an) sowie der Inseln nach Korinth, damit er gemeinsam mit ihnen eine neue Ordnung Griechenlands aufrichte. Auf diesem denkwürdigen *Korinthischen Kongreß* wurden in einer konstituierenden Versammlung, die unter Philipps Vorsitz in angestrengter Arbeit bis ins Jahr 337 hinein tagte, die gesamten hier vertretenen Griechenstaaten (nur Sparta fehlte) auf Philipps Geheiß durch einen *gemeingriechischen Frieden* (κοινὴ εἰρήνη τοῖς Ἕλλησιν) – eine Vertragsform, die die Griechen schon seit den siebziger Jahren dieses Jahrhunderts mehrfach untereinander in Anwendung gebracht hatten – zu einem *Hellenenbunde*, genannt οἱ Ἕλληνες, zusammengeschlossen. Diese politische Einigung der Griechen untereinander war aber für Philipp, der schon lange nach der Hegemonie über Hellas strebte, nur die notwendige Voraussetzung, um durch Abschluß einer *Symmachie* mit den so geeinten Griechen ihr Hegemon werden und als solcher über ihre Streitkräfte für seine makedonische Politik verfügen zu können. So schloß sich an diesen ersten Akt unmittelbar ein zweiter Vertrag an, den Philipp als König von Makedonien mit den einzelnen Mitgliedern jenes Hellenenbundes über ein ewiges *Schutz- und Trutzbündnis* (συμμαχία) abschloß, kraft dessen er die Garantie für den gemeingriechischen Frieden übernahm und als lebenslänglicher Hegemon das Kommando über die griechischen Kontingente erhielt. Wegen der innerlichen Verbundenheit dieser beiden diplomatischen Akte waren in den Symmachievertrag (συνθῆκαι) außer den aus diesem sich ergebenden beiderseitigen Pflichten (wie z.B. von griechischer Seite der der militärischen Unterstützung Philipps im Falle eines Angriffs auf ihn sowie dem Versprechen, Philipps *und seiner Nachkommen* (!) Königtum nicht zu stürzen) auch mindestens die Grundzüge des gemeingriechischen Friedens als der Voraussetzung der Symmachie mit aufgenommen, weil ja der König als der Garant dieses Friedens für die Achtung seiner Bestimmungen zu sorgen hatte.

In dem *Friedensvertrag der Hellenen* untereinander war ebenso wie in den früheren Verträgen dieser Art vor allem die Freiheit und Autonomie aller Mitglieder des Hellenenbundes ausgesprochen. Ferner war bestimmt, daß alle Fehden zwischen den Bündnern künftig untersagt seien. Alle zur Zeit bestehenden Verfassungen wurden einander garantiert und gegen Umwälzungen jeder Art geschützt, wie auch aller derzeitiger Besitz gewährleistet wurde. Unter Verbot alles Kaperns wurde den Bündnern die Freiheit der Meere garantiert. Für den Fall der Übertretung dieser Paragraphen waren harte Sanktionen festgesetzt. Zur Führung der Bundesgeschäfte wurde ein „gemeinsamer Bundesrat“ (τὸ κοινὸν συνέδριον τῶν Ἑλλήνων) aus den Beisitzern der Bündner gebildet, die jeder Bundesstaat in einer seiner militärischen Bedeutung entsprechenden Zahl zu den Sitzungen entsenden sollte. Der Beschlußfassung dieses Synhedrions, das zugleich das Bundesgericht darstellte, war auch die Entscheidung über Krieg und Frieden unterstellt. Mochte

Bild 23: Attisches Grabrelief

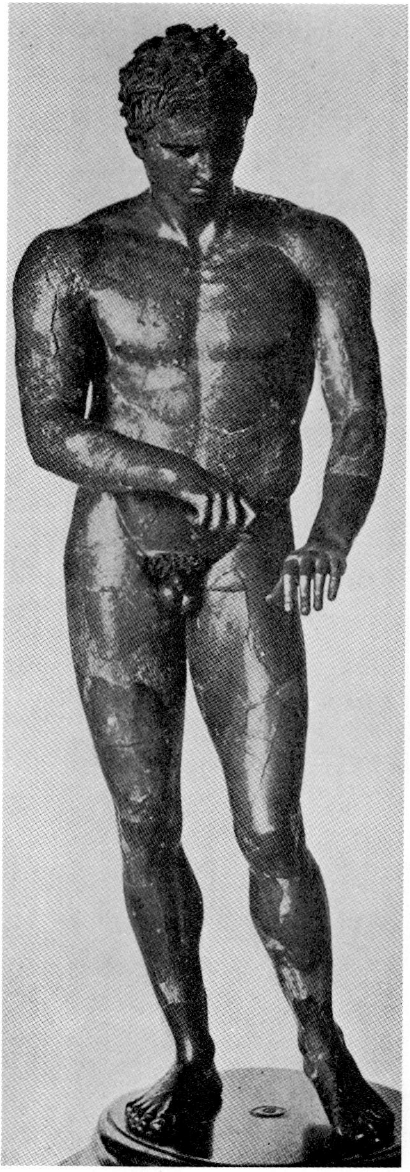

Bild 24: Bronzestatue eines Athleten

der persönliche Einfluß Philipps tatsächlich auch noch so groß sein, rechtlich war dieser Bundesrat durchaus unabhängig vom Hegemon, der, außerhalb des Synhedrions stehend, an der Beschlußfassung keinen Anteil hatte. Die Exekutive aber lag kraft der Symmachie bei Philipp, der als Bundesfeldherr die von den einzelnen Bündnern zu stellenden Kontingente im Falle eines gemeinsamen Krieges zu bestimmen und zu führen hatte. Daß ihm tatsächlich auch die Leitung der auswärtigen Politik zufiel, ergab sich aus der politischen Situation von selbst.

Auf den Gedanken Philipps, einen gemeingriechischen Frieden zu schaffen, mag der Rat des Isokrates, die innerliche Eintracht unter den Griechen herzustellen (S. 220), von Einfluß gewesen sein; freilich war die praktische Ausführung ganz anders, als Isokrates es gedacht hatte; denn den Gedanken an eine *politische* Einigung der Nation hat man dem Isokrates, der nur eine Versöhnung der Griechen von Philipp erhofft hatte, mit Unrecht zugeschrieben. Sie hat ihm völlig ferngelegen. So ist die Schaffung des *Korinthischen Bundes*, wie man heute das Ergebnis von Korinth zu nennen pflegt, nicht aus der panhellenischen Idee, sondern aus der Machtpolitik Philipps abzuleiten.

Nachdem alle hier vertretenen Griechenstaaten in ihren Volksversammlungen die beiden Verträge angenommen und beschworen hatten (Philipp hat natürlich nur den Symmachievertrag beschworen), wurden sogleich die von ihnen erwählten Beisitzer nach Korinth zu einer ersten Synhedrionsitzung berufen (337). Hier erfüllte nun Philipp das Hauptziel des Programms des Isokrates, indem er *den panhellenischen Feldzug gegen Persien* beantragte, und zwar um Rache zu nehmen für die Frevel, die Xerxes einst an den Tempeln der Götter begangen hatte. Dieser Gedanke, den Perserkrieg zum heiligen Kreuzzug zu stempeln, stammt nicht, wie man bisher angenommen hat, von Isokrates, sondern von Philipp, der damit ein geistiges Band zwischen seinem Unternehmen und der großen Zeit der alten Perserkriege knüpfte und seine makedonischen Eroberungsziele mit dieser ehrwürdigen panhellenischen Flagge deckte. Das erste Ziel sollte, entsprechend dem Minimalprogramm des Isokrates (S. 220), die Befreiung der kleinasiatischen Griechen vom persischen Joche sein. Indem Philipp diese panhellenischen Gedanken aufnahm, warb er um die Sympathien der Griechen und gab seiner Hegemonie über die Griechenstaaten eine moralische Legitimation. Das Synhedrion stimmte seinem Antrag begeistert zu und übertrug ihm eigens für diesen Rachefeldzug ein außerordentliches Kommando mit dem Titel eines „bevollmächtigten Feldherrn" (*στρατηγὸς αὐτοκράτωρ*).

Nach diesen glänzenden Erfolgen zog Philipp nach Makedonien zurück, um zum Perserkrieg zu rüsten. Im nächsten Frühling (336) sandte er einen Voraustrupp von 10000 Mann unter Parmenion und Attalos nach Kleinasien hinüber, dem er selbst mit dem Hauptheer später folgen wollte. Aber dies war ihm nicht beschieden; denn im Hochsommer 336 wurde er in Aigai beim Hochzeitsfest seiner Tochter ermordet, im Alter von erst 47 Jahren.

So klar im großen und ganzen sein gewaltiges Lebenswerk vor uns steht, so schwer wird es durch dies jähe frühe Lebensende, zu beurteilen, wie seine Neuordnung Griechenlands bei längerem Leben gewirkt hätte, zumal sein Sohn Alexander, wiewohl er zunächst an die Politik seines Vaters anknüpfte, doch bald in andere Bahnen eingelenkt ist. Wohl war zum erstenmal in der Geschichte eine politische Einigung Griechenlands erreicht, aber nicht aus eigenem Willen – wie denn das Ideal eines politischen Einheitsstaates den Griechen, auch den panhellenischen Kreisen, immer fremd gewesen ist –, sondern unter dem Druck der makedonischen Waffen. Wenn auch Freiheit und Autonomie den Griechen verbürgt waren, so war doch die politische Führung wie das militärische Kommando an den Makedonenkönig übergegangen, und wenn wir heute auch berechtigt sind, in den Makedonen gleichfalls einen griechischen Stamm zu sehen (S. 212f.), so wurden sie doch von den Hellenen als Fremde empfunden, und dies war entscheidend für die kühle Aufnahme, die Philipps Werk bei den Griechen gefunden hat. Und doch hätte jener hellenische Friedensvertrag, der die seit Jahrhunderten geführten partikularistischen Fehden zum Schweigen bringen und einen dauernden Landfrieden schaffen sollte, zum mindesten wirtschaftlich segensreich wirken müssen, wenn er in Philipps Sinne lange Zeit durchgeführt wäre. Im Sinne der Panhellenisten war es aber jedenfalls ein großer Erfolg, daß der beherrschenden Rolle, die schmählicherweise viele Dezennien hindurch der Großkönig bald mehr, bald weniger in Hellas gespielt hatte, ein Ende bereitet war. Die persische Suprematie mit Waffen niederzuwerfen, ist Philipp zwar nicht mehr vergönnt gewesen, aber den „Königsfrieden“ hat er bereits, und zwar mit voller Absicht, zerrissen, indem *er* statt des Großkönigs die Garantie für die Freiheit und Autonomie der Griechen übernahm und sie damit sozusagen unter das makedonische Protektorat stellte.

Die Kultur des 4. Jahrhunderts bis auf Alexander

Im 4. Jahrhundert hat die griechische Kultur weithin an Boden gewonnen. Nicht nur, daß dank der sophistischen Bewegung im griechischen Volke selbst immer weitere Kreise nach höherer Bildung strebten, sondern auch über die Grenzen hinaus begann schon jetzt hie und da ein Hinausstreben der griechischen Kultur sich bemerkbar zu machen, schon vor Alexander, der diesem Expansionsbedürfnis dann in ungeahnter Weise freie Bahn verschaffen sollte. Solch Vordringen läßt sich im Westen wie im Osten beobachten, dort in Italien und Karthago, hier an den Höfen mancher Satrapen und Fürsten, wie des *Maussollos von Karien* und des *Euagoras von Cypern*, die griechische Künstler und Denker an ihren Hof beriefen und nicht mit Unrecht als Vorläufer der hellenistischen Fürsten bezeichnet worden sind. Auch an der nördlichen Peripherie des Griechentums, in Makedonien, hat, wie vorher schon *Archelaos*, so jetzt *Philipp* die griechische Kultur weiter einzuführen sich bemüht. Daß er den Aristoteles zur Erziehung seines Sohnes Alexander berief, redet eine deutliche Sprache, mögen auch politische Rücksichten auf dessen Beziehungen zu Hermias von Atarneus mitgespielt haben (S. 221). Durch diese Ausbreitung des griechischen Wesens, die zur Hellenisierung mancher „Barbaren" führte, verschob sich etwas der alte Gegensatz der Hellenen und Barbaren, doch blieb er lebendig in der panhellenischen Bewegung. Wenn *Isokrates* in seinem Panegyrikos von 380 sagt, daß Athens zentrale Stellung als Lehrmeister der anderen im Denken und Reden bewirke, daß man „Hellenen" jetzt eher diejenigen nenne, die an der *attischen* Bildung teilhätten, als diejenigen, die von gemeinsamer (griechischer) Abstammung seien (§ 50/1), so will er damit nicht, wie vielfach angenommen wurde, jene hellenisierten Barbaren in die Hellenen einschließen; denn für ihn bleiben die Barbaren, im besonderen die Perser, doch immer noch die „natürlichen" Feinde der Griechen (§ 158, vgl. Panathen. § 163), vielmehr besagen jene Worte nur, daß er die wahren Hellenen nur in den *attisch* gebildeten Hellenen sieht. So steht er bezüglich der Barbaren im Gegensatz zu dem Sophisten *Antiphon*, der nach einem Papyrusfund vom Standpunkt des Naturrechtes aus bereits die physische Gleichartigkeit der Hellenen und Barbaren verkündet hatte. Im übrigen ist das, was Isokrates hier über die zentrale Stellung Athens sagt, keine Übertreibung: Athen war wirklich trotz seines politischen Niederganges der geistige Mittelpunkt geblieben, und zwar nicht nur, wenn auch besonders, für Philosophie und Rhetorik.

Auf wissenschaftlichem Gebiet laufen in diesem Jahrhundert mehrere Strömungen nebeneinander, die sich aber mehrfach berühren und aufeinander wirken. Einmal setzt sich die *Sophistik* fort, von der einige Hauptvertreter noch bis in dieses Jahrhundert gelebt und gewirkt haben, wie *Gorgias* und *Thrasymachos*, und in ihren Schülern ihre Fortsetzer gefunden haben. Wie lebendig auch jetzt noch diese Richtung gewesen sein muß, zeigt vielleicht am deutlichsten die leidenschaftliche Polemik des Platon. Am nachhaltigsten wurde ihr Einfluß auf die *Rhetorik*, deren berühmtester Vertreter *Isokrates* wurde, ein Schüler des Gorgias. Ebenso wie er wirkten auch die bedeutendsten Vertreter der praktischen Redekunst, die die Gerichtsrede und die Volksrede pflegten, in Athen, wie *Lysias*, *Demosthenes*, *Äschines*, *Hypereides*, *Demades* u.a. Diese Namen besagen, daß die Redekunst im 4. Jahrhundert ihren Höhepunkt erreicht hat.

Anderseits ragt in dies Jahrhundert auch noch die gewaltige Gestalt des *Demokrit* hinein, des großen Universalgelehrten, der nicht nur die Naturwissenschaft umfaßte (S. 187), sondern angeregt von den Forderungen der modernen Zeit auch ethische Probleme behandelt hat. Die *exakten* Wissenschaften wurden, abgesehen vom Mutterlande, auch in Unteritalien durch die pythagoreische Schule gefördert, die unter *Archytas von Tarent* zu neuer Bedeutung kam. Im besonderen waren es die *Mathematik* und die *Astronomie*, die hier gepflegt wurden. Archytas fand u. a. die Lösung des Problems der Verdoppelung des Würfels und begründete die wissenschaftliche *Mechanik*. Die alte pythagoreische Lehre von der Kugelgestalt der Erde fand nun auch im Mutterlande Eingang und ermöglichte ein Fortschreiten der wissenschaftlichen *Erdkunde*. So begann man jetzt mit den ersten Versuchen, den Erdumfang zu berechnen. Dagegen fand die neue pythagoreische Lehre von der Umdrehung der Erde um ihre Achse, wobei freilich die Erde noch im Zentrum der Welt gedacht wurde, nur vereinzelte Zustimmung, so bei *Platon* (Timaios 40b), dessen Schüler *Herakleides Pontikos* weitere Konsequenzen gezogen hat. Dagegen *Eudoxos von Knidos*, einer der bedeutendsten Mathematiker und Astronomen dieser Zeit, der Begründer der analytischen Methode, der in Kyzikos eine fruchtbare Schule errichtete, lehnte sie ab. Auch die *Medizin* machte weitere Fortschritte. Neben der hippokratischen Schule von Kos, die im Banne des kanonischen Ansehens ihres Begründers stand, wirkte die Schule von Knidos weiter. In der *Geschichtsforschung* blieb das große Vorbild des Thukydides unerreicht. Das gilt im besonderen auch von den Fortsetzungen des thukydideischen Torso, die

Xenophon, Kratipp und *Theopomp* wagten. Die einzigen uns hiervon erhaltenen „Hellenika“ des Xenophon, die er bis zur Schlacht von Mantinea geführt hat, stehen nicht auf der Höhe seiner äußerst frisch geschriebenen „Anabasis“. Von den „Hellenika von Oxyrhynchos“, die sich in wertvollen Bruchstücken auf Papyrus fanden, ist immer noch umstritten, ob sie dem Theopomp oder dem Kratipp oder wem sonst gehören. Leider ist uns auch das großangelegte zeitgeschichtliche Werk, das Theopomp unter dem Titel „Philippika“ geschrieben hat, bis auf Fragmente verloren; dasselbe gilt von der großen sizilischen Geschichte, die *Philistos*, der sizilische Staatsmann und Freund des älteren Dionysios, unter dem Eindruck des Thukydides geschrieben hat. Im Gegensatz zu ihm war *Ephoros von Kyme*, der eine griechische Universalgeschichte, von der Rückkehr der Herakliden an, meist in engem Anschluß an seine jeweilige Vorlage schrieb, ein Rhetor, der für das Politische und Militärische wenig Verständnis besaß. Anderseits blühte die Lokalgeschichte auf, wie in Athen, im Anschluß an *Hellanikos*, die *Atthidographen* ihre wertvollen Aufzeichnungen machten. Ein Vertreter der ionischen romanhaften Geschichtschreibung war *Ktesias von Knidos*, der mehrere Jahre als Leibarzt des Artaxerxes II. am Perserhof gelebt hatte und darauf (um 390) eine assyrisch-persische Geschichte schrieb, die zwar gutes orientalisches Lokalkolorit zeigt, aber zum größten Teil aus alten ionischen Sagen und aus Selbsterfundenem zusammengedichtet ist. Erst durch Alexander haben die Griechen den wahren Orient kennengelernt.

Neben der Sophistik und den Einzelwissenschaften steht endlich die *Sokratik*. Der Märtyrertod des Sokrates, mit dem das neue Jahrhundert beginnt (399), entfesselte eine große Literatur über ihn und seine Lehre, während er selbst kein schriftliches Wort hinterlassen hatte. Unter den Schulen, die von seinen Schülern begründet wurden, kamen zu selbständiger Bedeutung die des *Antisthenes*, der die Bedürfnislosigkeit des Weisen predigte, im Gymnasion des Kynosarges zu Athen, daher die kynische genannt, aus der dann *Diogenes* hervorgegangen ist, sowie die kyrenäische Schule des *Aristipp*, des Künders des Hedonismus. Aber hoch über ihnen allen ragt die ganz eigenartige Persönlichkeit des *Platon* und seine „Akademie“ hervor, die er nach der Rückkehr von seiner ersten italischen Reise um 387 beim Gymnasion in der Feldmark Akademeia begründet hat. Die Schule, auf deren Gründung und Organisation das Vorbild der pythagoreischen Schule Unteritaliens entscheidenden Einfluß gehabt hat, war ein Kultverein, dessen Genossen dem Kult der Musen huldigten. Platon (427–347) ist von seinem Lehrer

Sokrates, dem er namentlich im Phaidon und im Symposion Denkmale von ergreifender, unvergänglicher Schönheit gesetzt hat, ausgegangen, ist aber mehr und mehr über ihn hinausgewachsen. Sein Eigenstes ist die Lehre von den *Ideen*, den Urformen der Dinge, denen er allein wahres Sein zuerkannte, der Gipfel seiner Philosophie. Mit zunehmendem Alter hat, abgesehen von der eleatischen Lehre, die orphisch-pythagoreische Richtung, die er in Italien kennenlernte, mit ihrer Lehre von der Unsterblichkeit der Seele und der Seelenwanderung und ihrer Mystik immer größeren Einfluß auf ihn gewonnen. Auch die pythagoreische Zahlenmystik hat er mit seiner Ideenlehre verschmolzen. Doch ist ihm von jener Seite, im besonderen durch seinen Freund *Archytas von Tarent*, auch die grundlegende Bedeutung der Mathematik nahegebracht worden, auf deren Pflege er dann in der Akademie, in engen Beziehungen zu *Eudoxos von Knidos* stehend, großes Gewicht gelegt hat. Ein Hauptproblem war für ihn das Staatsproblem. Nach Geburt und Überzeugung Aristokrat, fühlte er sich von dem Treiben der radikalen Demokratie seiner Zeit, aber auch von dem Schreckensregiment der Dreißig abgestoßen (Epistel 7). Da im politischen Leben der Heimat für ihn kein Platz war, hat er versucht, auf die Entwicklung der Monarchie in Syrakus, wohin er dreimal gereist ist (zu Dionysios I. und II.), zusammen mit *Dion* Einfluß zu gewinnen (S. 202), hat aber nur bittere Enttäuschungen erlebt. Auf der Höhe seines Lebens schrieb er sein größtes Werk, die „Politeia“, auch diese in Dialogform, in der er unbekümmert um die Realitäten dieser Welt seinen Idealstaat, den Staat der Gerechtigkeit, gezeichnet hat, in dem die Philosophen regieren sollten. Als er sich später davon überzeugen mußte, daß dieser Staat nur „für Götter oder Göttersöhne“ passe, hat er zuletzt im höchsten Greisenalter in seinen „Gesetzen“, die erst nach seinem Tode herausgegeben wurden, in Resignation ein neues Idealbild entworfen, in dem er der Wirklichkeit mehr Zugeständnisse machte. Das Einzigartige seiner Persönlichkeit liegt in der Verbindung des tiefen Denkers mit einer dichterischen und künstlerischen Natur. Platon ist kein Dogmatiker, sondern ständig ein Werdender und Wachsender gewesen und hat sein Leben lang die Wahrheit und das Gute gesucht.

□ Sein größter Schüler ist *Aristoteles von Stagira* (384–322). Schon als 17-jähriger (367) trat er in die Akademie ein und ist hier bis zum Tode Platons (347), also volle 20 Jahre, bis zu seinem 37. Jahre (!), ein begeisterter Schüler des Platon gewesen. Schon damals ist er mit Dialogen, wie dem Protreptikos, hervorgetreten. Wohl hat er sich dem Meister nicht in allem anschließen können, namentlich nicht dessen letzter, z. T. mystischen Richtung, aber die

Liebe und Verehrung für Platon hat ihn sein ganzes Leben begleitet, und diese „platonische Periode“ ist grundlegend für ihn geworden, so sehr er dann auch über sie hinausgewachsen ist. Auf diese Lehrjahre folgten nach Platons Tode die Wanderjahre, die ihn zunächst nach *Assos* (in der Troas) führten, das *Hermias*, der Herrscher von Atarneus, zwei Platonikern, die ihn philosophisch und politisch beraten hatten, als Dank zum Geschenk gemacht hatte. Schon hier in Assos, in diesem Ableger der platonischen Schule, hat Aristoteles bedeutende Schüler um sich versammelt (wie Kallisthenes, Theophrast) und hat hier ebenso wie in Mytilene, wohin er nach drei Jahren übersiedelte, eine fruchtbare Lehrtätigkeit entwickelt. Seine wachsende Selbständigkeit gegenüber Platon tritt bereits in seinem in Assos geschriebenen Dialog „Über die Philosophie“ hervor, in dem er an der Ideenlehre, besonders an der Lehre von den Idealzahlen, Kritik übte. Seine Freundschaft mit dem mitten in der großen Politik stehenden Hermias scheint sein Interesse und Verständnis für die Realpolitik geweckt und gefördert zu haben, wie es uns schon in den damals in Assos entstandenen ältesten Teilen der „Politik“ entgegentritt. So ist diese Übergangszeit für die Entwicklung des Aristoteles nach verschiedenen Seiten von großer Bedeutung gewesen. Die politischen Beziehungen des Hermias zu Philipp von Makedonien (S. 221) sind vielleicht nicht ohne Einfluß darauf gewesen, daß Philipp den Aristoteles als Erzieher seines Sohnes Alexander berief. So ist Aristoteles 343/2 nach Pella gegangen und hat hier in etwa dreijährigem Unterricht in Alexander die Liebe zur griechischen Kultur entfacht und ihn auf seinen königlichen Beruf vorbereitet. Als Alexander dann den Thron bestiegen hatte, ist Aristoteles 335/4 nach Athen übergesiedelt, wo er in den Wandelhallen (περίπατοι) des Lykeion-Gymnasions am Lykabettos nach dem Muster der Akademie seine eigene Schule begründet hat, in der er 13 Jahre lang gelehrt hat, bis er nach Alexanders Tode aus Athen vertrieben wurde, worauf er bald danach in Chalkis gestorben ist (322). Hier in Athen, in seinen Meisterjahren, hat er sich in der Hauptsache der Lehrtätigkeit gewidmet, so daß die literarische Betätigung mehr zurücktrat; denn seine großen systematischen Werke, sowohl die naturwissenschaftlichen wie die geisteswissenschaftlichen, die in dieser Zeit ihren Abschluß fanden, gehören eigentlich nicht zur Literatur, da sie nur die Unterlagen für seine Lehrvorträge waren, woraus sich ihr eigenartiger Stil erklärt. Was seine Arbeit in dieser Zeit ganz besonders von der platonischen Art unterscheidet, ist, daß er jetzt zur *empirischen Einzelforschung* überging, um die allgemeinen philosophischen Grundgedanken, mit denen er im wesentlichen schon in seiner mittleren Periode fertig war, nachträglich induktiv durch ein möglichst großes Tatsachenmaterial zu stützen oder auf Grund dieses weiterzuentwickeln. Zu diesem Zweck ließ er durch seine Schüler für Natur- und Geisteswissenschaften ein ungeheures Forschungsmaterial zusammentragen, wie auch er zuerst in seiner Schule für einen Lehrapparat, eine Bibliothek, Anschauungsmaterial usw. gesorgt hat, und so ward er der große *Organisator der wissenschaftlichen Arbeit.* Wie seine Lehre hierdurch umgestaltet wurde, möge an dem Beispiel seiner „Politik", die den Historiker am nächsten angeht, kurz angedeutet werden. Nach *Werner Jaeger* steckt in den uns vorliegenden acht Büchern dieses Werkes eine „Urpolitik", die schon in den vierziger Jahren bald nach Erscheinen von Platons „Gesetzen" geschrieben war, in der er noch ganz in platonischer Weise seinen Idealstaat aufbaut. Es sind die Bücher II, III und VII, VIII, die diesem Thema gewidmet sind und ursprünglich zusammenhingen. Nachdem er dann in Athen von seinen Schülern die gewaltige Materialsammlung der 158 Staatsverfassungen (πολιτεῖαι) hatte zusammentragen lassen – von denen er die Verfassung der Athener (Ἀθηναίων πολιτεία), die uns auf einem Londoner Papyrus beschert worden ist, für weitere Kreise selbst dargestellt hat –, schob er auf Grund dieses Tatsachenmaterials die Bücher IV–VI ein, in denen er nicht den Idealstaat, sondern den historischen Staat behandelt und seine Krankheiten und ihre Heilungsmethoden darlegt. Da so aber aus einem Idealstaatsentwurf eine allgemeine Staatslehre wurde und das II. Buch mit seiner Geschichte der Utopien nicht mehr als Einleitung paßte, schrieb er nun Buch I als Einleitung zu dem neuen großen Thema. Ähnlich lassen sich auch in anderen Lehrschriften ältere und jüngere Schichten unterscheiden. So sehen wir auch den Aristoteles, wie oben den Platon, als einen ständig Werdenden und Wachsenden vor uns, nicht als den ein für allemal fertigen, entwicklungslosen Meister, der er für die Scholastik und bis in unsere Tage gewesen ist. Wie dieser einzigartige Universalgelehrte, mit dem bis auf Leibniz hin niemand zu vergleichen ist, die gesamten Natur- und Geisteswissenschaften beherrscht und einheitlich organisiert hat, ist eine nur schwer zu begreifende, geradezu wunderbare Leistung. Aber gerade die Vertiefung, die er den einzelnen Zweigen der Wissenschaft gegeben hat, mußte nach seinem Tode, da es keinen Ersatz für ihn gab, notwendig zur Entwicklung der Fachwissenschaften führen, die dann charakteristisch für die hellenistische Zeit geworden ist, – ähnlich wie Alexanders Weltreich sich nach seinem Tode in Territorialreiche auflösen mußte.

Das allgemeine Interesse an der Philosophie und an der Rhetorik war im 4. Jahrhundert so vorherrschend, daß die *Poesie* dagegen zurücktrat. Geschaffen worden ist zwar viel, aber nach dem wenigen, das wir davon kennen, kann es den Vergleich mit den Schöpfungen des 5. Jahrhunderts nicht aushalten. Daß gleichwohl das poetische Empfinden nicht gesunken war, zeigen manche der Dialoge Platons. Nachdem *Choirilos von Samos* am Ende des 5. Jahrhunderts die Perserkriege unter Verherrlichung Athens in einem Epos besungen hatte, kehrte jetzt der Epiker *Antimachos* in seiner „Thebais" wieder zum Mythos zurück. Im Mittelpunkt des poetischen Interesses stand aber die *Tragödie*. Sie blieb nicht mehr auf Athen beschränkt, sondern auch andere Städte begannen, sich mit Theatern zu schmücken. Wenn es auch Sitte wurde, an den Festen zunächst ein Drama aus dem 5. Jahrhundert aufzuführen, meist von Euripides, dem Dichter der modernen Weltanschauung, der die Bühne beherrschte, so wurde hinterher doch wie früher die Konkurrenz von drei Trilogien verlangt, so daß die Zahl der Werke sehr groß gewesen sein muß. Wir wissen aber wenig davon. Der politische Niedergang Athens führte zur Entpolitisierung der *Komödie*, wie es schon die letzten Schöpfungen des *Aristophanes* zeigen (S. 193). Indem sie sich immer mehr den Szenen des Alltagslebens zuwendete und höchstens philosophische Theorien oder literarische Erscheinungen verspottete, daneben auch Göttermythen lächerlich machte, entwickelte sie sich zu der sogenannten *„Mittleren Komödie"*, die auch außerhalb Athens gedichtet und aufgeführt wurde.

Während die Poesie deutlich einen Abstieg zeigt, erlebte die *Musik* einen großen Aufschwung und fesselte das Publikum in steigendem Maße. Wir kennen leider nur Bruchstücke von den Textbüchern – wie die „Perser" des *Timotheos* (aus dem Anfang des Jahrhunderts) durch den ältesten griechischen Papyrus –, aber da wir die Noten nicht kennen, können wir uns von dieser neuen Musik keine Vorstellung machen.

Der weiteren Ausschmückung Athens mit staatlichen *Kunstbauten* war durch den unglücklichen Ausgang des Peloponnesischen Krieges für längere Zeit ein Ziel gesetzt. Der Wiederaufbau der „Langen Schenkel" und der Piräusmauern durch Konon (S. 205), die übrigens wie früher als Lehmmauern auf Steinsockeln aufgeführt wurden, zeugt für den Ernst der Zeit. Erst unter *Eubulos* (S. 211) nahm man wieder Kunstbauten in Angriff, die aber erst zur Zeit der Finanzwirtschaft des *Lykurgos* unter Alexander vollendet wurden, wie der steinerne Bau des Dionysostheaters. Trotzdem ist Athen auch im 4. Jahrhundert der Mittelpunkt des künstlerischen Lebens geblieben, nur daß seine einheimischen Künstler jetzt meist auswärts ihre Aufträge erhielten. Unter den *Tempelbauten* dieser Zeit verdienen der Athenatempel zu Tegea (Werk des *Skopas*), nächst dem olympischen Zeustempel der größte im Peloponnes und als der schönste dort geltend, ferner der Athenatempel von Priene (Werk des *Pytheos*) und der gewaltige Neubau des 356 von Herostratos abgebrannten Artemistempels von Ephesos genannt zu werden. Herrschend blieben auch jetzt der dorische und der ionische Stil, während die korinthischen Säulen (S. 198) meist nur erst im Inneren angewendet wurden, wie in dem Rundbau (*ϑόλος*) von Epidauros, dessen ornamentaler Schmuck von unübertroffener, bezaubernder Feinheit ist (Werk des jüngeren *Polyklet*). Rein korinthischen Stil zeigt zuerst das zierliche private Monument des Lysikrates zu Athen (335/4). Das berühmteste Bauwerk dieser Zeit ist aber das gewaltige, zu den Sieben Weltwundern gezählte Grabmal des *Maussollos* von Karien († 353), ein von einem Viergespann gekrönter ionischer Bau (Werk des *Pytheos* und *Satyros*), an dessen Ausschmückung die ersten Meister (wie *Skopas* und *Bryaxis*) gearbeitet haben.

Unter dem Einfluß der Malerei, die am Ausgang des 5. Jahrhunderts zur Wiedergabe des seelischen Lebens übergegangen war (S. 199), wendete sich auch die *Plastik* im 4. Jahrhundert dieser Richtung zu. Dies führte allmählich zu Charakterdarstellungen und später zum Porträt. Zu menschlichen Darstellungen bot viele Gelegenheiten die jetzt aufkommende Sitte, verdienten Männern bei Lebzeiten Ehrenstatuen an öffentlicher Stelle zu errichten (S. 205). Hervorragend Schönes wurde in den attischen Grabreliefs geleistet. Attische Künstler haben auch die herrlichen Särge gearbeitet, die in
□ Sidon (Phönikien) zutage gekommen sind. Auf die Darstellung der Götter wirkte die Zersetzung der Religion durch die moderne Weltanschauung in der Richtung, daß die Götter immer menschlicher aufgefaßt und gern in einer bestimmten Handlung dargestellt wurden, wodurch die Statuen etwas Genrehaftes bekamen, wie der Apollon Sauroktonos des *Praxiteles*, der einer Eidechse auflauert, oder sein mit dem Dionysosknaben tändelnder Hermes, den die deutschen Ausgrabungen in Olympia zutage förderten, oder seine knidische Aphrodite, die sich zum Bade bereitet, wodurch zugleich ihre Nacktheit, die etwas Neues war, motiviert wird. Es waren eben keine religiösen Schöpfungen mehr. Neben Praxiteles dem Athener, in dem die rein attische Kunst ihren letzten, feinsten Ausdruck fand, steht der Parier *Skopas*, dessen Gestalten mehr einen pathetischen Ausdruck haben, beide den Marmor bevorzugend vor dem Erz. Ausschließlich Erzgießer war dagegen *Lysippos*,

der größte Meister der sikyonischen Schule, der noch in Alexanders Zeit hineinragt.

Die *Malerei* endlich bewegte sich weiter auf den Bahnen, die ihr am Ende des 5. Jahrhunderts namentlich durch *Parrhasios* erschlossen waren. Neben der ionisch-attischen Schule erstand die Schule von Sikyon (*Pamphilos* u.a.). Technisch wurde die enkaustische Malerei (mit erweichten Wachsfarben auf Marmor oder Holztafeln) vervollkommnet. Der berühmteste Maler des Jahrhunderts war der Ionier *Apelles*, der auch in Sikyon bei *Pamphilos* gelernt hatte. Sein gepriesenstes Werk war die Aphrodite Anadyomene im Asklepiostempel zu Kos. Auch er fand wie Lysippos den höchsten Beifall bei Alexander, der durch diese beiden Künstler sich am liebsten darstellen ließ.

Zusammenfassend hat man die Kunst des 4. Jahrhunderts als „die zweite Klassik" bezeichnet, die dem Kultus des Schönen den vollendeten Ausdruck gegeben hat.

XI. ALEXANDER DER GROSSE

Die Vorbereitungen zum Perserzuge

„Der Name Alexander bezeichnet das Ende einer Weltepoche, den Anfang einer neuen." Mit diesen treffenden Worten hat einst *Joh. Gust. Droysen,* der erste, der die welthistorische Bedeutung Alexanders voll erkannt hat, sein Alexanderbuch eingeleitet. In der Tat hat der junge König in den noch nicht dreizehn Jahren seiner Regierung dadurch, daß er den Orient der griechischen Kultur und dem griechischen Handel bis nach Indien hin erschlossen hat, völlig neue Grundlagen für die ganze weitere Entwicklung der orientalischen und der okzidentalischen Welt geschaffen, die direkt über tausend Jahre, indirekt bis auf den heutigen Tag nachgewirkt haben. Während die Klassizisten (auch noch Ernst Curtius) die griechische Geschichte gern mit der Schlacht von Chäronea schlossen, hat Droysen gezeigt, daß die von Alexander heraufgeführte „hellenistische" Zeit als die Periode, in der die griechische Kultur zur Weltkultur wurde, auch für die Geschichte des griechischen Volkes von allergrößter Bedeutung gewesen ist. Wohl konnten wir oben in der Geschichte des 4. Jahrhunderts auf einzelne Erscheinungen im politischen, kulturellen und wirtschaftlichen Leben hinweisen, die auf eine Lösung des griechisch-orientalischen Problems hindrängten, aber *die* Lösung, die Alexander schließlich gegeben hat, ist doch nur aus seinem persönlichen Wollen und Können zu erklären, und wenn irgendwo, so tritt uns in Alexander die ungeheure Bedeutung der *Persönlichkeit* für die Geschichte, trotz aller modernen Versuche sie abzuleugnen, handgreiflich entgegen. Ist die Anerkennung der Genialität Alexanders wohl allgemein, so muß doch im übrigen die Beurteilung seiner Person und seines Lebenswerkes sehr verschieden sein, je nachdem man ihn wie wir (S. 212f.) für einen Hellenen oder aber für einen hellenisierten Barbaren hält, je nachdem man ihn vom Standpunkt seines weltpolitischen Wirkens oder von dem engen Gesichtskreis der durch ihn überwundenen griechischen Kleinstaaten betrachtet, und je nachdem man seine namentlich von der Mutter ererbte Leidenschaftlichkeit als einen notwendigen Bestandteil seines genialischen Wesens anerkennt, ohne die seine fast übermenschlichen Leistungen unverständlich wären, oder aber gewisse schrankenlose in den späteren Jahren auftretende Äußerungen derselben zur Grundlage einer moralisierenden Beurteilung seiner Gesamtperson macht. So schwankt sein Bild noch heute wie einst in der Antike im Urteil der Generationen.

König Philipp hatte den 356 von der Olympias geborenen Alexander mit größter Sorgfalt und Liebe erzogen. Dem dreizehnjährigen, schwer zu bändigenden Knaben hatte er keinen Geringeren als Aristoteles zum Lehrer gegeben (S. 231), der ihm die hellenische Bildung vermittelte und im besonderen in ihm die Liebe zur griechischen Poesie, vor allem zu Homer, dem Sänger seines Vorfahren Achilleus, erweckte. Dem Sechzehnjährigen hatte Philipp während seines Feldzuges gegen Byzanz die Reichsverweserschaft anvertraut, was der junge Kronprinz zu einem Streifzug gegen die thrakischen Maider und zur Gründung seiner ersten Alexanderstadt (Ἀλεξάνδρου πόλις) benutzte. Dem Achtzehnjährigen hatte er bei Chäronea Gelegenheit gegeben, durch die Führung der entscheidenden Reiterattacke sich die Herzen des Heeres zu gewinnen. Wohl war Alexander dann bei dem elterlichen Zwist der Mutter nach Epirus gefolgt und war dann sogar zu den Illyriern gegangen, aber bald war er doch wieder zum Vater zurückgekehrt. Als nun Philipp 336 ermordet war, wurde Alexander, damals zwanzig Jahre alt, von der makedonischen Heeresversammlung als Thronfolger anerkannt und war damit legitimer König. Prätendenten, die ihm bei der Führung des vom Vater ihm hinterlassenen Perserkrieges hätten gefährlich werden können, wurden beseitigt, die Ermordung des Vaters durch Hinrichtung der Schuldigen gerächt.

Kaum war die Nachricht von der Ermordung Philipps nach Hellas gekommen, als hier an mehreren Stellen in Mittel- und Südgriechenland freiheitliche Bewegungen mit dem Ziel der Loslösung von der makedonischen Hegemonie einsetzten, namentlich in Athen, wo Demosthenes in Unterschätzung des jugendlichen Königs Hoffnungen auf Errichtung einer athenischen Hegemonie erweckte, und doch waren die Hellenen rechtlich an Alexander als ihren Hegemon gebunden, da sie mit Philipp einen „ewigen" Vertrag geschlossen hatten (S. 224). Auf diese Nachricht hin rückte Alexander, gewillt, sich sein Recht, wenn nötig, zu erkämpfen, mit der ihm eigenen Entschlossenheit und Schnelligkeit des Handelns sogleich an der Spitze seines Heeres in Griechenland ein, ließ sich von den Thessalern zum Herzog (ἄρχων) ihres Bundes machen, erhielt von ihnen und ihren südlichen Nachbarn ihre Stimmen zum Hegemon des hellenischen Bundes und erschien so unerwartet in Böotien, daß jeder Gedanke an Abfall unterdrückt wurde und die Athener um Verzeihung baten. Hierauf berief Alexander die Synhedroi des Bundes zu einer Tagung nach Korinth, wo der mit Philipp beschworene Symmachievertrag auf den Namen Alexanders als des Hegemon des Bundes mit einigen formalen Änderungen umgeschrieben und er außerdem, wie im vorigen Jahre sein Vater, zum bevollmächtigten Feldherrn (στρατηγὸς αὐτοκράτωρ) des panhellenischen Rachezuges ernannt wurde (336). Nur die Spartaner schlossen sich auch jetzt wieder aus.

So sehr es den Alexander, der gewiß mit Begeisterung dies Kommando übernahm, nach Asien drängte, unternahm er mit der ihm trotz seiner Jugend eigenen Besonnenheit und kühlen Überlegung im Frühling 335 zunächst einen Feldzug gegen die noch nicht gebändigten thrakischen Nordstämme, um sich für die asiatische Expedition den Rücken zu decken. Dieser *Balkanfeldzug* zeigt uns in der sorgfältigen Vorbereitung, der vorsichtigen Aufklärung, den feinen taktischen Manövern, der meisterhaften Ausnutzung des Geländes und dem festen Draufgehen im geeigneten Moment schon alle Vorzüge der Alexandrischen Kriegführung. Gegenüber den völlig haltlosen modernen Versuchen, Alexanders Erfolge immer dem Parmenion zuzuschreiben, sei hervorgehoben, daß letzterer damals, abkommandiert nach Kleinasien, am Balkanfeldzug gar nicht teilgenommen hat. Über den Schipkapaß drang Alexander durch das Land der *Triballer* siegreich bis an die Donau vor, wo er die durchs Schwarze Meer entsendeten Kriegsschiffe vorfand, und erreichte durch den Schrecken, den die überraschende Demonstration eines bei Nacht meisterhaft ausgeführten Donauüberganges gegen die jenseitigen *Geten* hervorrief, das politische Ziel dieses Feldzuges, die Unterwerfung der Triballer. Auf die Nachricht von einem gefährlichen Aufstand der *Illyrier* zog er in Eilmärschen an den Makedonien und Illyrien verbindenden Pellionpaß, wo er sehr schwere Kämpfe zu bestehen hatte.

In dem Moment, wo er endlich den Sieg in der Hand hatte, erfuhr er, daß in Griechenland ein gefährlicher Aufstand ausgebrochen war. Der Großkönig hatte versucht, den ihm drohenden Feind durch Ausstreuen persischen Goldes in Griechenland zu fesseln. Es war *Darius III.*, der erst vor kurzem (336) den Thron bestiegen hatte. Demosthenes hatte das Geld genommen und hatte Theben mit Geld und Waffen unterstützt und durch die falsche Nachricht vom Tode Alexanders zum Kampf gegen die makedonische Besatzung der

Kadmea aufgehetzt. Alexander zögerte keinen Augenblick, die in dem korinthischen Vertrage vorgesehene Bundesexekution gegen die bundesbrüchigen Bündner auszuführen. Nach bewunderungswürdigen Eilmärschen (durchschnittlich dreißig Kilometer täglich) stand der totgeglaubte Alexander am vierzehnten Tage nach dem Aufbruch von Pellion vor den Mauern Thebens. Nachdem sein gnädiges Angebot, gegen Auslieferung der Rädelsführer die Reuigen wieder in den Bund aufzunehmen, höhnisch abgelehnt worden war, wurde Theben nach einer offenen Feldschlacht vor dem südlichen Elektra-Tor gestürmt. Als Hegemon des Bundes übertrug Alexander, wie es vertragsmäßig auch später in ähnlichen Fällen geschah, die Bestimmung der Strafe den anwesenden Synhedroi, Böotern und Phokern. Als diese unter Hinweis auf die damaligen und einstigen Beziehungen Thebens zum Perser zur Befriedigung ihres alten Hasses die Vernichtung der Stadt verlangten, wurde das alte heilige Theben bis auf den Grund zerstört und die Einwohner in die Sklaverei verkauft; nur das Haus des Pindar wurde auf Alexanders Befehl geschont. Wenn der König in Erfüllung des Bundesbeschlusses durch die die ganze Griechenwelt erschütternde Katastrophe Thebens ein Exempel statuierte, das ihm in Asien den Rücken decken sollte, so konnte er die anderen Aufrührer um so eher schonen. Im besonderen hat er den intellektuellen Hauptschuldigen, Athen, sehr gnädig behandelt, teils aus besonderer Verehrung für Athen, der er noch oft Ausdruck gegeben hat, teils aus Politik, um die immer noch seemächtige Stadt nicht dem Perser in die Arme zu treiben; auch drängte es ihn, nun endlich die Bahn für den Zug nach Asien frei zu haben. So verzichtete er auf die anfangs geforderte Auslieferung ihrer antimakedonischen Redner und Feldherren und zog nach Makedonien zurück, um den Winter über gegen Asien zu rüsten.

Der panhellenische Rachekrieg

Das Perserreich, gegen das Alexander zu Felde zog, war durch die eiserne Energie des Artaxerxes III. Ochos vor dem Zerbröckeln gerettet und noch einmal in seinem alten Umfang wiederhergestellt worden (S. 200 f.), freilich nicht ohne die Hilfe griechischer Söldner und Offiziere, unter denen die beiden rhodischen Brüder *Mentor* und *Memnon* hervorragten. Auf diesen Söldnern beruhte neben den Kerntruppen der herrschenden Perser die Hauptkraft des asiatischen Heeres. Doch stand dem Großkönig außerdem in den anderen

Völkerschaften des Reiches, namentlich den kriegerischen Iraniern, ein an sich unerschöpfliches Truppenmaterial zur Verfügung; es fragte sich nur, ob und wie weit es bei den gewaltigen Entfernungen und dem wenig entwickelten Aushebungswesen gelingen würde, zur rechten Zeit sie am rechten Ort zusammenzuziehen. Es rächte sich schwer, daß die bedeutenden Einnahmen des Reiches seit Jahrhunderten zu totem Kapital in den Schatzkammern der Residenzen aufgehäuft worden waren (zu Goldklumpen, von denen das zur Ausmünzung Nötige abgeschlagen wurde), statt sie zum Schutz und Ausbau des Reiches zu verwenden. Aber wenn auch die für die Alexanderschlachten überlieferten Riesenziffern der Perserheere (bis zu einer Million bei Gaugamela) wiederum sinnlose Übertreibungen sind, so darf doch nicht bezweifelt werden, daß Alexander bei Issos und Gaugamela einer bedeutenden Übermacht gegenübergestanden hat, in geringerem Maße auch am Granikos. Vielleicht noch gefährlicher war aber für Alexander die quantitative und qualitative Überlegenheit der persischen Flotte, durch die der Großkönig absoluter Herr des Meeres war. Verfügte er doch über die ausgezeichnete Marine der Phöniker und Cyprier, während Alexander den etwa 400 Schiffen der Perser nur 160 entgegenstellen konnte. die zudem meist mit den politisch unsicheren Griechen bemannt waren. Es bestand daher die Gefahr, daß der Großkönig durch seine Flotte den Krieg nach Hellas hinübertrug und durch Erweckung eines griechischen Aufstandes die asiatische Expedition unmöglich machte. Aus dieser Notlage erwuchs der geniale strategische Grundgedanke Alexanders, zunächst mit dem Landheer die gesamten persischen Küsten am Mittelmeer zu erobern, ehe er in das Innere eindringen würde, um so die persische Flotte durch Wegnahme ihrer Basis lahmzulegen. Die Rücksicht auf das unsichere Griechenland nötigte ihn ferner, die Hälfte seiner Makedonen (12000 Phalangiten, 1500 Reiter) unter dem treuen Antipater in Makedonien zurückzulassen, den er für die Zeit seiner Abwesenheit als seinen Stellvertreter mit dem Titel eines „Strategen für Europa“ bevollmächtigt hatte. So ist er mit einem Heer von nur etwa 30000 Mann zu Fuß und 5000 Reitern nach Asien hinübergegangen. Zu dem makedonischen Kern kamen die thrakischen und anderen Hilfsvölker sowie die griechischen Kontingente, unter denen die trefflichen thessalischen Reiter (1500) hervorragten. Trotz der Kleinheit seines Heeres war er durchdrungen von einer unerschütterlichen Siegeszuversicht, durch die uns seine Handlungen und Erfolge erst verständlich werden. Begründet war sie auf der Selbstsicherheit des Genies und auf dem Vertrauen zu dem Heere, das ihm sein

Bild 25: Euripides

Bild 26: Sokrates

Vater Philipp als die erste Armee der Welt hinterlassen hatte. So kümmerte es ihn auch nicht, daß die Finanzlage seines Landes durch die vielen Kriege der letzten Zeiten ungünstig geworden war; rechnete er doch mit Sicherheit darauf, daß das Feindesland sein Heer ernähren würde.

Im Frühling 334 führte Alexander sein Heer an den Hellespont, an dessen asiatischem Ufer die von Philipp vorausgesandte Abteilung stand, die von dem Rhodier *Memnon* zwar inzwischen bis hierher zurückmanövriert worden war, doch aber den Brückenkopf hielt. So vollzog sich der Übergang nach Asien ganz glatt, da der Perser ihn trotz seiner Flotte nicht wehrte. Der Besuch Alexanders in Ilion, wo er als Nachkomme des Achilleus in Erinnerungen an die homerische Vergangenheit in Begeisterung schwelgte, enthüllt uns einen romantischen Zug in seiner vielseitigen und tiefen Natur. Während er an der Spitze seiner Truppen vorrückte, hatten die Satrapen Kleinasiens im Kriegsrat zu Zeleia den genialen Plan des Memnon, den Alexander in ein verwüstetes Kleinasien hineinzulocken und inzwischen mit der Flotte den Krieg nach Griechenland hinüberzutragen, stolz abgelehnt. Sie erwarteten Alexander am östlichen Ufer des *Granikos*, und zwar in der recht verkehrten Aufstellung, daß ihre Reiterei auf dem Uferrand stand, so daß sie nicht attackieren konnte, und ihre griechischen Söldner weiter hinten hielten, so daß sie an dem Entscheidungskampf nicht teilnahmen. Alexander, der im Widerspruch zu der Abmahnung des Parmenion sogleich aus den Marschkolonnen die Schlachtreihe entwickelte, stürmte in Durchführung der schon von Philipp geübten „schiefen Schlachtordnung" (S. 214 f.) an der Spitze der makedonischen Reiter seines rechten Flügels durch den Fluß mitten in die feindliche Reiterei hinein, selbst tapfer mit dreinhauend, während die Abteilungen der Phalangiten, staffelförmig vorrückend, sowie die Reiterei des linken Flügels unter Parmenion langsamer folgten, um dann nach und nach gleichfalls das jenseitige Ufer zu gewinnen. Die Entscheidung brachte der gelungene Durchstoß des rechten Flügels unter Alexander. Bei der Verfolgung der persischen Reiter stieß Alexander auf die bisher unbeteiligten griechischen Söldner, die umzingelt und zum großen Teil niedergehauen wurden.

Nach diesem ersten glänzenden Siege betonte Alexander aus politischen Gründen stark seine Stellung als Oberbefehlshaber des panhellenischen Rachezuges: die gefangenen griechischen Söldner schickte er zu schwerer Zwangsarbeit nach Makedonien, weil sie *entgegen dem Bundesbeschluß* als Griechen gegen Griechen gekämpft hätten, und den Athenern, um deren Sympathien er immer besonders warb, sandte er 300 persische Rüstungen für die Athena auf der Burg mit der Weihung: „Alexandros, der Sohn des Philippos, und die Hellenen außer den Lakedämoniern (d.h. der Korinthische Bund mit seinem Bundesfeldherrn, s. S. 224f.) von den Barbaren, die Asien bewohnen.“ So ward der Sieg den Griechen gegenüber als ein Sieg des Korinthischen Bundes hingestellt.

Aber in Wirklichkeit war Alexander nicht nur als Bundesfeldherr hinübergegangen, sondern auch *und vor allem* als König von Makedonien, der seine Herrschaft erweitern wollte, und so fing er, sobald infolge dieses Sieges das vordere Kleinasien ihm nach und nach zufiel, als *König* der eroberten Gebiete sofort zu regieren an: die persischen Tribute (*φόροι*) ließ er für sich erheben, die königlichen Domänen zog er für sich ein, und statt der persischen Satrapen setzte er makedonische Offiziere seines Vertrauens mit dem alten Satrapentitel ein. Anderseits erhielten die Griechenstädte an der Küste, die nach dem Königsfrieden dem Perser bisher gehört hatten, deren Befreiung aber die erste Forderung des korinthischen Synhedrion von 337 gewesen war, von Alexander ihre Freiheit und Autonomie und ihre demokratische Verfassung zurück. Da sie aber dem Korinthischen Bunde nicht eingegliedert wurden, gehörten sie zu dem sich allmählich bildenden asiatischen Reich Alexanders. Ob er dem Ionischen Städtebund, der schon vorher wieder aufgelebt war, noch neue Städtebünde hinzugefügt hat, ist strittig.

Nur in Milet und Halikarnaß, wo Memnon den Widerstand organisierte, hat Alexander noch schwerere Kämpfe zu führen gehabt. Als er nach Unterwerfung von Lykien, Pamphylien und Pisidien in *Gordion*, der alten phrygischen Königsstadt, zum Winterquartier 334/3 einzog, konnte er sich als Herrn des vorderen Kleinasiens betrachten. Aber mit Sorge mußte er von dem Vorgehen des *Memnon* hören, der, von Darius inzwischen an die Spitze der Flotte gestellt, daranging, seinen alten Plan, den Krieg nach Hellas zu tragen, auszuführen. Schon hatte dieser Chios zurückgewonnen und belagerte Mytilene auf Lesbos, da wurde er durch eine Krankheit dahingerafft (Frühjahr 333). Dieser unerwartete Tod des Memnon, seines einzigen genialen Gegners, war für Alexander ein um so größeres Glück, als Darius daraufhin den Plan des Memnon aufgab und beschloß, die Entscheidung zu Lande zu suchen und selbst den Oberbefehl zu übernehmen.

Mit dem Frühling 333 war Alexander von Gordion über Ankyra (heute Ankara) auf den kilikischen Tauros zu vormarschiert, hatte den Paß, unbegreiflicherweise ohne Widerstand zu finden, nehmen können und hatte Tarsos besetzt. Durch ein Bad im eiskalten Kydnos auf den Tod erkrankt, war er lange hier zurückgehalten worden, worauf er noch einen Abstecher nach dem westlichen Kilikien unternommen hatte. So kam Darius, der in Babylon ein großes Heer zusammengebracht hatte und mit diesem und einem gewaltigen Troß, auch in Begleitung seiner nächsten Familie, den Euphrat aufwärts gezogen war und hinter dem Amanosgebirge in der breiten Ebene von Sochoi den Anmarsch Alexanders erwartete, auf den Gedanken, dieser wage nicht, sich ihm zu stellen, und zog daher – es war inzwischen Herbst 333 geworden – nördlich über die Amanospässe, um Alexander in Kilikien selbst aufzusuchen. Der Zufall wollte, daß zur selben Zeit Alexander, der bei vorsichtiger Aufklärung Nachricht über Darius' Stellung in Sochoi erhalten hatte, an der Küste entlang über Issos bis nach Myriandros (bei Alexandrette) gezogen war, um durch den Bailānpaß in die syrische Ebene einzubrechen. So waren die beiden Gegner, durch den Amanos gegenseitig verdeckt, ahnungslos aneinander vorbeigezogen, so daß nun Alexander im Süden und Darius im Norden stand. Kaum erfuhr Darius, daß Alexander soeben durch Issos nach Süden durchgezogen sei, als auch er sich nach Süden wandte und ihm bis zum *Pinaros* (Deli-tschai) folgte. Wohl mochte es manchem in Alexanders Heer ängstlich erscheinen, daß sie damit von der Rückzugslinie abgeschnitten waren, aber Alexander, dessen unbeschränkte Siegeszuversicht mit einer Niederlage überhaupt nicht rechnete, pries vielmehr das Glück, daß Darius sich in die für ihn ungünstige schmale Strandebene, die von dem Amanos und dem Meere flankiert wurde, begeben hatte. Noch in derselben Nacht führte er sein Heer wieder über den Engpaß zurück und entwickelte bei Sonnenaufgang zum Pinaros vorrückend seine Schlachtreihe. So kam es hier südlich von Issos zu einer *Schlacht mit verkehrten Fronten.* Wiederum kämpfte Alexander in „schiefer Schlachtordnung", indem er mit seinen Hetären vom rechten Flügel den Angriff über den Fluß hinüber eröffnete. Diesmal entstand aber in der nachrückenden Phalanx im Zentrum beim Übergang über den Fluß eine Lücke, in die die kriegstüchtigen griechischen Söldner des Darius, die diesmal in der Mitte der Front standen, sofort einhieben. Doch das siegreiche Vordringen Alexanders ermöglichte den Nachbarn, den Bedrängten zu Hilfe zu kommen. Entscheidend war, daß Darius, der im Zentrum auf seinem Streitwagen hielt, beim Heranstürmen Alexanders die Flucht ergriff und sein Heer führerlos zurückließ. Alexander konnte sich aber nicht eher auf die Verfolgung begeben, als bis auch auf seinem linken Flügel am Meere, wo unter Parmenions Führung sehr schwere Reiterkämpfe zu bestehen waren, der Sieg erfochten war. So entkam Darius, wiewohl Alexander bis zum Einbruch der Dunkelheit die Verfolgung fortsetzte. Als wertvolle Geiseln fielen die königlichen Frauen in die Hand des Siegers, denen er nach einstimmigem Urteil der Quellen mit größter Ritterlichkeit entgegentrat. Auch die nach Damaskus geschickten Schätze des Königs fielen bald in Parmenions Hand.

So war das gewaltige Heer des Großkönigs zersprengt, er selbst ein flüchtiger Mann, und ein neues Heer konnte so bald nicht aufgebracht werden. So mochte es für den Sieger verlockend sein, jetzt unmittelbar in das Herz des Reiches vorzustoßen. Aber die große Besonnenheit, die den jugendlichen Helden auszeichnete, bewährte er auch hier, indem er an seinem Plan, zuerst die gesamten Küsten zu gewinnen, festhielt; denn noch immer beherrschte der Perser das Meer und konnte Hellas aufwiegeln. So zog er denn weiter gen Süden nach Syrien hinein.

Der Eindruck des Sieges von Issos war in Griechenland ungeheuer. König *Agis* von Sparta, der eine Erhebung gegen Alexander plante, brach daraufhin seine Verhandlungen mit Pharnabazos ab. Das Synhedrion von Korinth beschloß an den nächsten Isthmien (332), den Sieger mit einem goldenen Kranz zu ehren. Auch auf Alexander hat dieser Sieg über den König selbst den tiefsten Eindruck gemacht. Während er am Granikos den panhellenischen Oberfeldherrn betont hatte, trat er jetzt als der *Eroberer* auf: als bald danach Darius ihm zweimal brieflich Freundschaft und Bündnis und endlich Vorderasien diesseits des Euphrats anbot, lehnte er es ab mit der Begründung, daß er sich bereits als *König von Asien* betrachte. Damit trat er zum erstenmal offiziell mit dem Anspruch auf das *ganze* Perserreich hervor, ein Kriegsziel, das über den panhellenischen Rachefeldzug, den er gleichwohl auch weiterhin nach wie vor vertrat, weit hinausging. Die Duplizität seiner Ziele, die schon beim Betreten des asiatischen Bodens zu merken war (S. 242), tritt hier klar hervor.

Ernstlichen Widerstand fand Alexander bei seinem Vorrücken nur bei den *Tyriern*, die ihm verweigerten, ihrem Melkart-Herakles zu opfern, weil nach orientalischer Auffassung nur der Herr der Stadt dem Stadtgott opfern durfte. In der Zähigkeit, mit der Alexander, um diesen wichtigen Punkt nicht in Feindeshand hinter sich zu lassen, sieben volle Monate die Stadt belagerte, tritt wieder eine der großen Seiten dieses Feldherrn hervor, der das einmal für notwendig Erkannte mit unbeugsamer Beharrlichkeit zu Ende führte. Nachdem er alle Belagerungskünste, über die er vom Vater her verfügte (S. 215 f.), hatte spielen lassen, wurde die tapfere Inselstadt gestürmt

(August 332). Die Blockierung war nur dadurch möglich gewesen, daß die phönikischen und cyprischen Schiffe nach und nach zu ihm übergegangen waren, wodurch die Richtigkeit seines großen strategischen Planes (S. 240) glänzend bestätigt wurde. Noch aber galt es, auch *Ägypten* und seine Küste zu besetzen, ehe er ins Innere Asiens ohne Sorgen einrücken konnte. Nachdem auch *Gaza* nach zweimonatlicher Belagerung gewonnen war, konnte er Ägypten ohne Schwertstreich in Besitz nehmen (November 332): die persische Besatzung kapitulierte, und das ägyptische Volk mit seinen Priestern empfing ihn mit Jubel als Retter vom persischen Joch, das seit Ochos' Rückeroberung und der Beseitigung der letzten einheimischen Dynastie schwer auf ihnen gelastet hatte. Alexander gewann die Herzen vor allem durch seine religiöse Toleranz; opferte er doch sogar dem Apisstier, in bewußtem Gegensatz zu Ochos und Kambyses. Hier zuerst übernahm er die Stellung eines Königs eines Sonderreiches, das er durch Personalunion mit seinem asiatischen Reich verband – wie später auch in Babylon. Daß der neue Pharao als Gott verehrt wurde, verstand sich zwar nach alter Tradition von selbst (S. 2), ist aber vielleicht auf das Machtgefühl des vierundzwanzigjährigen jungen Königs nicht ganz ohne Eindruck geblieben, wenn er auch nachher, außerhalb des Landes, auf diese Apotheose, die nur für die Ägypter galt, nie zurückgekommen ist. Aber Alexander wollte nicht nur das Alte bewahren, sondern vor allem *der griechischen Kultur* in Ägypten, wie überall, die Wege öffnen. Symbolisch hat er diesen Gedanken durch die in Memphis – neben dem Apisopfer! – gefeierten gymnischen und musischen Wettkämpfe angedeutet, in denen die Eigenartigkeit des Hellenischen im Gegensatz zum Orientalischen zum Ausdruck kam. Praktisch aber hat er dem Griechentum in Ägypten für alle Zeiten Bahn gebrochen durch die Gründung von *Alexandrien* (Anfang 331), das als Emporion für den griechischen Handel an dem einzigen guten Hafenplatz an der Küste, zwischen der Pharosinsel und dem Mareotissee, im Anschluß an die ägyptische Ortschaft Rhakotis angelegwurde. So entstand hier auf seinen Befehl eine zweite griechische Polis, nachdem es bis dahin – abgesehen von der alten ionischen Söldnerkolonie in Memphis – nur eine einzige Polis, Naukratis, gegeben hatte (S. 92). Als während der Gründung ihm die Wiedergewinnung von Chios gemeldet wurde, strafte er selbst die chiischen Hochverräter, wiewohl er noch nicht lange vorher deren Bestrafung korrekt dem Synhedrion von Korinth vorbehalten hatte – wohl ein Zeichen seines wachsenden Machtgefühls gegenüber dem Korinthischen Bunde.

□ Von hier aus hat Alexander jenen romantischen Zug in die *Ammonsoase Siwa* unternommen, der schon im Altertum mit den verschiedensten Legenden und phantastischen Erfindungen umrankt worden ist, an die viele noch heute glauben. In Wirklichkeit entsprang dieser Zug, der aus seinen strategischen Plänen ganz herausfällt, dem sehnsüchtigen religiösen Bedürfnis Alexanders, vor dem bevorstehenden Entscheidungskampf mit Darius den seit alten Zeiten dem Zeus gleichgesetzten Ammon, dessen Orakel als untrüglich damals in der ganzen Griechenwelt in höchstem Ansehen stand, über seine Zukunft zu befragen. Als er mit kleinem Gefolge nach gefahrvollem Marsch durch die Wüste die Oase erreicht hatte, wurde er vom Propheten des Gottes als Pharao allein in das Innere des Tempels geführt, wo er die Zukunftsfrage an den Gott richtete. Nachdem er nach dem eigenartigen dort üblichen Zeremoniell die Antwort des Gottes erhalten hatte, sagte er den im Tempelhof seiner harrenden Freunden nur, daß er gehört habe, was ihm nach Wunsch sei, wie er vorher auch die Frage für sich behalten hatte. Mehr hat niemand erfahren, da Alexander die Antwort sein Leben lang als Geheimnis bewahrt hat. Dieser Besuch in Siwa hatte aber noch eine weitere Wirkung, die Alexander nicht hatte vorhersehen können. Der Prophet begrüßte ihn zu Beginn, als er in den Tempelhof eintrat, in Gegenwart seiner Freunde als „Sohn des Ammon". Das war zwar von seinem Standpunkt aus gegenüber dem König Ägyptens etwas ganz Selbstverständliches, aber auf Alexander und seine Umgebung hat es tiefsten Eindruck gemacht. Alexander nahm diese Begrüßung durch den Propheten, die an heiliger Stätte im Namen des Gottes erfolgt war, wie eine Offenbarung des Gottes gläubig hin und sah in ihr die Bestätigung eines besonderen göttlichen Schutzes, unter dem er sich schon seit langem gefühlt hatte, und die Anerkennung einer in ihm wirkenden göttlichen Kraft. An diesem mystischen Glauben an seine *Gottessohnschaft* hat er persönlich sein Leben lang festgehalten, ohne einen Staatskult daraus abzuleiten und auch ohne seinen leiblichen Vater Philipp deswegen etwa zu verleugnen. In der Griechenwelt hat sich die Kunde, daß Alexander als „Zeus-Sohn" begrüßt sei, schnell verbreitet, schickten doch noch in demselben Winter die Milesier nach Memphis hin die Botschaft, daß das Didyma-Orakel bei Milet, nach langem Schweigen wieder erwachend, dies bestätigt habe. Später, nach Alexanders Tode, hat man erzählt, daß diese Begrüßung als Gottessohn, die in Wirklichkeit unvorhergesehen hinzugetreten war, das eigentliche Motiv dieses Oasenzuges gewesen sei, daß Alexander also, um Gottessohn zu werden, in die Oase gezogen sei, woraus dann manche Neuere politische Absichten konstruiert haben. Doch dies ist eine Geschichtsfälschung, die erst durch Kleitarch (um 310) in seinem Geschichtswerk verbreitet worden ist.

Nach Memphis zurückgekehrt, organisierte er die Verwaltung Ägyptens, und zwar dezentralisierte er sie, indem er wegen der besonderen Gefährlichkeit des Landes es nicht *einem* Satrapen unterstellte, sondern die Zivilverwaltung an zwei Eingeborene übertrug, das militärische Kommando an Makedonen und die Finanzverwaltung an den Naukratiten Kleomenes übergab.

Im Frühjahr 331 brach Alexander von Ägypten auf, um nun endlich ins innere Asien einzudringen. Wohl drohte der Aufstand des Agis von Sparta, aber die Perser konnten ihm nicht mehr die Hand reichen, und so genügte es, daß Alexander einen Teil seiner Flotte zum Peloponnes schickte. Im übrigen konnte er diesen Kampf dem Antipater überlassen. Bei Thapsakos überschritt er ungehindert den Euphrat, zog auf die Kunde, daß Darius ihn östlich vom Tigris mit seinem Heere erwarte, durch das nördliche Mesopotamien, überschritt den Tigris und stellte sich dem Darius in der weiten Ebene bei *Gaugamela* zur Schlacht (1. Oktober 331). Darius hatte inzwischen ein gewaltiges Heer aus den östlichen Teilen seines Reiches zusammengebracht. Auch 200 Sichelwagen und 15 indische Elefanten hatte er zum Schutz vor seiner Front aufgestellt, die aber durch Alexanders Manövrierkunst nutzlos geblieben sind. Daß Alexander hier einer großen Übermacht gegenüberstand, zeigt sein kunstvoller Aufmarsch zur Schlacht. Um sich gegen die Überflügelung zu wehren, rückte er in doppeltem Treffen vor, bereit, notfalls durch Schließen der Seiten Karree zu bilden. Sobald aus dem linken persischen Flügel sich Reitermassen zum Flankenangriff losgelöst hatten, stürmte Alexander mit seinen Hetären vom rechten Flügel in die hierdurch entstandene Lücke hinein und rollte, zur Mitte nach links schwenkend, die feindliche Linie auf, worauf Darius die Flucht ergriff. Inzwischen waren die persischen und indischen Reiter, die durch das doppelte Treffen zum makedonischen Lager hindurchgejagt waren, vom zweiten Treffen, das kehrtgemacht hatte, überwältigt worden, aber der linke Flügel mit Parmenion war in große Bedrängnis gekommen, so daß Alexander, zu Hilfe gerufen, herbeieilte – überflüssigerweise, da die Thessaler sich inzwischen durchgekämpft hatten. So konnte Alexander erst jetzt die Verfolgung des Darius aufnehmen, die er 600 Stadien bis nach *Arbela* hin fortsetzte. Doch der Vorsprung war zu groß. Trotz der wilden Jagd, bei der dem Alexander viele hundert Pferde zu Tode geritten wurden, entkam Darius über das östliche Gebirge nach Medien. – Vergleicht man die drei Feldschlachten vom Granikos bis Gaugamela, so sieht man, daß Alexander zwar an demselben taktischen Prinzip der „schiefen Schlachtordnung" festgehalten hat, daß aber die Durchführung durch die wachsende Machtentfaltung des Feindes auf immer größere Schwierigkeiten stieß. Die Schlacht bei Gaugamela war die letzte, die er in dieser Weise geschlagen hat.

Nach dem Siege trat die Doppelstellung Alexanders wieder hervor: als Erobererkönig ließ er sich in Arbela von der makedonischen Heeresversammlung zum *König von Asien* ausrufen, als panhellenischer Oberfeldherr aber stellte er in Gnadenerlassen an Plataä und Kroton (in Italien) seinen eigenen Sieg zu den Großtaten der einstigen Perserkriege in Beziehung und bekannte sich damit von neuem zum panhellenischen Nationalkrieg. Diese Geste nach Hellas hin war vielleicht durch seine Unsicherheit über den Ausgang des Kampfes gegen Agis beeinflußt.

Es war ein richtiger Gedanke Alexanders, daß er jetzt die Verfolgung des Darius abbrach und zunächst an die Besetzung der Residenzen mit ihren riesigen Schätzen ging. Durch nichts konnte er sich so wie hierdurch vor den Orientalen als den neuen Herrscher legitimieren. So wurde denn zunächst *Babylon* besetzt, wo er feierlichst von den Behörden und Priestern und der gesamten Bevölkerung eingeholt wurde (s. Thorwaldsens Fries in der Villa Carlotta). Auch hier wurde er wie in Ägypten im besonderen als Landeskönig empfangen, als der er nun dem Stadtgott Marduk (Bel) opferte und den Wiederaufbau des verfallenen Marduktempels befahl. Wohl gingen damit nun auch auf ihn die alten Traditionen von der durch Marduk verliehenen Weltherrschaft über (S. 10), und dieser orientalische Glaube wird ihm wertvoll gewesen sein, aber der Gedanke der Weltherrschaft ist in ihm doch nicht erst durch dieses babylonische Erlebnis erweckt worden, sondern ist in seiner Seele durch sein Selbstvertrauen auf die Unbesiegbarkeit der eigenen Kraft erwachsen. Hier hat Alexander zum erstenmal einen Perser (den *Mazaios*, der ihm Babylon übergeben hatte) zum Satrapen eingesetzt, was er von nun an im Osten meist getan hat. Darin trat zum erstenmal das Bestreben hervor, den persischen Adel zu sich herüberzuziehen und überhaupt die Perser neben die Makedonen zu stellen – ein Gedanke, der ihn dann immer mehr beschäftigt hat. Doch war er vorsichtig genug, diesen persischen Satrapen nur Zivilgewalt, die militärische dagegen einem makedonischen Offizier zu übergeben, während die vorher im Westen eingesetzten makedonischen Satrapen Zivil- und Militärgewalt vereinigten und dort nur die Finanzen abgetrennt waren, was natürlich auch im Osten geschah.

Die nächste Residenz, die besetzt wurde, war *Susa,* wo er große Schätze vorfand. Dann erzwang er durch das Gebirge den Einmarsch in die Persis und besetzte *Persepolis* im Stammland der Achämeniden. Hiermit hatte er weit über menschliches Erwarten hinaus den in Korinth ihm gegebenen Auftrag erfüllt, und so gab er durch den symbolischen Akt der Anzündung der Achämenidenpaläste der Welt bekannt, daß er Rache genommen habe für die Frevel des Xerxes. Um diese Zeit erhielt er die frohe Nachricht, daß Antipater den Agis und die mit ihm verbündeten Peloponnesier in einer großen *Schlacht bei Megalopolis* (Spätherbst 331) geschlagen und damit die Ruhe in Hellas wiederhergestellt hatte. Das Synhedrion, dem Antipater die Bestrafung übertragen hatte, war schwächlich genug, sie dem Alexander zu überlassen. Jetzt wurden auch die Spartaner in den Bund hineingezwungen.

Da nun Hellas fest in seiner Hand war, konnte Alexander die letzten Konsequenzen aus der Erfüllung seines panhellenischen Auftrages ziehen. Als er im Frühling 330 sein Heer nordwärts nach *Ekbatana* geführt hatte, entließ er die gesamten griechischen Kontingente reich beschenkt in die Heimat. *Damit war kundgetan, daß der panhellenische Rachefeldzug zu Ende war.* Zwar blieb er bis an sein Lebensende der Hegemon des Korinthischen Bundes, aber das „bevollmächtigte Feldherrnamt", das ein Spezialkommando für den panhellenischen Krieg gewesen war, war nunmehr abgelaufen. Von jetzt an kämpfte Alexander nur noch als König für sich selbst.

Die Eroberung Irans und Indiens

Seine nächste Aufgabe war, sich der Person des flüchtigen Darius zu bemächtigen. Lebendig sollte er ihn nicht in seine Hand bekommen; denn als er ihn endlich nach wilder Jagd in Parthien einholte, fand er ihn von seiner verräterischen Umgebung niedergestochen (Juli 330). Jetzt fühlte sich Alexander als *Rechtsnachfolger der Achämeniden.* Als solcher ging er zunächst daran, auch die östlichen Teile seines Reiches in Besitz zu nehmen. Dies erschien um so notwendiger, als einer jener Verräter, *Bessos,* der Satrap von Baktrien, bald danach unter dem Namen Artaxerxes als Gegenkönig dort auftrat. Die etwa drei Jahre (330–327), die Alexander in Iran gekämpft hat, sind fast seine schwersten Kriegsjahre gewesen; denn die iranischen

Stämme waren von hervorragender Kriegstüchtigkeit, beseelt von einem starken, durch ihre zarathustrische Religion gehobenen Nationalgefühl. Zur Beurteilung Alexanders als Feldherr sind diese Kämpfe von besonderer Wichtigkeit; denn während er bis dahin mit dem Heere Philipps und im wesentlichen mit der Taktik Philipps geschlagen hatte, stand er hier vor ganz neuen Aufgaben, deren glänzende Lösung die Selbständigkeit und Genialität Alexanders noch schärfer als die früheren Feldschlachten hervortreten läßt. Dabei stand Parmenion, dem manche fälschlich seine Erfolge zuschreiben (S. 238), seit 330 nicht mehr an seiner Seite! Es war ein *Kleinkrieg*, ein richtiger *Volkskrieg*, der in diesem für den Ortsfremden sehr schwierigen Gelände gegen einen unermüdlichen Feind zu führen war, der immer wieder, kaum daß Alexander einen Erfolg errungen hatte, an anderen Orten, meist in seinem Rücken, auftauchte. Mit genialer Sicherheit hat Alexander sein Heer umgestaltet, um es beweglicher zu machen. Die schweren Phalangiten wurden mehr zum Besatzungsdienst verwendet, die schweren Reiter (Hetären) waren schon in Susa durch Teilung der Ilen in je zwei Schwadronen (λόχοι) unter eigenen Schwadronsführern (λοχαγοί) in kleineren Kolonnen verwendbar gemacht, seit 329 wurden sie in Hipparchien gegliedert, die wieder in Unterabteilungen zerfielen. Auch neue Formationen wurden dem Feinde nachgemacht, wie die berittenen Bogenschützen und Speerwerfer, und im übrigen wurde vor allem mit den *leichten* Reitern und Fußtruppen operiert. Dazu führte das Bedürfnis nach größeren Truppenmassen, das sich zugleich mit dem immer schwieriger werdenden Nachschub aus der Heimat geltend machte, zur Aufnahme von *Persern* in das Heer, wobei freilich neben dem militärischen auch ein innenpolitischer Gesichtspunkt mehr und mehr hervortrat, nämlich die Absicht, die Perser, die bisherigen Herren des Orients, deren König Alexander nun war, als eine zweite bevorzugte Klasse neben seine Makedonen zu stellen (S. 248). Diese Heeresorganisation, die in den nächsten Jahren je nach Bedürfnis durchgeführt wurde, führte dahin, daß Alexanders Heer, mit dem er 327 nach Indien aufbrach, zumal er zuletzt auch Ostiranier in großen Mengen einstellte, qualitativ und quantitativ völlig verschieden war von dem Heer, mit dem er einst über den Hellespont gezogen war.

Das Gebiet, das Alexander in diesen Jahren erobert hat, umfaßt das nördliche Afghanistan, Buchara und Turkestan bis zum Syr-Darja. Es kann hier nicht im einzelnen dargestellt werden, wie er 330 durch die Areia, Drangiana und Arachosien bis an den Südfuß des Hindukusch zog, wie er dann in den nächsten beiden Jahren bis in den Frühling 327 nach Überschreiten des Hindukusch um Baktrien und Sogdiana gekämpft hat. An dem Hochverräter *Bessos*, der durch *Ptolemaios*, den späteren König Ägyptens, gefangengenommen war (329), ließ er als Perserkönig die grausame orientalische Bestrafung vollziehen. Über den Jaxartes (Syr-Darja) hinaus hat er ähnlich wie an der Donau (S. 238) nur einen demonstrativen Vorstoß gegen die jenseitigen Saken unternommen. Die eroberten Gebiete wurden durch „Alexanderstädte" (*'Αλεξάνδρειαι*) mit starken Garnisonen gesichert, von denen manche an verkehrstechnisch so wichtigen Punkten angelegt wurden, daß sie noch heute blühen, wie *Herāt* und *Kandahar* in Afghanistan und *Chodschent* am Syr-Darja. So war man in Gebiete vorgedrungen, von deren geographischer Lage man keine Vorstellung mehr hatte. In dem Hindukusch sah man eine Fortsetzung des Kaukasus und nannte ihn daher „Kaukasus". In dem Jaxartes aber, den man von Chodschent aus sich in die unabsehbare transkaspische Wüste verlieren sah, glaubte man, da diese der südrussischen Steppe glich, den Oberlauf des Tanais (des Don) wiederzuerkennen und nannte ihn daher „Tanais".

In diese Jahre fällt die Hinrichtung des *Philotas*, des Sohnes Parmenions, der beschuldigt wurde, an einer Verschwörung gegen das Leben des Königs beteiligt gewesen zu sein. Die Verurteilung erfolgte nicht durch Alexander, sondern durch das makedonische Heeresgericht (330). Wenn Alexander es für notwendig fand, daraufhin auch den in Ekbatana bei den Depots zurückgelassenen Parmenion zu beseitigen, so ist dies Ende des hochverdienten Generals auf alle Fälle sehr zu beklagen, doch fehlt uns der nötige Einblick in die Gesamtlage, um diesen Befehl Alexanders zu beurteilen. Jedenfalls war es eine gefährliche Situation, daß der Vater des hingerichteten Philotas die rückwärtigen Verbindungen Alexanders beherrschte. So mögen es Gründe der Staatsraison gewesen sein, die ihn im Interesse der Sicherheit des Reiches zu jenem Schritt bewogen. Anderseits tritt uns in der Katastrophe seines Freundes *Kleitos*, den Alexander 328 beim Gelage in Marakanda (Samarkand), zur Wut gereizt durch die maßlose Kritik des Kleitos, eigenhändig niederstieß, die Leidenschaftlichkeit des Königs sowie der Rückschlag, den seine perserfreundliche Politik (S. 250) auf die Stimmung seiner Umgebung ausübte, entgegen. Sein in der Richtung dieser Politik unternommener Versuch, die von den Persern nach alter orientalischer Sitte ihm gegenüber geübte kniefällige Begrüßung (*προσκύνησις*) auch bei den Makedonen und Griechen einzuführen (327), scheiterte an dem Freimut desselben *Kallisthenes*, der in seinem panegyrischen Geschichtswerk sogar für die göttliche

Natur Alexanders eingetreten war, sowie an dem zähen Widerstand seiner Makedonen. Namentlich der letztere bewog Alexander, von diesem Vorhaben abzustehen. Als Kallisthenes dann – ob mit Recht oder Unrecht – beschuldigt wurde, an einer Verschwörung der königlichen Pagen mit schuld zu sein, wurde er gefangengesetzt (327) und auf Alexanders Befehl hingerichtet – ein Ereignis, das das Verhältnis Alexanders zu Aristoteles, dem Verwandten und Lehrer des Kallisthenes, zwar nur vorübergehend trübte, aber in ganz Griechenland, namentlich im Peripatos, tiefe Trauer und strenge Verurteilung hervorrief. Diese tragischen Vorgänge sind die ersten Anzeichen der beginnenden Entfremdung zwischen Alexander und seiner makedonisch-griechischen Umgebung, die sich notwendig einstellen mußte, sobald er mit seinen letzten Zielen über die besonderen makedonisch-griechischen Anschauungen und Interessen hinauswuchs. Je mehr der Gedanke der *Weltherrschaft* sich in ihm befestigte, desto mehr schwand – abgesehen von den allernächsten Freunden, die auf seine Ideen eingingen, wie Hephaistion – das gegenseitige Sichverstehen. So hat auch in den nächsten Jahren sein makedonisches Heer, wiewohl er zu diesem bis zuletzt das kameradschaftliche Verhältnis des makedonischen Heerkönigs aufrechterhalten und auch an den Rechten der makedonischen Heeresversammlung nicht gerüttelt hat, sich ihm gelegentlich versagt. Und doch brach immer wieder die persönliche Liebe und Begeisterung der Makedonen zu ihrem Heldenkönig durch, wie noch zuletzt in so ergreifender Weise an seinem Sterbelager. Es ist das Schicksal der ganz Großen, daß sie einsam ihren Weg gehen müssen.

Der *indische Feldzug*, den Alexander nach Beendigung des iranischen 327
unternahm, zeigt, daß er nicht mehr zufrieden war mit den Grenzen des Perserreiches; denn er strebte hinaus über die nordwestlichen Teile Indiens, die schon früher zu diesem Reich gehört hatten. Für sein Unternehmen war es günstig, daß er in Indien nur auf Einzelstämme ohne politische Einigung stieß, die er gegeneinander ausspielen konnte. Wie immer weitschauend in der Vorbereitung des Krieges, hatte er schon vorher mit einem der mächtigsten Rājas, dem *Taxiles* von Taxila, Freundschaft geschlossen. So führte er denn sein gewaltig angewachsenes und buntgemischtes Heer 327 durch das Kabultal und drang, nachdem er in außerordentlich schweren Kämpfen die Unterwerfung des Gebirgslandes nördlich vom Kabul durch die Erstür-
□ mung des Massivs von *Aornos* (jetzt Pir-sar) vollendet hatte, in das Pendschab ein. Es war ein bedeutsamer Augenblick der Geschichte, in dem zum erstenmal das Griechentum und das Indertum sich berührten. Für die Makedonen

und Griechen war es eine völlig neue Welt, die sich ihnen hier öffnete. Abgesehen von den wenigen Nachrichten des Herodot (III, 98ff.) und dem fabelreichen Buche des Ktesias (S. 229) war in Griechenland über Indien kaum etwas bekannt. Wunderbar mußte ihnen dies Land erscheinen mit seiner märchenhaften Pflanzen- und Tierwelt, unverständlich das Volk mit seiner Kasteneinteilung und seinen merkwürdigen religiösen und sozialen Einrichtungen. So hatten die Gelehrten Alexanders, von denen unten noch zu sprechen sein wird, viel zu tun, um die Merkwürdigkeiten des Landes zu erforschen und aufzuzeichnen.

Nachdem Alexander sich 327 durch das Kabultal hindurchgeschlagen hatte, kam er 326 zu dem befreundeten Taxila und schlug im Mai desselben Jahres den König *Poros* am *Hydaspes* in seiner letzten großen Feldschlacht, die völlig anders als die früheren angelegt war. Nachdem er unbemerkt vom Feinde weiter stromaufwärts einen Teil seines Heeres (Reiter und leichte Fußtruppen, im ganzen etwa 11000 Mann) über den Fluß geworfen hatte, griff er mit diesen den durch seine Elefantenmassen furchtbaren Feind an und erzwang trotz seiner numerischen Unterlegenheit durch ein meisterhaft ausgeführtes Umgehungsmanöver den Sieg. Zur Erinnerung an diesen ließ er durch Krateros eine Stadt *Nikaia* hier gründen, sowie eine zweite, *Bukephala*, zur Erinnerung an sein Leibroß. Als er nach Osten vorrückend den Akesines überschritten hatte und erfuhr, daß der Indus im Süden in das Weltmeer münde, beschloß er, den Indus hinabzufahren, und gab an Krateros den Befehl, am Hydaspes eine große Flotte zu bauen. Inzwischen zog er aber noch weiter nach Osten bis an den östlichsten Indusarm, den *Hyphasis*. Doch kaum hatte er, ehe er diesen erreichte, von Eingeborenen erfahren, daß östlich von der großen Wüste, die hinter diesem Fluß beginnt, ein gewaltiger Strom mit Namen *Ganges* durch ein dichtbewohntes Land fließe, der sich in das Ostmeer ergieße, als er fest entschlossen war, auch das Gangesland zu erobern, um so, wie er nach seinen geographischen Vorstellungen annahm, zum Okeanos und damit zum östlichsten Rande der Erde vorzudringen. *Hier tritt uns sein Welteroberungsgedanke deutlich entgegen*! Als er aber am Hyphasis seinem Heer diesen Plan enthüllte, stieß er auf den unbeugsamen Widerstand seiner Truppen, die, durch einen 70tägigen Tropenregen ermattet, sich weigerten, noch weiter ins Ungewisse zu ziehen. Alexander mußte nachgeben und zog zum Hydaspes zurück, um nunmehr jene Indusfahrt auszuführen, die er schon vorbereitet hatte, als er vom Ganges noch nichts wußte.

So hat Alexander im November 326 die Fahrt den Indus hinab angetreten (mit im ganzen 120000 Mann), er selbst zu Schiff, während sein Heer an beiden Ufern die Flotte begleitete. Zehn Monate währte die Fahrt bis zur Mündung (August 325). Vielfach zeigte sich die Bevölkerung friedlich – zu Tausenden staunten sie die mächtige Flotte an und gaben, ihre heimischen Lieder singend, ihr ein Stück Wegs das Geleit –, doch kam es auch zu schweren Kämpfen, so namentlich mit den *Mallern*, wobei Alexander tollkühn sich aussetzend eine lebensgefährliche Wunde erhielt. So wurde das ganze Industal unterworfen und durch Überweisung der Satrapien an Makedonen und durch Gründung von Alexanderstädten, in denen bedeutende Truppenteile als Besatzung zurückblieben, fest mit dem Gesamtreich vereinigt. Schon die Anlage von Schiffswerften und einer Flottenstation in Pattala an der Indusdeltaspitze und sonst zeigte das Interesse Alexanders für Handel und Verkehr. Noch stärker trat es in seinem Bestreben hervor, dies ferne Grenzland womöglich auf dem Seewege mit dem Westreich zu verbinden. Zu diesem Zweck gab er seinem Freunde *Nearchos* als Admiral den Auftrag, von der Indusmündung aus an der Küste entlang nach Westen fahrend, den Seeweg zu den Mündungen des Tigris und Euphrat zu suchen. Zugleich sollte er die Küste auf ihre Tauglichkeit zur Anlage von Häfen und Siedlungen prüfen. Hierbei trieb den König auch seine wissenschaftliche Freude an geographischen Entdeckungen (s. unten). Alexander selbst führte den einen Teil seines Heeres von Pattala aus zu Lande zurück, mit Rücksicht auf Nearchos meist nicht weit von der Küste, um Proviantdepots und Brunnen für ihn anzulegen, während der andere Teil des Heeres weiter nördlich unter *Krateros*' Führung durch Arachosien den Rückweg angetreten hatte, um sich in Karmanien mit Alexander zu vereinigen. Nearchos hat auf seiner Fahrt den *Seeweg vom Indus zum Tigris und Euphrat* entdeckt, wobei sich nur bis Hormuz sein Weg mit dem des Skylax deckte (S. 87), der damals in Vergessenheit geraten war. Später hat er auf Grund seines Schiffstagebuchs einen wertvollen „Paráplūs" geschrieben, der von Arrian in seiner „Indikē" benutzt worden ist. Seine ausgezeichneten Schilderungen der Mangrovevegetation des Persischen Golfs sind in Theophrasts Pflanzengeographie verwertet worden.

Der erste Teil von Alexanders Rückmarsch, der ihn durch die wasserlose Sandwüste von Gedrosien (Belutschistan) führte, war ungeheuer anstrengend und opferreich. Erst in Karmanien, wo Krateros zu ihm stieß, kam man in bessere Gegenden. Als er hier (etwa Dez. 325) von Nearchos die Nachricht von dem glücklichen Gelingen der bisherigen Fahrt erhielt, wodurch das Weltbild im Osten, soweit möglich, abgeschlossen erschien, schoß ihm der zündende Gedanke durch den Kopf, nunmehr auch den Westen bis zu den Säulen des Herakles, bis zum westlichen Okeanos zu erforschen und zu beherrschen und sich so zum *Herrn der ganzen Oikumene* zu machen. Dieser Gedanke hat ihn bis zu seinem baldigen Tode nicht mehr verlassen, sondern hat ihn immer leidenschaftlicher gepackt und läßt uns manche seiner letzten Maßregeln besser verstehen. Von seiner allernächsten Umgebung abgesehen, hat er diese gigantischen Pläne geheimgehalten. Man fand sie nach seinem Tode in seinen Hypomnemata, aus denen sie uns noch heute überliefert sind.

Als Alexander anfangs des Jahres 324 nach Pasargadae kam, erreichten ihn böse Nachrichten von Aufruhr und Unordnung, die während seiner mehr als fünfjährigen Abwesenheit, in dem Glauben, er werde nicht zurückkehren, im Reiche ausgebrochen waren, und sie mehrten sich, als er in Susa eintraf. Es war höchste Zeit, daß er heimkehrte. Welch Chaos wäre entstanden, wenn er dem Mallergeschoß erlegen wäre! In Medien hatte sich der Satrap, ein Perser, die Tiara aufgesetzt und zum König gemacht, mehrere persische Satrapen hatten sich Tempelraub und Erpressungen zuschulden kommen lassen. Alexander griff überall mit eiserner Strenge durch und hatte bald die Ordnung wiederhergestellt. Da sein Versuch, den Osten durch Perser und andere Iranier zu verwalten, sich nicht bewährt hatte, zog er die Konsequenz und besetzte in den letzten Jahren die meisten östlichen Satrapien mit Makedonen. Aber auch die makedonischen Satrapen des Westens hatten zum Teil durch Anwerbung von Söldnern auf ihren eigenen Namen ihre Kompetenzen überschritten; sie wurden gezwungen, die Söldner zu entlassen, die nun nach Griechenland zurückströmten. *Einer* ist seiner Bestrafung entgangen, sein betrügerischer Schatzmeister *Harpalos*, der mit 5000 Talenten und 6000 Söldnern nach Hellas hinüberfuhr, um sich womöglich durch eine Revolutionierung der Griechen zu retten.

Alexanders letzte Taten und sein Ende

In Griechenland hatte inzwischen nach Niederwerfung des Aufstandes des Agis der durch den Korinthischen Bund gewährleistete innere Friede mehr und mehr wenigstens äußerlich Fortschritte gemacht, wenn auch in so kurzer

Zeit ein Aufhören der alten Gegensätze nicht zu erwarten war. Im besonderen hat *Athen*, während Alexander im Osten von Sieg zu Sieg schritt, unter der sorgsamen Finanzverwaltung des *Lykurgos* noch einmal eine Zeit materieller Blüte erlebt. Die Staatseinkünfte wuchsen wieder, so daß glänzende Bauten ausgeführt werden konnten, die Marine wurde auf über 400 Schiffe gebracht, der Handel florierte, sogar eine Kolonie wurde 324 am Adriatischen Meere angelegt. Auch das geistige Leben war sehr regsam: es sind die Jahre, in denen *Aristoteles* im Lykeion lehrte (S. 231), und solange er und dann *Theophrast* an der Spitze standen, war Athen noch einmal und zum letztenmal der geistige Mittelpunkt der Nation. Für diejenigen Intellektuellen, die sich mit der neuen politischen Lage ausgesöhnt hatten, mußte die von Aristoteles, dem Freund Alexanders, geleitete Schule ein moralischer Rückhalt sein. Daß aber auch die Gegenpartei sich frei bewegen konnte, zeigt der Sieg des Demosthenes mit seiner Kranzrede über Äschines, dieser Krone attischer Beredsamkeit (330). In diese Situation platzte nun die Ankunft des *Harpalos* mit seinen gestohlenen Schätzen und seinen Söldnern überraschend hinein. Den letzteren verweigerten die Athener die Aufnahme, die Schätze aber nahmen sie in Aufbewahrung. Als dann Harpalos sich der Gefahr der Auslieferung an Alexander durch die Flucht entzog, stellte sich heraus, daß nur die Hälfte der von ihm mitgebrachten Gelder deponiert war. Es kam zu dem berüchtigten Harpalischen Skandalprozeß, der mit der Verurteilung des Demosthenes endete und seine Flucht zur Folge hatte (Anfang 323).

Doch schon vor diesem Ausgang hatte auch Alexander durch zwei Erlasse von Susa aus (324) die griechische Welt in Bewegung gesetzt. Weniger aufregend war für die Griechen der von Alexander kundgetane Wunsch, daß sie ihn unter ihre Gemeindegötter aufnehmen sollten; denn die Griechen hatten auch früher schon überragenden Zeitgenossen (wie dem Lysander, S. 202) bei Lebzeiten göttliche Ehren erwiesen, wenn sie ganz Außerordentliches geleistet hatten, und es traf jetzt nur ein, was Isokrates dem Philipp nach der Schlacht von Chäronea geschrieben hatte, daß ihm, wenn er den Großkönig zum Gehorsam zwinge, *nichts übrig bleibe, als ein Gott zu werden* (Epistel 3). Alexanders Wunsch entsprach also *griechischer* religiöser Auffassung in jener Zeit der Zersetzung der altgriechischen Religion und war nicht etwa, wie manche glauben, dem Orient entlehnt, dem ja auch schon seit vielen Jahrhunderten die Königsapotheose fremd war (S. 10 f.). So hat Alexander denn auch in seinem asiatischen Reich die Apotheose oder

Bild 27: Demosthenes

Bild 28: Bronzene Philosophenstatuette

gar einen Reichskult seiner Person nicht eingeführt, sondern hat die Apotheose *ausschließlich* von den Griechen verlangt, auch nicht von den Makedonen. So gab es denn wohl hie und da wie in Athen und Sparta erregte Debatten über diese Frage, aber schließlich haben alle Griechen zugestimmt, und im nächsten Frühling (323) erschienen vor Alexander in Babylon die griechischen Gesandten bekränzt wie Theoren zur Ehrung eines Gottes. Daß auch ein Freiheitskämpfer wie Demosthenes dem Wunsch Alexanders schließlich zugestimmt hat, zeigt, daß diese Frage für die Griechen nicht eine hochpolitische, sondern eine vorwiegend religiöse Frage war, wie auch von Alexander diese Forderung der Apotheose nicht um politischer Vorteile willen erhoben war, sondern weil er, als Sieger von Indien zurückgekehrt, durch seine übermenschlichen Taten gerade nach griechischer Denkweise sich zu dieser Steigerung über seine Gottessohnschaft hinausgehoben fühlte.

Rein politisch, ein Akt des werdenden Weltherrschers, der die unbequemen Fesseln des korinthischen Bundesvertrages von sich abzuschütteln suchte, war dagegen sein zweiter Erlaß, in welchem er allen griechischen Bündnern befahl, die politischen Verbannten unter Einsetzung in ihren früheren Besitz zurückzurufen. So hoch dieser Erlaß, der mit einem der schlimmsten Krebsschäden der entsetzlichen griechischen Kleinstaaterei aufräumte, politisch zu werten ist, so war er doch zweifellos eine starke Verletzung des Bundesvertrages, nach dem der Hegemon und das Synhedrion in dieser Frage wahrscheinlich zusammen zu wirken hatten. Dabei bedeutete die Rückkehr der Verbannten praktisch einen sehr tiefen Eingriff in das Leben jeder einzelnen Gemeinde, sollen doch nicht weniger als 20000 Verbannte dem Abgesandten Alexanders zugejubelt haben, als dieser an den Olympien 324 den von Alexander an sie gerichteten Brief verlas. Das Synhedrion war völlig ausgeschaltet und bestenfalls mit der Bekanntgabe des königlichen Edikts an die Bündner beauftragt, wodurch es zu einer *Publikationsstelle der absolut geltenden Willensäußerungen Alexanders* herabsank. Die Weigerung Athens (wegen Samos!) und Ätoliens, dem Befehl zu gehorchen, führte zu einem Konflikt, der erst nach Alexanders Tod ausgekämpft worden ist. Dieser Ungehorsam bestätigt, daß man sich durch das Zugeständnis der Apotheose an die Befehle des Hegemon durchaus nicht gebunden fühlte, wenn dieser die Vertragsparagraphen verletzte. Mochten die Theoretiker wie Aristoteles sagen, daß der Gott gewordene Mensch über den Gesetzen stehe, in der Praxis des politischen Lebens dachte man anders.

Aber auch im Osten kam es durch die wachsenden Tendenzen der Weltherrschaft zu inneren Konflikten. Weltherrschaft pflegt, wie schon die Geschichte der alten orientalischen Weltreiche lehrt, zur Völkermischung und zur Nivellierung der nationalen Eigenheiten zu führen, nimmt also den Völkern das Beste und Höchste, was sie haben, und schon darum wird man *Heinrich v. Treitschke* zustimmen, wenn er von dem „*vernunftwidrigen Ziel der Weltherrschaft*" sprach. Auch Alexander ist allmählich zu Völkermischungen übergegangen, aber aus ganz anderen Motiven als jene orientalischen Weltherrscher. Daß es ihm nicht auf Knechtung und Nivellierung der nationalen Eigenheiten ankam, hat er seit dem Betreten des asiatischen Bodens oft gezeigt, indem er im Gegenteil völkische Rechte und Sitten nach Möglichkeit zu schonen und zu erhalten suchte. Soweit er aber später Völkermischung betrieben hat, hat er es getan, weil er glaubte, daß diese Blutmischung das beste Mittel sei, um die Eintracht zwischen den betreffenden Völkern zur Sicherung seines Reiches herzustellen. Von diesem Gedanken ausgehend, hat er damit begonnen, die rassische Verschmelzung der Makedonen und der Perser, des jetzigen und des früheren Herrenvolkes, deren gemeinsamer König er nun geworden war, in die Wege zu leiten, wie er sie anderseits aus militärischen Gründen auch im Heere in steigendem Maße durcheinander gemischt und sie militärisch miteinander verschmolzen hat (S. 250). Hatte er selbst schon 327 durch die Eheschließung mit der iranischen (baktrischen) Fürstentochter Roxane ein Beispiel gegeben, so kam dieser Gedanke geradezu zu programmatischem Ausdruck durch die Massenhochzeit von Susa (324), wo er zusammen mit etwa 80 makedonischen Adligen Hochzeit mit vornehmen Perserinnen und Iranierinnen feierte. Aber der Unwille der Makedonen über die Gleichstellung der von ihnen besiegten Perser kam bald danach, als Alexander in Opis (324) 10000 Veteranen in die Heimat zurückschicken wollte, zur Entladung in einer Meuterei, die zwar mit einer Versöhnung schloß, der gegenüber aber Alexander doch nur durch die dämonische Gewalt seiner Persönlichkeit seinen Willen durchsetzen konnte. Seine tiefsten Gedanken hat er bei diesem Versöhnungsfest in Opis angedeutet, wo er zu den Göttern betete, daß „*den Makedonen und Persern Eintracht und Gemeinschaft der Herrschaft*" beschieden sei (*ὁμόνοιάν τε καὶ κοινωνίαν τῆς ἀρχῆς Μακεδόσι καὶ Πέρσαις*, Arr. VII 11,9). In der gemeinsamen Herrschaft der miteinander versöhnten Makedonen und Perser sah er offenbar die festeste Stütze für die Zukunft seines asiatischen Reiches – denn nur auf *dieses* Reich sind natürlich jene Worte zu beziehen, das auch sonst von seinem makedonischen

Königreich immer streng zu scheiden ist. Vielleicht ist ihm dieser Gedanke dadurch noch besonders nahegelegt worden, daß er damals, mit seinem Westplan zutiefst beschäftigt, damit rechnen mußte, persönlich vielleicht durch jahrelange Kämpfe im fernen Westen von Asien entfernt bleiben zu müssen. Abgesehen von dieser makedonisch-persischen Verschmelzung scheint er für sein letztes Ziel einer totalen Weltherrschaft auch an Mischungen von Untertanen für dieses ökumenische Reich, wiederum zur inneren Befriedung, gedacht zu haben.

Von Opis ist Alexander dann nach Ekbatana gezogen, wo der Tod seines liebsten Freundes *Hephaistion* ihn in tiefste Trauer und nachhaltende Verdüsterung versetzte. Hier in Ekbatana beschäftigten ihn eingehend die Vorbereitungen zur Umschiffung Arabiens vom Persischen Golf nach Heroonpolis (Suez), die nach seinem schon in Karmanien (325) gefaßten Plan (S. 255) nur den Auftakt zu dem Feldzug gegen die Westländer Europas bilden sollte. Er selbst wollte bei dieser Umschiffung die Flotte begleiten, um dann von Alexandrien aus den Feldzug gegen Karthago und die anderen westlichen Völker vorzubereiten. Schon von Ekbatana aus, wenn nicht zum Teil schon vorher, hat Alexander nacheinander drei Männer auf Dreißigruderern zu Erkundungsfahrten ausgesandt, die die Fahrt um Arabien herum ins Rote Meer erforschen sollten. Wenn sie auch ihr Ziel ebensowenig erreichten wie jener *Anaxikrates*, der gleichzeitig den umgekehrten Weg von Suez nach dem Persischen Golf, offenbar zu Handelsinteressen, auskundschaften sollte, so blieben diese Entdeckungsfahrten doch nicht ohne wissenschaftlichen Erfolg. So hat *Androsthenes*, einer der drei Männer, auf der Bahrein-Insel Tylos im Persischen Golf die wertvollsten Beobachtungen über die Flora gemacht, die wiederum von Theophrast benutzt worden sind (vgl. S. 254).

Als Alexander nach Unterwerfung der Kossäer des Zagrosgebirges nach Babylon zurückkehrte (Frühling 323), begegneten ihm Gesandtschaften aus aller Herren Ländern, auch aus dem fernen Westen, um dem neuen Herrn des Ostens zu huldigen. Mit größtem Eifer wurden nun die letzten Vorbereitungen zur arabischen Expedition getroffen. Nicht nur in Babylon, auch in Phönikien und Cypern waren neue Schiffe gebaut worden, die, auseinandergenommen und über Land befördert, in Thapsakos wieder zusammengesetzt wurden und den Euphrat abwärts nach Babylon fuhren, wo ein mächtiger Kriegshafen und Schiffshäuser in Bau genommen wurden. Während hier die Expedition in fieberhafter Tätigkeit vorbereitet wurde, fuhr der rastlose König zum Pallakottaskanal und traf Anordnungen für eine Verbesserung des Kanalsystems, um die alte Fruchtbarkeit Babyloniens wiederherzustellen. Endlich waren die Vorbereitungen so weit gediehen, daß der Tag des Aufbruchs der Flotte bestimmt werden konnte. Da erkrankte nach festlichen Gelagen plötzlich der König an einem Malariafieber, das ihn in wenigen Tagen dahingerafft hat. In seinem Amtstagebuch, den Ephemeriden, lesen wir, wie er in seinen Gedanken sich immer noch mit der Expedition beschäftigte und Befehle erteilte, bis ihn die Stimme verließ. Nachdem er noch seinen alten makedonischen Kriegskameraden, die tief ergriffen an seinem Sterbelager vorüberzogen, zugenickt hatte, ist er bald danach gestorben (13. Juni 323), im Alter von noch nicht 33 Jahren.

Alexanders Lebenswerk

Nichts erschwert so wie dieser frühe Tod die Beurteilung Alexanders und seines Werkes; denn zu diesem Zeitpunkt war noch nichts fertig, so gigantisch auch das schon Erreichte war. 33 Jahre war Octavian alt, als er im Jahre 30 v. Chr. durch die Eroberung Alexandriens Herr der Welt wurde. Wie anders würde sein Bild in der Geschichte sein, wenn er damals gestorben wäre! Abgeschlossene Leistungen liegen bei Alexander nur auf *militärischem* Gebiet vor, und hier steht er als einer der ganz großen, genialen Feldherren der Weltgeschichte vor uns, wie Hannibal, Cäsar und Bonaparte. Viel schwietiger ist es, über ihn als *Staatsmann*, als *Kulturpolitiker* und *Wirtschaftspolitiker* zu urteilen, da er nach diesen Seiten hin noch mitten im Aufbauen begriffen war, abgesehen von der Dürftigkeit der Tradition über solche Fragen. Bedenkt man aber, wie Alexander die vorgefundene Satrapienordnung je nach den lokalen Bedürfnissen frei von jedem Schema umgestaltet und die Organisation seines Riesenreiches bis zuletzt immer wieder mit neuen Gedanken und Methoden zu bessern sich bemüht hat, wie er im besonderen in der Finanzverwaltung, die er von der Satrapengewalt loslöste, durch den Zusammenschluß mehrerer Satrapien zu einheitlichen Steuerbezirken ganz neue Gedanken durchgeführt hat, wie er mit dem Ansammlungssystem der Großkönige grundsätzlich brach und die Millionenschätze, die ihm in den Residenzen zugefallen waren, durch Ausmünzung in Umlauf zu setzen und damit auch im Orient die Geldwirtschaft zu fördern begann, wie er an Stelle der verschiedenartigen Prägerechte des früheren Perserreiches ein einheitliches Reichsmünzwesen schuf, indem er außer der Goldprägung auch die Silberprägung als königliches Regal für sich nahm und die Prägung (nach attischem Fuß) in einer Weise durchführte, daß das Alexandergeld bald die herrschende Münze in der ganzen Mittelmeerwelt wurde – bedenkt man dies alles, so wird man auch seine staatsmännischen Fähigkeiten nur mit Bewunderung betrachten können.

Durch die zahlreichen Griechenstädte, die er von Ägypten bis nach Indien gründete, hat er ferner eine Saat ausgestreut, die sowohl für die *Ausbreitung der griechischen Kultur*, die sicher zu seinen höchsten Zielen gehörte, wie auch für die Entwicklung von *Handel und Verkehr* reiche Früchte getragen hat. Für diese hat er außerdem nicht nur durch Pflege und Ausbau des übernommenen Straßennetzes wie auch durch Übernahme des persischen Reichspostwesens (S. 87 f.) gesorgt, sondern im besonderen auch durch die Erschließung neuer Handelswege. Doch was Alexander als *Entdecker* geleistet hat, das ist nicht nur aus wirtschaftspolitischen, sondern auch aus wissenschaftlichen Motiven zu erklären. Hierin vereinigte sich in ihm der Eroberer und der für die Wissenschaft begeisterte Schüler des Aristoteles. Daß er durch die Eroberung Asiens auch der Wissenschaft neue Quellen erschließen wollte, zeigte er dadurch, daß er sich von einem Stab von Gelehrten und Technikern begleiten ließ, die nach allen Richtungen hin, im besonderen in bezug auf die Flora und die Fauna und die Bodenschätze, die neuen Gebiete untersuchen und beschreiben sollten. Wie wertvoll diese Aufzeichnungen über die Pflanzenwelt Indiens und des Persischen Golfes für die spätere Forschung geworden sind (S. 254), hat uns das schöne Buch von *Hugo Bretzl* (Botanische Forschungen des Alexanderzuges, Leipzig 1903) gelehrt. Anderseits ließ er durch Feldmesser die von seinem Heer zurückgelegten Wege vermessen und mit den Stationen aufzeichnen, wodurch für die geographischen Forschungen des *Eratosthenes* wertvolle Grundlagen geschaffen worden sind, und durch einen Bergbautechniker ließ er die Salzbergwerke und die Gold- und Silbergruben Indiens untersuchen, wobei wissenschaftliche und praktische Ziele sich verbanden. Hingewiesen sei auch auf die interessanten Akklimatisationsversuche des Harpalos, der in den Parkanlagen von Babylon die Anpflanzung von Pflanzen der Mediterranflora experimentell versuchte. Das alles sind nur geringe Spuren des bewunderungswürdigen Strebens Alexanders, auch wissenschaftlich die neue Welt zu erschließen. Alle diese Aufzeichnungen sind dann im Reichsarchiv zu Babylon hinterlegt worden, wo sie den Interessenten zugänglich gemacht wurden (Strabo II, p. 69).

So dienten denn auch die von Alexander entsendeten *Expeditionen* bald wissenschaftlichen, bald realpolitischen, meist beiden Zwecken. Rein wissenschaftlich war das Ziel der Expedition, die Alexander 332/1 von Ägypten aus nach dem Sudān schickte, um die Ursachen der Nilschwelle zu erkunden. Sie ist bis zum Blauen Nil vorgedrungen und hat die richtige Erklärung (durch die tropischen Regengüsse Abessiniens) heimgebracht. Das Wissenschaftliche überwog auch bei der geplanten Expedition des *Herakleides*, der untersuchen sollte, ob das Kaspische Meer geschlossen oder ein Busen des Ozeans sei. Auch die Indusfahrt sollte zugleich einem geographischen Problem dienen, insofern Alexander dadurch das südliche Weltmeer kennenlernen wollte (S. 253). Vorwiegend handelspolitische Ziele verfolgte die Entdeckung des Seeweges vom Indus zum Tigris und Euphrat durch *Nearchos*, doch hat gerade auch diese Fahrt durch die Art ihrer Ausführung reiche wissenschaftliche Früchte getragen (S. 254). Nehmen wir noch die geplante arabische Expedition hinzu und die Entdeckungsreisen der vorher entsendeten Männer (S. 259), und rechnen wir endlich noch hinzu, daß Alexander die Griechen, die früher über die orientalische Küste kaum hinausgekommen waren, bis nach Indien geführt hat, so dürfen wir ihn wohl zu den erfolgreichsten *Entdeckern* aller Zeiten zählen.

Wenn es ihm auch versagt war, an die Ausführung seiner letzten gigantischen Pläne zu gehen, die ihn bis zu den Säulen des Herakles führen sollten, so bedeutet doch auch schon das, was er tatsächlich in seinem kurzen Leben durchgeführt hat, eine vollständige Umwälzung der damaligen Welt und ist die Grundlage für die ganze weitere Entwicklung geworden. Wer für historische Größe empfänglich ist, kann nur mit Bewunderung auf Alexander blicken. Der ungeheure Eindruck, den er auf die Menschheit gemacht hat, tritt vielleicht in nichts so deutlich hervor wie in der Ausbreitung des sogenannten „Alexanderromans" über die ganze christliche und islamische Welt des Mittelalters, der in den verschiedensten orientalischen und okzidentalischen Sprachen vorliegend auf ein griechisches Originalwerk, den sogenannten Pseudo-Kallisthenes, zurückgeht. Auch unser deutsches Alexanderlied des Pfaffen Lamprecht aus dem 12. Jahrhundert geht über das französische des Alberich von Besançon auf eine lateinische Übersetzung des Originals zurück. So ist Alexander als eine Märchengestalt im Morgenlande wie im Abendlande über 2000 Jahre in der Phantasie der Völker lebendig geblieben, bis die moderne kritische Geschichtsforschung den wahren Alexander sich zurückzuerobern begann. Im Orient aber sind die sagenhaften Erinnerungen an „Iskender" noch heute lebendig. Hat man doch noch 1890 Sven Hedin in Zentralasien (in Margelan) das „Grab Alexanders" gezeigt.

XII. DIE HELLENISTISCHE ZEIT

Die politische Entwicklung bis zur römischen Eroberung Alexandriens im Jahre 30 v. Chr.

Es war verhängnisvoll für den Bestand von Alexanders Reich, daß bei seinem plötzlichen Tode kein legitimer Thronfolger vorhanden war, der in seinem Sinne die Regierung hätte übernehmen können. Die beiden Könige, die nach heftigem Streit zwischen den Reitern und dem Fußvolk in Babylon durch Kompromiß eingesetzt wurden, *Philippos Arrhidaios*, der epileptische Sohn Philipps, ein Halbbruder Alexanders, und *Alexander*, der nachgeborene Sohn Alexanders und der Baktrierin Roxane, waren beide regierungsunfähig. Um keinem der ehrgeizigen Generale die alleinige Vertretung des Königtums anzuvertrauen, fand eine Verteilung der Gewalten in der Weise statt, daß *Perdikkas* als Chiliarch (Großwesir) die politische Aufsicht über das asiatische Königreich Alexanders erhielt, *Antipater* wie bisher die Strategie von Europa und *Krateros* in Vertretung des Königs Philippos das Kommando über das in Asien stehende Reichsheer erhielt. Da aber Krateros, der die makedonischen Veteranen in die Heimat führte, ebenso wie Antipater von Babylon abwesend war, so überragte hier die Machtstellung des Perdikkas, der die beiden Könige in der Hand hatte, alle anderen. Unter seiner Leitung wurden die Satrapien neu verteilt, so Ägypten an *Ptolemaios*, den Sohn des Lagos, Großphrygien u.a. an *Antigonos*, Thrakien an *Lysimachos* usw. Die meisten dieser Freunde Alexanders, deren Ruhm- und Machtbegehr nach seinem Tode sich frei entwickeln konnte, waren ungewöhnliche Kraftnaturen, wie wir sie in solcher Fülle nebeneinander vielleicht nur in der italienischen Renaissance wiederfinden. Der Wettkampf dieser Männer um die Macht, durch den das Reich Alexanders zersplitterte, füllt die nächsten Dezennien aus (über 40 Jahre bis 281). Auf die Einzelheiten dieser außerordentlich verwickelten „Diadochenkämpfe“ soll hier nicht eingegangen werden, nur die großen Linien der Entwicklung und die Ideen, um die gekämpft worden ist, seien angedeutet.

Die Reichseinheit sowie das Königtum wurden wie selbstverständlich von Alexander her übernommen, dagegen alle über den damaligen Bestand hinausgehenden Eroberungspläne, die der Heeresversammlung in Babylon aus den Akten vorgelesen wurden, sind von dieser ausdrücklich abgelehnt worden. Statt der Verschmelzungspolitik Alexanders, an der die Makedonen den größten Anstoß genommen hatten (S. 258), wurde von den Diadochen eine nationalmakedonische Politik betrieben. Dadurch ist die Völkermischung, die freilich bei der Ausbreitung der Griechen über den Orient schließlich unvermeidlich war, doch um ein paar Generationen verzögert worden, und nicht zuletzt um dieser nationalen Politik willen überragen die ersten Generationen der sich bildenden Dynastien weit die späteren: es ist die Zeit, wo das Griechentum gegenüber dem Orient noch unbestritten vorherrschte.

Auf die Nachricht vom Tode Alexanders verhielt sich der Orient völlig ruhig, ein glänzender Beweis für die Staatskunst des Königs; die Erhebung in Baktrien ging von den angesiedelten Griechen, nicht von den Orientalen aus. Dagegen in Hellas, wo in Athen und Ätolien wegen der Rückführung der Verbannten eine noch ungelöste Spannung mit Alexander entstanden war (S. 257), brach ein *Freiheitskrieg* aus. Athen bildete unter Sprengung des Korinthischen Bundes einen neuen Hellenenbund, dessen Hegemonie es für sich selbst ergriff, und rief auf zum Kampf gegen Makedonien (323). *Antipater* wurde anfangs in Lamia (im Gebiet von Malis) von den siegreichen Verbündeten eingeschlossen, weshalb man diesen „Hellenischen Krieg" auch den „*Lamischen*" nennt, siegte aber, nachdem er von *Leonnatos* und nach dessen Tode von *Krateros* Zuzug erhalten hatte, bei *Krannon* in Thessalien (August 322). Noch entscheidender war der Seesieg der makedonischen Flotte bei *Amorgos* (Sommer 322, vor der Schlacht bei Krannon), mit dem Athens Seemacht für alle Zeit dahinsank. Antipater löste den neuen Bund auf und schloß mit jedem einzelnen der Aufständischen einen Separatfrieden. Athen, das isoliert auf Gnade und Ungnade kapitulierte, mußte Samos den Samiern abtreten (gemäß Alexanders Edikt), eine makedonische Besatzung in die Munichia aufnehmen und seine Demokratie durch eine Oligarchie ersetzen, in der die Ausübung des Bürgerrechts von einem Zensus von 2000 Drachmen abhängig gemacht wurde (322). Unter den vertriebenen Demagogen befand sich auch Demosthenes, der sein kampfreiches Leben durch Gift beendete (Oktober 322).

Der Feldzug Antipaters gegen Ätolien mußte wegen der Vorgänge im Osten abgebrochen werden. Hier hatte das herrische Auftreten des *Perdikkas*, der inzwischen das asiatische Kommando des Krateros an sich gerissen hatte, zu einer Koalition des *Antigonos, Ptolemaios* und *Lysimachos* geführt, der sich nun auch der bei Antipater weilende *Krateros* anschloß. Perdikkas, auf dessen Seite *Eumenes* stand, der frühere Geheimsekretär Alexanders, der als der einzige Grieche in diesem stolzen makedonischen Kreise immer zurückgesetzt wurde, zog nach Ägypten gegen Ptolemaios, der ihn durch die Besetzung der Cyrenaica (322), namentlich aber durch die Entführung der Leiche Alexanders nach Ägypten gereizt hatte, wurde hier aber in seinem Lager bei Memphis von seinen eigenen Leuten ermordet (321). Die Siege des Eumenes in Kleinasien (Krateros fiel) konnten die Situation nicht mehr retten. So wurde in Triparadeisos (an den Orontesquellen) 321 *Antipater*, unbeschadet seiner Stellung als Stratege von Europa, von der Heeresversammlung zum Reichsverweser erwählt, der nun die beiden Schattenkönige nach Makedonien führte. Während Antigonos, von Antipater in Triparadeisos zum Strategen von Asien ernannt, gegen Eumenes im Osten kämpfte, benutzte Ptolemaios die Situation, um das südliche Syrien zu annektieren.

Als 319 Antipater starb, folgte ihm als Reichsverweser und Stratege von Europa der schwächliche *Polyperchon*, nicht ordnungsmäßig vom Heer erwählt, sondern von Antipater ernannt. Diese unglückliche Wahl führte zu einem zweiten *Koalitionskrieg*, da der ehrgeizige Sohn des Antipater, *Kassander*, sich mit Antigonos, Ptolemaios und Lysimachos gegen Polyperchon verband. Letzterer versuchte durch ein Freiheitsdekret (319) die Griechen für sich zu gewinnen, durch das er den Korinthischen Bund wiederherzustellen suchte, was ihm aber nicht gelang. Vielmehr schloß sich Athen 317 infolge eines Seesieges der Alliierten bei Byzanz (318) an Kassander an, der nun den *Demetrios von Phaleron*, den gelehrten Schüler des Theophrast, als seinen Verwalter in Athen einsetzte. Unter dessen 10jähriger Leitung hat Athen noch einmal eine Zeit materieller Blüte erlebt. Auch der zweite Plan Polyperchons, durch die Rückberufung von Alexanders Mutter *Olympias* aus Epirus zu wirken, mißlang. Nachdem sie zurückgekehrt den König Philippos Arrhidaios und seine Gemahlin umgebracht hatte (317), wurde sie selbst von Kassander in Pydna bezwungen und von der makedonischen Heeresversammlung zum Tode verurteilt (316). So war nun Kassander Herr in Makedonien (Polyperchon war geflohen) und hielt den kleinen Alexander und seine Mutter Roxane in Gefangenschaft. In demselben Jahre fand *Eumenes*, der einzige ehrliche Freund des Königtums, der, von Polyperchon zum Reichsfeldherrn ernannt (318), mit heroischer Tatkraft gegen Antigonos gekämpft hatte, in Asien seinen Tod. So bedeutete das Jahr 316 eine Katastrophe für das Königtum in Ost und West.

Nunmehr begann immer offener der Kampf der ehrgeizigen Diadochen untereinander. Der Gewaltigste an Energie und Macht war *Antigonos*, der „Einäugige“, der nach dem Siege über Eumenes wie ein Großkönig in den Oberen Satrapien regierte. Er war der einzige unter den Satrapen, der nach der Alleinherrschaft über das ganze Alexanderreich strebte, während den anderen nur die Gewinnung von selbständigen Territorialreichen vorschwebte. Um diese Prinzipien handelte es sich in dem nun entbrennenden Kriege. Als *Seleukos*, der Satrap von Babylon, vor Antigonos zu Ptolemaios nach Ägypten floh (316), führte dies zu einer Koalition zwischen diesen beiden und Kassander und Lysimachos gegen den übermächtigen Antigonos. Dieser dritte *Koalitionskrieg* wurde mit Unterbrechungen von 315–301 geführt. Auf das Ultimatum der Alliierten antwortete Antigonos im Lager vor Tyros (315), indem er durch seine Heeresversammlung den Kassander zum Reichsfeind und sich selbst zum Reichsstrategen und Verweser des Königtums erklären ließ, wogegen er den Polyperchon als Strategen im Peloponnes anerkannte. Zugleich suchte er Griechenland für sich zu gewinnen, indem er die Freiheit und Autonomie der Griechen proklamierte und Feldherrn zur Befreiung von den Besatzungen des Kassander hinübersandte. Während es dem Antigonos Ernst war mit seiner griechenfreundlichen Politik, wollte Ptolemaios nur diesen Zug des Gegners unwirksam machen, indem auch er eine Freiheitsproklamation an die Griechen erließ. *So wurde die griechische Freiheit zum Kampfmittel der ehrgeizigen Diadochen.* Aus den Bemühungen des Antigonos um die Griechen, aber gewiß auch zugleich aus seinem eigenen Machtbestreben ging auch der *Inselbund* (τὸ κοινὸν τῶν Νησιωτῶν) hervor, zu dem er die Kykladen zusammenschloß (315/4). So ist denn in den nächsten Jahren in Asien wie in Griechenland bei annähernd gleicher Verteilung der Kräfte mit wechselnden Erfolgen gekämpft worden. Von großen Folgen war, daß nach der Niederlage des *Demetrios*, des Sohnes des Antigonos, bei *Gaza* (312) Seleukos nach Babylon zurückkehren konnte, worauf er dort in den Kampf um die Oberen Satrapien eintrat. Der *Friede*, der 311 geschlossen wurde und den Griechen die Freiheit verhieß – wofür Antigonos in Skēpsis göttliche Ehren erhielt! –, war mehr ein Waffenstillstand. Die Friedensbestimmung, daß Kassander nur bis zur Regierungsfähigkeit des kleinen Alexander als Stratege in Europa anerkannt sei, hatte zur Folge, daß Kassander ihn mit seiner Mutter Roxane bald danach umbringen ließ (310/9).

So war denn Alexanders Dynastie ausgerottet, das Königtum, in dem der Gedanke der Reichseinheit sich noch immer verkörpert hatte, beseitigt, und ungehemmt konnten die ehrgeizigen Diadochen um die Trümmer des Reiches kämpfen.

Während Seleukos, der in den Frieden nicht eingeschlossen war, mit Antigonos um Babylon stritt, trat *Ptolemaios* als Vollzieher des Friedens auf, indem er 310 und 309 für die Befreiung der Griechenstädte Kleinasiens von den Besatzungen des Antigonos gegen dessen Sohn Demetrios kämpfte. Im Jahre 308 fuhr er, nach Verständigung mit Demetrios, nach Griechenland hinüber, um hier den Korinthischen Bund wiederzuerwecken und für sich selbst die Hegemonie des Bundes zu gewinnen. Als er aber nach Korinth und Sikyon seine Besatzungen legte, erkannten die Griechen seine wahren Absichten, und so scheiterten seine Bundesbestrebungen. So kehrte er, nachdem er Frieden mit Kassander geschlossen, nach Ägypten zurück.

Mit besserem Glück hat es *Antigonos* unternommen, Griechenland von den Besatzungen des Kassander zu befreien und für sich zu gewinnen. Sein Sohn *Demetrios* vertrieb 307 den Demetrios von Phaleron aus Athen und stellte die Demokratie wieder her, wofür er und sein Vater mit überschwenglichen Ehren gefeiert wurden: ihre vergoldeten Statuen wurden neben denen des Harmodios und Aristogeiton aufgestellt, Altäre wurden ihnen als den „Rettern" (Σωτῆρες) errichtet und zwei neue Phylen Antigonis und Demetrias nach ihnen benannt.

Die weiteren Operationen in Griechenland mußten zunächst abgebrochen werden, da Demetrios 306 nach *Cypern* fahren mußte, um gegen Ptolemaios zu kämpfen, der die Insel annektiert hatte. Der glänzende Seesieg, den er 306 bei *Salamis* (auf Cypern) erfocht, hatte zur Folge, daß Antigonos von seinem Heer zum *König* ausgerufen wurde. Antigonos, der den Titel auch auf Demetrios übertrug, sah in ihm den Ausdruck der Königsherrschaft über das ganze Alexanderreich, während die anderen Diadochen, die nach einiger Zeit gleichfalls den Königstitel annahmen – Ptolemaios (305), Lysimachos, Kassander, Seleukos (der „König" von Babylon schon seit 309/8 war) und ihrem Beispiel folgend auch Agathokles von Syrakus –, sich nur als Könige ihres Territorialreiches betrachteten. Hiermit war die Idee der Reichseinheit von diesen auch formell aufgegeben.

Der schlecht angelegte Versuch des Antigonos, den Ptolemaios nun auch im eigenen Lande anzugreifen, scheiterte an der schweren Zugänglichkeit Ägyptens. Um diesen Mißerfolg wiedergutzumachen und den Ptolemaios durch die Bezwingung von *Rhodos*, das mit Ägypten in engsten Handelsbeziehungen stand, zu schädigen, ließ er den Demetrios den Kampf gegen die Insel aufnehmen. Aber wiewohl dieser die großartigsten Maschinen auffahren ließ und alle seine Künste, die ihm den Beinamen des „Belagerers" (Poliorketes) eingebracht haben, spielen ließ, hat er doch die heldenmütig verteidigte Stadt nicht bezwingen können. Als er nach einem Jahre die Belagerung abbrechen mußte (304), erlangte Rhodos in einem ehrenvollen Frieden Freiheit und Autonomie. Diese ruhmvolle Verteidigung wurde die Basis zu einem Aufschwung von Rhodos zu einer Großmacht, die, gestützt auf eine ansehnliche Kriegsmarine und im Besitz einer sehr verständig gemäßigten demokratischen Verfassung, nach der nicht die besitzlosen Massen, sondern die Großkaufleute das Staatsruder lenkten, einer glänzenden Zukunft entgegenging. Das Griechentum tritt uns in diesen Jahrhunderten kaum irgendwo so gesund, so tüchtig, so sympathisch entgegen wie in dieser stolzen Handelsrepublik Rhodos, deren Geschichte uns in vielem an die glänzenden Tage unserer Hanse erinnert.

Den Anlaß zum Abbruch der Belagerung hatten die Hilferufe aus Athen gegeben, das von Kassander belagert wurde. Sobald Demetrios Ende 304 in Hellas landete, zwang er den Kassander zur Aufhebung der Belagerung und gewann Mittelgriechenland bis zu den Thermopylen. Nachdem er 303/2 auch den größten Teil des Peloponnes gewonnen hatte, konnte er an den Isthmien von 302 endlich den seit langem von seinem Vater gehegten Wunsch erfüllen und einen *Hellenischen Bund* und eine *Symmachie* mit diesem unter seiner und des Antigonos Hegemonie nach dem Muster des Korinthischen Bundes ins Leben rufen.

Doch dieser Schöpfung war nur eine kurze Dauer beschieden. Wohl konnte Demetrios noch 302 die griechischen Kontingente in Thessalien gegen Kassander führen, aber inzwischen kam es zu einer neuen *Koalition* von Ptolemaios, Lysimachos, Seleukos und Kassander gegen Antigonos. So zogen sich in Kleinasien die Heere der Alliierten zusammen gegen den nach Phrygien vorgerückten Antigonos. Ende 302 kam auch Seleukos aus Indien zurück, der nach Wiedergewinnung der Oberen Satrapien nach Indien gezogen war gegen König Tschandragupta (*Σανδρόκοττος*), den Begründer der Mauryadynastie, der das Indusland und das Gangesland mit der Hauptstadt Pataliputra (*Παλίβοθρα*) zu einem großen Einheitsstaat zusammengefaßt hatte. Auf die Nachricht von den Verwicklungen im Westen hatte Seleukos Friede und Freundschaft mit dem Inder geschlossen, hatte ihm zwar die indischen

Provinzen lassen, ja sogar darüber hinaus die iranischen Grenzgebiete abtreten müssen, hatte aber 500 Kriegselefanten von ihm erhalten, mit denen er nun in Kappadokien überwinterte. So kam es 301 zu der *Entscheidungsschlacht bei Ipsos* in Phrygien, in der die Alliierten namentlich durch diese indischen Elefanten den Sieg davontrugen. Mit Antigonos, der 81jährig tapfer kämpfend fiel, verschwand der Mann, der als Vertreter des Einheitsgedankens die Alexandermonarchie hatte herstellen wollen. Jetzt standen vier Territorialreiche nebeneinander, die sich gegenseitig anerkannten, das makedonische Reich des *Kassander*, das jetzt zum erstenmal wieder ein eigenes Königreich bildete und nicht mehr das Aushebungszentrum für ein Gesamtreich war, ferner das Reich des *Lysimachos*, der zu Thrakien Kleinasien bis zum Tauros hinzubekam, das des *Seleukos*, dem Syrien und Mesopotamien zu seinem Ostreich zugesprochen wurden, und das des *Ptolemaios*, der jetzt leer ausging, weil er an der Schlacht nicht teilgenommen hatte.

Aber diese Aufteilung barg Konfliktstoffe in sich, wie denn Ptolemaios sich weigerte, den von ihm besetzten Teil Syriens zu räumen, und vor allem war *Demetrios*, der aus der Schlacht von Ipsos entkommen war, unermüdlich im Kampf um die Macht, so daß die nächsten zwanzig Jahre noch voll von Streit und Kampf gewesen sind. Auch als er nach Beseitigung eines Sohnes des 298/7 verstorbenen Kassander vom Heer zum König von Makedonien ausgerufen war (294), genügte diese Machtstellung seinem Ehrgeiz noch nicht. Als er rüstete, um das väterliche Reich in Asien wiederzugewinnen, taten sich Lysimachos, Seleukos und Ptolemaios, denen sich *Pyrrhos* von Epirus anschloß, zu einer Koalition gegen ihn zusammen, und als er, 288 aus Makedonien vertrieben, mit ungebrochenem Mut den Kampf in Kleinasien aufnahm, wurde er von *Agathokles*, dem Sohn des Lysimachos, nach dem Süden gedrängt, wo ihn Seleukos gefangennahm (286). So starb er 283 als ein Internierter, ein Mann von bewunderungswürdiger Elastizität, der durch viele Jahre hindurch die Welt in Atem gehalten hatte. Es liegt eine Gerechtigkeit der Geschichte darin, daß schließlich doch seinem Sohne, *Antigonos Gonatas*, der Thron Makedoniens zugefallen ist und sein Geschlecht, die Antigoniden, ihn besessen haben, solange es überhaupt ein Königreich Makedonien gegeben hat.

Im selben Jahre 283 starb der alte *Ptolemaios I.*, der „Retter" (Soter), wie er nach seinem Tode als Gott im Staatskult hieß, nachdem er schon vorher als „Retter" gefeiert worden war. Um die Thronfolge zu sichern, hatte er schon 285 seinen Sohn von der Berenike, Ptolemaios (II.), den man später

Philadelphos nannte, zum Mitregenten erhoben, worauf sein älterer Sohn von der Eurydike, *Ptolemaios Keraunos* (der „Donner“), ins Ausland gegangen war. Ähnlich hatte aus demselben Motiv schon vorher Seleukos seinen Sohn Antiochos (I.) zum Mitregenten gemacht, hatte aber eine lokale Scheidung eingeführt, indem er ihm die Herrschaft über die Oberen Satrapien überwiesen hatte. In beiden Reichen hat sich die Thronfolge denn auch ruhig vollzogen. Dagegen führte die Thronfolgefrage im Reich des *Lysimachos* zu einer Katastrophe. Als dieser unter dem Einfluß der für ihre Söhne den Thron erstrebenden *Arsinoë*, der Tochter des Ptolemaios I., seinen allgemein beliebten Sohn aus erster Ehe Agathokles hatte hinrichten lassen, gingen viele der Anhänger dieses Sohnes – darunter der Eunuch Philhetairos, der auf der Burg von Pergamon einen Schatz des Lysimachos hütete – zum Seleukos über und bewogen ihn zu einem Rachekrieg. So kam es Februar 281 zu einer Schlacht, der letzten, die zwischen Kampfgenossen Alexanders geschlagen wurde, bei *Kurupedion* (in Lydien), in der Lysimachos, etwa 75 Jahre alt, tapfer kämpfend fiel. Dem Sieger Seleukos fiel damit nicht nur Kleinasien und Thrakien zu, sondern sein Heer rief ihn auch zum König von Makedonien aus. Als er aber den Hellespont überschritt, wurde er (Aug./Sept. 281) bei Lysimacheia von Ptolemaios Keraunos ermordet, der nun seinerseits den Thron von Makedonien bestieg, das mit Thrakien wieder vereint wurde, während Kleinasien dem Antiochos I. verblieb. Diese Ereignisse haben auch auf den endgültigen Entschluß des *Pyrrhos*, dem Hilfsgesuch der Tarentiner nachzukommen, Einfluß ausgeübt, da hiernach in Makedonien und Asien kein Raum mehr für seinen Ehrgeiz war. So ist er im Frühjahr 280 voll hochfliegender Pläne nach Italien hinübergegangen, mit Truppen unterstützt von Keraunos, den er dafür als König anerkannte. So sind diese Vorgänge in der hellenistischen Welt auch für die westliche und im besonderen die römische Geschichte von Bedeutung geworden (S. 277).

Um dieselbe Zeit entlud sich ein schweres Gewitter über die Balkanhalbinsel. Die Kelten oder *Galater* (*Γαλάται*), die auf ihrer Wanderung von Westen her schon zu Alexanders Zeit bis an die untere Donau vorgedrungen waren, brachen auf die Kunde vom Zusammenbruch des Reiches des Lysimachos, der bis dahin die Wacht im Norden gehalten hatte, im Jahre 280 nach Süden gegen Thrakien auf. Damit griff ein neues Volk in die griechische Geschichte ein, das, nach Beute lüstern, tapfer im Kampf, im turbulenten ersten Ansturm wohlerprobte Heere wie die Römer (an der Allia) und die Makedonen zu überrennen vermochte, aber keine Befähigung zur Staatenbildung bewies – „die Landsknechte des Altertums", wie Mommsen sie genannt hat. Als sie 279 in mehreren Schwärmen vorstießen, erlag ihnen das makedonische Heer in einer Schlacht, in der Ptolemaios Keraunos das Leben verlor, worauf völlige Anarchie in Makedonien entstand. Der Einbruch des *Brennos* in Griechenland führte zum Zusammenschluß der mittelgriechischen Stämme. Wohl haben die Galater in diesem Jahre, nachdem sie den Durchbruch durch die Thermopylen erzwungen hatten, in Mittelgriechenland arg gehaust, wurden aber, wie eine Inschrift gelehrt hat (im Widerspruch zu der Tempellegende), durch eine siegreiche Schlacht der verbündeten Hellenen verhindert, Delphi zu plündern, und wurden schließlich gezwungen, wieder nach dem Norden zurückzufluten. Zur Erinnerung an „die Rettung der Hellenen" wurde in Delphi das Soterienfest gestiftet, das dann später zu einem großen penteterischen Fest erweitert wurde. Schlimmer erging es den Griechenstädten an den thrakischen Küsten, die schwer gebrandschatzt wurden. Während im nördlichen Thrakien größere Massen von Kelten zurückblieben, was zur Gründung des Reiches von *Tylis* führte, errang *Antigonos Gonatas* 277 bei Lysimacheia einen entscheidenden Sieg über andere Keltenscharen, der in der ganzen Griechenwelt mit Jubel begrüßt wurde und ihm den Weg auf den Thron Makedoniens geebnet hat (276). Von weittragenden Folgen war, daß größere Teile der Kelten nach Kleinasien hinübergingen (278), wo sie lange Zeit der Schrecken der Griechenstädte waren. In dem nach ihnen benannten Lande *Galatien* im Herzen Kleinasiens sind die drei Stämme der Trokmer, Tektosagen und Tolistoagier unter Einführung ihrer keltischen Gauordnung seßhaft geworden. Als Söldner aber haben die Galater in den Heeren der hellenistischen Fürsten noch lange Zeit, ja noch bei den Römern als Hilfstruppen eine große Rolle gespielt. Alles in allem hat dieser Keltensturm doch frische Luft in die griechische Geschichte gebracht, indem er die Griechen daran erinnert hat, daß hoch über allem Streit der Stämme und dem Gezänk der Parteien die Forderungen der *auswärtigen* Politik, voran die Sicherheit des Vaterlandes, stehen. Auch hat er, was im besonderen in der pergamenischen Geschichte hervortritt, den nationalen Gegensatz der „Hellenen" und der „Barbaren" neu belebt zu einer Zeit, in der er im übrigen vor kosmopolitischen Anschauungen hatte zurücktreten müssen (S. 301).

So sind denn schließlich aus den wilden Stürmen der Diadochenzeit nach dem Zusammenbruch des Reiches des Lysimachos drei Monarchien hervorgegangen, die nun nebeneinander die Politik der östlichen Hälfte der Welt beherrscht haben, bis sie eine nach der anderen in Rom ihren Meister fanden, das Reich der *Ptolemäer* oder *Lagiden* (Hauptland Ägypten), das der *Seleukiden* (Asien) und das der *Antigoniden* (Makedonien). Die Struktur dieser drei Reiche war sehr verschieden. Ein Nationalstaat war nur der makedonische, wo ein makedonischer König über das makedonische Volk herrschte. Dagegen das ptolemäische und das seleukidische Reich waren künstliche Gebilde, insofern hier makedonische Dynastien, gestützt auf eine doch nur dünne makedonisch-griechische Erobererschicht, über orientalische Völker herrschten, so daß ein nationaler Reichsgedanke hier überhaupt nicht entstehen konnte, wie es auch ein Reichsbürgerrecht hier gar nicht gegeben hat. Den Vorzug der größeren Geschlossenheit hatte unter diesen beiden das Ptolemäerreich, das, abgesehen von seinen Außenbesitzungen in Kyrene, Syrien, Cypern und den Inseln und Küstenstädten des Ägäischen Meeres, nur *ein* großes Untertanenvolk, die Ägypter (etwa sieben Millionen), beherrschte und dessen Hauptland Ägypten, in der Verwaltung straff zentralisiert, militärisch fast unangreifbar war. Dagegen das Seleukidenreich, das sich bis an die indische Grenze erstreckte, war ein lockeres Gemenge der allerverschiedensten Völkerschaften kleinasiatischer, semitischer und indogermanischer Zunge, mehr eine Vereinigung sehr verschiedenartiger Satrapien, die durch die Person des Königs zusammengehalten wurde und an den weiten Grenzen leicht angreifbar war. Hier hat denn auch die *orientalische Reaktion* gegen die hellenistische Herrschaft am frühesten eingesetzt und zur allmählichen Auflösung des Reiches geführt.

Die *Regierungsform* dieser drei Reiche war im Prinzip die gleiche, nämlich der von Alexander im Verfolg seiner Weltherrschaft in Asien entwickelte Absolutismus, wiewohl diese Reiche die Weltherrschaft selbst alle drei ablehnten. Aber auch hierin sind Unterschiede zu erkennen. Am mildesten trat der Absolutismus in Makedonien auf, in dessen nationalem Staat doch auch jetzt noch manche alten Traditionen der patriarchalischen Zeit lebendig geblieben waren. So haben hier die alten Rechte der makedonischen Heeresversammlung eine größere Bedeutung behalten als bei den Ptolemäern und Seleukiden, wiewohl auch bei diesen Spuren von ihnen noch hervortreten. So hat auch *der staatliche Königskult*, dieser höchste Ausdruck des Absolutismus, der bei jenen beiden stark entwickelt wurde, in Makedonien überhaupt keinen Eingang gefunden (S. 317). Dieser gemäßigte Absolutismus der Antigoniden erinnert am meisten an den „aufgeklärten Absolutismus“ des 18. Jahrhunderts, namentlich während der langen Periode, in der der philosophisch

Bild 29: Alexander der Große *Demetrios Poliorketes*
Ptolemaios I. *Philhetairos von Pergamon*

Bild 30: Philipp V. — T. Quinctius Flamininus
Perseus — Mithradates VI.

gebildete Antigonos Gonatas, der Freund des Zenon, des Gründers der Stoa, regierte. Sein Ausspruch von dem „ruhmvollen Dienst" des Königs (*ἔνδοξος δουλεία*) erinnert unmittelbar an das Wort Friedrichs des Großen von dem König als dem „ersten Diener" des Staates. Aber auch bei den Lagiden kann man trotz der starken Ausbildung ihres Absolutismus von einem zum mindesten im Grundsatz beabsichtigten „aufgeklärten" Absolutismus sprechen, insofern unter philosophischem (kynischem) Einfluß das „Wohltun" gegenüber allen Untertanen auch hier Regierungsmaxime war, wenn auch in der Praxis, zumal nach der Regierung der ersten großen Könige dieser Dynastie, immer weniger davon zu spüren war.

Bei den Lagiden und Seleukiden, bei denen neben dem alexandrischen Absolutismus die alten orientalischen Traditionen des Pharaonentums bzw. der Perserherrschaft nachwirkten, fand der Absolutismus, abgesehen von dem schon erwähnten Königskult, vor allem auch darin seinen Ausdruck, daß der König als *Quelle allen Rechtes* der Herr über Tod und Leben seiner Untertanen wie anderseits der alleinige *Obereigentümer* von Grund und Boden war. Für die Konsequenzen, die sich hieraus für das Ptolemäerregiment ergaben, haben wir neben den Inschriften in denTausenden von gleichzeitigen griechischen *Papyrusurkunden*, die uns seit längerer Zeit bekanntgeworden sind, eine außerordentlich wertvolle Quelle gewonnen, während uns für das Seleukidenregiment leider ein ähnliches Material bisher fehlt, doch erwecken die Lederurkunden und Papyri, die neuerdings in Dura am Euphrat gefunden wurden (S. 303), Hoffnungen für die Zukunft. Das *Regiment der Lagiden* war durchaus persönlich. In diesem zentralisierten Beamtenstaat liefen alle Fäden in der Hand des Königs zusammen, der die oberste Spitze *aller* Ressorts bildete, der Justiz, der Finanzen, des Militärs, des Kultus, kurz der ganzen Reichsverwaltung, und durch seine Kabinettsorders (*προστάγματα, διαγράμματα*) alles nach seinem Willen bestimmte. Die Erledigung der Vorlagen der Beamten sowie der Eingaben und Bittschriften (*ἐντεύξεις*), die die Bevölkerung dem König in persönlichen Audienzen, sei es in Alexandrien im Königspalast oder auch auf seinen Reisen im Lande, überreichen durfte, verlangte, wenn die Könige ihren Beruf ernst nahmen, wie die ersten es taten, eine außerordentlich starke tägliche Arbeitsleistung, über die in den königlichen Amtstagebüchern nach dem Muster Alexanders täglich genau Buch geführt wurde. Gerade in dieser Hinsicht hat einst Mommsen das Lagidenregiment mit dem fridericianischen zusammengestellt. An der Spitze der fein gegliederten Beamtenschaft, die im Gegensatz zu der ehrenamtlichen

Betätigung der griechischen Stadtbürger feste Besoldung (in Naturalien und Geld) erhielt, stand der Wirtschafts- oder Finanzminister (διοικητής), der oft eine allmächtige Stellung wie der Wesir im Pharaonenstaat des Neuen Reiches einnahm. Die Residenz Alexandrien wurde als außerhalb „Ägyptens" stehend betrachtet, das seinerseits als das zu dieser „Polis" gehörige „Land" (χώρα) angesehen wurde. Dies Land, das in die Verwaltungsdistrikte Unter- und Oberägypten (Thebaïs) zerfiel, war nach altägyptischer Weise in „Gaue" (νομοί) gegliedert, deren Verwaltungszentrum die Gaumetropole war, die aber keine „Polis" im griechischen Sinne, sondern staatsrechtlich ein Dorf (κώμη) war, genau genommen ein Dorf der Polis Alexandrien. So war die gesamte Verwaltung des Landes in Alexandrien zentralisiert. Das *Regiment der Seleukiden*, von dem wir sehr viel weniger wissen, weist trotz der Übereinstimmungen in den Grundgedanken doch im einzelnen viele Abweichungen auf. So ließ sich hier eine einheitliche Zentralisierung nicht durchführen. Ihr Reich war abweichend von Ägypten in Satrapien gegliedert, und zwar in viel kleinere als im alten Perserreich. Doch wichtiger ist ein anderer Unterschied. Während die Ptolemäer nur eine einzige Griechenstadt in Ägypten angelegt haben (Ptolemaïs in Oberägypten), haben die Seleukiden, namentlich die ersten beiden Könige, die wohl die größten Städtegründer der Weltgeschichte sind, eine außerordentlich große Zahl gegründet, bis an die indische Grenze hin, vor allem in Syrien, Kleinasien und Iran, wodurch ihr Reich eine ganz andere Struktur bekommen hat. Diese zahlreichen Städte genossen zwar, außerhalb der Satrapien stehend, eine formale Autonomie (mit βουλή und δῆμος) und konnten ein reiches Gemeindeleben entfalten, waren tatsächlich aber doch vom König abhängig, der ihnen ihre grundlegenden Gesetze (die πολιτεία) gegeben hatte und darin das Maß ihrer Selbständigkeit bestimmte, und dem sie als Gott ihren städtischen Königskult darbrachten. Trotzdem fand der Absolutismus durch diese Fülle autonomer Städte, deren Landgebiet durch Angliederung von Königsland (bei Schenkungen, Verkauf usw.) vielfach wuchs, eine gewisse Einschränkung, zumal die Städte mit der Zeit immer mehr nach Privilegien strebten. Doch sind sie meist Stützen des Königtums gewesen.

Was diese Monarchien für die wirtschaftliche und kulturelle Entwicklung getan haben, soll in den nächsten beiden Kapiteln behandelt werden. Was ihre *äußere Politik* betrifft, so war es verhängnisvoll für das Griechentum, daß sie von vornherein als Rivalen gegeneinander auftraten und im besonderen, wie schon in den Diadochenkämpfen hervortrat, sich wetteifernd um den Einfluß in Griechenland stritten, das sowohl als Werbeplatz für die Söldner wie auch kraft seiner ruhmreichen Tradition als ein Bundesgenosse von besonderem Wert seine Anziehungskraft ausübte. Dadurch wurde Hellas in die Kämpfe der Könige hineingezogen, war oft der Kriegsschauplatz und kam nicht zur Ruhe. Zwischen den Lagiden und Seleukiden war das handelspolitisch so wichtige Syrien das Hauptstreitobjekt, da dies nach Ipsos dem Seleukos zugesprochen war, Ptolemaios aber sich weigerte, es herauszugeben. Anderseits bestand ein lebhafter Antagonismus zwischen den Lagiden und den Antigoniden, da beide nach der Vorherrschaft im Ägäischen Meer und in Hellas strebten. Nach Weltherrschaft hat keine der drei Monarchien gestrebt, aber eine *Weltmacht* wollte jede sein. So hat sich hier ein gewisses labiles Gleichgewicht der Großmächte entwickelt. Hätten diese drei Staaten, anstatt sich gegenseitig zu bekämpfen, ein Auge gehabt für das Aufkommen der römischen Großmacht im Westen, und hätten sie sich rechtzeitig zu gemeinsamem Vorgehen zusammengeschlossen, so würden sie eine so gewaltige Kriegsmacht zu Wasser und zu Lande dargestellt haben, daß die Weltgeschichte wohl einen anderen Lauf genommen hätte. So aber hat ihr Rivalisieren es den Römern nur zu leicht gemacht, auch den Osten zum Westen hinzuzuschlagen und die Weltherrschaft zu vollenden. Die Kurzsichtigkeit dieser königlichen Politik stand der Griechenlands nicht nach.

Auch in *Hellas* waren in dieser Zeit sehr interessante staatliche Neuschöpfungen entstanden. Angesichts der veränderten Zeitverhältnisse konnten die einzelnen Gemeindestaaten nicht mehr daran denken, isoliert größere Wirkungen auszuüben; nur der Zusammenschluß mehrerer zu *Bünden* konnte gegenüber den neuen Großmächten Eindruck machen. Unter den zahlreichen Bünden haben sich schließlich zwei zu dominierenden Mächten entwickelt, in die nach und nach der größte Teil der Griechen Aufnahme fand, der *Ätolische* und der *Achäische Bund*. Vom Korinthischen Bunde Philipps, von dem im einzelnen manche Gedanken übernommen wurden, unterschieden sie sich einmal dadurch, daß sie nicht durch eine auswärtige Macht, sondern von innen heraus, aus eigener Kraft sich bildeten, ferner dadurch, daß es – auch im Gegensatz zu dem Peloponnesischen und den attischen Bünden – eine hegemonische Spitze hier überhaupt nicht gab. Beide stellten nicht einen lockeren Staatenbund, sondern einen *Bundesstaat* dar, dessen Mitglieder gleiches Bundesbürgerrecht genossen und der durch eine Bundesverfassung und Bundesgesetze organisiert war. Der *Ätolische Bund* (*τὸ κοινὸν τῶν Αἰτωλῶν*), der zum erstenmal 367/6 inschriftlich genannt wird, einte ursprünglich nur die ätolischen Stämme, dehnte sich aber bald über die

Landesgrenzen aus und gewann namentlich nach dem Triumph über die Kelten immer mehr Ausdehnung, vor allem in Mittelgriechenland. Die Bundesverfassung beruhte auf demokratischen Prinzipien. Neben den jährlich wechselnden Bundesbeamten, dem eponymen Bundesfeldherrn (στραταγός), dem Reiteroberst (ἱππάρχας) und dem Bundessekretär (γραμματεύς), stand ein Bundesrat, zu dem die Bündner – wie im Korinthischen Bunde – im Verhältnis zu ihrer Bevölkerung Delegierte in verschiedener Zahl entsendeten, zur Vorberatung für die Bundesversammlung. Die letztere, die als der eigentliche Souverän angesehen wurde, war eine Versammlung, zu der alle „Ätoler", d.h. alle, die das Bundesbürgerrecht besaßen (die συμπολιτευόμενοι), Zutritt hatten. Hier wurde über Krieg und Frieden entschieden, hier die Wahlen und die Gesetze gemacht. Trotz dieser wohlgeordneten Verfassung konnten die in der Kultur ja sehr zurückgebliebenen Ätoler (S. 24) ihre alte Neigung zu Raub und Gewalttaten schwer unterdrücken, und manche Griechen sind in diesen Bund wohl nur eingetreten, um sich gegen diese Übergriffe zu sichern.

□ Der neue *Achäische Bund* (τὸ κοινὸν τῶν Ἀχαιῶν) begann 280 mit dem Zusammenschluß von vier achäischen Städten (am Nordrande des Peloponnes), dem sich bald auch die anderen Achäer anschlossen, bis auch dieser Bund mit dem durch *Arat* hinzugefügten Sikyon (251) über die Landesgrenzen hinausgriff, um dann immer mehr zu wachsen. Die Bundesverfassung war nicht rein demokratisch, sondern zeigt eine Mischung von demokratischen und oligarchischen Gedanken. So stand hier neben den jährlich wechselnden Bundesbeamten – zu den für die Ätoler genannten kam hier noch ein Admiral (ναύαρχος) hinzu – ein starkes Beamtenkollegium, die zehn Damiurgen, wie in oligarchischen dorischen Staaten. Außer den vier jährlichen regelmäßigen Bundesversammlungen (σύνοδοι), zu denen jeder dreißigjährige „Achäer" Zutritt hatte, wurden im Bedarfsfall zur Entscheidung wichtiger Fragen außerordentliche Versammlungen (σύγκλητοι) einberufen. Im einzelnen ist die achäische Bundesverfassung noch recht strittig, so die Frage, ob es daneben noch einen Bundesrat gab. Gewiß wäre es mehr im Interesse Griechenlands gewesen, wenn sich statt der zwei Bünde ein *einziger* gebildet hätte, der, wie der Korinthische, die gesamten Griechen umfaßt hätte. Aber auch diese zwei mächtigen Organisationen hätten immerhin gut wirken können, wenn sie nur untereinander und namentlich nach außen hin einig gewesen wären. Aber der eingefleischte Partikularismus der Griechen hat auch hier wieder zerstörend gewirkt; denn bald lagen die beiden Bünde in Feindschaft miteinander, und in der großen Schicksalsstunde, als Rom hinübergriff nach

Hellas, hat es den einen Bund gegen den anderen ausspielen können. Dies zusammen mit der Uneinigkeit der Könige hat den politischen Untergang Griechenlands herbeigeführt.

Auch die *westliche Griechenwelt* ist schließlich an ihrem Partikularismus zugrunde gegangen (S. 202). Der einzige, der vielleicht eine dauernde Heilung hätte bringen können, wäre wohl Alexander gewesen, wenn er bei längerem Leben im Verfolg seiner letzten Pläne Karthago niedergeworfen und die Ost- und Westhellenen in seinem Weltreich geeint hätte. Wohl hat *Agathokles*, der einige Jahre nach Alexanders Tode die Herrschaft in Syrakus an sich riß, in unermüdlichen, wechselvollen Kämpfen gegen Karthago ein großes syrakusisches Reich begründet, das auch nach Italien hinübergriff, und hat von neuem gezeigt, daß das Griechentum dort nur durch eine starke Persönlichkeit gerettet werden konnte (S. 202), aber bei seinem Tode (289) fiel sein Reich völlig auseinander, und die alten Streitigkeiten begannen von neuem. In *Unteritalien* hatten die Griechenstädte, immer nur um das Nächste, die Angriffe der Lukaner und Bruttier, bekümmert, die Samniterkriege Roms vorübergehen lassen, ohne ihr Gewicht in die Waagschale zu werfen. So sah sich nach dem Siege Roms *Tarent*, das schon früher öfter Hilfe gegen die Lukaner aus dem Mutterlande herbeigerufen hatte (342 den Spartaner Archidamos und 334 Alexanders Oheim, Alexander den Molosser), genötigt, sich jetzt gegen Rom an *Pyrrhos von Epirus* zu wenden. Wenn der Pyrrhische Krieg auch ein integrierender Bestandteil der „Römischen Geschichte" ist, kann dieser erste Zusammenstoß der hellenistischen Welt mit Rom im Rahmen der griechischen Geschichte doch nicht übergangen werden, da die griechischen Zeitverhältnisse für ihn ebenso bestimmend waren wie die italischen. Wie stark Pyrrhos' endgültiger Entschluß, dem Ruf zu folgen, durch die großen Ereignisse im Osten bestimmt wurde, ist schon oben (S. 270) bemerkt worden. Auch nach seinen Siegen bei *Heraclea* (280) und *Ausculum* (279) beschäftigten ihn stark die Nachrichten aus dem Osten, besonders die von der Erledigung des makedonischen Thrones durch den Tod des Ptolemaios Keraunos (S. 271), und bestimmten ihn, auf die von Rom angebotenen Friedensverhandlungen einzugehen, die dann freilich infolge der feinen Diplomatie der Karthager sich zerschlugen. Als dann der Hilferuf der sizilischen Griechen gegen die von neuem vorrückenden Karthager und die Mamertiner von Messana an ihn erging, hat er es vorgezogen, nicht nach Makedonien zu gehen, sondern diesem Ruf zu folgen (278), da die Verhältnisse im Osten noch gar zu wirr waren; eröffnete sich ihm doch in Sizilien die Aussicht, seine

Hoffnung auf Gründung eines großen *westhellenischen Reiches* zu verwirklichen. Die Erbansprüche seines Sohnes von Lanassa, der Tochter des Agathokles, spielten dabei eine Rolle. Wohl hat er, von den Griechen mit Jubel als Retter begrüßt, die Karthager bis auf die Westspitze zurückgetrieben, aber bei der Belagerung von Lilybäum verlor er schon nach zwei Monaten die Geduld. Dieser schwere Fehler kostete ihn das Vertrauen der Griechen, und sie zeigten sich widerspenstig, als er eine große Flotte bauen wollte, um Karthago in Afrika selbst anzugreifen. Aber auch die Griechen haben einen nicht minder schweren Fehler begangen, indem sie, nunmehr ernüchtert, Anstoß nahmen an seinem königlichen Auftreten und die Wahrung ihrer „Autonomie" höher stellten als die Befreiung des Landes vom Feinde, ja zum Teil lieber mit dem Karthager gehen wollten, als dem König gehorchen. So tritt uns auch hier dieser echt griechische Grundfehler entgegen, daß die innere Politik über die Forderungen der äußeren gestellt wurde, so daß das Schlagwort der kommunalen Autonomie ihnen mehr galt als die nationale Freiheit. So haben die Griechen es selbst mit verschuldet, daß dieser Versuch, die westliche Griechenwelt zu befreien und zu einigen, scheiterte, und daß nach dem Abzug des Pyrrhos bald der Streit der Karthager und Römer um die Insel einsetzte, der schließlich mit der Einverleibung der „Provinz" durch Rom endete. Damit hatten die sizilischen Griechen ihre weltgeschichtliche Rolle ausgespielt.

Nach der unglücklichen Schlacht bei *Benevent* (275) ist Pyrrhos nach Epirus zurückgegangen, um den Antigonos Gonatas, den er vergeblich um Unterstützung gebeten hatte, vom makedonischen Thron zu stoßen. Wohl gelang ihm dies (274), aber auch mit Makedonien war sein Ehrgeiz nicht zufrieden, sondern er streckte seine Hand nun nach Hellas aus. Jetzt ließ er die unter Milon zurückgelassene Schutztruppe aus Tarent herüberkommen, womit er seine italischen Bundesgenossen völlig den Römern preisgab, und zog in den Peloponnes. Hier ist er dann 272 in Argos im Straßenkampf gefallen. Gewiß ist Pyrrhos eine der glänzendsten Erscheinungen der Geschichte, doch fehlte ihm die eiserne Ausdauer, die den Erfolg erzwingt. Er sprang von einem Projekt zum anderen, ohne eines zu Ende zu führen. So darf er einem Alexander nicht an die Seite gestellt werden. Er ist doch nur einer der ganz großen Abenteurer gewesen wie Alkibiades.

Die große Machtstellung, die Antigonos, auf den makedonischen Thron zurückgekehrt, nunmehr in Hellas gewann, wo außer Athen und Chalkis jetzt auch Korinth eine makedonische Besatzung hatte, wurde für *Ptole-*

maios II. Philadelphos (285–246) die Veranlassung, ihn in Griechenland zu bekämpfen. Dieser hatte in dem sogenannten *I. Syrischen Kriege* (274 bis 271) gegen Antiochos I. Soter den Besitz von Kölesyrien siegreich behauptet und hatte noch Kilikien hinzugewonnen. Er war damals der mächtigste und reichste Herrscher, der Herr des Meeres, der Protektor des Inselbundes. Mehrere wichtige Besitzungen bis zum Pontos hinauf waren ihm noch durch die Heirat mit seiner leiblichen Schwester *Arsinoë II.* hinzugekommen, der früheren Gemahlin des Lysimachos und des Ptolemaios Keraunos, einer außerordentlich energischen und klugen Frau, die bis zu ihrem Tode (270) großen Einfluß auf die Politik gehabt hat. Seine Gesandten gingen nach Osten bis nach Indien, nach Westen bis nach Rom, mit dem er nach Besiegung des Pyrrhos weitschauend Freundschaft geschlossen hatte (273). Sein jetziger Versuch, in Griechenland selbst dem Makedonen entgegenzutreten, ist aber ebenso ein Fehlschlag gewesen wie der seines Vaters im Jahre 308. Nominell ging es auch jetzt wieder um die „Freiheit der Hellenen", in Wirklichkeit nur um seine Vormachtstellung in Hellas. Er schloß mit Sparta und Athen ein Bündnis, worauf diese alten beiden Gegner in Erinnerung an ihr einstiges Zusammengehen in den Perserkriegen sich gleichfalls miteinander verbündeten. Der von Chremonides, dem Freund des Zenon, beantragte attische Volksbeschluß liegt uns noch auf einem Steine vor (Dittenberger, Sylloge^3 434/5). Aber die Hoffnungen der Patrioten erfüllten sich nicht, vor allem wegen der lauen Unterstützung des Ptolemaios. Dieser sogenannte *Chremonideische Krieg* (267–261) endete mit einer vollständigen Niederlage der Verbündeten: der Spartanerkönig Areus fiel, von Antigonos besiegt, bei Korinth (265), und Athen wurde durch Aushungerung zur Kapitulation gezwungen (262). Antigonos, bis dahin ein milder Herr, traf jetzt strenge Maßregeln, damit Athen nicht wieder der Herd der ptolemäischen Politik werde: eine makedonische Besatzung wurde (außer der im Piräus) auf das Museion gelegt (bis 255), ein makedonischer Gouverneur an die Spitze der Stadt gestellt und die Verfassung im makedonischen Interesse geändert. In diesem Zustand einer makedonischen Provinzstadt ist Athen bis 229 geblieben. Der Kampf der beiden Könige setzte sich fort und führte um 261 (?) zu dem großen *Seesieg des Antigonos bei Kos*, durch den die ptolemäische Seeherrschaft zusammenbrach und das Inselprotektorat auf Antigonos überging. Der 261 geschlossene Friede währte aber nicht lange; denn als 260 der sogenannte *II. Syrische Krieg* des Philadelphos gegen *Antiochos II. Theos* ausbrach, verbündete sich Antigonos mit Antiochos. Auch in diesen

Jahren hat Philadelphos große Verluste erlitten und einen Teil seiner Außenbesitzungen, namentlich in Kleinasien, verloren. Schließlich gelang es aber seiner diplomatischen Kunst, mit der er schon 255 einen Sonderfrieden mit Antigonos erreicht hatte, dem Krieg durch einen überraschend günstigen Frieden ein Ende zu machen (253), auf Grund dessen Antiochos die *Berenike*, die Tochter des Philadelphos, zu seiner Gemahlin und Königin machte (252) und gegebenenfalls ihren Kindern das Erbrecht zusicherte, während er sich von seiner früheren Frau *Laodike* trennte. Durch diesen Frieden gedeckt, hat Philadelphos in den nächsten Jahren durch finanzielle Unterstützung des *Arat* (S. 276) und andere Operationen so erfolgreich den Kampf gegen Antigonos wieder aufgenommen, daß er die alte Seemacht und das Inselprotektorat wiedergewann und bei seinem Tode (246) seinem Sohne Ptolemaios III. ein mächtiges und blühendes Reich hinterließ.

Inzwischen hatte der Abbröckelungsprozeß des Seleukidenreiches bereits weitere Fortschritte gemacht. Schon früh hatten sich *Bithynien* und *Heraklea am Pontos* losgerissen, auch die Burgherren von *Pergamon* erkannten nur noch nominell die seleukidische Oberhoheit an, und im Inneren Kleinasiens war Galatien an die Galater verlorengegangen (S. 271). Das nördliche *Medien*, *Armenien* und *Kappadokien* gehörten, wie schon unter Alexander, nur nominell zum Reich. Nach 246 riß sich im fernen Osten das stark kolonisierte *Baktrien* unter dem Satrapen Diodotos los. Sein Sohn Diodotos II. (seit etwa 230) begründete dort ein griechisches (nicht makedonisches) Königreich, das auch unter der neuen Dynastie des Euthydemos, der den Diodotos II. beseitigt hatte, den Hellenismus immer hochgehalten und sich nach mehreren Generationen unter König Menander (um 160) bis nach Indien hinein ausgedehnt hat, in den dreißiger Jahren des 2. Jahrhunderts v. Chr. aber dem Einbruch mongolischer Nomadenstämme (Yueh-chi) erlag. Einen anderen Charakter hatte die Bewegung, die um 238 zur Begründung des *Partherreiches der Arsakiden* führte, die die nach ihnen benannte Ära aber schon von 247/6 rechneten. Dies bedeutete eine Reaktion des Orients gegen die hellenistische Herrschaft, wenn auch die späteren Arsakiden als „Philhellenen" den Griechenstädten ihres Gebietes nicht unfreundlich gegenüberstanden. Es rächte sich, daß die Seleukiden wegen ihrer Rivalität mit den Ptolemäern ihren Schwerpunkt ganz nach dem Westen verlegt hatten.

Ein furchtbarer Sturm brach über das Seleukidenreich herein, als nach dem Tode des Antiochos II. (246) Laodike die Königin Berenike und ihr Söhnchen ermorden ließ, um ihrem Sohne Seleukos den Thron zu sichern.

Sofort brach der neue König Ägyptens, *Ptolemaios III. Euergetes I.* (246 bis 221), nach Syrien auf und hat in diesem sogenannten *III. Syrischen Kriege* in überraschend kurzer Zeit einen großen Teil des Seleukidenreiches besetzt. Über seinen Einzug in Seleukeia in Pieria und Antiocheia hat uns ein Bruchstück aus den Memoiren des Königs, das auf einem Papyrus zutage kam, sehr interessante Aufschlüsse gebracht. Wenn man auch bezweifeln muß, daß Euergetes wirklich, wie er später auf seinem stolzen Siegesdenkmal von Adulis berichtet hat, bis an die Grenze von Baktrien vorgedrungen ist, so ist er doch sicher über den Euphrat nach Babylonien vorgestoßen und wird hier wohl die Huldigung des Ostens entgegengenommen haben. Seine märchenhaften Erfolge erklären sich dadurch, daß die Bevölkerungen zum großen Teil mit ihren Sympathien auf Seiten der Berenike standen, deren Tod geheimgehalten wurde. Doch an ein Festhalten dieser ungeheuren Eroberungen war auf die Dauer nicht zu denken. Nachdem Euergetes bereits 245 wegen eines Aufstandes, wie es heißt, nach Ägypten zurückgekehrt war, hat Seleukos in den nächsten Jahren die verlorenen Gebiete meist wieder zurückerobert (daher Kallinikos genannt) – in Babylon datiert man sogar schon im Juni 245 nach ihm als König –, doch der wichtige Hafen Seleukeia in Pieria blieb in der Hand des Euergetes. Außer diesem Zuwachs hat Euergetes das Reich wieder in dem alten Umfang wie in der Blütezeit des Philadelphos hergestellt und dazu noch Eroberungen in Thrakien hinzugefügt.

Aber auch nach dem Frieden mit Euergetes (241) kam das Seleukidenreich nicht zur Ruhe, da es durch einen Bruderkrieg zwischen *Seleukos II.* und seinem jüngeren Bruder *Antiochos Hierax* erschüttert wurde (zwischen 241 und 236). Die Wirren im Seleukidenreich benutzte *Attalos*, der Burgherr von Pergamon, um im Kampf mit den Galatern und dem mit ihnen verbündeten Antiochos Hierax, dem Herrn von Kleinasien, seine Herrschaft zu erweitern und schließlich nach Gewinnung Kleinasiens bis zum Tauros die seleukidische Oberhoheit völlig abzuwerfen (228). Er nahm den Königstitel an (wohl schon um 238) und setzte auf die Münzen statt des Seleukoskopfes den des Philhetairos, der einst mit dem Schatz des Lysimachos diese Herrschaft begründet hatte (S. 270). So war denn auf Kosten der Seleukiden ein *neues Königreich* entstanden, das politisch und namentlich kulturell noch eine große Rolle spielen sollte. Die damaligen Eroberungen in Kleinasien sind dem Attalos freilich nicht lange verblieben, da sie unter Antiochos III. ihm durch Achaios wieder abgenommen wurden (223–220).

Inzwischen hatte der *Achäische Bund* unter Arats Leitung immer größere Bedeutung in Griechenland gewonnen, und seine Macht wuchs, als nach der Gewinnung von Korinth (243), das Arat dem Antigonos entrissen hatte, Euergetes, zum Hegemon des Bundes ernannt, ihn finanziell unterstützte. Die Folge war, daß Antigonos die Ätoler auf seine Seite zog, die aber bei Pellene (241) von Arat geschlagen wurden. In dem Krieg gegen Antigonos' Nachfolger *Demetrios II.* (239–229) führte zwar der gemeinsame Vorteil die beiden Bünde zusammen, aber kaum war die Gefahr vorbei, da traten sie sich wieder feindlich gegenüber. Die Zerrissenheit Griechenlands wurde noch gesteigert durch die wachsende Feindschaft zwischen dem Achäischen Bunde und Sparta. Als hier in Sparta König *Kleomenes III.* im Anschluß an die Reformpläne des Agis IV. durch Revolution eine starke Militärmonarchie begründete (227), nachdem er schon vorher den Kampf gegen den Achäischen Bund aufgenommen hatte, sah sich Arat zu dem verzweifelten Schritt gezwungen, in Verleugnung seiner ganzen Vergangenheit den *Antigonos Doson*, der damals als Vormund des unmündigen Philipp als König Makedonien regierte, zur Hilfe herbeizurufen. Dieser erschien nur zu gern, besetzte Korinth und schlug den Kleomenes bei *Sellasia* aufs Haupt (222). Bereits zuvor (224) hatte Antigonos Doson durch Symmachieverträge einen hellenischen Staatenbund gegründet, zu dessen Hegemon er erwählt war. Von dem Korinthischen Bunde unterschied sich dieser letzte Versuch, die Griechen zu einigen, schon dadurch, daß jetzt Makedonien selbst auch zu den Bündnern (*σύμμαχοι*) gehörte. Wohl war den Hellenen wieder „Freiheit und Autonomie" zugesagt, aber die Führung der auswärtigen Politik lag ganz bei Makedonien. Als der Ätolische Bund sich weigerte, diesem Bund, dem, abgesehen von dem seit 229 wieder freien Athen, die meisten Griechenstaaten angehörten, beizutreten, beschloß das Synhedrion unter dem Vorsitz des jungen *Philipp V.*, der 221 nach Antigonos' Tode den Thron bestiegen hatte, den sogenannten *Bundesgenossenkrieg* (*συμμαχικὸς πόλεμος*) gegen den Ätolischen Bund, der denn auch von 220 an mit größter Erbitterung geführt worden ist.

So zerfleischten sich hier die Griechen in sinnlosem Bruderkrieg, während sich drüben im Westen mit dem Ausbruch des *Hannibalischen Krieges* die größte Entscheidung der Alten Geschichte vollzog. Erst nach der Niederlage der Römer am Trasimenischen See (217) fand sich ein Staatsmann (der Ätoler Agelaos), der auf die drohenden „Wolken im Westen" hinwies und zum Frieden mahnte. So wurde 217 in Naupaktos der Friede geschlossen. Die Römer waren damals keine Fremden mehr für die Griechen; hatten sie doch, als Makedonien und Griechenland sich unfähig zeigten, gegen die Piraterien der Illyrier von Skodra sich zu wehren, mit ihrer römischen Flotte in einer glänzenden Razzia die Illyrier zu Paaren getrieben und ihre Königin Teuta zum Frieden gezwungen (228). Anstatt sich ein wenig zu schämen, hatten die Griechen die Römer als Retter bejubelt und sie gewissermaßen als Hellenen anerkannt, indem sie sie zu den isthmischen Spielen zuließen. Die Römer aber hatten sich an der illyrischen Küste festgesetzt und Kerkyra und andere Plätze unter ihren Schutz genommen. Nun schienen die Römer dem genialen Punier zu erliegen. Mit Eifer bemühte sich Hannibal, den Krieg zu einem Weltkrieg zu machen, indem er auch den Osten in den Kampf zu ziehen suchte. Aber Ägypten stand seit Philadelphos in freundschaftlichen Beziehungen zu den Römern, und Antiochos III. war mit Kriegen beschäftigt. Philipp von Makedonien schwankte, bis er endlich nach der Schlacht von Cannä mit Hannibal ein Bündnis schloß (215). Dieser in der römischen Geschichte sogenannte *I. Makedonische Krieg* (215–205) brachte nur Unheil □ über Griechenland; denn da es den Römern 212 gelang, den Ätolischen Bund und dann Elis, Messenien, Sparta – wie auch Attalos von Pergamon – auf ihre Seite zu ziehen, so war die griechische Welt wieder in zwei feindliche Lager gespalten, und als es 205 in Phoinike (Epirus) zum Frieden kam, war Hellas arg verwüstet.

Inzwischen hatte das Seleukidenreich unter der starken Führung des *Antiochos III.* (223–187) einen gewaltigen Aufschwung genommen. Nachdem er in den ersten zehn Jahren in schweren Kämpfen im Westen die Ordnung hergestellt hatte, war er 212 zu einem Heereszuge nach dem Osten aufgebrochen, auf dem es ihm gelungen war, auch mit Parthien und Baktrien als Vasallenstaaten Bündnisse zu schließen und sogar im Kabultal einen indischen Fürsten (Sophagasenos) zur Stellung von Elefanten zu nötigen. So hatte er den Reichsgedanken im Osten noch einmal wieder zu Ehren gebracht. Um dieses gewaltigen Zuges willen, von dem er 205 nach dem Westen zurückkehrte, hat er von den Zeitgenossen den Namen des „Großen" erhalten. In Ägypten hatte dagegen unter der schlaffen Regierung des *Ptolemaios IV. Philopator* trotz seines Sieges bei Raphia über Antiochos (217) der Niedergang begonnen. Hier setzte jetzt eine Bewegung ein, die für die ganze weitere Geschichte des Ptolemäerreiches von größter Bedeutung wurde. Es war die *orientalische Reaktion* gegen die hellenistische Herrschaft, die hier dadurch veranlaßt wurde, daß die Ägypter, die zum erstenmal bei Raphia in größeren Mengen militärisch verwendet waren, in ihrem Selbstgefühl als Sieger von

Raphia sich gehoben fühlten und unter einheimischen Führern im Delta wie in Oberägypten Revolten und Aufstände machten. Diese nationale Bewegung war ein böses Erbteil, das Philopator seinem Sohne *Ptolemaios V. Epiphanes* hinterließ, als dieser 205 als unmündiges Kind ihm folgte.

Die Schwäche Ägyptens veranlaßte Antiochos III. und Philipp V. von Makedonien, sich nach dem Tode des Philopator zusammenzutun, um die auswärtigen Besitzungen der Lagiden unter sich aufzuteilen. Während Antiochos sich auf Kölesyrien warf, griff Philipp die nördlichen Besitzungen in Thrakien und Kleinasien an. Daraufhin schlossen sich Rhodos, Pergamon, Byzanz u.a. gegen Philipp zusammen. Als diese von Philipp bedrängt sich an Rom wandten, das eben den Hannibalischen Krieg siegreich beendet hatte, griff es ein, da es ein Interesse an der Aufrechterhaltung des Gleichgewichts der östlichen Mächte hatte. Als nun Philipp nicht gehorchte, kam es zu dem sogenannten *II. Makedonischen Kriege* (200–197). Rom, das offiziell als Verteidiger der „griechischen Freiheit" auftrat – die Phrase war abgegriffen, behielt aber immer ihren Schimmer –, wurde von Pergamon und Rhodos unterstützt. Der Ätolische und der Achäische Bund, anfangs neutral, traten erst während des Krieges, nachdem Rom Erfolge errungen hatte, auf seine Seite. Als in der Schlacht bei *Kynoskephalai* (197) die beweglichen römischen Manipeln unter *T. Quinctius Flamininus* über die allmählich erstarrte makedonische Phalanx gesiegt hatten, mußte Philipp die eroberten Griechenstädte Kleinasiens freilassen, die in Hellas besetzten zunächst an die Römer übergeben. Thessalien wurde abgetrennt vom Antigonidenreich, der Olympos wieder zur Grenze Makedoniens gemacht. Die Römer aber übernahmen nun an Stelle Makedoniens das Protektorat über Griechenland. Auf den Isthmien von 196 hat dann Flamininus die Freiheit aller von Philipp abhängig gewesenen Griechenstaaten verkündet, unter dem Jubel der Hellenen, die sich in ihrer Dankbarkeit sogar zur Verleihung göttlicher Ehren an Flamininus verstiegen! Nachdem die Ruhe hergestellt war, haben die Römer dann auch tatsächlich ihre Truppen zurückgezogen (194).

Aber die römischen Anordnungen trugen den Keim zu neuen Konflikten in sich. Die Ätoler, die sich das Hauptverdienst um den Sieg von Kynoskephalai zuschrieben, fühlten sich nicht genügend belohnt. So richteten sie ihre Augen auf *Antiochos den Großen*, der inzwischen, da die Römer ihm freie Hand gelassen hatten, um ihn nicht auf Philipps Seite zu drängen, Kölesyrien erobert und nach Abschluß eines Friedens mit Ptolemaios V. Epiphanes, der seine Tochter Kleopatra heiratete, sich in den nächsten

Jahren auf Kleinasien und Thrakien geworfen hatte, um die einst seinem Ahn Seleukos I. gehörigen Gebiete zurückzuerobern und so auch nach dieser Seite hin das Reich in seinem alten Umfange wiederherzustellen. Diese imperialistische Politik mußte ihn nicht nur in Gegensatz zum König *Eumenes II.*, der 197 dem Attalos in Pergamon gefolgt war, sondern auch zu Rom bringen. Diese Spannung wuchs, als Antiochos den flüchtigen Hannibal bei sich aufnahm (195), der nun seinen Beschützer im karthagischen Interesse für einen in Italien zu führenden Rachekrieg gegen Rom zu gewinnen suchte. Antiochos lehnte zwar diesen Gedanken ab und blieb bei seinem Programm der Wiederherstellung des Seleukidenreiches, aber schon dies brachte ihn in Gegensatz zu Rom, das seinen 196 erfolgten Übergang nach Europa (Thrakien) nicht dulden wollte. Diese Spannung zusammen mit der Kriegstreiberei der Ätoler führte zum sogenannten *Syrischen Kriege* (192–188). Es war ein strategischer Fehler, daß Antiochos im Vertrauen auf die Versprechungen der Ätoler, die ihm als „bevollmächtigtem Strategen" (*στρατηγὸς αὐτοκράτωρ*) das Oberkommando zum Kampf für die hellenische Freiheit übertragen hatten, nach Griechenland übersetzte (192), dazu noch mit einem viel zu kleinen Heere. Die Situation war völlig anders, als er erwartet hatte: der Achäische Bund und Athen hielten ebenso zu Rom wie Pergamon und Rhodos, vor allem aber, und das war das Ausschlaggebende, stellte sich auch Makedonien auf Roms Seite. An den Thermopylen von den Römern besiegt (191), mußte Antiochos nach Asien zurückkehren, wurde Ende 190 (oder Januar 189) bei *Magnesia am Sipylos* von Scipio Africanus und seinem Bruder aufs Haupt geschlagen und mußte im Frieden von Apamea (188) auf ganz Kleinasien diesseits des Tauros verzichten. Wohl hatte er noch ein gewaltiges Reich im Osten, aber verloren hatte er gerade *die* Provinz, auf deren Besitz sein Einfluß in Hellas vor allem beruht hatte. Die Römer belohnten ihre treuen Verbündeten Pergamon und Rhodos, indem sie die abgetretenen Gebiete unter sie verteilten. So wurde Pergamon von Roms Gnaden zu einer bedeutenden Großmacht. In Griechenland wurden die Ätoler nach starkem Widerstand schwer bestraft (189), während der Achäische Bund, dem nach Beseitigung des Nabis auch Sparta durch Philopoimen eingegliedert war (192), jetzt den ganzen Peloponnes beherrschte. So hatten die Römer, wiewohl sie keinen Quadratfuß für sich genommen hatten, eine beherrschende Stellung im Osten gewonnen.

Nachdem die Seleukiden aus Kleinasien verdrängt waren und Ägypten außer Kyrene und Cypern seine auswärtigen Besitzungen verloren hatte, konnte den Römern nur noch Makedonien gefährlich werden, das durch seine nationale Basis und die Kriegstüchtigkeit seines Volkes die stärkste unter diesen Monarchien war. In der Tat hatte schon Philipp in seinen letzten Jahren in aller Stille große militärische Rüstungen begonnen, und sein Sohn *Perseus*, der ihm 179 folgte, setzte sie aufs eifrigste fort. Als die Römer durch Eumenes von Pergamon dies erfuhren, erklärten sie Perseus, sobald sie sich genügend gerüstet hatten, den Krieg. So kam es zu dem sogenannten *III. Makedonischen Kriege* (171–168), in dem Perseus nach anfänglichen Erfolgen schließlich von *L. Aemilius Paullus* bei *Pydna* 168 völlig geschlagen wurde. Dieser Sieg von Pydna, durch den die römische Weltherrschaft entschieden war, ist einer der großen Marksteine der Alten Geschichte. Alle weiteren Veränderungen im Osten waren nur Folgen, die sich allmählich von selbst ergaben. Nunmehr trat Rom rücksichtslos, zum Teil brutal, allen entgegen, die sich nicht ohne weiteres beugten. Die Herrschaft der Antigoniden, überhaupt das Königtum von Makedonien wurde aufgehoben, Makedonien für „frei" erklärt und in vier Regionen zerrissen, die kein conubium und commercium miteinander hatten. Ebenso erging es dem illyrischen Reich des Genthios, der auf Perseus' Seite gestanden hatte; es wurde in drei Teile zergliedert. In Griechenland wurden alle, die antirömischer Gesinnung überführt oder verdächtig waren, schwer bestraft; die Achäer mußten 1000 Geiseln nach Italien schicken, die dort interniert wurden. Die Beute, die die Sieger fortschleppten, war namentlich dank dem makedonischen Königsschatz so ungeheuer, daß die römischen Bürger von da an lange Zeit vom tributum befreit blieben. Auch mußte Makedonien trotz seiner „Freiheit" Tribut an Rom zahlen, wenn auch nur die Hälfte der bisherigen königlichen Abgaben. Vielleicht am härtesten wurde Rhodos bestraft, weil es zu intervenieren gewagt hatte: es wurden ihm nicht nur die kleinasiatischen Besitzungen abgenommen, sondern es wurde vor allem durch Errichtung eines Freihafens auf Delos gestraft, wodurch die rhodischen Zolleinnahmen einen großen Sturz erlitten. Man sieht hieraus, wie stark die Welteroberungspolitik Roms, die jetzt zum hemmungslosen Durchbruch kam, von den römischen Kapitalisten geleitet wurde.

Am krassesten trat die Brutalität des siegreichen Rom in seinem Verhalten gegen *Antiochos IV. Epiphanes* hervor. Dieser war 169 (oder schon 170) in seinem um Kölesyrien geführten Kampf gegen Ptolemaios VI. Philometor siegreich in Ägypten eingedrungen, war dann 168 zu einem zweiten Zuge genötigt worden und lagerte nun unweit Alexandriens mit seinem Heere.

Da erschien auf die Siegesnachricht von Pydna hin der römische Gesandte *C. Popilius Laenas* in seinem Lager, zog mit seinem Stabe in den Sand einen Kreis um den König und forderte, daß er, ehe er aus diesem Kreis heraustrete, sich bereit erkläre, Ägypten zu räumen. Dem König blieb nichts übrig, als zähneknirschend dem Befehl zu gehorchen. Auf seinem Rückzug hat Antiochos wegen *Jerusalem* Anordnungen getroffen, die von den weittragendsten Folgen werden sollten. Hier hatte sich neben den altgläubigen Juden allmählich eine hellenistische Reformjudenpartei gebildet, die sogar zum Entsetzen der anderen mit Genehmigung des Königs ein griechisches Gymnasion in Jerusalem errichtet hatte, was das Makkabäerbuch nicht mit Unrecht als „den Höhepunkt des Hellenismus" (*ἀκμὴ τοῦ ʽΕλληνισμοῦ*) bezeichnet. Da die Orthodoxen es mit den Feinden des Königs gehalten hatten, ging Antiochos jetzt (168) gegen das aufständische Jerusalem vor und eroberte und plünderte es. Weil er von jeher ein leidenschaftlicher Verehrer der griechischen Kultur war und sich um die Ausbreitung des Hellenismus durch Neugründung zahlreicher Griechenstädte bemüht hatte, so wurde auf seinen Befehl jetzt auch in Jerusalem eine Griechenstadt begründet. Aber damit nicht genug, verbot im Jahre 167 ein königliches Dekret die jüdischen Satzungen bei Todesstrafe, und der Tempel Jahves wurde dem Olympischen Zeus geweiht. So berechtigt an sich sein Ziel, die Hellenisierung, war, so verkehrt war sein Versuch, durch rohe Gewalt eine Kultur aufzuzwingen. Vor allem zeigte sein Vorgehen, daß er keine Vorstellung von der religiösen Sonderstellung des jüdischen Volkes hatte. So haben seine Maßregeln die seinen Wünschen entgegengesetzte Wirkung gehabt, indem durch die *Makkabäische Erhebung*, mit der das jüdische Volk ihm antwortete, der schon im Gang befindliche Hellenisierungsprozeß zum Stillstand gebracht wurde. Vielmehr siegte durch die Makkabäerkämpfe die orthodoxe Richtung, und erst hiernach entwickelte sich voll jenes Herabsehen auf Andersgläubige und jene Exklusivität des Judentums, durch die die Juden dann, namentlich auch bei den sonst durchaus toleranten Griechen, starke Abneigung und Gegnerschaft sich zuziehen sollten. Nachdem durch die Zurückziehung des Religionsedikts (164) dem Religionskrieg gegen die seleukidische Regierung der Boden entzogen war, gingen die inneren Kämpfe doch weiter, und bald setzten neue Kämpfe ein mit dem Ziel der Losreißung Judäas vom Seleukidenreich, wobei die Juden, gestützt auf ein Bündnis mit Rom (161), die durch die ständigen dynastischen Kämpfe herbeigeführte innere Zersetzung der Seleukidenherrschaft sehr geschickt auszunutzen wußten. So ist aus diesen Kämpfen nach vielen Wechselfällen das selbständige jüdische Hohepriestertum und endlich das *Königtum der Hasmonäer* hervorgegangen, das von Rom gern anerkannt wurde, da seine Begründung wieder zur Schwächung des Seleukidenreiches beitrug. Dieser Ausgang bedeutete zugleich den Sieg einer orientalischen Reaktion gegen den Hellenismus. Wenn Aristobul I. sich als „Philhellenen" bezeichnet hat, so besagt das noch weniger als bei den Partherkönigen, es ist nur ein äußerliches Kokettieren gewesen. Auch sonst ist das Seleukidenreich im Laufe des 2. Jahrhunderts immer mehr zusammengeschmolzen. Vor allem rissen die Parther unter *Mithradates I.* um 140 Medien und Babylonien an sich, und nachdem *Antiochos VII. Sidetes* bei dem Versuch, sie zurückzugewinnen, im Jahre 129 geschlagen und getötet worden war, blieb den Seleukiden der ganze Osten vom Euphrat an verloren. Sie hatten jetzt nur noch das Gebiet zwischen Euphrat und Tauros.

Auch das *Lagidenreich* war immer schwächer geworden. Außenpolitisch war es völlig von Rom abhängig. Innerlich aber kam es teils durch dynastische Kämpfe, teils durch die nationalägyptische Bewegung nicht zur Ruhe. Erst nach langen Kämpfen war gegen Ende der Regierung des Epiphanes die Thebaïs, die längere Jahre unter einheimischen Pharaonen gestanden hatte, wieder mit dem Reich vereint worden. Durch immer größere Zugeständnisse an die ägyptische Priesterschaft, durch Aufnahme von Ägyptern in die höhere Beamtenschaft suchten die Könige diese inneren Gefahren zu bannen, während sie durch Erteilung der Hofrangtitel an die Beamten ihre Getreuen auf billige Weise an sich zu fesseln suchten. Auch in *Makedonien* und *Griechenland* sah es nach der Schlacht von Pydna trübe aus. Die Parteikämpfe waren wilder denn je, zumal es in jeder Gemeinde, ja oft in derselben Familie, Nationalgesinnte und Römerfreunde nebeneinander gab. Als 150/49 in Makedonien ein Usurpator auftrat, der sich als Sohn des Perseus, als „Philippos" ausgab, fiel ihm nach seinen ersten Erfolgen über das römische Militär fast das ganze Land zu. Aber als er von Q. Caecilius Metellus geschlagen war, zog Rom die letzte Konsequenz und machte Makedonien, zusammen mit dem südlichen Illyrien und Epirus und Thessalien, zur *römischen Provinz*, die von einem Prokonsul verwaltet wurde (Provinzialära von 148).

Kurz danach hat auch die griechische Tragödie ihr Ende gefunden. Im Jahre 150 waren die noch Überlebenden von den 1000 achäischen Geiseln endlich in die Heimat entlassen worden. Keinem war es so gut dort ergangen wie dem *Polybios*, der im hellenistischen Scipionenkreis die Elite der römi-

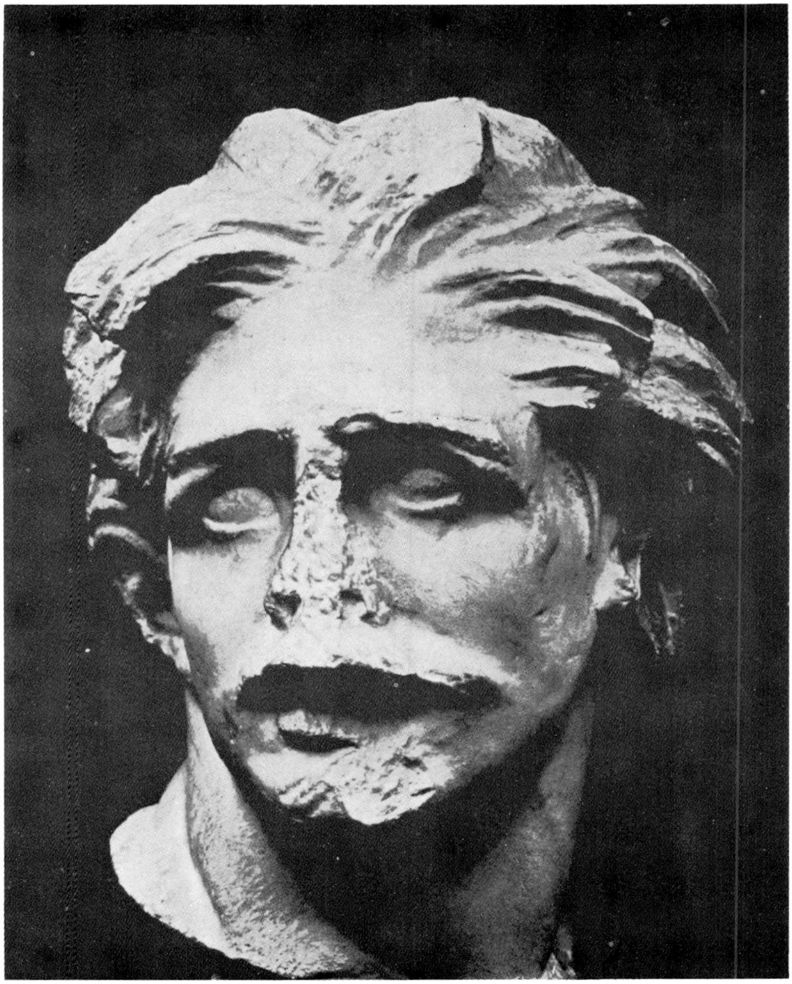

Bild 31: Gallierkopf

Bild 32: Eingangshalle zum Athenaheiligtum von Pergamon

schen Gesellschaft kennengelernt und als Freund des P. Cornelius Scipio Aemilianus einen tiefen Einblick in das imposante römische Staatswesen gewonnen hatte. Die meisten kehrten voll Haß und Rachegefühl zurück. Die Vorgänge in Makedonien erweckten auch in Griechenland die Sehnsucht nach Befreiung. Den äußeren Anlaß zur Katastrophe gaben die alten Grenzstreitigkeiten des Achäischen Bundes mit Sparta. Als die Bundesversammlung im Frühjahr 146 den Krieg gegen Sparta beschloß, bedeutete das zugleich den Krieg gegen Rom. Militärisch schlecht geführt, unterlagen die Achäer bei *Leukopetra* am Isthmos der Übermacht (146). Eine unauslöschliche Schmach für den römischen Namen ist es, daß die blühende Handelsstadt *Korinth*, die den römischen Kapitalisten schon lange ein Dorn im Auge gewesen war, – ebenso wie Karthago im selben Jahr! – völlig zerstört worden ist und ihre Einwohner in die Sklaverei verkauft wurden. Die Neuordnung Griechenlands durch die Senatskommission hatte das Ergebnis, daß Hellas zwar nicht als *eigene* Provinz eingerichtet wurde – das geschah erst im Jahre 27 unter Augustus (als provincia Achaia) –, wohl aber tributpflichtig gemacht und als Nebenland der Provinz Macedonia dem Prokonsul dieser unterstellt wurde. Diejenigen Bünde, die sich am Kriege beteiligt hatten, wurden aufgelöst; wenn sie später auch wieder zugelassen sind, hatten sie doch nur noch die Bedeutung von sakralen Festgemeinschaften. Die demokratischen Verfassungen wurden durch Einführung eines Zensus in timokratische verwandelt. Athen und Sparta hatten als föderierte Staaten ihre Sonderstellung. Die „Freiheit", die man offiziell den Griechenstädten ließ, war nur die kommunale Selbständigkeit. So war Griechenland Rom untertan und war politisch völlig tot.

Auch die hellenistischen Königreiche sind in der Zeit bis auf Augustus eines nach dem anderen vom römischen Weltreich verschlungen worden. Als erstes wurde das *pergamenische Reich* eingezogen, dies auf Grund des Testaments des Attalos III. (gest. 133), der sein Reich d.h. seinen Landbesitz und seine Schätze, nicht die freie und autonome Stadt Pergamon, über die er privatrechtlich nicht verfügen konnte, dem römischen Volk vermacht hatte. Nach Niederwerfung (129) eines Prätendenten Aristonikos, der sich an die Spitze einer Proletarierbewegung gestellt hatte, wurde der größte Teil des einstigen pergamenischen Reiches unter dem Namen *Asia* zur Provinz gemacht, während Pergamon eine freie Stadt blieb. Nachdem C. Gracchus aus innerpolitischen Gründen die Steuererhebung Asiens den römischen Kapitalisten, den Rittern, zugewendet hatte, ist die Provinz durch die römischen Steuerpächter (publicani) auf das schamloseste ausgesogen worden. Der hierdurch geschürte Haß gegen Rom kam zum furchtbaren Ausbruch, □ als *Mithradates VI. Eupator* seinen Kampf gegen Rom aufnahm. Dieser Mithradates, ein Mann von genialer Tatkraft, hatte ein großes Reich geschaffen, indem er zu seinem Stammland Kappadokien am Pontos das Bosporanische Reich der Krim und Kolchis sowie die Herrschaft über fast das ganze nördliche Pontosufer hinzugewonnen hatte. Wie er seinen Stammbaum auf die Achämeniden und die Seleukiden zurückführte, so vereinigte er auch die krasseste orientalische Despotie mit einer wenn auch mehr äußerlichen Pflege des Hellenismus. Seine weiteren Expansionsbestrebungen in Kleinasien führten ihn in Konflikt mit Rom. Als er nun den Krieg gegen Rom eröffnete, der eine gewaltige Reaktion des Orients gegen den Okzident bedeutete, und in die Provinz Asia einbrach, da jubelten ihm die kleinasiatischen Griechen als dem Befreier vom römischen Joch zu und ermordeten im Jahre 88 auf seinen von Ephesos aus ergangenen Befehl alle in Asia lebenden Italiker. Aber auch in Hellas erweckten seine Erfolge die Hoffnung, die römische Fremdherrschaft abzuwerfen. Es war Athen, das trotz seiner privilegierten Stellung unter dem Einfluß innerpolitischer Bewegungen, unter Führung des Tyrannen Aristion, sich zuerst dem Mithradates anschloß. Aber Sulla, der 87 in Epirus gelandet war, zwang die Verteidiger der Akropolis nach heldenmütigem Widerstand zur Kapitulation (86). Die Stadt hat in diesen Kämpfen schwer gelitten, die Reste der Langen Mauern wurden abgetragen und der Piräus auf Sullas Befehl in Brand gesteckt, aber die „Freiheit" wurde Athen trotz allem belassen und sogar Delos ihm wiedergegeben. Auch in Asia wurde durch den Frieden von Dardanos (85) die römische Herrschaft wiederhergestellt. Es ist dies der letzte Versuch der Griechen gewesen, sich gegen Rom aufzubäumen.

Die Besiegung des Mithradates und des Tigranes von Armenien durch Pompeius hat dann zu weiteren Annexionen im Osten geführt. Im Jahre 64 wurde *Bithynien*, das durch Testament des Nikomedes IV. an Rom gefallen war, zugleich mit dem östlich angrenzenden „Pontos" unter dem Namen *Bithynia et Pontus* als Provinz eingerichtet. Im Jahre 64/3 fand dann die Seleukidenherrschaft ihr Ende. Seit 129 durch die Parther im wesentlichen auf Syrien beschränkt (S. 288), war das Reich durch die beständigen dynastischen Kämpfe und die Entfesselung aller zentrifugalen Kräfte immer ohnmächtiger geworden. Von 83–69 hatte Tigranes von Armenien die Herrschaft ausgeübt. Dann war durch Lucullus noch einmal ein Seleukide auf den

Thron gekommen, der sich aber nicht lange behaupten konnte. Diesem Wirrwarr machte *Pompeius* ein Ende, indem er den noch vorhandenen Rest des Reiches im Jahre 64/3 als Provinz *Syria* einzog, wodurch das römische Reich Grenznachbar der Parther wurde. Der Versuch des *Crassus*, auch Parthien zu bezwingen, führte zu seiner Niederlage bei Karrhä (53). So sind die Parther außerhalb des Weltreiches geblieben. Im Jahre 63 ist das jüdische Königtum der Hasmonäer nach der Eroberung Jerusalems durch Pompeius beseitigt worden. Die von ihm geschaffene Ordnung (Einsetzung eines Hasmonäers als Hoherpriester unter Oberaufsicht des Statthalters von Syrien) unterlag noch manchen Wandlungen, bis in *Herodes dem Großen*, den Anto- □
nius 37 als König einsetzte (gest. 4 v. Chr.), ein tatkräftiger Herrscher erstand, der, selbst kein Jude, sondern ein Idumäer, ein eifriger Vertreter des Hellenismus geworden ist.

So war denn von den hellenistischen Königreichen nur noch das *Lagidenreich* übrig, das freilich politisch schon seit langem unter römischer Leitung stand. In ergötzlicher Weise schildert ein griechischer Papyrus vom Jahre 112 □
die Vorbereitungen, die die ägyptische Regierung anläßlich des Besuches eines römischen Senators L. Memmius traf, der von Alexandrien aus die Sehenswürdigkeiten des Landes besuchen wollte; er wurde empfangen, als wenn ein Potentat käme! Die dynastischen Kämpfe haben sich auch ins 1. Jahrhundert hinein fortgesetzt, und auch die nationalägyptische Bewegung hat im Jahre 88 noch einmal zu einem großen Kampf geführt, der mit der Zerstörung des oberägyptischen Theben endete. Die Außenbesitzungen gingen verloren: die *Cyrenaica* wurde 96 durch Testament des Apion den Römern vermacht und ist später (74) Provinz geworden, auch *Cypern* wurde 58 von den Römern annektiert und gleichfalls schließlich zur Provinz gemacht. Als aus letzterem Anlaß der damalige König, einer der liederlichsten dieser Epigonen, *Ptolemaios XII. Neos Dionysos* mit dem bezeichnenden Spitznamen „der Flötenspieler“ (Auletes), von den Alexandrinern verjagt wurde, ist er nach mehrjährigem Antichambrieren in Rom im Jahre 55 von Gabinius wieder eingesetzt worden. Von da an lagerten römische Truppen vor Alexandrien, und die völlige Annexion des Landes, die schon vorher mehrfach in Rom ernstlich erwogen war, bildete nur noch eine Frage der Zeit. Bald zogen die römischen Bürgerkriege auch Ägypten in ihre Kreise. Nachdem Pompeius bei der Landung in Ägypten ermordet worden war, hat *Cäsar* als Beschützer der Königin Kleopatra 48/7 seinen Krieg in Alexandrien geführt. Mehrere Jahre später hatte die Leidenschaft des Triumvirn *M. Antonius* zu derselben

Kleopatra die Folge, daß in dem letzten Entscheidungskampf der beiden Prätendenten Antonius und Octavian Ägypten eine hervorragende Rolle gespielt hat; ist doch der Krieg, den im Jahre 32 Senat und Volk beschlossen, offiziell nicht dem Antonius, sondern der Kleopatra erklärt worden. In dieser klugen und tapferen Königin hat das Lagidenhaus ein würdiges Ende gefunden. Mit Recht hat Horaz sie in dem Jubellied, das er nach ihrem tragischen Tode anstimmte (Od. I, 37), zum Schluß doch als „eine hochgemute Frau“ geehrt (non humilis mulier). Der Kampf der beiden Prätendenten war von welthistorischer Bedeutung, da es sich nicht um eine reine Personenfrage handelte, sondern vor allem um zwei entgegengesetzte Weltanschauungen. In Antonius, der sein Römertum im alexandrinischen Königspalast mehr und mehr abgelegt hatte, tritt uns hier am Ende der hellenistischen Geschichte noch einmal ein Vertreter des hellenistischen Staatsgedankens und der hellenistischen Kultur entgegen, dem sogar die Idee der Wiederherstellung des Alexanderreiches vorgeschwebt zu haben scheint. In Octavian dagegen, der ihm mit den Streitkräften Italiens und des romanisierten Westens entgegentrat, war das Römertum verkörpert. Die letzte Entscheidung fiel durch die Eroberung Alexandriens am 1. August des Jahres 30 v. Chr. zugunsten des Octavian. Nun lag die Welt zu seinen Füßen, und er hat sie im *römischen* Sinne geordnet. Hiermit findet die politische hellenistische Geschichte ihr Ende.

Die wirtschaftliche Entwicklung

Die ungeheuren Folgen, die die Eroberung des Orients durch Alexander für die antike Wirtschaft gebracht hat, macht man sich am besten anschaulich, wenn man sich die Wirkungen, die die *Entdeckung Amerikas* auf die Wirtschaft Europas ausgeübt hat, als Parallele vor Augen hält. Vor Alexander hatten der Orient und das Mittelmeergebiet im wesentlichen als zwei getrennte Wirtschaftskreise nebeneinander gestanden. Wohl war das Mittelmeer dank der griechischen Kolonisation von einem reichen Kranz griechischer Handelsplätze umgeben, aber nirgends, im besonderen auch nicht an den orientalischen Küsten – Syrien war sogar ganz frei von Kolonien! –, waren die Griechen tiefer in das Hinterland eingedrungen. Jetzt hatte Alexander dem griechischen Handel und Gewerbe Asien bis nach Indien und Ägypten bis zum ersten Katarakt hin erschlossen und ihnen damit Rohstoff- und Absatzgebiete von unübersehbarer Weite eröffnet. Schon er hatte zielbewußt mit der Aufschließung der neuen Welt durch die Städtegründungen, durch den Ausbau neuer Verkehrsstraßen zu Wasser und zu Lande u.a. begonnen (S. 261 f.). Die Diadochen folgten seinem Beispiel, auch hierin im Wetteifer miteinander, ein jeder im Interesse seines Gebietes. So zogen nach und nach viele Tausende nicht nur von Söldnern, sondern auch von Kaufleuten und Gewerbetreibenden aus dem griechischen Mutterlande hinüber in die neue Welt und bevölkerten die neuen Städte, angelockt durch die glänzenden Aussichten, die sich ihnen hier boten. Im besonderen zogen die neuen Residenzen an, *Alexandrien* in Ägypten, *Antiocheia* am Orontes und *Seleukeia* am Tigris. Schon nach wenigen Generationen waren diese drei Städte zu Großstädten von mehreren hunderttausend Einwohnern angewachsen, während die älteren Großstädte, Athen, Syrakus und Karthago, nicht weit über hunderttausend Einwohner gekommen waren. So verschob sich allmählich der Schwerpunkt des griechischen Handels in diese neuen östlichen Handelszentren, während die Bedeutung der alten griechischen Handelsstädte mehr und mehr von ihrer Lage und ihrem Verhältnis zu jenen neuen abhängig wurde – ähnlich wie nach der Entdeckung Amerikas die der Neuen Welt zugekehrten Staaten von Portugal bis England die ehemals führenden Handelsmächte allmählich zurückdrängten und statt Genua und Venedig nunmehr Lissabon, Antwerpen und London hervortraten. So ist *Athen* mit seinem Piräus, das vorher nicht nur in der Idee, sondern auch geographisch den Mittelpunkt der griechischen Handelswelt gebildet hatte, nunmehr aber außerhalb des Zentrums lag, von seiner führenden Stellung herabgesunken. Dagegen erwuchs *Korinth* durch seine bevorzugte Lage als Durchgangsplatz zwischen dem Orient und Italien, dessen Benutzung die gefährliche Fahrt um das Kap Malea ersparte, zum wichtigsten Handelsplatz von Hellas. Am meisten aber blühte *Rhodos* auf, weil es, im Schnittpunkt der neuen Handelswege von Antiocheia nach dem Westen und von Alexandrien nach dem Norden gelegen, in einzigartiger Weise zum Vermittler zwischen der neuen und der alten Welt bestimmt war.

Unsere Kenntnisse von der Handelspolitik der hellenistischen Monarchien des Ostens sind leider sehr ungleich. Die *Seleukiden* hatten zur Zeit der größten Ausdehnung ihres Reiches den ganzen asiatischen Handel in der Hand. Während in der älteren Residenz Seleukeia am Tigris die Handelsstraßen vom Iran und von Westen zusammenliefen und diese Griechenstadt durch ihre günstige Lage zur Nachfolgerin von Babylon und zur Vorläuferin Bagdads berufen war, mußte die neue Residenz Antiocheia, die in Seleukeia in Pieria einen vortrefflichen Hafen besaß, nach Osten hin erst durch neue

Straßen (zum Euphrat) an das alte Handelsstraßensystem angeschlossen werden. Besonderen Wert legten die Seleukiden auf die Verbindung mit *Indien*, dessen Ausfuhrartikel (Spezereien, Perlen und Edelsteine, Baumwolle, Pfeffer, Indigo, später auch chinesische Seide, die schon Nearchos in Indien gesehen hat) sie dem Westen vermittelten. Auch bemühten sie sich eifrig darum, den *arabischen* Handel in ihr Reich zu lenken. Zwar an die Aufnahme der von Alexander vorbereiteten Umschiffung Arabiens konnten sie nicht denken, da dies in das Gebiet ihrer Rivalen, der Ptolemäer, geführt hätte und diese von dem Seeweg zwischen Alexandrien und dem Persischen Golf den größten Vorteil gehabt hätten. Aber an der gegenüberliegenden arabischen Küste am Persischen Golf nötigten sie die *Gerrhäer*, wenigstens einen Teil ihrer aus Südarabien bezogenen Waren, der kostbaren Gewürze und Salben aus dem Sabäer- und Minäerlande, nach Babylonien auf den Markt zu bringen. Doch konnten sie nicht verhindern, daß die Gerrhäer den übrigen Teil quer durch die arabische Halbinsel nach *Petra* im Nabatäerlande (südlich vom Toten Meere) brachten, wohin auch direkt vom Sabäerlande aus, an der Westküste Arabiens entlang, die begehrten Spezereien auf alten Karawanenstraßen geschafft wurden. Von Petra aus aber gingen sie teils nach Alexandrien, teils zu den südlichen Häfen Syriens, die schon früh von den Lagiden besetzt worden waren. Diese wichtigen Handelsbeziehungen haben bei den ständigen Kämpfen der Seleukiden und Lagiden um den Besitz Syriens die entscheidende Rolle gespielt.

Während für die Wirtschaftspolitik der Seleukiden nur dürftige Nachrichten vorliegen, haben wir für die der *Ptolemäer* durch die gleichzeitigen griechischen Papyrusurkunden und Ostraka (beschriebene Topfscherben) die lehrreichsten Aufschlüsse erhalten, die uns ermöglichen, den allgemeinen Rahmen mit Einzelheiten auszufüllen, wie wir es in dieser Art für kein anderes Land der Alten Welt können. Das Hauptziel der ptolemäischen Politik lag nicht in Ägypten, sondern außerhalb. Ägypten war nur ihr kostbarster Besitz, aus dem sie möglichst große Schätze herauswirtschafteten, um durch diese, gestützt auf eine starke Armee und Flotte, eine möglichst große Rolle in der internationalen Mittelmeerpolitik zu spielen. Ihr Ziel, Alexandrien zum Mittelpunkt der werdenden Weltwirtschaft zu machen und dadurch, wenn auch der Welt*herrschafts*gedanke ihnen fernlag, doch eine starke Welt*macht*politik zu treiben, haben sie glänzend erreicht; ist doch Alexandrien tatsächlich Jahrhunderte hindurch die erste Handelsstadt der Welt überhaupt gewesen. Durch ihre natürliche Lage, gewissermaßen „im Knotenpunkt der ganzen Erde" (Dio Chrysost. 32, 36), war diese Stadt für das Zentrum des Welthandels ganz einzigartig geeignet. Philadelphos steigerte noch ihre Bedeutung, indem er sie durch Wiederherstellung des seit Darius wieder versandeten Nechokanals (S. 87) mit dem Roten Meer verband. Das hängt mit dem Bestreben dieses Königs zusammen, den afrikanischen und arabischen und auch den indischen Handel nach Ägypten zu lenken. Wie er auch den Handel nilaufwärts mit dem Sudān wieder belebte, so haben er und Euergetes I. an der ostafrikanischen Küste (der „trogodytischen") zahlreiche Stationen bis an die Straße von Bab-el-Mandeb und darüber hinaus bis zum Kap Guardafui angelegt, die zwar in erster Reihe als Ausgangspunkte für die Elefantenjagden, die das militärische Bedürfnis nach Kriegselefanten gegenüber den indischen Elefanten der Seleukiden erforderte, bestimmt waren, aber auch den Handelsschiffen als Anlegeplätze dienten und seit dem 2. Jahrhundert, nach dem Aufhören jener Jagden, ausschließlich zu Stützpunkten für den Handel mit dieser afrikanischen und der gegenüberliegenden arabischen Küste wurden. Mit den indischen Händlern traf man sich zunächst am dritten Ort, in Aden oder auf der Insel Sokotra, bis ein kühner Kapitän *Hippalos* mit Benutzung des Südwestmonsūns den geraden Weg über den Ozean zum Indusdelta entdeckte (117 v. Chr.). Zu großem Umfang kam freilich der direkte Verkehr mit Indien erst unter Augustus. Zur Verkürzung der gefährlichen Seefahrt auf dem Roten Meer hat Philadelphos die Karawanenstraße von Koptos in Oberägypten nach Berenike am Roten Meer (in der Höhe von Assuan) ausgebaut. Wohl nur ein kleiner Teil der Einfuhrwaren des Süd- und Südosthandels wurde in Ägypten selbst verbraucht, manche gingen als Transitwaren ohne weiteres ins Mittelmeer hinaus, die Rohstoffe aber wurden erst im Lande oder namentlich in Alexandrien verarbeitet, um dann gleichfalls in die Mittelmeerwelt ausgeführt zu werden. Der Schwerpunkt lag natürlich in dem Export ins Mittelmeer, da dieser allein Geld ins Land brachte, während der Südosthandel entsprechend dem Niveau dieser Völker Tauschhandel war. Doch wichtiger als der ganze Südosthandel war die Ausfuhr der eigenen Landeserzeugnisse (vor allem des Getreides) und der aus einheimischen Rohstoffen gearbeiteten Waren (Textilien, Glas, Papyrus usw.); denn Ägypten war ein außerordentlich reiches Land. Es fehlten ihm an notwendigen Materialien eigentlich nur Holz und Kupfer, und die bot das Nebenland Cypern, das daher schon von Ptolemaios I. besetzt worden war.

Angesichts dieser weitschauenden Handelspolitik der Ptolemäer hat schon Joh. Gust. Droysen auf den *Merkantilismus* der europäischen Nationalstaaten des 17./18. Jahrhunderts als historische Parallele hingewiesen, ein Vergleich, der dank den neueren Papyrusfunden jetzt noch schärfer durchgeführt werden kann, wenn es auch an wichtigen Unterschieden nicht fehlt. Wenn zu den Voraussetzungen dieses modernen Merkantilismus die durch die Entdeckung Amerikas und des Seeweges nach Indien hervorgerufenen wirtschaftlichen und politischen Umwälzungen gehören, ferner der Zufluß des vielen Edelmetalls aus der Neuen Welt, der den Übergang von der mittelalterlichen Naturalwirtschaft zur Geldwirtschaft förderte, endlich das Erstarken der fürstlichen Macht und die Schaffung von nationalen Einheitsstaaten, so stehen dem hier für das ptolemäische Problem die durch Alexanders Erschließung des Orients herbeigeführten Umwälzungen gegenüber, ferner das durch Ausprägung der großen Goldschätze der Perserkönige durch Alexander und seine Nachfolger nun auch im Orient geförderte Vordringen der Geldwirtschaft (S. 260), endlich die Entstehung und weite Verbreitung der absolutistischen Monarchie. Nur ein *National*staat war das Lagidenreich allerdings nicht (S. 272), und darum hat der ptolemäische Merkantilismus einen fiskalen Charakter erhalten. Wenn für jene modernen Staaten die Aufwendungen für das Söldnerheer und die besoldete Beamtenschaft das *Geldbeschaffen* zum Zentralproblem der fürstlichen Staatskunst machten, so gilt dies auch für das Lagidenreich. Auch die Mittel, die die Ptolemäer zur Geldbeschaffung anwendeten, finden bei jenen vielfach ihre Parallelen. Neben der Förderung der Edelmetallgewinnung in den ägyptischen und (ad hoc eroberten) nubischen Goldbergwerken tritt die Betonung der Geldwirtschaft im Staatshaushalt in dem starken Überwiegen der Geldsteuern über die Naturalsteuern hervor; werden doch die zahlreichen Steuern und Zölle, die wir in den Papyri und Ostraka antreffen, abgesehen von der Grundsteuer und wenigen anderen, durchweg in Geld erhoben. Auch auf die Monopolisierung der aus Griechenland übernommenen Bankgeschäfte durch den König ist in diesem Zusammenhang hinzuweisen. Wie das Unternehmertum des Staates für den modernen Merkantilismus charakteristisch ist, so war der Ptolemäerkönig der größte Großindustrielle in seinem Lande, der mehrere der wichtigsten Industriezweige, wie die Weberei, das Bankgeschäft, die Papyrusherstellung, einen Teil der Ölgewinnung, die Bierbrauerei, die Verarbeitung der Gewürze (*ἀρώματα*) des Südosthandels und vieles andere, ganz für sich monopolisiert hatte oder sich an ihren Betrieben beteiligte. Ebenso hatte der König, der ja das Obereigentum über den gesamten Grund und Boden besaß (S. 273), den ganzen Getreideausfuhrhandel in seiner Hand, durch den er denn auch das südrussische Getreide bald vom Weltmarkt verdrängte. Die Pflege der Landwirtschaft, die in diesem von der Natur durch die Nilschwelle zum Agrarland bestimmten Lande immer die erste Rolle spielte – erst die Lagiden haben es daneben auch zum Industrieland gemacht –, war daher eine Hauptsorge des Königs. Die Bestellung der Äcker unterlag der strengsten Kontrolle. Durch großartige Meliorationsarbeiten, die an die Leistungen Friedrichs des Großen in den Oder- und Warthebrüchen erinnern, wurde in dem Gau des Mörissees viel Neuland gewonnen, auf dem zahlreiche Dörfer erblühten, in denen die Könige ihre Soldaten mit Lehnsland (*κλῆροι*) ansiedelten. Ob die Lagiden auch das merkantilistische Prinzip der sogenannten *Handelsbilanz* – zur Geldbeschaffung die Ausfuhr zu bevorzugen und die Einfuhr möglichst auf Rohstoffe zu beschränken, die zu Fertigfabrikaten verarbeitet wieder ins Ausland gehen – mit *Bewußtsein* durchgeführt haben, ist zwar schwer zu entscheiden. *Tatsächlich* scheint dies Verhältnis von Aus- und Einfuhr im Mittelmeerhandel bestanden zu haben, was bei der wirtschaftlichen Autarkie des Landes an sich verständlich ist, während bei den Tauschgeschäften des Südosthandels (s. oben) der Ton auf der Einfuhr lag. Auch die Einfuhr von Luxuswaren, auf die die Alexandriner und vielleicht noch mehr die Alexandrinerinnen nicht verzichten wollten, hat durch hohe Einfuhrzölle der königlichen Kasse Einnahmen verschafft. Das Ergebnis dieser Wirtschaftspolitik war, daß die Lagiden wohl die reichsten Herren dieser Erde wurden.

Die glänzende wirtschaftliche Entwicklung der hellenistischen Monarchien des Orients hat verhängnisvoll auf das *Mutterland* gewirkt. Die Verschiebung des Schwerpunkts nach dem Osten und die Abhängigkeit der griechischen Handelszentren vom Orient, von denen oben gesprochen wurde, mußten zu einem Umschwung der gesamten ökonomischen Verhältnisse in der Heimat führen. Eine der wichtigsten Folgen war die starke Auswanderung der unternehmungslustigen Teile der Bevölkerung, die drüben in der neuen Welt ihr Glück suchten. So trat an die Stelle der Übervölkerung, die vor Alexander zu einer schlimmen Frage geworden war und schon damals den Gedanken einer überseeischen Kolonisation nahegelegt hatte (S. 220), jetzt nach dem ersten starken Abfluß zunächst ein Stillstand in der Bevölkerungsbewegung ein. Allmählich – etwa seit Beginn des 2. Jahrhunderts – machte sich sogar ein Rückgang der Bevölkerung bemerkbar, wobei aber auch andere Gründe mitgewirkt haben müssen, da die Auswanderung längst nachgelassen hatte. Eine Ursache, die zugleich ein Zeichen für den materiellen und sittlichen

Niedergang Griechenlands ist, führt uns Polybios 36, 17 vor Augen, wo er sagt, daß zu seiner Zeit in ganz Griechenland Kinderlosigkeit und Menschenmangel herrsche, weshalb die Städte verödeten und die Erträgnisse zurückgingen, und dies, wiewohl weder lange Kriege noch Seuchen geherrscht hätten. Den Grund hierfür sieht er darin, daß die Menschen aus Habgier und Leichtsinn nicht heiraten wollten, wenn sie es aber täten, die ihnen geborenen Kinder nicht aufzögen, höchstens eins oder zwei, damit sie ihnen den ungeteilten Reichtum hinterließen. Die Degeneration, die uns in einem solchen Ein- oder Zweikindersystem entgegentritt, konnte freilich nicht, wie Polybios hoffte, durch gesetzgeberische Maßregeln mit Erfolg bekämpft werden. Das hat später die Ehegesetzgebung des Augustus gezeigt. So hat die Abnahme der Bevölkerung sowie die Verödung des Landes immer weitere Fortschritte gemacht. Der Gegensatz der wenigen Reichen und des verarmten Proletariats, der schon im 3. Jahrhundert zu den sehr interessanten Reformversuchen des Agis und Kleomenes von Sparta geführt hatte (S. 282), verschärfte sich allerorten immer mehr. Dazu kam, daß am Ende unserer Periode die entscheidenden Schlachten der römischen Bürgerkriege auf griechischem Boden geschlagen wurden (Pharsalos, Philippi, Actium), wodurch das Land arg verwüstet wurde, und daß der lähmende Druck der römischen Fremdherrschaft auf diesem Lande schon seit der Mitte des 2. Jahrhunderts gelastet hatte. So hat auch die größere Ordnung und Sicherheit, die das Kaiserregiment gegenüber den Verwaltungssünden der römischen Republik brachte, die Verödung des Landes nicht beseitigen können, wie aus den ergreifenden Schilderungen des Dio Chrysostomos (VII) aus trajanischer Zeit hervorgeht.

Während Griechenland durch die Erschließung des Orients aus seiner Führerstellung verdrängt wurde, haben die *westlichen Handelsstaaten* sich schnell der neuen Weltlage angepaßt. Da der neue Osthandel über Griechenland hinweg Sizilien und Italien aufsuchte, wuchs die Alte Welt immer mehr zu einem einheitlichen Wirtschaftsgebiet zusammen. Gefördert wurde dies namentlich durch die weitschauende Handelspolitik der Lagiden, die schon früh Beziehungen zu Syrakus, Karthago, Rom und Massalia anknüpften. Anderseits haben die Herren von Syrakus sich vielfach den Vorbildern der hellenistischen Monarchien angeschlossen, wie schon oben (S. 267) zu Agathokles bemerkt wurde. So hat Hieron II. in der lex Hieronica, die wir aus Ciceros Verrinen kennen, ein Pachtgesetz für die Erhebung der decuma geschaffen, das mit dem durch einen Papyrus uns bekannten Pachtgesetz des Philadelphos so große sachliche und formale Übereinstimmung zeigt, daß der Gedanke an ein hellenistisches Vorbild kaum abzuweisen ist. Für die Handelsbeziehungen zwischen Karthago und den Lagiden spricht u.a. die Nachricht, daß die Karthager den Philadelphos im 1. Punischen Kriege um eine Anleihe von 2000 Talenten gebeten haben, die er freilich als Neutraler um so mehr ablehnen mußte, als er schon nach Pyrrhos' Besiegung Freundschaft mit Rom geschlossen hatte (S. 279). Philadelphos hatte diesen Schritt in dem Zeitpunkt getan, wo Rom nach Gewinnung der großen griechischen Handelsstädte Unteritaliens, an der Spitze des geeinten Italiens stehend, in den Kreis der großen Handelsmächte des Mittelmeergebietes eingetreten war. Wie stark anderseits der Wunsch in Rom war, in diesem Kreis sich zu betätigen, zeigt wohl am deutlichsten die Tatsache, daß wenige Jahre danach (269) Rom von seinem ungefügen Kupfergeld zur Silberprägung überging und nach dem Muster des Alexandergeldes den Denar prägte. Man kann die schnelle Sicherheit nur bewundern, mit der die römische Regierung aus der neuen Lage die notwendige Folgerung gezogen hat. Damit war der Kreis geschlossen, und ein *Welthandel* umfaßte mehr und mehr das ganze weite Gebiet vom fernen Osten bis zu den Säulen des Herakles. Die Saat Alexanders war gereift!

Die hellenistische Kultur □

Wie im Anschluß an die Erschließung des Orients durch Alexander allmählich eine Weltwirtschaft entstanden ist, so hat sich auch die griechische Kultur in dieser Zeit nicht nur in dem Weltreich Alexanders ausgebreitet, sondern hat sich auch den Westen erobert und ist so zu einer *Weltkultur* geworden, die schließlich trotz aller lokalen Verschiedenheiten die ganze Alte Welt durchdrungen hat und eine Grundlage der europäischen Kultur geworden ist, die bis auf den heutigen Tag nachwirkt. Freilich hat sie sich durch die Berührung mit den „Barbaren" im Osten und Westen nicht in ihrer alten Reinheit erhalten können, sondern unter ihrem Einfluß manche Veränderungen erfahren. Darum unterscheiden wir sie als die „hellenistische" von der „hellenischen" Kultur der älteren Zeiten.

Die Ausbreitung der Griechen über die Oikumene hat sowohl in dem Verhalten der Griechen zueinander wie zu den anderen Völkern tiefgreifende Umwälzungen hervorgerufen. In den neuen Griechenstädten des Ostens, die, nicht wie die früheren Kolonien von einer „Mutterstadt" der Heimat ausgesendet, sondern auf königlichen Befehl gegründet, Griechen der verschiedensten Stämme aus allen möglichen Plätzen der hellenischen Welt in sich aufnahmen, mußte das Zusammensiedeln dieser bunten Griechengesellschaft bald zu einem Ausgleich der früher so streng geltenden Stammesunterschiede in Sprache und Recht, Religion und Sitte führen. Während in manchen Einrichtungen der alten Kolonien, wie in der Herübernahme des Herdfeuers u.a., ein starkes Heimatgefühl zum Ausdruck kam, konnte in diesen königlichen Städten ein solches nicht aufkommen. Am greifbarsten liegt das Resultat des Zusammenlebens dieser entwurzelten Kolonisten auf *sprachlichem* Gebiet vor uns. Die Ausbildung einer „gemeinsamen" Sprache an Stelle der heimatlichen Dialekte mußte hierdurch gefördert werden. Es war das historische Ergebnis des 5. und 4. Jahrhunderts, daß dies nur die im Wortschatz und im Wortgebrauch stark ionisierte *attische* Sprache sein konnte, die schon König Philipp II. in seine Kanzlei eingeführt hatte. Es war ein wohlverdienter Triumph für Athen, daß, so sehr es auch politisch herabsank, es doch der neuen Zeit die *Weltsprache* gegeben hat, die wirklich eine „Gemeinsprache" (Koinē, *κοινή*) geworden ist, wenn auch hie und da die Dialekte sich noch gehalten haben und die Koinē anderseits in den verschiedenen Ländern ihre eigenen Ausprägungen erhalten hat. Wie verschieden in den verschiedenen Bildungsschichten diese Gemeinsprache im Umgang gehandhabt wurde, führen uns für die ägyptische Koinē die griechischen Papyrusurkunden anschaulich vor Augen. Ebenso werden auch die lokalen Brechungen des griechischen *Rechtes* sich mit der Zeit abgeschliffen haben, und auch bei diesem Prozeß scheint das *attische* Recht, das schon durch den attisch-delischen Seebund sich weit ausgedehnt hatte (S. 157), besonders berücksichtigt zu sein; hat doch, wie schon erwähnt (S. 114), ein griechischer Papyrus uns gelehrt, daß die Gesetze Alexandriens zum Teil auf das Solonische Recht zurückgingen. Auch die „Rechtsbewidmungen" einzelner Städte mit dem Recht anderer Städte, die gelegentlich von den Fürsten verfügt wurden, mußten einen Ausgleich fördern. So bahnte sich ganz allmählich trotz aller lokalen Verschiedenheiten eine gewisse Einheit des griechischen Rechtes an, durch die der starke Einfluß, den später in der Kaiserzeit das griechische Recht auf das römische ausgeübt hat, erst verständlich geworden ist.

Aber die Griechen lebten im Osten nicht nur mit Griechen, sondern auch mit Orientalen zusammen, und wenn auch die ersten Generationen der Eroberer sich stolz von diesen abschlossen, allmählich mußte es doch zu Mischungen kommen. Die Folge war, zumal orientalische Frauen leicht orientalische Kulte und Sitten ins Haus brachten, daß die alten Scheidewände gegenüber diesen „Barbaren" fielen, um so mehr, als die großen alten Kulturen, die

die Griechen hier kennenlernten, ihren Eindruck auf sie nicht verfehlt haben werden. Dazu kam, daß die Kyniker, denen sich die Stoiker anschlossen, den Begriff des „Weltbürgertums", des Kosmopolitismus, schufen und für die allgemeine Verbrüderung der Menschheit eintraten. Kaum hundert Jahre nach Alexander, dem solche „Weltverbrüderungsgedanken" durchaus noch ferngelegen hatten, erklärte der große *Eratosthenes* es für ein Unrecht, die Menschen in Hellenen und Barbaren zu scheiden, statt sie nach Tugend und Schlechtigkeit zu sondern (Strabo I, p. 66). So wirkten Theorie und Praxis zusammen, um diesen alten Gegensatz, der einst in dem nationalen Aufschwung der Perserkriege voll entwickelt worden und durch Alexanders Perserzug noch einmal wiederaufgelebt war, zu begraben. Glück hat den Griechen diese Wandlung nicht gebracht, und den Nutzen von dieser Nivellierung haben die anderen gehabt, deren Einsatz nicht so hoch wie der der Griechen war und die nun zu ihnen emporgezogen wurden. Den Höhepunkt ihrer schöpferischen Kraft hatten die Griechen doch in jenen Generationen erreicht, deren stolzes nationales Selbstbewußtsein in dem Gegensatz der „Hellenen" und „Barbaren" seinen formelhaften Ausdruck gefunden hatte. Dagegen ihre Hinneigung zu der schön klingenden Phrase des „Weltbürgertums", mit der sie ihr Bestes, ihr schwer errungenes Nationalgefühl, aufgaben und dem Internationalismus Tür und Tor öffneten, gehört mit zu den Momenten, die zu ihrem allmählichen Niedergang, den wir seit dem 2. Jahrhundert v. Chr. verfolgen können, geführt haben. Die Betrachtung des Hellenismus unter diesem Gesichtspunkt ist auch für uns heute noch sehr lehrreich.

Der Gang der Entwicklung ist im *Osten* im allgemeinen der gewesen, daß unter der starken nationalen Regierung der ersten Herrschergenerationen die *Hellenisierung* des Ostens zunächst große Fortschritte machte, daß dann aber allmählich die orientalischen Völker, die durch die Berührung mit dem Hellenismus aus langer Lethargie erweckt worden waren, eben durch ihn neue Kräfte gewannen, so daß zunächst ein Stillstand der Hellenisierung, dann allmählich ein Übergang zur *Orientalisierung* eintrat, bis sie endlich wieder Herren im eigenen Hause waren. Im allgemeinen hat es etwa tausend Jahre nach Alexander gedauert, bis der Orient wieder für den Orient zurückerobert war, aber selbst in der islamischen Kultur erkennt die neuere Forschung noch die Nachwirkungen der Hellenisierung des Orients.

Im einzelnen sind bei den verschiedenen Völkern Tempo und Entwicklung dieses gewaltigen *Kulturkampfes* sehr verschieden gewesen. Im allgemeinen waren die Zentren der Hellenisierung die neuen Griechenstädte und die Militärkolonien, während auf dem flachen Lande die einheimische Art weiterbestand. Was die Griechen vor allem von den Orientalen unterschied, war die gymnastische Ausbildung des Körpers im Gymnasion, die dem Orientalen durchaus fremd war (S. 72), sowie die Übernahme der attischen Ephebie. So waren die Gymnasien mit ihren Palästren und Bädern ebenso wie die Theater, die überall auch die neuen Städte schmückten, die Wahrzeichen des Griechentums im fremden Lande. Noch in der Kaiserzeit unterschieden sich die reinen Hellenen von den anderen Volksschichten stolz als „die vom Gymnasion". Erst als das Christentum im 4. Jahrhundert zur Herrschaft kam und das Mönchtum die Verwahrlosung des Körpers zum Gott wohlgefälligen Prinzip machte, sind die Gymnasien, an deren Betrieb wegen der Nacktheit Anstoß genommen wurde, verschwunden. Aber jene Griechenstädte waren doch sehr ungleich über das gewaltige Gebiet verteilt, und weite Landschaften entbehrten ihrer ganz. So stand doch nur eine dünne griechische Oberschicht den großen Massen der Orientalen gegenüber, und dies ist einer der Hauptgründe gewesen, weshalb der Hellenismus auf die Dauer unterliegen mußte.

Selbst in *Kleinasien*, das so stark kolonisiert war und in seinen Städten ein kräftiges griechisches Leben entfaltete, gab es im Inneren große Gebiete, die nicht vom Hellenismus berührt waren. Darum haben sich hier denn auch mehrere der einheimischen Dialekte – in Isaurien, Lykaonien, Phrygien, Kappadokien u.a. – bis ins 5./6. Jahrhundert n. Chr. lebendig erhalten. Auch in *Syrien* war die Hellenisierung im wesentlichen auf die zahlreichen Griechenstädte beschränkt, während die Dörfer aramäisch blieben und die Wüste arabisch. Die einzelnen Teile Syriens haben wieder verschiedene Schicksale gehabt. Von der Entstehung des *jüdischen Nationalstaates* im 2. Jahrhundert, der sich im Gegensatz zum Hellenismus entwickelte, ist schon oben (S. 287f.) gesprochen worden. Eine eigenartige Mischung hellenistischer und persischer Kultur zeigt das gewaltige Grabmonument des *Antiochos von Kommagene* auf dem Nemrud-Dagh (1. Jahrh. v. Chr.). Wie zäh sich trotz aller Griechenstädte das semitische Volkstum in Syrien erhalten hat, beweist die Tatsache, daß in spätrömischer Zeit die „syrische" Sprache sich zu einer Literatursprache entwickeln konnte, die namentlich im Dienst der Kirche gestanden hat. Der endliche Sieg des Semitentums tritt uns noch heute in den Stadtnamen entgegen: das alte Haleb heißt noch heute Aleppo; daß es Jahrhunderte hindurch den makedonischen Namen Beroia geführt hat, weiß dort kein Mensch mehr, und ähnlich sind die anderen griechischen Namen fast überall vor den alten semitischen Namen wieder verschwunden. Das gilt auch von der makedonischen Kolonie beim heutigen Salihîjah am mittleren Euphrat (gegründet von Seleukos I.), deren makedonischer Name Europos später von ihrem alten Namen Dura verdrängt worden ist. Die äußerst wertvollen griechischen Lederhandschriften und Papyri, die kürzlich hier gefunden wurden (S. 273), sowie die Inschriften und Wandmalereien eröffnen einen lehrreichen Einblick in die Geschichte dieser mehr und mehr der Orientalisierung verfallenden Kolonie.

Viel geringer an Zahl waren die Griechenstädte in *Babylonien*. Abgesehen von der großen Handelsstadt *Seleukeia am Tigris*, die Seleukos I. als seine Residenz gegründet hatte, ist später auch in *Babylon* eine Griechenstadt gegründet worden, deren Theater die deutsche Babylonexpedition aufgedeckt hat. Ihr Gründer war *Antiochos IV. Epiphanes*, der große Freund der hellenischen Kultur (S. 287). Wohl ist diese Landschaft gegen Ende des 2. Jahrhunderts den Parthern zugefallen (S. 288), und die Hellenisierung des Ostens konnte jetzt keine weiteren Fortschritte machen, aber die Arsakiden waren immerhin „Philhellenen", und zu unserer Überraschung sind in Babylon griechische Siegerlisten aus dem Ende des 2. Jahrhunderts v. Chr. zutage gekommen, die uns den Fortbestand des dortigen Gymnasialwesens für diese Zeit bezeugen. Erst die *Sassaniden* (seit 227 n. Chr.), die das alte Achämenidenreich erneuern wollten und die persische Religion zur Staatsreligion erhoben, sind aggressiv gegen den Hellenismus vorgegangen, als Träger des „Iranismus", und dieser Iranismus hat schließlich gesiegt, doch nicht ohne daß beide Kulturen sich vorher gegenseitig befruchtet hatten.

Gehen wir weiter nach Osten, so werden die Griechenstädte zunächst seltener. Daß nicht allein in ihnen die griechische Kultur lebte, zeigte ein merkwürdiger Fund griechischer Lederhandschriften im Zagrosgebirge auf medischem Boden, die das Weiterleben griechischer Sprache und griechischen Rechtes noch für das 1. Jahrhundert v. Chr. für dieses abgelegene Dorf bezeugen. Groß war dagegen die Zahl der Griechenstädte in Ost-Iran, wo schon Alexander mehrere Städte gegründet hatte und dann die Seleukiden eine großartige Kolonisation durchgeführt haben, so besonders im *baktrischen Reich*, wo der Hellenismus zu großer Blüte gekommen ist (S. 280). Auch in den *indischen* Griechenstädten hat sich das griechische Leben, zeitweise von Baktrien beeinflußt, kräftig entwickelt und ist bis in die Zeit der Indoskythen hinein noch erkennbar. Die indische Kultur war aber zu andersartig und zu abgeschlossen, als daß der Hellenismus einen tieferen Einfluß auf sie hätte gewinnen können, doch ganz ohne Wirkung ist er auch dort nicht geblieben. Zwar ist die frühere Annahme, daß das indische Drama oder gar das Epos von den Griechen beeinflußt sei, von der neueren Forschung abgelehnt worden, ◻ aber der künstlerische Einfluß ist immer mehr beobachtet worden, so in der *graecobuddhistischen Kunst*, namentlich in der Kunst von *Gandhāra* in der Kaiserzeit. Von hier aus hat die griechische Kunst dank den Handelsverbindungen zwischen Indien und China auch bis nach Ostasien gewirkt, wie denn hellenistische Einflüsse durch die Turfan-Expeditionen bis in die chinesische Kunst hinein nachgewiesen sind.

In *Ägypten* endlich ist der Hellenismus nicht nur in Alexandrien, sondern auch im Lande zu großer Blüte gekommen. Zwar haben die Lagiden zu Alexandrien und Naukratis nur eine einzige Griechenstadt, Ptolemaïs in Oberägypten, hinzugefügt (S. 274), aber auch nichtstädtisch organisierte Griechengemeinden (*πολιτεύματα*) haben hier als Zentren des Hellenismus gewirkt, und auch die innere Kolonisation der Lagiden hat durch die zerstreuten Einzelansiedlungen der makedonisch-griechischen Truppen als Kleruchen zur Ausbreitung des Hellenismus viel beigetragen. In den Metropolen der Gaue erhoben sich bis zum Katarakt hin griechische Gymnasien – hie und da sogar in Dörfern – wie auch Theater. Die Ausbreitung der vielen Tausende der griechisch beschriebenen Papyri, sowohl der Briefe und Urkunden, die uns packende Augenblicksbilder vom damaligen Leben geben, als auch besonders der literarischen Texte, die bis in die kleinsten Dörfer hinein gefunden werden, zeigt uns neben den Resten griechischer Kunst und griechischen Kunsthandwerks am besten das Maß der Ausdehnung des Hellenismus. Neben den Eroberern stehen die eingeborenen *Ägypter*, die in ihrer Masse, wie seit Jahrtausenden, an ihrer alten Kultur zäh festhielten, aber doch in ihren höheren Schichten, namentlich den Priestern, ohne die griechische Sprache nicht auskommen konnten, so daß wir auch von ihnen viele griechische Texte neben ihren „demotischen" Texten besitzen. Leichter als sie hat die starke *jüdische Diaspora* in Alexandrien und dem Lande die griechische Sprache angenommen, so daß schon im 3. Jahrhundert v. Chr. die griechische Übersetzung der Schriften des Alten Testaments (die sogenannte Septuaginta) sich als notwendig erwies. Seit dem Ende des 3. Jahrhunderts setzte die schon oben geschilderte nationale Bewegung der Ägypter ein, die zu langwierigen Kämpfen geführt hat (S. 283f., 291). Vielleicht noch mehr schadete dem Hellenismus, daß seit dem 2. Jahrhundert v. Chr. die Vermischung der unteren griechischen Schichten mit den Ägyptern immer weiteren Umfang annahm, so daß sich eine breite *graeco-ägyptische Mischbevölkerung* bildete, in der die ägyptische Art immer mehr überwog, so daß die reinen Griechen sich um so mehr zusammenschlossen und von ihnen schieden. Zwar hat Kaiser Augustus später die Ägypter, die am Ausgang der Ptolemäerzeit immer mächtiger geworden waren, wieder zurückgedrängt; auch hat Hadrian, der große Philhellene, in der „Neu-Hellenenstadt" *Antinoupolis* in Mittelägypten ein neues griechisches Zentrum geschaffen, aber schließlich hat auch hier der Orient gesiegt. Unter der Araberherrschaft sind die letzten Spuren des Hellenismus verschwunden (die letzten arabisch-griechischen Papyri stammen aus dem 10. Jahrhundert), und neben dem Arabischen hat sich nur das ägyptische „Koptentum" erhalten, bis auch dies arabisiert war, so daß heute nur noch arabisch gesprochen wird, das Koptische aber nur noch im Gebrauch der koptischen Kirche (kaum verstanden) weiterlebt.

Wesentlich anders als im Osten hat sich der Hellenismus im *Westen* ausgebreitet, nicht durch Siedlungen, sondern durch seine innere Expansionskraft und durch den immer lebhafter werdenden Weltverkehr. Sehen wir von dem Einfluß auf Karthago ab, so ist weltgeschichtlich das bedeutendste Ergebnis die *Hellenisierung Roms.* Wohl hatten die römischen „Barbaren" auch schon in den vorhergehenden Jahrhunderten im besonderen von den unteritalischen Griechenstädten manche wichtigen Elemente griechischer Kultur – außer der Schrift (aus Kyme) namentlich auf künstlerischem und religiösem, auch rechtlichem Gebiet – übernommen, aber in viel stärkerem Maße ergoß sich nun seit der Mitte des 3. Jahrhunderts ein immer mächtiger anschwellender Strom griechischer Bildung über Rom, so daß Literatur und Religion, Kunst und Sitte immer mehr von griechischer Kultur beeinflußt wurden. Wohl standen die Römer manchen der orientalischen Völker insofern nach, als sie eine eigene Literatur vorher überhaupt noch nicht oder doch nur Keime einer solchen besessen hatten, aber sehr viel selbständiger als jene Orientalen haben sie bei der Übernahme der griechischen Literatur an ihrer eigenen Sprache festgehalten und haben so durch Übersetzungen oder Überarbeitungen der griechischen Vorlagen eine *lateinische Literatur* geschaffen. In diesem Festhalten an der eigenen Sprache tritt uns jenes stolze nationale Selbstgefühl der Römer entgegen, auf dem letzten Endes die Größe Roms beruht hat. Diese griechisch-römische Mischkultur, die so allmählich entstanden ist und die durchaus nicht bloß eine Nachahmung der griechischen war, sondern auch viel eigenes Römisches enthielt und in Ciceros Zeit höher stand als der inzwischen gesunkene Hellenismus des Ostens, ist durch die überlegene Kolonisationskunst der Römer dem Westen, im besonderen Spanien und Gallien, zugeführt worden, und so war das Schlußergebnis der antiken Kulturentwicklung, *daß der Westen lateinisch, der Osten griechisch war.* Die Römer haben ihre Kultur im Westen mit viel größerem Erfolge durchgesetzt als die Griechen die hellenische im Osten, wo man es freilich auch mit alten Kulturvölkern zu tun hatte. Denn während hier schließlich der Orient, wenn auch erst nach vielen Jahrhunderten, den Hellenismus überall überwunden hat, ist die griechisch-römische Kultur die Grundlage für die romanischen Völker geworden und wirkt daher weiter bis auf den heutigen Tag. Wohl war diese Romanisierung des Westens eine gewaltige Kulturtat der Römer, aber der innerste Kern dessen, was sie den Völkern brachten, war griechisch. Trotzdem würde es ein Verkennen der römischen Kraft und Eigenart bedeuten, wenn man die römische Kaiserzeit etwa als □ einen Unterabschnitt der hellenistischen Periode auffassen und in ihr nicht vielmehr eine neue Periode der Altertumsgeschichte, eben die *römische*, sehen wollte.

Wenden wir uns nun zu den Schöpfungen der hellenistischen Kultur. Ihr größter Erfolg liegt in dem Ausbau der *Wissenschaften*, die im 3. Jahrhundert überhaupt den Höhepunkt erreicht haben, während ihre Leistungen in *Poesie* und *Kunst* den Vergleich mit den vorhergehenden Jahrhunderten nicht aushalten, so bedeutend sie an sich sind. Die Entwicklung der Wissenschaften schloß sich unmittelbar an *Aristoteles* an. Wiewohl dieses Universalgenie die Wissenschaften, die vor ihm ihre gesonderten Bahnen gegangen waren, zum erstenmal zu einer Einheit zusammengeschlossen hatte, hatte er doch zugleich den Einzelwissenschaften durch Einführung der exakten empirischen Forschung (S. 231 f.) eine solche Vertiefung gegeben, daß nach seinem Tode notwendig eine Ausbildung der *Fachwissenschaften* eintreten mußte. So trennten sich Weltanschauung und wissenschaftliche Forschung, die in ihm vereint gewesen waren, und es löste sich das Band zwischen Philosophie und Einzelwissenschaft. So hat die *Philosophie* der hellenistischen Zeit entsprechend dem individualistischen Zuge dieser Periode die metaphysischen und ethischen Probleme, die jedem Gebildeten für seine Lebensgestaltung von größter Wichtigkeit waren, in den Mittelpunkt gerückt und auf die Einzelforschung mehr verzichtet. Auch lokal hat sich eine Scheidung vollzogen, insofern die positiven Fachwissenschaften an den Königshöfen ihre Stätte und Pflege fanden, während für die Philosophie, die in der Hofluft weniger gedieh, nach wie vor *Athen* das Zentrum geblieben ist; und da die Philosophie doch als die Krone der Wissenschaft angesehen wurde, galt vielen bis in späte Jahrhunderte Athen als der eigentliche geistige Mittelpunkt, die Hauptuniversität der griechischen Welt, die denn auch von Tausenden von Griechen und Nichtgriechen besucht worden ist. Diese Stellung von Athen wie auch von Rhodos und Pergamon zeigt übrigens, daß in der hellenistischen Zeit doch nicht ausschließlich die „Weltstädte" den Ton angegeben haben. Zu den alten Schulen des *Platon* und *Aristoteles* (Akademie und Peripatos) kamen jetzt vor allem die *stoische* Schule des *Zenon* und die des *Epikur* hinzu, die beide die größte Anziehung auf die Gebildeten der ganzen Welt durch viele Jahrhunderte ausgeübt haben. In der Gestalt, in der der Rhodier *Panaitios* im 2. Jahrhundert die stoische Philosophie in Rom kündete, hat ihre Lehre von den Bürgerpflichten und den Menschenpflichten den tiefsten Einfluß auf das römische Geistesleben gewonnen, wie wir aus *Ciceros* Schrift De officiis ersehen. Auch Epikurs mechanische Welterklärung lesen wir heute am schönsten bei einem Römer – in *Lukrez'* Gedicht De rerum natura.

Die *Fachwissenschaften* fanden ihre glänzendste Entwicklung in *Alexandrien*, wo Ptolemaios I., beraten von Demetrios von Phaleron, im Königsviertel nach dem Vorbild der Lykeionschule des Aristoteles das *Museion* begründete, in dem die ersten Gelehrten ihrer Zeit, vom König berufen und durch reichliches Gehalt über alle materiellen Sorgen erhoben, als Mitglieder einer von einem Musenpriester geleiteten Kultgenossenschaft (*θίασος*) sich der wissenschaftlichen Arbeit hingeben konnten. Jedoch war dies alexandrinische Museion nicht wie das athenische Vorbild in erster Reihe dem Unterricht gewidmet, sondern war mehr eine Akademie im modernen Sinne oder ein Forschungsinstitut als eine Universität. Diesen Gelehrten standen nach aristotelischem Vorbilde Sammlungen und Hilfsmittel der verschiedensten Art zur Verfügung. So wurde dem Museion eine Bibliothek angegliedert, die in kurzer Zeit mehrere hunderttausend Papyrusrollen umfaßte, zu der dann noch eine kleinere Bibliothek beim Serapeum hinzutrat. Auch eine Sternwarte gab es dort, einen zoologischen Garten mit seltenen ausländischen Tieren, ein anatomisches Institut u.a. Auch die Seleukiden haben sich bemüht, in ihrer Residenz die Wissenschaften zu fördern, doch konnte *Antiocheia* sich in dieser Hinsicht mit Alexandrien nicht messen. Als dann im 2. Jahrhundert Euergetes II. die Gelehrten aus Alexandrien vertrieb, trat

Pergamon, das unter den Attaliden gleichfalls eine Pflegestätte der Wissenschaften geworden war, mehr hervor, und als das pergamenische Reich an Rom fiel, war es die freie Republik *Rhodos*, die die Führung übernahm, bis dann schließlich, wie auf allen Gebieten, sich der Schwerpunkt nach Rom verschob. *Im ganzen setzt im 2. Jahrhundert ein starker Rückgang im geistigen Schaffen ein.*

Aus der großen Fülle der Fortschritte, die in diesen Jahrhunderten die Wissenschaften gemacht haben, können hier nur einige der bedeutendsten namhaft gemacht werden. Während in der *Mathematik Eukleides* von Alexandrien (3. Jahrhundert) in seinen „Elementen" (στοιχεῖα) das bisherige geometrische Wissen in einem Lehrbuch zusammenfaßte, das wegen seiner Klarheit bis ins 19. Jahrhundert hinein gewirkt hat – in England wird es noch heute als Schulbuch gebraucht! –, hat *Archimedes von Syrakus* (3. Jahrh.), der in Alexandrien studiert hatte, dann in seiner Heimat lebte, wohl der genialste der antiken Mathematiker, durch eine Fülle neuer Forschungen und Entdeckungen die antike Mathematik auf ihren Höhepunkt gebracht. □ Hat doch eine neugefundene Schrift die überraschende Kunde gebracht, daß er wenigstens die Grundgedanken der Integralrechnung schon erfaßt hat. Populärer war er durch seine Anwendung der Mathematik auf die *Mechanik* (im besonderen die Kriegsmaschinen), die das allgemeine praktische Interesse, namentlich auch der Höfe, erregte und vor allem in Alexandrien von *Philon* und *Ktesibios* gepflegt wurde, auf die in der Kaiserzeit *Heron*, der Erfinder der Automaten usw., zurückgriff. Dieser Aufschwung der Mathematik kam auch der *Astronomie* zugute, die anderseits, seitdem Babylon in den Kreis hellenistischer Kultur gezogen worden war, auch durch die astronomischen Aufzeichnungen der Chaldäer (S. 83) gefördert worden ist. Aber so nützlich auch diese babylonischen Arbeiten waren, sind die astronomischen Probleme *wissenschaftlich* doch erst von den Griechen angepackt worden. So ist auch die Präzession der Tag- und Nachtgleiche nicht schon vor Jahrtausenden, wie die „Panbabylonisten" annahmen, sondern erst von *Hipparch* aus Nikaia (Bithynien) im 2. Jahrhundert erwiesen worden. Am erstaunlichsten ist, daß *Aristarch von Samos* (3. Jahrhundert), über seine Vorläufer des 4. Jahrhunderts hinausgehend (S. 228), bereits das *heliozentrische System* erkannt hat, daß nämlich die Erde sich um die Sonne bewegt, wobei sie sich um ihre Achse dreht. Aber da er es nicht beweisen konnte, wurde er von seinen Zeitgenossen abgelehnt, ja wegen Gottlosigkeit verfolgt, und so hat erst unser deutscher Landsmann *Kopernikus* diese umstürzende Erkenntnis der Menschheit geschenkt. Auch die *Geographie* ist durch die Fortschritte der Mathematik und Astronomie gefördert worden. Ihr mußte anderseits die ungeheure Erweiterung des geographischen Horizonts zugute kommen, die den Entdeckungen Alexanders verdankt wurde. Auch nach Norden hin war das Erdbild erweitert worden durch die etwa gleichzeitigen kühnen Fahrten des Massalioten *Pytheas*, der die Britischen Inseln entdeckt und wertvolle Beobachtungen und Erkundigungen (über die polaren Eisverhältnisse usw.) heimgebracht hatte. Den Höhepunkt der geographischen Forschungen bedeutet *Eratosthenes von Kyrene* (3. Jahrhundert), einer der vielseitigsten alexandrinischen Gelehrten, der in seinem Hauptwerk (*Γεωγραφικά*) auf Grund einer neuen, dem Wahren schon näher kommenden Berechnung des Erdumfanges, die er aus seiner Berechnung des Meridianbogens von Alexandrien nach Syene gewonnen hatte, eine örtliche und ethnographische Erdbeschreibung gab, die er durch eine Erdkarte illustrierte. In dieser Karte, in der er die einzelnen Orte nach Länge und Breite eingezeichnet hatte, waren die Mittelmeerländer schon einigermaßen richtig angesetzt, während nach der Peripherie zu seine Unterlagen noch nicht genügten. Auch der *Zoologie* und *Botanik* waren durch Alexander in der subtropischen und tropischen Fauna und Flora ganz neue Forschungsgebiete erschlossen worden. Nach dem Vorbild von Aristoteles' bahnbrechender Tierkunde und Entwicklungsgeschichte der Tiere, Kenntnissen, die auch schon durch Alexander gefördert worden waren, verfaßte sein Schüler *Theophrast* seine beschreibende Pflanzengeschichte und seine spekulative Pflanzenphysiologie, bei denen er, wie wir sahen (S. 254. 259), durch die von Alexander angeordneten Aufzeichnungen aufs beste unterstützt wurde. Über diese Arbeiten von Aristoteles und Theophrast ist man später kaum hinausgekommen. Die *medizinische Wissenschaft* erlebte durch die in Alexandrien eingeführten anatomischen Studien einen großen Aufschwung. Hier gab es ein anatomisches Institut, in dem die Ärzte zum erstenmal Sektionen am menschlichen Leichnam zu Studienzwecken ausführten, nachdem Leichensektionen zum praktischen Zweck der Balsamierung schon seit alten Zeiten in Ägypten vorgenommen waren. Nach dem glaubwürdigen Bericht des Celsus haben die Lagiden den Gelehrten sogar die *Vivisektion* von Verbrechern, die zum Tode verurteilt waren, gestattet. Die Wirkungen dieser anatomischen Arbeiten treten namentlich bei *Herophilos* von Chalkedōn hervor, der, aus der Schule von Kos stammend, unter den ersten beiden Ptolemäern eine große Schule in Alexandrien begründete. Seine Lehre von den Nerven, seine Unterscheidung zwischen Venen und

Arterien, seine Erkenntnis, daß die Arterien Blut enthalten, kennzeichnen die Fortschritte. An ihn knüpfte der etwas jüngere *Erasistratos* von Keos an, der, aus der Knidischen Schule stammend, in manchem von ihm abwich. In der Therapie vertraten diese beiden Schulen verschiedene Richtungen, indem Herophilos das Gewicht auf die Arzneien legte und daher auch die *Pharmakologie* eingehend behandelte, während Erasistratos Diät oder einfachste Mittel bevorzugte. Ihnen beiden trat später die *Empirische Schule* entgegen, die von Anatomie nichts wissen wollte. Auch die *Chirurgie* machte in Alexandrien große Fortschritte.

Während die *Geisteswissenschaften* sich im allgemeinen nicht in dem Maße wie die Naturwissenschaften in Alexandrien konzentrierten, ist eine von ihnen doch erst besonders durch die dort gebotenen Arbeitsmöglichkeiten zur vollen Ausbildung gekommen, das ist die *Philologie*, für die zwar auch wiederum *Aristoteles* bereits durch seine homerischen Probleme, seine literarhistorischen Arbeiten, die Poetik, die Didaskalien usw. Bahn gebrochen hatte. Aber erst durch die Schätze der alexandrinischen Bibliothek, die oft viele Exemplare derselben Schrift enthielt, ist die kritische Behandlung der Texte und die Erklärung auf die Höhe geführt worden. Hier wurden von den großen Bibliothekaren, von *Zenodot* an, zunächst für Homer, dann auch für die anderen alten Autoren die für die Folgezeit maßgebenden Textausgaben geschaffen, hier auch zum Zweck der Erläuterung der Schriftsteller die gewaltigen Wissensschätze zusammengetragen, von denen die nächsten Jahrhunderte gezehrt haben. Eine Fundgrube ersten Ranges war der von *Kallimachos* und seinen Schülern gearbeitete Bibliothekskatalog. Im 2. Jahrhundert hat dann die Philologenschule von Pergamon *(Krates)* mit der alexandrinischen gewetteifert.

Es ist ein nicht genug zu beklagender Verlust, daß die griechischen *Prosawerke* der hellenistischen Zeit bis auf dürftige Reste für uns verlorengegangen sind. Es ist dies die Wirkung des in der ciceronischen Zeit beginnenden und in der Kaiserzeit zur Herrschaft gekommenen *Attizismus* oder *Klassizismus*, der sich mit fanatischer Feindschaft gegen alles spezifisch Hellenistische wendete und nur die Werke der vorhergehenden attischen Periode des 5. und 4. Jahrhunderts als der „klassischen" – dieser Begriff ist damals geprägt worden – gelten ließ und daher auch nur diese weiter überliefert hat. So ist uns von den Werken der hellenistischen *Geschichtsschreibung*, abgesehen von wenigen Ausnahmen, kaum etwas in originaler Fassung erhalten. Bestenfalls können wir uns ihren Inhalt nach den Auszügen späterer Benutzer einigermaßen rekonstruieren. So ist die reiche hellenistische Literatur über Alexander völlig verloren. Die ehrliche, militärisch vortreffliche Schrift, die *Ptolemaios I.*, auf die Ephemeriden Alexanders (S. 260) und seine eigenen persönlichen Erinnerungen zurückgreifend, geschrieben hat, können wir uns nur nach Arrians Anabasis vorstellen, deren Hauptquelle sie war, wie die mehr novellistische und daher besonders beliebte Darstellung des *Kleitarchos* (um 310) nach der Benutzung bei Diodor, Justin und Curtius Rufus. Ebenso müssen wir uns das ausgezeichnete Werk des *Hieronymos von Kardia* über die Diadochengeschichte aus Diodor u.a. rekonstruieren. Auch die Werke des *Duris*, des *Phylarchos* und des *Timaios* sind uns verloren. Nur von dem großangelegten Werk des Achäers *Polybios*, des Historikers der römischen Weltmacht, der wie Hieronymos als praktischer Militär und Politiker und durch seine Lebensschicksale als Freund der führenden Persönlichkeiten (im Scipionenkreis) zur Darstellung seiner Zeit besonders geeignet war, sind uns einige Bücher im Original erhalten, und nur Bruchstücke kennen wir auch von dem Werk seines Fortsetzers, des syrischen Halbgriechen *Poseidonios*, des letzten Universalgelehrten, den die griechische Kultur hervorgebracht hat. Etwas Neues schuf die außerordentlich fruchtbare hellenistische Zeit in der Ausbildung der *Chronographie*, die Eratosthenes begründete, ferner in der *Biographie*, im besonderen dem Bios (der Art zu leben) von Völkerschaften; so hat *Dikaiarchos*, ein Schüler des Aristoteles, unter diesem Namen eine Kulturgeschichte von Hellas geschrieben. Etwas Neues waren auch die *Memoiren*, die Fürsten, Staatsmänner und Feldherren über ihr eigenes Leben schrieben, wie *Pyrrhos*, *Euergetes I.* von Ägypten (S. 281), *Aratos*. Besonders charakteristisch für die Kulturmischung des Hellenismus ist es, daß hellenisierte Barbaren anfingen, aus den Archivalien ihrer Heimat schöpfend, in griechischer Sprache die Geschichte ihres Landes aufzuzeichnen. So hat der ägyptische Priester *Manethon* eine ägyptische Geschichte, der babylonische Belspriester *Berossos* eine babylonische Geschichte geschrieben, nachdem vorher weder die Ägypter noch die Babylonier zu einer historischen Darstellung gekommen waren (S. 125). Unter den orientalischen Völkern hatten nur die *Israeliten*, schon vor vielen Jahrhunderten, schon vor den Griechen, es zu geschichtlichen Darstellungen gebracht, von denen uns unter dem Schleier der späteren priesterlichen Überarbeitungen im Alten Testament noch Reste erkennbar sind; aber auch die Juden haben jetzt eine historische Literatur in griechischer Sprache entwickelt. Auf derselben Stufe wie Manethon und Berossos steht der Römer *Fabius Pictor*, der überhaupt zum erstenmal eine römische Geschichte, und zwar in griechischer Sprache, geschrieben hat. Erst *M. Porcius Cato* hat eine lateinische Kunstprosa geschaffen und hat durch das Muster seiner „Origines" bewirkt, daß von nun an auch in der römischen Geschichtsschreibung die lateinische Sprache verwendet wurde (S. 305).

Auch die *Rhetorik* ist in dieser Periode aufs eifrigste gepflegt und in ein wissenschaftliches System gebracht worden. Der seit dem 3. Jahrhundert im Gegensatz zum isokrateischen Stil ausgebildete sogenannte „*asianische*" Stil hat weite Verbreitung gefunden. Die starke Entwicklung der Rhetorik ist leider für die Geschichtschreibung verhängnisvoll geworden.

□ Etwas mehr als von der Prosa ist uns von der hellenistischen *Poesie* erhalten, weil manche dieser Poeten der Verdammung durch den Klassizismus entgingen und als Vorbilder großen Einfluß auf die römische Poesie am Ausgang der Republik und in Augusteischer Zeit ausübten. Auch haben die Papyrusfunde uns manche wertvollen Ergänzungen geliefert. Wenn die hellenistische Poesie sich auch in den Formen an die unerreichten Muster der vorhergehenden Periode anschloß, so hat sie doch durch ihre Weiterentwicklung viel Neues und Originelles hervorgebracht. Es war eine Zeit von ganz ungeheurer Fruchtbarkeit. Man suchte seinen Ruhm darin, möglichst viele Formen zu beherrschen. Daß die Dichter vielfach zugleich Gelehrte waren oder die Gelehrten glaubten, auch dichten zu müssen, ist typisch für diese Zeit. Diese Art Dichtung war denn auch nur für den kleinen Kreis der Gebildeten, der vom Volk durch eine tiefe Kluft getrennt war, genießbar. Daß das große astronomische Lehrgedicht des *Aratos* (*Φαινόμενα*) einen so großen, uns unverständlichen Beifall fand, ist lehrreich für den Zeitgeschmack. Aber es gab unter diesen Gelehrten doch einen wahrhaft großen Dichter, das war *Kallimachos von Kyrene*, der Meister der neuen Formen der Elegie und des Epigramms. Neben ihm steht der nicht gelehrte *Theokrit von Syrakus*, der uns in seinen anmutigen, zum Teil bukolischen Eidyllien als wahrer Dichter erfreut. Neu und charakteristisch für die Zeit ist das starke Hervortreten des Liebesmotivs in der Poesie, das u.a. auch in dem sich allmählich zu festeren Formen entwickelnden *Prosaroman* den ersten Platz einnahm. Kennzeichnend für die Zeit war auch die Bedeutung, die der *Mimos* erhielt, von dem wir in den Hinkjamben des *Herondas* so ergötzliche Proben kennengelernt haben. Auch das *Fürsten-Enkomion*, wie Theokrit auf Philadelphos eines dichtete, war dem Geschmack und den Bedürfnissen der neuen Zeit entsprungen. Neben allen diesen modernen Ideen traten die im alten Gleise fortfahrenden Nachahmungen der alten Formen, wie sie

Apollonios von Rhodos in seinem umfangreichen Epos „Argonautika" gab, zurück. In der Tragödie ist nichts Dauerndes geschaffen worden. Dagegen ist die sogenannte *Neue Komödie,* die sich in Athen aus der „Mittleren Komödie" (S. 233) zum bürgerlichen Lustspiel entwickelte, durch ihren Meister *Menander* zu einer neuen Gattung eigener Größe erhoben worden. Erst die Papyrusfunde haben uns mit größeren Stücken des griechischen Originals bekannt gemacht und damit einen Einblick in seinen Stil und seine Kunst ermöglicht. Bis dahin kannten wir nur die lateinischen Umdichtungen von Plautus und Terenz, durch deren Vermittlung dies letzte Vermächtnis der attischen Muse großen Einfluß auf die moderne Weltliteratur gewonnen hat (vgl. Shakespeare und Molière). Für den bei den Zeitgenossen noch mehr geschätzten *Philemon* sind wir auch heute noch auf jene Lateiner angewiesen.

Wie in der Literatur war auch in den *bildenden Künsten* das Schaffen außerordentlich stark, doch ist auch hier seit dem 2. Jahrhundert eine allmähliche Abnahme zu beobachten. Nicht neue schöpferische Gedanken sind typisch für diese Zeit, sondern eine Freude an der Bewältigung technischer und konstruktiver Probleme. Dies technische Können war um so erforderlicher, je mehr man sich, vielleicht nicht ohne Einfluß der orientalischen Kolossalwerke, die man jetzt vor Augen hatte, an Schöpfungen von ungeheuren Ausmaßen heranwagte – wie den neuen, nie vollendeten Didymatempel bei Milet, der durch *Theodor Wiegand* wiedererstanden ist, oder den Koloß von Rhodos oder den Pharosleuchtturm von Alexandrien. Anderseits tritt in Malerei und Plastik, ebenso wie in der Literatur, die Freude an dem Landschaftlichen (vgl. die Bukolik) und dem Genrehaften hervor. Charakteristisch für die hellenistische Zeit ist, daß man nicht nur anfing, über Kunst und Künstler zu schreiben, sondern auch Sammlungen von Kunstwerken, Originalen oder auch Kopien, anlegte.

Wohl kaum ist jemals den bildenden Künstlern eine solche Fülle großer Aufgaben gestellt worden wie jetzt durch die zahlreichen neuen Städtegründungen der Alexander- und Diadochenzeit. Nicht nur die Residenzen mit ihren königlichen Prachtbauten, sondern auch die anderen Griechenstädte mit ihren Rathäusern und Märkten, ihren Tempeln und Theatern, ihren Gymnasien und Bädern und endlich ihren Privathäusern boten allen Künsten reichste Betätigung. Von den Residenzen kennen wir *Pergamon* dank unseren deutschen Ausgrabungen am besten, während von *Alexandrien* und *Antiocheia* leider nur wenig Altes übriggeblieben ist. Typisch für die hellenistischen Städte ist die strenge Durchführung des Hippodamischen Stils mit seinen rechtwinklig sich schneidenden geraden Straßenzügen (S. 198), wie er uns in mustergültiger Weise vor allem in *Priene* vorliegt. Im Hausbau tritt zu dem alten Megarontypus (*οἶκος* mit *προστάς*) das Peristylhaus hinzu, dessen offener Hof von Säulen umgeben war, wofür *Delos* besonders schöne Beispiele bietet. Überhaupt ist eine Vorliebe für Säulenhallen, die die öffentlichen Plätze, in der Römerzeit auch die Hauptstraßen, als „Laubengänge" zum Schutz gegen Sonne und Regen umgaben, erkennbar. Vorherrschend blieben zunächst der dorische und der ionische Stil, die manchmal an einem und demselben Gebäude verbunden wurden, während der korinthische Stil erst allmählich (wie beim Olympieion in der Zeit des Antiochos IV. Epiphanes) mehr hervortrat, der dann schließlich in der griechisch-römischen Kunst vor den anderen bevorzugt worden ist.

Ein weites Feld der Tätigkeit eröffnete sich auch den *Bildhauern;* denn immer mehr verbreitete sich die Sitte, die öffentlichen Plätze und Hallen mit den Statuen der Fürsten oder verdienter Männer, die Bibliotheken aber mit denen der geistigen Führer, der Philosophen und Dichter, zu schmücken. Selbst in dem abseits gelegenen Thermos, dem Mittelpunkt des Ätolischen Bundes, standen im Jahre 218 nicht weniger als 2000 Statuen, und so haben die Römer, als sie im 2. Jahrhundert anfingen, die griechischen Städte auszuplündern, viele Tausende von Bildsäulen verschleppen können. Es entsprach dem realistischen Geschmack der Zeit, daß sich im 3. Jahrhundert das *Charakterporträt* zur Vollendung entwickelte, wovon uns die Demosthenesstatue, der Euripideskopf, das Homerporträt u.a. eine Vorstellung geben. Als der große Meister des Alexanderporträts steht *Lysippos,* aus der sikyonischen Schule, an der Spitze dieser Zeit (S. 234 f.). Wie weit der Realismus getrieben wurde, zeigt die Nachricht, daß der Bruder des Lysippos nach Gipsabdrücken, die er vom lebenden Modell nahm, gearbeitet hat, eine Technik, die uns übrigens schon in den Tell-Amarnafunden des Berliner Museums aus der Zeit Amenophis' IV. begegnet (vgl. S. 35). Vielleicht am stärksten tritt uns der Realismus in den Karikaturen entgegen, wie sie namentlich in dem spottlustigen Alexandrien in der Kleinkunst, in den Terrakotten gern dargestellt wurden. Während das im Beginn unserer Periode aus dem Zeustypus abgeleitete Bild des neuen Gottes *Sarapis* mehr den grandiosen Abschluß der älteren Kunstperiode darstellt, sind jetzt die alten Götter immer individueller und persönlicher dargestellt worden. Die Vorliebe für das Landschaftliche tritt, offenbar nach dem Vorbild der Malerei, die immer den Ton angibt, nicht nur in den Reliefs hervor, sondern auch Rundbilder werden gern in landschaftlicher Umrahmung gesehen, wie z.B. zu Füßen der auf einem Felsen sitzenden Stadtgöttin (Tyche) von Antiocheia der Orontes dargestellt ist, oder wie die wundervolle, vom Seewind durchwehte Nike von Samothrake, auf dem Bug eines Schiffes stehend, auf felsigem Berghang aufgestellt war.

Von den lokalen Künstlerschulen läßt sich die *pergamenische* dank unseren Ausgrabungen in ihrer Entwicklung am besten überblicken. Während die dortige Kunst des ausgehenden 3. Jahrhunderts uns namentlich in jenen Galaterstatuen auf ihrer Höhe entgegentritt, die Attalos I. zur Verewigung seines Sieges über die Barbaren aufgestellt hatte, zeigt uns der imposante Zeusaltar mit seiner hochpathetischen Gigantenschlacht, welchen Weg die Kunst in der Zeit des Eumenes II. (197–159) eingeschlagen hatte. Auch dieser Kampf der olympischen Götter gegen die Giganten sollte symbolisch dem Grundgedanken der attalischen Monarchie, dem hellenischen Nationalgefühl gegenüber den Barbaren Ausdruck verleihen. Nachdem Pergamons Glanz mit seinem Königtum erloschen und *Rhodos* das Zentrum des griechischen Kunstlebens wie des ganzen Geisteslebens geworden war, ist hier, von wo schon zu Beginn unserer Periode starke Wirkungen, wie z.B. nach Alexandrien, ausgegangen waren, noch viel Schönes geschaffen worden, wenn es auch den Vergleich mit der älteren hellenistischen Kunst nicht mehr aushält. So wird heute die in Rhodos gearbeitete *Laokoongruppe*, deren Zeit jetzt durch Inschriften gegen das Jahr 25 v. Chr. festgesetzt ist, trotz ihrer anatomischen Darstellungstreue nicht mehr so hoch bewertet wie einst von Winckelmann und Goethe, als man von der älteren Kunst noch keine Vorstellung hatte und über die Zeit der Gruppe überdies im unklaren war.

Für die hellenistische *Malerei* haben wir wenigstens für den Ausgang in den Wandgemälden von *Pompeji* ein außerordentlich lehrreiches Material, während von älteren ähnlichen Arbeiten sich nur wenig erhalten hat. Von den wirklichen Meisterwerken, wie denen des *Apelles*, ist uns natürlich nichts erhalten. Von der *Historienmalerei* der älteren Zeit können wir uns nach dem berühmten Alexandermosaik von Pompeji, das die Schlacht bei Issos darstellt, eine ungefähre Vorstellung machen. Ein Bild der Hochzeit des Alexander und der Roxane kennen wir nur durch die Beschreibung des Lukian. Die enkaustische Marmormalerei dieser Zeit (S. 235) ist uns durch die Grabstelen von Demetrias-Pagasä in Thessalien aus dem 4.–2. Jahrhundert lebendig geworden. Wertvolle Reste von Malereien haben uns auch die Gräber und Grabstelen von Alexandrien gebracht, namentlich die ältesten aus Sciatbi, die noch rein griechisch sind. Von den vier Stilen der pompejanischen Wandgemälde fallen die ersten beiden noch in den Ausgang unserer Periode: der erste Stil (2./1. Jahrhundert) bietet einen malerischen Ersatz für die in verschiedenfarbigem Stein oder Marmor ausgeführte Inkrustation der Wände in der älteren Zeit, für den zweiten Stil sind die Architekturzeichnungen charakteristisch.

Neben dieser griechischen Kunst stand die *orientalische Kunst*, die von den Einheimischen zunächst in alter Weise weitergepflegt wurde. In Ägypten sind sogar die Tempel, die die Lagiden den ägyptischen Göttern bauten, bis zuletzt in streng ägyptischem Stil ausgeführt worden, wie in Dendera, Edfu, Philä. Aber mit der Zeit konnte es bei dem engen Zusammenleben doch nicht ausbleiben, daß die griechische und die orientalische Kunst sich gegenseitig beeinflußten, nicht nur inhaltlich, sondern auch stilistisch und technisch, so daß es auch auf diesem Gebiet zu hellenistischen *Mischungen* gekommen ist. So sind ägyptische Elemente schon in dem Prachtzelt des Philadelphos wie in dem Nilschiff des Philopator zu bemerken, und in der □ dionysischen Gruppe vor dem memphitischen Serapeum finden sich auch zwei ägyptische Göttertypen eingefügt. Anderseits weisen manche ägyptische Arbeiten, Reliefs und Statuen, griechischen Einfluß auf. Und in Asien war es nicht anders. Auf die griechisch-persische Mischung auf dem Nemrud-Dagh und auf die gräko-buddhistische Kunst wurde schon oben hingewiesen (S. 302. 304). Überraschend war die während des ersten Weltkrieges durch eine deutsche Lokaluntersuchung festgestellte Tatsache, daß das nabatäische *Petra* (S. 294), an dessen Grabdenkmälern man schon früher griechischen Einfluß erkannt hatte, zu einer hellenistischen Stadt Hippodamischen Stils umgebaut worden ist. In der vorderasiatischen Kunst läßt sich hellenistischer Einfluß hie und da bis in die späte Kaiserzeit, ja durch die Sassanidenkunst hindurch bis in die islamische Kunst hinein verfolgen.

Von dem Vordringen der hellenistischen Kunst nach dem *Westen* zeugt das in dieser Zeit aus einer oskischen Landstadt zu einer hellenistischen Stadt umgewandelte Pompeji. Weltgeschichtlich aber ist von größter Bedeutung, daß in *Rom*, wo in älterer Zeit etruskischer und griechischer Kunsteinfluß miteinander gerungen hatten, der griechische nun den Sieg davontrug. Im 2. Jahrhundert schmückte sich Rom mit griechischen Basiliken und mit den ersten griechischen Marmortempeln, und zugleich begann die Masseneinfuhr griechischer Kunstwerke aus den geplünderten Griechenstädten. Damit war die äußere Voraussetzung gegeben für die Hellenisierung Roms nach der künstlerischen Seite hin. So hat sich hier allmählich eine griechisch-römische

Kunst entwickelt, die, in ihren Formen vorwiegend griechisch, in den Gedanken ihre eigenen römischen Züge bekommen und später sich weithin im römischen Weltreich ausgebreitet hat.

Auch der griechischen *Religion* war durch Alexander ein gewaltiges Ausbreitungsgebiet erschlossen worden. Überall in den neuen Griechenstädten bis weit nach Indien hin erhoben sich zahllose Tempel griechischer Götter. Aber der griechische Polytheismus war innerlich hohl und leer geworden. Mächtiger als die alten Olympier erschien unter dem Eindruck der großen Weltkatastrophen die Göttin *Tyche*, die das Los der Menschen und Völker zu bestimmen schien. Aus der Not der Zeit ist wohl auch zu erklären, daß mehr als je vorher der Glaube an die göttliche Kraft in den starken Männern, die die Zeit zu meistern verstehen, lebendig war. So haben die Griechen in diesen Zeiten, wie oben gesagt wurde, besonders gern denjenigen, die ihnen die „Freiheit" brachten, göttliche Ehren erwiesen, wie dem Antigonos (S. 267), dem Ptolemaios I. (S. 269), dem Demetrios Poliorketes (S. 267), ja schließlich gar dem Flamininus (S. 284). Eine andere Bedeutung erhielt diese griechische Apotheose in dem *hellenistischen Königskult*, wie ihn (abweichend von der Apothese Alexanders, s. S. 256 f.) Philadelphos in Ägypten, dann auch die Seleukiden und andere hellenistische Dynasten in ihren Ländern eingeführt haben; denn dieser Königskult war ein für *alle* Untertanen, Orientalen wie Griechen, verbindlicher *Staatskult*, der höchste Ausdruck des Absolutismus. Darum ist auch dieser Königskult nur auf orientalischem Boden, in Ägypten und Asien, zu voller Blüte gekommen, während er in Makedonien, wo der Absolutismus etwas gemäßigter war (S. 272), überhaupt nicht Eingang gefunden hat. In Ägypten stand neben diesem griechischen Königskult noch der streng hiervon zu scheidende *ägyptische Königskult*, den die eingeborenen Ägypter den Lagiden als ihren Pharaonen nach alter Weise angedeihen ließen. Die Kultbeinamen, wie Soter, Euergetes, Epiphanes, gehören ausschließlich dem *griechischen* Königskult an. Nur dieser hat allgemeine Bedeutung für die hellenistische Zeit gewonnen, und nur dieser hat später den römischen Kaiserkult beeinflußt, während der ägyptische Königskult nur lokale Bedeutung behalten hat. Aber weder der Tychekult noch der hellenistische Königskult haben das religiöse Bedürfnis der Zeit befriedigen können. Gerade diese Leere führte zu der oben angedeuteten Entwicklung der Philosophie, durch die diese als Ersatz für die Religion oder geradezu als Religion wirken konnte. Durch *Poseidonios* ist die stoische Lehre zu einem „tief religiös gestimmten Monotheismus" ausgestaltet worden. Doch nur die Gebildeten konnten zu einer solchen Religion ihre Zuflucht nehmen. Die unteren Schichten, die sich immer schärfer von den Gebildeten abhoben, suchten ihre Befriedigung in der Mystik, wie sie die Mysterien von Eleusis und Samothrake oder die Orphik boten. Sehr bemerkenswert ist auch der starke Zulauf, den zu Beginn unserer Periode trotz aller medizinischen Wissenschaft die Wunderkuren des Asklepios von Epidauros fanden, die uns durch Inschriften sehr erbaulich geschildert werden. Bei ihrem Suchen nach religiöser Befriedigung waren die Griechen, die bei ihrer großen Toleranz schon vorher manchen ausländischen Göttern in Hellas eine Stätte bereitet hatten (S. 189f.), nicht abgeneigt, sich den fremden Göttern, die sie im Orient vorfanden, zuzuwenden, und zwar geschah es meist in der Form, daß sie diese orientalischen Götter – oft nach ganz äußerlichen Ähnlichkeiten – ihren griechischen Göttern gleichsetzten. Dieser Prozeß der interpretatio Graeca, wie man diese Umdeutung der fremden Götter genannt hat, war schon zu Herodots Zeiten im Fluß gewesen, wurde jetzt aber durch das Zusammensiedeln sehr gefördert und ist schließlich geradezu grundsätzlich durchgeführt worden. Im 2. Jahrhundert führten in Ägypten die meisten Götter ebenso griechisch-ägyptische Doppelnamen wie die Angehörigen der gräko-ägyptischen Mischbevölkerung. Wird ein einzelner Name genannt, wie z.B. Hermes, so ist es oft schwer zu entscheiden, ob damit der griechische Hermes oder der ägyptische Thoth gemeint ist. Mochte auch durch diese Gleichsetzung der beiderseitigen Götter verhindert worden sein, daß die fremden Kulte unmittelbar übernommen wurden, so hat doch diese Göttermischung (Theokrasie) mit der Zeit nur die Griechen auf die orientalische, nicht die Orientalen auf die griechische Seite gezogen; denn die Orientalen hielten durchaus fest an ihren alten Göttern, und dies wurde entscheidend für den schließlichen Ausgang der Hellenisierungsbestrebungen: „die Herrschaft der Hellenen über den Orient mußte scheitern, weil sie dessen Seelen nicht erobern konnten" (v. Wilamowitz). In eigenartiger Weise hatte schon Ptolemaios I., noch als Satrap, die religiöse Annäherung der Griechen und Ägypter durch Schaffung des *Sarapiskultes* zu fördern gesucht, in dem beide Völker sich vereinigen sollten. Wie die Dinge lagen, konnte er nicht daran denken, den Ägyptern einen griechischen Kult, sondern nur den Griechen einen ägyptischen Kult annehmbar zu machen. Er wählte, von dem ägyptischen Priester Manethon (S. 311) und dem Griechen Timotheos beraten, den Osiris-Apis von Memphis, der dort in der westlichen Nekropole als Unterweltsgott in einem Tempel verehrt wurde, der der Totentempel war für die unter ihm in den Apisgrüften bestatteten, zu Osiris gewordenen Apisstiere. Den Kult dieses Unterweltsgottes, der nun offiziell den wohl im Volksmunde verkürzten und als gräzisiert empfundenen Namen *Sarapis* erhielt, führte Ptolemaios in Alexandrien ein und errichtete ihm das Serapeum (*Σαραπιεῖον*), in dem neben ihm auch Isis und andere schon in Memphis neben ihm verehrte ägyptische Götter ihren Kult erhielten. Für die Griechen war dieser neue Gott ihr Pluton, wie denn das berühmte Kultbild des Sarapis, ein Meisterwerk des Bryaxis, ihn durch den Kerberos an seiner Seite und den Fruchtkorb (Kalathos) auf dem Kopf als Gott der Unterwelt und der Fruchtbarkeit darstellte; die Ägypter aber sahen in ihm ihren alten Osiris-Apis, wie sie ihn in ihren einheimischen Texten auch weiterhin nannten. Dieser Sarapis, der bald auch mit anderen griechischen Göttern, wie Asklepios, Zeus, Dionysos, Helios usw., gleichgesetzt wurde – ein Hauptbeispiel des hellenistischen Synkretismus! –, ist als Reichsgott des Lagidenreiches an die Spitze der gesamten Götterwelt getreten, wie denn seit Mitte des 3. Jahrhunderts Sarapis und Isis allein von allen Göttern, als ihre Repräsentanten, im Königseid hinter dem König und seinen göttlichen Ahnen genannt wurden. So hat sich schon früh, durch lebhafte Propaganda des Hofes unterstützt, der Kult dieser beiden Götter auch außerhalb Ägyptens, zunächst in den auswärtigen Besitzungen, bald auch darüber hinaus an den Küsten des Ägäischen Meeres und in Hellas, verbreitet. Den Höhepunkt hat die Ausbreitung über die Welt erst in der Kaiserzeit, im 2. Jahrhundert n. Chr., erreicht. Wohl hat der Weltverkehr Alexandriens diesen Göttern die Wege geebnet, aber der große Erfolg erklärt sich doch vor allem daraus, daß die Mysterien der Isis, die schließlich den Sarapis überflügelt hat, mit ihrer Vereinigung der Mysten mit der Gottheit und der Verheißung eines seligen Lebens im Jenseits der religiösen Sehnsucht der Zeit besonders entgegenkamen.

Aber Sarapis und Isis und manche anderen ägyptischen Götter sind nicht die einzigen Fremdlinge gewesen, die in die griechische Welt eindrangen. Das Vordringen orientalischer Kulte nach dem Westen hin, das schon in der vorhergehenden Periode begonnen hatte, verstärkte sich jetzt in den hellenistischen Jahrhunderten, um in der Kaiserzeit den Höhepunkt zu erreichen. Außer den orgiastischen Kulten Kleinasiens, die wie *Kybele* und *Attis* schon früher den Griechen bekanntgeworden waren, treffen wir jetzt auch die ursprünglich mit diesen identischen, im nördlichen Syrien (Bambyke-Hierapolis) unter semitischem Einfluß umgewandelten „Syrischen Götter", *Atargatis* und *Hadad*, die durch die syrischen Kaufleute verbreitet wurden, wie

Adonis, Melkart u.a. von den phönikischen. Im Orient selbst bereiteten sich Mischungen und Wandlungen vor, die später auch für den Westen wichtig geworden sind. Das gilt besonders von dem weiteren Vordringen der *persischen Religion*, von der die jüdische manche Ideen, wie den Dualismus, übernommen hat, die nachher in das Christentum mit hinübergegangen sind (Teufel und Engel usw.). Auch in Kleinasien breitete sich die persische Religion immer weiter aus. Im besonderen begann der *Mithraskult* sich dort mit kleinasiatischen Riten und Anschauungen zu durchsetzen und jene Mithrasmysterien zu entwickeln, die später, am Ende des 1. Jahrhunderts n. Chr., ihren Siegeszug durch die römische Welt antreten sollten. Eine Mischung persischer Religion mit griechischer trat uns oben schon in den Denkmälern vom Nemrud-Dagh entgegen. Die Hellenisierung der persischen Religion hat mit der Zeit immer mehr Fortschritte gemacht.

Aber diese von Osten nach Westen vordringende religiöse Welle machte nicht in Hellas halt, sondern ergoß sich auch über den europäischen Westen. Zunächst waren es *griechische* Götter und Riten, die in Rom eindrangen. Schon in der Königszeit und zu Beginn der Republik waren von den unteritalischen Griechenstädten her mehrere griechische Götter aufgenommen worden, so der *Apollon* mit den griechischen Sibyllinischen Büchern aus Kyme, dann der *Hermes*, den man durch interpretatio Romana dem Mercurius gleichsetzte, und die Dreiheit *Demeter, Dionysos* und *Kore* (= Ceres, Liber, Libera) sowie *Poseidon* (= Neptunus). Nach längerer Pause erfolgte 293 die Einholung des *Asklepios* von Epidauros, dem im Laufe des 3. Jahrhunderts noch ein paar griechische Kulte folgten. Aber viel durchgreifender war, daß im Jahre 217 in der Not des Hannibalischen Krieges auf Grund der Sibyllinischen Bücher griechische Opferriten in den Kult der altrömischen Götter eingeführt wurden und nach dem Muster des griechischen Zwölfgötterkreises zwölf entsprechende römische Götter zu dem Götterkreis der di consentes zusammengeschlossen wurden; denn dies bedeutete den Sieg der schon seit Jahrzehnten wirksamen hellenisierenden Bewegung, und damit begann die allmählich zur Zersetzung führende Hellenisierung des römischen Kultus und der römischen Religion. Eine Folge war, daß jetzt auch die römischen Götter aus dem Schatz der griechischen Kunsttypen ihre anthropomorphen Bilder erhielten, soweit sie sie nicht schon früher bekommen hatten. Damit war der Boden bereitet, um auch den orientalischen Göttern den Eingang zu öffnen. Im Jahre 204 wurde der Kult der kleinasiatischen Göttermutter eingeführt, die dann 191 im Herzen von Rom auf dem Palatin als *Mater Deum*

Magna Idaea ihren Tempel erhielt. Wie sehr dann im 2. Jahrhundert die Massen sich den fremden orgiastischen Kulten zuneigten, zeigt das Senatus consultum de Bacchanalibus von 186, das sich gegen die dionysischen Geheimkulte wendete, die sich damals in der hellenistischen Welt, in Ägypten besonders gefördert durch Philopator, stark entwickelt hatten. So war die religiös unbefriedigte Menschheit auch besonders in Stimmung, sich der fatalistischen Irrlehre der *Astrologie*, diesem Stück altbabylonischer Religion (S. 14. 124 f.), hinzugeben. Wie diese in der hellenistischen Welt damals große Fortschritte machte – hat doch selbst ein Geist wie Poseidonios ihr zugeneigt! –, so hat sie sich auch in Rom trotz der Warnungen des alten Cato und trotz der Ausweisung der „Chaldäer" im Jahre 139 v. Chr. mehr und mehr ausgebreitet, um bald bis zum Kaiserthron hinaufzusteigen – ein Zeichen der zunehmenden Dämmerung der Alten Welt. Auch gegen die Isismysterien und die ägyptischen Götter hat sich der Senat vergeblich gewehrt.

In der Kaiserzeit beginnt dann eine neue orientalische Religion in die griechische Welt einzudringen, das *Christentum*. Für seine Ausbreitung war, abgesehen von seinem Ideengehalt, der dem Sehnen der Zeit entgegenkam, von großer Bedeutung, daß es die hellenistische Weltsprache vorfand, in der es sich in seinen Schriften und seiner Werbung an die Völker der hellenistischen Weltkultur wenden konnte. Sein Kampf galt nicht weniger als der völlig zersetzten römischen Staatsreligion den orientalischen Rivalen, die gleichfalls Jenseitsreligionen boten, wie der Isis und dem Sarapis, der jetzt mit fortschreitendem Synkretismus alle anderen Götter in sich aufnahm (*Πάνϑεος*), und ferner dem persischen Mithras, der seit dem Ende des 1. Jahrhunderts n. Chr. vor allem bei den römischen Grenzheeren des Westens – bis nach Germanien und Britannien hinauf – weite Verehrung genoß. Für den Kampf der Geister aber wurde es von großer Bedeutung, daß die großen christlichen Lehrer *Clemens* und *Origenes* (Anfang des 3. Jahrhunderts) in der Katechetenschule von Alexandrien, auf deren Organisation offenbar das alexandrinische Museion von Einfluß gewesen ist, die neue, ursprünglich rein orientalische Religion mit dem Erbe der griechischen Kultur ausstatteten.

Doch hiermit wie mit manchen anderen Andeutungen dieser Kulturskizze haben wir schon die Grenze überschritten, die uns auf politischem Gebiet durch die Eroberung des Lagidenreiches durch Octavian klar vorgezeichnet war. Die starke Nachwirkung der hellenistischen Jahrhunderte auf die Kaiserzeit zur Darstellung zu bringen, liegt außerhalb der Ziele dieses Buches. Wohl ist die Weltwirkung der griechischen Kultur, die bis auf unsere Tage reicht, ein imposantes Schauspiel, das uns die einzigartige Bedeutung, die dieses geniale Volk für die Weltgeschichte besitzt, vor Augen führt, und doch ist dies nur ein Nachleuchten jener großen Zeiten, in denen die Hellenen in nationaler Selbstbewußtheit die Ewigkeitswerte ihrer Kultur geschaffen haben.

QUELLEN UND LITERATUR

Übersichten über die Quellen zur griechischen Geschichte bieten die betreffenden Abschnitte in den untengenannten Gesamtdarstellungen. Vgl. außerdem Curt Wachsmuth, Einleitung in das Studium der Alten Geschichte, Leipzig 1895, und vor allem die vortreffliche „Einführung in die Alte Geschichte" von Hermann Bengtson (3. Aufl. München 1959). Quelle sind für uns nicht nur die historischen Darstellungen der Alten, sondern der gesamte literarische Nachlaß des Altertums, der poetische nicht weniger als der prosaische; denn auch diejenigen Literaturwerke, die keine oder wenige „historische" Angaben enthalten, können schon als Produkte ihrer Zeit für das Verständnis der geistigen Strömungen von größter Bedeutung sein. Einen Überblick über die Literatur, mit reichem Material, bietet W. von Christ, Geschichte der griechischen Litteratur, 6. Aufl. (von Wilh. Schmid) in 3 Bänden, München 1912–1924 (im Handbuch der klassischen Altertumswissenschaft VII), neu bearbeitet von W. Schmid-O. Stählin seit 1929. Eine feinsinnige populäre Darstellung verdanken wir U. von Wilamowitz-Moellendorff: „Die griechische Literatur des Altertums" in P. Hinnebergs Kultur der Gegenwart, Teil I, Abt. VIII, 3. Aufl. 1912. Vgl. ebendort auch Fr. Leo und Ed. Norden über die römische Literatur. Sehr lesenswert auch A. Lesky, Geschichte der griechischen Literatur, Bern 1957–1959. Von den Historikerfragmenten verdanken wir eine neue kritische, leider nicht ganz vollendete Ausgabe Felix Jacoby, Die Fragmente der griechischen Historiker, Berlin und Leiden 1923–1958.

Zu den literarischen Quellen kommen die nicht-literarischen, die Urkunden, hinzu, die als Inschriften (auf Stein oder Bronze) oder als Handschriften (auf Papyrus, Ostraka, Holz) uns erhalten sind. Die Inschriften werden zu großen Korpusbänden zusammengestellt, wie in den von der Berliner Akademie der Wissenschaften herausgegebenen Inscriptiones Graecae. Eine trefflich kommentierte Auswahl davon bietet W. Dittenberger, Sylloge inscriptionum Graecarum, 3. Aufl. (von Fr. Hiller von Gaertringen u.a.) in 4 Bänden, Leipzig 1915–1924, und W. Dittenberger, Orientis Graeci inscriptiones selectae, 2 Bände, Leipzig 1903–1905, ferner M. N. Tod, A selection of Greek historical inscriptions. I: To the end of the fifth century B. C. (2. Aufl., Oxford 1946), II: From 403 to 323 B. C. (ebd. 1948). Für die lateinischen Inschriften vgl. H. Dessau, Inscriptiones Latinae selectae, 3 Bände, Berlin 1892–1916. Eine Auswahl der wichtigeren Papyrusurkunden bieten L. Mitteis und U. Wilcken, Grundzüge und Chrestomathie der Papyruskunde, 4 Bände, Leipzig 1912 (die historischen Texte in Wilckens Teil I, die juristischen in Mitteis' Teil II). Neben den hier behandelten griechischen Papyri (sämtlich aus Ägypten) sind auch die gleichzeitigen „demotischen" Papyri von großem Wert.

Historische Quellen sind ferner die Münzen, die uns nicht nur die Porträts vieler historischer Persönlichkeiten vermitteln und durch ihre Aufschriften und Typen über die Geschichte der Fürsten und Staaten reiche und zuverlässige Auskunft geben, sondern auch als Geld betrachtet ebenso wie die Gewichte und Maße für die Wirtschaftsgeschichte von großer Bedeutung sind. Einen guten Überblick über die griechischen Münzen gibt B. V. Head, Historia numorum, 2. Aufl., Oxford 1911. Zu den Porträts vgl. F. Imhoof-

Blumer, Porträtköpfe auf antiken Münzen hellenischer und hellenisierter Völker, Leipzig 1885; vgl. auch die prachtvollen Abbildungen bei K. Lange, Herrscherköpfe des Altertums im Münzbild ihrer Zeit, Berlin-Zürich 1938. Die antike Metrologie befindet sich zur Zeit in einem Gärungsprozeß. Vgl. Oskar Viedebantt, Forschungen zur Metrologie des Altertums (Abh. d. Sächs. Gesellsch. d. Wiss. XXXIV, Nr. III), Leipzig 1917. Das früher als Grundlage geltende Handbuch von Friedr. Hultsch (Griechische und römische Metrologie, 2. Aufl., Berlin 1882) ist zum großen Teil veraltet.

Eine historische Quelle ersten Ranges ist die griechische Sprache an sich, nicht nur daß sie sprachwissenschaftlich behandelt uns bis in die Zeiten vor der Einwanderung der Griechen in die Balkanhalbinsel hinaufführt und somit das Älteste und Ursprünglichste ist, was wir überhaupt von den Griechen besitzen, sondern sie gibt uns auch durch ihre Verzweigung in die verschiedenen Dialekte die wertvollsten Aufschlüsse über die Geschichte der Stämme (s. oben S. 25ff.). Zur Einführung in diese Probleme vgl. etwa Paul Kretschmer, „Sprache" in Gercke-Norden, Einleitung in die Altertumswissenschaft I³, Leipzig 1927.

Eine Quelle von größtem Wert sind ferner die aus dem Altertum uns erhaltenen Monumente, von den großen Bauten bis zu den Werken der Kleinkunst herab. Angesichts des fast unübersehbaren, unerschöpflichen Materials sei nur auf das außerordentlich fesselnde Buch von Adolf Michaelis, Die archäologischen Entdeckungen des 19. Jahrhunderts, 2. Aufl., Leipzig 1908, hingewiesen, das wohl Begeisterung für diese schöne Wissenschaft erwecken kann. Eine Fortsetzung bietet Friedrich v. Oppeln-Bronikowski, Archäologische Entdeckungen im 20. Jahrhundert, Berlin 1931. Speziell für Griechenland vgl. die schöne „Griechenlandkunde. Ein Führer zu klassischen Stätten" von E. Kirsten und W. Kraiker, 3. Aufl., Heidelberg 1957.

Endlich ist der antike Boden selbst eine Quelle historischer Erkenntnis von grundlegender Bedeutung. Ist doch nach einem Ausspruch Moltkes „die Örtlichkeit das von einer längst vergangenen Begebenheit übrige Stück Wirklichkeit". Eine möglichst lebendige Vorstellung von dieser noch greifbaren Wirklichkeit ist eine notwendige Voraussetzung für das historische Verständnis. Geschichte und Geographie sind für den Historiker untrennbar. Das Problem der Einwirkung der Natur Griechenlands auf seine Geschichte ist der Ausgangspunkt für das vortreffliche Werk von C. Neumann-J. Partsch, Physikalische Geographie von Griechenland mit besonderer Rücksicht auf das Altertum, Breslau 1885. Warm empfohlen sei auch Alfred Philippson, Das Mittelmeergebiet, seine geographische und kulturelle Eigenart, 4. Aufl., Berlin-Leipzig 1922, und derselbe, Land und See der Griechen, Bonn 1947. Von der Schönheit der griechischen Landschaft gibt eine Ahnung das Buch von Josef Ponten, Griechische Landschaften. Ein Versuch künstlerischen Erdbeschreibens, 2. Aufl., Berlin u. Leipzig 1924, auch das Buch von Hanns Holdt-Hugo von Hofmannsthal, Griechenland. Baukunst, Landschaft, Volksleben, 3. Aufl., Berlin 1928. Nur fehlt überall die Hauptsache – die unbeschreiblichen Farben!

Unter den die moderne Forschung repräsentierenden Gesamtdarstellungen der griechischen Geschichte ragen zwei hoch hervor, Eduard Meyers Geschichte des Altertums (= G. d. A.), I–V, Stuttgart 1884–1902 (I in 3. Aufl. 1910–1913, II 1 u. 2 in 2. Aufl. 1928 u. 1931, III in 2. Aufl. 1937, IV 1 in 3. Aufl. 1939, IV 2 in 4. Aufl. 1956, V in 4. Aufl. 1958), bis in die Mitte des 4. Jahrhunderts führend, in der zum erstenmal in wahrhaft universalhistorischem Geist die griechische Geschichte im Mittelpunkt der gesamten Altertumsgeschichte dargestellt ist, und Karl Julius Belochs Griechische Geschichte, I–IV in 2. Aufl., Straßburg und Berlin 1912–1927, bis 217 v. Chr. führend. Beide sind, so verschieden auch öfter auf Grund divergierender Anschauungen betreffs des Wertes der Tradition oder auch allgemeiner historischer Probleme (wie der Bewertung der Persönlichkeit in der Geschichte) ihre Ergebnisse sind, von grundlegender Bedeutung und stehen im Mittelpunkt der heutigen Forschung. An Gesamtdarstellungen seien ferner noch genannt Georg Busolt, Griechische Geschichte bis zur Schlacht bei Chaeroneia (freilich nur bis 404 vollendet), I–III, 2. Aufl., Gotha 1893–1904, die durch Reichhaltigkeit der Quellen- und Literaturnachweise nützlich ist, das durchaus originelle und sehr talentvolle Buch von Helmut Berve, Griechische Geschichte, 2 Bände, Freiburg im Breisgau 1931 und 1933 (2., verbesserte Aufl. 1951 und 1952; auch erschienen in wohlfeilen Bändchen der „Herder-Bücherei", Nr. 37. 56. 69, Freiburg im Breisgau 1959–1960), G. De Sanctis, Storia dei Greci dalle origini alla fine del secolo V, 2 Bände, Florenz 1939, und das hervorragende Werk von Hermann Bengtson, Griechische Geschichte (im Handbuch der Altertumswissenschaft III 4), München 1950 (2. Aufl. 1960). Vgl. auch die von verschiedenen Forschern geschriebenen Darstellungen der griechischen Geschichte in der Cambridge Ancient History, herausgeg. von J. B. Bury, S. A. Cook, F. E. Adcock und M. P. Charlesworth, Cambridge 1924ff., und in der Historia Mundi (Ein Handbuch der Weltgeschichte in zehn Bänden. Begründet von F. Kern, herausgegeben von F. Valjavec), München 1952ff. Wichtig auch für die griechische Geschichte ist der 1. Band von Ernst Kornemanns Weltgeschichte des Mittelmeer-Raumes von Philipp II. von Makedonien bis Muhammed, der die Zeit bis zur Schlacht bei Actium umfaßt (herausg. von H. Bengtson, München 1948). Von den älteren Gesamtdarstellungen, die schon durch das mächtige Anwachsen des Materials in den letzten Dezennien meist veraltet sind, sei hier nur die zwölfbändige History of Greece von George Grote (London 1846 bis 1856) genannt, die trotz ihres einseitigen Parteistandpunktes bis auf die neuere Forschung die bedeutendste und einflußreichste Darstellung gewesen ist.

Größere Darstellungen von einzelnen Abschnitten der griechischen Geschichte sollen unten in den Anmerkungen genannt werden. Von den zahlreichen epochemachenden Arbeiten, durch die U. von Wilamowitz-Moellendorff zu einem tieferen Verständnis der griechischen Geschichte geführt hat, sei hier nur seine geistvolle populäre Darstellung von „Staat und Gesellschaft der Griechen" hervorgehoben (in P. Hinnebergs Kultur der Gegenwart II, 4, 1, 1910, 2. Aufl. ziemlich unverändert 1923). Aus der großen Literatur über die griechischen Staatsverfassungen seien hier nur genannt Bruno Keils vortreffliche „Griechische Staatsaltertümer" in Gercke-Nordens Einleitung III, 2. Aufl. 1914 (vgl. jetzt in der Neuauflage III 3: Victor Ehrenberg, Der griechische und der hellenistische Staat, 1932, gleichfalls bedeutend, in 2. Aufl. als selbständiges Buch in zwei Teilen erschienen: Der Staat der Griechen. I. Der hellenische Staat. II. Der hellenistische Staat, Leipzig 1957. 1958, jetzt auch Darmstadt 1960)und das sehr verdienstliche Werk von Georg Busolt, Griechische Staatskunde I 1920, II (bearb. v. H. Swoboda) 1926 (im Handbuch der Altertumswissenschaft IV 1, 1). Empfohlen sei auch Max Pohlenz, Staatsgedanke und Staatslehre der Griechen (Wissenschaft und Bildung 183), Leipzig 1923. Zur Staatswirtschaft vgl. die zusammenfassende Darstellung von A. Andreades, Geschichte der griechischen Staatswirtschaft I (Von der Heroenzeit bis zur Schlacht bei Chaironeia), deutsch von Ernst Meyer, München 1931. Eine zusammenfassende Kulturgeschichte, die dem heutigen Stand der Wissenschaft entspräche, fehlt uns noch. Jakob Burckhardts Griechische Kulturgeschichte, die nach seinem Tode (von J. Oeri) herausgegeben wurde (I–IV, Berlin 1898–1902), enthält im einzelnen viele schöne Gedanken und Beobachtungen, ist aber im ganzen veraltet und kann Anfängern nicht empfohlen werden, da viel Wissen und Kritik dazu gehört, um die echten Burckhardtschen Perlen herauszuholen. Eine wertvolle Skizze bietet W. Otto, Kulturgeschichte des Altertums. Ein Überblick über neue Erscheinungen, München 1925; dazu Wilcken, Deutsch. Lit. Zeitung 1925, Sp.

1525ff. Inzwischen erschien Werner Jaegers Paideia. Die Formung des griechischen Menschen I²–III, Berlin 1936–1947, ein Werk von ungewöhnlicher Bedeutung, und E. Howald, Kultur der Antike (im Handbuch der Kulturgeschichte, herausg. von H. Kindermann, 2. Abt.), Potsdam 1935–1938 (2. Aufl. Zürich 1948); dazu W. Otto, Sitz. Ber. Bayer. Akademie 1940, Heft 6. Vgl. auch W. Kranz, Die Kultur der Griechen (Sammlung Dieterich 113), Leipzig 1943.

Spezialarbeiten sollen, soweit ihre Erwähnung hier überhaupt zur Stütze oder Ergänzung von Wilckens Text angebracht erscheint, unten in den Anmerkungen am gegebenen Ort genannt werden. Ebenso sind die Literaturnachweise für die orientalische Geschichte sämtlich in die Anmerkungen verwiesen. Für die seit der 3. Auflage (1931) neuerschienenen Arbeiten über griechische Geschichte sei im allgemeinen verwiesen auf die sehr instruktiven kritischen Berichte von Thomas Lenschau in „Bursians Jahresberichten" **244**, 1ff. 1934 (über 1926–1931), **253**, 100ff. 1936 (über 1932–1934), **261**, 209ff. 1938 (über 1935–1937) und **279**, 143ff. 1942 (über 1938–1940), im folgenden zitiert als Lenschau, Bursian 244 usw. Für Alexander und den Hellenismus vgl. auch den ausgezeichneten „Forschungsbericht über Neuerscheinungen" von H. Bengtson (Die Welt als Geschichte 5, 1939, 168ff.).

Als Kartenwerk sei empfohlen: Großer Historischer Weltatlas, herausg. vom Bayerischen Schulbuch-Verlag, 1. Teil: Vorgeschichte und Altertum (mit „Erläuterungen" in besonderem Band) von H. Bengtson, V. Milojčić u.a., 3. Aufl. München 1958.

[Hingewiesen sei noch auf den soeben erschienenen 2. Band der von H. Bengtson im Auftrage der Kommission für Alte Geschichte und Epigraphik herausgegebenen neuen Sammlung der Staatsverträge des Altertums, enthaltend die Verträge der griechisch-römischen Welt von 700 bis 338 v. Chr., Beck, München und Berlin 1962.]

ANMERKUNGEN

Zu S. 2. Zur ägyptischen Geschichte vgl. außer Ed. Meyer, G. d. A. I³ Ad. Erman, Ägypten und ägyptisches Leben im Altertum, Tübingen 1886 (2. Aufl. 1923, von H. Ranke): war bahnbrechend für die Forschung und doch gemeinverständlich. Eine gute populäre Darstellung bietet J. H. Breasted, Geschichte Ägyptens (deutsch von H. Ranke), Phaidonverlag, 1936 (mit sehr reichem Abbildungsteil). Vgl. jetzt Hermann Kees im „Handbuch der Altertumswissenschaft", Kulturgeschichte des Alten Orients, I. Abschnitt „Ägypten" (Beck, München), 1933 (dazu Wilcken, D. Lit. Z. 57, 1936, Sp. 1855ff.), und die Darstellung in A. Scharff u. A. Moortgat, Ägypten und Vorderasien im Altertum, München 1950 (Neudruck München 1959). Über neue Forschungen zur ägyptischen Geschichte vgl. H. Brunner, Historia 3, 1954/1955, 106ff.

Grundlegend für die ägyptische Chronologie ist Ed. Meyer, Ägyptische Chronologie (Abh. d. Preuß. Akad. d. Wiss. 1904, Nachträge 1907), vgl. auch „Die ältere Chronologie Babyloniens, Assyriens und Ägyptens" (Nachtrag zur G. d. A. I), Cotta 1925 (2. Aufl. 1931). Aber sowohl seine Daten der älteren Zeit wie insbesondere die noch höheren von L. Borchardt (Die Annalen und die zeitliche Festlegung des alten Reiches der ägyptischen Geschichte, Berlin 1917) haben sich, vor allem wegen der Verschiebungen in der Chronologie des Zweistromlandes (s. zu S. 7), nicht als haltbar erwiesen. Die Ergebnisse der neuesten Forschung findet man am bequemsten bei Scharff a. O. S. 191/192 zusammengestellt; vgl. auch F. Cornelius, Arch. f. Orientforschg. 17, 1956, 304ff. Die Unsicherheit der ägyptischen Chronologie beschränkt sich auf die Zeit bis ca. 2000 herab. Von da ist die Chronologie dank den erhaltenen Sothisdaten gesichert, und diese Zeit allein kommt für die griechische Geschichte in Betracht.

Für die Zeit der Einführung des ägyptischen Kalenders – das von Ed. Meyer angenommene Jahr 4241 ist unmöglich – vgl. A. Scharff, Hist. Zeitschr. 161, 1940, 3ff. (auch Forsch. und Fortschr. 15, 1939, Nr. 28, S. 349), und jetzt in seiner genannten Darstellung S. 32ff.

Zu S. 4. Übersetzungen der wichtigsten ägyptischen Literaturwerke bietet Ad. Erman, Die Literatur der Ägypter (Hinrichs), 1923.

Zur ägyptischen Religion vgl. außer Ad. Erman, Die Religion der Ägypter. Ihr Werden und Vergehen in vier Jahrtausenden (de Gruyter, Berlin 1934) H. Kees, Der Götterglaube im Alten Ägypten, 2. ergänzte Aufl., Leipzig-Gotha 1955, und S. Morenz, Ägyptische Religion, Stuttgart 1960. Zu den Pyramidentexten s. K. Sethe, Die Totenliteratur der alten Ägypter (Sitzungsb. d. Preuß. Akad. d. Wiss. 1931, XVIII, S. 520ff.). Eine gute Orientierung über die Pyramidentexte gibt H. Grapow, Kurt Sethe's Ausgabe der Pyramidentexte (Zeitschr. D. Morg. Ges. 91, 1937, S. 537ff.).

Zu S. 5. Zum Totenkult vgl. H. Kees, Totenglauben und Jenseitsvorstellungen der alten Ägypter, 2. neubearbeitete Aufl., Leipzig-Gotha 1956.

Zur mathematischen Literatur usw. vgl. H. Kees a. O. S. 291ff., zur medizinischen H. Grapow (z.T. unter Mitarbeit von H. von Deines und W. Westendorf), Grundriß der Medizin der Alten Ägypter I–IV, Berlin 1954–1959. Übersetzungen der historischen Texte bietet J. H. Breasted, Ancient Records of Egypt (5 B., Chicago), 1906f.

Für die Anfänge der ägyptischen Kunst vgl. Jean Capart, Primitive Art in Egypt (englisch von Griffith), London 1905. Zur Plastik das monumentale Werk von Fr. W. v. Bissing, Denkmäler der ägyptischen Skulptur (mit erläuternden Texten), München, Bruckmann, 1914ff. Zu den Pyramiden vgl. Ludw. Borchardt, Die Pyramiden, ihre Entstehung und Entwicklung, Berlin (Curtius) 1911. Erst Borchardts Forschungen haben die Entwicklung der Pyramiden und ihren Zusammenhang mit den Totentempeln aufgedeckt. Zum Verständnis der Reliefs ist grundlegend Heinr. Schäfer, Von ägyptischer Kunst, besonders der Zeichenkunst, 2 Bände, Leipzig 1919 (1930 in 3. Aufl. erschienen). Von demselben: Grundlagen der ägyptischen Rundbildnerei und ihre Verwandtschaft mit denen der Flachbildnerei (Der Alte Orient, 23. Bd., 4. Heft, 1923). Sehr zu empfehlen ist der „Atlas zur altägyptischen Kulturgeschichte" von W. Wreszinski, 2 Bände, Leipzig 1923-1935. Eine reiche und gute Auswahl von Abbildungen bietet die zu S. 2 genannte Ausgabe von Breasteds Geschichte Ägyptens und Hedwig Fechheimer, „Die Plastik der Ägypter" und „Ägyptische Kleinplastik", Bd. I und III der Kunst des Ostens, herausg. von William Cohn (Berlin, Cassirer, 1920. 1922). Vgl. auch Fr. W. v. Bissing, Der Anteil der ägyptischen Kunst am Kunstleben der Völker (Festrede in d. Bayer. Akad. d. Wiss.), 1912. Zusammenfassende Darstellungen der ägyptischen Kunst boten Ludw. Curtius, Die antike Kunst I 1923 (in Burgers Handbuch der Kunstwissenschaft), Heinr. Schäfer, Die Kunst Ägyptens (Propyläen-Kunstgeschichte, Bd. 2), 1925, G. Steindorff, Die Kunst der Ägypter (Insel-V.), 1928, Fr. W. v. Bissing, Äg. Kunstgeschichte von den ältesten Zeiten bis auf die Eroberung durch die Araber, Berlin, später Kopenhagen 1934ff. und K. Lange, Ägyptische Kunst, Zürich-Berlin 1939; unter den neuesten Darstellungen sind von besonderem Wert: W. Wolf, Die Kunst Ägyptens. Gestalt und Geschichte, Stuttgart 1957 (dazu S. Morenz, D. Lit. Z. 79, 1958, Sp. 1099ff.) und B. de Rachewiltz, Kunst der Pharaonen. Aus dem Italienischen übersetzt von J. Halperin, Zürich und Stuttgart (Artemis Verlag) 1959.

Zu S. 6. Zu den überraschenden Funden bei der Stufenpyramide des Zoser usw. vgl. Dr. Alfred Hermann, Führer durch die Altertümer von Memphis und Sakkara (Reichsverlagsanstalt, Berlin), 1938.

Zu S. 7. Zur Geschichte Babyloniens und Assyriens vgl. außer Ed. Meyer, G. d. A. I^3 Bruno Meißner, Babylonien und Assyrien (Kulturgesch. Bibl. herausg. von Foy, 1. Reihe, 3. 4) I, 1920, II, 1925 (Heidelb., Winter), eine kulturgeschichtliche Darstellung, wie wir sie bisher noch nicht hatten (reich illustriert). Zur babylonischen Chronologie vgl. die zu S. 2 genannte Schrift Ed. Meyers und E. F. Weidners Königsliste bei Meißner a. O. II 439ff. Die Chronologie ist jetzt dadurch auf eine neue Grundlage gestellt worden, daß Texte, die bei den Ausgrabungen in Mari am mittleren Euphrat zutage gekommen sind, gezeigt haben, daß der König Hammurabi nicht, wie bisher angesetzt, in das 20. Jhrh. v. Chr. gehört, sondern ein Zeitgenosse des Assyrerkönigs Samsi-Adad I. (1749–1717) gewesen ist, vgl. F. Cornelius, Berossos und die altorientalische Chronologie, Klio 35, 1942, 1ff. und Die Chronologie des Vorderen Orients im 2. Jahrtausend v. Chr., Arch. f. Orientforschg. 17, 1956, 294ff. Doch schwanken im einzelnen die genauen Ansätze, vgl. auch F. Schmidtke, Der Aufbau der babylonischen Chronologie, Münster 1952. Auch die unten zu S. 19 zitierte Kulturgeschichte Kleinasiens von Albrecht Goetze greift oft nach Mesopotamien hinüber. Vgl. auch W. von Soden, Der Aufstieg des Assyrerreichs als geschichtliches Problem (Der Alte Orient, Bd. 37, Heft 1/2), 1937. Zur Geschichte Vorderasiens überhaupt: A. Moortgat in dem zu S. 2 genannten Werke und H. Schmökel, Geschichte des Alten Vorderasien, Leiden 1957 (= Handbuch der Orientalistik, herausg. von B. Spuler, II 3).

Zu S. 8. Über die deutschen Ausgrabungen in Uruk-Warka liegen bisher 16 „Vorläufige Berichte" vor, 1–11 in den Abh. Preuß. Akad. d. W. (von 1929 an bis 1940), 12–16 in den

Abh. d. Dt. Orient-Gesellschaft (bis 1960). Vgl. jetzt auch H. Lenzen, Die deutschen Ausgrabungen in Uruk von 1954–1957 (= Neue deutsche Ausgrabungen im Mittelmeergebiet und im Vorderen Orient, herausg. vom Deutschen Archäol. Institut, Berlin 1959, 12ff.).

Gegen das Indogermanentum der Sumerer vgl. von Soden, Die Indogermanen im Alten Orient (Forschungen u. Fortschr. 15, 1939, Nr. 4, S. 42.), im übrigen H. Schmökel, Das Land Sumer, Stuttgart 1955.

[V. Christian, Sitz. Ber. Wien. Ak., phil.-hist. Kl. 236 Nr. 1 (1961), glaubt, daß die Sumerer aus dem westlichen Hinterindien über das Meer in das Zweistromland gekommen sind.]

Zu S. 9. Zu der Idee der Weltherrschaft und den orientalischen Weltreichen vgl. U. Wilcken, Über Werden und Vergehen der Universalreiche (Bonner Kaiserrede zum 27. Jan. 1915), Bonn 1915.

Zu S. 11. Zum Kodex Hammurabi vgl. außer dem zu S. 15 zitierten Buch von Otto Weber, S. 251ff.: Kohler, Koschaker, Peiser und Ungnad, Kodex Hamm. und altbabylonische Urkunden in Übersetzung, Leipz. 1904–1923. P. Koschaker, Rechtsvergleichende Studien zur Gesetzgebung Hammurapis, Königs von Babylon, Leipzig 1917. Hierauf geht das oben über Kompilation und Interpolationen Gesagte zurück. Eine neue, vorzügliche Übersetzung gibt W. Eilers, Die Gesetzesstele Chammurabis (Der Alte Orient 31, 3/4, 1932). – Zu den Briefen vgl. A. Ungnad, König Hammurabis Briefe (K. Curtius), 1922. Im ganzen vgl. H. Schmökel, Hammurabi von Babylon, München 1958 (= Janus-Bücher Nr. 11).

Zu S. 12. Zu den Anfängen der sumerischen Schrift vgl. die zu S. 8 zitierten Berichte über die deutschen Ausgrabungen in Uruk. Durch A. Falkensteins Untersuchungen über die Sprache der archaischen Texte ist sichergestellt, daß es Sumerer waren, die diese Schrift erfunden haben (Forsch. u. Fortschr. 15, 1939, Nr. 7, S. 96). S. jetzt A. Moortgat, Die Entstehung der sumerischen Hochkultur (Der Alte Orient, 43. Band, 1945).

Zu S. 13. Zur babylonischen Religion vgl. außer Ed. Meyer, G. d. A. I[3] Morris Jastrow jr., Die Religion Babyloniens und Assyriens, 3 Bände mit Bilderatlas, Gießen, Ricker, 1905ff.; H. Zimmern in: Eberh. Schrader, Die Keilschriften und das Alte Testament, 3. Aufl., 1903, S. 343ff. S. auch Bruno Meißner, Bab. u. Assyr. II (zu S. 7 genannt).

Zu S. 14. Für die babylonische Sternkunde ist gegenüber den Phantasien der Panbabylonisten grundlegend die Arbeit des astronomisch wie keilschriftlich geschulten Fr. Xaver Kugler S. J., Sternkunde und Sterndienst in Babel, 3 Bände, Münster 1907. 1909. 1924. Vgl. auch von demselben: „Auf den Trümmern des Panbabylonismus" (Anthropos IV, Wien 1909, S. 477ff.).

Zu S. 15. Einen trefflichen Überblick über die Literatur gab Otto Weber, Die Literatur der Babylonier und Assyrer, Leipzig, Hinrichs, 1907.

Zu S. 17. Zur babylonischen Kunst vgl. außer Meißner (zu S. 7) und L. Curtius (zu S. 5) Ed. Meyer, Sumerier und Semiten in Babylonien (Abh. Preuß. Akad. d. W. 1906, Nr. 3) und W. Andrae in der Propyläen-Kunstgeschichte, Bd. 2 (1925) hinter Schäfer (s. zu S. 5). S. auch E. Unger, Assyrische und babylonische Kunst (F. Hirt), 1927. Zu neueren Funden vgl. Friedr. v. Oppeln-Bronikowski (oben S. 324 genannt).

Zu den Bauten von Babylon vgl. R. Koldewey, Das wiedererstehende Babylon, Berlin 1913, 4. Aufl. 1925, und W. Andrae, Babylon, die versunkene Weltstadt und ihr Ausgräber Robert Koldewey, Berlin 1952.

Zu S. 18. Zu den Funden in Ur vgl. C. L. Woolley, Ur in Chaldäa. Zwölf Jahre Ausgrabungen in Abrahams Heimat, Wiesbaden 1956.

Walter Andrae, Das wiedererstandene Assur (9. Sendschrift d. D. Orientges. 59, Hinrichs, 1938).

Zu S. 19. Zu den indischen Handelsbeziehungen Ernest Mackay, Die Induskultur. Ausgrabungen in Mohenjo-Daro und Harappa (Brockh., Lpz.) 1938.

Die ,,Kleinasiaten" sind als selbständige Sprachfamilie festgestellt worden von Paul Kretschmer, Einleitung in die Geschichte der griechischen Sprache, Göttingen 1896, S. 289ff. Grundlegend für Kleinasien Albrecht Goetze im ,,Handbuch d. Altertumswissenschaft", Kulturgeschichte des Alten Orients, III. Abschnitt ,,Kleinasien" (Beck, München), 2., neubearb. Aufl. 1957. Vgl. auch K. Bittel, Grundzüge der Vor- und Frühgeschichte Kleinasiens, 2. Aufl., Tübingen 1950.

Zum Sprachbestand Kleinasiens vgl. den Aufsatz von A. Kammenhuber, Zu den epichorischen Sprachen Kleinasiens (Das Altertum 4, 1958, 131ff.).

Vieles scheint dafür zu sprechen, daß die Hethiter über den Kaukasus eingewandert sind, vgl. F. Specht, Die Ausbreitung der Indogermanen, Pr. Akad. d. Wiss., Vorträge und Schriften, Heft 20 (1944), S. 13. Zu dem Wanderweg der Hethiter (über den Kaukasus) s. jetzt auch F. Sommer, Hethiter und Hethitisch, Stuttgart 1947, und den instruktiven Aufsatz von K. Bittel, ,,Hethiter und Proto-Hattier" (Historia 1, 1950, 267ff.), mit früherer Chronologie.

Zu S. 20. Über Schliemann vgl. C. Schuchhardt, Schliemanns Ausgrabungen in Troja, Tiryns, Mykenä, Orchomenos, Ithaka im Lichte der heutigen Wissenschaft, 2. Aufl., Leipzig 1891. Über Troja W. Dörpfeld, Troja und Ilion, Athen 1902; über die neuen amerikanischen Grabungen unter C. W. Blegens Leitung vgl. die große Publikation: Troy. Excavations conducted by the University of Cincinnati 1932–1938, bisher erschienen Bd. I–IV (Princeton 1950–1958). Vgl. auch das zu S. 21 genannte Buch von F. Matz.

Von der neueren Forschung wird die Herleitung des Megaron-Typus aus dem Norden in Zweifel gezogen oder auch entschieden abgelehnt und dieser Typus vielmehr als eine ägäische Schöpfung der Übergangszeit von der Steinzeit zur Metallzeit betrachtet.

Zu S. 21. Für Kreta sei besonders Diedrich Fimmen, Die kretisch-mykenische Kultur, Teubner 1921 (2. Aufl. 1924), empfohlen. Im übrigen orientiert trefflich Georg Karo in Pauly-Wissowas Realenzyklopädie (= RE) XI (1922), Sp. 1743ff. und in Eberts Reallexikon der Vorgeschichte VII 1926, 63ff. und schließlich in RE Suppl. VI (1935) 584ff. (Mykenische Kultur). Vgl. aber jetzt vor allem das ausgezeichnete Buch von F. Matz, Kreta, Mykene, Troja. Die minoische und die homerische Welt, 3. Aufl. Stuttgart 1957 (mit 114 Tafeln); ausführlicher derselbe, Die Ägäis (1950), im Handbuch der Archäologie II (München 1954) 222ff. 268ff. Zur kleinasiatischen Herkunft der Kreter vgl. P. Kretschmer, Die ältesten Sprachschichten auf Kreta (Glotta 31, 1948, 1ff.). Vgl. auch zu S. 38.

Zu S. 22. Für die Geschichte der griechischen Sprache von ihren Anfängen bis zur Gegenwart ist grundlegend die ,,Griechische Grammatik (auf der Grundlage von Karl Brugmanns griechischer Grammatik)" von Eduard Schwyzer (im Handbuch der Altertumswissenschaft II 1), I. Band 1939; II. Band, herausg. von A. Debrunner, 1950.

Von neueren Arbeiten über die Prähistorie Griechenlands vgl. F. Schachermeyr, Die ältesten Kulturen Griechenlands, Stuttgart 1955 (derselbe, RE XXII, 1350ff. [1954]: Prähistorische Kulturen Griechenlands). Die kleinasiatische Urbevölkerung Griechenlands hat P. Kretschmer (s. zu S. 19) S. 401ff. erwiesen. Umstritten ist noch die Frage, ob es sich bei den genannten Suffixen um indogermanisches Sprachgut (aus dem Luwischen entlehnt) handelt [doch vgl. F. Schachermeyr, Kadmos I 1962, 27ff.].

Zu S. 23. Zur rassischen Vermischung vgl. E. Breitinger über den Ausgrabungsbefund der Nekropolen des athenischen Kerameikos (Kerameikos. Ergebnisse der Ausgrabungen. I, 1939, 223ff.). – Zu den kleinasiatischen Lehnwörtern vgl. J. Huber, De lingua antiquissimorum Graeciae incolarum (Commentationes Aenipontanae), Wien, Fromme, 1921. Vgl. auch H. Krahe, Die Vorgeschichte des Griechentums nach dem Zeugnis der Sprache (Die Antike 15, 1939, 175ff.).

Zu S. 24. Zum Megaron vgl. zu S. 20.

Zu S. 26. Über die griechische Religion der älteren Zeit sind mehrere sehr bedeutende Werke erschienen: Otto Kern, Die Religion der Griechen I–III (Weidmann), 1926–1938. Martin P. Nilsson, The Minoan-Mycenaean religion and its survival in Greek religion, Lund 1927 (hierzu B. Schweitzer, Gnomon 4, 1928, 169ff.), 2. Aufl. Lund 1950. Ulrich v. Wilamowitz-Moellendorff, Der Glaube der Hellenen I/II (Weidmann), 1931–1932. M. P. Nilsson, Geschichte der griechischen Religion (im Handbuch der Altertumswissenschaft V 2), I/II, 1941–1950, 2. Aufl. I 1955, II 1961.

Zu S. 28. Zur ägyptischen Geschichte, Literatur und Kunst s. die Anmerkungen zu S. 2.4.5.

Zu S. 30. Zu dem Gespräch eines Lebensmüden mit seiner Seele vgl. Alexander Scharff, Sitzungsb. Bayer. Akad. 1937, Heft 9.

Das Volkstum der Hyksos ist umstritten; offenbar ist es kein einheitliches gewesen und die führenden Schichten Nicht-Semiten, ihre Heimat im Gebiet des späteren Reiches Mitanni, vgl. H. Stock, Studien zur Geschichte und Archäologie der 13. bis 17. Dynastie Ägyptens, Glückstadt 1942, der den Hyksoseinfall an das Ende des 18. Jahrh. v. Chr. setzt; gut auch der Überblick von K. Galling, „Hyksosherrschaft und Hyksoskultur" (Zeitschr. Dt. Paläst.-Ver. 62, 1939, 89ff.). Vgl. zuletzt A. Alt, Die Herkunft der Hyksos in neuer Sicht (Ber. Verh. Sächs. Akad., phil.-hist. Kl. 101, 6), 1954 (nach ihm aus der arabischen Wüste).

Zu S. 32. Zu den Churritern vgl. A. Goetze, Hethiter, Churriter und Assyrer, Oslo 1936; I. J. Gelb, Hurrians and Subarians, Chicago 1944; G. Contenau, La civilisation des Hittites et des Hurrites du Mitanne, 2. Aufl., Paris 1948.

Zu den Hethitern vgl. Ed. Meyer, Reich und Kultur der Chetiter, Berlin 1914, reich illustriert. Dazu W. Otto, Die Hethiter (Hist. Zeitschr. 117, 1917, 189ff.). Historische Dokumente wurden mit deutschen Übersetzungen aus den Boğazköytafeln ediert von Bruno Meißner, Der Staatsvertrag Ramses' II. von Ägypten und Hattusils von Hatti in akkadischer Fassung (Sitzungsber. d. Preuß. Akad. d. W. 1917, XX); E. F. Weidner, Politische Dokumente aus Kleinasien. Die Staatsverträge in akkadischer Sprache aus dem Archiv von Boghazköi (Boghazköistudien von O. Weber, 8. u. 9. Heft, 1923). Vgl. jetzt V. Korošec, Hethitische Staatsverträge. Ein Beitrag zu ihrer juristischen Wertung (Leipz. rechtswiss. Studien, herausg. von der Leipz. Juristen-Fakultät, Heft 60), Th. Weicher 1931. Zur Kultur vgl. vor allem A. Goetze a. O. (s. zu S. 19) S. 82ff., der 84/85 auch einen Abriß der hethitischen Geschichte gibt; dieser wird aber durch die neue Chronologie (s. zu S. 7) wesentlich modifiziert (das ältere Hethiterreich ca. 1650–1530, das jüngere ca. 1480–1200, so daß der Zwischenraum auf etwa 50 Jahre zusammenschrumpft). Vgl. auch F. Sommer, Hethiter und Hethitisch, Stuttgart 1947, E. Cavaignac, Les Hittites, Paris 1950 und C. W. Ceram, Enge Schlucht und Schwarzer Berg, Rowohlt Hamburg 1955 (mit vollständigem Literaturverzeichnis).

Zur kleinasiatischen Kultur vgl. H. Th. Bossert, Altanatolien. Kunst und Handwerk in Kleinasien von den Anfängen bis zum völligen Aufgehen in der griechischen Kultur, Berlin 1942.

Zu S. 33. Zu Boğazköy vgl. Kurt Bittel, Ausgrabungen in Boğazköy in: Neue deutsche Ausgrabungen (s. zu S. 8) 89ff.

Zu den hethitischen Gesetzen vgl. A. Goetze, Kleinasien (zu S. 19) 109ff.

Zu S. 34. Die Tontafeln von Tell-Amarna wurden zuerst entziffert und mit Übersetzungen herausgegeben von Hugo Winckler in Eberhard Schraders Keilschriftl. Bibliothek V, 1896. Revidierte Neuausgabe von J. A. Knudtzon, Die El-Amarna-Tafeln, Leipzig 1915.

Zu Amenophis IV. und zur Amarna-Zeit vgl. auch H. Brunner, Historia 3, 1954/1955, 115f.

Zu S. 36. Für das Datum des Vertrages mit den Hethitern, den Ramses in seinem 21. Jahre geschlossen hat, vgl. L. Borchardt, Die Mittel zur zeitlichen Festlegung von Punkten der ägyptischen Geschichte und ihre Anwendung, Kairo 1935, 50. 76. Darnach auch die Änderung des Datums des Sieges von Merenptah über die Seevölker (1221 Wilcken). Dieser fällt in das 5. Jahr seiner Regierung, die 1234 begann.

Zu S. 37. Zu den „Seevölkern" vgl. F. Schachermeyr, *Μνήμης χάριν*, Gedenkschrift f. Paul Kretschmer II (1957) 118ff.

Die äußere Geschichte Kretas gibt Wilcken im Anschluß an Sp. Marinatos, Kreta und die hethi(ti)sche-kleinasiatische Welt im 2. Jahrtausend (II. türkischer Geschichtskongreß), Instanbul 1937. Anders F. Matz, Die Ägäis (s. zu S. 21) 242, der alle feststellbaren Zerstörungen mit Ausnahme der letzten und endgültigen um 1400 auf Erdbeben zurückführt; erkennbar sind Erdbeben um 1700, um 1570 und noch ein weiteres Erdbeben im 16. Jhrh., wahrscheinlich um 1520.

Zu S. 38. Zur kretischen Kultur sei außer den zu S. 21 genannten Werken zitiert Arthur Evans, The palace of Minos at Knossos, I–IV und Index Volume, London 1921 bis 1936. Dazu vgl. G. Karo, Orient. Lit. Z. 1922, 377ff. Eine reiche Auswahl guter Abbildungen kretischer und mykenischer Kunst bietet H. Th. Bossert, Altkreta. Kunst und Handwerk in Griechenland, Kreta und in der Aegeis von den Anfängen bis zur Eisenzeit, Berlin, Wasmuth, 3. verm. Aufl. 1937, und Sp. Marinatos, Kreta und das mykenische Hellas, mit Aufnahmen von M. Hirmer (279 Tafeln), Hirmer Verlag, München 1959. Vgl. auch J. D. S. Pendlebury, The Archaeology of Crete. An introduction, London 1939.

Über das kretische wie über das gesamte Seewesen des Altertums orientiert klar und anregend August Köster, Das antike Seewesen, Berlin, Schötz und Parrhysius, 1923. Vgl. auch seine „Studien zur Geschichte des antiken Seewesens" 1934 (Klio, Beih. 32 N. F. 19). Im übrigen siehe F. Miltner, RE Suppl. V (1931), 906ff. (Seewesen). – Zur Ausbreitung der kretischen Kultur vgl. Claude F. A. Schaeffer, Die Stellung Ras Schamras-Ugarits [in Syrien] zur kretischen und mykenischen Kultur (Jahrb. d. D. Arch. Inst. 52, 1937, S. 139ff.) und O. Eißfeldt, Die Bedeutung der Funde von Ras Schamra für die Geschichte des Altertums (Hist. Zschr. 168, 1943, 457ff.). Zum kretischen Außenhandel vgl. auch Joh. Sundwall, Aus den Urkunden des Labyrinths (Forsch. u. Fortschr. 14, 1938, Nr. 3 S. 25).

Zu S. 39. Der Thronsaal diente nicht repräsentativen, sondern kultischen Zwecken, vgl. darüber die aufschlußreichen Ausführungen von Helga Reusch in der Sundwall-Festschrift „Minoica" (Berlin 1958) 334ff.

Zu S. 40. Zur kretischen Schrift vgl. F. W. von Bissing, Handbuch der Archäologie I 1939, S. 155ff. und den trefflichen Überblick von A. Bartoněk, Die Silbenschriften des alten Ostmittelmeerraums (Das Altertum 5, 1959, 16ff.). Im übrigen ist folgendes zu sagen.

Die jüngere kretische kursive Schriftart (Linear B), von der bedeutende Funde nunmehr auch auf dem griechischen Festland gemacht worden sind, steht zur Zeit im Brennpunkt der internationalen Forschung, nachdem der junge englische Architekt Michael Ventris mit seinem Aufsehen erregenden Entzifferungsversuch vor die Öffentlichkeit getreten ist, in dem er die Sprache von Linear B als griechisch erweisen will. Ventris hat sich dabei der Methoden der Dechiffrierkunst von Geheimschriften bedient, die ihn, da es sich nach Ausweis der Zahl der Zeichen um eine Silbenschrift handelt, zur Aufstellung eines „Grid" führten, d.h. eines Silbenrostes, in dem 5 senkrechte Reihen Zeichen mit demselben auslautenden Vokal und 15 waagerechte Reihen Zeichen mit demselben Anfangskonsonanten enthielten. Mit Vermutungen und offenbar auch mit Einsatzwörtern (kretischen Ortsnamen wie Amnisos) ist dann dieser „Grid" zum Sprechen gebracht, aber hier setzen die Zweifel und die Unsicherheiten ein, da sich Ventris und sein Mitarbeiter, der englische Sprachwissenschaftler John Chadwick, nicht mit der wünschenswerten Klarheit darüber ausgesprochen haben. Ja, Chadwick hat in seinem jüngsten Buche „The Decipherment of Linear B" auf S. 112 der deutschen Übersetzung einfach erklärt: „Es ist jetzt von gar keiner Bedeutung mehr, zu wissen, wie die Lautwerte gewonnen worden sind; die Wörter, die sie liefern, bilden selber den Beweis der Richtigkeit." Wir dagegen stehen auf dem Standpunkt, daß es von der höchsten, ja der entscheidenden Bedeutung für die Beurteilung der Richtigkeit einer Entzifferung ist, zu wissen, wie die Lautwerte gewonnen worden sind. Denn was „die gelieferten Wörter" angeht, so läßt es sich zwar nicht leugnen, daß ein paar ganz vereinzelte Wörter in der Tat überraschend griechisch lauten, aber die Mehrzahl ist einfach unverständlich und kann nur unter der Annahme einer, man kann nur sagen, monströsen „Orthographie" ins Griechische gezwungen werden. Wenn wir auch unsererseits auf Grund der archäologischen Indizien die Überzeugung hegen, daß in der Tat die Sprache von Linear B die frühgriechische ist (siehe unten zu S. 47), so können wir aber den Weg der Entzifferung, den Ventris und in der Nachfolge des zu früh dem Leben Entrissenen sein Mitarbeiter Chadwick weisen, nicht für den richtigen halten. Er bleibt noch zu finden. Es muß auch festgestellt werden, daß es nach dem ersten allgemeinen Begeisterungstaumel, von dem wir uns selbst hatten mitreißen lassen, recht still geworden ist und die ernsten Bemühungen der Sprachforscher vieler Länder, auf dem neuen Wege weiterzukommen, in keinem rechten Verhältnis zu den Ergebnissen stehen.

Aus der gewaltigen Literatur, die die Entzifferung von Ventris hervorgerufen hat, seien hier nur zunächst die wichtigen drei Originalpublikationen genannt: M. Ventris and J. Chadwick, Evidence for Greek Dialect in the Mycenaean Archives (Journ. Hell. Stud. 73, 1953, 84ff.), dieselben, Documents in Mycenaean Greek. Three hundred selected tablets from Knossos, Pylos and Mycenae with commentary and vocabulary, Cambridge 1956 und J. Chadwick, The Decipherment of Linear B, Cambridge 1958 (deutsch von H. Mühlestein, Linear B. Die Entzifferung der Mykenischen Schrift, Göttingen 1959), sodann von den kritischen Stellungnahmen nur die beiden Besprechungen von E. Grumach, die mir die wichtigsten zu sein scheinen: Orient. Lit. Z. 1957, 293ff. und Gnomon 1960, 681ff.

Daß die Kreter neben diesen nur für den zeitweiligen Gebrauch von Listen, Rechnungen usw. bestimmten Tontäfelchen Papyrus und Tinte für andere Aufzeichnungen verwendet haben, dürfte außer Zweifel stehen. „Das kretische Klima erlaubt nicht wie das ägyptische deren Erhaltung. Es haben sich aber in den Palästen Tonbullen mit Siegelabdrücken gefunden, an denen sich Eindrücke von Schnüren beobachten lassen. Diese weisen auf die Verbindung mit einem leichten Gegenstand hin. Der Schluß, daß es sich um die Siegelung jetzt nicht mehr vorhandener Papyrusrollen handelt, ist unabweisbar" (F. Matz, Kreta, Mykene, Troja S. 74).

Zur kretischen Religion vgl. außer den zu S. 26 genannten Werken Georg Karo, Religion des ägäischen Kreises (Bilderatlas zur Religionsgeschichte, herausg. von Hans Haas, 7. Lief., Deichert) 1925. Zur Schildgöttin Athena vgl. G. Rodenwaldt, Athen. Mitt. 37, 1912, 129ff., und v. Wilamowitz, Athena (Sitzungsber. d. Preuß. Akad. d. W. 1921, LIV = Kleine Schriften V 2, 36ff.) und in „Der Glaube der Hellenen" I, 234ff.

Zur Frage des Mutterrechts vgl. Ernst Kornemann, Die Stellung der Frau in der vorgriechischen Mittelmeerkultur (Orient u. Antike 4) 1927.

Zu S. 42. Zu den ekstatischen Tänzen vgl. B. Schweitzer, in „Die Antike" II 1926, 302.

Zu S. 43. Zu Mykene vgl. Alan J. B. Wace, Mycenae, an archaeological history and guide, Princeton N. J., 1949 und G. E. Mylonas, Ancient Mycenae. The capital city of Agamemnon, London 1957; zur mykenischen Kultur s. zu S. 21 und 38. Vgl. auch F. Matz, Die Ägäis (Handb. d. Arch. II) 264ff. 275ff. – Unmöglich ist die gelegentlich vertretene Ansicht, daß die Burgherren von Mykene usw. in mykenischer Zeit noch Karer gewesen seien. Dann hätten die Griechen ja in ihrem Heldengesang den Ruhm der Stammfremden besungen!

Einen Überblick über die Gesamtentwicklung der griechischen Kunst gibt Anton Springer, Die Kunst des Altertums, 12 Aufl., bearbeitet von Paul Wolters, Leipzig, Kröner, 1923 (enthält auch die Kunst des Orients, bearbeitet von Fr. W. v. Bissing); vgl. ferner A. v. Salis, Die Kunst der Griechen, 4. Aufl. Zürich 1953, und W.-H. Schuchhardt, Die Kunst der Griechen (in Geschichte der Kunst, Bd. I: Altertum, Rembrandt-Verlag), Berlin 1940. Vgl. auch den trotz seiner Knappheit inhaltsschweren Abriß von Franz Winter in Gercke-Nordens Einleitung in die Altertumswissenschaft II², 1912, S. 75ff. Ein reiches Abbildungsmaterial bei G. Rodenwaldt, Die Kunst der Antike. Hellas und Rom (Propyläen-Kunstgeschichte III), 4. Aufl. 1927.

Zu S. 44. Im Jahre 1951 ist ein zweiter, älterer Grabring westlich vom Löwentor aufgedeckt worden mit Schachtgräbern des 17. und frühen 16. Jahrhunderts, vgl. über die beiden Grabringe G. E. Mylonas, The Grave Circles of Mycenae in der Sundwall-Festschrift „Minoica" (Berlin 1958) 276ff.

Zu S. 45. Die Charakteristik der Griechen und Kreter stützt sich auf die Ausführungen von Georg Karo (s. zu S. 21).

Zum einheitlichen Befestigungssystem in der Argolis vgl. Lenschau, Bursian 279, 150.

Gegen Forrers Hypothese von einem griechischen Großreich Achchijava = Ἀχαία, die noch in der 2. Auflage wenigstens als wahrscheinlich vermerkt war, sind von verschiedenen Seiten so gewichtige Einwendungen erhoben worden, daß dann Wilcken ganz von ihr abgesehen hat. Vgl. z.B. W. Otto, Deutsch. Lit. Z. 1928, Sp. 727ff.; Hist. Zeitschr. 146, 1932, 219f. Über Achchijava in Kleinasien vgl. Ed. Meyer, G. d. A. II² 1, 546ff. Eine kritische Neuausgabe und Übersetzung der in Betracht kommenden Boğazköy-Texte brachte F. Sommer, Die Aḫḫijawā-Urkunden (Abh. Bayer. Akad. N. F. 6), 1932. Dazu A. Goetze, Gnomon 10, 1934, 177ff. Vgl. auch Goetze, Kleinasien² 183 und H. Bengtson, Gr. Gesch.² 46/7. Zuletzt ist die gesamte Lokalisierungsfrage zusammenfassend behandelt von F. Schachermeyr in der Sundwall-Festschrift (1958) S. 365ff. Die Mehrzahl der Forscher denkt an Kleinasien, aber die Frage scheint zur Zeit unlösbar. [Soeben tritt auch F. Cornelius, Historia 11, 1962, 112f., für Kleinasien ein, gibt aber für Aḫḫijawaa nicht die Umschrift Achaioi, sondern Argeiwoi.]

Zu S. 46. Zu den mykenischen Waffen vgl. Carl Robert, Studien zur Ilias, Berlin, Weidmann, 1901.

Zu S. 47. Von der größten Bedeutung ist die von der Amerikanerin Alice E. Kober zuerst erkannte Tatsache, daß die Sprache von Linear B im Gegensatz zu der von Linear A Beugungsformen besitzt, daß es sich also um zwei verschiedene Sprachen handelt. Damit wird es unwahrscheinlich, daß Linear B eine Schöpfung der Kreter für ihre Sprache ist. Auf der anderen Seite begegnen wir nun aber auf dem griechischen Festland, besonders in Pylos und Mykene, aber auch an anderen Stellen wie Theben, Tiryns, Orchomenos, Eleusis, Linear B, ohne daß vorher, wie man versichert, ein Gebrauch von Linear A nachzuweisen ist. Also scheint es doch so, als ob der erste Versuch der Griechen, eine Schrift für ihre Sprache zu schaffen, eben in Linear B vorliegt. Dem widerspricht nun aber offenbar die Tatsache, daß Linear B zuerst im Palast von Knossos, und zwar bereits im Laufe des 15. Jahrhunderts begegnet, während die Festlandsfunde von Linear B in das

13. Jahrhundert gehören. Man hat daher an eine so frühe Eroberung von Knossos durch die Griechen geglaubt, die zur Schaffung von Linear B aus Linear A zwecks Verwendung für die griechische Sprache geführt hätte. Aber wie war es dann zu erklären, daß die Formen von Linear B aus dem 13. Jahrhundert noch immer identisch mit denen des 15. Jahrhunderts sind, diese Schrift also in 200 Jahren und mehr keine Veränderung oder Entwicklung durchgemacht hat? Nun hat aber C. W. Blegen, der erfolgreiche amerikanische Ausgräber von Pylos, in einem Aufsatz, betitelt „A Chronological Problem" (Sundwall-Festschrift, Minoica, 61 ff.) gewichtige Bedenken gegen die bisherige Datierung von Linear B in Knossos erhoben. Sind diese richtig, und es scheint wirklich so, dann gehört auch Linear B in Knossos erst in die Zeit von etwa 1340–1200, und es schließt sich alles historisch aufs beste zusammen. Um 1400 (nach der traditionellen Datierung) haben die Griechen die Insel Kreta erobert, und sie, die bisher schriftlos waren, haben nun, vermutlich durch die kretischen Schreiber selbst, im 13. Jahrhundert die Linear A-Schrift für ihre Sprache umbilden lassen (Linear B), die sich dann auch im griechischen Mutterlande verbreitete. Freilich wird diese schwierige Schrift immer nur auf einen kleinen Kreis beschränkt gewesen sein. Die weitere Entwicklung der Linear B-Schrift liegt für uns im Dunkeln. Im Mutterlande wird sie den durch die Dorische Wanderung bedingten Kultursturz kaum überlebt haben, aber griechische Auswanderer vorher und nachher werden sie in die neue Heimat mitgenommen haben, unter anderem nach Kypros, wo wir ihre Ausläufer in der klassischen kyprischen Silbenschrift besitzen.

[Blegens Aufsatz hat zu einer lebhaften Auseinandersetzung, selbst in der englischen Tagespresse, geführt. Die Frage ist noch strittig. Hauptverfechter der Ansicht Blegens ist L. R. Palmer, Mycenaeans and Minoans, London 1961.]

Zu S. 48. Zur mykenischen Heldensage vgl. Martin P. Nilsson, The Mycenaean origin of Greek mythology, Berkeley (Calif.) 1932. Derselbe, Homer and Mycenae, London 1933. Vgl. auch Nilsson, Der homerische Dichter in der homerischen Welt (Die Antike 14, 1938, S. 22 ff.) und in seiner „Geschichte der griechischen Religion" (s. zu S. 26) I² 26. Vgl. ferner M. Bowra, Homer and his forerunners, Edinburgh 1955.

Zur Religion s. zu S. 26.

Zu S. 49. Zu den Goldmasken vgl. B. D. Filow, Die archaische Nekropole von Trebenischte am Ochridasee (W. de Gruyter & Co.), 1927 (dazu E. Pernice, Gött. Gelehrte Anz. 1929, 439 ff.), und Nik. Vulič, Neue Ausgrabungen in Trebenischte, Jahresh. Österr. Arch. Inst. 28, 1933, 164 ff.

Zu S. 51. Zu den neuen Aufschlüssen über Tiryns Kurt Müller, Tiryns, die Ergebnisse der Ausgrabungen des Deutsch. Arch. Instituts, III. Bd., Filser, 1930. Vgl. G. Karo, Gnomon 4, 1928, 225 f., und „Führer durch Tiryns", 2. Aufl., Athen 1934, sowie RE VI A (1937), 1453 ff. s. v. Tiryns.

Die These vom illyrischen Volkstum der Philister ist von R. Herbig, Archäol. Jahrb. 55, 1940, 58 ff., verfochten (vgl. auch zu S. 53).

Zu S. 52. Aller Wahrscheinlichkeit nach sind die griechischen Kolonisten Cyperns bereits im Besitze des Prototyps der cyprischen Silbenschrift dorthin gekommen, vgl. zu S. 47.

Zu dem Vorstoß der Illyrier vgl K. Patsch, Thrakische Spuren an der Adria (Jahresh. Österr. Arch. Inst. 10, 1907, 1 ff. 169 ff.).

Zu S. 53. Zerstörung Trojas durch die Thraker nimmt auch E. Bethe an (Rh. Mus. N. F. 80, 1931, S. 221). Vgl. auch F. Matz, Kreta, Mykene, Troja 144/145.

Über die illyrische Ausbreitung im Verlaufe der „Seevölker-Wanderung" vgl. die Zusammenfassung bei H. E. Stier, Grundlagen und Sinn der griechischen Geschichte, Stuttgart 1945, 183 ff. (mit reicher Literatur). Doch verdient die Warnung vor den „Panillyristen" (H. Bengtson, Hist. Zeitschr. 171, 1951, 624) ernstliche Beachtung.

Zu S. 54. Zu der mykenischen Siedlung in Milet vgl. C. Weickert, Die Ausgrabung beim Athena-Tempel in Milet 1955 (Istanbuler Mitteilungen 7, 1956, 102ff.) und Neue Ausgrabungen in Milet (Neue deutsche Ausgrabungen [s. zu S. 8] 181ff.).

Zu S. 55. Gegenüber neueren Versuchen, die Ionische Wanderung als solche überhaupt zu leugnen und die Besiedlung der Inseln und Kleinasiens fast ganz in die mykenische Zeit zu verlegen, vgl. die besonnenen Ausführungen von F. Schachermeyr, Gnomon 32, 1960, 207ff.

Zu S. 56. Über neuere Hypothesen über die Dorische Wanderung berichtet Th. Lenschau, Bursian 253, 113ff. Vgl. auch U. von Wilamowitz-Moellendorff, Der Glaube der Hellenen I 1931, 68ff., und H. E. Stier a. O. (s. zu S. 53) 187ff. sowie die instruktiven Darlegungen von Daniel, Broneer und Wade-Gery unter dem Gesamttitel ,,The Dorian Invasion'' im Am. Journ. of. Archaeol. 52, 1948, 107ff.

Zu S. 59. Die Erkenntnis, daß die Etrusker nicht von Norden her über die Alpen, sondern von Kleinasien her zur See nach Italien gekommen sind, setzt sich immer mehr durch. Zur Orientierung über die Frage vgl. Gustav Körte in RE VI (1907), 730ff., der freilich die Ankunft der Tyrsener in der Toskana mit dem 8. Jahrhundert zu spät ansetzt; A. Furtwängler, der sie ins 11. Jahrhundert setzte, dürfte richtiger gesehen haben. Zur kleinasiatischen Herkunft bekennt sich auch Georg Karo, Altetruskische Baukunst (Die Antike I, 1925, 213 ff.). Zur Etruskerfrage vgl. ferner das Buch von F. Schachermeyr, Etruskische Frühgeschichte (de Gruyter), 1929 (dazu H. Berve, Gnomon 7, 1931, 461ff.); F. Messerschmidt, Die Etruskerforschung 1930–1939 (Klio 32, 1939, 391ff.); F. Matz, Klio 35, 1942, 314ff., und J. Wiesner, Zur Herkunft der Etrusker (Forsch. u. Fortschr. 19, 1943, 51ff.). Zum gegenwärtigen Stand der Forschung vgl. Historia 6, 1957, 1. Heft, das 8 Aufsätze über die Etrusker vereinigt.

[Der reichhaltigste Literaturnachweis über die Etrusker jetzt bei Ernst Meyer, Römischer Staat und Staatsgedanke, 2. Aufl., Zürich und Stuttgart 1961, S. 453ff. Anm. 9.]

Zu S. 61. Zur griechischen Wirtschaftsgeschichte vgl. außer den betreffenden Abschnitten in Belochs und Meyers Darstellungen den zusammenfassenden Überblick von Ed. Meyer, Die wirtschaftliche Entwicklung des Altertums (Kleine Schriften I, 2. Aufl., Halle 1924, S. 79ff.), auch die Skizze von O. Neurath, Antike Wirtschaftsgeschichte (Aus Natur u. Geisteswelt, 258. Bändchen), 3. Aufl., Leipzig und Berlin 1926. Vgl. auch das hübsche Buch von Hans Schaal, Vom Tauschhandel zum Welthandel (Teubner) 1931. Diese umstrittenen Probleme sind wieder in Fluß gekommen durch die sehr anregenden Arbeiten von Joh. Hasebroek. Mit Recht wendet er sich gegen die zu modernen Auffassungen der antiken Wirtschaft, doch hat ihn dies Bestreben in seinem Buch ,,Staat und Handel im alten Griechenland'' (Tübingen 1928) vielfach zu weit nach der anderen Seite gezogen. Vgl. die gehaltvolle Besprechung von Friedr. Oertel (DLZ. 1928, 1617ff.), dessen ,,Anhang'' zur 3. Aufl. von R. v. Pöhlmanns ,,Geschichte der sozialen Frage'' usw. (München 1925) hier gleichfalls zu nennen ist. Bald darauf erschien von Hasebroek ,,Griech. Wirtschafts- und Gesellschaftsgeschichte bis zur Perserzeit'', Bd. I (Tübingen 1931). Vgl. anderseits Erich Ziebarth, Beiträge zur Geschichte des Seeraubs und Seehandels im alten Griechenland, Hamburg 1929. Vgl. auch F. Heichelheim, Wirtschaftsgeschichte des Altertums vom Paläolithikum bis zur Völkerwanderung, 2 Bände, Leiden 1938, und H. Michell, The economics of ancient Greece, Cambridge 1940.

Zu S. 63. Zur Geschichte der Polis vgl. V. Ehrenberg, When did the Polis rise?, Journ. Hell. Stud. 57, 1937, 147ff. und E. Kirsten, Die griechische Polis als historisch-geographisches Problem des Mittelmeerraumes (Colloquium Geographicum, Bd. 5), Bonn 1956. – Zur Geschichte des ionischen Zwölfstädtebundes vgl. v. Wilamowitz, Panionion (Sitzungsber. d. Preuß. Akad. d. W. 1906, III = Kl. Schrift. V 1, 128 ff.) und Th. Lenschau, Die Gründung Ioniens und der Bund am Panionion (Klio 36, 1944, 201 ff.); zur Ausgrabung des Buleuterions vgl. G. Kleiner in: Neue deutsche Ausgrabungen (s. zu S. 8), 172 ff.

Zu S. 65. Adolf Kirchhoffs „Studien zur Geschichte des griechischen Alphabets", 4. Aufl., Gütersloh 1887, sind für das von ihm behandelte Problem auch heute noch grundlegend, aber die neuere Forschung hat sich neue Probleme gestellt, unterstützt durch neue Funde alter Texte. Abbildungen der ältesten Inschriften bietet H. Röhl, Inscriptiones Graecae antiquissimae praeter Atticas in Attica repertas, Berlin 1882, und derselbe, Imagines inscriptionum Graecarum antiquissimarum in usum scholarum, 3. Aufl., Berlin 1907. Zum frühen Gebrauch des ionischen Alphabets in Athen vgl. A. Körte, Ath. Mitt. 47, 1922, S. 5 ff. Erschienen sind von Joh. Kirchner, Imagines inscriptionum Atticarum. Ein Bilderatlas epigraphischer Denkmäler Attikas (Gebr. Mann, Berlin), 2. Aufl. 1948. Zur Einführung in die Geschichte der Schrift sei besonders empfohlen Albert Rehm, Die Schrift und die Schriftzeugnisse, Handbuch der Archäologie, Bd. I 1939, S. 182–238 (Beck, München). Vgl. auch H. Bauer, Der Ursprung des Alphabets (Der Alte Orient, Bd. 36, Heft 1/2), 1937, R. Harder, Die Meisterung der Schrift durch die Griechen (Das neue Bild der Antike I 1942, 91 ff.) und G. Klaffenbach, Griechische Epigraphik, Göttingen 1957, 32 ff. [L. H. Jeffery, The loral sripts of archaic Greere, Oxford 1961].

Zu S. 67. Zur Einführung in die Geschichte der Homerischen Frage wie auch in die Dichtung selbst sei empfohlen G. Finsler, Homer, 3. Aufl., Leipzig und Berlin 1924. Zur Ilias vgl. v. Wilamowitz, Die Ilias und Homer, Berlin, Weidmann, 1916 (2. Aufl. 1920). Zu wesentlich anderen Ergebnissen führten die Homerforschungen von Erich Bethe. Zu seinen Zeitbestimmungen vgl. „Homer, Dichtung und Sage" II. Bd., 2. Teil, 2. Aufl. (Teubner), 1929. Neue Gedanken zur Homerischen Frage brachte Wolfgang Schadewaldt in „Iliasstudien" (Abh. Sächs. Akad., 43. Bd., Nr. VI), 1938, und „Von Homers Welt und Werk. Aufsätze und Auslegungen zur Homerischen Frage", Leipzig 1944 (3. Aufl. 1959). Über die moderne Homerforschung orientieren vorzüglich die Berichte von A. Lesky im Anzeiger für die Altertumswissenschaft (Innsbruck) seit 1951.

Zu S. 69. Zur griechischen Religion s. zu S. 26.

Zu S. 70. Zum Seelenkult vgl. Erwin Rohde, Psyche, Seelenkult und Unsterblichkeitsglaube der Griechen, 9. und 10. Aufl., Tübingen 1925.

Zu S. 71. Über die Toleranz nach v. Wilamowitz, Hellenistische Dichtung I (Berlin 1924), S. 69.

Zu S. 72. Die Ablehnung der Ableitung der Agonistik aus den Leichenspielen erscheint nach den eindrucksvollen Ausführungen von K. Meuli, Der Ursprung der olympischen Spiele (Die Antike 17, 1941, 189 ff.) nicht mehr haltbar.

Für die von anderer Seite bestrittene Echtheit der Olympionikenliste ist mit guten Gründen eingetreten Aug. Brinkmann, Rhein. Mus. 70, 1915, 622 ff. Vgl. auch Ed. Meyer, Kl. Schr. II, Halle 1924, 301. Zu diesem Problem vgl. jetzt L. Ziehen, RE XVII (1937), 2527 ff., und Th. Lenschau, Philologus 91, 1937, 396 ff. Zu Olympia und seinen Denkmälern vgl. das schöne Werk von Walter Hege und Gerhart Rodenwaldt, Olympia (Berlin, Deutscher Kunstverlag), 1936. Über die Ergebnisse der neuen Ausgrabungen vgl. E. Kunze in: Neue deutsche Ausgrabungen (s. zu S. 8), 263 ff.

Zu S. 74. Zur Einwirkung orientalischer Vorbilder auf die archaische Kunst vgl. F. Poulsen, Der Orient und die frühgriechische Kunst (mit 197 Abbildungen), Teubner, 1912. S. auch zu S. 127.

Zu S. 77. Für die Ausbreitung der Phöniker vgl. Ed. Meyer, G. d. A. II^2 2, 61 ff., der sich gegen Belochs Datierungen wendet. Dagegen haben die jüngeren Datierungen wieder einen Verteidiger gefunden in R. Carpenter, Am. Journ. Arch. 62, 1958, 35ff. (Gründung von Utica und Karthago im späten 8. Jahrh., Besiedlung von West-Sizilien im frühen 7. Jahrh., von Sardinien im späten 7. oder frühen 6. Jahrh., der Südküste von Spanien und von Gades im späten 6. Jhrh.).

Zu S. 78. Zur phönikischen Kunst vgl. Poulsen (s. zu S. 74). Zu den obenerwähnten bedeutsamen neuen phönikischen Funden aus dem 15. und 14. Jahrh. vgl. Otto Eißfeldt in Forsch. und Fortschr. 15 (1939), S. 217ff. und Hist. Zschr. 168 (1943), 457ff. Zum heutigen Stand der Frage nach dem Ursprung des phönikischen Alphabets vgl. H. Schmökel in Forsch. und Fortschr. 26 (1950), 153ff. (Zur Vorgeschichte des Alphabets) und O. Eißfeldt ebenda 217ff. (Ein Beleg für die Buchstabenfolge unseres Alphabets aus dem 14. Jahrhundert v. Chr.). Vgl. im allgemeinen auch G. Contenau, La civilisation phénicienne, 3. Aufl., Paris 1939.

Zu S. 79. Deutsche Übersetzungen der Königsinschriften der Assyrer und Babylonier findet man in Eberhard Schraders Keilinschriftlicher Bibliothek, die zwar z. T. inzwischen überholt worden sind. Vgl. F. Thureau-Dangin, Die sumerischen und akkadischen Königsinschriften, 1907 (Vorderasiat. Bibl. I, 1), und S. Langdon, Die neubabylonischen Königsinschriften, 1912 (ebenda IV).

Zum Reich von Urartu vgl. A. Goetze, Kleinasien² (s. zu S. 19) S. 187ff.

Zu S. 80. Zu dem Siegesdenkmal, das Sanherib 696 in Kilikien errichtete, und das später als Denkmal des Sardanapal gedeutet wurde, vgl. F. H. Weißbach in RE IA (1920), Sp. 2466 (unter Sardanapal). – Zur lydischen Chronologie vgl. H. Kaletsch, Historia 7, 1958, 1ff.

Zu S. 81. Zur medischen und persischen Geschichte vgl. die hervorragende Arbeit von Arthur Christensen, Die Iranier, im „Handbuch der Altertumswissenschaft", Kulturgeschichte des Alten Orients, III. Abschnitt (Beck, München), 1933, S. 203ff. (dazu Wilcken, DLZ. 1936, Sp. 1868ff.). Vgl. auch G. G. Cameron, History of early Iran, Chicago 1936 (bis zur Begründung des Perserreiches), und A. T. E. Olmstead, History of the Persian Empire (Achaemenid period), Chicago 1948.

Zu S. 82. Zu der von C. J. Gadd entdeckten Chronik, die Ninives Fall (bisher für 606 angenommen) in das Jahr 612 setzt, vgl. Bruno Meißner, Deutsche Literaturzeitung 1924, Sp. 136ff. Vgl. auch H. Bengtson, Neue Quellen zur Geschichte der neubabylonischen Zeit (Historia 6, 1957, 499ff.).

Zu S. 84. Zu den zitierten Tontafeln von Uruk vgl. Hans Schaal, Vom Tauschhandel zum Welthandel (s. oben zu S. 61), S. 56.

Zum Datum des Sieges des Kyros über Astyages (556 oder 550) vgl. F. H. Weißbach, RE Suppl. IV (1924), 1143.

Zu S. 86. Über die Todesart des Kambyses W. Schulze in den Sitzungsber. d. Preuß. Akad. d. W. 1912, S. 685ff.

Eine gerechte Würdigung des Kulturstaates des Darius I. bot zuerst Ed. Meyer, G. d. A. III. Vgl. auch seinen Artikel „König Darius I." in den „Meistern der Politik" III (D. Verlagsanst. Stuttgart 1923). Vgl. ferner H. H. Schaeder, Das persische Weltreich (Vorträge der Friedrich-Wilhelms-Universität zu Breslau im Kriegswinter 1940/1941), P. J. Junge, Dareios I., König der Perser, Leipzig 1944, und H. H. von der Osten, Die Welt der Perser, Stuttgart 1956. Zu Zarathustra vgl. E. E. Herzfeld, Zoroaster and his world, 2 Bände, Princeton 1947. Abschriften der Denkschrift von Behistun wurden in die Provinzen versandt, für den Westen in aramäischer Übersetzung. Reste einer solchen haben sich auf einem Papyrus von Elephantine erhalten.

Die Gadatasinschrift in Dittenb. Syll.³ 22.

Zu S. 87. Zur Satrapienordnung vgl. C. F. Lehmann-Haupt, RE II A (1921) unter

„Satrap"; Oskar Leuze, Die Satrapieneinteilung in Syrien und im Zweistromland (Schriften der Königsberger Gelehrten Gesellschaft. Geisteswiss. Kl. 11, 4), Halle 1935 (dazu H. Bengtson, Gnomon 13, 1937, 113ff.); P. J. Junge, Satrapie und Natio, Reichsverwaltung und Reichspolitik im Staate Dareios' I. (Klio 34, 1942, 1ff.). Zu der weitsichtigen Reichspolitik des Darius vgl. Fr. W. König, Der Burgbau zu Susa nach dem Bauberichte des Königs Dareios I. (Mitt. V. A. G. 35, 1), Hinrichs 1930 (dazu F. Bork, DLZ. 1931, 464ff.).

Zu S. 88. Zur persischen Kunst vgl. das schöne Buch von Friedrich Sarre, Die Kunst des alten Persien (mit 150 Tafeln und 19 Textabbild.), Berlin, Cassirer, 1922 (= Die Kunst des Ostens, herausg. von W. Cohn, Bd. V). Dazu Wilckens Besprechung in der Deutsch. Literaturzeitung 1924, Sp. 703ff. Vgl. F. W. v. Bissing, Ursprung und Wesen der persischen Kunst (Sitzungsber. Bayer. Akad. 1927, 1), und A. U. Pope and Ph. Ackerman, A Survey of Persian Art. Vol. I: Prehistoric, Achaemenid and Sasanian Periods. Vol. IV: Plates, Oxford 1938.

Über neuere Arbeiten zur Kolonisation berichtet Th. Lenschau, Bursian 261, 224; 279, 158f. Vgl. auch den ausgezeichneten Vortrag von Hans Schaefer, Eigenart und Wesenszüge der griechischen Kolonisation, abgedruckt mit reichen Literaturangaben in den Heidelberger Jahrbüchern 1960, 77ff. Er betont Not, Armut und Verzweiflung als bestimmende Motive der griechischen Kolonisation.

[Sein jäher Tod hat uns um die von ihm angekündigte Gesamtdarstellung der griechischen Kolonisation gebracht.]

Zu S. 89. Zu den Emporien vgl. K. Lehmann-Hartleben, Die antiken Hafenanlagen des Mittelmeers (Klio, Beiheft XIV), 1923.

Zu S. 91. Das Verhältnis der Hellenen zu den Barbaren verfolgte Wilcken durch die griechische Geschichte hindurch in seinem Aufsatz „Hellenen und Barbaren" in Ilbergs N. Jahrbüchern 1906, I. Abt., XVII, S. 457ff. Zur Terminologie vgl. A. Eichhorn, *Βάρβαρος* quid significaverit, Diss. Lips. 1904. Vgl. die eingehende Behandlung des Problems bei J. Jüthner, Hellenen und Barbaren. Aus der Geschichte des Nationalbewußtseins (Das Erbe der Alten VIII), Leipzig 1923.

Auf den Einfluß des lydischen Imperialismus auf die ionische Kolonisation wies Th. Lenschau, Klio 13, 1913, 175ff., hin. Zu den milesischen Kolonien vgl. Friedr. Bilabel, Die ionische Kolonisation, 1920 (Philologus, Suppl. 14, Heft 1), zu der Kolonisation des Nordufers des Schwarzen Meeres Ernst v. Stern, Hermes 50, 1915, 161ff. Vgl. auch F. Miltner, Die erste milesische Kolonisation im Südpontos (Anatol. Stud. Buckler, 1939, 191ff.), wonach diese doch schon im 8. Jahrhundert einsetzte; s. auch Wilamowitz, Der Glaube der Hellenen I, 87.

Zum Fund von Vettersfelde vgl. A. Furtwängler, Der Goldfund von Vettersfelde, Berlin 1883 und M. Ebert, Reallex. d. Vorgesch. 14, 1929, 156ff.

Zu S. 92. An der syrischen Küste ist unlängst in Al Mina, Sueidia, (Orontesmündung) eine griechische Handelsfaktorei aufgedeckt worden, deren Anfänge bis tief in das 8. Jahrhundert hinaufgehen, vgl. C. L. Woolley, Journ. Hell. Stud. 58, 1938, 1ff. 133ff.; siehe auch H. Bengtson, Griech. Geschichte² 90 mit Anm. 5.

Zu Naukratis vgl. Hugo Prinz, Funde aus Naukratis. Beiträge zur Archäologie und Wirtschaftsgeschichte des 7. u. 6. Jahrh. v. Chr. (Klio, Beiheft 7, 1908), und F. W. von Bissing, Forschungen zur Geschichte und kulturellen Bedeutung der griechischen Kolonie Naukratis in Ägypten (Forsch. u. Fortschr. 25, 1949, 1f.).

Zu S. 93. Zu Kyrene vgl. v. Wilamowitz, Kyrene (Vortrag), Weidmann 1928. Wertvolle neue Aufschlüsse über Kyrene verdanken wir den erfolgreichen italienischen Ausgrabungen, im besonderen den Publikationen von Gaspare Oliverio, Cyrenaica („Documenti antichi dell' Africa Italiana") I, II, Bergamo 1933. 1936. Vgl. auch denselben,

Scavi di Cirene, Bergamo 1931 und vor allem F. Chamoux, Cyrène sous la monarchie des Battiades, Paris 1953.

Zur Kolonisation des Westens vgl. das umfassende Werk von T. J. Dunbabin, The Western Greeks. The history of Sicily and South Italy from the foundation of the Greek colonies to 480 B. C., Oxford 1948.

Zu S. 94. Zu dem korinthischen Helm in Spanien Ad. Schulten, Forsch. u. Fortschr. 15, 1939, S. 44f.

Zu S. 96. Die Ausführungen über die Geldwirtschaft stützen sich auf den wertvollen Aufsatz von F. Heichelheim in Schmollers Jahrbuch 55, 1931, S. 229ff. Zum Zeitpunkt der Erfindung der Münzprägung vgl. jetzt E. S. G. Robinson, Journ. Hell. Stud. 71, 1951, 156ff. und denselben, Num. Chron. 1956, 1ff.

Zur Geschichte der Sklaverei vgl. Ed. Meyer, Die Sklaverei im Altertum (Kleine Schrift. I, 2. Aufl., Halle 1924, S. 169ff.). Vgl. vor allem W. L. Westermann, RE Suppl. VI (1935), 894ff., und denselben, The Slave Systems of Greek and Roman Antiquity, Philadelphia 1955, Spezialarbeiten zur Sklaverei von J. Vogt und S. Lauffer in den Abhandlungen der Mainzer Akademie d. Wiss. u. d. Literatur.

Zu S. 97. Für das Recht von Gortyn ist grundlegend die Ausgabe von F. Bücheler und E. Zitelmann 1885 (Rhein. Mus. 40, Ergänzungsheft).

Zur Tyrannis vgl. Werner Jaeger, Paideia I^2 292ff. Martin P. Nilsson, The age of the early Greek tyrants (Dill Memorial Lecture 1936, The Queen's University of Belfast). Th. Lenschau, RE VII A (1948), 1821ff. H. Berve, Wesenszüge der griechischen Tyrannis (Hist. Zeitschr. 177, 1954, 1ff.). A. Andrewes, The Greek Tyrants, London 1956.

Zu S. 98. Zur strittigen Chronologie des Kypselos vgl. Th. Lenschau, Philologus 91, 1937, 278ff. [und J. Ducat, Bull. Corr. Hell. 85, 1961, 418ff., der die traditionelle Chronologie für die wahrscheinlichste hält, aber ihre Daten nur als approximative gelten läßt.]

Zu S. 99. Zu Sparta vgl. Werner Jaeger, Paideia I^2 113ff. Helmut Berve, Sparta, Leipzig 1937 (Meyers Kleine Handbücher 7), 2. Aufl. 1944. Th. Lenschau, Klio 30, 1937, 269ff. P. Roussel, Sparte, Paris 1939 (dazu H. Berve, Gnomon 17, 1941, 1ff. nebst weiterer Literatur), 2. Aufl. 1947. S. auch Bölte, Ehrenberg, Ziehen, Lippold in RE III A (1929), 1265ff.

Zur Grundherrschaft und Hörigkeit in Sparta vgl. K. J. Neumann, Hist. Zeitschr. 96, 1906, S. 1ff. Den Einfluß der ständigen Kriegsbereitschaft auf Staat und Sitten betont R. v. Pöhlmann, Griech. Gesch.^{5} (1914), S. 42. Ein geschlossenes System des spartanischen Staatsrechts gibt Ulrich Kahrstedt, Griechisches Staatsrecht. I. Bd.: Sparta und seine Symmachie, Göttingen 1922.

Zu S. 101. Die Darstellung der älteren spartanischen Verfassung stützt sich namentlich auf die Arbeiten von Helmut Berve. Vgl. seine Rezension von Ehrenbergs Buch „Neugründer des Staates" im Gnomon 1, 1925, 305ff., und seinen Aufsatz „Sparta" (Hist. Vierteljahrsschrift 25, 1931, 1ff.) sowie seine „Griechische Geschichte". Vgl. jetzt auch seine vortreffliche Besprechung von W. den Boer, Laconian studies (Amsterdam 1954) im Gnomon 29, 1957, 7ff. Zu den Agiaden und Eurypontiden und dem Doppelkönigtum vgl. Th. Lenschau, Rhein. Mus. 88, 1939, 123ff. Vgl. auch die zu S. 99 zitierte Literatur.

Zu S. 102. Über das Primitive in der spartanischen Lebensführung handelt Martin P. Nilsson, Klio 12, 1912, 308ff. Zur Aussetzung der Kinder vgl. P. Roussel, Rev. Ét. Anc. 45, 1943, 5ff.

Zu S. 103. Zu den Messenischen Kriegen vgl. Th. Lenschau, Philologus 91, 1937, 289ff. und jetzt F. Kiechle, Messenische Studien. Untersuchungen zur Geschichte der Messenischen Kriege und der Auswanderung der Messenier, Diss. Erlangen 1957 (1959); dazu Ernst Meyer, Gnomon 32, 1960, 213ff.

Zu S. 104. Zu Pheidon von Argos vgl. Th. Lenschau, RE XIX (1938), 1939ff. (Nr. 3) und W. Schwabacher ebenda 1946ff. (Pheidonischer Münzfuß); weitere Literatur bei H. Bengtson, Griech. Gesch.[2] 81. Seine Zeit ist durch eine Münze endgültig gesichert, vgl. J. G. Milne, Class. Quarterly 1944, 18 (Hinweis von H. Bengtson).

Zu S. 108. Zum Peloponnesischen Bunde wie auch zu den früheren und späteren griechischen Bünden vgl. das auch für den Althistoriker lehrreiche Werk des Staatsrechtslehrers Heinrich Triepel, Die Hegemonie. Ein Buch von führenden Staaten, 2. Aufl., Stuttgart 1943; über Hellas handelt er S. 328–436.

Cheilon und Anaxandridas als Tyrannenstürzer im Papyr. Rylands I, 18 (vgl. Fr. Bilabel, Die kleineren Historikerfragmente auf Papyrus, 1922, S. 3, in Lietzmanns Kleinen Texten Nr. 149). Zu Kleomenes von Sparta vgl. Th. Lenschau, Klio 31, 1938, 412ff.

Zu S. 109. Für die Geschichte Athens hat uns die durch einen Papyrusfund 1890 bekanntgewordene Schrift des Aristoteles Ἀϑηναίων πολιτεία außerordenlich wichtige neue Aufschlüsse gebracht. Aus der großen Literatur hierüber sei hier nur hervorgehoben v. Wilamowitz, Aristoteles und Athen, 2 Bände, Berlin 1893. Der Fund ist von solcher Bedeutung, daß alle älteren Arbeiten veraltet sind. Die editio princeps schuf Frederic Kenyon, London 1891.

Zu S. 110. Der von manchen (wie Beloch) unternommene Versuch, den Aufstand des Kylon in die Zeit des Peisistratos hinabzurücken, ist entschieden abzulehnen. Vgl. hierzu A. Ledl, Studien zur älteren athenischen Verfassungsgeschichte, Heidelberg 1914.

Die Nachricht in Aristoteles' Ἀϑ. πολ. c. 4, daß Drakon auch eine Verfassung (πολιτεία) geschaffen habe, ist unhistorisch und geht wohl auf eine oligarchische Fälschung aus dem Ende des 5. Jahrhunderts zurück. Ein Interpolator hat den Bericht in c. 4 eingeschoben. Vgl. Wilcken, Zur drakontischen Verfassung („Apophoreton", der 47. Philologenversammlung überreicht von der Graeca Halensis, Berlin 1903, S. 85ff.).

Zu den Hektemoriern vgl. H. Bengtson, Griech. Gesch.[2] 117[2], und D. Lotze, Philologus 102, 1958, 1ff.

Zu S. 111. Von Solon kannten die Späteren nur seine Gesetze (ϑεσμοί) und seine Gedichte. Eine zusammenhängende Verfassungsurkunde hatte er nicht hinterlassen. Darum bestehen über seine Verfassung viele Zweifel. Über Solon als den politischen Lehrer seines Volkes vgl. W. Jaeger, Paideia I[2] 187ff. Vgl. auch W. J. Woodhouse, Solon the Liberator, Oxford 1938, K. Hönn, Solon, Staatsmann und Weiser, Wien 1948, und A. Masaracchia, Solone, Firenze 1958.

Zur Bauernbefreiung des Solon vgl. H. Swoboda in der Zeitschr. d. Savigny-Stift. 26 (1905), Rom. Abt. S. 245ff.

Zu S. 112. Zur Solonischen Münzreform vgl. jetzt K. Kraft, Jahrbuch f. Num. u. Geldgesch. 10, 1959/1960, 21ff.

Zu der Umrechnung von 1 Scheffel in 1 Drachme vgl. Wilcken, Hermes 63, 1928, 236ff.

Zu der umfochtenen Erklärung der Bezeichnung der Zeugiten vgl. Busolt-Swoboda, Griech. Staatskunde II 823[1]; H. Bengtson, Griech. Gesch.[2] 108[2].

Zu S. 113. Zu dem Solonischen Rat der 400 vgl. Felix Stähelin, Hermes 68, 1933, S. 343ff.

Ein steinerner Gesetzeskegel, etwa um 600 beschrieben, ein Bruder von Solons κύρβεις, wurde in Chios gefunden. Vgl. v. Wilamowitz, Nordionische Steine (Abh. d. Preuß. Akad. d. W. 1909) S. 64ff. mit Photographie Taf. II.

Zu S. 114. Der erwähnte Halenser Papyrus mit dem Solonischen Recht ist ediert von der Graeca Halensis, Dikaiomata (Berlin, Weidmann) 1913.

Zur Chronologie des Peisistratos und seiner Söhne vgl. Beloch, Gr. Gesch.[2] I 2, S. 288ff. Für die einmalige Verbannung des Peisistratos spricht Polyaen I 21, 1. Zu Peisistratos vgl. jetzt F. Schachermeyr, RE XIX (1937) s. v. Peisistratiden Sp. 150 ff. und Peisistratos Sp. 156ff. (dazu Th. Lenschau, Bursian 261, 228f.). Vgl. zuletzt F. Heidbüchel, Die Chronologie der Peisistratiden in der Atthis (Philologus 101, 1957, 70ff.).

Zu S. 115. Zur strittigen Chronologie der Panathenäen vgl. L. Ziehen, RE XVIII 2 (1949), 457ff. und zuletzt J. A. Davison, Journ. Hell. Stud. 78, 1958, 23ff.

Zu S. 116. Die Ansicht Belochs, dem Kahrstedt (RE XI [1921], 620f. s. v. Kleisthenes) folgt, daß nicht Kleisthenes, sondern Peisistratos die neuen Phylen eingeführt habe, schlägt aller Tradition ins Gesicht und ist unhaltbar. Ebenso sprechen sie mit Unrecht dem Kleisthenes die Einführung des Ostrakismos ab, vgl. zuletzt A. R. Hands, Journ. Hell. Stud. 79, 1959, 69 ff.

Zur Benennung nach dem Vater vgl. den Ostrakafund von 443 und dazu A. Körte, Ath. Mitt. 47, 1922, S. 6f.

Zu S. 117. Zum Ostrakismos s. zu S. 116.

Zu S. 118. Vgl. Hesiod, Erga v. 311: „Arbeit ist keine Schande, aber Nichtarbeiten ist eine Schande" (ἔργον δ' οὐδὲν ὄνειδος, ἀεργίη δέ τ' ὄνειδος).

Zu S. 119. Über „Das Erwachen der Persönlichkeit in der frühgriechischen Lyrik" vgl. B. Snell, Die Antike 17, 1941, 5ff. (Wiederabdruck auch in seiner Sammlung „Die Entdeckung des Geistes", 3. Aufl., Hamburg 1955, 83ff.).

Zu S. 120. Zur Geschichte der Tragödie vgl. Konrat Ziegler, RE VI A (1937) Sp. 1899–2075.

Zu S. 121. Zur Religion vgl. die zu S. 26 genannten Werke.

Die Sprüche in der Vorhalle des Apollontempels standen auf zwei Hermen, zu jeder Seite des Eingangs, vgl. J. Bousquet, Bull. Corr. Hell. 80, 1956, 565ff.

Zum Orakel von Delphi vgl. H. W. Parke-D. E. W. Wormell, The Delphic oracle. Vol. I: The history. Vol. II: The oracular responses, Oxford 1956.

Zu S. 122. Zu den Panathenäen vgl. zu S. 115.

Zu S. 123. Zu dem Orientalischen in der Orphik vgl. Otto Kern, Die Religion der Griechen I (1926), S. 297: „Bei der Orphik aber sind orientalische Einflüsse unzweifelhaft anzuerkennen". H. H. Schaeder, Der Orient und das griechische Erbe (Die Antike 4, 1928), S. 238: „der unzweifelhaft von orientalischen Ursprüngen ausgegangenen orphischen Religiosität". Vgl. auch K. Ziegler, RE XVIII 1 (1942), 1369.

Die Vorstellung von der Seelenwanderung war in Indien lebendig, nicht in Ägypten, wie Herodot meinte (II 123). Gegen die Herleitung aus Indien M. P. Nilsson, Gesch. d. griech. Religion I² 694ff.

Zu S. 124. Gegen die Annahme einer ägyptischen und babylonischen „Wissenschaft" hat sich Wilcken 1906 in dem zu S. 91 zitierten Aufsatz „Hellenen und Barbaren" S. 465 gewendet. In demselben Sinne hat sich mit reichem Material Max Pohlenz, Der Geist der griechischen Wissenschaft, Berlin, Weidmann, 1923 ausgesprochen (Vortrag aus der Götting. Gesell. d. Wiss. vom. 11. Nov. 1922). Für die Beurteilung der babylonischen Astronomie vgl. das zu S. 14 notierte Werk von Kugler, für die griechische Astronomie Franz Boll, Die Entwicklung des astronomischen Weltbildes (Hinnebergs Kultur d. Gegenwart III, 3, 1). Zur ägyptischen Mathematik vgl. Ad. Erman, Ägypten und äg. Leben², S. 420ff. (s. oben Note zu S. 2), zur ägyptischen Medizin ebendort S. 409ff. Der amerikanische Papyrus Edwin Smith (s. Erman a. O. S. 419f.), der Verwundungen u. ä. behandelt, steht gewiß auf höherem Niveau als die früher bekannten Texte, aber daß er nach Sethes Urteil vom Herausgeber überschätzt worden ist und „über rein empirische Beobachtungen und praktische Fertigkeiten" nicht hinausgeht, bemerkt Pohlenz S. 4. Vgl. Wilckens Besprechung von Kees' Ägypten in Deutsch. Lit. Zeit. 1936 Sp. 1860ff.

Zu S. 125. Mit den Erzählungen der Hellenen, gegen die Hekataios in dem zitierten Proömium polemisiert, meint er die genealogischen Epen (s. S. 119), deren Stoff er rationalistisch umgearbeitet hat. Seine Genealogien behandelten nicht Zeitgeschichte, die er überhaupt nicht (auch nicht in seiner Periegese) dargestellt hat, sondern die Heroenzeit.

Zu S. 127. Zu den Anfängen der archaischen Plastik und der vorausgehenden Kleinplastik und ihren Beziehungen zum Orient vgl. Valentin Müller, Frühe Plastik in Griechenland und Vorderasien, Augsburg 1929 (hierzu Friedr. Matz, Gnomon 6, 1930, S. 245ff.). Seinen Standpunkt hat V. Müller gegen A. Gotsmich, Probleme der frühgriechischen Plastik, Prag 1935, verteidigt im Gnomon 13, 1937, 79ff. Vgl. auch Herm. Thiersch, Die Kunst der Griechen und der Alte Orient (Die Antike 9, 1933, S. 203ff.).

Zu S. 128. Die Datierung des Athenerthesauros in Delphi ist umfochten; es scheint mehr für den Ansatz auf 490 (Marathon) zu sprechen, vgl. G. Daux, Pausanias à Delphes (1936), S. 107/108.

Zu S. 129. Zu Mandrokles' Historienmalerei vgl. G. Rodenwaldt, Gnomon 7, 1931, 295.

Zu S. 130. Gegenüber den Ausführungen von H. Ranke bei Erman, Ägypten und äg. Leben^{2}, S. 503f., betont Wilcken, daß auch die Darstellung des Oberbildhauers Juti in Tell-Amarna mit einer „Künstlersignatur" absolut nichts zu tun hat. Die Wiederholung seines Namens, einmal horizontal, einmal vertikal, hat mit dieser Frage nichts zu schaffen. Mit Recht sagt Ranke vorher: Kein ägyptischer Künstler hat seine Werke „signiert". Das gilt von den orientalischen Künstlern überhaupt. Wo einmal der Künstler sich selbst mit abbildet (s. oben S. 130), will er damit nur teilhaben an den Wirkungen des Totenkultus (s. Ranke S. 504). Es fehlt das dem *ἐποίησεν* entsprechende Bekenntnis des Schöpfers zu seinem Werk. Die bisher älteste bekannte Künstlerinschrift findet sich auf einem Tonkännchen des ersten Viertels des 7. Jahrhunderts aus Ithaka, vgl. Arch. Anz. 1933, 236 mit Abb. 11.

Zu S. 131. Die ungünstigen wirtschaftlichen Folgen der Perserherrschaft hat Th. Lenschau (Klio 13, 1913, 180ff.; vgl. auch RE IX [1916], 1883f.) in sehr verdienstlicher Weise herausgearbeitet. Aber man darf die politischen und nationalen Motive zum Aufstand darüber nicht in den Hintergrund rücken oder gar leugnen (wie Lenschau S. 183). Freiheit und Autonomie waren den Griechen immer die höchsten Ideale. Das gilt auch von den Ioniern, trotz H. Berve (N. Jahrbb. 1927, S. 513ff., und Griech. Gesch. und wiederum Gnomon 12, 1936, 183, A. 1). Vgl. die Gegenbemerkung von Wilcken in den Sitzungsber. Preuß. Akad. 1928 XXX S. 599 A. 5, wo er auf die schönen Worte eines ionischen Ehrendekrets (III. Jahrh. v. Chr.) hinwies: *ὡς οὐθὲν μεῖζόν ἐστιν ἀνθρώποις Ἕλλησιν τῆς ἐλευθερίας* (Inschr. v. Priene 19, 18ff.). So hatten auch die Phokäer, als der Perser Harpagos gegen ihre Stadt zog, die Heimat verlassen, nicht aus wirtschaftlichen Gründen, sondern um der „Knechtschaft" zu entgehen (Herodot I 164), ebenso die Teïer (Her. I 168). Auch die anderen Ionier haben damals um die Freiheit tapfer gekämpft (*ἄνδρες ἀγαθοί*), blieben aber im Lande (Her. I 169). Auch Bias' Rat auf dem Panionion (c. 170) bezweckte die Wiedergewinnung der Freiheit als Voraussetzung zur *εὐδαιμονία*. – Auch 1813 war es nicht die wirtschaftliche Not, sondern die nationale Empörung über die Demütigungen der Franzosenzeit, die zur Erhebung führte – „weil ehrlos der Preuße und der Deutsche nicht zu leben vermag", wie es treffend in dem „Aufruf an mein Volk" hieß! Vgl. H. v. Treitschke, Deutsche Geschichte im 19. Jahrh. I^{5}, 431. Vgl. auch G. Walser, Schweizer Beiträge z. Allg. Gesch. 17, 1959, 223ff. über die Motive des Ionischen Aufstands.

Zu S. 133. Die obige Auffassung des Mardonioszuges hat Beloch, Gr. Gesch.^{2} II, 2, S. 84ff. begründet. Dagegen wird die Auffassung einer gegen Hellas gerichteten Expedition neuerdings wieder von H. U. Instinsky, Hermes 84, 1956, 477ff. vertreten.

Zur Vorgeschichte der Perserkriege und die politische Situation in Athen vgl. Th. Lenschau, Bursian 279, 170ff, und vor allem V. Ehrenberg, Die Generation von Marathon in: Ost und West (Brünn 1935), 97ff.

Zu S. 135. Seit der klärenden Studie von H. Delbrück, Perser- und Burgunderkriege (1887), ist eine große Literatur über die Marathonschlacht entstanden, die aber noch zu keiner Einigung geführt hat. Allgemein anerkannt ist wohl, daß der von Herodot berichtete, physisch unmögliche Sturmlauf der Athener von 8 Stadien ($1^1/_2$ km) aus der Entfernung des Soros vom athenischen Lager herausgesponnen ist. Zu dem Schlachtbild in der Bunten Halle vgl. den Rekonstruktionsversuch von C. Robert (18. Hallisches Winckelmannsprogramm 1895). Der Blick vom Soros aus auf das Schlachtfeld befestigte Wilcken in der Anschauung, daß die Stellung des Miltiades unmöglich in dem weitab liegenden Vranathal, sondern nur am Agrieliki angesetzt werden kann. Vgl. jetzt die eingehende Studie von W. K. Pritchett, Marathon in: Univ. of California Publications in Class. Arch. IV 1960, 137ff. mit vorzüglichem Bildmaterial.

Zu S. 137. Anders beurteilt das Verhalten der delphischen Priesterschaft H. Berve, Gnomon 30, 1958, 424f.

Zu S. 138. Daß es seit der Verfassungsreform im Strategenkollegium einen Oberstrategen gegeben hat, ist nicht direkt überliefert, aber durch Beloch (Gr. G.² II, 1, S. 28) scharfsinnig erschlossen worden. Zustimmend auch Ed. Meyer und zuletzt M. H. Jameson, Trans. Am. Phil. 86, 1955, 63ff., dagegen wird die Annahme eines ständigen, aus der Gesamtheit der Bürgerschaft gewählten Oberstrategen von anderen bestritten, vgl. Busolt-Swoboda, Griech. Staatskunde II 891. Ablehnend auch H. Berve und H. Bengtson.

Es ist eine Fülle von Originalen von Ostraka erhalten, auf denen die Namen von Xanthippos, Themistokles usw. gekritzelt sind. Photographien davon findet man bei Alfr. Brückner, Mitteilungen aus dem Kerameikos (Athen. Mitteil. 40, 1915), und in den Bänden der „Hesperia", vor allem Bd. 7, 1938, 228ff. (O. Broneer). Zur Deutung vgl. Alfr. Körte, Athen. Mitteil. 47, 1922, S. 1ff.

Zu S. 139. In das Frühjahr 481 will A. E. Raubitschek, Historia 8, 1959, 127f. die Ostrakisierung des Aristides setzen.

Zum *δεκατεύειν* vgl. v. Wilamowitz, Sitzungsber. Preuß. Akad. 1927, 164.

Als ein großes Aufsehen erregender Fund wurde in allerjüngster Zeit in Troizen eine der Schrift nach aus dem 3. Jhrh. v. Chr. stammende Stele entdeckt, die in den erhaltenen 47 ersten Zeilen einen auf Antrag des Themistokles gefaßten athenischen Volksbeschluß enthält, in dem die Evakuierung der Stadt (noch vor den ersten Kampfhandlungen!), die Bemannung der Flotte von 200 Schiffen in allen Einzelheiten, die Entsendung von 100 Schiffen zum Artemision von Euböa, die Aufstellung der anderen 100 Schiffe bei Salamis und die Rückberufung der Verbannten nach Salamis angeordnet wird. Die zuerst von M. H. Jameson, Hesperia 29, 1960, 198ff. veröffentlichte Inschrift hat sofort begonnen, eine lebhafte Diskussion über ihre Echtheit auszulösen, die gewiß noch länger anhalten wird, doch scheint nach den Ausführungen von L. Moretti, Riv. di Filol. 1960, 390ff. und ganz besonders von Chr. Habicht, Hermes 89, 1961, 1ff. und M. Guarducci, Riv. Fil. 1961, 48ff. ein Zweifel an der Unechtheit kaum möglich. Vielmehr wird sie mit Recht unter die Zahl der im Verlauf des 4. Jahrhs. v. Chr. in den Kreisen der Politiker fabrizierten Urkunden gesetzt.

[Von der inzwischen erschienenen Literatur seien zwei Arbeiten hervorgehoben: P. Amandry, Bull. Fac. des Lettres de Strasbourg 38, 1961, 413ff. (für die Unechtheit), und H. Berve, Sitzungsber. München, Phil.-hist. Kl., 1961, Heft 3 (für die Echtheit). Ein vollständiges Verzeichnis der bisher erschienenen Literatur gibt S. Dow, The Classical World 55, 1962, 105ff.]

Zu S. 140. Für die Gleichzeitigkeit der Kämpfe beim Artemision und bei den Thermopylen vgl. (gegen Beloch) Th. Lenschau, Bursian 218 (1928, III), S. 36. Zur Seeschlacht beim Artemision vgl. August Köster in den zu S. 38 zitierten „Studien" S. 81 ff.

Aus der reichen Literatur zur Topographie der Thermopylen, wo sich die Angaben des Herodot vorzüglich bewährt haben, ist vor allem zu nennen Sp. N. Marinatos, Thermopylae. An Historical und Archaeological Guide, Athen 1951; wichtig auch Ernst Meyer, Ath. Mitt. 71, 1956 (1958), 101 ff. mit einem neuen Plan des Mitteltores und W. K. Pritchett, Am. Journ. Arch. 62, 1958, 205 ff. (insbesondere über den Weg des Ephialtes).

Zu S. 141. Zur Schlacht von Salamis vgl. Jos. Keil, Hermes 73, 1938, 329 ff.; dazu Th. Lenschau, Bursian 279, 173 f.; N. G. L. Hammond, Journ. Hell. Stud. 75, 1956, 32 ff., 77, 1957, 311; W. K. Pritchett, Am Journ. Arch. 63, 1959, 251 ff.; [W. Marg, Hermes 90, 1962, 116 ff.].

Zu S. 142. Zur Schlacht von Plataä vgl. W. K. Pritchett, New light on Plataia (Am. Journ. Arch. 61, 1957, 9 ff.). – Zum Dankgeschenk an den delphischen Apollon, den goldenen Dreifuß mit der Schlangensäule, vgl. M. N. Tod, Greek Historical Inscriptions I² Nr. 19.

Zu S. 146. Für die Geschichte des attisch-delischen Bundes ist von grundlegender Bedeutung Herbert Nesselhauf, Untersuchungen zur Geschichte der delisch-attischen Symmachie (Klio, Beiheft 30, N. F. 17), 1933, und Band III der untengenannten Ausgabe der Tributlisten. Vgl. auch H. Triepels Hegemonie S. 377 f. (s. Note zu S. 108) und J. A. O. Larsen, The constitution and original purpose of the Delian league (Harv. Stud. Class. Phil. 51, 1940, 175 ff.); weitere Literatur bei H. Bengtson, Griech. Geschichte² 183. Für die Tributlisten vgl. die monumentale Edition von B. D. Meritt, H. T. Wade-Gery, M. F. McGregor, The Athenian Tribute Lists, I Cambridge, Mass. 1939, II Princeton 1949, III ebd. 1950, IV ebd. 1953.

Zu S. 147. Zur ursprünglichen Autonomie der Bündner vgl. Thukyd. I 97, 1, auch III 10, 6.

Zu S. 148. Die Entpolitisierung des Areopags spiegelt sich auch in Aischylos' Orestie von 458 wider. Vgl. hierzu v. Wilamowitz, Griechische Tragödien II², 1901, S. 307 ff.

Zu S. 151. An der Realität des Kalliasfriedens (ja nicht Kimonischer Friede zu nennen!) ist nicht zu zweifeln. Vgl. Ed. Meyer, Forschungen zur Alten Geschichte II (1899), S. 71 ff. Nachdem schon im Altertum Theopomp die Urkunde dieses Friedens für gefälscht erklärt hat (freilich sein Argument, daß sie im ionischen Alphabet geschrieben war, schlägt nicht durch, weil um die Mitte des 5. Jahrhunderts auch Staatsurkunden gelegentlich schon im ionischen Alphabet in Athen publiziert wurden, vgl. z. B. Inscr. Graec. I², 16, ist die Diskussion über die Echtheit des Kalliasfriedens neuerdings wieder in Fluß geraten, vgl. u. a. H. T. Wade-Gery in den Athenian Studies presented to W. S. Ferguson (Cambridge, Mass. 1940), S. 121 ff.; R. Sealey, Historia 3, 1954/1955, 325 ff.; J. H. Oliver, ebd. 6, 1957, 254 f.; D. Stockton, ebd. 8, 1959, 61 ff. (dazu vgl. R. Sealey, Journ. Hell. Stud. 80, 1960, 194 f.) und Chr. Habicht, Hermes 89, 1961, 25 f., der mit Ed. Meyer nur an ein mündliches Abkommen denkt und in der dem 4. Jahrh. bekannten Urkunde eine späte Konstruktion sieht. [Zuletzt A. Andrewes, Historia 10, 1961, 15 ff.]

Die Chronologie der Pentekontaëtie ist bekanntlich umstritten, doch scheinen gegenüber den oben im Text gegebenen Ansätzen Wilckens die folgenden den Vorzug zu verdienen: 459 Entsendung der Flotte nach Cypern, 455 Zug des Tolmides, 453 Fahrt des Perikles, 450 Abschluß des fünfjährigen Waffenstillstandes, 449 Zug des Kimon nach Cypern. Ist der Waffenstillstand wirklich erst 450 geschlossen worden, war der Einfall der Spartaner im Jahre 446 vielmehr ein Bruch desselben, vgl. Ed. Meyer, G. d. A. IV² 1, 573⁰; A. W. Gomme, A historical commentary on Thucydides I² (1950), 413.

Zu S. 152. Zu Perikles vgl. G. De Sanctis, Pericle, Milano-Messina 1944. Die neuere Forschung hat mehr oder minder starke Korrekturen an dem thukydideischen Bilde des Perikles vorgenommen, vgl. das wertvolle Buch von V. Ehrenberg, Sophokles und Perikles, München 1956, und besonders J. Vogt, Das Bild des Perikles bei Thukydides (Hist. Zschr. 182, 1956, 249ff.).

Zu S. 154. Die Ausbreitung des attischen Rechts durch den Seebund verfolgt Hans Weber, Attisches Prozeßrecht in den attischen Seebundstaaten (Stud. z. Geschichte u. Kultur des Altertums, herausg. von Drerup usw. I, 5. Heft), Paderborn 1908.

Zum Einfluß des Kalliasfriedens auf die Ausgestaltung des attischen Reiches vgl. Nesselhauf, Untersuchungen (s. zu S. 146) S. 26ff. Vgl. auch W. Kolbe, Die Anfänge der attischen ἀρχή, Hermes 73, 1938, 249ff.

Zu S. 155. Für das attische Münzgesetz vgl. die ausgezeichnete Bearbeitung durch Mario Segre, La legge ateniese sull' unificazione della moneta (Clara Rhodos IX, 1938, 151ff.); für den Text vgl. jetzt Athenian Tribute Lists (s. Note zu S. 146) II 61, D 14. Zuletzt ist die Datierungsfrage eingehend behandelt worden von H. B. Mattingly, Historia 10, 1961, 148ff. In eindrucksvoller Beweisführung setzt er sich für ein auch schon von anderen vertretenes späteres Datum ein, und zwar „the winter of 425/4 B. C. or early the next year".

Zu S. 156. Der Bündnisvertrag mit Segesta ist wohl nicht dem Jahre 454/453 (Wilcken), sondern 458/457 zuzuweisen, vgl. Tod, Greek Hist. Inscr. I² Nr. 31 mit Add. S. 260; doch wird die neue Lesung des Archontennamens, vgl. Suppl. epigr. Graec. X 7, von W. K. Pritchett bestritten, ebd. XIV 1. Die Verträge mit Leontinoi und Rhegion vom Jahre 433/432 sind die Erneuerung von älteren, vgl. Tod, a. O. Nr. 57/58 mit Add. S. 262/263.

Der zitierte Ausspruch von Droysen über die Geschworenengerichte steht in seiner Einleitung zu den Wespen: Des Aristophanes Werke übersetzt, 3. Aufl., 1881, I S. 240. Die Lektüre dieser Einleitungen ist sehr zu empfehlen!

Zu S. 157. Das Datum des panhellenischen Kongresses ist umstritten, vgl. H. Bengtson, Griech. Gesch.² 206⁴ und zuletzt H. B. Mattingly, Historia 10, 1961, 162ff. (nach 438 v. Chr.).

Zu S. 158. Für die Finanzen Athens ist immer noch grundlegend das geniale Werk von August Böckh, Die Staatshaushaltung der Athener (1. Aufl., 1817, B. G. Niebuhr gewidmet), 3. Aufl. von M. Fränkel, 2 Bände, Berlin 1886.

Zu S. 159. Die Behauptung der Kriegsschuld des Perikles, die wir bisher aus Aristophanes' Acharnern (425) und Eirene (421) kannten, ist schon 430 oder 429 in dem Dionysalexandros des Kratinos erhoben worden, wie die auf einem Papyrus gefundene Inhaltsangabe zeigt (Pap. Oxyrhynch. IV, 663).

Zu S. 160. Zu dem umstrittenen Datum der Schlacht bei Potidäa vgl. W. Kolbe, Thukydides im Lichte der Urkunden, Stuttgart 1930. Dagegen kehrt A. W. Gomme, Class. Review 1941, 59ff. zu dem Ansatz „Juni 432" zurück, vgl. auch A hist. commentary on Thucydides I² S. 421ff.

Zu S. 161. Vgl. H. Nesselhauf, Die diplomatischen Verhandlungen vor dem Peloponnesischen Kriege (Hermes 69, 1934, S. 286ff.).

Zu S. 162. Der Bericht des Thukyd. II, 24 über den Volksbeschluß betreffs der Verwendung der Gelder für den Krieg ist durch einen Straßburger Papyrus bestätigt und ergänzt worden. Vgl. U. Wilcken, Der Anonymus Argentinensis (Hermes 42, 1907, S. 387ff.). Zur Erklärung der jährlichen 600 Talente Bundeseinnahmen vgl. Nesselhauf, Untersuchungen (s. zu S. 146) S. 117ff.

Zu der Streitfrage über Perikles' Bedeutung als Feldherr vgl. H. Delbrück, Die Strategie des Perikles erläutert durch die Strategie Friedrichs des Großen, Berlin 1890.

Zu S. 163. „Der Charakter der Krankheit ist noch heute umstritten", H. Bengtson, Griech. Gesch.[2] 222 mit Anm. 1.

Zu S. 166. Vgl. Walter Kolbe, Die Kleon-Schatzung des Jahres 425/4 (Sitzungsber. Pr. Akad. 1930 XXII S. 333ff.), und B. D. Meritt and A. B. West, The Athenian Assessment of 425 B. C., Ann Arbor 1934.

Bei Delion 424 brachten die Böoter die Entscheidung mit ihrem 25 Mann tief aufgestellten rechten Flügel. Ähnlich am Nemeabach (394). Wahrscheinlich hat Epaminondas bei seiner „schiefen Schlachtordnung" (s. oben S. 209) an diese böotische Sitte angeschlossen. Vgl. J. Kromayer und G. Veith, Heerwesen und Kriegführung der Griechen und Römer (Handbuch d. Altertumswissenschaft IV 3,2), München 1928, S. 93ff.

Zu S. 170. Vgl. J. Hatzfeld, Alcibiade. Étude sur l'histoire d'Athènes à la fin du Ve siècle, 2. Aufl., Paris 1951, und F. Taeger, Alkibiades, 2. Aufl., München 1943.

Zum Ostrakismos des Hyperbolos vgl. W. Peek, Kerameikos III (1941), 78ff. 101ff. Das Datum 417 ist neuerdings angefochten und dafür das Jahr 416 oder 415 in Anspruch genommen worden, vgl. A. G. Woodhead, Hesperia 18, 1949, 78ff., und A. E. Raubitschek, Trans. Am. Phil. Ass. 79, 1948, 192f.; Phoenix 9, 1955, 122ff.

Zu S. 176. Seine Auffassung von der Begründung und dem Sturz der oligarchischen Regierung hat Wilcken, gefördert durch Arbeiten von V. Ehrenberg und W. S. Ferguson, zu begründen gesucht in seiner Abhandlung „Zur oligarchischen Revolution in Athen vom J. 411 v. Chr." (Sitzungsber. Pr. Akad. 1935 III). Zu anderen Lösungen kam Fritz Taeger in seiner Besprechung im Gnomon 13, 1937, 347ff. Wilcken glaubt nach wie vor, daß wir zu völliger Klarheit über diese schwierigen Probleme, im besonderen auch über die Verfassung des Theramenes, nur durch glückliche neue Inschriftenfunde kommen können. Weitere Literatur s. bei H. Bengtson, Griech. Gesch.[2] 237f.

Zu S. 180. Eine Schilderung der Schlacht bei Notion bringt auch eines der neugefundenen Fragmente des „Historikers von Oxyrhynchos", vgl. Forschungen und Fortschritte 25, 1949, 97f. und jetzt V. Bartoletti, Hellenica Oxyrhynchia (Bibl. Teubn.), Leipzig 1959, c. 4.

Zu S. 182. Zu den bemerkenswerten Verhandlungen zwischen Athen und Karthago im Jahre 406, die uns durch eine Inschrift bezeugt sind, vgl. H. Bengtson, Griech. Gesch.[2] 244 mit Anm. 3.

Zu S. 187. Zur Frage des metonischen Kalenders vgl. W. B. Dinsmoor, The Archons of Athens in the Hellenistic age, Cambridge (Mass.) 1931, 309ff., und W. K. Pritchett and O. Neugebauer, The Calendars of Athens, Cambridge (Mass.) 1947, 7ff.

Zu S. 188. Zu Hippokrates vgl. M. Pohlenz, Hippokrates und die Begründung der wissenschaftlichen Medizin, Berlin 1938.

Zu S. 192. Zu Euripides vgl. G. Murray, Euripides und seine Zeit. Übers. von Gertrud und Erich Bayer, Darmstadt 1957.

Zu S. 193. Zu Herodot vgl. den inhaltsreichen Artikel von F. Jacoby „Herodotos" in RE Suppl. II (1913), Sp. 205–520, und Max Pohlenz, Herodot. Der erste Geschichtsschreiber des Abendlandes (Neue Wege zur Antike, II. Reihe: Interpretationen, Heft 7–8) 1937.

Zu Thukydides vgl. J. de Romilly, Thucydide et l'impérialisme Athénien. La pensée de l'historien et la genèse de l'oeuvre, 2. Aufl., Paris 1951, und G. B. Grundy, Thucydides and the history of his age, 2 Bände, London 1948. Empfehlenswert auch das hübsche Büchlein von O. Regenbogen, Thukydides' politische Reden, ausgewählt, übersetzt und eingeleitet, Leipzig 1949, und die vortreffliche Einleitung von H. Strasburger zu der Thukydides-Übersetzung von A. Horneffer (Bremen 1957 = Sammlung Dieterich 170).

Zu S. 194. Zu Ps.-Xenophons Staat der Athener vgl. die Ausgabe von E. Kalinka mit Übersetzung und Kommentar, Leipzig 1913. S. auch Karl Ital Gelzer, Die Schrift vom Staate der Athener (Hermes-Einzelschr. Heft 3), 1937, und M. Volkening, Das Bild des attischen Staates in der pseudoxenophontischen Schrift vom Staate der Athener, Diss. Münster 1940 (dazu E. Rupprecht, Gnomon 18, 1942, 1 ff.). Der genauere Zeitansatz bleibt unsicher, vgl. zuletzt A. W. Gomme (Athenian Studies presented to W. S. Ferguson, Cambridge Mass. 1940, S. 211 ff.), E. Hohl, Class. Philology 45, 1950, S. 26 ff. und H. B. Mattingly, Historia 10, 1961, 178f.

Zu S. 195. Zur Datierung des olympischen Zeus vgl. B. Schweitzer, Gnomon 28, 1956, 567f. Auch der Befund des Schuttes der Werkstatt des Phidias in Olympia „spricht eindeutig für die Spätdatierung des Kultbildes", E. Kunze in: Neue deutsche Ausgrabungen (s. zu S. 8) S. 294.

Zu S. 197. Zu den Bauten auf der Akropolis vgl. Otto Jahn und Ad. Michaelis, Arx Athenarum a Pausania descripta (in usum scholarum), 3. Aufl., Bonn 1901; Walter Hege-Gerhart Rodenwaldt, Die Akropolis, Berlin 1930; W. Judeich, Topographie von Athen (Handb. der Altertumswiss.), 2. Aufl., München 1931. – Zu Phidias' Stil vgl. Hans Schrader, Zu den neuen Antikenfunden im Hafen des Piraeus (Sitzungsber. Preuß. Akad. 1931, XI, 185 ff.). Bernhard Schweitzer, Prolegomena zur Kunst des Parthenon-Meisters I. II (Jahrb. D. Arch. Inst. 53, 1938, 1 ff.; 54, 1939, 1 ff.); Pheidias der Parthenonmeister (a. O. 55, 1940, 170 ff.). Weitere Literatur s. Gnomon 28, 1956, 561.

Zu S. 198. Zur Baugeschichte des Telesterion vgl. das grundlegende Werk von Ferdinand Noack, Eleusis, Berlin 1927, und zuletzt O. Rubensohn, Das Weihehaus von Eleusis und sein Allerheiligstes (Arch. Jahrb. 70, 1955, 1 ff.). – Zu Hippodamos vgl. A. v. Gerkan, Griech. Städteanlagen, Berlin und Leipzig 1924.

Zu S. 200. Zur Geschichte der Satrapenaufstände, die oben nur kurz berührt sind, vgl. W. Judeich, Kleinasiatische Studien, Marburg 1892.

Zu S. 201. Vgl. K. F. Stroheker, Dionysios I. Gestalt und Geschichte des Tyrannen von Syrakus, Wiesbaden 1958.

Zu S. 202. Vgl. H. Berve, Dion (Abh. Akad. Mainz, Geistes- und sozialwiss. Klasse 1956 [1957], Nr. 10).

Zu S. 206. Daß die Friedensverhandlungen 392 daran scheiterten, daß Athen nicht zugeben wollte, daß die kleinasiatischen Griechen dem Perser zufielen, hat uns ein neues Philochorosfragment gelehrt. Vgl. Didymi de Demosthene commenta (ed. Diels-Schubart, Teubner 1904), 7, 17 ff. Dadurch wird das vielumstrittene Kap. 17 in Platons Menexenos geklärt. Xenophons Darstellung (Hellen. 4, 8, 12 ff.) ist ganz unzureichend und irreführend. Daß die Friedensrede des Andokides in den Anfang 392 gehört, also den Verhandlungen in Sardes vorangeht, nicht folgt, hat W. Judeich, Philologus 81, 1926, 141 ff. gezeigt.

Die Unbefristetheit des „Königsfriedens", die zu der Befristung der früheren griechischen Friedensverträge im Gegensatz stehe (doch vgl. den Bündnisvertrag zwischen Böotien und Athen vom Jahre 395 v. Chr., M. N. Tod, Greek Hist. Inscriptions II 101), möchte Wilcken daraus erklären, daß ein persischer Großkönig ihn diktiert hat; denn im Orient haben die Könige, wenn er recht sehe, immer nur auf ewige Zeiten Frieden geschlossen (so in den zu S. 32 zitierten Staatsverträgen). Sei das richtig, so müsse auch der Kalliasfriede (S. 151) auf ewige Zeiten geschlossen sein. Die Richtigkeit dieses Schlusses bestätige die Nachricht des Andokides (Friedensrede c. 29), daß, als der Nachfolger Darius II. auf den Thron kam, er ihn „auf ewige Zeiten" erneuerte (424/423), vgl. dazu H. T. Wade-Gery in der zu Seite 151 genannten Arbeit S. 127 ff. – Antialkidas (statt des üblichen Antalkidas) ist die lakonische Namensform des Unterhändlers. Sie wird im

Didymoskommentar für ihn gebraucht und ist die urkundlich (durch Münzen, Inschr.) bezeugte Form.

Mit Unrecht hat man neuerdings den Antialkidasfrieden als Beispiel einer *Κοινὴ εἰρήνη* hingestellt (vgl. Franz Hampl, Die griechischen Staatsverträge des IV. Jahrh. v. Chr. Geb., Leipzig 1938, S. 8ff.). Dagegen schon H. Berve, Gnomon 9, 1933, 304. Zu allen diesen Fragen und Problemen, insbesondere daß die *Κοινὴ εἰρήνη* nur als eine Teilwirkung des Königsfriedens aufgefaßt werden kann, hat dann Wilcken ausführlich Stellung genommen in seinem Aufsatz „Über Entstehung und Zweck des Königsfriedens" (Abh. Pr. Akad. d. Wiss. 1941 [1942] Nr. 15).

Zu S. 207. Die Wirkung des Königsfriedens tritt uns am greifbarsten darin entgegen, daß in dem nächsten Vierteljahrhundert bei fast allen Friedensschlüssen der Griechen immer wieder der Königsfriede als die selbstverständliche Grundlage genommen wird, mehrfach auf Wunsch Persiens und unter Mitwirkung persischer Gesandter. Vgl. die dankenswerte Zusammenstellung von Rud. v. Scala, Die Staatsverträge des Altertums I, Leipzig 1898 [vgl. jetzt S. 326]. Ebenso ist er die Voraussetzung bei den Bündnisverträgen, vgl. den Vertrag Athens mit Chios (v. Scala Nr. 122 vom J. 384, nicht 386, nach einem neuen Fragment = M. N. Tod, Gr. Hist. Inscr. II 118) und den obenerwähnten Volksbeschluß über den neuen Seebund (v. Scala Nr. 138 = M. N. Tod, a. O. 123). Später tritt Persien wegen seiner Schwäche mehr zurück, wird aber zum Schluß wieder aktiver. Daß Persien noch 334 den Königsfrieden als eine Realität betrachtete, wiewohl er schon durch Philipp 338/337 indirekt aufgehoben war (S. 226), zeigt Arrian, Anab. II, 1, 4. 2, 2.

Zum Panegyrikos des Isokrates vgl. v. Wilamowitz, Aristoteles und Athen II, 380ff., P. Wendland, Beiträge z. athenischen Politik und Publizistik des 4. Jahrhunderts (Nachricht. d. Gött. Gesellsch. d. W. 1910), S. 127f.

Der zitierte Volksbeschluß bei Dittenberger, Syll.³ 147, und Tod, Gr. Hist. Inscr. II 123. Über den II. Attischen Seebund handelt Hampl a. O. (s. zu S. 206) S. 117ff., Triepel, Hegemonie (s. zu S. 108) S. 387ff., S. Accame, La lega ateniese del secolo IV a. C., Rom 1941.

Zu S. 209. Zur Strategie und Taktik des Epaminondas vgl. Joh. Kromayer, Antike Schlachtfelder in Griechenland I, Berlin 1903. S. auch die Note zu S. 166.

Zu S. 210. Daß auch Ätolien nach Leuktra auf Thebens Seite getreten ist (Wilcken hatte gemeint, daß das nicht geschehen sei), ist durch Diodor XV 57, 1 bezeugt (vgl. auch IG IX 1² I p. XII 29).

Den Umschwung in der Einschätzung des Epaminondas brachte die Arbeit von Ernst v. Stern, Geschichte der spartanischen und thebanischen Hegemonie vom Königsfrieden bis zur Schlacht von Mantinea, Dorpat 1884.

Zu S. 212. Für die richtige Würdigung des Isokrates als Publizist traten ein Beloch und Ed. Meyer in ihren Geschichtsdarstellungen, P. Wendland in der zu S. 207 zitierten Schrift. Weitere Literatur bei H. Bengtson, Griech. Gesch.² 292. – Zum Panegyrikos vgl. E. Buchner, Der Panegyrikos des Isokrates. Eine historisch-philologische Untersuchung, Wiesbaden 1958 (Historia, Einzelschriften, Heft 2).

Zu Philipp vgl. Wilckens Abhandlung „Philipp II. von Makedonien und die panhellenische Idee" (Sitzungsber. Preuß. Akad. 1929 XVIII, S. 291ff.) sowie sein Buch „Alexander der Große" (Das wissenschaftliche Weltbild, herausg. von P. Hinneberg), Leipzig 1931, Kap. II. Vgl. auch Fritz R. Wüst, Philipp II. von Makedonien und Griechenland in den Jahren von 346 bis 338 v. Chr. (Münch. Hist. Abh. 1. Reihe, 14. Heft), München 1938. Zur älteren makedonischen Geschichte vgl. Fritz Geyer, Makedonien bis zur Thronbesteigung Philipps II., München und Berlin 1930.

Zur makedonischen Sprache vgl. Otto Hoffmann, Die Makedonen, ihre Sprache und ihr Volkstum, Göttingen 1906 (derselbe auch in RE XIV, 681 ff. [1928]) und J. N. Kalléris, Les anciens Macédoniens. Étude linguistique et historique. Tome I, Athen 1954. Aus den Staatseinrichtungen, Religion und Sitten hat schon Otto Abel, Makedonien vor König Philipp, Leipzig 1847, die Makedonen richtig als griechischen Stamm erkannt. Droysens Auffassung von Alexander beruhte auf dieser Voraussetzung.

Zu S. 213. Zur Heeresversammlung vgl. Friedr. Granier, Die makedonische Heeresversammlung. Ein Beitrag zum antiken Staatsrecht (Münch. Beiträge z. Papyrusforsch. und antik. Rechtsgesch. XIII), München 1931.

Zu S. 214. Die frühere klassizistische Beurteilung von Philipp und Demosthenes, wie sie z.B. noch dem im übrigen ganz vortrefflichen Werk von Arnold Schaefer, Demosthenes und seine Zeit (3 Bände, 2. Aufl., Leipzig 1885–1887), zugrunde lag, ist namentlich von Beloch, Ed. Meyer und Wendland überwunden worden. Vgl. dagegen den Rettungsversuch von W. Jaeger, Demosthenes, der Staatsmann und sein Werden, Berlin 1939; dazu wie überhaupt für die Beurteilung des Demosthenes s. die schöne und gerechte Würdigung von H. Bengtson in seiner Griech. Gesch.[2] S. 292f.

Zu S. 216. Ein Muster raffinierter Diplomatie ist Philipps Brief an die Athener vom J. 340 (erhalten im Corp. Demosth. 12), dessen Echtheit Max Pohlenz, Hermes 64, 1929, 41 ff., nachgewiesen hat.

Zu S. 217. Zu der problematischen Chronologie des 3. Heiligen Krieges vgl. Th. Lenschau, Bursian 279, 189ff.

Zu S. 220. Zu Niebuhrs Übersetzung der 1. Philippica vgl. Wilckens „Gedächtnisrede auf B. G. Niebuhr", Bonner akademische Reden, Heft 10 (Bonn 1931), S. 10.

Zu S. 221. Das Epigramm ist sowohl literarisch (Anth. Pal. VII 245) wie auf Stein (IG II/III[2] 5226) überliefert, vgl. W. Peek, Griech. Vers-Inschriften I, Berlin 1955, Nr. 27, und Griech. Grabgedichte, Berlin 1960, Nr. 15.

Zu S. 222. Die Chronologie der Ereignisse, die der Kriegserklärung Athens (340) voraufgingen, ist sehr umstritten. Vgl. M. Pohlenz a. O. (s. zu S. 216).

Zur Schlacht bei Chäronea vgl. Kromayer, Antike Schlachtf. I, 127ff., N. G. L. Hammond, Klio 31, 1938, 186ff. und zuletzt W. K. Pritchett, Am. Journ. Arch. 62, 1958, 307ff.

Zu S. 223. Wilckens obige Darstellung des „Korinthischen Bundes" unterscheidet sich von seiner früheren u.a. dadurch, daß er die *Κοινὴ εἰρήνη* zeitlich vor die Symmachie setzt. So schon Fr. Taeger, Der Friede von 362–1, Stuttgart 1930, S. 61, und Fr. Schehl (Österr. Jahresh. 27, 1932, S. 115ff.). Nun wird aber bestritten, daß damals überhaupt eine Symmachie geschlossen sei (Fr. Hampl, s. Note zu S. 206; A. Heuß, Hermes 73, 1938, 171 ff. Ihnen zustimmend F. Wüst, Gnomon 14, 1938, 371). Wie u.a. schon die in dem Griecheneid (Tod, Gr. Hist. Inscr. II 177) uns erhaltenen Worte *ὅτε τ[οὺς ὅρκους τοὺς περὶ τῆ]ς εἰρήνης ὤμνυον* (= Ps.-Dem. 17, 10) zeigen, ist diese Annahme irrig; denn sie zeigen, daß die Griechen, schon ehe sie den vorliegenden Eid schworen, den „Frieden" beschworen hatten. Danach kann der vorliegende Eid nur der von Arrian III 24, 5 bezeugten Symmachie gelten, wie schon Schehl a. O. und Lenschau, Bursian 261, 253, gesagt haben. Vor allem aber sprechen manche der Vertragsbestimmungen (s. oben S. 224), die in einer von den Hellenen untereinander geschlossenen *Κοινὴ εἰρήνη* unverständlich wären, deutlich für einen außerdem mit Philipp geschlossenen Vertrag. – Sehr beachtenswerte Einwendungen gegen die Streichung der Symmachie hat dann Vincenzo Arangio-Ruiz erhoben in seiner Epigrafia giuridica greca e romana (Studia et documenta historiae et iuris, V 1939, fasc. 2, S. 561/562). Auch V. Ehrenberg, Alexander and the Greeks (Oxford 1938), S. 12, hält an der Symmachie fest, ebenso Fr. Geyer,

RE XIX (1938) Sp. 2299f. (trotz Hampl), und H. Bengtson, Griech. Gesch.² S. 317 mit Anm. 1. Vgl. auch K. Dienelt, Der korinthische Bund (Öst. Jahresh. 43, 1956, Beibl. 247ff.) und V. Ehrenberg, Der Staat der Griechen I 1957, 112. – Zum Korinthischen Bunde vgl. auch die eingehenden und lehrreichen staatsrechtlichen Ausführungen von Heinrich Triepel, Die Hegemonie (s. Note zu S. 108), S. 394ff.

Zu S. 227. Von den Vorläufern des Hellenismus sprach zuerst W. Judeich, Kleinasiat. Studien, 1892.

Die richtige Auffassung von Isokr. Panegyr. § 50/51 bei J. Jüthner, Hellenen und Barbaren, S. 34f. (s. zu S. 91). Auch Wilcken war schon in der 2. Aufl. zu dieser Auffassung gekommen, noch ohne dies Buch zu kennen.

Das Fragment aus Antiphon steht in Pap. Oxyrhynch. XI, 1364, vgl. H. Diels, Sitz. Ber. Pr. Akad. d. Wiss. 1916, 931ff.

Zu S. 229. Zu den „Hellenika von Oxyrhynchos" vgl. insbesondere H. Bloch, Athenian Studies presented to W. S. Ferguson (Cambridge, Mass. 1940), S. 303ff. Die gesamte Literatur nebst den unlängst neugefundenen Fragmenten verzeichnet die neue Ausgabe von V. Bartoletti (s. zu S. 180).

Zu den Atthidographen vgl. das umfassende Werk von F. Jacoby, Atthis. The local chronicles of ancient Athens, Oxford 1949.

Zu Platon vgl. das große Werk von v. Wilamowitz, Platon (2 Bände, 2. Aufl., Berlin 1920), dessen erster Band (Leben und Werke, 4. Aufl. durchgesehen von Br. Snell, Berlin 1948) sich an einen weiteren Kreis wendet.

Zu S. 230. Die obigen Ausführungen über Aristoteles stützen sich auf das epochemachende Werk von Werner Jaeger, Aristoteles. Grundlegung einer Geschichte seiner Entwicklung, 2. Aufl., Berlin 1955. Von demselben erschien dann „Diokles von Karystos. Die griechische Medizin und die Schule des Aristoteles", Berlin 1938.

Zu S. 234. Zu den Götterbildern des 4. Jahrhunderts vgl. jetzt aber die feine Würdigung von G. Rodenwaldt, *Θεοὶ ῥεῖα ζώοντες* (Abh. Pr. Akad. d. Wiss. 1943 [1944] Nr. 13). Den olympischen Hermes als ein Werk des 4. Jhrh. v. Chr. und damit des berühmten Praxiteles bestreitet Carl Blümel, Der Hermes eines Praxiteles, Baden-Baden 1948.

Zu S. 236. Für Alexander ist grundlegend Joh. Gust. Droysen, Geschichte Alexanders des Großen, 2. Aufl., Gotha 1877 (Gesch. d. Hellenismus I). Ein Neudruck der Urausgabe von 1833 mit trefflicher Einleitung von H. Berve über Droysen in Kröners Taschenausgabe Bd. 87, Leipzig 1931 (3. Aufl. 1942). Zum tieferen Verständnis von Droysen ist sehr zu empfehlen seine erst spät im Druck erschienene „Historik. Vorlesungen über Enzyklopädie und Methodologie der Geschichte", herausg. von Rud. Hübner (Oldenbourg, München) 1937 (2. Aufl. 1943). Von Neueren seien genannt Jul. Kaerst, Geschichte des Hellenismus I³, Leipzig-Berlin 1927; B. Niese, Gesch. d. griech. u. mak. Staaten seit der Schlacht bei Chaeronea I, Gotha 1893; Ed. Meyer, Kleine Schriften I² (Halle 1924), 265ff. Beloch wird als überzeugter Kollektivist der Größe Alexanders nicht gerecht. Vgl. weiter H. Berve, Das Alexanderreich auf prosopographischer Grundlage, 2 Bände, München 1926, und Wilckens Buch „Alexander der Große" (s. zu S. 212). S. auch W. W. Tarn in Camb. Anc. Hist. VI 1927, 352ff. Gustave Glotz, Pierre Roussel, Robert Cohen, Histoire Ancienne II. Histoire Grecque IV, Alexandre et l'Hellénisation du monde antique, I. partie: Alexandre et le démembrement de son empire, Paris 1938 (2. Aufl. 1945). W. W. Tarn, Alexander the Great, I: The narrative, II: Sources and studies, Cambridge 1948. F. Schachermeyr, Alexander der Große. Ingenium und Macht, Graz – Salzburg – Wien 1949. Weitere Literatur bei H. Bengtson, Griech. Gesch.² 323.

Zu der verschiedenen Beurteilung Alexanders vgl. Werner Hoffmann, Das literarische Porträt Alex. d. Großen (Leipz. Hist. Abhandl. VIII), Leipzig 1907.

Zu S. 238. Die obigen Ausführungen über Alexander und den Korinthischen Bund stützen sich auf Wilckens Abhandlung „Alexander der Große und der Korinthische Bund" in den Sitzungsberichten d. Preuß. Akad. d. Wiss. 1922, XVI, in der er dies Verhältnis durch sein Leben hindurch untersucht hat. Vgl. auch seinen „Alexander d. Großen", S. 56ff.

Zu S. 239. Zur Schonung von Pindars Haus vgl. die Ausführungen von H. U. Instinsky, Historia 10, 1961, 248ff.

Zu S. 242. Gegen die frühere Annahme, daß die kleinasiatischen Griechenstädte von Alexander in den Korinthischen Bund eingegliedert worden seien, vgl. nach Arbeiten von E. Bickermann u.a. jetzt Hermann Bengtson, Die Strategie in der hellenistischen Zeit I (Münch. Beiträge zur Papyrusf. und antik. Rechtsgeschichte XXVI, Beck) 1937, S.34ff. Vgl. auch Victor Ehrenberg, Alexander and the Greeks, Oxford 1938, S. 2ff., und Th. Lenschau, Klio 33, 1940, 215ff.

Zu S. 243. Zur Schlacht von Issos vgl. die auf Autopsie beruhende Untersuchung des Schlachtfeldes von A. Janke (Oberst z. D.), Auf Alexanders des Großen Pfaden, Berlin 1904. Die abweichende Darstellung von H. Delbrück, Geschichte der Kriegskunst im Rahmen der polit. Geschichte, I. Das Altertum, 3. Aufl., 1920, S. 185ff., hält Wilcken nicht für zutreffend, ebensowenig Belochs Darstellung der Vorgeschichte der Schlacht (s. Wilckens „Alexander d. Großen", Anmerkung zu S. 90). Vgl. auch F. Miltner, Alexanders Strategie bei Issos (Öst. Jahresh. 28, 1933, 69ff.).

Zu S. 245. Daß bei der Bestrafung der chiischen Hochverräter kein Übergriff Alexanders über seine eigene Bestimmung und über die Rechte der Bundesversammlung vorliege, behauptet in willkürlicher und haltloser Interpretation Th. Lenschau, Klio 33, 1940, 207.

Zu S. 246. Wilckens Darstellung des vielumstrittenen Oasenzuges stützt sich auf seine Abhandlungen „Alexanders Zug in die Oase Siwa" und „Alexanders Zug zum Ammon. Ein Epilog" in Sitzungsb. Preuß. Akad. 1928 XXX, 576ff. und 1930 X, 159ff. Vgl. seinen „Alexander d. Großen", S. 111ff. Gegen neuere Mißdeutungen des Problems wendete er sich in seinem Aufsatz „Zur Entstehung des hellenistischen Königskultes" (Sitzungsber. Pr. Akad. 1938 XXVIII), S. 299ff. – Zur Lokalität des Ammontempels vgl. G. Steindorff, H. Ricke, H. Aubin, Der Orakeltempel in der Ammonsoase (Aeg. Zeitschr. 69, 1933, S. 1ff.). – Zur Bedeutung des libyschen Ammon in Griechenland vor Alexanders Zug zur Oase vgl. C. J. Classen, Historia 8, 1959, 349ff.

Zu S. 251. Die Beseitigung des Parmenion sucht C. A. Robinson Jr., Alexander the Great and Parmenio (Am. Journ. Arch. 49, 1945, 422ff., vgl. auch Am. Journ. Phil. 70, 1949, 197f.) dadurch in einem milderen Lichte erscheinen zu lassen, daß er betont, Alexanders Schuld habe nur darin gelegen, daß er einem bestehenden makedonischen Gesetz, wonach die Verwandten eines Verschwörers gegen den König auch getötet werden mußten, seinen Lauf gelassen habe, weil er die makedonische Opposition brechen wollte und zudem sich Parmenion als ungehorsam gegen Alexander erwiesen habe.

Zu S. 252. Das lange gesuchte Aornos wurde in Pir-sar wiedergefunden von Sir Aurel Stein. Vgl. sein äußerst interessantes Buch „On Alexander's track to the Indus", London 1929. Zur Heraklessage von Aornos vgl. Wilckens „Alexander d. Großen", S. 167f.

Zu S. 255. Die Mitteilungen über die Westpläne beruhen auf Wilckens Aufsatz „Die letzten Pläne Alexanders des Großen" (Sitzungsber. Pr. Akad. 1937 XXIV).

Zu S. 256. Zur athenischen Kolonie an der Adria vgl. Tod, Gr. Hist. Inscr. II 200. Zu den beiden Erlassen Alexanders an die Griechen vgl. Wilckens oben zu S. 238 zitierten Aufsatz in den Sitzungsber. d. Akad. 1922 XVI, S. 114ff., und seinen „Alexander d. Großen", S. 196ff. Zu dem Erlaß über die Apotheose vgl. auch Wilckens zu S. 246 zitierten Aufsatz über den Königskult S. 302ff. und Chr. Habicht, Gottmenschentum (s. zu S. 317), 28ff. 225ff.

Zu S. 258. Der Ausspruch v. Treitschkes steht in seinen „Deutschen Kämpfen“, Neue Folge, 1896, S. 350. Zu der Verschmelzungspolitik vgl. Wilckens zu S. 255 zitierten Aufsatz S. 201 ff. Zu dem „Gebet von Opis“ vgl. ebendort S. 198ff. Es ist durchaus irrig, hier von Weltverbrüderung zu sprechen (wie Tarn und W. Kolbe). Zur Verschmelzung der Makedonen und Perser bemerkt Wilcken, daß Alexander von der tatsächlichen Rassenverwandtschaft der beiden Völker natürlich ebensowenig etwas geahnt hat wie seine Zeitgenossen (anders Berve, Klio 31, 1938, S. 159 und 168). Es waren rein politische Gründe, die ihn hierzu bestimmten.

Zu der strengen Scheidung zwischen dem asiatischen Reich und Makedonien vgl. die staatsrechtlichen Betrachtungen in Wilckens „Alexander dem Großen“, S. 229ff.

Zu S. 262. Die Expedition in den Sudān ist uns erst durch Jos. Partsch, Des Aristoteles Buch „Über das Steigen des Nil“ (Abh. Sächs. Ges. d. W. XXVII, 1909, S. 553ff.), erschlossen worden.

Zum „Alexanderroman“ vgl. Ad. Ausfeld, Der griechische Alexanderroman, Leipzig 1907; F. Pfister, Studien zum Alexanderroman (Würzb. Jahrbb. 1, 1946, 29ff.); denselben, Alexander der Große in den Offenbarungen der Griechen, Juden, Mohammedaner und Christen, Berlin 1956. Die beste Ausgabe des Ps. Kallisthenes von Wilhelm Kroll (Historia Alex. Magni, vol. I, Recensio vetusta, Berlin 1926). Zu den heutigen Erinnerungen an Iskender vgl. auch Franz v. Schwarz, Alexanders des Großen Feldzüge in Turkestan, 2. Aufl., Stuttgart 1906, S. 95f.

Zu S. 263. Zur hellenistischen Geschichte vgl. J. G. Droysen, Gesch. d. Hellenismus, 2. Aufl. II. III (Diadochen und Epigonen), Gotha 1877/1878, und die zu S. 236 zitierten Werke von Kaerst (II² 1926) und Niese (II 1899, III 1903). Die beste Darstellung ist die von Beloch, Gr. G.² IV, bis 217 reichend. Vgl. auch Wilckens „Alexander d. Großen“, Kap. X (Ausblick). Zur innenpolitischen Geschichte vgl. Alfred Heuß, Stadt und Herrscher des Hellenismus in ihren staats- und völkerrechtlichen Beziehungen (Klio, Beih. 39), 1937. Hierzu F. R. Wüst, Gnomon 15, 1939, 140ff., und H. Bengtson, D. Lit. Z. 60, 1939, 561ff.

Zur Gewaltverteilung vgl. das zu S. 242 zitierte Werk von Bengtson über die Strategie I S. 63ff.

Zu S. 266. Zu Antigonos vgl. Alfred Heuß, Antigonos Monophthalmos und die griechischen Städte (Hermes 73, 1938, 133ff.).

Zu S. 267. Daß Seleukos in den Frieden von 311 nicht eingeschlossen war, bestätigt (gegen Beloch² IV 1, 133f.) eine babylonische Chronik. Danach hat Seleukos mit Antigonos um Babylonien von 311/310 bis 309/308 gekämpft. Vgl. W. Otto, Sitz. Ber. Bayer. Akad. Nov. 1925 (= Deutsch. Lit. Z. 1925, Sp. 2511ff.). Vgl. zuletzt R. H. Simpson, Journ. Hell. Stud. 74, 1954, 25ff.

Zu S. 268. Die Kämpfe des Demetrios in Griechenland erwähnen zwei neue Inschriften aus Athen (N. Kyparissis-W. Peek, Ath. Mitt. 66, 1941, 221ff. [dazu A. Wilhelm, Wien. Jahresh. 35, 1943, 157ff.], und W. S. Ferguson, Hesperia 17, 1948, 112ff. [dazu J. und L. Robert, Rev. ét. gr. 62, 1949, Bull. épigr. Nr. 51]); es zeigt sich, daß die Kämpfe im Peloponnes bis in das Frühjahr 302 gedauert haben. – Über den von Demetrios 302 gegründeten Hellenenbund und indirekt damit auch über den Korinthischen Bund brachte neues Licht eine Inschrift aus Epidauros (IG IV² 1, 68). Vgl. dazu Wilckens Abhandlungen in den Sitzungsber. d. Preuß. Akad. d. W. 1922 XVIII und 1927 XXVI. Trotz Heuß (s. Note zu S. 266) S. 189 hält Wilcken daran fest, daß der Korinthische Bund hierfür das Muster war. Man dürfe nur nicht wie Heuß für den Korinthischen Bund die Symmachie leugnen. Zu dem Hellenenbund von den Isthmien 302 (das Datum ist nunmehr gesichert) vgl. auch L. Robert, Hellenica II 1946, 19ff.

Zu S. 269. Zu Demetrios vgl. G. Elkeles, Demetrios der Städtebelagerer, Diss. Breslau 1941.

Zur Apotheose der Ptolemäer vgl. Wilckens zu S. 246 zitierten Aufsatz über den Königskult S. 308ff. Philadelphos hieß ursprünglich nicht Ptolemaios II., sondern Arsinoë II., weil sie als seine Schwester ihn heiratete (Ἀρσινόη Φιλάδελφος, nach ihrem Tode θεὰ Ἀρσινόη Φιλάδελφος, die Bruderliebende). Ein Papyrus (P. Hibeh II 199) hat gezeigt, daß schon 272/271, also zu Lebzeiten der Arsinoë, wie Grenfell und Hunt vermutet hatten, der Kult der Geschwister (θεοὶ Ἀδελφοί) eingerichtet war, vgl. F. Zucker, Arch. Pap. 16, 1958, 223.

Zu S. 270. Daß Seleukos zum König von Makedonien ausgerufen wurde, zeigte Lehmann-Haupt, Klio V, 1905, 244ff. Das neue Datum seiner Ermordung hat eine kürzlich veröffentlichte hellenistische Königsliste in Keilschrift (A. J. Sachs und D. J. Wiseman, Jraq 16, 1954, 202ff.) gebracht, vgl. dazu H. Bengtson, Historia 4, 1955, 113f.

Zu den Galatern vgl. Felix Stähelin, Geschichte der kleinasiatischen Galater, 2. Aufl., Leipzig 1907.

Zu S. 271. Die Inschrift über Delphi bei Dittenberger, Syll.[3] I 398, vgl. auch 408.

Zu S. 272. Zur Geschichte der Ptolemäer vgl. A. Bouché-Leclercq, Histoire des Lagides I–IV, Paris 1903–1907. Die Papyrusurkunden haben uns einen tiefen Einblick in Staat und Kultur dieses Reiches verschafft. Vgl. Wilckens oben S. 323 zitierten „Grundzüge der Papyruskunde" und die dazu gehörige „Chrestomathie" mit 500 der historisch wichtigsten Texte. Eine populäre Zusammenarbeitung der Urkunden bietet W. Schubart, Ägypten von Alexander dem Großen bis auf Mohammed (Berlin, Weidmann) 1922. Zu den Seleukiden vgl. E. R. Bevan, The house of Seleucus, 2 vol., London 1902–1904. A. Bouché-Leclercq, Histoire des Séleucides, 2 Bände, Paris 1913/1914. Weiter erschienen: P. Jouguet, L'impérialisme macédonien et l'hellénisation de l'orient, Paris 1926. E. R. Bevan, A history of Egypt under the Ptolemaic dynasty, London 1927. M. Rostovtzeff in The Cambridge ancient history VII 1928, S. 109ff. W. Schubart, Verfassung und Verwaltung des Ptolemäerreichs (Der Alte Orient 35, 4), Leipzig 1937. E. Bikerman, Institutions des Séleucides, Paris 1938. Vgl. auch Band II (Reich der Seleukiden und Antigoniden) und III (Reich der Ptolemäer) von H. Bengtson, Die Strategie in der hellenistischen Zeit, München 1944 und 1952.

Zu S. 273. Zur ἔνδοξος δουλεία vgl. H. Volkmann, Philologus 100, 1956, 52ff.

Mommsens Ausspruch über die Lagiden in Röm. Gesch. V[8], 559.

Zu S. 274. Zum städtischen Königskult der Seleukiden vgl. Chr. Habicht, Gottmenschentum (s. zu S. 317), S. 82ff.

Zu S. 275. Zum Ätolischen und Achäischen Bunde vgl. H. Swobodas Neubearbeitung von K. F. Hermanns Lehrbuch d. Griech. Antiquitäten I 3, Tübingen 1913, und Busolt-Swoboda, Griech. Staatskunde II, 1507ff. (s. oben S. 325). Das frühe Datum für den Ätolischen Bund (367/366) erwies E. Schweigert aus einer neuen Inschrift (Hesperia 8, 1939, 5 Nr. 3; jetzt auch bei M. N. Tod, Gr. Hist. Inscr. II 137).

Zu S. 276. Zum Problem der achäischen Bundesverfassung vgl. A. Aymard, Les assemblées de la confédération achaienne, Bordeaux 1938; dazu M. Gelzer, Gnomon 15, 1939, 614ff.

Zu S. 277. Zu Agathokles vgl. H. Berve, Die Herrschaft des Agathokles (Sitz. Ber. München, Phil.-hist. Kl. 1952 [1953], Heft 5).

Für Pyrrhos ist grundlegend die ausgezeichnete quellenkritische Studie von B. Niese, Hermes 31, 1896, 481ff. Vgl. jetzt P. Lévêque, Pyrrhos, Paris 1957.

Zu S. 279. Zu den syrischen Kriegen des Philadelphos vgl. Walter Otto, Beiträge zur Seleukidengeschichte des 3. Jahrh. v. Chr. (Abh. Bayer. Ak. 1928 XXXIV, 1).

Zur Chronologie des Chremonideischen Krieges vgl. W. W. Tarn, Journ. Hell. Stud. 54, 1934, 26ff.; W. K. Pritchett-B. D. Meritt, The chronology of Hellenistic Athens, Cambridge (Mass.) 1940, XIXf. 29. Die Schlacht bei Kos setzt auch E. Bikerman, Rev. ét. anc. 40, 1938, 369ff., an das Ende des Chremonideischen Krieges (zwischen 263 und 261), wie schon Wilamowitz, Antigonos von Karystos (1881), 227f., und Gött. Gel. Anz. 1914 Nr. 2, S. 87 (= Kl. Schr. V 1, 442). Andere, wie vor allem Beloch, Ferguson, Tarn, wollen sie dem 2. Syrischen Kriege zuweisen (258 oder 256); vgl. auch A. Wilhelm, Abh. Berl. Akad. 1939 (1940) Nr. 22, 25f. Weitere Literatur bei H. Bengtson, Griech. Gesch.[2] 397[1]. – Die von Wilcken im Anschluß an Beloch geäußerte Ansicht von dem Zusammenbruch der ptolemäischen Seeherrschaft und dem Übergang des Inselprotektorats auf Antigonos ist durch die neuere Forschung starken Bedenken unterworfen worden. Man wird nur von einer starken Einbuße der ptolemäischen Seeherrschaft in der Ägäis sprechen können, vgl. Chr. Habicht, Gottmenschentum (s. zu S. 327), S. 70f.

Zu S. 280. Zur Geschichte des baktrischen Königreichs vgl. W. W. Tarn, The Greeks in Bactria and India, Cambridge 1938 (2. Aufl. 1951); zur Begründung des Partherreiches E. J. Bickerman, Berytus 8, 1944, 79ff., abweichend J. Wolski, Historia 8, 1959, 222ff.

Zu S. 281. Das Bruchstück aus den Memoiren Euergetes' I. steht in Wilckens Chrestomathie d. Papyruskunde Nr. 1 (vgl. Archiv f. Papyrusforsch. 7, 1924, 73 A. 2). Zur Deutung v. Wilamowitz, Hermes 49 (1914), S. 447ff.; W. Otto, a. O. (s. zu S. 279) S. 52. Die Inschrift von Adulis bei Dittenberger, Orient. Graec. Inscr. I, 54. – Zu den Kämpfen des Antiochos Hierax und Attalos vgl. E. J. Bickerman, a. O. (zu S. 280) S. 76ff.

Zu S. 282. Für 222 als Datum der Schlacht von Sellasia Hellmut Frank im Archiv f. Papyrusf. 11, 1935, 35ff. Vgl. zuletzt (zustimmend) E. Bickerman, Rev. ét. gr. 56, 1943, 287[2] (s. jetzt auch H. Bengtson, Griech. Gesch.[2], S. 409[4]).

Zu Philipp vgl. F. W. Walbank, Philip V of Macedon, Cambridge 1940.

Zu S. 283. Zu Roms Politik gegenüber Griechenland vgl. die packende Studie von Friedr. Münzer, Die politische Vernichtung des Griechentums (Das Erbe der Alten II 9), Leipzig 1925.

Zu den Römerkriegen im Osten vgl. J. Kromayer, Antike Schlachtfelder usw. II. Außerdem ist B. Niese II. III (s. zu S. 236) heranzuziehen sowie M. Holleaux, Rome, la Grèce et les monarchies hellénistiques au IIIe siècle avant J.-C. (273–205), Paris 1921, und derselbe, Rome, Philippe de Macédoine et Antiochos (1930) (in seinen Études d'épigraphie et d'histoire grecques V 295ff.). – Ein größeres Fragment des römisch-ätolischen Bündnisvertrages von 212 ist erhalten, vgl. G. Klaffenbach, Sitz. Ber. Akad. Berlin 1954 Nr. 1.

Zu S. 286. Der Versuch von M. Feyel, Bull. Corr. Hell. 70, 1946, 187ff., ein gemeinsames Synhedrion der 4 makedonischen Regionen zu erweisen, ist bündig widerlegt von J. A. O. Larsen, Class. Philology 44, 1949, 73ff.

Zu Philometor und Antiochos vgl. Walter Otto, Zur Geschichte der Zeit des 6. Ptolemäers. Ein Beitrag zur Politik und zum Staatsrecht des Hellenismus (Abh. Bayer. Akad. N. F. 11, 1934). Dazu Fr. Hampl, Gnomon 12, 1936, 30ff.; weitere Literatur und über die neuerdings strittig gewordene Chronologie s. bei H. Bengtson, Griech. Gesch.[2] S. 478[1.2].

Zu S. 287. Zu den Makkabäern und dem jüdischen Nationalstaat vgl. Emil Schürer, Geschichte des jüdischen Volkes im Zeitalter Jesu Christi I (3. und 4. Aufl., Leipzig 1901). S. Ed. Meyer, Ursprung und Anfänge des Christentums II, Stuttgart und Berlin 1921. Zu den Makkabäerbüchern vgl. E. Bickermann und I. Heinemann, RE XIV (1928), 779ff. Vgl. auch E. Bickermann, Die Makkabäer. Eine Darstellung ihrer Geschichte von den Anfängen bis zum Untergang des Hasmonäerhauses, Berlin 1935, und Der Gott der Makkabäer, Berlin 1937.

Zu S. 289. Zur Lage Griechenlands nach 146 vgl. S. Accame, Il dominio romano in Grecia dalla guerra acaica ad Augusto, Rom 1946. – Zur Geschichte Pergamons, das durch unsere deutschen Ausgrabungen unter Alexander Conzes Leitung wiedererstanden ist, vgl. G. Cardinali, Il regno di Pergamo, Turin 1906, und E. V. Hansen, The Attalids of Pergamum, Ithaca, New York 1947. Die pergamenischen Inschriften gab Max Fränkel heraus, unter Mitwirkung von E. Fabricius und C. Schuchhardt (Altertümer v. Perg. VIII, 1890. 1895). Die Ausgrabungen in Pergamon wurden von Theodor Wiegand mit großem Erfolg weitergeführt und sind jetzt wieder vom Deutschen Archäologischen Institut aufgenommen, vgl. E. Boehringer, Pergamon in: Neue deutsche Ausgrabungen (s. zu S. 8), 121 ff.

Zu S. 290. Zu Mithradates vgl. Th. Reinach, Mithridates Eupator, König von Pontos, deutsche Ausgabe von A. Goetz, Leipzig 1895.

Zu S. 291. Zu Herodes dem Großen vgl. Walter Ottos Darstellung in RE Suppl. II (1913), auch H. Willrich, Das Haus des Herodes zwischen Jerusalem und Rom, Heidelberg 1929, und A. H. M. Jones, The Herods of Judaea, Oxford 1938.

Der erwähnte Papyrus über den Empfang des L. Memmius in Wilckens Chrestomathie der Papyruskunde Nr. 3; dazu A. Wilhelm, Journ. Rom. Stud. 27, 1937, 145 ff.

Zu S. 292. Zu Kleopatra vgl. H. Volkmann, Kleopatra. Politik und Propaganda, München 1953.

Dieser Abschnitt über die wirtschaftliche Entwicklung stützt sich auf Wilckens Abhandlung „Alexander der Große und die hellenistische Wirtschaft" in Schmollers Jahrbuch 45, 1921, 349 ff. Vgl. Beloch, Gr. G.² IV 1, und M. Rostovtzeff, A large estate in Egypt in the third cent. B. C., Madison 1922. Vgl. auch das oben zu S. 61 zitierte Buch von Hans Schaal, Vom Tauschhandel zum Welthandel (1931), S. 109 ff. Vgl. weiter M. Rostovtzeff, Die hellenistische Welt und ihre wirtschaftliche Entwicklung (Die Welt als Geschichte 4, 1938, S. 48 ff.), Claire Préaux, L'économie royale des Lagides, Brüssel 1939, und vor allem das fundamentale Werk von M. Rostovtzeff, The social and economic history of the Hellenistic world, 3 Bände, Oxford 1941; deutsche Übersetzung von G. und E. Bayer, 3 Bände, Darmstadt 1955/1956.

Zu S. 293. Zu den wiedergefundenen Resten des Diolkos von Korinth vgl. Y. B(équignon), Rev. Arch. 1958 I 228 ff.

Zu S. 295. Zu dem Südosthandel der Lagiden vgl. Wilckens Aufsatz „Punt-Fahrten in der Ptolemäerzeit" (Z. f. ägypt. Sprache u. Altertumsk. 60, 1925, S. 86 ff.). Vgl. auch H. Kortenbeutel, Der ägyptische Süd- und Osthandel in der Politik der Ptolemäer und römischen Kaiser, Diss. Berlin 1931. Zur Indienfahrt des Hippalos vgl. W. Otto und H. Bengtson, Zur Geschichte des Niederganges des Ptolemäerreiches (Abh. Bayer. Akad. N. F. 17, 1938), S. 194 ff.

Zu S. 298. Über die Reformen des Agis und Kleomenes handelt eingehend R. v. Pöhlmann, Geschichte der sozialen Frage und des Sozialismus in der antiken Welt (3. Aufl., mit kritischem Anhang von Friedr. Oertel, München 1925) I, S. 347 ff.

Zu Hieron II. von Syrakus vgl. H. Berve, König Hieron II. (Abh. Akad. München, Phil.-hist. Kl., N. F. Heft 47) 1959.

Zu S. 299. Zur Kultur vgl. P. Wendland, Die hellenistisch-römische Kultur in ihren Beziehungen zu Judentum und Christentum, 2. und 3. Aufl., Tübingen 1912. Die Grundgedanken der obigen Darstellung betonte Wilcken schon in dem zu S. 91 zitierten Aufsatz über Hellenen und Barbaren (1906). Vgl. auch die oben S. 325 f. zitierten Arbeiten über Kulturgeschichte, auch Wilckens „Alexander den Großen", S. 278 ff., und W. W. Tarn, Hellenistic civilisation, 3. Aufl. mit G. T. Griffith, London 1952.

Zu S. 300. Zur Koine vgl. A. Thumb, Die griechische Sprache im Zeitalter des Hellenismus, Straßburg 1901; sehr lesenswert auch sein Aufsatz „Prinzipienfragen der Koine-

Forschung" (Neue Jahrbb. 1906, I. Abt., 17. Band, S. 246ff.). Ausgezeichnet ist auch die Übersicht von A. Debrunner in der Sammlung Göschen Bd. 114: Grundfragen und Grundzüge des nachklassischen Griechisch = Geschichte der griechischen Sprache II, Berlin 1954. – Für die Einheit des griechischen Rechts ist grundlegend L. Mitteis, Reichsrecht und Volksrecht in den östlichen Provinzen des römischen Kaiserreichs, Leipzig 1891 (Neudruck 1935). Vgl. dazu die zu S. 154 zitierte Schrift von Hans Weber.

Für die allmähliche Orientalisierung der Griechen war auch das andersartige Klima von Bedeutung, was nicht zu vergessen ist.

Zu S. 302. Zu *οἱ ἀπὸ γυμνασίου* vgl. Wilckens Grundzüge der Papyruskunde S. 144 und E. Bickermann, Archiv f. Papyr. 9, 1930, 37ff.

Für die Ausbreitung der griechischen Kolonien im Orient ist immer noch grundlegend Droysens Beilage in seiner Gesch. d. Hellenismus III, 2, 189ff. Eine Neubearbeitung des Themas bietet V. Tscherikower, Die hellenistischen Städtegründungen von Alexander dem Großen bis auf die Römerzeit (Philol. Suppl. XIX, 1), 1927. – Zu Kleinasien vgl. die vortreffliche Schrift von Ernst Meyer, Die Grenzen der hellenistischen Staaten in Kleinasien, Zürich-Leipzig 1925; dazu vgl. L. Robert, Rev. ét. anc. 36, 1934, 522ff.

Zu S. 303. Zu Cumonts Funden in Europos-Dura vgl. F. Cumont, Fouilles de Doura-Europos, Paris 1926. Über die Ergebnisse der epochemachenden Ausgrabungen in Dura-Europos liegen bis jetzt 9 ausgezeichnete Preliminary Reports vor (New-Haven, Yale University Press) 1929–1952; außerdem sind im Erscheinen die Final Reports, vgl. im besonderen Final Report V 1: The Parchments and Papyri by C. B. Welles, R. O. Fink and J. F. Gilliam, New Haven 1959. Vgl. auch M. Rostovtzeff, Dura-Europos and its art, Oxford 1938.

Über das Theater in Babylon: Rob. Koldewey, Das wiedererstehende Babylon, Berlin 1913 (4. Aufl. 1925). Vgl. auch E. Schmidt, Die Griechen in Babylon und das Weiterleben ihrer Kultur, Arch. Anz. 1941, 786ff.

Die erwähnten Lederhandschriften herausgegeben von Ellis H. Minns, Journ. of Hellenic Studies 35, 1915, S. 22ff. Von höchstem Interesse ist auch die griechisch-aramäische Felsinschrift des Königs Ašoka aus der Gegend von Kandahar, vgl. D. Schlumberger, L. Robert, A. Dupont-Sommer, E. Benveniste, Journ. Asiatique 1958, 1ff.

Zu S. 304. Für das Vordringen der griechischen Kunst in den Fernen Osten vgl. A. Gruenwedel, Buddhistische Kunst in Indien, 2. Aufl., Berlin 1919 (neugestaltet von E. Waldschmidt, T. 1, Berlin-Lankwitz 1932); A. v. Le Coq, Die buddhistische Spätantike in Mittelasien, I. Teil, Die Plastik (Ergebnisse der Kgl. Preuß. Turfan-Expeditionen), Berlin 1922. Derselbe, Bilderatlas zur Kunst und Kulturgechichte Mittelasiens, Berlin 1925 (dazu Val. Müller, Gnomon 2, 1926, 712ff.). A. Ippel, Wirkungen griechischer Kunst in Asien (Der Alte Orient 39, 1/2), Leipzig 1940. Vgl. auch Ed. Meyer, Blüte und Niedergang des Hellenismus in Asien (Kunst u. Altertum V), Berlin 1925.

Zu S. 306. Zur Abgrenzung der „hellenistischen" und der „römischen" Periode vgl. Wilcken, Deutsche Lit. Z. 1925, Sp. 1530ff.

Zu S. 308. Zu der neugefundenen Schrift des Archimedes vgl. J. L. Heiberg, Hermes 42, 1907, 235ff. (zur Integralrechnung S. 302).

Zu S. 311. Zu Polybios vgl. F. W. Walbank, A Historical Commentary on Polybius I (Commentary on Books I–VI), Oxford 1957.

Zu S. 312. Zur Poesie (aber auch zum alexandrinischen Leben) vgl. v. Wilamowitz, Hellenistische Dichtung in der Zeit des Kallimachos, 2 Bände, Berlin 1924, und A. Körte, Die hellenistische Dichtung (Kröners Taschenausgabe Bd. 47), Leipzig 1925. Zu den literarischen Papyri vgl. die kritischen Referate von W. Crönert, Fr. Blaß und dann A. Körte, jetzt R. Merkelbach im Archiv f. Papyrusforschung. Einen zusammenfassenden Überblick gab W. Schubart, Einführung in die Papyruskunde, Berlin 1918, S. 64ff. 472ff. und R. A. Pack, The Greek and Latin Literary Texts from Graeco-Roman Egypt, Ann Arbor 1952.

Zu S. 313. Kürzlich ist das erste vollständige Stück des Menander bekanntgeworden, der Dyskolos, aufgeführt im Jahre 316 v. Chr. Editio princeps ist Papyrus Bodmer IV: Ménandre, Le Dyscolos, publié par V. Martin, Bibliotheca Bodmeriana 1958; danach eine reiche Literatur und verschiedene Neuausgaben. Verwiesen sei hier auf die griechisch-deutsche Ausgabe in der Tusculum-Bücherei (Heimeran, München) von Max Treu.

Zu S. 316. Zu der dionysischen Gruppe vor dem Serapeum vgl. Wilcken, Die griechischen Denkmäler vom Dromos des Serapeums von Memphis (Jahrb. Arch. Inst. 32, 1917, S. 174ff.).

Zu S. 317. Zum hellenistischen Königskult s. Wilckens oben zu S. 246 zitierte Abhandlung. Vgl. auch das ausgezeichnete Buch von Chr. Habicht, Gottmenschentum und griechische Städte, München 1956 (Zetemata, Monographien zur klass. Altertumswissenschaft, Heft 14) und F. Taeger, Charisma, Studien zur Geschichte des antiken Herrscherkultes. Bd. I, Stuttgart 1957.

Zu S. 318. Zu den Wunderkuren des Asklepios von Epidauros vgl. R. Herzog, Die Wunderheilungen von Epidauros. Ein Beitrag zur Geschichte der Medizin und der Religion, Leipzig 1931 (Philologus, Suppl. Bd. 22, 3).

Das Zitat von Wilamowitz steht in seiner „Hellenistischen Dichtung" I, 70. – Das vielumstrittene Sarapisproblem hat Wilcken eingehender behandelt in seinen „Urkunden der Ptolemäerzeit" I (Berlin 1922ff.), S. 25ff. Vgl. auch E. Kießling, La genèse du culte de Sarapis à Alexandrie (Chronique d'Égypte 48, 1949, 317ff.). Über die Verbreitung des Sarapiskultes in der hellenistischen Welt vgl. P. M. Fraser, Opuscula Atheniensia (= Schriften des Schwedischen Instituts in Athen) III 1960, 1ff., der eine „Propaganda des Hofes" ablehnt.

Zu S. 319. Zum Vordringen der orientalischen Kulte vgl. Fr. Cumont, Die orientalischen Religionen im römischen Heidentum (deutsch von G. Gehrich), 2. Aufl., Leipzig 1914 (3. Aufl., bearbeitet von A. Burckhardt-Brandenberg, Leipzig 1931). Zu Atargatis vgl. Wilckens Aufsatz „Zu den Syrischen Göttern" in der „Festgabe für Adolf Deißmann zum 60. Geburtstag", Tübingen 1927, S. 1ff.

Zu S. 320. Zur Hellenisierung der Zarathustrareligion vgl. Jos. Bidez et Fr. Cumont, Les mages hellénisés. Zoroastre, Ostanès et Hystaspe d'après la tradition grecque, 2 Bände, Paris 1938.

Zur Hellenisierung der römischen Religion s. das grundlegende Werk von G. Wissowa, Religion und Kultus der Römer, 2. Aufl., München 1912 (im Handbuch der Altertumswissenschaft V, 4, jetzt ersetzt durch K. Latte, Römische Religionsgeschichte, München 1960). Vgl. auch F. Altheim, Griechische Götter im alten Rom (Religionsgesch. Versuche und Vorarbeiten 22, 1), 1930.

Zu S. 321. Zur Astrologie vgl. außer der Note zu S. 14 A. Bouché-Leclercq, L'Astrologie grecque, Paris 1899. Auch auf das hübsche Schriftchen von Fr. Boll, Sternglaube und Sterndeutung (mit C. Bezold), 4. Aufl. von W. Gundel, Leipzig und Berlin 1931 (Aus Natur u. Geisteswelt 638) sei hingewiesen.

Für die Anfänge des Christentums vgl. das zu S. 287 erwähnte Werk von Ed. Meyer III (1923). Zu Clemens und Origenes s. Joh. Geffcken, Der Ausgang des griechisch-römischen Heidentums, 2. Aufl., Heidelberg 1929, S. 230ff. Vor allem sei empfohlen: Hans Lietzmann, Geschichte der Alten Kirche, 4 Bände, Berlin 1923–1944 (Bd. I. in 2. Aufl. 1937).

(Abgeschlossen im Juni 1961. Korrekturzusätze in [])

ERLÄUTERUNGEN ZU DEN BILDTAFELN

Bild 1 (bei Seite 48). König Mykerînos zwischen Göttern, aus dem Talbau des Totentempels der Mykerînos-Pyramide bei Gise. 4. Dynastie, um 2500 v. Chr. Dunkler Schiefer. Höhe: 95 cm. Kairo, Museum.

Der Gottkönig Mykerînos, die Krone Oberägyptens tragend, umfaßt von der Göttin Hathor mit der Sonnenscheibe und einer Gaugöttin mit Gaustandarte. Diese Gruppe ist ein unmittelbares Zeugnis dafür, daß das Bild des Königs – auch ohne zugeordnete Götterfiguren – Götterbild war. In der während des Alten Reiches sich herausbildenden Königstitulatur stellte der Horostitel die Göttlichkeit des Trägers außer Zweifel.

Reisner, Mycerinus, Cambridge/Mass. 1931, Taf. 43 (triad No. 11). – Handbuch der Archäologie I, München 1939, S. 514f. (A. Scharff).

Nach K. Lange, Ägypt. Kunst, Zürich/Berlin 1939, Taf. 19.

Bild 2 (bei Seite 49). Terrassentempel von Dêr el-Bahri, auf der Westseite des Niltals bei Theben. Frühe 18. Dynastie (um 1500 v. Chr.).

Errichtet von der Königin Hatschepsut, ihrem und ihres Vaters (Thutmosis I.) Totenkult geweiht, zugleich dem thebanischen Amûn, der (in der thebanischen Nekropole als Totengöttin verehrten) Hathor und dem Balsamierungsgotte Anûbis. Die in drei rampenverbundenen Terrassen gegen die senkrechte Bergwand ansteigende Tempelanlage, wohl die schönste und vollendetste in ganz Ägypten (A. Scharff), ist nach Beseitigung der Königin und ihrer Anhänger durch Thutmosis III. von der Tilgung ihres Andenkens mitbetroffen worden: Zerstörungen an den so lebendige Bildfolgen bietenden Reliefs (wie die Expedition nach dem Weihrauchlande Punt an der Somaliküste) und die Zertrümmerung der im Tempel aufgestellten Statuen der Königin bezeugen es.

Handbuch der Archäologie I, S. 552ff. und 559f. mit weiterer Literatur (A. Scharff); S. 528, Abb. 30: Rekonstruktion der Tempelanlage. – S. auch A. Scharff in: Ägypten und Vorderasien im Altertum, München 1950, S. 127f. u. 118 (Lit).

Nach K. Lange, Ägypt. Kunst Taf. 52.

Bild 3 (bei Seite 64). Siegesstele (sog. Geierstele) des Eannatum von Lagasch. Kalksteinplatte, in der Wiederherstellung über 1,5 m hoch, 1,3 m breit; in waagrechten Streifen mit Schrift und Bild bedeckt. Paris, Louvre. Aus den Ausgrabungen von Tello-Lagasch (östlich des Euphrat).

In dem hier abgebildeten oberen Teilstück der einen Plattenseite führt der Herrscher im Zottenrock (aus Schaffell) und Pelzmantel, behelmt, die über gefallene Feinde vorrückende Phalanx der Lanzenkämpfer (mit großen rechteckigen Schilden); im Streifen darunter Eannatum im Kriegswagen vor den mit Speer und Axt bewaffneten Kriegern. Schlacht gegen die Leute von Umma. Zur Deutung dieses in allen Teilen für die Kenntnis der sumerischen Welt einzigartig aufschlußreichen Denkmals vgl. A. Moortgat in: Ägypten und Vorderasien im Altertum S. 238f. – Handbuch der Archäologie I, S. 673 Taf. 138. – Propyläen-Kunstgesch. II (Schäfer-Andrae) S. 486f. Weitere Lit. im Handbuch und bei Moortgat a. O. S. 475.

Eannatum, der Enkel des Begründers der Dynastie von Lagasch, wird etwa 2500 v. Chr. anzusetzen sein (im Handbuch d. Archäologie noch das zu frühe Datum).

Nach Encyclopédie photogr. de l'art No. 6, Okt. 1935, S. 192; auf S. 190f. sind auch die anderen Teile des Denkmals gut abgebildet.

Bild 4 (bei Seite 65). Lebensgroßer Bronzekopf eines akkadischen Herrschers, in Ninive gefunden. Um 2300 v. Chr. Bagdad, Iraq-Museum.

Diesem „Meisterwerk des Metallgusses aus der verlorenen Form" (Andrae) kommt unter den wenigen bisher bekanntgewordenen, kostbaren Zeugnissen statuarischer Kunst der Akkad-Zeit auch darum ein besonderer Platz zu, weil es als Teil einer Bronzestatue des als Gottkönig auftretenden Naramsin, des bedeutenden Enkels des Reichsgründers Sargon, angesprochen werden darf.

Handbuch d. Archäologie I, S. 679f. Taf. 143, 1–2 (E. W. Andrae, mit dem zu frühen Zeitansatz für die Dynastie von Akkad). – A. Moortgat in: Ägypten und Vorderasien im Altertum S. 262 und 267.

Nach Propyläen-Weltgeschichte.

Bild 5 (bei Seite 80). Spätminoische Kanne. Etwa 1. Viertel des 15. Jahrh. v. Chr. Höhe: 25 cm. Marseille, Musée Boréli.

Das scheinbar ungebundene, naturhaft zufällige Überspielen der Gefäße von pflanzenhaft untektonischen Formen mit Motiven aus dem Leben des Meeres und der Pflanzenwelt – wohl nicht unbeeinflußt durch die Wandmalerei der kretischen Paläste – ist bezeichnend für den „Stil der Palasttöpfereien" in der Blütezeit der minoischen Kultur. „Firnis"-Malerei auf Tongrund. Spätminoisch I B.

Handbuch d. Archäologie II, München 1950, S. 255 Taf. 19, 2 (F. Matz). – Bossert, Altkreta, 3. Aufl. (1937), S. 559. – Die Antike XI, 1935, S. 196 Taf. 17. – S. auch A. Furtwängler, Kleine Schriften II, S. 120f.

Bild 6 (bei Seite 81). Das jüngere Gräberrund (Plattenring) von Mykene, von Nordosten.

Mit diesem Plattenring werden in der zweiten Hälfte des 14. Jahrh. v. Chr. die etwa 200 Jahre älteren Schachtgräber am Abhang des Burgfelsens in eindrucksvoller Weise zusammengefaßt.

G. Karo, Die Schachtgräber von Mykenai Taf. 1. – Handbuch d. Archäologie II, S. 282f.; Abb. 87: Ergänzung des Plattenringes und seiner Umgebung (nach Wace), Abb. 88: Lage des Gräberrundes auf der Burg bei C.

Bild 7 (bei Seite 96). Dreifuß aus Olympia, gefunden 1936 bei den neuen Ausgrabungen (zwischen 1936 und 1943). Bronze. Höhe (mit Henkeln): 65 cm. Beine und Ringhenkel sind massiv gegossen, mit dem getriebenen Kessel durch Vernietung verbunden. 9. Jahrhundert v. Chr.

Als Weihgeschenke an die Götter, als Weihungen der Sieger im sportlichen oder musischen Wettkampf fanden die Dreifußkessel in zahlloser Folge in den Heiligtümern Aufstellung, so in Olympia und Delphi. Unter den reichen Funden der Frühzeit ist der abgebildete Dreifuß dennoch bisher der einzige vollständig erhaltene geometrischen Stils. Als Kampfpreis bei Homer: Ilias 11, 700. 22, 164. 23, 264. 23, 700ff. (Leichenspiele für Patroklos). Des Hephaistos goldene Dreifüße: Ilias 18, 373ff.

2. Bericht über die Ausgrabungen in Olympia (1937/1938), S. 106 Taf. 44. – E. Kunze, Neue Meisterwerke aus Olympia, München 1948, S. 5 Nr. 1 Abb. 1. – S. auch F. Matz, Geschichte d. griech. Kunst Bd. 1, Frankfurt a. M. 1950, S. 87ff. Taf 37a. – Zu Dreifüßen bei Homer vgl. F. Brommer, Hermes 77, 1942, S. 360 und 367f.

Nach 2. Bericht über d. Ausgrabungen in Olympia Taf. 44.

Bild 8 (bei Seite 97). Spätgeometrischer attischer Spendekrater. 3. Viertel des 8. Jahrh. v. Chr. Höhe: 1,30 m. New York, Metropolitan Museum.

Totenfeier: Aufbahrung und Totenklage; Umzug zu Fuß und Wagen. Zum Grabesumzug bei Homer vgl. W. Schadewaldt, Von Homers Welt und Werk, 3. Aufl., Leipzig 1959, S. 116. Als Spendegefäße in der Opfergrube des Grabes nahmen Kratere oder Amphoren (teils mit durchbohrtem Boden) die Spendegüsse (Milch, Wein, Honig) für den Toten auf; zu ihrer Verwendung im Totenkult am Grab s. K. Kübler, Das neue Bild der Antike (Leipzig 1942) I, S. 39f. und Abb. 6.

Zum abgebildeten Krater selbst: American Journal of Archaeol. 19, 1915, Taf. 17–20. – Propyläen-Kunstgesch. III, 3. Aufl. 1927, S. 160. – F. Matz, Gesch. d. griech. Kunst I, S. 62 und Taf. 10. – Weitere Lit. bei F. Matz a. O. S. 512 Anm. 22.

Bild 9 (bei Seite 112). Kephallenia, westlich Ithaka. Die größte der Ionischen Inseln.

Bild 10 (bei Seite 113). Apollontempel von Korinth. Gegen die Mitte des 6. Jahrh. v. Chr. Südwestecke mit den noch aufrecht stehenden Säulen der Peristasis des Tempels von ursprünglich 6 zu 15 Säulen, vom Tempelinneren her gesehen (Blick gegen Akrokorinth). Das Material des Baues ist Kalkstein (Poros), mit feinem Stucküberzug. Das stark ausladende dorische Kapitell mit ziemlich niedriger Deckplatte unter dem kräftigen Gebälk und die verhältnismäßig geringe Säulenhöhe (7,21 m) mit dem sich stark verjüngenden monolithen Schaft lassen auch für das Gesamtbild des Baues schwere, fast massige Proportionen erschließen. Länge 53,66 m; Breite 21,58 m (nach Corinth, Results of Excavations Vol. I, Cambridge/Mass. 1932, S. 115ff.).

C. Weickert, Typen d. archaischen Architektur, Augsburg 1929, S. 113f. Nr. 7. – Hege-Rodenwaldt, Griechische Tempel, Berlin 1941, S. 24ff. Taf. 8–13. – Zwei der noch stehenden 7 Säulen sind auf dem wiedergegebenen Photo von H. List nicht mehr ins Bild gekommen.

Bild 11 (bei Seite 128). Lakonische Schale, mit König Arkesilaos (II.) von Kyrene: Silphion-Ausfuhr. Durchmesser: 29 cm. Aus Vulci. Um 560 v. Chr. Paris, Bibliothèque Nationale 189.

„Der inschriftlich bezeichnete König überwacht Wägung und Verladung seiner Ausfuhr auf einem Segelschiff. Das Hin und Her der Träger, Wäger, Ansager, Wächter, Verfrachter, das Leben von Mensch und Tier umbrandet den strenge thronenden Herrscher... Eine geradezu unbändige Lust am Anschaulichmachen südlichen Hafenlebens tut sich kund" (E. Buschor, Griech. Vasen, München 1940, S. 77 mit Abb. 84/85). Reiche Farbigkeit: Heller Malgrund, darauf Schwarz und Rot, auch Weiß und Blau.

Furtwängler-Reichhold, Griech. Vasenmalerei, Serie III (München 1932) Taf. 151, Text S. 211ff. (E. Buschor). – Corpus Vasorum: Bibl. Nat. Taf. 20–22. – Zur lakonischen Gefäßmalerei: E. Lane, Annual of the Brit. School at Athens 34, 1933/1934, S. 99ff.

Nach Furtwängler-Reichhold Taf. 151.

Bild 12 (bei Seite 129). Lakonische Schale, Berlin Inv. 3404. Durchm. 15 cm (wesentlich kleiner als die Arkesilaos-Schale). 3. Viertel des 6. Jahrh. v. Chr.

Im Schalenrund der Ausschnitt aus einem Zug heimkehrender Krieger, die gefallene Kameraden zurücktragen, „ein echt spartanisches Thema" (E. Buschor). Diese aus Tarquinia stammende Schale bezeugt mit zahlreichen weiteren Funden spartanischer Ware im italischen Westen sowohl wie im östlichen Ionien das hohe Ansehen der lakonischen Gefäßmalerei des 6. Jahrhunderts.

K. A. Neugebauer, Führer durch d. Antiquarium II, S. 22 und Taf. 15. – E. Buschor, Griech. Vasen S. 78 und Abb. 86.

Bild 13 (bei Seite 144). Attisch-schwarzfigurige Amphora mit Töpfer- und Malersignatur des Exekias. Um 530 v. Chr. Höhe: 61 cm. Aus Vulci. Rom, Vatikan.

Das Hauptbild des Gefäßes zeigt Achilleus und Aias (beide inschriftlich bezeichnet) beim Brettspiel im Lager vor Troja. Hinter ihnen am Bildrand stehen ihre Schilde. Dem Spiel hingegeben – Achilleus ruft ,,vier", während Aias (unbehelmt) laut Beischrift ,,drei" verkündet –, achten die Helden nicht der Gefahr, die nach figurenreicheren Darstellungen dieser literarisch nicht überlieferten Begebenheit des Kampfes um Troja dem griechischen Lager durch plötzlichen Einbruch der Trojaner droht. Höhepunkt reifarchaischen Zusammenklangs von Gefäßaufbau, Bildform und groß gesehenen Gestalten, aber auch ,,ein Wunderwerk zierlichster Kleinmalerei" (Buschor), steht diese Amphora des Exekias nahe dem Beginn der neuen, zukunftsreichen rotfigurigen Technik der Gefäßmalerei. Die uns erkennbare Tätigkeit des Exekias füllt das 3. Viertel des 6. Jahrhunderts aus, und Spätwerke seiner Hand (im überlieferten Silhouettenstil) entstanden gleichzeitig mit den frühesten Gefäßen der rotfigurigen Technik in den Werkstätten Athens.

Albizzati, Vasi antichi dipinti nel Vaticano Nr. 344. – Furtwängler-Reichhold, Griech. Vasenmalerei Taf. 131f. und Text III S. 65ff. (Hauser). – W. Technau, Exekias (Bilder griech. Vasen Heft 9, Leipzig 1936) Taf. 21. – E. Buschor, Griech. Vasen S. 120f. – W. H. Schuchhardt, Die Kunst der Griechen, Berlin 1940, S. 139 Abb. 110: Achilleus in ganzseitiger Abbildung. Die Vasenbilder mit den brettspielenden Helden zusammengestellt von K. Schefold, Jahrb. des D. Archäol. Inst. 52, 1937, S. 68ff.

Bild 14 (bei Seite 145). Jüngling von Anavysos (Attika). Grabstatue. Um 520 v. Chr. Höhe: 1,94 m. Parischer Marmor. Athen, Nationalmuseum Nr. 3851.

Die aus Raubgrabungen in Anavysos stammende überlebensgroße Statue ist bis auf geringe Beschädigungen wunderbar erhalten. (Zur Erleichterung widerrechtlicher Ausfuhr gewaltsam in Teile gebrochen, wurde die Figur nach ihrer Rückführung nach Griechenland geschickt wieder zusammengesetzt.) Das alte Standschema, das seit der 2. Hälfte des 7. Jahrhunderts die Standbilder nackter Jünglinge (auf Gräbern und in Heiligtümern) in festen Bindungen hält, wird nicht aufgegeben; dennoch ist neue Spannkraft spürbar, Beweglichkeit und sinnliche Fülle in diesem Werk eines attischen Meisters, der sich dem eindringenden ostgriechischen Wesen nicht verschließt. Reste von Bemalung an den Augen und am Haar, das oberhalb der Binde ursprünglich durch Farbauftrag gegliedert war.

Annual of the Brit. School at Athens 36, 1935/1936, S. 1ff. Taf. 1–5. – v. Buttlar, Neue Jahrbücher 2, 1939, S. 358ff. – G. M. A. Richter, Kouroi, 2. Aufl. London 1960, S. 118f. Nr. 136 Abb. 395–398, 400–401. – E. Buschor, Frühgriechische Jünglinge, München 1950, S. 106ff. Abb. 124–126. – Ein anderer herrlicher spätarchaischer Jüngling von Anavysos, vom Grab des Aristodikos, 1943 gefunden und jetzt gleichfalls im Athener Nationalmuseum, ist bei Buschor a. O. Abb. 131/132 abgebildet.

Bild 15 (bei Seite 160). Flötenspieler im gegürteten Ärmelchiton, aus dem Heraion von Samos. Bronze, massiv gegossen; stark zerfressen. Höhe: 42 cm. Mittleres 6. Jahrh. v. Chr. Athen, Nationalmuseum.

,,Wie kaum ein anderer Fund führt dieser an die Sphäre der führenden Meister der samischen Erzkunst heran" (Buschor), nach späterer Überlieferung Rhoikos und Theodoros, als deren besondere Leistung dann freilich die ,,Erfindung" des (monumentalen) Hohlgusses gilt. Hohlgüsse kleineren Formates sind schon aus der 1. Hälfte des 7. Jahrhunderts bekannt (Greifenköpfe von Kesseln aus Samos und Olympia).

E. Buschor, Altsamische Standbilder, Berlin 1935, S. 44 Abb. 146/149. Vgl. auch G. Lippold, Handbuch d. Archäologie III, 1 (München 1950) S. 58ff. Taf. 12, 3. – Zur Mundbinde des Flötenspielers, die der Dämpfung des Atemdrucks auf Wangen und Lippen diente, zugleich auch der leichteren Handhabung der Doppelflöte, vgl. M. Wegner, Das Musikleben d. Griechen, Berlin 1949, S. 55 und Taf. 10.

Bild 16 (bei Seite 161). Mädchenfigur (Kore) von der Akropolis, Athen Nr. 675. Gegen Ende des 6. Jahrh. v. Chr. Höhe: 54 cm. Sehr feiner Inselmarmor.

Unter den Koren der Akropolis, die als Weihgeschenke (vielfach von Handwerkern und Metöken) in großer Zahl, besonders im letzten Viertel des 6. und im Anfang des 5. Jahrhunderts, auf der Burg aufgestellt wurden, zeigt diese mit reichen Farbresten erhaltene Kore 675 die ursprüngliche Zierlichkeit und Zartheit des ostgriechischen Mädchenbildes spätarchaischer Zeit. Vielleicht das Werk eines Meisters von Chios. Über dem einst dunkelblauen Chiton (jetzt grün oxydiert) das Mäntelchen mit violettroter Borte. Die linke Hand raffte das Gewand neben dem linken Oberschenkel. Grünes (einst blaues) Diadem mit roten Palmetten.

Schrader-Langlotz-Schuchhardt, Die archaischen Marmorbildwerke der Akropolis, Frankf. a. M. 1939, S. 91 Nr. 43 Taf. 60/61. – Gegenüber der hohen Schätzung des Werkes durch Langlotz Abwertung bei H. Payne, Archaic marble sculpture from the Acropolis, London o. J., S. 31 Taf. 49/50.

Bild 17 (bei Seite 176). Bildnisherme des Themistokles. Ostia, Museum. 1939 bei den Ausgrabungen in Ostia gefunden. Kaiserzeitliche Wiedergabe des Kopfes nach einer Bildnisstatue des Themistokles, wohl nach 470 v. Chr. Höhe: 50 cm, des Kopfes allein: 26 cm. Griechischer Marmor.

Dem staunenswerten Realismus dieses durch die Inschrift bezeichneten Bildnisses, das den Sieger von Salamis ohne Strategenhelm darstellt, wird der fehlende Körper erst recht gesammelte Kraft verliehen haben. Doch läßt sich der Kopf, dem der fremde Einschlag der mütterlichen Herkunft abzulesen ist, mit keiner der drei überlieferten Bildnisstatuen (darunter zwei zeitgenössischen) ohne Bedenken verknüpfen. Seine Erklärung aus der Porträtauffassung einer späteren Zeit aber scheint fehlzugehen angesichts der engen Verbindung mit Werken des „Strengen Stils" und ihrer verwandten Realistik des Physiognomischen (Diepolder).

Die vielfältige Literatur, die über den für die griechische Porträtgeschichte bedeutsamen Fund sehr verschieden urteilt, bei Lippold, Handbuch d. Archäologie III, 1 S. 109 Anm. 7. – Hervorzuheben ist L. Curtius, Röm. Mitt. 57, 1942, S. 78ff. – Außerdem s. H. Diepolder, Pantheon 1943, S. 114f., K. Schefold, Die Bildnisse d. antiken Dichter, Redner und Denker, Basel 1943, S. 18 u. S. 199, F. Miltner, Österr. Jahresh. 39, 1952, 70ff. (Anm. 28 l. H. Allendorf statt G. Klaffenbach) und G. Zinserling, Klio 38, 1960, 87ff.

[Zuletzt P. Amandry, Bull. Fac. des Lettres Strasbourg 1961, 431ff.]

Nach Pantheon a. O. Abb. 1.

Bild 18 (bei Seite 177). Kopf des Poseidon vom Kap Artemision (Nordspitze Euböas). Dort wurde die Statue mit anderen Bronzewerken, Rest der Ladung eines gescheiterten antiken Schiffes, 1928 aus dem Meer geborgen. Gegen 450 v. Chr. Athen, Nationalmuseum. Höhe der überlebensgroßen Bronzestatue: 2,09 m.

Auch als blitzschleudernder Zeus oder speerwerfender Athlet bzw. Heros ist die Figur gedeutet worden. Nicht zuletzt im Haupt aber – zwar fehlen die eingesetzten Augen und die aus Bronzeblech geschnittenen Wimpern – scheint Poseidons Wesen ausgesprochen. Neben dem Wagenlenker von Delphi gibt diese fast vollständige, originale Bronzestatue einen Begriff von der Größe des Verlustes der Erzplastik des 5. Jahrhunderts. Die großen Meister dieser Zeit (mit Abschwächung auch im 4. Jahrh.) waren vor allem Erzbildner. Für den Poseidon hat man Kalamis, auch den Ägineten Onatas vermutet; auch Myron wurde als Künstler genannt.

Lit. bei Lippold, Handbuch d. Archäologie III, 1 S. 131 Anm. 13. – L. Curtius, Interpretationen von sechs griech. Bildwerken, Bern 1947, S. 69ff. – Gute Abbildungen bei W. H. Schuchhardt, Die Kunst der Griechen Abb. 225. 227. 228.

Bild 19 (bei Seite 192). Achilleus auf einer Amphora im Vatikan (H 487) aus Vulci. Gegen 440 v. Chr.

Auf der Rückseite des Gefäßes Briseïs mit der Schale zur Abschiedsspende. Die Gestalt des durch Beischrift als Achilleus bezeichneten Lanzenträgers hat ihr „plastisches Gegenbild" (Buschor) im Doryphoros des Polyklet, der wohl gleichfalls Achilleus zu nennen ist (vgl. Lippold, Handbuch S. 163, Anm. 13).

Furtwängler-Reichhold, Griech. Vasenmalerei Taf. 167, 2; Text III S. 293 ff. (Buschor). – Buschor, Griech. Vasen S. 200f. Abb. 217. – Beazley, Attic Red-Figure Vase-Painters, Oxford 1942, S. 634 ff.: Zusammenstellung der Werke des Achilleus-Malers, dessen reifste und tiefste Bilder sich auf den weißgrundigen Lekythen (Ölkrüge für den Totenkult) der Parthenonzeit finden.

Bild 20 (bei Seite 193). Perikles. London, Brit. Museum 549. Gefunden bei Tivoli. Höhe: 58 cm, des Gesichts 17 cm. Marmor. Nase ergänzt. Römische Nachbildung in Hermenform (mit der ursprünglichen Neigung des Kopfes) nach dem ehernen Standbild des Perikles auf der Akropolis von der Hand des Kresilas. Um 430 v. Chr.

Perikles trägt den korinthischen Helm, Zeichen des Strategenamts; er war bekleidet vielleicht mit Leibrock, Panzer und Mantel, in der Rechten die Lanze (?).

A. Hekler, Die Bildniskunst d. Griechen u. Römer, Stuttgart 1912, Taf. 4a. – R. Delbrück, Antike Porträts, Bonn 1912, Taf. 13. – Lit. und Hinweise auf weitere Kopien bei Lippold, Handbuch S. 172 Anm. 10/11. Bedeutende Interpretation dieser Bildnisschöpfung bei E. Buschor, Das Kriegertum der Parthenonzeit (1943), S. 4 ff.

Bild 21 (bei Seite 208). Akropolis von Athen, Ansicht von Südwesten.

Zur Akropolis und ihren Bauten vgl. W. Judeich, Topographie von Athen, 2. Aufl. München 1931 (Handbuch d. Altertumswissenschaft III 2,2). – N. Balanos, Les Monuments de l'Acropole, relèvement et conservation, Paris 1936. Zusammenfassende Darstellungen: Hege-Rodenwaldt, Die Akropolis, Berlin 1930. – G. Rodenwaldt in: Hellas, Bilder zur Kultur des Griechentums, Burg b. Magdeburg 1943, S. 72 ff. Taf. 54–65. Zu den Fragen der perikleischen Neugestaltung der Burg vgl. C. Weickert, Studien z. Kunstgesch. des 5. Jahrh. v. Chr., II (Abh. d. Deutschen Akademie d. Wissensch. zu Berlin, Klasse f. Sprachen, Lit. und Kunst, 1950 Nr. 1) S. 12 ff. Eine ausführliche und klärende Interpretation des über die perikleische Bautätigkeit und die Mitwirkung des Phidias berichtenden 13. Kap. der Perikles-Vita Plutarchs hat B. Schweitzer, Jahrb. d. D. Archäol. Inst. 55, 1940, S. 172 ff. gegeben.

Bild 22 (bei Seite 209). Erechtheion (Athen, Akropolis). Ansicht von Südwesten.

Dieser der Stadtgöttin Athena geweihte, in Formen ionischer Architektur errichtete Tempel barg in der nach Osten gewandten Cella das alte holzgeschnitzte, vor der Zerstörung durch die Perser gerettete Kultbild der Stadtgöttin. Andere Teile des Baues umschließen die heiligen Male der Akropolis oder nehmen Bezug auf sie (Dreizackmal des Poseidon und Salzflut, Grab des Kekrops und vor der Westseite der Bezirk mit dem Ölbaum der Athena). Zugang zu ihnen und zu dem gleichfalls in der Westhälfte des Baues gelegenen Kultraum für Erechtheus gewann man durch die dem Hauptbau angefügten Vorhallen im Norden und Süden (Korenhalle), da die westl. Vorhalle von vorn nicht zugänglich war (zwischen den Säulen Brüstungen, darüber ursprünglich Holzgitter). Die trotz bedeutender Höhenunterschiede des Terrains sorgsam beobachtete Rücksicht auf die verschiedenen Kultstätten und Kultmale zeigt nicht die Art durchgreifenden Gestaltens der eigentlich perikleischen Bautätigkeit und Planung auf der Akropolis. „Im Gegensatz zu der Monumentalität des Parthenon kann man das Erechtheion eher einem

Reliquienschrein vergleichen, an den man den köstlichsten und reichsten Schmuck wendet" (Rodenwaldt). Zeit des Baubeginns noch ungeklärt; Hauptbauzeit wohl nach 421 während des Nikiasfriedens, Vollendung zwischen 409 und 406 v. Chr.

Stevens-Paton, The Erechtheum, Cambridge/Mass. 1927. – Hege-Rodenwaldt, Griech. Tempel S. 59ff. Taf. 82–89. – Dörpfeld-Schleif, Erechtheion, Berlin 1942. Zu den Koren der Südvorhalle und dem in ungewöhnlicher Technik gearbeiteten Fries des Erechtheions vgl. Lippold, Handbuch S. 192f.

Bild 23 (bei Seite 224). Grabrelief aus Athen. Um 400 v. Chr. Höhe: 93 cm. Marmor. Athen, Nationalmuseum 3472.

Ktesileos auf seinen Stab gelehnt, in den Anblick der sitzenden Theano, der Verstorbenen, „versunken". Was zwischen den Blicken der Ehegatten schwingt, bekommt durch die zarte Gebärde des bräutlichen Enthüllens der Sitzenden besonderen Klang. Dieses Einander-Zugeneigtsein verliert auch dann nichts an Wärme und Beseeltheit, wenn man weiß, daß von Bildnisähnlichkeit der Verstorbenen und Lebenden auf den Grabsteinen nicht die Rede sein kann.

H. Diepolder, Die attischen Grabreliefs des 5. und 4. Jahrh. v. Chr., Berlin 1931, Taf. 22. – K. F. Johansen, The attic grave-reliefs, Kopenhagen 1951, S. 40f. Fig. 21. Zu den Gräberstraßen Athens, Aufbau und Anlage der Grabbezirke vgl. A. Brückner, Der Friedhof am Eridanos, Berlin 1909, und neuerdings K. Kübler, Mitteilungen des Deutschen Archäol. Instituts II, 1949, S. 7ff. (Entwicklung des attischen Grabbaues).

Bild 24 (bei Seite 225). Athlet mit Schabeisen. Bronze. Höhe: 1,92 m. Wien, Kunsthist. Museum.

Bei den österreichischen Ausgrabungen in Ephesos 1896 gefunden. Aus über 200 Bruchstücken zusammengesetzt und teilweise ergänzt. Kopf, rechte Hand und rechter Fuß sind unversehrt. Vorzügliche Wiederholung (römischer Zeit) einer Athletenstatue des mittleren 4. Jahrhunderts v. Chr., bei deren Ergänzung in Wien fälschlich das Motiv der berühmten lysippischen Figur des den Staub der Palästra vom Körper schabenden Athleten (Apoxyomenos) angenommen wurde. Die Reinigung des Schabeisens: das Herausstreichen des Schmutzes aus der hohlen Rinne des Gerätes durch den Daumen der linken Hand war dargestellt.

Forschungen in Ephesos I, S. 181ff.; die Abb. 127/128 zeigen die antiken Teile der Figur. – Brunn-Bruckmann, Denkmäler griech. und röm. Skulptur Taf. 682–685 rechts, Text von J. Sieveking. – Weitere Lit. und Hinweise auf Marmorwiederholungen des Werkes bei Lippold, Handbuch S. 218 Anm. 12/13.

Bild 25 (bei Seite 240). Inschrift-Herme des Euripides. Neapel, Nationalmuseum. Kaiserzeitliche Wiederholung eines im frühen 4. Jahrh. v. Chr. geschaffenen, als Sitzstatue zu erschließenden Euripidesbildes. Höhe des Gesichtes: 26 cm. Griechischer Marmor. Nasenrücken modern.

Diese aus tiefer Empfindung für das Werk des Dichters, vielleicht aus persönlicher Kenntnis des Dargestellten entstandene Bildnisschöpfung zeigt noch nicht jene Ausdruckssteigerung spätklassischer Auffassung des Tragikers, die, von der Idee „Euripides" getragen, ein Charakterbild des Dichters gibt als des mürrischen „Philosophen der Bühne" (vgl. A. Hekler, Die Bildniskunst d. Griechen und Römer Taf. 89 und K. Schefold, Die Bildnisse d. ant. Dichter, Redner und Denker S. 88, 3).

Zum Euripides-Neapel: E. Buschor, Bildnisstufen, München 1947, S. 207f. – Lippold, Handbuch S. 215 Anm. 3/4, Taf. 77,2. – K. Schefold a. O. S. 94 und 208 denkt wie auch andere an spätklassische Entstehung des Originals in der 2. Hälfte des 4. Jahrh. v. Chr.

Bild 26 (bei Seite 241). Statuette des Sokrates. Nach einer Bildnisstatue der Zeit 340/330 v. Chr. Aus Alexandria. Höhe des Erhaltenen: 27,5 cm. London, Brit. Museum.

Es scheint, daß in dieser Marmorstatuette des 2. Jahrh. n. Chr. eine Kopie der im athenischen Pompeion aufgestellten erzenen Sokratesstatue des Lysipp erhalten ist.

H. B. Walters, Journal of Hellenic Studies 45, 1925, S. 255ff. Taf. 10–13. – E. Schmidt, Jahrb. des D. Archäol. Inst. 47, 1932, S. 258f. – K. Schefold, Bildnisse S. 84 und 82 mit Lit. S. 206. – Zu dem älteren Sokratesbildnis aus der 1. Hälfte des 4. Jahrh. v. Chr. vgl. Schefold a. O. S. 68 und 204.

Nach Arndt-Bruckmann, Griech. u. röm. Porträts Taf. 1049.

Bild 27 (bei Seite 256). Bronzestatuette des Demosthenes. Höhe: 23 cm. USA., Privatbesitz.

Die um 1924 südöstlich von Ankara gefundene Statuette ist die erste vollständige Wiederholung der Bronzestatue, die die Athener 280 v. Chr., zweiundvierzig Jahre nach Demosthenes' Tod, dem großen Redner und Patrioten im Kampf um die Freiheit auf dem Markt zu errichten beschlossen. Der Selbstbesinnung, die in der Basisinschrift (Plutarch, Demosth. 30) des von Polyeuktos (?) geschaffenen Werkes zum Ausdruck kommt, entspricht die fast harte Geschlossenheit der Formen der von Willensanspannung beherrschten Gestalt: „ein Bild der Mühe und Sorge und Eindringlichkeit – und darüber hinaus ein ergreifendes Bild eines geopferten Daseins, eines gescheiterten Lebens" (E. Buschor, Das hellenistische Bildnis, München 1949, S. 13).

Arndt-Bruckmann, Griech. u. röm. Porträts Taf. 1115/1116. – Vgl. auch Lippold, Handbuch S. 302f. und K. Schefold, Bildnisse S. 106 u. 208. Zu den vor dem Leib verschränkten Händen (statt der bekannten Ergänzung mit Buchrolle) s. Plutarch, Demosth. 31.

Bild 28 (bei Seite 257). Philosophenstatuette. Bronze. Griechisches Original des späteren 3. Jahrh. v. Chr. Höhe der Figur: 26 cm. New York, Metropolitan Museum (G. Richter Nr. 120).

Nicht die Epikureer Hermarch und Metrodor, die man nach den Porträtzügen des Kopfes zu erkennen glaubte, sondern ein Kyniker, derb auftretend mit betont nachlässig umgeworfenem Mantel, einer der Bettelphilosophen und Spötter über alle Konventionen, ist dargestellt. Die besondere Begabung des 3. Jahrhunderts, in Haltung und Bewegung das Einmalige zu enthüllen, den „Augenblick" festzuhalten, erscheint in diesem Werk der Kleinkunst in hoher Vollendung. Als Basis und Träger der Figur dient eine ionische Säule.

Arndt-Bruckmann, Griech. u. röm. Porträts Taf. 1123 mit Text. – K. Schefold, Bildnisse S. 124,4. – Weitere Lit. bei Lippold, Handbuch S. 337 Anm. 13.

Nach Arndt-Bruckmann 1123.

Bild 29 (bei Seite 272). a) Alexander der Große mit dem Widderhorn des Zeus Ammon und der Königsbinde, auf einem Tetradrachmon (Vierdrachmenstück) des Königs Lysimachos von Thrakien (305–281 v. Chr.). Silber.

Nach G. F. Hill, L'art dans les monnaies grecques, Paris-Brüssel 1927, Taf. 9,2.

b) Demetrios Poliorketes (306–283 v. Chr.; König von Makedonien: 294–288 v. Chr.) mit Königsbinde und Stierhorn des Dionysos. Tetradrachmon. Silber.

Nach Hill a. O. Taf. 9,5.

c) Ptolemaios I. Soter (305–285/283 v. Chr.) mit Königsbinde und Aegis. Tetradrachmon. Silber.

Nach Hill Taf. 10,4.

d) Philhetairos von Pergamon (282–263 v. Chr.) mit Lorbeerkranz, auf einem Tetradrachmon (Silber) seines Nachfolgers, Eumenes' I. (263–241 v. Chr.). Die Annahme des

Königstitels durch die Herrscher von Pergamon erfolgte erst unter Attalos I. Soter (241 bis 197 v. Chr.), dem großen Galliersieger.

Nach Hill Taf. 11,1.

Bild 30 (bei Seite 273). a) Philippos V. von Makedonien mit Königsbinde (221–179 v. Chr.). Tetradrachmon. Silber.

Nach Hill Taf. 13,3.

b) T. Quinctius Flamininus, Konsul 198 v. Chr., Besieger Philipps V. von Makedonien bei Kynoskephalai 197 v. Chr., auf einem der sehr seltenen mit dem Bilde des Römers nach Art griechischer Herrscher in Makedonien geprägten Goldstücke (Goldstater).

Nach K. Lange, Herrscherköpfe des Altertums, Berlin-Zürich 1938, S. 86.

c) Perseus, Sohn Philipps V., der letzte König von Makedonien (179–168 v. Chr.), mit Königsbinde. Tetradrachmon. Silber.

Nach Hill Taf. 14,2.

d) Mithradates VI. Eupator, König von Pontos (121–63 v. Chr.) mit Königsbinde. Tetradrachmon. Silber. (76/75 v. Chr.)

Nach Hill Taf. 18,1.

Bild 31 (bei Seite 288). Gallierkopf, Kairo Nr. 27475. Nach einer alten Überlieferung aus Rhodos. Um 170 v. Chr. Marmor. Höhe (mit Hals): 38 cm.

Von der großen Zahl der Gallierdenkmäler Pergamons, vor allem der Weihungen Attalos' I. für seine Galliersiege, sind als originale Reste nur Teile der Basen mit den Inschriften erhalten. Für die verlorenen Bronzestatuen geben römische Kopien einen gewissen Ersatz. Um so kostbarer der abgebildete originale Kopf! – vielleicht die Nachbildung eines verlorenen pergamenischen Werkes durch einen rhodischen Künstler. Wildheit und Trotz des Barbaren mögen unter dem mythischen Bild der „erdgeborenen Titanen" (Kallimachos) gesehen sein.

P. Bienkowski, Die Gallier in d. hellenist. Kunst 35 Nr. 22. – Lit. bei Lippold, Handbuch S. 324 Anm. 1. – Vgl. besonders G. Kleiner, Neue Jahrbb. für Antike und deutsche Bildung, 1938, S. 264f.

Bild 32 (bei Seite 289). Eingangshalle zum Athenaheiligtum von Pergamon.

Aufbau im Pergamonmuseum in Berlin unter Verwendung originaler Bauteile (Marmor). Die Rückwand in beiden Geschossen ist allerdings zugunsten freier Säulendurchgänge zum Hof und zum Obergeschoß der das Heiligtum umziehenden Hallen fortzudenken. Die Inschrift auf dem Architrav („König Eumenes der siegbringenden Athena") und die Waffenreliefs der Hallen, die auch für den Eingangsbau als Brüstungsplatten angenommen wurden (Abgüsse), weisen auf die umfassende Neugestaltung des Heiligtums durch Eumenes II. (197–159 v. Chr.) nach dem Sieg über Antiochos III. bei Magnesia, an dem die Pergamener bedeutenden Anteil hatten.

W. v. Massow, Führer durch das Pergamonmuseum, Berlin 1932, S. 33ff. Abb. 26 bis 28. 30. – H. Kähler, Der große Fries von Pergamon, Berlin 1948, S. 135ff. – Zur Darstellung der Beutestücke aus den Kriegen Eumenes' II. gegen Gallier, Makedonen und Syrer auf den Brüstungsplatten der Hallen vgl. H. Kähler a. O. S. 138 und Altertümer von Pergamon II Taf. 43–50.

Die Vorlagen zu den Abbildungen 5. 6. 8. 13. 14. 15. 16. 18. 19. 20. 22. 23. 24. 25. 27. 31 und 32 stellte liebenswürdigerweise das Museum für Abgüsse klassischer Bildwerke München aus seiner Photosammlung zur Verfügung. Weitere Abbildungen sind von: Herbert List, 9 und 10; Antiken-Museum Berlin, 12; W. Hege, 21.

ZEITTAFEL

Griechische Geschichte	Orientalische Geschichte
	Um 2850 Menes einigt Ober- und Unterägypten (S. 2).
Um 2600–2000 Frühminoische Periode Kretas (S. 21).	Um 2650–2190 Altes Reich Ägyptens (S. 2).
	Um 2450 Entemena von Lagasch (S. 17).
	Um 2350 Sargon I. von Akkad (S. 9).
Verkehr Kretas mit Ägypten (S. 21f.).	Um 2270 Naramsin, König der 4 Erdteile (S. 9), Höhepunkt der semitischen Kunst (S. 18).
Hellas von „Kleinasiaten" bewohnt (S. 22).	Um 2050 Gudea von Lagasch (S. 10), Höhepunkt der sumerischen Kunst (S. 18).
Um 2000–1580 Mittelminoische Periode Kretas (S. 37).	Um 2050–1670 das Mittlere Reich Ägyptens (S. 28).
Um 1900 Einwanderung d. Griechen (S. 22. 25).	
	1728–1686 Hammurabi von Babylon (S. 10).
Um 1580 Beginn der Spätminoischen Periode Kretas (S. 37f.). Wirkung auf Hellas.	Etwa 1670–1570 die Hyksos in Ägypten (S. 30).
Im 16. Jahrh. in Hellas Schachtgräberperiode (S. 43).	Etwa 1570–1085 das Neue Reich Ägyptens (S. 31).
	1531 Eroberung Babylons durch d. Hethiter (S. 31).
	Um 1530 (?)–1160 die Kossäer in Babylon (S. 31).
	1502–1448 Thutmosis III. (S. 32).
Im 15. Jahrh. in Kreta Palaststil (S. 40), in Hellas Beginn der Kuppelgräberperiode (S. 44).	Im 15. Jahrh. Bildung des jüngeren Hethiterreiches (S. 32).
Um 1400 Besetzung Kretas durch die Achäer (S. 51).	
Im 14. Jahrh. Besetzung von Pamphylien durch die Achäer (S. 52).	1377–1358 Amenophis IV., Tell-Amarna (S. 34). Vorrücken der Hebräer (S. 34).
Im 13. Jahrh. spätestens Einrücken der Illyrier in Illyrien (S. 22. 52).	1280 Friede zwischen Ramses II. und den Hethitern (S. 36).
	1230 Merenptah besiegt die „Seevölker" (S. 36f.).
Ende des 13. Jahrh. die letzten großen Burgbauten in Tiryns (S. 51).	Ende des 13. Jahrh. Phrygische Wanderung (S. 53), danach Sturz des Hethiterreiches (um 1190) (S. 53).

Nach 1190 umfangreichere griechische Kolonisation an der Westküste Kleinasiens (S. 54), kurz danach Beginn der Thessalischen und Dorischen Wanderung (S. 56).	Um 1190 Ramses III. besiegt die kleinasiatischen Völker (S. 37. 53). Um 1100 Tiglatpilesar I. von Assyrien (S. 76). 1085–etwa 950 21. Dyn. (Taniten) (S. 75).
Um 1000 (?) die Tyrsener nach Italien (S. 59).	969–936 Hiram I. von Tyros (S. 78). 950–715 22.–24. Dyn. (Libyer) (S. 75). 883–859 Assurnasirpal II. (S. 79).
776 Anfang der Olympionikenliste (S. 72).	
754/753 Anfang der Ephorenliste (S. 102).	
Mitte des 8. Jahrh. Beginn der II. Kolonisation (S. 88).	745–727 Tiglatpilesar III. (S. 79).
2. Hälfte des 8. Jahrh. I. Messenischer Krieg (S. 103).	721–705 Sargon II. (S. 79).
Um 700 Hesiod (S. 118 f.).	705–681 Sanherib (S. 80).
683/682 Beginn der attischen Archontenliste (S. 109).	680–669 Assarhaddon. 670 Ägypten unterworfen (S. 80). 668–626 Assurbanipal (Sardanapal) (S. 80).
Mitte des 7. Jahrh. Gründung von Naukratis (S. 81. 92). II. Messenischer Krieg, Tyrtaios (S. 104 f.).	663–609 Psammetich I. (26. Dyn.) (S. 80).
640 Kylon Olympionik (S. 110).	
Etwa 632 Kylons Putsch (S. 110).	626–605 Nabopolassar, Begründer des chaldäischen Reiches (S. 82).
Etwa 624 Drakons Gesetze (S. 110).	612 Zerstörung Ninives (S. 82).
594/593 Solon (S. 111 ff).	586 Nebukadnezar erobert Jerusalem. Abführung der Judäer ins Exil (S. 85).
585 Thales berechnet d. Sonnenfinsternis (S. 83).	585 Schlacht am Halys (S. 83).
582–580 Damasias Archon von Athen (S. 114).	
561 Peisistratos wird Tyrann (S. 114).	
	559–529 Kyros II. (S. 84).
Nach 547 die kleinasiatischen Griechen von Kyros unterworfen (S. 85).	547 Kyros erobert Sardes (S. 84).
Etwa 540 Seeschlacht bei Alalia (S. 143).	
	539 Kyros erobert Babylon. 538 Heimsendung der Judäer (S. 85).
	529–522 Kambyses (S. 85).
528 Hipparch (?) folgt dem Peisistratos (S. 115).	525 Kambyses erobert Ägypten (S. 85).
	521–486 Darius I. (S. 86).
514 Ermordung des Hipparch (S. 115).	513 (?) Der Skythenfeldzug des Darius (S. 131).

510 Vertreibung des Hippias (S. 115). Zerstörung von Sybaris (S. 143).
Um 508/507 Kleisthenes (S. 115 ff.).
500–493 Aufstand der Ionier (S. 131 ff.).
496/495 Hipparchos, der Führer der Peisistratidenpartei, Archon Athens (S. 133).
495 (?) Niederlage der Griechen bei Lade (S. 133).
494 Zerstörung Milets (S. 133).
493/492 Themistokles tritt als Archon mit seinem Flottenprogramm auf. Piräusbefestigung begonnen (S. 134).
492 Zug des Mardonios nach Thrakien (S. 133).
490 Zug des Datis und Artaphernes. Schlacht bei Marathon (S. 133 ff.).
489 Miltiades' Zug gegen Paros, seine Verurteilung und Tod (S. 138).
487/486 das Archontat in Athen wird ein Losamt (S. 138).
486–465 Xerxes I. (S. 136).
482–481 Bau der attischen Flotte (S. 139).
480 Feldzug des Xerxes (Artemision, Thermopylen, Salamis) (S. 136 ff.).
Um 480 Niederlage der Karthager bei Himera (S. 144).
479 Schlachten bei Plataä und Mykale (S. 142).
477 Gründung des attisch-delischen Seebundes (S. 146).
472 die „Perser" des Aischylos (S. 192).
470 Ostrakismos des Themistokles (S. 147).
468/467 (?) Ächtung des Themistokles (S. 147).
466 (?) Kimons Sieg am Eurymedon (S. 148).
464–425 Artaxerxes I.
464 Aufstand der Messenier (S. 148).
462 Kimons Hilfszug nach Ithome. Ephialtes entpolitisiert den Areopag (S. 148 f.).
461 Ostrakismos des Kimon (S. 149).
457 Schlachten bei Tanagra und Oinophyta (S. 149).
454 Katastrophe in Ägypten. Der Bundesschatz von Delos auf die Akropolis gebracht (S. 150).
451 Kimon zurückgekehrt, schließt einen 5jährigen Waffenstillstand mit Sparta (S. 150).
450 Argos und Sparta schließen den 30jährigen Frieden (S. 150).
449 nach Kimons Tod Seesieg der Athener bei Salamis (Cypern) (S. 151).
449/448 der Kalliasfriede auf ewige Zeit (S. 151).
447 Scheitern des panhellenischen Kongresses. Beginn des Parthenonbaues (S. 157). Niederlage der Athener bei Koronea. Gründung des oligarchischen Bundesstaates in Böotien (S. 151).
446 Perikles schließt den 30jährigen Frieden mit Sparta (S. 151).
444/443 Gründung von Thurioi (S. 156).
443 Ostrakismos des Thukydides, S. d. Melesias (S. 154).
440 Abfall von Samos (S. 155).
438 Aufstellung der goldelfenbeinernen Athena des Phidias im Parthenon (S. 197).
437 Beginn des Propyläenbaues (S. 198).
433 Epimachie zwischen Athen und Korkyra, Schlacht bei den Sybotainseln (S. 160).
432 Abfall von Potidäa, das Megarische Psephisma, Kriegsbeschluß in Sparta (S. 160).
431–421 der Archidamische Krieg (S. 161 ff.).
430 Auftreten der Pest in Athen (S. 163).
429 Perikles' Tod (S. 163).
428 Abfall von Lesbos (S. 164).
425 Kapitulation von Sphakteria (S. 165 f.).
424 Niederlage der Athener bei Delion (S. 166). Brasidas nach Thrakien (S. 167).

424–404 Darius II. Nothos, der 424/423 den Kalliasfrieden auf ewig erneuert (S. 348).
422 Niederlage und Tod des Kleon bei Amphipolis (S. 168).
421 der Nikiasfriede auf 50 Jahre (S. 168).
418 Schlacht bei Mantinea (S. 170).
416 Vergewaltigung von Melos (S. 170f.).
415–413 die sizilische Expedition (S. 170ff.).
413 Besetzung von Dekeleia durch Sparta (S. 174).
413–404 der Dekeleisch-Ionische Krieg (S. 175ff.).
412 Bündnis Persiens mit Sparta (S. 175).
411 Revolution der Oligarchen in Athen, Herrschaft der 400 (S. 177ff.).
410 Alkibiades' Sieg bei Kyzikos (S. 179).
408 Rückkehr des Alkibiades nach Athen (S. 179).
407 Sieg Lysanders bei Notion (S. 180).
406 Sieg der Athener bei den Arginusen (S. 181).
405 Niederlage der Athener bei Aigospotamoi (S. 182).
405–367 Dionysios I. von Syrakus (S. 201).
404 Kapitulation Athens (S. 183).
404–359 Artaxerxes II. Mnemon (S. 204).
404–403 die Herrschaft der Dreißig in Athen (S. 203).
403 (Arch. Eukleides) Wiederherstellung der Demokratie (S. 203).
401 Schlacht bei Kunaxa (S. 204).
400–386 Perserkrieg der Spartaner (S. 204ff.).
399 Hinrichtung des Sokrates (S. 229).
396 Agesilaos nach Asien (S. 204).
395 Lysander fällt bei Haliartos (S. 205).
394 Konon siegt zur See bei Knidos, Agesilaos bei Koronea (S. 205).
392 die Friedensverhandlungen scheitern am Eintreten Athens für die kleinasiatischen Griechen (S. 206).
389 Versuch Thrasybuls, den Seebund wiederherzustellen (S. 206).
386 der Königsfriede (oder Antialkidasfriede) (S. 206).
382 Besetzung der Kadmea durch Phoibidas (S. 207).
380 Isokrates' Panegyrikos (S. 207).
379 Befreiung Thebens (S. 207).
377 Gründung des II. Attischen Seebundes (S. 207).
371 Epaminondas besiegt die Spartaner bei Leuktra (S. 208f.).
370 Ermordung des Iason von Pherä (S. 212).
367 Pelopidas verhandelt in Susa (S. 210).
367/366 erste Erwähnung des Ätolischen Bundes (S. 275. 354).
362 Epaminondas siegt und fällt bei Mantinea (S. 211).
359–338 Artaxerxes III. Ochos (S. 200).
359–336 Philipp II. von Makedonien (S. 212ff.).
357 Philipp erobert Amphipolis, Kriegserklärung Athens (S. 217).
357–355 Athens Bundesgenossenkrieg (S. 211).
356 Geburt Alexanders des Großen (S. 237).
356–346 der Phokische Krieg (S. 217ff.).
353 Philipp besiegt den Onomarchos auf dem Krokosfelde (S. 217f.).
349 Beginn des Olynthischen Krieges (S. 218).
348 Philipp erobert und zerstört Olynth (S. 218).
347 Platons Tod. Aristoteles geht nach Assos (S. 231).

346 der Philokrateische Friede (S. 219). Isokrates' ,,Philippos" (S. 220).

344 Timoleon geht nach Sizilien (S. 202).

343/342 Artaxerxes III. Ochos erobert Ägypten (S. 200f. 222).

340 Belagerung von Perinth und Byzanz durch Philipp (S. 222).

339 Philipp besetzt Elatea (S. 222).

338 Philipp siegt bei Chäronea (S. 222f.). Beginn des Korinthischen Kongresses (S. 223).

337 Gründung des Korinthischen Bundes und Beschluß des Rachefeldzuges gegen Persien (S. 223ff.).

336 Parmenion und Attalos eröffnen den Krieg in Kleinasien (S. 226).

336 Philipp wird ermordet (S. 226), Alexander erneuert den Korinthischen Bund (S. 238).

335 Alexanders Feldzug gegen Triballer und Illyrier (S. 238). Zerstörung Thebens (S. 239).

335/334 Aristoteles siedelt nach Athen über (S. 231).

334 Alexander siegt am Granikos (S. 241).

333 Alexander siegt bei Issos (S. 243).

332 Alexander erobert Tyrus und besetzt Ägypten (S. 244f.).

Anfang 331 Gründung Alexandriens (S. 245). Zug in die Ammonsoase (S. 246f.).

331 Alexander siegt bei Gaugamela (S. 247), Antipater bei Megalopolis (S. 249).

330 Entlassung der griechischen Kontingente, Ende des panhellenischen Rachekrieges, Tod des Darius (S. 249).

330–327 Eroberung Ostirans (S. 249ff.).

327–325 der indische Feldzug (S. 252ff.).

325/324 Nearchos entdeckt den Seeweg vom Indus zum Tigris und Euphrat (S. 254).

324 Erlasse für Hellas aus Susa (S. 256f.).

324/323 Vorbereitung der arabischen Expedition (S. 259f.).

323 Tod Alexanders am 13. Juni (S. 260).

323/322 der Lamische Krieg (S. 264).

321 Perdikkas ermordet; Antipater Reichsverweser (S. 265).

319 Polyperchon Reichsverweser, sein Freiheitsdekret (S. 265).

316 Tod der Olympias und des Eumenes (S. 265f).

315–301 Koalitionskrieg gegen Antigonos (S. 266ff.).

312 nach dem Siege von Gaza kehrt Seleukos nach Babylon zurück (S. 266).

308 Ptolemaios versucht, den Korinthischen Bund wiederzuerwecken (S. 267).

306 Demetrios besiegt den Ptolemaios bei Salamis, Antigonos nimmt den Königstitel an

305/304 Demetrios belagert vergeblich Rhodos (S. 268). [(S. 267).

302 Demetrios erneuert den Korinthischen Bund (S. 268).

301 Antigonos fällt bei Ipsos (S. 269).

289 Tod des Agathokles von Syrakus (S. 277).

285–246 Ptolemaios II. Philadelphos (S. 269f.).

283 Tod des Demetrios und Ptolemaios I. (S. 269).

281 Lysimachos fällt bei Kurupedion, Ermordung des Seleukos, Ptol. Keraunos König von Makedonien (S. 270).

280 Pyrrhos geht nach Italien (S. 270). Neugründung des Achäischen Bundes (S. 276).

279 Einbruch der Kelten in Makedonien und Griechenland (S. 271).

278 Übergang von Kelten nach Kleinasien (S. 271). Pyrrhos nach Sizilien (S. 277).

277 Antigonos Gonatas siegt über die Kelten bei Lysimacheia, wird König von Makedonien (276–239) (S. 271).

274–271 I. Syrischer Krieg des Ptolemaios Philadelphos (S. 279).

273 Philadelphos schließt Freundschaft mit Rom (S. 279).

272 Tod des Pyrrhos (S. 278).

270 Tod der Arsinoë II. (S. 279).
269 Rom geht zur Silberprägung über (S. 299).
267–261 der Chremonideische Krieg (S. 279).
Um 261 (?) Seesieg des Antigonos über Philadelphos bei Kos (S. 279).
253 Beendigung des II. Syrischen Krieges (S. 280).
246–221 Ptolemaios III. Euergetes I. (S. 281).
246/245 Euergetes' Feldzug nach Asien (S. 281).
241 Rom gewinnt den karthagischen Teil Siziliens (S. 278).
239–229 Demetrios II. von Makedonien (S. 282).
Um 238 Begründung des Partherreichs der Arsakiden (S. 280) (247/246 Beginn der Arsakiden-
Um 230 begründet Diodotos II. das griechische Königreich Baktrien (S. 280). [ära).
228 Rom beseitigt die illyrische Piraterie (S. 283).
227 Kleomenes' III. Sozialreformen in Sparta (S. 282).
224 Antigonos Doson gründet den Hellenenbund (S. 282).
222 Antigonos Doson besiegt den Kleomenes bei Sellasia (S. 282).
220–217 der Bundesgenossenkrieg gegen Ätolien (S. 282).
217 Philopator schlägt den Antiochos III. bei Raphia (S. 283).
215 Bündnis Philipps V. mit Hannibal (S. 283).
215–205 I. Makedonischer Krieg der Römer (S. 283).
210 Rom annektiert das frühere Königreich Syrakus, ganz Sizilien wird Provinz (S. 278).
205 Antiochos III. kehrt vom Zug nach dem Osten (bis Indien) heim (S. 283).
205–181 Ptolemaios V. Epiphanes (S. 284).
200–197 II. Makedonischer Krieg der Römer (S. 284).
197 Schlacht bei Kynoskephalai (S. 284).
196 Freiheitserklärung des Flamininus (S. 284).
192–188 der Syrische Krieg Roms gegen Antiochos III. (S. 285).
191 Schlacht an den Thermopylen (S. 285).
190/189 Antiochos III. bei Magnesia am Sipylos geschlagen (S. 285).
171–168 III. Makedonischer Krieg der Römer (S. 286).
168 L. Aemilius Paullus siegt bei Pydna (S. 286). Antiochos IV. Epiphanes zum Verlassen Ägyptens gezwungen, seine Maßregeln in Jerusalem (S. 287).
148 Makedonien wird römische Provinz (S. 288).
146 Zerstörung Korinths. Griechenland wird dem Prokonsul von Macedonia unterstellt
133 fällt das pergamenische Reich durch Testament an Rom (S. 289). [(S. 289).
129 Einrichtung der Provinz Asia (S. 289). Die Seleukiden verlieren Babylonien u.a. an die Parther (S. 288).
96 Die Cyrenaica wird durch Testament des Ptolemaios Apion den Römern vermacht
88 Ermordung der Italiker in Asia (S. 290). [(S. 291).
86 Athen wird von Sulla erobert (S. 290).
74 Die Cyrenaica wird Provinz (S. 291).
64 Bithynia et Pontus wird von Pompeius als Provinz eingerichtet (S. 290).
64/63 der Rest des Seleukidenreichs wird von Pompeius zur Provinz Syria gemacht
63 Pompeius erobert Jerusalem (S. 291). [(S. 291).
58 Cypern wird von den Römern besetzt (S. 291).
51–30 Kleopatra VII. (S. 291 f.).
48–47 Cäsars bellum Alexandrinum (S. 291).
32 Roms Kriegserklärung an Kleopatra (S. 292).
30 (1. August) Eroberung Alexandriens durch Octavian. Tod der Kleopatra, Ende der Lagidendynastie (S. 292).

SACHREGISTER

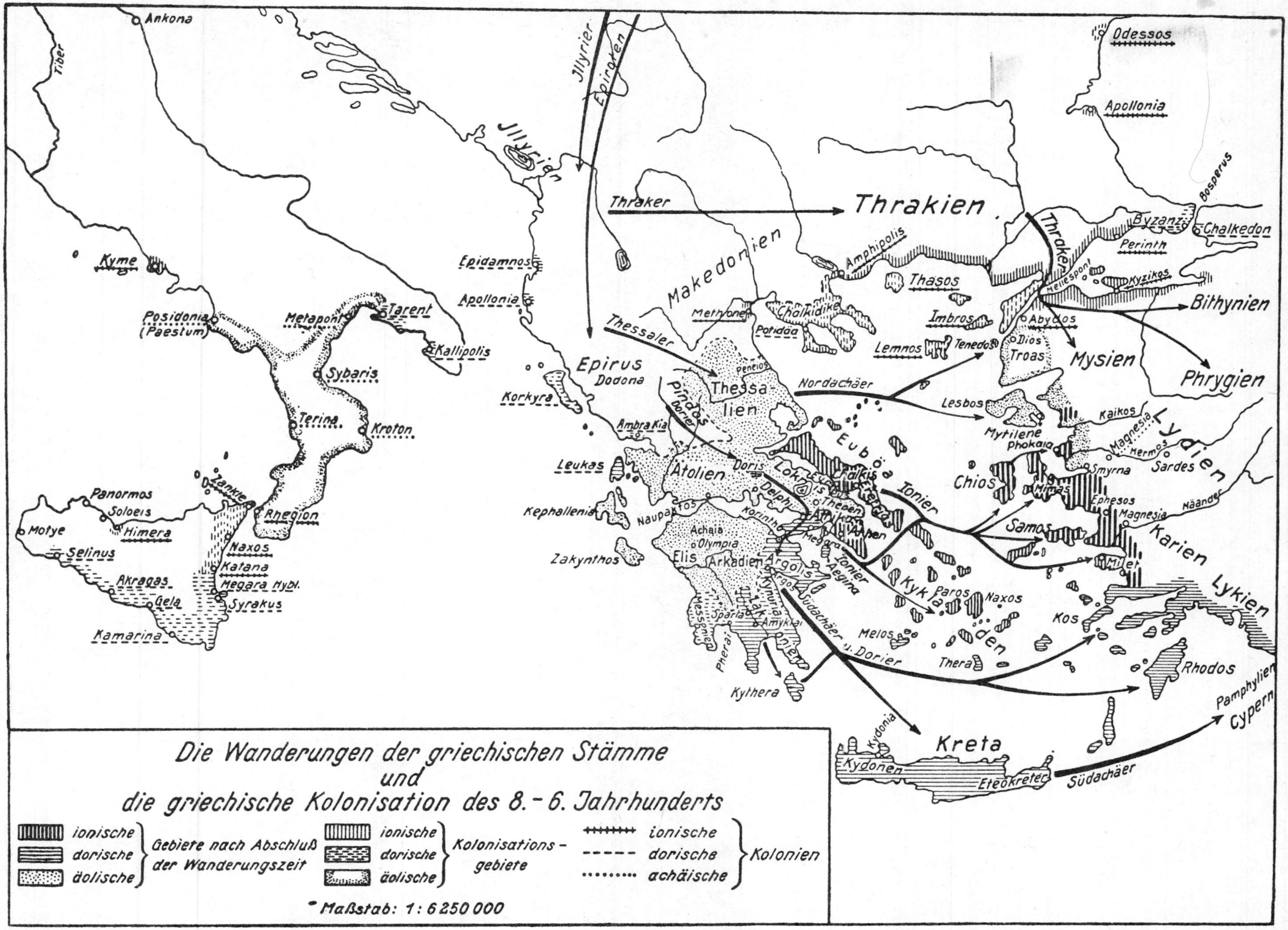

Die Wanderungen der griechischen Stämme und die griechische Kolonisation des 8.–6. Jahrhunderts